Compliance Defence

Intradisziplinäre Forschung zur Compliance
Studien zur Rechtsentwicklung und -praxis
Herausgegeben von Andrea Lohse und Roman Seer

Band 6

Zur Qualitätssicherung und Peer Review der vorliegenden Publikation

Die Qualität der in dieser Reihe erscheinenden Arbeiten wird vor der Publikation durch Herausgeber der Reihe geprüft.

Notes on the quality assurance and peer review of this publication

Prior to publication, the quality of the work published in this series is reviewed by editors of the series.

Alexander Roos

Compliance Defence

Kartellrechtliche Umsetzung im verfassungsrechtlichen Rahmen

PL ACADEMIC RESEARCH

Bibliografische Information der Deutschen Nationalbibliothek
Die Deutsche Nationalbibliothek verzeichnet diese Publikation in der Deutschen Nationalbibliografie; detaillierte bibliografische Daten sind im Internet über http://dnb.d-nb.de abrufbar.

Zugl.: Bochum, Univ., Diss., 2014

Gedruckt auf alterungsbeständigem,
säurefreiem Papier.

D 294
ISSN 2196-9795
ISBN 978-3-631-65349-4 (Print)
E-ISBN 978-3-653-04540-6 (E-Book)
DOI 10.3726/978-3-653-04540-6

PL Academic Research ist ein Imprint der Peter Lang GmbH.

Peter Lang – Frankfurt am Main · Bern · Bruxelles · New York ·
Oxford · Warszawa · Wien

Diese Publikation wurde begutachtet.

www.peterlang.com

Meinen Eltern

Vorwort

Diese Arbeit wäre ohne die große Hilfe vieler Wegbegleiter aus dem Freundes-, Familien- und Kollegenkreis nicht entstanden und zum Abschluss gereift. Jedem Einzelnen danke ich sehr für die Unterstützung, gleich ob durch Anregungen, Kritik oder durch die notwendige Ablenkung.

Besonders hervorheben möchte ich meine Doktormutter, Frau Prof. Dr. *Andrea Lohse*, die mir stets mit gutem Rat und Tat zur Seite stand und mich ganz wunderbar betreute.

Nicht nur für die zügige Erstellung des Zweitgutachtens danke ich Herrn Prof. Dr. *Martin Burgi* sehr herzlich, sondern auch – ihm, wie der gesamten wissenschaftlichen Leitung – dafür, dass ich im Rahmen des Bochumer Nachwuchsforscherkollegs *intra*disziplinäre Rechtswissenschaft (BoNiR) ein so tolles und anregendes Umfeld für die Erstellung meiner Arbeit habe vorfinden dürfen. Der Stiftung Mercator gebührt in diesem Zusammenhang mein Dank für die großzügige Förderung und Realisierung dieses schönen Kollegs.

Den Herren Dr. *Oliver Mross* und *David-Julien dos Santos Goncalves* möchte ich für die anregenden Diskussionen zu dem Thema und letzterem vor allem für die aufopferungsvolle Korrektur des Manuskripts danken. Für ihre Unterstützung und Begleitung der Arbeit danke ich ebenso Frau *Barbara Braun*.

Herrn Prof. Dr. *Karl Riesenhuber* danke ich für die schöne und lehrreiche Zeit an seinem Lehrstuhl und sein Engagement über meine aktive Zeit hinaus.

Diese Arbeit ist meinen Eltern, *Peter* und *Christel*, gewidmet. Sie haben mich in allen Lebenslagen bedingungslos und mit voller Hingabe unterstützt und mein Promotionsvorhaben mit sehr viel Verständnis begleitet. Die gleiche uneingeschränkte Unterstützung habe ich in den letzten Jahren auch von meiner Frau *Christine* erfahren.

Diese Arbeit hat der Juristischen Fakultät der Ruhr-Universität Bochum im Sommersemester 2014 vorgelegen. Gesetzgebung, Literatur und Rechtsprechung wurden bis April 2014 berücksichtigt.

Gelsenkirchen, im Oktober 2014 Alexander Roos

Inhaltsverzeichnis

§ 1 Problemaufriss – Bedürfnis für ein kartellrechtliches Compliance-Programm

1006-896-553[1] und 252-142-120[2] – diese Zahlenreihen stehen für die Ausschüttung vieler Millionen Euro in der jüngeren Vergangenheit.[3] Bei den Abfolgen handelt es sich um die drei höchsten Bußgelder, die seit dem Jahre 2000 von der Europäischen Kommission bzw. dem Bundeskartellamt in Millionen Euro jeweils gegen ein einzelnes Unternehmen verhängt wurden.

In dem vergangenen Jahrzehnt ist die Politik der Kartellrechtsbekämpfung und -bebußung erheblich verschärft worden. Die ehemalige Wettbewerbskommissarin Neelie Kroes (2004–2010) nahm diese Politik sehr wörtlich und brachte dies auch bildhaft zum Ausdruck.[4] Wenngleich ihr Nachfolger, Wettbewerbskommissar Joaquín Almunia (seit 2010), etwas sanftere Töne anschlägt,[5] hat doch die Kartellverfolgung für ihn weiterhin allerhöchste Priorität.[6]

---

1 Kommission v. 13.5.2009 – 37.990 *Intel*, C(2009) 3726 final; Kommission v. 12.11.2008 – 39.125 *Automobilglas*, C(2008) 6815 endg.; Kommission v. 8.7.2009 – 39.401 *E.ON/GDF*, K(2009) 5355 endg.

2 BKartA, Pressemitteilung v. 14.4.2003 – *Zementkartellverfahren* (Heidelberg Cement AG und Schwenk Zement KG), abrufbar unter bundeskartellamt.de; BKartA, Pressemitteilung v. 30.11.2007 – *Werbezeitvermarktung* (IP Deutschland GmbH als Werbezeitvermarkter von ProSiebenSat.1), abrufbar unter bundeskartellamt.de.

3 Das Bild der Lotterie verwendet *van Bael*, The Lottery of EU Competition Law, ECLR 4 (1995), S. 237–243.

4 *Kroes*, Delivering on the crackdown: recent developments in the European Commission's campaign against cartels, SPEECH/06/595, S. 1: „(…) If you add to that the activities of the National Competition Authorities, you can see that we really are waging a European war on cartels."

5 *Almunia*, 15th International Conference on Competition: A Spotlight on Cartel Prosecution, SPEECH/11/268, S. 3: „I'm putting this issue on the table because I don't enjoy imposing fines per se. Instead, I would like to promote a culture of compliance in the business community that minimises the need for sanctions."

6 *Almunia*, 15th International Conference on Competition: A Spotlight on Cartel Prosecution, SPEECH/11/268, S. 2: „Cartels are the top priority in competition enforcement." Ferner *ders.*, International Bar Association Antitrust Conference/Madrid, Higher Duty for Competition Enforcers, SPEECH/12/453, S. 2: „In other words, you should not expect a more lenient enforcement in the future. I want to be extremely clear on this point. Our fight against cartels has not been and should not be affected by the crisis." Auch das Bundeskartellamt legt vermehrt den Schwerpunkt auf die Kartellverfolgung, dazu *Mundt*, Finance Compliance Oktober 2011, S. 5:

Dass die Verfolgungsbehörden – allen voran die Europäische Kommission – den Worten der ehemailgen Wettbewerbskommissarin auch Taten folgen ließen, spiegelt sich nicht zuletzt in der stetigen Zunahme der Bußgeldhöhen und verstärkten Aufklärungsquote der Behörden, vor allem durch Aufstockung ihrer Abteilungen und den herausragenden Erfolg der Bonusregelung, wider.[7]

Das Bundeskartellamt hat in den Jahren 2005 und 2008 eine 11. und 12. Beschlussabteilung eingerichtet, die sich als Spezialbeschlussabteilungen einzig mit der Verfolgung von hardcore Kartellverstößen befassen.[8] Die Kartellbehörden gehen also nicht nur vermehrt gegen Kartellsünder vor, sondern erhöhen zusätzlich die Bußgelder.[9] So wurde im Jahre 2003 ein Bußgeld gegen führende Unternehmen der Zementbrache, dem so genannten Zementkartell,[10] in Höhe von 660 Millionen Euro auf nationaler und im Jahre 2012 ein Bußgeld in Höhe von 1,47 Milliarden Euro auf europäischer Ebene gegen führende Hersteller von Bildröhren für Fernsehgeräte und Computerbildschirme verhängt.[11] Allein im Jahr 2007 hat die Kommission 41 Unternehmen Bußgelder in Höhe von 3,3 Milliarden Euro

---

„Die Einrichtung der dritten spezialisierten Kartellverfolgungseinheit ist vielmehr Ausdruck von Prioritätensetzung."

7 *Canenbley/Steinvorth*, FS 50 Jahre FIW (2010), S. 143. Darin eine unangemessene Entwicklung sehen *Schwarze/Bechtold/Bosch*, Rechtstaatliche Defizite im Kartellrecht der Europäischen Gemeinschaft, S. 5. Neben der 11. und 12. widmet sich nun auch die 10. Beschlussabteilung hauptsächlich der Kartellverfolgung. Nach MünchKomm-EuWettbR/*Engelsing/Schneider*, VO 1/2003 Art. 23 Rn. 113 m.w.N. liegt die Aufklärungswahrscheinleichkeit bei 33 %. Die Bonusregelung mache sich die „natürliche Instabilität" von Kartellen zu eigen, *Palzer*, EuR 2012, 583.

8 *Mundt*, FS 50 Jahre FIW (2010), S. 237, 242.

9 *Lampert/Matthey*, in: Hauschka, Corporate Compliance, § 26 Rn. 37; *Seeliger*, AnwBl. 2010, 643, 646 Nachrangig zu erwähnen ist, dass diese Bußgelder nach herrschender Auffassung nicht als Betriebsausgabe steuerlich abzugsfähig sind, § 4 Abs. 5 S. 1 Nr. 8 1 und 4 EStG, vgl. *Dreher*, ZWeR 2004, 75, 76; *Eidam*, wistra 2003, 447, 456; *Klusmann*, in: Wiedemann, § 57 Rn. 101 ff. Zum Meinungsstand für Bußgelder durch die Kommission vgl. *Dalheimer/Feddersen/Miersch*, Art. 23 Rn. 227 ff. s. a. *Scholz/Haus*, EuZW 2002, 682; *Schall*, DStR, 2008, 1517.

10 BKartA, Pressemitteilung v. 14.4.2003 – *Zementkartellverfahren*, abrufbar unter bundeskartellamt.de.

11 Kommission v. 5.12.2012 – 39.437 *Bildröhren für Fernsehgeräte und Computerbildschirme*, C(2012) 8839 final. S. auch Kommission v. 12.11.2008 – 39.125 *Automobilglas*, C(2008) 6815 final oder Kommission v. 21.2.2007 – 38.823 *Aufzüge und Rolltreppen*, C(2007) 512 final mit insg. 992 Mio. EUR sowie Kommission v. 22.11.2001 – 2003/2/EG (37.512) *Vitamine*, ABl. L 2003 Nr. 6/1 mit insg. 791 Mio. EUR.

auferlegt.[12] Zwar wird diese Summe in den folgenden Jahren nicht überschritten,[13] doch das Bußgeldniveau bleibt weiterhin hoch.[14]

Vier der sechs höchsten Bußgelder durch das Bundeskartellamt im dreistelligen Millionenbereich wurden seit Ende 2007 festgesetzt. In denselben Zeitraum fallen auch zwei der drei höchsten Bußgelder der Kommission. Das Bußgeldniveau der Europäischen Kommission sucht seither weltweit seinesgleichen.[15]

Ein Kartell stellt freilich für den gesamten Markt, vor allem für Abnehmer und Wettbewerber, einen äußerst schädlichen Zustand dar, so dass ein Unternehmen, das sich dem Verbot widersetzt, für die Zuwiderhandlung auch mit einer spürbaren Geldbuße bestraft werden muss.[16]

A) Gang und Methode der Darstellung

Ziel der Arbeit ist es, zu analysieren, ob und sodann mit welchen Mitteln eine Compliance Defence im kartellrechtlichen Bußgeldverfahren möglich und

12 Europäische Kommission, Bericht über die Wettbewerbspolitik 2007, KOM(2008) 368 endg., S. 11.

13 Europäische Kommission, Bericht über die Wettbewerbspolitik 2008, KOM(2009) 374 endg., S. 6; Europäische Kommission, Bericht über die Wettbewerbspolitik 2009, KOM(2010) 282 endg., S. 32; Europäische Kommission, Bericht über die Wettbewerbspolitik 2010, KOM(2011) 328, S. 20. Europäische Kommissio, Bericht über die Wettbewerbspolitik 2011, KOM(2012), 253 endg., S. 13. S. auch European Commission Cartel Statistics, abrufbar unter http://ec.europa.eu/competition/cartels/statistics/statistics.pdf. Der Rückgang der Bußgelder ist gleichsam auch mit der Wirtschafts- und Finanzkrise verbunden.

14 *Toft*, Consequences of non-compliance: The EU experience, S. 8, 11; *Ginsburg/Wright*, Antitrust Sanctions, 6 (2010), 3, 4. Im Zeitraum 1990–1994 wurden von der Kommission insg. 344 Mio. EUR an Bußgeldern verhängt; im Zeitraum 2005–2009 waren es 7,9 Mrd. EUR (jeweils unter Berücksichtigung von Anpassungen durch das EuG). Dies entspricht einem Anstieg von ca. 2.300 Prozent. Die Höhe des durchschnittlichen Bußgeldes stieg im Vergleich der beiden Zeiträume von 2 Mio. EUR um etwa 2.200 Prozent auf 46 Mio. EUR an. Die Anzahl der Kartelle nahm von elf auf 33 zu.

15 *Hofstetter/Ludescher*, FS v. Büren (2009), S. 485, 499, 509.

16 Dazu *Haucap/Stühmeier*, WuW 2008, 413; *Bornkamm*, GRUR 2010, 501 jeweils m.w.N. *Bongard*, WuW 2010, 762, 766; *Dannecker/Biermann*, in: Immenga/Mestmäcker, Vor § 81 Rn. 30 m.w.N.; *Heinemann*, FS v. Büren (2009), S. 597.

sinnvollerweise seitens der Kartellverfolgungsbehörden akzeptiert werden sollte.

Nachdem das Bedürfnis für die Einrichtung eines kartellrechtlichen Compliance-Programms aufgrund der drohenden zahlreichen und zum Teil existenzbedrohenden (Rechts-)Folgen herausgestellt wurde, steht die Untersuchung der Entscheidungspraxis der Kommission zu dem Thema im Vordergrund. Dies ist insofern aufschlussreich, als sie sich bereits von den frühen 1980er bis heute mit Compliance – oder seinen Vorläufern – mehr oder weniger umfangreich und mit unterschiedlichen Ergebnissen in ihren Entscheidungen befasst und zuletzt im November 2011 mit der Broschüre „Compliance Matters" und dem webbasierten Informationsmaterial auf ihrer Homepage dem Thema Bedeutung zugemessen hat. Ein rechtsverlgeichender Ausblick in die Rechtsordnugen der USA und Großbritannien zeigt sodann auf, wie de lege ferenda eine Berücksichtigung der Compliance Defence von Seiten der Kartellbehörden vorgenommen werden könnte.

Im Anschluss liegt der Fokus der Arbeit auf der Frage, ob und sodann in welchem Umfang und mit welchem Inhalt bereits eine Pflicht der Unternehmensorgane besteht, ein (kartellrechtliches) Compliance-Programm aufzubauen und zu verbessern. Ausgangspunkt der Überlegung ist dabei, dass in einem Bußgeldverfahren eine Tatsache nicht ohne weiteres (mildernd) berücksichtigt werden kann, wenn ihre Einhaltung bereits (vor dem Verstoß) rechtlich verpflichtend war.

Die Arbeit wendet sich sodann der Kernthematik, der dogmatischen Verortung der Compliance-Defence im europäischen und deutschen Kartellrecht zu. Dabei werden die möglichen Anknüpfungspunkte für eine Berücksichtigung de lege ferenda sowohl im Tatbestand als auch auf der Rechtsfolgenebene, insbesondere im Rahmen des Ermessens und der Bußgeldleitlinien der Verfolgsungsbehörden, untersucht.

Schließlich soll im verfassungsrechtlichen Teil kursorisch auf die bestehenden Bedenken seitens der Literatur an dem aktuellen Bußgeldregime und seiner Anwendung eingegangen und sodann der verfassungsrechtliche Rahmen zur Verankerung der Compliance Defence dargestellt werden.

Am Ende werden die erarbeiteten Ergebnisse in Thesen zusammengefasst.

B) Konsequenzen eines Kartellverstoßes

Der Schaden, den ein Unternehmen nach Bekanntwerden eines Kartells trägt, beschränkt sich keinesfalls auf das verhängte Bußgeld, sondern kann in Art und Umfang weit darüber hinausgehen.

I. In zivilrechtlicher Hinsicht

Als zivilrechtliche Konsequenz droht zunächst die Nichtigkeit umfassender Vertragsgestaltungen mit der Folge, dass diese erst einmal rückabgewickelt,[17] neu ausgestaltet, verhandelt und abgeschlossen werden müssten.[18] Diese Nichtigkeit kann zum Teil langfristige Kooperations- und Vertriebsverträge, aber auch Unternehmenszusammenschlüsse betreffen.[19] Sie folgt für einen Verstoß gegen Art. 101 AEUV unmittelbar aus dessen Abs. 2; für einen Verstoß gegen Art. 102 AEUV ergibt sich die zivilrechtliche Folgen der Nichtigkeit aus dem nationalen Recht. Im deutschen Kartellrecht ist die anfängliche Nichtigkeit nach § 1, 19, 20 GWB; Art. 102 AEUV i.Vm. §§ 134, 138 BGB anerkannt.[20]

Die Kartellbehörden werden die Unternehmen nach Art. 7 VO 1/2003 und § 32 GWB verpflichten, die kartellrechtliche Zuwiderhandlung abzustellen. Dabei steht ihnen auch die Möglichkeit zur Seite, den Unternehmen geeignete Abhilfemaßnahmen, vgl. § 32 Abs. 2 GWB, vorzuschreiben, zu denen durchaus die Entflechtung nach Art. 8 Abs. 4 FKVO bzw. § 41 Abs. 3 GWB bereits vollzogener (rechtswidriger) Zusammenschlüsse zählt.[21] Einem neuvorzunehmenden Abschluss können wiederum hohe Beratungskosten innewohnen und bis er erreicht und vollzogen ist, stehen laufende Geschäftsbeziehungen auf keiner sicheren Rechtsgrundlage.

Des Weiteren folgen dem behördlichen Bußgeldverfahren hohe Schadensersatzforderungen von Wettbewerbern und Kunden auf nationaler (§ 33 GWB) und unionsrechtlicher Ebene[22] und damit einhergehende Beratungs- und

---

17 *Lampert/Matthey*, in: Hauschka, Corporate Compliance, § 26 Rn. 30. Vgl. zur Frage der Nichtigkeit von Folgeverträgen *Lohse*, FS Säcker (2011), S. 827, 840; *Mohr*, ZWeR 2011, 383, 384, 403.

18 EuGH v. 13.7.1966 – Rs. 56/64 *Consten und Grundig ./. Kommission*, Slg. 1966, 321; EuGH v. 14.12.1983 – Rs. 319/82 *Société de vente de ciments ./. Kommission*, Slg. 1983, 4173; BGH, WuW/E 2288, 2289; 2909; *Lampert*, BB 2002, 2237, 2238.

19 *Reichelsdorfer*, ZRFC 2010, 118, 120.

20 *Möschel*, in: Immenga/Mestmäcker, Art. 82 Rn. 27; *ders.*, in: Immenga/Mestmäcker, § 19 Rn. 248 m.w.N.

21 *Kasten*, in: Mäger, Europäisches Kartellrecht, Rn. 21.

22 Ursprünglich hatte die Kommisison ein Weißbuch zu Schadensersatzklagen auf den Weg gebracht, Kommission v. 2.4.2008, Weißbuch, Schadenersatzklagen wegen Verletzung des EG-Wettbewerbsrechts, KOM(2008) 165 endg., dazu *Zöttl*, DB 2008, 1200; *Wagner/Kleine/Liebach*, EWS 2008, 305 ff. Vgl. auch Kommission, Pressemitteilung v. 4.2.2011 zum kollektiven Rechtsschutz der drei Generaldirektionen, IP/11/132. Siehe ferner auch Vorschlag über eine Richtlinie des Europäischen Parlaments und des

Prozesskosten.[23] Dieser Schadensersatzanspruch kann unter Umständen sogar das Bußgeld übersteigen, das ein Unternehmen mit geringer Kartellbeteiligung zu tragen hat, wenn es keine allzu große Verantwortung für die Wettbewerbsbeschränkung trägt.[24] Ein solcher Anspruch ergibt sich im europäischen Kartellrecht aus der Rechtsprechung EuGH in den Rechtssachen *Crehan/Courage* und *Manfredi*;[25] im deutschen Kartellrecht folgt er unmittelbar aus § 33 GWB und § 823 Abs. 2 BGB i.V.m Art. 101, Art 102 AEUV.[26] Die Möglichkeit der Vermarktung von Schadensersatzansprüchen und Geltendmachung aus abgetretenem Recht, verschärft den Trend zum „private enforcement".[27] Im Nachgang des Wasserstoffperoxid- und Zementkartellverfahren hat der BGH die Klage der belgischen Cartel Damage Claims, die im Wege des Factorings die Ansprüche der Geschädigten angesammelt hat, für zulässig erklärt.[28]

Ferner mehren sich die Stimmen in der Literatur, die eine persönliche kartellrechtliche Schadensersatzhaftung des Geschäftsleiters verlangen.[29] Schließlich

---

Rates über bestimmte Vorschriften für Schadensersatzklagen nach einzelstaatlichem Recht wegen Zuwiderhandlungen gegen wettbewerbsrechtliche Bestimmungen der Mitgliedstaaten und der Europäischen Union, KOM(2013) 404 endg. über bestimmte Vorschriften für Schadensersatzklagen nach einzelstaatlichem Recht wegen Zuwiderhandlungen gegen wettbewerbsrechtliche Bestimmungen der Mitgliedstaaten und der Europäischen Union.

23 Hoffmann-La Roche einigte sich in den USA als Beteiligter des Vitaminkartells mit den Klägern im Wege des zivilrechtlichen Vergleichs auf Zahlungen in Höhe von 3,75 Mrd. US Dollar, obwohl das Bußgeld der Kommission „nur" 462 Mio. EUR ausmachte. Dem US-amerikanische Recht bekannt sind sog. treble damages, also die Zahlung eines dreifachen Schadensersatzes, der die Bußgeldhöhe ohne weiteres um ein Vielfaches überschreiten kann; s. dazu auch *Zekoll/Rahlf*, JZ 1999, 384; *Toft*, Consequences of non-compliance: The EU experience, S. 14 spricht sogar von 4 Mrd. US Dollar.

24 EuGH v. 14.6.2011 – Rs. C-360//09 *Pfleiderer*, Slg. 2011, I-5161, Rn. 28; EuGH v. 20.9.2001 – Rs. C-453/99 *Courage ./. Crehan*, Slg. 2001, I-6297 Rn. 24, 31. Das Urteil wurde ausdrücklich im Gesetzesentwurf zur 7. GWB-Novelle berücksichtigt, BT-Drs. 15/3640, S. 35, 53.

25 EuGH v. 20.9.2001, Rs. C-453/99 *Crehan/Courage*, Slg. 2001, I-6297; EuGH v. 13.7.2006 – C-295/04, *Manfredi*, Slg. 2006, I-6619.

26 BGH, NJW 2012, 928. Abschließend sei erwähnt, dass dem durch die Zuwiderhandlung Betroffenen ein verschuldensunabhängiger Beseitiguns- und Unterlassenanspruch zusteht (vgl. § 33 Abs. 1 GWB).

27 LG Düsseldorf, WuW 2007, 519, 520; *Hauschka*, in: Gesellschaftsrecht in der Diskussion, S. 51, 55; *Weidenbach/Saller*, BB 2008, 1020; *Köhler*, WuW 2009, 258, 260 ff.

28 BGH, WRP 2009, 745; s. auch KG Berlin v. 1.10.2009, 2 U 17/03 Kart.

29 *Dreher*, WuW 2009, 133; a.A. *Kling/Thomas*, § 21 Rn. 52.

droht der (natürlichen) Person, die den Kartellverstoß begangen hat, ein umfangreicher Haftungsprozess, in dem das Unternehmen versuchen wird, sich schadlos zu halten und Regress für Teile der gezahlten Summen verlangen wird.[30] Die Verjährungsfrist für diesen Regressanspruch ist kürzlich von fünf auf zehn Jahre erhöht worden.

Zudem drohen gesellschaftsrechtliche Konsequenzen, indem mangelhafte Compliance-Maßnahmen dazu führen können, dass der Unternehmensleitung die Entlastung zu verweigern ist bzw. ein getroffener Entlastungsbeschluss anfechtbar ist, § 120; 243 AktG.[31]

Es gibt also neben dem „public enforcement" der Kartellbehörden verstärkt ein „private enforcement"[32] durch vereinfachte Formen des zivilrechtlichen Ausgleichs des Geschädigten des Kartellrechtsverstoßes.[33]

---

30 *Hauschka*, ZIP 2004, 877, 878 das eigene Unternehmen könne durchaus ein „gefährlicherer Prozessgegner" sein als ein außenstehender Dritter; *Zimmermann*, WM 2008, 433, 433; *Dreher*, FS Konzen (2006), S. 84; *Fleischer*, ZIP 2005, 141. Kritisch dazu *Werner*, CCZ 2011, 201. Wenngleich der Regressforderung eine andere Pflichtverletzung als der Kartellverstoß zugrunde liegt, aber dennoch spektakulär MAN von Hakan Samuelsson (Ex-Vorstandsvorsitzender) 237 Mio. EUR, BayernLB von Gerhard Gribkowsky (Ex-Risikovorstand) 200 Mio. EUR, Finance Compliance März/April 2011, S. 1 f. abrufbar unter finance-magazin.de. Ferner sueddeutsche.de vom 24.1.11 „Bis aufs letzte Hemd". Solange es bei einem zivilrechtlichen Regress bleibt und der Vorstand keine strafbaren Handlungen begangen hat, übernimmt die D&O Versicherungen Teile der Schadenssumme. Mit großer Spannung dürfte auch die Langfassung des Urteils des LG München I v. 10.12.2013 Az. 5HK O 1387/10 gegen den ehemaligen CFO der Siemens AG Hein-Joachim Neubürger zu erwarten sein, da Presseberichten zu Folge der Siemens AG eine Regerssforderung in Höhe von 15 Mio. EUR wegen Compliance-Verstößen zugesprochen wurde.

31 So entschieden für eine unterlassene schriftliche Dokumentation des Frühwarnsystems nach § 91 Abs. 2 AktG LG München I, AG 2007, 417.

32 *Bechtold*, NJW 2007, 3761, 3766; *Canenbley/Steinvorth*, FS 50 Jahre FIW (2010), S. 143, 144; *Lohse*, FS Säcker (2011), S. 827, 842 f. Kritisch zu den Erfolgen durch „enforcement" *Bueren*, ZWeR 2012, 310, 311. Zum Spannungsverhältnis zwischen private und public enforcement *Mäger/Zimmer/Milde*, WuW 2009, 885 ff.

33 Dem Kartellverstoß des Einzelnen folgen arbeitsrechtliche Konsequenzen, in vielen Fällen die außerordentliche Kündigung, *Hauschka*, ZIP 2004, 877, 879; *Schaefer/Baumann*, NJW 2011, 3601, 3604; *Fleischer*, BB 2008, 1070, 1074, *Rodewald/Unger*, BB 2007, 1629, 1634; *Bussmann/Matsche*, CCZ 2009, 132, 136, so auch die Forderung des BKartA im Tätigkeitsbericht 2005/2006, BT-Drs. 16 57/10, S. 33 f. *Dreher*, VersR 2004, 1, 5 fordert zugleich die Feststellung der Unzuverlässigkeit im Sinne von § 7a Abs. 1 S. 1 VAG.

II. In strafrechtlicher Hinsicht

Zwar drohen dem Einzelnen im nationalen Recht empfindliche Freiheits- oder Geldstrafen nur bei Submissionsabsprachen nach § 298 und § 263 StGB,[34] doch werden Kartellverstöße in anderen Rechtsordnungen strafrechtlich sanktioniert.[35] Diese Sanktionierung trifft auch Nicht-Staatsangehörige, da letztlich jeder, der auf dem betroffenen Markt agiert, Adressat der jeweiligen nationalen Kartellnormen ist.[36] So ordnet der britischen Enterprise Act Freiheitsstrafen von bis zu fünf Jahren für einen horizontalen Kartellverstoß an, der US-amerikanische Sherman Act sogar von bis zu zehn Jahren.[37]

---

34 Nach deutschem Strafrecht stellt die Absprache bei Preisabgaben bei privater Vergabe einen strafbaren Betrug gemäß § 263 StGB dar, BGH, NJW 2001, 3718; BGHSt 16, 367, 371; OLG Hamm, NJW 1958, 1151, 1152; grds. *Bruns*, NStZ 1983, 385; überblicksartig *Raum*, in: Langen/Bunte, Kartellrecht Band 1, § 81 Rn. 6 ff., ebenso *Lange*, ZWeR 2003, 352 ff. Regelmäßig wird in Tateinheit eine Untreue nach § 266 StGB zulasten der Gesellschaft vorliegen, *Fleischer*, NJW 2009, 2337, 2337; *Hasselbach/Seibel*, AG 2008, 770, 771.

35 *Voet van Vormizeele*, CCZ 2009, 41; *Lampert/Matthey*, in: Hauschka, Corporate Compliance, § 26 Rn. 6; *Heinemann*, FS v. Büren (2009), S. 597, 601 ff. Vgl. auch Kommission v. 18.7.2001 - 2002/271/EG (36.490) *Graphitelektroden*, ABl. L 2002 100/1, Rn. 42: „Neben der Geldbuße für das Unternehmen wurde auch der SGL-Vorstandsvorsitzende Robert Köhler mit einer Geldbuße in Höhe von 10 Mio. USD belegt. In einer anschließenden Verfahrensrunde erklärte sich Robert Krass, vormals President und Chief Executive Officer von UCAR, damit einverstanden, sich des abgestimmten Verhaltens schuldig zu bekennen, eine siebzehnmonatige Gefängnisstrafe anzutreten und eine Geldbuße von 1,25 Mio. USD zu zahlen. Der ehemalige Chief Operating Officer von UCAR wurde ebenfalls im Rahmen einer mit der Staatsanwaltschaft getroffenen Vereinbarung („plea bargain agreement") zu einer neunmonatigen Haftstrafe und einer Geldbuße von 1 Mio. USD verurteilt."

36 Nach *Lampert*, BB 2002, 2237, 2238 und *Heinemann*, FS v. Büren (2009), S. 597, 602 m.w.N. Haftstrafen eines am *Vitaminkartell* beteiligten schweizer und deutschen Manager.

37 Section 190 Enterprise Act 2002; OFT, OFT's guidance as to the appropriate amount of a penalty, OFT423, 1.13; 15 U.S.C. § 1 Sherman Antitrust Act. Die durchschnittliche Dauer einer in den USA verhängten Freiheitsstrafe wegen eines Kartellverstoßes im Jahre 2010 betrug 30 Monate bei einer Verurteilungsrate von 78 %, *Kasten*, in: Mäger, Europäisches Kartellrecht, Rn. 33; US Departement of Justice, Antitrust Division, Criminal Enforcement, Fine and Jail Charts, 2000–2010, justice.gov/atr. *Stadler*, in: Schwerpunkte des Kartellrechts 2004, FIW Schriftenreihe 206 (2006), 67, 69; *Hüschelrath*, Comp Law 2010, 481, 484. Aktuelle Zahlen in der Studie Cartel Enforcement 2012 Studie von Allen & Overy abrufbar unter http://www.allenovery.

III. In ökonomischer Hinsicht

Grundsätzlich besteht keine Kooperationspflicht des Unternehmens und seiner Mitarbeiter gegenüber den Kartellbehörden im Falle der Ermittlungen. Jedoch kann der Geschäftsablauf und – nicht zu unterschätzen – das Betriebsklima durch behördliche (vor allen bei den so genannten Dawn Raids), aber auch durch eigene Ermittlungen (Internal Investigations) nicht unerheblich gestört werden.[38] Nicht nur wegen der zum Teil langen Verfahrensdauer, sondern auch aufgrund der Komplexität der Sachverhalte können gar langfristige Einbußen im operativen Geschäft entstehen, da Unternehmensteile nunmehr mit Bewältigung und Aufklärung des Sachverhalts beschäftigt werden, statt sich ihren eigentlichen Aufgaben zu widmen.[39] Hinzu kommen Anwalts- und Beratungskosten für die Dauer des Verfahrens und schließlich müssen Rücklagen für etwaige Bußgelder und Schadensersatzzahlungen gebildet werden.[40]

Einem medial vernommenen Kartellverstoß folgt häufig ein weitreichender Reputationsschaden für das Unternehmen, auch wenn sich der Vorwurf des Rechtsverstoßes nicht bestätigen lässt.[41] Dabei büßt das Unternehmen womöglich nicht nur sein gutes Ansehen gegenüber Kunden und Geschäftspartnern, sondern auch bei Behörden, wenn es sich im Wettbewerb mit anderen Unternehmen um (öffentliche) Aufträge befindet.[42] Dieser Nachteil kann den Verlust

---

com/news/en-gb/articles/Pages/Cartel-Enforcement-2012–Record-Breaking-Fines-in-Multiple-Jurisdictions.aspx. S. a. *Wagner-von Papp*, WuW 2009, 1236, 1240 f. Zur Auslieferung eines Unionsbürgers an die USA wegen Kartellverstoßes zuletzt BVerfG v. 17.2.2014, 2 BvQ 4/14.

38 *Wagner*, CCZ 2009, 8, 9; *de Crozals/Jürgens*, CCZ 2009, 92, 93; so auch *Werner*, CCZ 2011, 201, 202, 207.

39 *Bürkle*, BB 2005, 565, 566. Die Unruhe im Unternehmen wirke sich negativ auf die Leistung der Mitarbeiter aus, *Stadler*, in: Schwerpunkte des Kartellrechts 2004, FIW Schriftenreihe 206 (2006), 67, 68. Beispielhaft dazu Kommission v. 9.12.2004 – 2005/566/EG (37.533) *Cholinchlorid*, ABl. 2005 L 190/22, Rn. 212: „BASF macht geltend, dass ihm wegen der langen Untersuchungsdauer eine Ermäßigung gewährt werden sollte. Hierbei verweist es insbesondere auf den langen Zeitraum zwischen dem Auskunftsersuchen der Kommission vom 22. Juni 1999 und den späteren Auskunftsersuchen vom 30. August und 13. September 2002."

40 Bei *Hüschelrath*, Comp Law 2010, 481, 485 m.w.N. werden für die USA durchschnittlich 2,5 Mio. USD an Beratungs- und Prozesskosten genannt.

41 *M. Roth*, Compliance (2010), S. 12 „Reputation als Schlüsselelement der Governance".

42 *Stadler*, in: Schwerpunkte des Kartellrechts 2004, FIW Schriftenreihe 206 (2006), 67, 67; *Hauschka*, ZIP 2004, 877, 879 Fn. 16 Beispiel der Konzernrichtlinie der Deutsche Bahn AG, wonach bei Korruptionsverstoß der Lieferant ausgeschlossen und Schadensersatz-

ganzer (regionaler) Märkte durch Vergabesperren und Eintragungen in das Gewerbezentral- oder Korruptionsregister der Bundesländer zur Folge haben.[43]

Unabhängig davon, ob der Verstoß dem Wettbewerbs-, Datenschutz- oder Korruptionsbekämpfungsrecht zuzuordnen ist, kann auch das Ansehen als Arbeitgeber auf dem Markt für gutes Personal in Mitleidenschaft gezogen werden.[44] Die zum Teil umfangreichen Anforderungen der Amnestieprogramme (z.B. im Vergaberecht) bedingen personelle Veränderungen oder Umstrukturierungen, womit wiederum der Verlust guten und gut vernetzten Führungspersonals einhergehen kann.[45]

Schließlich hat jeder aufgedeckte Kartellverstoß Auswirkungen auf den Aktienkurs und somit den Unternehmenswert selbst.[46] Denn der Wert wurde mit einem Kartell und nicht redlich durch langfristiges Obsiegen im Wettbewerb am Markt erzielt.[47] Diese Erkenntnis bietet keine Grundlage für langfristige

---

und Vertragsstragenansprüche geprüft werden; *U. H. Schneider*, ZIP 2003, 645, 645; *Bürkle*, BB 2005, 565, 566. Dazu *Pohlmann*, Vorstand für Compliance & Administration der Ferrostaal AG in einem Interview, Finance Compliance August 2011, S. 8. *Werner*, CCZ 2011, 201, 207 wenn sich das Unternehmen nicht entschieden und öffentlich von den Handlungen der Mitarbeiter dinstanziert, könne schnell der Eindruck entstehen, es solidarisiere sich mit der Zuwiderhandlung seiner Angestellten.

43 Für das Kartellrecht vgl. *Stein/Friton/Huttenlauch*, WuW 2012, 38 ff.; *Otto/Fonk*, CCZ 2012, 161, 164 m.w.N.; *Benz/Klindt*, BB 2010, 2977, 2979. Neben Fachkunde und Leistungsfähigkeit wird gleichfalls auf die Zuverlässigkeit des Unternehmens abgestellt; § 97 Abs. 4 GWB formuliert dazu einen fakultativen Ausschluss: „Aufträge werden an fachkundige, leistungsfähige sowie gesetzestreue und zuverlässige Unternehmen vergeben. (…)". Ein zwingender Ausschluss ist bei Submissionsabsprachen nach § 16 Abs. 1 Nr. 1 lit. d) der Verdingungsordnungen für Bauleistungen vorzunehmen. Zu den Korruptionsregistern der Länder vgl. für NRW zuletzt verlängert bis 31.12.2012 GVBl. 2010, 600. Ein rechtskräftiger Bußgeldbescheid, der in Ausübung einer gewerblichen Tätigkeit (§ 2 Abs 1 der 1. GZRVwV) von mehr als 200,00 € erlassen wurde, wird nach § 149 Abs. 2 Nr. 3 GewO auch im Gewerbezentralregister vermerkt, was zugleich die fehlende Eignung i.S.d. GewO zur Folge haben kann.

44 *Fett/Theusinger*, BB Beilage Nr. 4 2010, 6, 7; *Benz/Klindt*, BB 2010, 2977, 2979; *Hauschka*, AnwBl. 2010, 629, 633; *Moosmayer*, Compliance, S. 20; *Hüschelrath*, Comp Law 2010, 481, 486; *Bergmoser/Theusinger/Gushurst*, BB-Special 2008, 1 Compliance als „Marketinginstrument" nutzen.

45 So auch FK-*Seeliger/Mross*, Kartellrechts-Compliance, Rn. 59 m.w.N.

46 *Lampert*, BB 2002, 2237, 2238; dazu auch *Moosmayer*, Compliance, S. 2.

47 Bei *Hüschelrath*, Comp Law 2010, 481, 486 m.w.N. werden 2,2 % Kursverslust für das Bekanntwerden eines Dawn-Raids und etwa 3 % nach Erlass der Bußgeldentscheidung genannt.

Investments.[48] Der Umstand, dass die Durchführung eines Dawn Raids durch die Kartellbehörden, drohende Schadensersatzklagen, Bußgeldentscheidungen und Kooperationsvereinbarungen im Rahmen der Bonusregelung Informationen darstellen können, die eine kapitalmarktrechtliche Ad-hoc Publizitätspflicht nach § 15 WpHG begründen, hat zur Folge, dass das Unternehmen selbst mögliche Investoren über seine Zuwiderhandlung aufklären muss – eine peinliche Ironie.

IV. In ethischer und moralischer Hinsicht

Kartellverstöße sind keine Kavaliersdelikte (mehr);[49] sie gelten als sozialschädlich und werden ethisch missbilligt.[50] Nach ethischer Auffassung ist Arbeit ein

---

48 Standard & Poors bewertet im Rahmen des Enterprise Risk Management auch den Grad der Compliance im Rahmen seiner Unternehmebsbewertung. Gerade große institutionelle Anleger (wie Pensionsfonds der öffentlichen Hand) orientieren ihre Investments auch daran, ob auf Seiten des Unternehmens ein effektives Compliance-Programm besteht. Ein Beispiel dafür ist das Bestehen des Dow Jones Sustainability Index. Es gibt sogar empirische Erhebungen, die belegen, dass eine gute Corporate Governance Struktur positive Einwirkung auf den Aktienkurs und somit letztlich auf den Unternehmenserfolg hat, *Drobetz/Schillhoger/Zimmermann*, ZfB 2004, 1, 20; *Weber/Lentfer/Köster*, ZCG 2007, 53. Auch das Umsatzwachstum soll durch gute Corporate Governance nachweisbar gesteigert sein, *Drobetz/Schillhoger/Zimmermann*, ZfB 2004, 1, 21 und für die DCGK-Befolgung *Jahn/Rapp/Strenger/Wolff*, ZCG 2011, 64, 68. So auch die Studie, deren Ergebnisse *Nitsche*, Finance Compliane August 2011, S. 7 vorstellt und ausführt, dass ein effektives Compliance-Programm die Wettbewerbsfähigkeit des Unternehmens stärkt. Ähnlich auch *Cromme*, Aufsichtsratsvorsitzender der Siemens AG, Der Spiegel v. 20.12.2008: „Seit die bayerische Staatsanwaltschaft im November 2006 ihre Razzien startete, wird im Konzern nicht mehr geschmiert. Seither ging die Zahl der Auftragseingänge nach oben. Die hätte ja logischerweise absacken müssen, wenn Bestechung so lebensnotwendig wäre." Zudem *Waigel*, Compliance Monitor Siemens AG handelsblatt.com v. 10.8.2010: „Mir ist kein einziger Auftrag bekannt geworden, den Siemens wegen der strikten Anti-Korruptions-Strategie nicht bekommen hätte." Vgl. auch FAZ v. 6.2.2013 „Bestechende Großunternehen: Korruption rechnet sich nicht".

49 *Lampert*, BB 2002, 2237.

50 *Dannecker/Biermann*, in: Immenga/Mestmäcker, Vor § 81 Rn. 23; *Stadler*, in: Schwerpunkte des Kartellrechts 2004, FIW Schriftenreihe 206 (2006), 67, 67; *Domke/Stehr/Tolksdorf*, ZRFC 2010, 110; *Canenbley/Steinvorth*, FS 50 Jahre FIW (2010), S. 143, 146. Zu den volkswirtschaftlichen Schäden (darunter Verlust allokativer, produktiver und dynamischer Effizienzen), *Haucap/Stühmeier*, WuW 2008, 413, 414 ff. *Almunia*, Compliance and Competition policy, Businesseurope & US Chamber of Commerce.

Wertzuwachs als Ergebnis guter Wertschöpfung. Diese wiederum führt auf profitable Weise zu werthaltigen Leistungen für den Abnehmer. Der Profit ist demnach als Belohnung besonders gelungener Wertschöpfung moralisch gerechtfertigt.[51] Indem sich das Unternehmen nicht mehr zuvörderst mit der Verbesserung seiner Produkte, sondern mit der Verdichtung der Kontrollbefugnisse des Marktes befasst, beutet es die Marktgegenseite aus. Ethisch betrachtet kommt dieses Verhalten einer Form des Raubes nahe.[52] Ethisch missbilligenswert ist auch das ökonomische Resultat des kartellrechtswidrigen Verhaltens, da die Produzentenrente zulasten der Konsumentenrente und der allgemeinen Wohlfahrt erhöht wird.

V. In bußgeldrechtlicher Hinsicht

Schließlich droht – wie eingangs beschrieben – ein Schaden durch bußgeldrechtliche Zahlungen. Sowohl nach deutschem als auch europäischem Kartellrecht können Bußgelder von bis zu zehn Prozent des im vorangegangen Jahr erzielten (konzernweiten) Umsatzes verhängt werden. Nach deutschem Recht ist der Kartellverstoß gemäß § 130 OWiG für natürliche Personen bzw. nach § 30 OWiG (§ 130 OWiG) i.V.m. §§ 1 ff.; 81 GWB für juristische Personen und Verbände sanktionsbewehrt.[53] Im Unionsrecht finden sich in Art. 23 VO 1/2003 Bußgeldandrohungen gegen Unternehmen bei Zuwiderhandlung gegen die Kartellverbote von Art. 101 und Art. 102 AEUV. Entsprechend dem kartellrechtlichen Auswirkungsprinzip[54] kann ein Kartellverstoß von mehreren (nationalen) Behörden verfolgt und bestraft werden,[55] da der Grundsatz ne bis in idem

---

Competition conference, SPEECH/10/586: „Our action on cartel control saved consumers about €1.7 billion in 2009 alone."

51 *Domke/Stehr/Tolksdorf*, ZRFC 2010, 110, 113.

52 *Domke/Stehr/Tolksdorf*, ZRFC 2010, 110, 113. Ähnlich *Heinemann*, FS v. Büren (2009), S. 597, 606, der den Unwert kartellrechtswidriger Handlung mit dem von Betrug oder Diebstahl vergleicht.

53 In der Praxis sind Bußgelder in Höhe eines Jahresbruttolohns für natürliche Personen üblich, *Kapp/Dittrich/Macha*, Kartellrecht in der Unternehmenspraxis, S. 218.

54 Für das Unionsrecht vgl. Kommission v. 24.7.1969 – 69/243/EWG (26.267) *Farbstoffe*, ABl. Nr. L 195/11, bestätigt durch EuGH v. 14.7.1972 – Rs. 48/69 *ICI ./. Kommission*, Slg. 1972, 619 Rn. 125 ff.; ferner EuGH v. 27.9.1988 – Rs. 89/85 *Ahlström Osakeyhtiö u.a. ./. Kommission*, Slg. 1988, 5193 Rn. 14 ff.; aus neuerer Zeit EuG v. 25.3.1999 – Rs. T-102/96 *Gencor ./. Kommission*, Slg. 1999, II-753. Auch Art. 6 Abs. 3 lit. a) Rom II-VO ordne die allseitige Anknüpfung kartellredliktsrechtlicher Ansprüche nach dem Auswirkungsprinzip an, *Ackermann*, ZWeR 2010, 329, 348 ff.

55 *Stadler*, in: Schwerpunkte des Kartellrechts 2004, FIW Schriftenreihe 206 (2006), 67, 68.

insofern keine Anwendung findet.[56] Mittlerweile kennen mehr als 100 Staaten Kartellrechtsgesetze und sehen entsprechende Sanktionen für den Fall der Zuwiderhandlung vor.[57]

Das „public enforcement“ zum Zwecke der Kartellbekämpfung hat in der jüngeren Vergangenheit sehr viel Auftrieb erhalten. Neben der Aufstockung der Ressourcen und Erhöhung der Bußgelder sind zum Teil auch die Kompetenzen der Behörden wie Ermittlungen, Beschlagnahme und Auskunftsverlangen (Art. 17 ff. VO 1/2003 bzw. §§ 57 ff. GWB) erweitert worden, vgl. Art. 17 VO 1/2003 bzw. § 32e GWB. Zwar gilt weiterhin der Ermittlungsgrundsatz,[58] sodass aufgrund von Beweisschwierigkeiten die Kartellrechtsverfolgung kein leichtes Unterfangen ist. Doch mit kreativen Ideen und dem Appell an die Normentreue ist dem in der jüngeren Vergangenheit abgeholfen worden. Das ist nicht zuletzt maßgeblich auf den Erfolg der Bonusregelungen[59] und zunehmend auch der Möglichkeit und Inanspruchnahme des Settlement-Verfahrens zurückzuführen: In der Vergangenheit haben Unternehmen, deren Kartell von einem Kronzeugen aufgedeckt wurde, selbst ein anderes aufgedeckt und Erlass eines Bußgeldes erlangt. So stellte im Vitaminkartell,[60] dem unter anderem Hoffmann-La Roche, BASF sowie Rhône-Poulenc angehörten, Hoechst einen Bonusantrag bei der Kommission. Hoechst war zuvor mit Rhône-Poulenc zu Aventis fusioniert und selbst einige Jahre zuvor wegen Absprachen bei Sorbinsäure von den amerikanischen Kartellbehörden abgestraft worden und davon noch beeindruckt.[61]

C) Defence durch Compliance

Die von den Kartellbehörden erzielten Erfolge und verhängten Bußgelder zeigen die Notwendigkeit der Sensibilisierung der Unternehmen (nicht nur) für das Kartellrecht und ein effektives („robust“)[62] Compliance-Programm zur Einhaltung und Befolgung dessen.

---

56 Dazu EuGH v. 7.1.2004 – Rs. C-204/00 *Aalborg Portland u.a. ./. Kommission*, Slg. 2004, I-123 Leitsatz 14, Rn. 338 ff.; EuGH v. 29.6.2006 – C-289/04 P *Showa Denko ./. Kommission*, Slg. 2006, I-5959, Rn. 56; kritisch *F. Immenga/Jüttner*, ZWeR 2006, 400 ff.

57 *Voet van Vormizeele*, ZRFC 2010, 102, 103; *Heinemann*, FS v. Büren (2009), S. 597, 609.

58 *Lampert/Matthey*, in: Hauschka, Corporate Compliance, § 26 Rn. 43; *Soyez*, EuZW 2007, 596, 599.

59 Dazu *Sura*, in: Langen/Bunte, Kartellrecht Band 2, Art. 23 Rn. 54 m.w.N.

60 Kommission v. 22.11.2001 – 2003/2/EG (37.512) *Vitamine*, ABl. L 2003 Nr. 6/1.

61 *Domke/Stehr/Tolksdorf*, ZRFC 2010, 110, 111.

62 *Gehring/Kasten/Mäger*, CCZ 2013, 1.

Die Folgen eines (aufgedeckten) Kartellverstoßes sind demnach in hohem Maße schadensträchtig, gleich ob direkt monetär messbar oder nicht.[63] Die dargestellten Konsequenzen können bereits durch das Fehlverhalten eines einzigen Mitarbeiters ausgelöst werden und sind keinesfalls ein branchenspezifisches Phänomen.[64] Schon ein Austausch über sensible Daten,[65] wie Werbeausgaben, Umfang der Retouren, geplante Produkteinführungen und Preisanhebungen kann für die Annahme eines Kartellverstoßes genügen.[66] Im Hinblick auf die (bußgeldbewehrte) Missbrauchskontrolle sowie das Diskriminierungs- und Behinderungsverbot nach § 20 GWB i.V.m. § 81 Abs. 2 Nr. 1, Abs. 4 S. 1 GWB, entschied sich der deutsche Gesetzgeber gleichsam für einen verhältnismäßig weiten Anwendungsbereich, indem bereits sogenannte marktstarke Unternehmen erfasst werden,§ 20 Abs. 4 GWB, ohne dass sie eine marktbeherrschende Stellung innehaben müssen.[67]

Gegen diese Risiken haben zahlreiche Unternehmen eine umfassende Verteidigungsstrategie, eine *Defence*, entwickelt.[68] Teil dieser Strategie zur Vermeidung

---

63 Empirie bei *Bussmann/Salvenmoser*, CCZ 2008, 192, 193.

64 *Mundt*, FS 50 Jahre FIW (2010), S. 237, 241 m.w.N.; *Lampert*, BB 2002, 2237; *Wirtz*, WuW 2001, 342. In der Vergangenheit wurden Kartellversößе u.a. in der Chemie-, Versicherungs-, Lebensmittel- oder Luftfahrtbranche festgestellt, *Dreher*, ZWeR 2004, 75, 77; *Hossenfelder/Pape/Töllner*, Kartellrechtsprechung und Kartellrechtspraxis 2002/2003, S. 59 ff, 406 ff., 440 ff. Vgl. auch Wettbewerbsberichte Kommission und Tätigkeitsberichte des Bundeskartellamt.

65 Grds. EuGH v. 4.6.2009 – Rs. C-8/08 *T-Mobile Netherlands BV u.a.*, Slg. 2009, I-4529; *Besen/Gronemeyer*, CCZ 2009, 67, 67.

66 BKartA, Pressemitteilung v. 10.7.2008 – *Schlossrunde*, abrufbar unter bundeskartellamt.de. Vgl. das Beispiel von *Kapp*, CCZ 2008, 11, 12 über die Absprache zweier Schraubenhersteller darüber, dass der eine nur links, der andere nur rechtsdrehende Schrauben vertreibt.

67 Im Fall BGH, NJW 1976, 801 – *Rossignol* ist eine Marktbeherrschung bei 8 % Marktanteil angenommen worden. MünchKommEuWettbR/*Engelsing/Schneider*, VO 1/2003 Art. 23 Rn. 9.

68 Der Begriff der *Defence* ist dem Kartellrecht nicht fremd. Im Rahmen der *passing-on-defence* wehren die kartellverdächtigen Unternehmen die Schadensersatzklage des Abnehmers mit dem Einwand ab, dass er das Produkt mit dem Manko des Kartellbedingtheit weiterverkaufen konnte, ihm daher letztlich kein Schaden entstanden sei. Dazu kürzlich BGH v. 28.6.2011 – KZR 75/10, Anmerkungen von *Bulst*, ZWeR 2012, 70; *Bergmann/Fiedler*, BB 2012, 206; *Kersting/Dworschak*, JZ 2012, 777; *Kirchhoff*, WuW 2012, 927. Vgl. auch zur strafrechtlichen Verantwortung „due diligence defence“, *Dannecker*, MSchKrim 1991, 268 ff.

der zuvor genannten Risiken ist die *Compliance Defence*,[69] die Einführung und ständige Fortentwicklung eines (kartellrechtlichen) Compliance-Programms. Dahinter verbergen sich die Summe aller von der Unternehmensleitung eingeleiteten organisatorischen Maßnahmen zur Verhinderung und Aufdeckung eines (Kartell-)Verstoßes durch zahlreiche verschiedene präventive und repressive Mittel.

Freilich liegt der primäre Zweck eines Unternehmens, das ein (kartellrechtliches) Compliance-Programm errichtet, darin, eine möglichst umfangreiche Haftungsvermeidung für sich, seine Organe und Mitarbeiter zu erzielen. Eine etwaige Verteidigung mit seinen Compliance-Maßnahmen kann schon zwingend erst dann erfolgen, wenn ihm ein Vorwurf wegen Verstoßes gegen das (Kartell-) Recht zur Last gelegt wird.

Ist es dennoch zu einem Kartellverstoß gekommen, wird das Unternehmen mit seinem Compliance-Programm nunmehr eine Verteidigungsstrategie entwickeln wollen. Neben der kompromisslosen Aufklärung des Verstoßes wird es gegenüber den Kartellbehörden zunächst eine vollständige Bußgeldenthaftung oder zumindest eine Bußgeldreduzierung ersuchen.[70]

I. *kəmˈplaɪəns* – Ein Systembegriff

Compliance ist ein „legal transplant“[71] und Element einer gut aufgestellten Corporate Governance Struktur innerhalb des Unternehmens.[72] Die Forschung um diesen Begriff ist ein „junges Rechtsgebiet mit bemerkenswerter

69 *Hauschka*, in: ders., Corporate Compliance, § 1 Rn. 2 ff.

70 Den Begriff der Compliance Defence verwenden u.a. FK-*Seeliger/Mross*, Kartellrechts-Compliance, Rn. 93 ff.; *Baron/Seeliger*, Compliance-Berater 2013, 345 ff.; *Eufinger/Maschemer*, EWS 2012, 509 ff. und *Kasten*, in: Mäger, Europäisches Kartellrecht, Rn. 136, 149. *Hofstetter/Ludescher*, FS v. Büren (2009), S. 485, 499 und *Geradin*, The EU Competition Law Fining System, S. 25 verwenden den Begriff der „Compliance Defense“, allerdings nur für den Fall der Enthaftung der Konzernobergesellschaft wegen konzernweiter Compliance-Maßnahmen. Die Compliance Defence im Anwendungsbereich der Bußgeldreduzierung blenden sie (bewusst) aus.

71 *Fleischer*, NZG 2004, 1129; *Bürkle*, BB 2005, 565, 565; *Kiethe*, GmbHR 2007, 393, 394.

72 *U. H. Schneider*, ZIP 2003, 645, 647 spricht vom Vorstand als „legal risk manager“; *Fleischer*, NZG 2004, 1129, 1131. Zur Abgrenzung zwischen Compliance und Corporate Governance verweist *Hauschka*, in: ders., Corporate Compliance, § 1 Rn. 2 a.E. auf die verschiedenen Sichtweisen als „Regulierer“ (Corporate Governance) und „Reguliertem“ (den Unternehmen – Compliance); *M. Roth*, Compliance (2010), S. 67.

Durchschlagskraft",[73] da Compliance in weitestgehend jeden größeren Unternehmensteil Einzug gefunden hat. Ursprünglich aus dem Bank- und Kapitalmarktrecht entstammend werden unter dem Begriff heute die organisatorischen Maßnahmen zur Gewährleistung der Rechtsmäßigkeit im gesamten Unternehmen verstanden.

Compliance hat eine vielschichtige Bedeutung und ist interdisziplinär zur erfassen. Darunter finden sich Elemente von Risk Management, Sustainability, Diversity, aber auch klassische juristische Themen, wie Kartell- und Korruptionsrecht.[74] Der Kern von Compliance ist die Organisation von innerbetrieblicher Rechtsaufsicht und Normbefolgung mit dem Ziel der Haftungsvermeidung.[75] In der Kombination von beidem liegt auch das ureigene Unternehmensinteresse: Wie kann es die Einhaltung der Regeln bei zunehmender und beinahe unüberschaubarer Regelungsdichte organisatorisch hinreichend sicherstellen und zugleich den Risiken präventiv begegnen?[76]

1. *Der Wortlaut: complere, compleo, complevi, completum*

Der Begriff bzw. das Schlagwort Compliance hat wie so zahlreiche angloamerikanische Begriffe Einzug in die deutsche Rechtssprache erhalten, ohne dass sich seine Bedeutung oder Reichweite in allen Facetten durch einfache Übersetzung zutreffend erschließen ließe.[77] Nach kurzer Suche in den einschlägigen (Rechts-)Wörterbüchern finden sich Übersetzungen wie „Befolgung", „Einhaltung"[78] oder „Erfüllung".[79] Doch sind das freie Übersetzungen einer weit reichenden Bedeutung des Wortes, deren Übersetzung nicht so zielführend ist, wie die deskriptive Herangehensweise an seine Ausprägungen und

---

73 *Vetter*, FS Graf von Westphalen (2010), S. 719, 720; kritisch *C. Müller*, Kartellrechtscompliance, S. 20 Fn. 120 m.w.N.

74 *Benz/Klindt*, BB 2010, 2977; *M. Roth*, Compliance (2010), S. 9 f. In die Richtung auch *Hüschelrath*, Comp Law 2010, 481, 482.

75 *Klindt*, NJW 2007, 2460.

76 *Eisolt*, BB 2010, 1843; *M. Roth*, Compliance (2010), S. 15.

77 Zwar stammt das englische Wort „compliance" von dem lateinischen „complere" ab, doch wird die unter compliance verstandene Bedeutung besser mit „solvere" umschrieben. Ähnlich *C. Müller*, Kartellrechtscompliance, S. 7 a.E.

78 *G. Bugg/Simon*, Langenscheidt Alpmann, S. 255 „compliance".

79 *Dietl/Lorenz*, Wörterbuch, S. 147 „compliance (with)". *Waite*, Oxford Dictionary and Thesaurus, S. 195 „compliance" – „the action of obeying an order" mit den Synonymen „obedience" und „acquiesence".

Einsatzmöglichkeiten.[80] Vermutlich wird sich kein deutscher Begriff finden, der ebenso eingängig und vielseitig verwendbar ist, wie der englische Wortlaut.

Hauschka zählt zu Compliance, dass sich die Unternehmen

> „im Einklang mit dem geltenden Rechte bewegen, (...) die Einhaltung der gesetzlichen Vorschriften und unternehmensinternen Richtlinien sowie alle Maßnahmen zur Risikofrüherkennung und -minimierung (sicherstellen).“[81]

Nach einer (summarischen) Definition der Wirtschaftsprüfungsgesellschaft PricewaterhouseCoopers AG, die sich von Seiten der Praxis in der Forschung sehr engagiert zeigt, ist Compliance

> „ein ganzheitliches Organisationsmodell mit Prozessen und Systemen, das die Einhaltung von gesetzlichen Bestimmungen, interner Standards sowie die Erfüllung wesentlicher Ansprüche der Stakeholder sicherstellt.“[82]

Ein ähnliches Verständnis von Compliance haben auch die einschlägigen Rechtswörterbücher, wenn sie darin

> „die rechtlich ordnungsgemäße systematische Organisation eines Unternehmens mit dem Ziel, eine zivil- oder sogar strafrechtliche Haftung des Unternehmens und seiner Organe zu vermeiden“

sehen wollen.[83] Eine Besonderheit und zugleich das „Neue“ an Compliance ist, dass es nicht (nur) um die schlichte Befolgung der Regeln geht, sondern diese bewusst und gewollt mit einem geplanten Organisationskonzept eingehalten werden.[84] Die eigenständige Bedeutung des Begriffs wird besonders deutlich, wenn er für ein bestimmtes Ziel oder die Befassung mit einer bestimmten Branche angereichert wird.[85] Denn je nach Rechtsgebiet, Region, Unternehmensform und -größe können sich unterschiedliche Anforderungen und Profile ergeben, die mit Compliance-Maßnahmen im Allgemeinen und Compliance-Programmen im Speziellen erfüllt werden sollen. In der Regel werden diese breit aufgestellt sein, um allen Anforderungen der verschiedene Rechtsgebiete

---

80 Zunächst wurde der Begriff in der Medizin verwendet, z.B. um die Therapietreue eines Patienten zu bestimmen, *M. Roth*, Compliance, S. 1.

81 *Hauschka*, in: ders., Corporate Compliance, § 1 Rn. 2.

82 PriceWaterhouseCoopers Mai 2005, S. 8, *dies.*, Compliance-Management bei Finanzinstituten 2004, S. 7. S. auch *C. Müller*, Kartellrechtscompliance, S. 10 Compliance als „Organisationslehre“.

83 *Creifelds*, Rechtswörterbuch, S. 259.

84 *M. Roth*, Compliance, S. 1.

85 *Wagner*, CCZ 2009, 8, 10; *Obermayr*, in: Hauschka, Corporate Compliance, § 17 Rn. 75. Vgl. auch die §§ 36–45 in *Hauschka*, Corporate Compliance.

und Risikofelder, in denen das Unternehmen tätig ist, zu genügen und in Gänze zu erfassen.[86] Wegen der zuvor genannten Reichweite des Begriffs kann Adressat von Compliance nicht nur die einzelne privatrechtlich organisierte natürliche oder juristische Person sein, sondern auch der Staat und seine Verwaltungseinheiten können sich compliant verhalten.[87] Bei Compliance handelt es sich also um einen Systembegriff, der ein Netzwerk von Maßnahmen aus verschiedenen Disziplinen beschreibt.[88]

2. Systematische Einordnung und Abgrenzung von anderen Prozessen

Wenn es um die Implementierung von Compliance in das Strukturgefüge eines Unternehmens geht, fallen häufig einige Begriffe, die zunächst einer Zuordnung und Abgrenzung bedürfen. Am Ausgangspunkt aller Erwägungen und Maßnahmen zu Compliance steht ein Compliance-Programm. An dieser Stelle wird überlegt, welche konkreten Inhalte vermittelt werden, wie umfangreich, nachhaltig und intensiv die Maßnahmen reichen sollen. Im Rahmen der Compliance-Organisation wird festgelegt, wer für die konkreten Compliance-Inhalte, deren Ausgestaltung und Vermittlung im Unternehmen verantwortlich ist und ihnen zur Anwendung verhilft. Beide zusammen bilden den Kern von Compliance – die Vermittlung von materiellem Gehalt auf einer nachhaltigen organisatorischen Grundlage – und können untechnisch als Compliance-Maßnahmen zusammengefasst werden.

Häufig wird Compliance in einem Atemzug mit Risikomanagement genannt.[89] Richtigerweise befasst sich auch Compliance mit den für das Unternehmen ungünstigen Entwicklungen, versucht diese Risiken vorherzusehen und

---

86 Vgl. dazu die verschiedenen Kapitel zum „Besonderen Teil“ von Compliance nach *Hauschka*.

87 Dazu und zum Bewusstsein für Compliance in der öffentlichen Wirtschaft *Burgi*, CCZ 2010, 41 ff. m.w.N.; *Heuking/v. Coelln*, DÖV 2012, 827 ff.; *Otto/Fonk*, CCZ 2012, 161, 164 ff. m.w.N.; *Ohrtmann*, Compliance. Anforderungen an rechtskonformes Verhalten öffentlicher Unternehmen, (2009); z.B. durch die Einhaltung internationaler gesetzlicher Regelungen, Konventionen (UN) oder Beschlüssen (OECD).

88 Es gibt mittlerwile sogar einen 24-monatigen Masterstudiengang http://www.duw-berlin.de/de/studiengaenge/compliance.html.

89 *Wagner*, CCZ 2009, 8, 11; *Hauschka*, in: ders., Corporate Compliance, § 1 Rn. 28; *M. Roth*, Compliance, S. 47 ff. Zur weiteren Abgrenzung vgl. auch *dies.*, Compliance (2010), S. 75 ff., 219 ff.

abzuwenden.[90] Eine inhaltliche Überschneidung der Bereiche kann durchaus eintreten, z.B. in dem Fall, dass ein Rechtsverstoß gleichzeitig besonders nachhaltige Folgen auf die Wirtschaftlichkeit des Unternehmens hat.

Auch die Vorschriften § 64a VAG Abs. 1 S. 1 und § 25a Abs. 1 S. 1 KWG VAG scheinen von einem Junktim auszugehen, wenn sie der in beiden Normen zentralen „ordnungsgemäßen Geschäftsorganisation" zum einen „die Einhaltung der zu beachtenden Gesetze und Verordnungen und aufsichtsbehördlichen Anforderungen" bzw. „gesetzlichen Bestimmungen" auferlegen und zum anderen „insbesondere" ein „angemessenes Risikomanagement" als Teil dieser ordnungsgemäßen Geschäftsorganisation ansehen.

Sowohl die Pflicht zu Risikomanagement als auch zu Compliance sind Gegenstand des 4. Abschnitts des DCGK und dort dem Vorstand zugeordnet. Sie werden aber nicht gemeinsam – etwa in einer Nummer – behandelt, bilden also kein Synonym. Doch ist eine Artverwandtschaft und gewisse Schnittmenge schon aufgrund ihrer Stellung nicht von der Hand zu weisen: Immerhin folgen sie einander unmittelbar in der Reihenfolge ihrer systematischen Anordnung: Ziff. 4.1.3 DCGK greift die Pflicht des Vorstands zu Compliance auf, Ziff. 4.1.4 DCGK gibt die zentrale Risikomanagementpflicht wieder.[91]

Bei Compliance handelt es sich um eine Querschnittsaufgabe zur Identifizierung der unternehmensweiten rechtlichen Risiken, mit der sich in Teilen auch das Controlling, die Revision und das interne Risikomanagement befassen.[92] Jedoch zielen Compliance-Maßnahmen in erster Linie auf die Gewährleistung der Rechtskonformität von unternehmerischer Tätigkeit in der Gesellschaft ab und nur mittelbar auf die Sicherung der Solvenz.[93] Mit ihnen versucht das Unternehmen, Rechtsverstöße im Vorfeld zu vermeiden, gerade auch solche, die nicht die Tragweite der Bestandsgefährdung haben.[94]

---

90 *Hauschka*, in: ders., Corporate Compliance, § 1 Rn. 4 ff. Vgl. Auch deutlich BE 30 der Richtlinie 2009/138/EG des Europäischen Parlaments und des Rates vom 29.11.2009 betreffend die Aufnahme und Ausübung der Versicherungs- und der Rückversicherungstätigkeit (Solvabilität II), ABl. 2009 L 335/1.

91 Zwar nennt der Kodex sie an anderer Stelle gemeinsam, Ziff. 3.4. Abs. 2 DCGK, doch geschieht dies nur im Rahmen einer bloßen Aufzählung über den Inhalt der Berichtspflichten des Vorstands an den Aufsichtsrat, also an einer Stelle, die geringere Aussagekraft über den Unterschied zwischen Risikomanagement- und Compliance-Pflicht hat, als im 4. Abschnitt, wenn die beiden Pflichten dem Vorstand zugeordnet werden.

92 *Unger*, in: Gesellschaftsrecht in der Diskussion, S. 103, 107.

93 *Schmidt*, Compliance in Kapitalgesellschaften, S. 21; *Eisolt*, BB 2010, 1843, 1843.

94 *Pietzke*, CCZ 2010, 45, 53.

Auch das Verständnis von Interner Revision ist in Teilen ein anderes, als es dem Compliance Begriff zugrunde liegt. Nach einer (weltweit) vereinheitlichten Definition liegt der Internen Revision eine Zweiteilung aus Prüfungs- und Beratungsdienstleistungen unter Berücksichtigung des Risikomanagements zum einen und auf künftige unternehmerische Handlungen ausgerichtete Mehrwertschaffung zum anderen zugrunde.[95] Das Deutsche Institut für Interne Revision (DIIR) hat gemeinsam mit dem Schweizer und Österreichischen Partnerinstituten gefolgert:

> „Interne Revision erbringt unabhängige und objektive Prüfungs-(„Assurance-") und Beratungsdienstleistungen, welche darauf ausgerichtet sind, Mehrwerte zu schaffen und die Geschäftsprozesse zu verbessern. Sie unterstützt die Organisation bei der Erreichung ihrer Ziele, indem sie mit einem systematischen und zielgerichteten Ansatz die Effektivität des Risikomanagements, der Kontrollen und der Führungs- und Überwachungsprozesse bewertet und diese zu verbessern hilft."[96]

Compliance bezweckt also eine „Ordnungsgemäßheitsprüfung", bildet aber nur einen Schwerpunkt und damit nur einen Ausschnitt der Internen Revision, die im Kern mehr prozessbezogen wertsichernde und werschöpfende Ziele (und die Effizienz der Geschäftsprozesse überwacht).[97] Auch der IDW geht von einem aliud aus, wenn er IDW PS 260 bzw. 261 zur Prüfung des Internen Kontrollsystems zum einen und IDW PS 980 zur Prüfung des Compliance Management System zum anderen erlassen hat.

a) Nationalstaatliche Perspektive – Deutsches Recht

Der Compliance-Begriff taucht bereits an verschiedenen Stellen des (erweiterten) deutschen und europäischen Rechts auf.

So findet sich aktuell in den Ziff. 4.1.3., 5.3.2. DCGK eine Klammerdefinition als Beschreibung, sodass im Rahmen der Entsprechungserklärung des § 161 AktG der Begriff Einzug in die erweiterte deutsche Gesetzgebung gefunden:

> Art. 4.1.3.: „Der Vorstand hat für die Einhaltung der gesetzlichen Bestimmungen und der unternehmensinternen Richtlinien zu sorgen und wirkt auf deren Beachtung durch die Konzernunternehmen hin (Compliance)."

> Art. 5.3.2.: Der Aufsichtsrat soll einen Prüfungsausschuss (Audit Committee) einrichten, der sich insbesondere mit Fragen der Rechnungslegung, des Risikomanagements und der Compliance, der erforderlichen Unabhängigkeit des Abschlussprüfers, der Erteilung des Prüfungsauftrags an den Abschlussprüfer, der Bestimmung von

95 *Obermayr*, in: Hauschka, Corporate Compliance, § 17 Rn. 27.
96 *IIR*, Grundlagen. Kodex der Berufsethik, Einleitung.
97 *Obermayr*, in: Hauschka, Corporate Compliance, § 17 Rn. 27, 38.

Prüfungsschwerpunkten und der Honorarvereinbarung befasst. Der Vorsitzende des Prüfungsausschusses soll über besondere Kenntnisse und Erfahrungen in der Anwendung von Rechnungslegungsgrundsätzen und internen Kontrollverfahren verfügen. Er sollte unabhängig und kein ehemaliges Vorstandsmitglied der Gesellschaft sein, dessen Bestellung vor weniger als zwei Jahren endete."

Von hoher Bedeutung für die Finanzbranche ist ebenfalls die Regelung des § 33 WpHG, die Wertpapierdienstleistungsunternehmen zur organisatorischen Erfüllung eines umfangreichen Pflichtenprogramms (z.B. Monitoring und Dokumentation) verpflichtet:

1) Ein Wertpapierdienstleistungsunternehmen muss die organisatorischen Pflichten nach § 25a Abs. 1 und 4 des Kreditwesengesetzes einhalten. Darüber hinaus muss es

1. angemessene Grundsätze aufstellen, Mittel vorhalten und Verfahren einrichten, die darauf ausgerichtet sind, sicherzustellen, dass das Wertpapierdienstleistungsunternehmen selbst und seine Mitarbeiter den Verpflichtungen dieses Gesetzes nachkommen, wobei insbesondere eine dauerhafte und wirksame Compliance-Funktion einzurichten ist, die ihre Aufgaben unabhängig wahrnehmen kann;

(...)

5. sicherstellen, dass die Geschäftsleitung und das Aufsichtsorgan in angemessenen Zeitabständen, zumindest einmal jährlich, Berichte der mit der Compliance-Funktion betrauten Mitarbeiter über die Angemessenheit und Wirksamkeit der Grundsätze, Mittel und Verfahren nach Nummer 1 erhalten, die insbesondere angeben, ob zur Behebung von Verstößen des Wertpapierdienstleistungsunternehmens oder seiner Mitarbeiter gegen Verpflichtungen dieses Gesetzes oder zur Beseitigung des Risikos eines solchen Verstoßes geeignete Maßnahmen ergriffen wurden (...).

b) Unionsrechtsliche Perspektive

In Art. 45 der Richtlinie Solvabilität II, dessen Überschrift „Interne Kontrolle" lautet, ist Compliance in beiden Absätzen per Klammerdefinition als Teil des internen Kontrollsystems der Versicherungsunternehmen umschrieben.

„(1) Die Versicherungs- und Rückversicherungsunternehmen verfügen über ein wirksames internes Kontrollsystem.

Dieses System umfasst zumindest Verwaltungs- und Rechnungslegungsverfahren, einen internen Kontrollrahmen, angemessene Meldevereinbarungen auf allen Unternehmensebenen und eine Funktion der Überwachung der ständigen Einhaltung der Anforderungen (‚Compliance').

(2) Zur letztgenannten Funktion zählt auch die Beratung des Verwaltungs- oder Managementorgans betreffend die Einhaltung der gemäß dieser Richtlinie erlassenen Rechts- und Verwaltungsvorschriften. Sie umfasst ebenfalls eine Bewertung der möglichen Auswirkung von Änderungen des Rechtsumfelds auf die Tätigkeit des betreffenden

Unternehmens sowie die Identifizierung und Bewertung des Risikos der Einhaltung der rechtlichen Vorgaben (‚Compliance').“[98]

Seit 2005 wird in der Verordnung (EG) Nr. 1782/2003 über Cross Compliance festgehalten, dass EU-Direktzahlungen nur gewährt werden, wenn sich der betreffende Landwirt an Vorschriften in den Bereichen Umwelt, Lebensmittel- und Futtermittelsicherheit sowie Tiergesundheit und Tierschutz hält. In der Sache wird also eine Verknüpfung von Beihilfen an die Einhaltung der Umweltgesetze hergestellt. Wird gegen diese Regelungen verstoßen, so wird die Beihilfe je nach Schweregrad der Verletzung um bis zu 100 Prozent gekürzt.

3. *Rechtshistorische Perspektive auf Compliance*

Wenngleich die oben angedeutete Konjugation einen lateinischen Ursprung des Wortlauts suggeriert, entstammt die Bedeutung des Compliance-Begriffs nach heutigem Verständnis dem US-amerikanischen Börsen- und Finanzmarktrecht.

Zwar finden sich schon in der Literatur der 1980er Jahre Stimmen für die Einführung einer innerbetriebliche Organisationsstruktur zur Vermeidung von Haftungsfällen im Bereich der Produkthaftung (über Produktbeobachtung und Produktrückruf),[99] doch hat der Begriff Compliance im Rahmen der Corporate Governance Debatte sowie der Finanzmarktförderungsgesetze[100] und Basel-II-Anforderungen[101] Einzug in die (erweiterte) nationale Rechtssetzung gefunden. Der Schwerpunkt lag zunächst auf der rechtskonformen Sicherstellung des Wertpapierdienstleistungsgeschäfts und Einrichtung interner Kontrollverfahren

98 Vorschlag der Kommission v. 10.7.2007 für eine Richtlinie des Europäischen Parlaments und des Rates betreffend die Aufnahme und Ausübung der Versicherungs- und Rückversicherungstätigkeit – Solvabilität II, KOM(2007) 361 endg. Vgl. sodann die Richtlinie 2009/138/EG des Europäischen Parlaments und des Rates vom 29.11.2009 betreffend die Aufnahme und Ausübung der Versicherungs- und der Rückversicherungstätigkeit (Solvabilität II), ABl. 2009 L 335/1, Art. 13 Nr. 29, Art. 46 Abs. 1, 2.

99 *Hauschka*, AG 1988, 29 ff.

100 Gesetz vom 26.7.1994 über den Wertpapierhandel und zur Änderung börsenrechtlicher und wertpapierrechtlicher Vorschriften, BGBl. I 1994, S. 1749.

101 Richtlinie 2006/48/EG des Europäischen Parlaments und des Rates vom 14.6.2006 über die Aufnahme und Ausübung der Tätigkeit der Kreditinstitute, ABl. 2006 L 177/1 und Richtlinie 2006/49/EG des Europäischen Parlaments und des Rates vom 14.6.2006 über die angemessene Eigenkapitalausstattung von Wertpapierfirmen und Kreditinstituten, ABl. 2006 L 177/201.

und weitete sich dann auf andere Rechtsgebiete, Datenschutz-, Exportkontroll-, Arbeits-, Antikorruptions- und Kartellrecht aus.[102]

Ausdrücklich wurde er in der Richtlinie des Bundesaufsichtsamts für den Wertpapierhandel zur Konkretisierung der Organisationspflichten von Wertpapierdienstleistungsunternehmen gemäß § 33 Abs. 1 WpHG genannt. Dort heißt es, Unternehmen seien verpflichtet,

> „eine ihrer Struktur und Geschäftstätigkeit entsprechenden Aufbau- und Ablauforganisation sowie die laufende Überwachung zur ordnungsgemäßen Durchführung … zu gewährleisten (Compliance).“[103]

Ähnlich wie Compliance im Rahmen der Corporate Governance Einzug ins deutsche Recht gefunden hat, folgen nun auch „im Gepäck“ der Compliance-Forschung andere Risikomanagement-Parameter.[104]

4. Telos im Allgemeinen – Funktionales Verständnis und Eigeninteresse

Mit der Einrichtung von Compliance-Maßnahmen will ein Unternehmen ein ordnungsgemäßes, insbesondere gesetzmäßiges Verhalten der Adressaten sicherstellen und zwar auf breiter Fläche (Korruptionsbekämpfung, Produkthaftung, Umweltrecht, Taxation etc.) und jeder Ebene (In- und Ausland) im Unternehmen. Ziel ist es, dass neben dem geltenden Recht auch Standesregeln sowie unternehmenseigene Vorgaben eingehalten und deren Einhaltung überwacht wird.[105]

Nähert man sich dem Begriff Compliance funktionell,[106] wird die Vielschichtigkeit seiner Zwecke besonders deutlich: Compliance hat eine *Nachweisfunktion*

---

102 Schimansky/Bunte/Lwowski-*Eisele*, § 109 Rn. 2 ff.; *M. Roth*, Compliance, S. 7 mit einem Vergleich zweier Investbanken, die in unterschiedlichem Maße mit der US-amerikanischen Börsenaufsichtsbehörde SEC kooperierten. Die Sanktionen und angeordneten Maßnahmen der Aufsichtsbehörde hatten den wirtschaftlichen Niedergang des einen Bankhauses zur Folge, während das andere ohne nennenswerte Schäden weiterhin am Markt blieb. *dies.*, Compliance (2010), S. 10, ausführlich S. 87 ff.

103 Bundesanzeiger Nr. 210 vom 6.11.1999, S. 18453.

104 *Wagner*, CCZ 2009, 8, 10.

105 *Hauschka*, in: ders., Corporate Compliance, § 1 Rn. 24; *M. Roth*, Compliance (2010), S. 63 ff.

106 *Bergmoser*, BB Beilage Nr. 4 2010, 2, 3; *ders./Theusinger/Gushurst*, BB-Special Compliance 2008, 1, 2; *Kort*, NZG 2008, 81; *Lösler*, NZG 2005, 104 sprechen von Schutz-, Beratungs-, Informations-, Qualitätssicherungs-, Innovations-, Kontroll- und Überwachungs- sowie Marketingfunktion; *C. Müller*, Kartellrechtscompliance, S. 162 spricht von Risikobegrenzungs- oder Schutz-, Informations-, Kontroll- oder Überwachungs- sowie Schutzfunktion.

gegenüber dem Aufsichtsorgan und eine *Signalfunktion* an den (Kapital-)Markt sowie eine *Schutzfunktion* innerhalb des Unternehmens.[107] Die *Schutzfunktion* klärt Mitarbeiter über bestehende Regeln auf und versucht mit entsprechenden Überwachungssystemen, bewussten und unbewussten Regelüberschreitungen vorzubeugen. Sowohl dem Unternehmen, seinen Organen als auch seinen Mitarbeitern kommt diese Funktion schützend zugute.[108] Das Eigentinteresse der verantwortlichen Führungsebene an Compliance besteht insofern, als dass weder eine Betriebshaftpflicht noch eine D&O Versicherung zahlen werden,[109] wenn Schäden des Unternehmens (Bußgelder!) und Schäden der Kunden und Wettbewerber zivilrechtlich gegen das Organ geltend gemacht werden. Es verbleibt bei einer weiten Haftung des Mitarbeiters, der einen Kartellverstoß begeht bzw. des Organs, das den Verstoß duldete; auf die Übernahme des Bußgeldes und Verzicht von Schadensersatzforderungen seitens des Unternehmens kann er nicht (mehr) vertrauen.[110]

Aufklärung im Rahmen der *Informationsfunktion* ist essentiell, da erst häufig dadurch dem Mitarbeiter Regeln und Grenzen aufgezeigt und bewusst werden. Schließlich hat Compliance eine *Marketingfunktion*, wonach das Unternehmen seine Reputation in der öffentlichen Wahrnehmung steigert.

Die Überwachung ist wiederum Teil eines zweiten, ganz wesentlichen Zwecks von Compliance, der Errichtung und Implementierung eines Organisationskonzepts innerhalb der vorhandenen Unternehmensprozesse. Compliance geht über die repressive Ermittlung vergangener Sachverhalte und Rechtsverstöße hinaus und soll zur Verhinderung künftiger Gesetzes- und sonstiger Normverstöße führen. Compliance etabliert also ein System mit einem Gleichlauf aus präventiver Kontrolle und repressiver Sanktionierung.

Insofern teilt sich der Zweck von Compliance auf in Vermittlung der rechtlich zulässigen Reichweite (materielle Compliance) und ein System, das die Einhaltung dieser Grenzen überwacht (prozedurale Compliance).[111]

---

107 *Wermelt*, CCZ 2010, 150, 151.

108 *Lösler*, NZG 2005, 104, 105.

109 *Linklater/McElyea*, RIW 1994, 117, 122 der Umstand, dass kein effektives Compliance-Programm besteht, wird in den USA von Seiten der Versicherungen als Risikofaktor eingestuft. *Stadler*, in: Schwerpunkte des Kartellrechts 2004, FIW Schriftenreihe 206 (2006), 67, 69.

110 *Kapp*, CCZ 2008, 11, 14. Vgl. dazu jüngst LG München I v. 10.12.2013 Az. 5HK O 1387/10 (noch nicht veröffentlicht).

111 *Borer*, Kartellrechts-Compliance, S. 117, 119.

5. *Telos im Speziellen – Besonderheiten der kartellrechtlichen Compliance*

Mit kartellrechtlichen Compliance-Programmen will das Unternehmen in erster Linie die unternehmensweite Einhaltung des Rechts durch seine Organe und Mitarbeiter sicherstellen. Wenn nun dennoch – trotz Bestehen eines Compliance-Programms im Vorfeld – ein Verstoß von einem Mitarbeiter begangen wurde, ist fraglich, ob dies zudem Konsequenzen auf das Bußgeldverfahren haben kann.

Die kartellrechtliche Compliance („Kartellrechtscompliance") ist ein rechtsspezifischer Ausschnitt der allgemeinen Compliance-Organisation und bezweckt speziell die Anwendung und Einführung organisatorischer Maßnahmen zur Beachtung des deutschen und europäischen Kartellrechts.[112] Darunter fallen die Vorschriften über das Kartellverbot, den Missbrauch einer marktbeherrschenden Stellung, der Fusionskontrolle als auch das Beihilfenrecht sowie schließlich das Verfahrensrecht, insbesondere bei der Ermittlung durch die Kartellbehörden.[113] Das Verhältnis von Compliance im Allgemeinen und kartellrechtlicher Compliance im Besonderen kann auch als Verhältnis von „Allgemeiner Teil" zu „Besonderer Teil" verstanden werden, bei dem der eine Teil die allgemeinen und vor allem organisatorischen Compliance-Anforderungen um Besonderheiten des jeweiligen Rechtsgebiets ergänzt.[114]

Neben dem stets im Vordergrund aller Compliance-Anstregungen stehenden Zweck der Haftungsvermeidung verfolgt das Unternehmen mit einem kartellrechtlichen Compliance-Programm die Aufklärung von Tatsachen und unternehmensinteren Vorgängen. Begangene Verstöße können so frühzeitig, also vor Aufnahme der Ermittlungen durch die (Kartell-)Behörde, aufgedeckt werden,[115] sodass dem Unternehmen die Wahl zwischen der Kooperation mit den Kartellbehörden – z.B. unter Inanspruchnahme der Bonusregelung – oder die Aussicht auf Verjährung der Zuwiderhandlung zusteht.[116] Jedenfalls kann es seine Entscheidung aufgrund einer „aufgeklärten" Sachlage für sich treffen.

---

112 *Dreher*, ZWeR 2004, 75, 78. Die Bedeutung der Kartellrechts-Compliance gegenüber anderen Rechtsgebieten betonen FK-*Seeliger/Mross*, Kartellrechts-Compliance, Rn. 7.

113 *C. Müller*, Kartellrechtscompliance, S. 26; *M. Roth*, Compliance (2010), S. 281.

114 So auch *C. Müller*, Kartellrechtscompliance, S. 25 mit dem Vergleich der 2.–5. Bücher des BGB zum 1. Buch.

115 *Reichelsdorfer*, ZRFC 2010, 118, 119.

116 Dazu auch *Kremer*, FS. U. H. Schneider (2011), S. 701, 702 ff., 712 ff.

a) Die Bonusregelung als Anreiz für Compliance

Gerade im Kartellrecht hat die *Ermittlungsfunktion* von Compliance eine erhebliche Aufwertung erfahren. Grundlage war vor allem die Schaffung der Bonusregelung seitens der Verfolgungsbehörden. So kann das Unternehmen durch eine interne Aufdeckung eines Kartellrechtsverstoßes, die Vor- und Nachteile der Inanspruchnahme der Bonusregelung abwägen und diese vor einer Nachprüfung durch die Kartellbehörden beantragen.[117] Dieser Antrag kann bewirken, dass dem Unternehmen das Bußgeld gänzlich erlassen wird, auch wenn es Anführer des Kartells war.[118] Dabei ist der Wettbewerbsvorteil, der der Bonusregelung innewohnt, nicht zu unterschätzen. Werden nun alle Kartellanten mit Ausnahme des Kronzeugen mit einem Bußgeld belastet, das unter Umständen hunderte Millionen Euro hoch ist, so hat der Kronzeuge dadurch einen nicht unerheblichen Wettbewerbsvorteil.[119] Insofern lässt sich auch von einer „doppelten Rente" der Compliance-Maßnahme bzw. der Bonusregelung sprechen, indem einerseits ein Bußgelderlass in Aussicht gestellt wird sowie andererseits die Wettbewerber nicht unerheblich geschwächt werden können.

b) Umgekehrt gedacht – Compliance als Chance zu Best Practice

Honoriert man von öffentlich-rechtlicher Seite aus z. B. durch eine Bußgeldreduzierung die Compliance-Anstregungen der Unternehmen und schafft zusätzlich unter Einhaltung bestimmter Bedingungen einen konkreten Anreiz, können die Kartellbehörden gleichzeitig durch aktives Einfordern ihrer Bedingungen einen eigenen Beitrag zur Standardisierung von Compliance setzen (Best Practice).[120] Ein solcher Anreiz würde die eigenverantwortliche Prävention seitens des

---

117 *Lampert/Matthey*, in: Hauschka, Corporate Compliance, § 26 Rn. 39; *M. Roth*, Compliance (2010), S. 281 ff.

118 Mitteilung der Kommission über den Erlass und die Ermäßigung von Geldbußen in Kartellsachen, ABl. 2006 C 298/11; BKartA, Bekanntmachung Nr. 9/2006 über den Erlass und die Reduktion von Geldbußen in Kartellsachen – Bonusregelung; *de Crozals/Jürgens*, CCZ 2009, 92, 97. Vgl. dazu unten 1. Teil: Abschnitt 1 § 1C)I.5.a) und 1. Teil: Abschnitt 1 § 3A)I.3.b).

119 *Domke/Stehr/Tolksdorf*, ZRFC 2010, 110, 111; *M. Roth*, Compliance, S. 7.

120 Ihre grds. Bereitschaft, in der Sache einen Beitrag zu leisten, signalisiert die Kommission durch ihren Wettbewerbskommissar *Almunia*, Compliance and Competition policy, Businesseurope & US Chamber of Commerce. Competition conference, SPEECH/10/586: „I would therefore support initiatives that lead to a public discussion and exchange of best practices in this area."

Unternehmens im Stile eines „Good Corporate Citizen"[121] fördern und könnte langfristig Kartellbildungen verhindern.[122]

6. *Zwischenergebnis und Stellungnahme*

Mit entsprechend ausgestalteten Compliance-Programmen kann also zunächst die Zuwiderhandlung selbst unterbunden werden. Welche Auswirkungen hat aber die *Defence* durch die Einführung und Fortentwicklung eines Compliance-Programms, wenn dennoch ein Kartellverstoß begangen wird? Zur Beantwortung der Frage ist von der Dogmatik des Kartellrechts – konkret einem Ansatz *Meinhard Drehers* folgend – von den möglichen Rechtsfolgen eines Kartellverstoßes, namentlich Untersagungsverfügung,[123] Schadensersatz-, Unterlassungs- und Beseitigungsanspruch sowie Bußgeld, auszugehen.

Danach hat ein Compliance-Programm eine nur geringe Funktion bei der Rechtsfolge der Untersagungsverfügung.[124] Bei Schadensersatz-, Unterlassungs- und Beseitigungsansprüchen knüpft die Rechtsfolge an der objektiven Rechtsverletzung an; subjektive Tatumstände, wie das Verschulden, spielen allein bei Schadenersatz- oder Belieferungsansprüchen eine Rolle.[125] Die zivilrechtlichen Ansprüche haben Ausgleichs-, Wiedergutmachungs- und Präventionsfunktion.[126] Diese Funktionen sind allerdings unabhängig davon zu gewährleisten, ob sich der Anspruchsgegner mit einem zum Zwecke der internen Organisation aufgelegten Compliance-Programm rechtmäßig verhalten wollte oder nicht, denn der Dritte kommt damit erst gar nicht in Berührung.[127] Er steht also nicht nur außerhalb dieser Beziehung, sondern die Funktionen sind gerade ohne Berücksichtigung von unternehmensinternen Maßnahmen zur Vermeidung

---

121 *Dannecker*, in: Alwart, S. 6.

122 Die Haltung der Kommission ist dazu aber eine andere, wie im Folgenden noch herausgestellt werden soll. Exemplarisch für ihre Auffassung *Kroes*, Delivering on the crackdown: recent developments in the European Commission's campaign against cartels, SPEECH/06/595, S. 1: „'Prevention is better than cure', as the saying goes. But sometimes a sub-stantial fine is quite a direct way to really drive our deterrent message home!"

123 *Dreher*, ZWeR 2004, 75, 80 und Fn. 22 für die Rechtsfolgen der Fusionskontrolle ist die Bedeutung von Compliance-Programmen eher gering, denn es geht ja gerade erst um die Frage des wirksamen Vollzugs des Zusammenschlusses.

124 *Dreher*, ZWeR 2004, 75, 80.

125 *Dreher*, ZWeR 2004, 75, 80.

126 *Dreher*, ZWeR 2004, 75, 81; *C. Müller*, Kartellrechtscompliance, S. 168.

127 *Dreher*, ZWeR 2004, 75, 80; *C. Müller*, Kartellrechtscompliance, S. 169.

sicherzustellen.[128] Daher werden zivilrechtliche Ansprüche im Wege der Zurechnung der Handlung der natürlichen Person an das Unternehmen unabhängig von einem Compliance-System zugesprochen.[129] Die Compliance Defence kann daher keine Berücksichtigung bei verschuldensabhängigen Schadensersatzansprüchen finden, ebenso wenig ergibt sich ein Berücksichtigungsansatz für verschuldensunabhängige Unterlassungs- und Beseitigungsansprüche.

Die rechtliche Bedeutung der Compliance könnte aber in bußgeldrechtlichen Konstellationen zu suchen sein, z.B. bei der Frage nach der Aufsichtspflichtverletzung und der Zurechnung von Drittverschulden.[130] So ist gerade im nationalen Recht eine Abstufung nach dem Umfang der Verantwortlichkeit für eine Aufsichtspflichtverletzung nach § 130 OWiG gegenüber einer anderen (natürlichen) Person denkbar, je nachdem in welcher Art und Weise sie versucht hatte, den Kartellverstoß zu verhindern.[131] Gleiches könnte für die Unternehmens- und Verbandsgeldbuße nach § 30 OWiG gelten, wenn das Unternehmen für das kartellrechtswidrige Verhalten eines angehörigen Dritten verantwortlich gemacht wird.[132]

Losgelöst vom Schuldprinzip des deutschen (Kartell-)Ordnungswidrigkeitenrechts könnte im europäischen Kartellrecht, das vom Prinzip der Unternehmenssanktion geprägt ist, der Gleichheitsgrundsatz einen Ausgangspunkt darstellen. Dabei ist zu fragen, ob es rechtsfehlerfrei ist, wenn im Unionsrecht ein in Compliance-Fragen vorbildlich agierendes Unternehmen gleichermaßen umfangreich bebußt werden kann, wie ein Unternehmen, das sorglos mit Compliance-Fragen umgegangen ist und sich keinerlei Gedanken zur Prävention von Kartellverstößen gemacht hat oder damit nicht zugleich eine Benachteiligung einhergeht.

D) Status Quo – Die Bußgeldpraxis im Unionsrecht

Weder im europäischen noch im deutschen Kartellrecht ist die Berücksichtigung von Compliance-Programmen bei der Bußgeldbemessung ausdrücklich vorgesehen. Dazu stellte das EuG (bzw. GeI)[133] im Jahre 2006 treffend fest, dass

---

128 *C. Müller*, Kartellrechtscompliance, S. 169.

129 *Dreher*, ZWeR 2004, 75, 80.

130 *Dreher*, ZWeR 2004, 75, 81.

131 *Dreher*, ZWeR 2004, 75, 81. Vgl. dazu unten 1. Teil:Abschnitt 1§ 2E)III.

132 *Dreher*, ZWeR 2004, 75, 81. Zur umstrittenen Frage, ob es sich bei § 30 OWiG um eine Zurechnungsnorm handelt, vgl. unten 1. Teil:Abschnitt 1§ 2E)III.

133 *Ost*, in: Schwarze, Rechtsschutz und Wettbewerb (2010), S. 33, 37.

die Bußgeldleitlinien diesen Umstand „weder vorsehen noch ausschließen."[134] In der europäischen Entscheidungspraxis von Kommission und EuG wurde eine Bußgeldreduzierung für derartige Programme in der Vergangenheit dennoch gewährt. Im Folgenden soll daher die Entscheidungs- und Spruchpraxis der europäischen Organe anhand einiger ausgewählter Entscheidungen im Wesentlichen nachgezeichnet werden. Dabei wird der Versuch unternommen, die Praxis einer kritischen Würdigung auf die in Rede stehende Frage hin zu unterziehen und wiederkehrende Argumentationsmuster auszumachen, die auf ihre Tauglichkeit überprüft werden sollen.

I. Wandel der Entscheidungspraxis von Kommission und Rechtsprechung

Die Praxis der Kommission und die Rechtsprechung des EuG haben sich in Bezug auf die Berücksichtigung von Compliance-Programmen im Bußgeldverfahren im Laufe der Jahre gewandelt. So wurden diese seit den frühen 1980er Jahren zunächst bußgeldmindernd berücksichtigt, spätestens seit dem Jahr 2000 aber vollständig zurückgewiesen.[135] Dazwischen liegen einige Entscheidungen, die eine Veränderung der alten und Etablierung der neuen Spruchpraxis herbeigeführt haben. Diese Entwicklung wird im Folgenden genauer vorgestellt.

1. *Status Ante – Positive Berücksichtigung von Compliance-Programmen*

Seit Anfang der 1980er Jahre des letzten Jahrhunderts bis etwa Mitte der 1990er Jahre wurden Compliance Bemühungen der Unternehmen positiv berücksichtigt, gleich ob das Compliance-Programm vor oder nach dem Kartellverstoß eingeführt wurde.[136] Es machte auch keinen Unterschied, ob der Verstoß in einer Vereinbarung über Preis oder Gebiet oder in dem Missbrauch einer marktbeherrschenden Stellung zu sehen war.

a) National Panasonic 1982

Die vermutlich erste Kommissionsentscheidung zu der Frage bildet der Fall National Panasonic aus dem Jahre 1982. Das Unternehmen National Panasonic UK

---

134 EuG v. 5.4.2006 – Rs. T-279/02 *Degussa ./. Kommission*, Slg. 2006, II-897, Rn. 357. Ebenso EuG v. 14.5.1998 – Rs. T-352/94 *Mo Och Domsjö AB ./. Kommission*, Slg.1998, II-1989, Rn. 416 wonach es keine abschließende Auflistung zwingender Gründe gebe.

135 So auch *C. Müller*, Kartellrechtscompliance, S. 183.

136 *Voet van Vormizeele*, CCZ 2009, 41, 46.

Ltd. ist eine Tochter der japanischen Matsushita Electric Trading Company Ltd. und in Großbritannien, Irland und Island Alleinimporteurin und -vertriebshändlerin von elektronischen Geräten, wie Fernseh- und Hörfunkgeräten sowie Videokassettensystemen, Stereoanlagen und Diktiergeräten, die der Matsushita-Konzern herstellt und unter anderem unter den Marken „Panasonic" und „Technics", vertreibt. Die Produkte sind für den Einzelhandel, vor allem im Bereich der Unterhaltungselektronik, bestimmt.

In mehreren Schreiben, in deren Besitz die Kommission nach Durchsuchungen im den Jahren 1977 und 1979 bei einem Großhändler und National Panasonic gelangte, verpflichtete National Panasonic ihre britischen Zwischenhändler in den Jahren 1976 bis 1978 dazu, Produkte der oben genannten Marken nicht in andere Mitgliedstaaten auszuführen. Sie drohte den Lieferanten mit dem Abbruch der Handelsbeziehungen, falls sie dennoch exportierten. Die Preise in Großbritannien lagen in den Jahren zum Teil deutlich unter denen auf dem europäischen Kontinent (zwischen elf und 41 Prozent). Unter diesem Druck zeigten sich die Zwischenhändler einverstanden und befolgten die Politik von National Panasonic. In dieser Vereinbarung über ein Exportverbot gegenüber nachgeschalteten Händlern in den anderen Mitgliedstaaten erkannte die Kommission eine künstliche Aufteilung des Gemeinsamen Marktes und letztlich einen Verstoß gegen Art. 85 Abs. 1 EWG-Vertrag in Form der vertikalen Vereinbarung und abgestimmten Verhaltensweise. Die Unterschiede im Einzelhandelspreisniveau, verbunden mit der Abrede über das Ausfuhrverbot, hatten für den Markt erhebliche Bedeutung, sodass der Kartellverstoß von der Kommission als schwerwiegend eingestuft wurde.[137]

Zwar lehnte National Panasonic es ab, den von der Kommission ermittelten Sachverhalt einzugestehen, verwies zum Zwecke der Verteidigung aber auf den Erlass eines kartellrechtlichen Compliance-Programms von Seiten der Konzernmutter.[138] Sodann teilte die Konzernmutter, Matsushita, der Kommission

---

137 Kommission v. 7.12.1982 – 82/853/EWG (30.070) *National Panasonic UK*, ABl. 1982 L 354/28, Rn. 62.

138 Vgl. dazu auch Kommission v. 11.12.1981 – 82/465/EWG *National Panasonic France*, ABl. 1982 L 211/32, Rn. 20: „NPF (National Panasonic France) hat behauptet, Matsushita habe aufgrund des genannten Sachverhalts und als Folge grösserer Einsicht in die Notwendigkeit, die gemeinschaftlichen und einzelstaatlichen Wettbewerbsvorschriften zu befolgen, beschlossen, einen „Verhaltenskodex" zu verabschieden, der von all seinen Tochtergesellschaften in der EWG einzuhalten sei. Die Entscheidung über die Ausarbeitung dieser Richtlinien wurde etwa im April 1981 getroffen. Eine Abschrift des Kodex werde der Kommission rechtzeitig zugehen." Ferner Kommission v. 7.12.1982 – 82/853/EWG (30.070) *National Panasonic UK*,

im September 1981 mit, dass sie weit reichende Schritte eingeleitet habe, um ihr gesamtes Marktverhalten neu zu regeln und in Einklang mit den Bestimmungen des EWG-Vertrags zu bringen. Nach einer vollständigen Überprüfung ihrer Marketing- und Vertriebspolitik arbeitete die Konzerleitung einen „Verhaltenskodex“ aus,[139] der von der oberen Führungsebene angefangen in alle Konzernstrukturen mitgeteilt werden und als verbindliche Anweisung unmittelbare Wirkung entfalten sollte. Neben einem gemeinschaftsweit eingeführten Garantiesystem für ihre Produkte sah dieser Kodex auch ein Programm zur Befolgung und Einhaltung der EWG-Wettbewerbsregeln vor.

Die Kommission hat in deutlichen Worten die eigenverantwortliche personelle und finanzielle Anstrengung zur Sicherstellung der Einhaltung von EWG-Wettbewerbsvorschriften in einem Compliance-Programm als einen bußgeldmindernden Umstand gewürdigt. Das Compliance-Programm sei vor allem der Art und dem Umfang nach grundsätzlich effektiv, das EWG-Wettbewerbsrecht einzuhalten, weil es „umfassend, praktikabel, detailliert und sorgfältig abgewogen“ sei.[140] Die Kommission ging sogar soweit, keine weiteren Grundlagen für die Festsetzung einer höheren Geldbuße aufzusuchen.[141] Das

---

ABl. 1982 L 354/28, Rn. 67: „(…) MET hat ausserdem eine rechtliche Überprüfung ihres Verhaltens in der Gemeinschaft durchführen lassen und hat einen Verhaltenskodex für alle seine Tochtergesellschaften in der EWG aufgestellt, der eine unmittelbare verbindliche Anweisung der Muttergesellschaft darstellt.“

139 Kommission v. 7.12.1982 – 82/853/EWG (30.070) *National Panasonic UK*, ABl. 1982 L 354/28, Rn. 40, 67.

140 Kommission v. 7.12.1982 – 82/853/EWG (30.070) *National Panasonic UK*, ABl. 1982 L 354/28, Rn. 68: „Dieses konstruktive Verhalten der Unternehmensleitung von MET, das diese zumindest seit September 1981 gezeigt haben, ist bei der Bemessung der Geldbusse berücksichtigt worden. Diese Unternehmen haben nach entsprechender rechtlicher Beratung ein umfassendes, praktikables, detailliertes und sorgfältig abgewogenes Programm zur Einhaltung der Wettbewerbsregeln aufgestellt. Ein solches Verhalten muß als ein positiver Schritt angesehen werden, der dazu beiträgt, das Bewusstsein für die sich täglich manifestierende Bedeutung der Wettbewerbspolitik auf allen Ebenen des Konzerns zu schärfen. Er zielt darauf ab sicherzustellen, daß die obere Führungsebene in der Lage ist, das Marktverhalten des gesamten Konzerns zu überwachen und damit wirksame interne Regeln für die Einhaltung des EWG-Wettbewerbsrechts aufzustellen.“

141 Kommission v. 7.12.1982 – 82/853/EWG (30.070) *National Panasonic UK*, ABl. 1982 L 354/28, Rn. 69: „Da dieses Verhalten von MET berücksichtigt wurde, brauchte die Grundlage für die Verhängung einer Geldbusse in der Höhe, wie sie sonst gerechtfertigt gewesen wäre, nicht weiter untersucht zu werden.“

von der Kommission festgesetzte Bußgeld gegen National Panasonic UK Ltd. betrug daher 450.000 ECU (263.790 GBP).[142]

Diese Praxis der Berücksichtigung etablierte sich in den folgenden Entscheidungen.

b) Fisher-Price/Quaker Oats Ltd. – Toyco 1987

Quaker Oats Ltd. ist die englische Tochtergesellschaft der US-amerikanischen Quaker Oats Company Inc. und für den Vertrieb von Spielzeug der Marke „Fisher-Price“ in Großbritannien und Dänemark zuständig. Toyco Ltd. ist ein Großhändler für Fisher-Price Produkte in Großbritannien und Irland. Im Jahre 1982 übte Quaker Oats massiven Druck auf Toyco aus, den Vertrieb von Fisher-Price Produkten an seine drei irischen Einzelhändler einzustellen oder die Belieferung mit Fisher-Price Produkten an Toyco werde eingestellt. Unter diesen Bedingungen willigte die Toyco ein und setzte den Vertrieb aus.

Nach Auffassung der Kommission hat diese Vereinbarung nicht nur direkte Auswirkungen auf die drei irischen Händler, die den wesentlichen Teil des Einzelhandels auf dem irischen Spielzeugmarkt darstellten, sondern könne auf auch andere Parallelimporteure abschreckend wirken und somit weitere Handelsbarrieren zwischen Großbritannien und Irland zur Folge haben. Die Kommission wandte daher Artikel 85 Abs. 1 EWG-Vertrag auf diese Vereinbarung an, gleich, ob die Zustimmung von Toyco unter starkem Druck und gegen ihre wirtschaftlichen Interessen erfolgte. Sie setzte diese Marktpolitik zur gegenseitigen Abschottung zweier nationaler Märkte innerhalb der Gemeinschaft einem Ausfuhrverbot gleich, das den Wettbewerb innerhalb der Gemeinschaft spürbar beschränkt.

Der Kartellverstoß von Seiten Quaker Oats geschah vorsätzlich und innerhalb eines nicht unerheblichen Zeitraumes – zwischen 1982 und 1985. Positiv berücksichtigt die Kommission allerdings, dass Quaker Oats ein Programm zur Einhaltung der „Vorschriften des Europäischen Gemeinschaftsrechts“ eingeführt hat.[143] Die in Rede stehende Zuwiderhandlung wurde kurz nach Einführung des

---

142 Wenn im Folgenden von ECU als Währung die Rede ist, so wurde dies den Entscheidungen entnommen. Die Umrechnung von ECU in Euro erfolgte später in dem Verhältnis 1:1, vgl. Art. 2 Abs. 1 VO (EG) Nr. 1103/97 v. 17.7.1997 über bestimmte Vorschriften im Zusammenhang mit der Einführung des Euro, ABl. 1997 L 162/1.

143 Kommission v. 18.12.1987 – 88/86/EWG (31.017) *Quaker Oats (Fisher-Price)*, ABl. 1988 L 49/19, Rn. 27: „Bei der Bewertung der Schwere des Verstosses zur Festsetzung der Höhe der Geldbusse gegen Quaker Oats Ltd sind folgende Tatsachen berücksichtigt worden: „(…) Die Kommission hat andererseits der Durchführung

Programms, aber nach Aufnahme der Ermittlungen von Seiten der Kommission, im August 1985 eingestellt. Das gegen Quaker Oats verhängte Bußgeld betrug 300.000 ECU.

c) Eurofix-Bauco/Hilti 1987

Nur wenige Tage später entschied die Kommission im Beschwerdeverfahren Eurofix-Bauco gegen Hilti. Im Jahre 1982 bzw. 1985 reichten Eurofix Ltd. bzw. Bauco Ltd. Beschwerden nach Art. 3 VO 17/62 bei der Kommission gegen die Hilti AG wegen Verstoßes gegen Art. 86 EWG-Vertrag ein, da sie eine Geschäftspolitik betreibe, die zur Verdrängung von Eurofix und Bauco aus dem Markt für mit Hilti-Produkten kompatible Bolzen führe. Eurofix und Bauco stellen Bolzen für Bolzenschussgeräte, für die wiederum Hilti Markführerin ist, her und vertreiben diese. Hilti hat spezielle Bolzenschussgeräte entwickelt, die mit einem Magazin (so genannte Kartuschenstreifen) von mehreren Bolzen bestückt sind, sodass sie nunmehr nicht einzeln nachgeladen werden müssen. Diese Kartuschenstreifen wollten die Beschwerdeführer von Hilti beziehen, um sie entweder nachzubauen oder ihre Bolzen darin verpackt verkaufen zu können, sodass ihre Produkte mit Hilti-Produkten kompatibel seien. Hilti verkaufte die Kartuschenstreifen jedoch nicht ohne die dafür erforderliche Anzahl an Bolzen. Eine Lizenzerteilung zur Herstellung oder Einfuhr von Kartuschenstreifen lehnte sie ab und strengte im einstweiligen Rechtsschutz erfolglos Verfahren wegen Urheber- und Patentrechtsverletzung an. Nicht nur wurde den beiden Unternehmen der Verkauf von Kartuschenstreifen durch Hilti verwehrt, vielmehr hatte Hilti ihre (unabhängigen) Händler in Großbritannien und den Niederlanden angewiesen, Lieferungen von Kartuschenstreifen einzustellen, die Eurofix und Bauco bisher aus diesen Quelle erhalten hatten. Schließlich bemühte sich Hilti darum, speziell deren Kunden mit zusätzlichen Preisnachlässen für Hilti-Produkte für sich zu gewinnen.

Nach eigenen Ermittlungen gelangte die Kommission zu der Auffassung, dass Hilti eine beherrschende Stellung am Markt für Bolzenschussgeräte und Treibladungen einnimmt und diese Stellung insofern missbraucht, als dass sie die Lieferung von Kartuschenstreifen vom Kauf der Bolzen abhängig macht. Mit dieser Geschäftspolitik wolle Hilti verhindern, dass Hilti-kompatible Kartuschenstreifen frei erhältlich sind und erreichen, dass Abnehmer von Bolzen für

---

eines Programms von Quaker Oats Ltd zur Einhaltung der Vorschriften der Europäischen Gemeinschaft Rechnung getragen, auch wenn dies erst aufgrund der Ermittlungen der Kommission im Juni 1985 geschah."

Kartuschen-Bolzenschussgeräte gezwungen sind, sowohl Kartuschen als auch Bolzen für Hilti-Bolzenschussgeräte bei Hilti einzukaufen. Diese Praxis führte zu einer Be- und Verhinderung des Marktzutritts unabhängiger Bolzenhersteller. Für den Erlass des Exportverbotes aus den Niederlanden bedeutete dies de facto eine Aufteilung des Gemeinsamen Marktes.

In insgesamt neun verschiedenen Punkten stellte die Kommission den Missbrauch einer marktbeherrschenden Stellung gemäß Art. 86 EWG durch Hilti fest.[144] Sie bewertete die Zuwiderhandlung als schwerwiegend und von langer Dauer (1981 bis 1985). Die Kartellverstöße geschahen fahrlässig, in einigen Fällen vorsätzlich, und waren geeignet, die Wettbewerber dauerhaft vom Markt zu verdrängen. Bei der Feststellung der Höhe des Bußgeldes wird von Seiten der Kommission der Umstand bußgeldmindernd berücksichtigt, dass Hilti eine Verpflichtungserklärung, die oben genannte Geschäftspolitik dauerhaft abzustellen und kein rechtliches Gehör im einstweiligen Rechtsschutz zu suchen, abgegeben hat. Gegenstand dieser Erklärung war unter anderem die Einführung eines „Wohlverhaltensprogramms“[145], das den „Einwänden und Anliegen“

---

144 Kommission v. 22.12.1987 – 88/138/EWG (31.488) *Eurofix-Bauco ./. Hilti*, ABl. 1988 L 65/19, Rn. 98 (1.) Versuch der Koppelung des Verkaufs von Bolzen mit dem Verkauf von Kartuschenstreifen, (2.) die Kürzung von Preisnachlässen und Annahme anderer diskriminierender Aktionen, wenn Kartuschen ohne Bolzen gekauft wurden, (3.) die Einwirken auf unabhängige Vertriebsunternehmen, bestimmte Exportaufträge nicht auszuführen, (4.) Verweigerung der vollständigen Ausführung von Kartuschenstreifen-Bestellungen von Seiten alter Kunden oder Händler, die diese wiederverkaufen könnten, (5.) Vereitelung oder Verzögerung rechtmäßig erhältlicher Patentlizenzen für Bauco und Eurofix, (6.) Gewährleistungsverweigerung ohne objektiven Grund, (7.) Anwendung selektiver und diskriminierender Politiken, die gegen das Geschäft von Wettbewerbern und deren Kunden gerichtet sind, (8.) einseitige und geheime Anwendung einer Politik unterschiedlicher Preisnachlässe für unterstützungswürdige und nicht unterstützungswürdige Ausrüstungs-Verleihfirmen und Händler im Vereinigten Königreich sowie (9.) missbräuchliche Geschäftspraktiken auch nach der Verpflichtungserklärung gegenüber der Kommission.

145 Kommission v. 22.12.1987 – 88/138/EWG (31.488) *Eurofix-Bauco ./. Hilti*, ABl. 1988 L 65/19, Verpflichtungserklärung Hilti AG, Anhang zu ABl. 1988 L 65/19: „1. Hilti AG verpflichtet sich und ihre eigenen Tochtergesellschaften in der EG in gutem Glauben:
a) (…)
f) ein speziell auf die Hilti-Gruppe abgestimmtes wettbewerbliches Wohlverhaltensprogramm zu erfuellen unter Beachtung der Richtlinien, die von der Kommission im Fall National Panasonic gebilligt wurden, und die Kommission über alle Schritte zur Erfuellung des Programms zu unterrichten.

der Kommission entsprechen solle.[146] Dieses Programm wurde auf die speziellen wettbewerbsrechtlichen Risikofelder – insbesondere dem Missbrauch einer marktbeherrschenden Stellung – von Hilti zugeschnitten. Als Vorlage des Programms galten die in der Kommissions-Entscheidung *National Panasonic* aufgestellten Grundsätze;[147] die Verpflichtungserklärung nimmt auf diese Entscheidung ausdrücklich Bezug. Mit dem Inhalt und Umfang dieses Programms hat sich die Kommission ausweislich der Entscheidung nicht weiter beschäftigt, aber ihre eigenen Ermittlungen nach Erlass der Verpflichtungserklärung eingestellt. Die gegen die Hilti AG festgesetzte Geldbuße betrug sechs Millionen ECU.

d) Napier Brown 1988

Im Jahre 1985 legte Napier Brown and Company Ltd. Beschwerde nach Art. 3 VO 17/62 bei der Kommission ein, mit dem Ziel festzustellen, dass British Sugar PLC ihre beherrschende Stellung auf dem Zuckermarkt unter anderem zu Lasten der Beschwerdeführerin missbrauche. Für den maßgeblichen Zeitraum der Zuwiderhandlung in den Jahren 1985 und 1986 hatte British Sugar einen Marktanteil von ca. 60 Prozent und war nicht nur der größte Anbieter und Hersteller

---

2. Hilti AG verpflichtet sich, nach besten Kräften darauf hinzuwirken, daß auch die unabhängigen Vertriebsunternehmen ihrer Produkte für die direkte Befestigung in der EWG die unter Ziffer 1 angeführten Verpflichtungen als Teil der eigenen Absatzpolitik betrachten.
3. Hilti AG verpflichtet sich zur fortdauernden Erfuellung der o. a. Verpflichtungen unter Ziffer 1 und 2 bis zu dem Zeitpunkt, an dem sich herausstellt, daß sie entweder nicht marktbeherrschend ist oder veränderte Umstände die weitere Annahme einer Marktbeherrschung verneinen lassen; und – in jedem Fall – die Kommission schriftlich vorher davon zu unterrichten, daß die Erfuellung einer der o. a. Verpflichtungen aufgegeben wird."

146 Kommission v. 22.12.1987 – 88/138/EWG (31.488) *Eurofix-Bauco ./. Hilti*, ABl. 1988 L 65/19, Rn. 103: „Anderseits berücksichtigt die Kommission die von Hilti entgegengebrachte Kooperation, insbesondere
- (...)
- die Tatsache, daß Hilti von sich aus ein Wohlverhaltensprogramm ergriff und der Kommission die andauernde Verpflichtung vom 4. September 1987 vorlegte, auf der Grundlage ihrer erklärten Absicht zu versuchen, den Einwänden und Anliegen der Kommission zu entsprechen (diese Verpflichtung ist der Entscheidung beigefügt);
- die Tatsache, daß Hilti Verhaltensweisen, die die Kommission als mißbräuchlich ansieht, in ihrer Antwort auf die Mitteilung der Beschwerdepunkte oder nach Übermittlung der Beschwerden an Hilti durch die Kommission eingestanden hat."

147 S.o. 1. Teil:Abschnitt 1§ 1D)I.1.a).

von Zucker, sondern auch das einzige zuckerrübenverarbeitende Unternehmen Großbritanniens. In der EWG wurde jedem Mitgliedstaat eine Grundmenge Rübenzucker zugeordnet, die er in Quoten auf seine Rübenverarbeitungsbetriebe aufteilte. British Sugar erhielt daher die gesamte Grundmenge Rübenzucker Großbritanniens (damals 1,1 Millionen Tonnen pro Jahr). Der relevante Markt ist der für Kristallzucker, der sich wiederum in die Märkte Haushaltszucker (für den Einzelhandel) und Gewerbezucker aufteilt. British Sugar beherrschte also nicht nur den Markt für das Rohmaterial (Zuckerrüben), sondern gleichzeitig das daraus gewonnene Derivat (Kristallzucker).

Gegenstand der Beschwerde sind verschiedene Geschäftspraktiken von British Sugar, insbesondere solche nachdem ihr bekannt wurde, dass Napier Brown ihre Geschäftstätigkeit auf den Haushaltszuckermarkt ausdehnen wollte. Sie alle zielen weitestgehend darauf ab, Napier Brown aus dem Einzelhandelsbereich des Zuckermarkts zu verdrängen und die Marktposition von British Sugar durch rechtswidrige Maßnahmen zu festigen.[148]

Die Kommission sieht in den Geschäftspraktiken von British Sugar den Missbrauch einer marktbeherrschenden Stellung und damit eine Verletzung von Art. 86 EWG-Vertrag. Sie wertet die Verstöße als schwerwiegend und geht davon aus, dass sie mindestens fahrlässig begangen wurden. Bei der Höhe der Geldbuße berücksichtigt die Kommission nicht nur die vorstehend dargelegten missbräuchliche Geschäftspraktiken von British Sugar, sondern auch die „vorbildliche Art und Weise, in der sich British Sugar nach dem Erhalt der als einstweilige Anordnung ergangenen Mitteilung der Beschwerdepunkte verhalten hat.“[149] In diesem Zusammenhang informierte British Sugar die Kommission im Herbst 1986 von der Einführung eines „Erfüllungsprogramms“.[150] Gegenstand dieses Programms

148 1. Weigerung eine Rübenzuckerlieferung wegen angeblicher Zuckerknappheit durchzuführen, 2. Verkauf von Haushaltszucker unter Selbstkostenpreis, 3. Verkauf von Zucker unter der Bedingung der (trennbaren) Lieferung „frei Haus“ sowie 4. Gruppen- und Treuerabattaktionen für Zuckergroßhändler unter der Bedingung, Napier Brown von ihrer Einkaufsliste nehmen („De-Listing-Strategie“).

149 Kommission v. 18.7.1988 – 88/518/EWG (30.178) *Napier Brown/British Sugar*, ABl. L 284/41, Rn. 85.

150 Kommission v. 18.7.1988 – 88/518/EWG (30.178) *Napier Brown/British Sugar*, ABl. L 284/41, Rn. 10: „Daraufhin unterrichtete BS die Kommission im Oktober 1986 von ihrer Absicht, ein umfassendes „Erfüllungsprogramm“ durchzuführen, um sicherzustellen, daß das Unternehmen in Zukunft alle seine Verpflichtungen gemäß Artikel 85 Absatz 1 und insbesondere Artikel 86 des Vertrages erfüllt. Dieses Programm ist inzwischen eingeführt worden[4]. Im Rahmen dieses Programms findet jährlich eine BS-Sitzung zur Überprüfung der Einhaltung der Kartellbestimmungen

sollte die regelmäßige organisatorisch geleitete Sicherstellung der Einhaltung der Kartellvorschriften aus Art. 85 f. EWG-Vertrag sein. Einmal jährlich wolle ein Gremium von British Sugar dies überprüfen und das Ergebnis in einem Bericht der Kommission zuleiten. Nach Identifikation der Kartellverstöße durch die Kommission wurden diese vor Abschluss der Ermittlungen im Rahmen des Programms eingestellt. Über die Bußgeldreduzierung hat das Programm zur Folge, dass keine Abstellungsverfügung nach Art. 3 VO 17/62 von Seiten der Kommission erging, da British Sugar die Zuwiderhandlungen im Rahmen des Programms abgestellt hatte.[151] Die Geldbuße wird auf drei Millionen ECU festgesetzt.

Diese Entscheidung wird in einem anderen Fall im Jahre 1998 aufgegriffen.[152] British Sugar ist dann Adressat als Wiederholungstäter und in ihrer erneuten Zuwiderhandlung wird von der Kommission ein Versagen des Compliance-Programms gesehen und daher die Geldbuße zusätzlich erhöht (so genannte Compliance Offence).[153]

e) Viho/Toshiba 1991

In dem von Viho Europe B.V. eingeleiteten Beschwerdeverfahren aus dem Jahre 1988 werden Vereinbarungen zwischen der Toshiba Europa GmbH, einer 100 %igen Tochter der Toshiba Corporation, und ihren Vertriebshändlern für wesentliche Teile des Gemeinsamen Marktes gerügt. Gegenstand der Vereinbarungen ist ein innerhalb der EWG bestehendes Ausfuhrverbot für Fotokopiergeräte, das in insgesamt sieben Mitgliedstaaten (Belgien, Irland, Niederlande, Portugal, Dänemark, Italien und Großbritannien) nachgewiesen werden konnte und auch trotz Untersuchungen der Kommission in vier Fällen fortdauerte. Im europäischen Markt hat Toshiba Europa zwischen 1975 und 1986 mit ihren

---

statt; anschließend wird ein Bericht erstellt, von dem die Dienststellen der Kommission eine Kopie erhalten. Seit Abgabe der Verpflichtungserklärung durch BS hat die Kommission keine Hinweise dafür erhalten, daß BS die nachstehend erwähnten Mißbräuche seiner beherrschenden Stellung weiter fortgesetzt habe."

151 Kommission v. 18.7.1988 – 88/518/EWG (30.178) *Napier Brown/British Sugar*, ABl. L 284/41, Rn. 82: „In Anbetracht des von BS eingeführten umfassenden „Erfüllungsprogramms" und des vorbildlichen Verhaltens der BS seit Erhalt der Mitteilung der Beschwerdepunkte im Zuge der einstweiligen Anordnung ist die Kommission der Auffassung, daß es nicht notwendig ist, eine Verfügung gemäß Artikel 3 der Verordnung Nr. 17 zu erlassen, mit der BS verpflichtet würde, die vorerwähnten Verstöße einzustellen, da BS nach Ansicht der Kommission diese Verstöße bereits aus eigener Initiative beendet hat."

152 Vgl. unten 1. Teil:Abschnitt 1§ 1D)I.2.d).

153 Vgl. dazu unten 1. Teil:Abschnitt 1§ 1D)I.2.d).

Vertriebshändlern Alleinvertriebsvereinbarungen für einzelne Mitgliedstaaten geschlossen, die in einer Klausel ein Exportverbot für ihre Produkte vorsahen. Auch wenn die standardmäßig vorformulierten Vertragsentwürfe überarbeitet wurden und nunmehr für Neuabschlüsse nach 1982 kein ausdrückliches Ausfuhrverbot mehr vorsahen, sind die bestehenden Vereinbarungen mit der Exportverbotsklausel nicht geändert und weiterhin praktiziert worden. Im Jahr 1989 gestand Toshiba Europa ein, dass die Klausel gegen Art. 85 Abs. 1 EWG-Vertrag verstößt. In den folgenden Monaten veranlasste sie alle Händler, das Exportverbot abzustellen und korrigierte die bestehenden Vertragstexte. Toshiba Europa hat zudem vorgetragen, dass die Konzernleitung der Toshiba Corporation ein kartellrechtliches Compliance-Programm zur Vermeidung zukünftiger Verstößen gegen das EG-Wettbewerbsrecht aufgestellt hat.[154]

Die Kommission erkennt in einer solchen Exportverbotsklausel den Zweck, sowohl den Wettbewerb durch die Beschränkung von Paralleleinfuhren innerhalb eines Mitgliedstaates zu unterbinden als auch den Vertriebshändlern den vertraglich zugesicherten Gebietsschutz innerhalb des Gemeinsamen Marktes zu sichern. Sie nimmt daher einen Verstoß gegen Art. 85 Abs. 1 EWG-Vertrag an. Toshiba Europa habe den Kartellverstoß insofern fahrlässig begangen, als sie trotz Überarbeitung der Vertriebsverträge im Jahre 1983 nicht die zwischen 1975 und 1981 vereinbarten Exportklauseln gestrichen habe. Für die Aufnahme der Klausel in den Zeitraum davor ist ihr vorsätzliches Handeln vorzuwerfen. Im Rahmen der Bußgeldbemessung berücksichtigt die Kommission vorrangig sechs verschiedene Umstände. Von diesen gereichen vier zum Nach- und zwei zum Vorteil von Toshiba Europa.[155] So berücksichtigt die Kommission die „äußerst kooperative“[156] Zusammenarbeit sowie die Einführung eines konzernweiten

154 Kommisson v. 5.6.1991 – 91/532/EWG (32.879) *VihoToshiba*, ABl. 1991 L 287/39, Rn. 18: „Ausserdem hat die Toshiba-Corporation für ihre EG-Tochtergesellschaften ein umfangreiches Programm zur Befolgung des EG-Wettbewerbsrechts aufgestellt, um sicherzustellen, daß die Wettbewerbsregeln künftig eingehalten werden.“

155 Kommisson v. 5.6.1991 – 91/532/EWG (32.879) *VihoToshiba*, ABl. 1991 L 287/39, Rn. 28 zum Nachteil gereichen 1. Verstoß gegen die Grundzielsetzung des Vertrages, einen Gemeinsamen Markt zu integrieren, 2. deutlich getroffene Regelungen zu Vereinbarungen und abgestimmten Verhaltensweisen in Art. 85 Abs. 1 EWG-Vertrag, 3. lange Dauer des Verstoßes und dessen Abstellung erst nach Einschreiten der Kommission sowie 4. Bedeutung der Toshiba Europe und ihrer Konzernmutter auf dem Gemeinsamen Markt.

156 Kommisson v. 5.6.1991 – 91/532/EWG (32.879) *VihoToshiba*, ABl. 1991 L 287/39, Rn. 28 Nr. 5: „Bei der Festsetzung der Höhe der Geldbusse gegen TEG hat die Kommission insbesondere folgende Fakten berücksichtigt:

Compliance-Programms zur Vermeidung künftiger EWG-Wettbewerbsrechtsverstöße.[157] Die Kommission führt zu dem Compliance-Programm aus, dass darin die Konzernpolitik der Toshiba Corporation zum Ausdruck komme, die Ziele des EWG-Wettbewerbsrechts einzuhalten und diese im Rahmen des Programms nicht nur den leitenden Angestellten des Konzerns und ihrer Töchter zu vermitteln.[158] Sie bezeichnet die Maßnahme der Toshiba Corporation in diese Richtung als „sehr konstruktiv"[159]. Das Bußgeld beträgt daher zwei Millionen ECU.

Zum Ende der Entscheidung fügt die Kommission allgemeine Hinweise zur Ausgestaltung eines effektiven Compliance-Programms hinzu. Auffällig ist, dass ihre Ausführungen dabei über die rechtliche Einordnung des konkreten Falles hinausgehen. Für die Einhaltung des EWG-Kartellrechts müsse die „wirksame Durchführung" des Compliance-Programms gesichert sein. Darüber hinaus sei die durch das Compliance-Programm erfolgte „Überwachung" notwendig, um mit dem EWG-Wettbewerbsrecht in Einklang zu handeln. Die Unternehmensleitung treffe die Verantwortung zur effektiven internen Schulung der Mitarbeiter in Fragen des EWG-Wettbewerbsrechts. Ein Compliance-Programm wird dabei die Besonderheiten des jeweiligen Unternehmens oder Unternehmensteils zu berücksichtigen haben.[160]

(...)

5. TEG zeigte sich während der Nachprüfungen in dem Fall äusserst kooperativ."

157 Kommisson v. 5.6.1991 – 91/532/EWG (32.879) *VihoToshiba*, ABl. 1991 L 287/39, Rn. 28 Nr. 6.: „6. Toshiba hat jetzt für ihre EG-Tochtergesellschaften – einschließlich TEG – ein umfangreiches Programm zur Befolgung des EWG-Wettbewerbsrechts aufgestellt und ab Oktober 1989 eingeführt, um die künftige Einhaltung der Wettbewerbsregeln zu gewährleisten."

158 Kommisson v. 5.6.1991 – 91/532/EWG (32.879) *VihoToshiba*, ABl. 1991 L 287/39, Rn. 29: „Mit diesem Programm sollen unter anderem höhere Angestellte mit der Konzernpolitik, die darauf ausgerichtet ist, Geist und Buchstabe des EWG-Wettbewerbsrechts zu befolgen, vertraut gemacht und für diese Politik gewonnen werden."

159 Kommisson v. 5.6.1991 – 91/532/EWG (32.879) *VihoToshiba*, ABl. 1991 L 287/39, Rn. 29: „Nach der Auffassung der Kommission war Toshiba in dieser Richtung sehr konstruktiv."

160 Kommisson v. 5.6.1991 – 91/532/EWG (32.879) *VihoToshiba*, ABl. 1991 L 287/39, Rn. 30: „Die Kommission ist generell der Ansicht, daß die Unternehmensleitung dafür verantwortlich ist, wirksame interne Regeln für die Befolgung des EWG-Wettbewerbsrechts aufzustellen. Art und Umfang solcher Regeln werden von Unternehmen zu Unternehmen und auch von einem Unternehmensteil zum anderen unterschiedlich sein. Eine wirksame Durchführung und Überwachung sind wesentlich, um das erklärte Konformitätsziel zu erreichen –."

f) VIHO/Parker Pen 1992

Die erste gerichtlich bestätigte Praxis liegt mit der Rechtssache VIHO/Parker Pen aus dem Jahre 1992 vor. Das Unternehmen VIHO Europe B.V. wendet sich mit seiner Beschwerde wegen Verstoßes gegen Art. 85 Abs. 1 EWG-Vertrag durch die Geschäftspolitik der Parker Pen Ltd. im Jahre 1988 an die Kommission. VIHO ist ein niederländerischer Händler von Büromaterialien und Parker Hersteller von Schreibgeräten. Auf diesem Markt nimmt Parker eine führende Rolle, wenngleich keine marktbeherrschende Stellung, ein. In mehreren Anläufen hat VIHO erfolglos versucht, Produkte von Parker in verschiedenen Mitgliedstaaten zu erwerben, um sie zu vertreiben. Die Preisunterschiede für Parker-Produkte innerhalb des Gemeinsamen Marktes sind von so einem Umfang, dass zwischen den verschiedenen Mitgliedstaaten ein Parallelhandel entstanden ist. Im Rahmen einer Durchsuchung bei der Herlitz AG, einem Vertriebspartner von Parker in Deutschland, erlangte die Kommission Kenntnis von einem Vertrag aus dem Jahre 1986. Inhalt dieses Vertrags war unter anderem eine Exportverbotsklausel, die Herlitz verpflichtete, Parker-Produkte nur innerhalb der Bundesrepublik Deutschland zu vertreiben. Der Vertrag hatte eine Laufzeit von zunächst fünf Jahren. Durch dieses ausdrückliche Exportverbot sollten Paralleleinfuhren aus Deutschland, um die sich VIHO bei Herlitz bemühte, unterbunden werden. Allerdings hat Herlitz sowohl in die Schweiz als auch nach Österreich exportiert, somit tatsächlich mit Parker-Produkten außerhalb Deutschlands gehandelt. Für den Gemeinsamen Markt – Österreich war zu diesem Zeitpunkt noch nicht Teil dessen – fühlte sie sich an die Vereinbarung mit Parker gebunden und teilte dies VIHO auch mit.

Die Kommission sieht in der Abrede zwischen Parker und Herlitz eine wesentliche Behinderung des Gemeinsamen Marktes und daher einen schwerwiegenden, vorsätzlichen Verstoß gegen Art. 85 Abs. 1 EWG-Vertrag für die Dauer von Anfang 1987 bis Ende 1989. Wenn Parker auch vorträgt, dass diese Abrede auf die „persönliche Initiative"[161] eines hierzu nicht ermächtigten leitenden Angestellten des Unternehmens in den Vertrag aufgenommen wurde, beseitigt dies ihre Verantwortlichkeit für die Zuwiderhandlung gegen EWG-Kartellrecht nicht. Eine Exportverbotsklausel stellt den Versuch dar, einen einheitlichen Markt künstlich aufzuteilen und teilweise abzuschotten, um so ein überhöhtes Preisniveau für die Produkte zu erzeugen. Bei der Festsetzung des Bußgeldes gegen Parker berücksichtigt die Kommission insgesamt sechs bußgeldmindernde Punkte, wie die Kooperationsbereitschaft von Parker gegenüber der Kommission bei ihren

161 Kommission v. 15.7.1992 – 92/426/EWG (32.725) *VIHO/Parker Pen*, ABl. 1992 L 233/27, Rn. 16.

Ermittlungen sowie die Anerkennung und Abstellung des Kartellverstoßes.[162] Als letzten Punkt hebt die Kommission hervor, dass Parker 1989 ein konzernweites Compliance-Programm zur Einhaltung des EWG Wettbewerbsrechts eingeführt habe.[163] Über die Feststellung, dass dieses einen gewissen Umfang hat und von einem „Rechtsberater"[164] erstellt wurde, geht die Entscheidung nicht hinaus. Einen möglichen Rückschluss auf den Umfang des Programms ließe überhaupt nur die Dauer von Initiative (1987) bis zur Einführung (1989) von ca. zwei Jahren zu. Die von der Kommission zu beurteilende Abrede zwischen Parker und Herlitz war jedoch nicht von diesem Programm umfasst. Nach den Ermittlungen der Kommission hat Parker das Compliance-Programm angepasst, um einen gleichen oder ähnlichen Verstoß in Zukunft zu unterbinden. Die Geldbußen gegen Parker und Herlitz betragen 700.000 ECU bzw. 40.000 ECU.

Zum Zwecke der Bußgeldreduzierung trägt Parker in seinem Rechtsmittel vor dem EuG vor, sie habe „1987 ein umfangreiches Programm zur Anpassung an die Wettbewerbsregeln in die Wege geleitet und seitdem verfolgt (...)"[165], wenngleich weder sie noch das Gericht auf Inhalt noch Umfang weiter eingeht. Zwar führt dieser Vortrag nicht unmittelbar zur Reduzierung der Geldbuße, doch wurde das Compliance-Programm in der Kommissionsentscheidung bereits bußgeldmindernd berücksichtigt. Das Gericht hat dem auch nicht im Rahmen seiner unbegrenzten Nachprüfung nach Art. 17 VO 17/62 widersprochen. Das Rechtsmittel ist nur zum Teil erfolgreich. Im Ergebnis hat es eine Reduktion der Geldbuße auf 400.000 ECU zur Folge.[166]

---

162 Kommission v. 15.7.1992 – 92/426/EWG (32.725) *VIHO/Parker Pen*, ABl. 1992 L 233/27, Rn. 12.

163 Kommission v. 15.7.1992 – 92/426/EWG (32.725) *VIHO/Parker Pen*, ABl. 1992 L 233/27, Rn. 12: „(...) im Rahmen eines weitreichenden Programms zur Einhaltung der Wettbewerbsregelung (sog. „compliance programme"), (...)." Rn. 24: „6. Parker hat bereits 1987 versucht, sein Verhältnis zu seinen Tochtergesellschaften und seinen Alleinvertriebshändlern auf eine rechtlich bedenkenfreie Grundlage zu stellen, indem es einen Rechtsberater mit der Ausarbeitung eines umfangreichen Programms zur Befolgung des EG-Wettbewerbsrechts beauftragte, das 1989 abgeschlossen wurde."

164 Kommission v. 15.7.1992 – 92/426/EWG (32.725) *VIHO/Parker Pen*, ABl. 1992 L 233/27, Rn. 24.

165 EuG v. 14.7.1994 – Rs. T-77/92 *Parker Pen ./. Kommission*, Slg. 1994, II-549 Rn. 88, 93.

166 Das Gericht ist der Auffassung, die Höhe des Bußgeldes war im Vergleich zur Höhe des kartellbedingten Umsatzes nicht rechtsfehlerfrei gewürdigt, da die von der kartellrechtswidrigen Abrede umfassten Güter nur einen geringen Teil des Gesamtumsatzes ausmachten, sodass die Entscheidung der Kommission gegen den

g) Zwischenfazit

Es finden sich also hinreichende Nachweise dafür, dass die Kommission in ihrer Entscheidungspraxis für den Zeitraum von mindestens einem Jahrzehnt und in mindestens einem halben dutzend Fällen ein Compliance-Programm, wenn auch nicht unter dem heutzutage darunter verstandenen Namen,[167] bußgeldmindernd berücksichtigt hat. Zu einer vollständigen Enthaftung hat ein Compliance-Programm allerdings nicht geführt. Es macht bisher keinen Unterschied, wann das Compliance-Programm eingeführt wurde, also zeitlich vor (wie im letzten Fall VIHO/Parker Pen) oder nach dem Verstoß (wie in den anderen Fällen). Die den Verfahren zugrunde liegenden Vorschriften aus der VO 17/62 früher und VO 1/2003 heute weichen an diesen Stellen nicht wesentlich voneinander ab.[168]

Einige Elemente, wie sie heute ein vorbildliches Compliance-Programm kennzeichnen, lassen sich den Entscheidungen teilweise entnehmen. So ist eine grundsätzliche Strukturaufteilung in präventive und repressive Maßnahmen erkennbar. Hinzu kommt die organisatorische und unternehmensweite (konzernweite) Einführung durch die Unternehmensleitung. Dies hat zur Folge, dass alle Mitarbeiter des Unternehmens der Befolgung verpflichtet sind, die wiederum durch regelmäßige Überprüfungen (von Seiten der Unternehmensleitung) sichergestellt sein soll. Nach den Vorträgen der Unternehmen wurde die Compliance-Programme zum Teil mit Hilfe externer Rechtsberatung speziell auf das Unternehmen und seine Risikofelder zugeschnitten und regelmäßig (z.B. einmal jährlich)[169] überwacht.

An mehreren Stellen äußert sich die Kommission eingehend zu den Voraussetzungen eines effektiven Compliance-Programms, wenn sie einen konkreten

---

Grundsatz der Verhältnismäßigkeit verstoße, EuG v. 14.7.994 – Rs. T-77/92 *Parker Pen ./. Kommission*, Slg. 1994, II-549 Rn. 87; 94.

167 Kommission v. 11.12.1981 – 82/465/EWG *National Panasonic France*, ABl. 1982 L 211/32, Rn. 20 „Verhaltenskodex"; Kommission v. 18.12.1987 – 88/86/EWG (31.017) *Quaker Oarts (Fisher-Price)*, ABl. 1988 L 49/19, Rn. 27 „Programm zur Einhaltung der Vorschriften der Europäischen Gemeinschaft"; Kommission v. 22.12.1987 – 88/138/EWG (31.488) *Eurofix-Bauco ./. Hilti*, ABl. 1988 L 65/19, Verpflichtungserklärung Hilti AG, Anhang zu ABl. 1988 L 65/19 „Wohlverhaltensprogramm"; Kommission v. 18.7.1988 – 88/518/EWG (30.178) *Napier Brown/British Sugar*, ABl. L 284/41, Rn. 10 „Erfüllungsprogramm" und schließlich Kommission v. 15.7.1992 – 92/426/EWG (32.725) *VIHO/Parker Pen*, ABl. 1992 L 233/27, Rn. 12 „Programm zur Einhaltung der Wettbewerbsregelung (sog. ‚compliance programme')".

168 *Voet van Vormizeele*, WuW 2010, 1008, 1009.

169 Kommission v. 18.7.1988 – 88/518/EWG (30.178) *Napier Brown/British Sugar*, ABl. L 284/41, Rn. 10.

Zuschnitt auf das jeweilige Unternehmen, z.B. wegen einer marktbeherrschenden Stellung im Falle *British Sugar*, verlangt. In diesen Kontext sind auch die Aussagen in der Entscheidung *Viho/Toshiba* zu nennen,[170] in der sie die Unternehmensleitung in der Verantwortung sieht, ein individuell zugeschnittenes Compliance-Programm einzuführen, zu überwachen und durchzusetzen. Die Kommission führt zum Teil so konkrete Vorgaben an ein effektives Compliance-Programm in der Entscheidung *National Panasonic* (und *Viho/Toshiba*) an, dass ein anderes Unternehmen ausdrücklich die Einrichtung und Ausgestaltung seines Compliance-Programms an den Maßgaben dieser Entscheidung ausrichten und diesen entsprechen will (vgl. Verpflichtungserklärung von Hilti).

Bei den Kartellverstößen in den oben genannten Entscheidungen handelt es sich zum Teil um langjährige planmäßig ausgeführte (vertikale) Kartellabsprachen nach Art. 85 EWG oder Missbräuche einer marktbeherrschenden Stellung nach Art. 86 EWG (nunmehr Art. 101 und Art. 102 AEUV). Dennoch wurden die Verstöße zum Teil „nur" fahrlässig begangen und die Bußgelder erreichen bei Weitem nicht das heutige Niveau. Auffällig ist aber, dass der Vortrag der beschuldigten Unternehmen zur *Defence* mit einem Compliance-Programm zum Ende des Vortrags angeführt wird, gewissermaßen eine untergeordnete Rolle spielten.[171]

Schließlich äußert sich die Kommission auch nicht konkret zu dem tatsächlichen (in Prozent oder Geld messbaren) Umfang, in welchem sie das Compliance-Programm bußgeldmindernd berücksichtigt hat.

---

170 Kommisson v. 5.6.1991 – 91/532/EWG (32.879) *VihoToshiba*, ABl. 1991 L 287/39, Rn. 30.

171 Dies ist deutlich im Verhältnis der Anzahl aller Randnummern zu solchen (wenigen) mit Compliance-Bezug zu erkennen. Kommission v. 15.7.1992 – 92/426/EWG (32.725) *VIHO/Parker Pen*, ABl. 1992 L 233/27, Rn. 14: „Schließlich ist zu erwähnen, daß Parker sowohl für ihre EG-Tochtergesellschaften als auch für ihre Alleinvertriebshändler ein umfangreiches Programm zur Befolgung des EG-Wettbewerbsrechts aufgestellt hat, um sicherzustellen, daß die Wettbewerbsregeln künftig eingehalten werden." Kommisson v. 5.6.1991 – 91/532/EWG (32.879) *VihoToshiba*, ABl. 1991 L 287/39, Rn. 18: „Ausserdem hat die Toshiba-Corporation für ihre EG-Tochtergesellschaften ein umfangreiches Programm zur Befolgung des EG-Wettbewerbsrechts aufgestellt, um sicherzustellen, daß die Wettbewerbsregeln künftig eingehalten werden." Später dann Kommission v. 9.12.2004 – 2005/566/EG (37.533) *Cholinchlorid*, ABl. 2005 L 190/22, Rn. 217: „BASF bringt schließlich vor, dass seine Geldbuße ermäßigt werden sollte, weil es und ein Befolgungsprogramm eingeführt habe. (…)." *(Hervorhebung durch Verfasser).*

2. *Änderung der vorhandenen oder gar Einführung einer neuer Entscheidungspraxis?*

Die soeben dargestellte Praxis hat die Kommission alsbald geändert; in keiner weiteren Entscheidung wird sie ein Compliance-Programm bußgeldmindernd berücksichtigen. Es sind die im Folgenden nachempfundenen Entscheidungen, auf die sie und die Gerichte zur Begründung immer wieder verweisen werden. Allerdings muss die oben aufgeführte Chronologie durch eine Entscheidung ergänzt werden, nach der die Kommission die Kartellanten einer horizontalen Preis- und Gebietsabsprache bebußt.

a) Kommissionsentscheidung Polypropylen 1986

Diese Entscheidung ist die älteste und wohl die am häufigsten zitierte Entscheidung, wenn die Kommission in den Folgejahren die Reduzierung des Bußgeldes wegen Bestehens oder Einführung eines effektiven Compliance-Programms ablehnt. Die Kommission verweist dann allerdings auf das der Entscheidung folgende Urteil des EuG zu der Sache; in der Kommissionsentscheidung selbst finden sich keine Inhalte zu der in Rede stehenden Frage.

aa) Die Kommissionsentscheidung

In dieser Kommissionsentscheidung werden insgesamt 15 der führenden Unternehmen auf dem Markt für Polypropylen, einem thermoplastischem Stoff, dessen Abnehmer Verarbeiter der Fertig- und Halbfertigerzeugnisindustrie sind, mit Geldbußen von zusammen 57,86 Millionen ECU belegt.[172] Die vier größten Hersteller ICI, Hoechst, Montepolimeri und Shell hielten zusammen einem Marktanteil von über 50 Prozent und bildeten als Kartellanführer gemeinschaftlich eine Leitung, die insbesondere anderen Kartellanten bei der Durchführung der Vereinbarungen zur Seite stand. Der Markt war in dem Zeitraum des Kartells von Mitte 1977 bis November 1983 geprägt von geringer Rentabilität bis hin zu erheblichen Verlusten. Da die Produktionskosten weitestgehend fix waren, konnte eine hohe Rentabilität nur durch eine hohe Auslastung der Produktionsmittel gewährleistet werden.

Im Oktober 1983 führte die Kommission Durchsuchungen bei insgesamt zehn der oben genannten Unternehmen durch und gelangte an verschiedene Dokumente, die bewiesen, dass zwischen den Unternehmen seit etwa 1977 ein Netzwerk von aufeinander abgestimmten Verhaltensweisen und Vereinbarungen bestand. Dieses Netzwerk sah regelmäßige Zusammenkünfte auf höchster

172 Kommission v. 23.4.1986 – 86/398/EWG (31.149) *Polypropylen*, ABl. 1986 L 230/1.

Ebene der Unternehmensleitung und der niedrigeren Fachebene vor. Diese Zusammenkünfte fanden halbjährig statt und wurden durch zahlreiche Treffen der nationalen Teilnehmer ergänzt. Im Rahmen der Zusammenkünfte wurde ein System aus drei Säulen zur Durchführung des Kartells verabredet.[173] Unter Schaffung der so genannten Fides Trust Company in Zürich wurden monatlich Daten über Produktion, Absatz und Lagerbestände gesammelt und für verschiedene Gebiete ausgewertet.

Die Kommission sieht in dieser Praxis eine besonders schwere Zuwiderhandlung gegen Art. 85 EWG-Vertrag. Bei der Festsetzung der Geldbußen berücksichtigt sie eine Reihe erschwerender und mildernder Faktoren. So nimmt sie erschwerend an, dass es sich bei diesem Kartell um schwere horizontale Verstöße gegen das Wettbewerbsrecht handelt, die auf einem bedeutenden Markt mit einem Umfang von ca. 1,5 Milliarden EUR seinerzeit begangen wurden. Das Kartell deckte ferner beinahe den gesamten Markt ab und seine Durchführung wurde aufwendig institutionalisiert. Hingegen berücksichtigt die Kommission mildernd, dass die Unternehmen auf dem Markt für Polypropylen für einen längeren Zeitraum deutliche Verluste hinnehmen mussten, nicht alle anvisierten Preisinitiativen umgesetzt und keine Sanktionsmaßnahmen zur Erzwingung der Abreden vereinbart haben.

bb) Die Nichtigkeitsklage vor dem EuG

Neben Hercules[174] haben dreizehn weitere Unternehmen Nichtigkeitsklagen (nunmehr Anfechtungsklagen nach Art. 263 AEUV) vor dem EuG gegen die Kommissionsentscheidung erhoben.[175] Allerdings wird nur in der Klage von Hercules die in Rede stehende Thematik behandelt. Hercules rügt in ihrem Rechtsmittel gegen die Kommissionsentscheidung verschiedene Rechtsfehler: Zunächst seien ihre Verteidigungsrechte beschnitten, da sie nicht Einsicht in

---

173 1. Säule: Zuteilung von Absatzmengen und Absatznischen, 2. Säule: Absprache von Preisen und Preiszielen und Preisinitiativen für den EWR und andere westeuropäische Länder ausgerichtet sowie 3. Säule: Stetige Überwachung des realen Umsatzes.

174 EuG v. 17.12.1991 – Rs. T-7/*89 Hercules Chemicals ./. Kommission*, Slg. 1991, II-1711; vgl. allgemein zu den Erfolgsaussichten der gerichtlichen Kontrolle MünchKomm-EuWettbR/*Engelsing/Schneider*, VO 1/2003 Art. 23 Rn. 178 m.w.N.

175 Rechtssachen T-1/89 bis T-4/89, T-6/89, T-8/89 bis T-15/89. Eine Bußgeldreduzierung hatten nur die Rechtsmittel von Petrofina Rs. T-2/89, BASF Rs. T-4/89, Anic Rs. T-6/89, Hüls Rs. T-9/89, Shell Rs. T-11/89 und ICI Rs. 13/89 zu Folge. Alle anderen Klagen wurden abgewiesen. Von sieben weiteren Rechtsmitteln vor dem EuGH (Rs. C-255/92, C-49/92, C-5/93, C-199/92, C-227/92, C-234/92 und C-245/92) hatte nur die Klage von Anic Rs. C-49/92 Teilerfolg; alle anderen Klagen wurden abgewiesen.

alle sie belastenden Dokumente nehmen konnte, denen die Kommission einen Beweiswert zumaß. Ferner habe die Kommission verschiedene Tatsachen, insbesondere die Dauer und Schwere der Zuwiderhandlung, die Marktwirkung und Beeinträchtigung des innergemeinschaftlichen Handels sowie den Umstand, dass der Markt für Polypropylen äußerst verlustreich war, nicht rechtsfehlerfrei eingeordnet. Ebenso wenig habe die Kommission die Verjährung der Zuwiderhandelungen berücksichtigt. Zudem habe die Klägerin eine untergeordnete Rolle in dem Kartell gespielt und sie selbst habe bisher keine Zuwiderhandlung begangen.[176] Im Gegenteil – ein einzelner Mitarbeiter habe sich der Unternehmenspolitik widersetzt und an den Absprachen teilgenommen. Schließlich trägt sie vor, im Zuge ihrer internen Untersuchungen habe sie solche Maßnahmen unternommen, dass „Zuwiderhandlung(en) dieser Art" in Zukunft unterblieben.[177] Ihr sofortiges Handeln, welches sicherstellen soll, dass zukünftige Wettbewerbsverstöße unterbleiben, sei auch im Interesse der „Wettbewerbspolitik der Gemeinschaft" ergangen und verdiene daher ebenso wie im Fall *National Panasonic* eine bußgeldmindernde Berücksichtigung.[178] In ihrer Entscheidung bleibe die Kommission eine Begründung schuldig, warum sie diese Initiativen nicht berücksichtige.

---

176 Wenn auch eine Wiederholung einer Tat die Strafe erschwerend erhöhen kann, ist doch das Fehlen einer vorangegangenen Zuwiderhandlung im Umkehrschluss nicht zugleich ein mildernder Umstand, vor allem dann nicht, wenn die Tat einen bewussten Wettbewerbsverstoß darstellt, vgl. EuG v. 17.12.1991 – Rs. T-7/89 *Hercules Chemicals ./. Kommission*, Slg. 1991, II-1711, Rn. 347 f.

177 EuG v. 17.12.1991 – Rs. T-7/89 *Hercules Chemicals ./. Kommission*, Slg. 1991, II-1711, Rn. 346: „Die Klägerin macht geltend, sie sei niemals in ein anderes Verfahren wegen eines Wettbewerbsverstosses verwickelt gewesen. Hier handele es sich höchstens um den unglücklichen Einzelfall eines Angestellten, der sich unter Missachtung der Unternehmenspolitik zur Teilnahme an einigen Sitzungen habe verleiten lassen, wie die raschen und energischen Maßnahmen zeigten, die die Klägerin ergriffen habe, um bei den Nachprüfungen mitzuwirken und neue Zuwiderhandlungen dieser Art zu verhindern."

178 EuG v. 17.12.1991 – Rs. T-7/89 *Hercules Chemicals ./. Kommission*, Slg. 1991, II-1711, Rn. 351: „Der sofortige Erlaß von Maßnahmen durch die Klägerin, um erneute Verstösse gegen die Unternehmenspolitik wie die Teilnahme eines ihrer Angestellten an Herstellersitzungen für die Zukunft zu verhindern, hätte im Interesse der Wettbewerbspolitik der Gemeinschaft Unterstützung verdient, wie dies in der Rechtssache Panasonic seitens der Kommission geschehen sei (Entscheidung vom 7. Dezember 1972 [1982 sic!], National Panasonic, ABl. L 354, S. 28). Die Kommission hätte in ihrer Entscheidung erklären müssen, warum sie den Maßnahmen der Klägerin im vorliegenden Fall nicht Rechnung getragen habe."

Sodann führt das Gericht aus, die „internen Ordnungsmaßnahmen“[179] von Hercules nach Aufdeckung des Verstoßes und das damit verbundene Signal, seine Geschäftspolitik in Zukunft in Einklang mit den Vorgaben des Wettbewerbsrechts zu bringen, schlössen die Möglichkeit einer Geldbuße nicht aus. Zu dem Zweck verweist das Gericht auf die Rechtssache *Stichting Sigaretteninindustrie.*[180] Denn eine „wie auch immer geartete nachträgliche Zusammenarbeit“ zwischen dem Unternehmen und der Kommission „ändere nichts an der Tatsache der Zuwiderhandlung.“[181] Zwar komme der Initiative zur Vorbeugung von zukünftigen Wettbewerbsverstößen eine gewisse Bedeutung zu, doch können sie nicht über die Tatsache hinwegtäuschen, dass die Zuwiderhandlung begangen wurde und somit notwendigerweise geahndet werden muss. Wenn auch die Kommission „in einem früheren Verfahren (…) wegen der Umstände des Falles“ eine bußgeldmindernde Wirkung zugesprochen habe, könne sie dennoch nicht verpflichtet sein, „ähnliche Maßnahmen im vorliegenden Fall“ ebenso zu berücksichtigen, da der „besonders schwere, vorsätzliche Verstoß (…) unter größter Geheimhaltung“ begangen wurde.[182]

---

179 EuG v. 17.12.1991 – Rs. T-7/89 *Hercules Chemicals ./. Kommission*, Slg. 1991, II-1711, Rn. 354: „Bezueglich der internen Ordnungsmaßnahmen der Klägerin nach Entdeckung der Zuwiderhandlung weist die Kommission darauf hin, daß nach der Rechtsprechung des Gerichtshofes (…) die Bemühungen zur Änderung eines Verhaltens, um es mit dem Wettbewerbsrecht in Einklang zu bringen, die Rechtfertigung einer Geldbusse für eine Zuwiderhandlung nicht in Frage stellten.“

180 EuG v. 10.12.1985 – verb. Rs. 240/82 bis 242/82, 261/82, 262/82, 268/82 und 269/82 *Stichting Sigarettenindustrie ./. Kommission*, Slg. 1985, 3831, Rn. 97 f.

181 EuG v. 17.12.1991 – Rs. T-7/89 *Hercules Chemicals ./. Kommission*, Slg. 1991, II-1711, Rn. 355.

182 EuG v. 17.12.1991 – Rs. T-7/89 *Hercules Chemicals ./. Kommission*, Slg. 1991, II-1711, Rn. 357: „Weiterhin ist zwar wichtig, daß die Klägerin Maßnahmen ergriffen hat, um neue Verstösse gegen das Wettbewerbsrecht der Gemeinschaft seitens ihrer Angestellten zu verhindern, doch ändert dies nichts an der Tatsache der Zuwiderhandlung, die vorliegend festgestellt worden ist. (…) Auch hier kann der Umstand, daß die Kommission es in einem früheren Verfahren wegen der Umstände des Falles für notwendig gehalten hat, die von dem betreffenden Unternehmen zur Verhinderung neuer Verstösse gegen das Wettbewerbsrecht der Gemeinschaft getroffenen Maßnahmen zu berücksichtigen, sie nicht zwingen, ähnliche Maßnahmen im vorliegenden Fall in gleicher Weise zu berücksichtigen, da es sich nach Randnummer 108 der Entscheidung um einen besonders schweren, vorsätzlichen und unter grösster Geheimhaltung begangenen Verstoß gegen Artikel 85 Absatz 1 EWG-Vertrag gehandelt hat.“ Kritisch zu dem Merkmal der Geheimhaltung, *Soyez*, EuZW 2007, 596, 600.

Diese Feststellung bildet zugleich das Ende des Urteils; die Klage wurde in vollem Umfang abgewiesen. Das Rechtsmittel gegen dieses Urteil wurde durch insgesamt sechs Gründe getragen,[183] blieb aber in allen Punkten erfolglos.[184]

cc) Kritische Würdigung

In der Tat handelt es sich – im Gegensatz zu den zuvor genannten vertikalen Fällen – um ein horizontales Preis- und Gebietskartell zwischen allen wichtigen Herstellern auf dem Markt.[185] Keiner der in den zuvor genannten Entscheidungen beteiligten Kartellanten hat so intensiv, dauerhaft und vorsätzlich gegen Art. 85 Abs. 1 EWG-Vertrag verstoßen. Deshalb muss die Frage erlaubt sein, ob diese Entscheidung mit der Sache *National Panasonic* und der oben nachgezeichneten in den Folgejahren entwickelten Praxis vergleichbar ist. Ein Vergleich könnte anhand der verletzten Norm durch die Art und Schwere der Zuwiderhandlung erfolgen. In *National Panasonic* und den späteren Fällen handelt es sich mit Ausnahme zweier Entscheidungen ebenfalls um (vorsätzliche und fahrlässige) dauerhafte Zuwiderhandlungen gegen Art. 85 EWG-Vertrag. Die Vorschrift unterscheidet dabei zwischen einem horizontalen und einem vertikalen Verstoß.[186]

---

183 EuGH v. 8.7.1999 – Rs. C-51/92 P *Hercules Chemicals ./. Kommission*, Slg. 1999, I-4235, Rn. 53: „(…) erstens Verfahrensmängel beim Erlaß der Polypropylen-Entscheidung durch die Kommission; zweitens, daß diese nicht die Antworten der anderen Hersteller auf die Mitteilungen der Beschwerdepunkte übermittelt habe; drittens, daß das Gericht nicht alle die Polypropylen-Entscheidung betreffenden Urteile gleichzeitig erlassen habe; viertens, daß die Tatsachenfeststellungen des Gerichts und sein Ergebnis bezueglich der Beteiligung der Rechtsmittelführerin an einer abgestimmten Verhaltensweise zur Festlegung eines Verkaufsmengenziels und eines Quotensystems für die Jahre 1981 und 1982 einander widersprächen; fünftens, daß das Gericht den vom Gerichtshof im Urteil vom 18. Oktober 1989 in der Rechtssache 374/87 (Orkem/Kommission, Slg. 1989, 3283) aufgestellten Grundsatz nicht angewandt habe; sechstens, daß die Geldbusse nicht herabgesetzt worden sei."

184 EuGH v. 8.7.1999 – Rs. C-51/92 P *Hercules Chemicals ./. Kommission*, Slg. 1999, I-4235.

185 So auch *Schwarze/Bechtold/Bosch*, Rechtstaatliche Defizite im Kartellrecht der Europäischen Gemeinschaft, S. 64.

186 Z.B. Bekanntmachung der Kommission über Vereinbarungen von geringer Bedeutung, die den Wettbewerb gemäß Art. 81 Absatz 1 des Vertrags zur Gründung der Europäischen Gemeinschaften nicht spürbar beschränken („de minimis"-Bekanntmachung), ABl. 2001 C 368/13; s. *Kling/Thomas*, § 4 Rn. 150 ff. Bei horizontalen Vereinbarungen liegt eine Spürbarkeit regelmäßig vor, wenn der von den beteiligten Unternehmen addierte Marktanteil mehr als zehn Prozent ausmacht (s. auch Rn. 7 lit. a) S. 1 der Bagatellbekanntmachung). Bei vertikalen Vereinbarungen

Diese unterschiedliche Ausgangslage – ein horizontaler Verstoß bei *Hercules* zum einen und vertikale Verstöße bei den Entscheidungen *National Panasonic* und den anderen Entscheidungen zum anderen – könnte dazu veranlassen, dass es sich bei *Hercules* um eine andere andere Entscheidungspraxis handele, die Kommission bzw. das EuG keine bestehende (für vertikale Verstöße) fortführen, sondern eine neue (für horizontale Verstöße) etablieren wollen.

Doch macht das EuG seine Entscheidung aber nicht genau an dem Unterschied zwischen vertikalem und horizontalen Wettbewerbsverstoß fest: So führt es zwar aus, dass es eine Bußgeldreduzierung im Gegensatz zu einer vorausgegangenen Entscheidung nicht gewähren könne, da die Zuwiderhandlung besonders schwer und vorsätzlich sowie unter größter Geheimhaltung begangenen wurde. Doch stützt das EuG seine Auffassung, dass die Compliance-Anstrengungen der Klägerin keine Beachtung finden, somit gerade nicht darauf, dass in der Sache ein horizontaler Kartellverstoß vorlag.

Zudem hat die Klägerin ausdrücklich auf die Entscheidung *National Panasonic* Bezug genommen, sodass dem Gericht diese bekannt war und es durchaus die Möglichkeit gehabt hätte – obiter dictum – die Unterscheidung zwischen der Berücksichtigung der Compliance Defence bei vertikalem einerseits und horizontalem Verstoß andererseits aufzustellen, was es jedoch mit keiner Silbe tat. Es kann also keineswegs für folgende Entscheidungen als gesichert gelten, dass das Gericht gerade für (horizontale) Kartellabsprachen keine Bußgeldreduzierung wegen Bestehen oder Einführung eines Compliance-Programms anerkennt – entgegen der Auffassung der Kommission im Fall *National Panasonic* und den sich daran anschließenden Entscheidungen.

Gegenteiliges lässt sich sogar aus der Art und Weise der Begründung der Kommission und des EuG in zukünftigen Verfahren entnehmen: In zahlreichen

---

liegt die Grenze jedoch erst bei 15 Prozent s. auch Rn. 7 lit. b) der Bagatellbekanntmachung. Freilich geht von horizontalen Wettbewerbsbeschränkungen eine deutlich größere Gefahr für den Wettbewerb aus, *Bechtold/Brosch/Brinker/Hirsbrunner*, Art. 81 EG Rn. 98; *Lampert/Matthey*, in: Hauschka, Corporate Compliance, § 26 Rn. 9. Vgl. ferner die Freistellungs-Hürden nach der Vertikal-GVO Verodnung (EU) Nr. 330/2010 der Kommission vom 20. April 2010 über die Anwendung von Artikel 101 Absatz 3 des Vertrags über die Arbeitsweise der Europäischen Union auf Gruppen von vertikalen Vereinbarungen und abgestimmten Verhaltensweisen, ABl. 2010 L 102/1 und Leitlinien zur Anwendbarkeit von Artikel 101 des Vertrags über die Arbeitsweise der Europäischen Union auf Vereinbarungen über horizontale Zusammenarbeit, ABl. C 2011 11/01. Vgl. auch die Bußgeldleitlinien der Kommission selbst, die einen Abschreckungszuschlag („Entry Fee") nach Rn. 25 bei horizontalen und übrigen Verstößen vorsehen, *Soyez*, EuZW 2007, 596, 599.

folgenden Verfahren, die eine horizontale Preis-, Gebiets- oder Mengenabsprache zum Gegenstand haben, führt die Kommission immer wieder aus, dass der Umstand, dass sie in der Vergangenheit vereinzelt eine Bußgeldreduzierung für ein Compliance-Programm gewährt habe, verpflichte sie nicht, dies für jeden Fall zu wiederholen.[187] Sie ist also in der Annahme, eine frühere Entscheidungspraxis, gleich ob es um einen horizontalen oder vertikalen Verstoß ging, aufzugeben. Sie könnte an diesen Stellen aber genauso gut und vollkommen zutreffend ausführen, dass es für horizontale Verstöße eine solche Praxis niemals gegeben habe, sie letztlich keine alte aufgebe, sondern eine vorhandene – nämlich die Compliance Defence bei horizontalen Kartellverstößen abzulehnen – fortführe, was sie aber nicht tut. Auch wenn sie sich nicht für gebunden hält, die alte Praxis fortzuführen, meint sie doch, dass sich die Fälle in der Frage der Berücksichtigung von Compliance Defence nicht unterscheiden.

Ferner stützt das Gericht seine Argumentationsweise auf die Rechtssache *Stichting Sigarettenindustrie* (SSI) aus dem Jahre 1985. Es ist im Fall *Hercules* daher in der Annahme, eine bereits vorhandene Rechsprechung zu der in Rede stehenden Frage fortzusetzen.[188] Dem ist aber nicht so; denn das Gericht hat ausweislich der beiden in *Hercules* zitierten Fundstellen seinerzeit ausdrücklich offen gelassen, ob es die Maßnahmen der Unternehmen berücksichtigt oder nicht. Zwar tragen zwei Unternehmen in *Stichting Sigarettenindustrie* vor, sie haben Versuche unternommen, die Verbandsstruktur der Stichting Sigarettenindustrie, der alle wichtigen Zigarettenhersteller angehörten, so zu ändern, dass sie fortan mit den Regeln des europäischen Wettbewerbsrechts übereinstimmt.[189] Doch hat die Kommission, bestätigt durch das Urteil des EuG,

---

187 S. unten 1. Teil:Abschnitt 1§ 1D)I.3.b)bb).

188 EuG v. 17.12.1991 – Rs. T-7/89 *Hercules Chemicals ./. Kommission*, Slg. 1991, II-1711, Rn. 354: „Bezueglich der internen Ordnungsmaßnahmen der Klägerin nach Entdeckung der Zuwiderhandlung weist die Kommission darauf hin, daß nach der Rechtsprechung des Gerichtshofes (Urteil vom 10. Dezember 1985 in den verbundenen Rechtssachen 240/82 bis 242/82, 261/82, 262/82, 268/82 und 269/82, Stichting Sigarettenindustrie/Kommission, Slg. 1985, 3831, Randnrn. 97 und 98) die Bemühungen zur Änderung eines Verhaltens, um es mit dem Wettbewerbsrecht in Einklang zu bringen, die Rechtfertigung einer Geldbusse für eine Zuwiderhandlung nicht in Frage stellten.“

189 EuG v. 10.12.1985 – verb. Rs. 240/82 bis 242/82, 261/82, 262/82, 268/82 und 269/82 *Stichting Sigarettenindustrie ./. Kommission*, Slg. 1985, 3831, Rn. 97: „Einige Klägerinnen berufen sich auch auf individuelle mildernde Umstände. So weisen die Firmen Philip Morris Holland und British-American Tobacco darauf hin, dass sie sich bemüht hätten, die Struktur der SSI umzugestalten und mit dem Wettbewerbsrecht

„(…) eine Geldbuße nicht wegen ihrer Mitwirkung an der SSI-Rahmenvereinbarung, sondern deswegen auferlegt, weil sie sich an den Preisvereinbarungen von 1974, 1975 und 1978 beteiligt hatten. Unter diesen Umständen spielt es keine Rolle, dass sie sich möglicherweise bemüht haben, die Struktur der SSI mit dem Wettbewerbsrecht in Einklang zu bringen.“[190]

Schließlich verwundert es, dass in dieser meist zitierten Entscheidung für die zukünftige Ablehnung von Compliance-Programmen im Rahmen der Bußgeldbemessung diese Tatsache nicht einmal in einem der acht Leitsätze des Urteils Erwähnung findet. Die Kommission, aber auch das EuG, muss sich die Frage nach der Überzeugungskraft dieser Entscheidung zur Begründung ihrer Praxis gefallen lassen. Denn immerhin hat sie sich in ihrer Entscheidung überhaupt nicht mit den Compliance-Maßnahmen der Klägerin beschäftigt. Wenn also nicht einmal in der Entscheidung der Kommission diese Frage erörtert wurde, bleibt die Reichweite der Überzeugungskraft weiter unbeantwortet.

Insgesamt macht der Vortrag zu den Compliance-Maßnahmen nur wenige Sätze und maximal zwei Randnummern aus; die Erwiderung des Gerichts dazu ist auch nicht viel umfangreicher. Dazu passt auch, dass von Seiten des Unternehmens jede Menge anderer Gründe vorgetragen wurde und der Vortrag zum Compliance-Programm am Ende angeführt wurde. Diese Stelle wurde aber nicht sorgfältig gewählt, um dem Argument eine besondere Note zu verleihen, vielmehr macht es den Eindruck – so auch nach den Erwiderungen des Gerichts – dass eine Compliance Defence keinen allzu hohen Stellewert für die Parteien und das Gericht hat.

Nach all diesen kritischen Anmerkungen ist ein pauschaler Verweis auf die Rechtsprechung in der Sache *Hercules*, wie es die Kommission und das EuG fortan tun werden, zunächst keine Fortsetzung einer bestehenden Praxis und zudem keine überzeugende Begründung für folgende Ablehnungen. Es ist also geboten,

---

in Einklang zu bringen. Dank ihrer Bemühungen habe die Rahmenvereinbarung von 1976 unterzeichnet und bei der Kommission angemeldet werden können. (…).“

190 EuG v. 10.12.1985 – verb. Rs. 240/82 bis 242/82, 261/82, 262/82, 268/82 und 269/82 *Stichting Sigarettenindustrie ./. Kommission*, Slg. 1985, 3831, Rn. 98: „Der Argumentation der Firmen Philip Morris Holland und British-American Tobacco kann nicht gefolgt werden. Ihnen wurde nämlich eine Geldbuße nicht wegen ihrer Mitwirkung an der SSI-Rahmenvereinbarung, sondern deswegen auferlegt, weil sie sich an den Preisvereinbarungen von 1974, 1975 und 1978 beteiligt hatten. Unter diesen Umständen spielt es keine Rolle, dass sie sich möglicherweise bemüht haben, die Struktur der SSI mit dem Wettbewerbsrecht in Einklang zu bringen.“

dass sich Kommission und auch EuG erneut der Frage widmen, sie einmal in den Vordergrund ihrer Rechts- und Entscheidungfindung stellen.

b) Kommissionsentscheidung Karton 1994

Die Karton-Entscheidung wird in künftigen Verfahren häufig zur Argumentationsstütze der Kommission und des EuG bemüht. Der eigentliche Focus liegt jedoch auf dem Urteil des EuG über die Nichtigkeitsklage gegen diese Kommissionsentscheidung. Erwägungen zur Compliance Defence finden in der Ausgangsentscheidung der Kommission keinen Anklang. Dennoch sind einige Tatsachen über den Ablauf des Kartells wichtig für die Einordnung dieser Entscheidung in den Kontext und werden daher vorgestellt.

Aufgrund dieser Entscheidung aus dem Jahre 1994 wurden 18 Unternehmen auf dem Markt für Karton Bußgelder in Höhe von insgesamt 131,75 Millionen ECU auferlegt.[191] Auf die Hinweise der Verbände britischer und französischer Kartonabnehmer führte die Kommission im April 1991 gemäß Art. 14 Abs. 3 VO 17/62 unangekündigte Durchsuchungen in den Geschäftsräumen diverser Kartonhersteller und deren Tochterunternehmen sowie Verkaufsagenten durch. Dabei gelangte sie an Informationen, die einen Verstoß der Adressaten dieser Entscheidung gegen Art. 85 EWG-Vertrag belegen. In der Zeit von Mitte 1986 bis mindestens April 1991 beteiligten sich die zuvor genannten Unternehmen an regelmäßigen und in hohem Maße institutionalisierten Zusammenkünften, auf denen sie „einen gemeinsamen Industrieplan zur Einschränkung des Wettbewerbs“[192] auf dem Markt für Karton festlegten und umsetzten. Konkret sah dieser Plan abgestimmte regelmäßige Preiserhöhungen für die drei

191 Es handelt sich dabei um die Unternehmen Buchmann GmbH 2,2 Mio. ECU, Cascades S.A. 16,2 Mio. ECU, Enso-Gutzeit Oy 3,25 Mio. ECU, Europa Carton AG 2 Mio. ECU, Finnboard - the Finnish Board Mills Association 20 Mio. ECU, Fiskeby Board AB 1 Mio. ECU, Gruber & Weber GmbH & Co KG 1 Mio. ECU, Kartonfabriek „De Eendracht“ NV 1,75 Mio. ECU, Koninklijke KNP BT NV 3 Mio. ECU, Laakmann Karton GmbH & Co KG 2,2 Mio. ECU, Mayr-Melnhof Kartongesellschaft mbH 21 Mio. ECU, Mo Och Domsjö AB (MoDo) 22,75 Mio. ECU, Papeteries de Lancey S.A. 1,5 Mio. ECU, Rena Kartonfabrik AS 0,2 Mio. ECU, Sarrió SpA 15,5 Mio. ECU, SCA Holding Ltd 2,2 Mio. ECU, Stora Kopparbergs Bergslags AB 11,25 Mio. ECU, Enso Española S.A. 1,75 Mio. ECU, Moritz J. Weig GmbH & Co KG. 3 Mio. ECU. Die Unternehmen Cascades, Finnboard, M-M, MoDo, Sarrió und Stora hatten die größten Anteile bei der Umsetzung des Kartells und werden von der Kommission als Anführer des Kartells gesehen.

192 Kommission v. 13.7.1994 – 94/601/EG (33.833) *Karton*, ABl. 1994 L 243/1, Rn. 2.

verschiedenen Kartonsorten,[193] die Zuteilung bzw. Beibehaltung von Absatzquoten und Maßnahmen zur Überwachung des Angebots auf dem Markt für eine effektive Kontrolle des Plans vor. Um dem zu genügen, sammelten und tauschten die Kartellanten unternehmensspezifische Daten über „Lieferungen, Preise, Abstellzeiten, Auftragsbestände, Kapazitätsauslastungen“ aus.[194]

Zum Zwecke der institutionalisierten Organisation wurden Gruppen und Ausschüsse gebildet. Unter der Bezeichnung „Produktgruppe Karton (PG)“ für „Maschinenkarton von 200g/m^2“[195] waren alle nationalen Verbände der Mitgliedstaaten und die skandinavische Branchenvereinigung sowie einzelne Kartonhersteller aus Belgien, Frankreich, Deutschland, Italien, den Niederlanden, dem Vereinigten Königreich, Österreich, Spanien und der Schweiz versammelt. Die PG bildete das Forum der ständigen Beobachtung, Analyse und Koordinierung der Preis- und Marktentwicklung für die Kartellanten. Ein Ausschuss, die „Presidents Workings Group (PWG)“, bestand aus hochrangigen Vertretern der führenden Unternehmen auf dem Markt und traf sich mindestens zweimal jährlich.[196] Auf seine Arbeit gehen insbesondere Absprachen über Preise, Absatzquoten und Auslastungen zurück. Ein weiteres Gremium bildete die „Präsidentenkonferenz“, die aus den Generaldirektoren der beteiligten Unternehmen bestand und von der PWG unterrichtet wurde. Weitere Elemente der PG waren das „Joint Marketing Committee“, das aufgrund seiner Marktbeobachtung dem PWG konkrete Empfehlungen zur Preiserhöhung abgab; die Informationen erhielt es von der „Wirtschaftlichen Kommission“, die wiederum Markt- und Preisbeobachtungen in den einzelnen Mitgliedstaaten vornahm. Abgerundet wurde die institutionalisierte Arbeitsweise des Kartells durch einen Informationsaustausch über Auftragslage, Produktion, Verkäufe und Kapazitätsauslastung der Kartellanten über die schweizerische Treuhandgesellschaft Fides. Dieser berichteten die Unternehmen wöchentlich über ihren Auftragseingang, monatlich über ihre Produktion und Verkaufszahlen sowie Produktionsvorausschätzungen

193 „GD“ ist ein Karton mit einer grauen unteren Lage (Altpapier), der in der Regel für die Verpackung von Non-food-Produkten verwendet wird. „GC“ hat eine obere weiße Lage und ist für die Verpackung von Nahrungsmitteln geeignet. „SBS“ schließlich ist der qualitativ hochwertigste und ein vollständig weißer Karton, der überwiegend für die Verpackung von Lebens- und Arzneimitteln sowie Kosmetika verwendet wird.

194 Kommission v. 13.7.1994 – 94/601/EG (33.833) *Karton*, ABl. 1994 L 243/1, Rn. 2.

195 Kommission v. 13.7.1994 – 94/601/EG (33.833) *Karton*, ABl. 1994 L 243/1, Rn. 28.

196 Kommission v. 13.7.1994 – 94/601/EG (33.833) *Karton*, ABl. 1994 L 243/1, Rn. 39.

und jährlich über ihre Kapazitätsauslastung.[197] Fides wertete diese Daten aus und sendete diese, wenn auch anonymisiert, an die Unternehmen retour.[198]

Die Kommission stuft die Zuwiderhandlung als vorsätzlichen besonders schweren und langwierigen Verstoß gegen Art. 85 EWG-Vertrag ein. Die vorliegenden Marktzuteilungen und Preisabsprachen seien äußerst schwere Zuwiderhandlung gegen das europäische Wettbewerbsrecht. Die Auswirkungen dieser Vereinbarungen erstreckten sich auf den Kartonmarkt in der gesamte Gemeinschaft, der einen jährlichen Umsatz von etwa 2,5 Milliarden ECU erwirtschaftet.[199] Da die an dem Kartell beteiligten Unternehmen praktisch den gesamten Kartonmarkt darstellten, hatten ihre Kunden in jedem Mitgliedstaat und in jeder Währung dieselben Preiserhöhungen hinzunehmen, ohne dass sie sich den Auswirkungen des Kartells hätten entziehen können. Schließlich war das Kartell in der Umsetzung der Absprachen in großen Teilen erfolgreich.[200] Hingegen berücksichtigt die Kommission auch die individuelle Rolle, die Unternehmensgröße und den Beitrag eines jeden Kartellanten sowie die Dauer seiner Teilnahme und eine etwaige kooperative Zusammenarbeit bei der Aufdeckung des Kartells bei der Festsetzung des Bußgeldes.

aa) Die Nichtigkeitsklage vor dem EuG

Von 18 Unternehmen haben 16 eine Nichtigkeitsklage gegen die Entscheidung beim EuG eingelegt.[201] Die Unternehmen rügen in ihren Klageschriften eine Reihe formeller und materieller Rechtsfehler. In formeller Hinsicht verletze die unzureichende Begründung über die Verwendung von Beweismitteln wesentliche Formvorschriften, aber auch Verteidigungsrechte der Klägerinnen, da einige

---

197 Kommission v. 13.7.1994 – 94/601/EG (33.833) *Karton*, ABl. 1994 L 243/1, Rn. 61.

198 Kommission v. 13.7.1994 – 94/601/EG (33.833) *Karton*, ABl. 1994 L 243/1, Rn. 62.

199 Von dem gemeinschaftsweiten Umsatz der Kartonindustrie in Höhe von ca. 2,5 Mrd. ECU im Jahre 1990 hielten die Stora-Gruppe rund 14 %, M-M 13 %, Finnboard 11 %, MoDo/Iggesund 10 %, Sarrió/Saffa 8 %, Cascades 7 %, Enso-Gutzeit 3 % und Weig 2 %.

200 Zu den Gründen s. Kommission v. 13.7.1994 – 94/601/EG (33.833) *Karton*, ABl. 1994 L 243/1, Rn. 168.

201 Rechtssachen T-295/94, T-301/94, T-304/94, T-308/94 bis T-311/94, T-317/94, T-319/94, T-327/94, T-334/94, T-337/94, T-338/94, T-347/94, T-348/94 und T-354/94. Die vier finnischen Mitglieder der Wirtschaftsvereinigung Finnboard, die gesamtschuldnerisch für die Zahlung der gegen diese festgesetzten Geldbuße haftbar gemacht wurden, richteten sich ebenfalls gegen die Entscheidung, T-339/94, T-340/94, T-341/94 und T-342/94. In der mündlichen Verhandlung vom 29.4.1997 hat das Gericht die Rechtssachen verbunden.

Beweismittel die Grundlage der Entscheidung bilden, die ihr nicht zugänglich gemacht wurden. Materielle Rechtsfehler liegen darin begründet, dass die Unternehmen als Konzernobergesellschaft nicht Adressat der Entscheidung seien. Auch habe die Kommission Absprachen über Mengenkontrolle und Begrenzung der Produktion nicht nachgewiesen. Zudem habe sie die Schwere der Zuwiderhandlung rechtsfehlerhaft beurteilt.

Unter dem letzten großen Gliederungspunkt „G – Zum Klagegrund, der auf eine angebliche Kooperation der Klägerin und das Vorliegen anderer mildernder Umstände gestützt wird" bemängelt das Unternehmen Mo och Domsjö die Bewertung der Kommission über den Grad seiner „Unterstützung" in vier verschiedenen Punkten.[202] In dem letzten der vier Punkte verweist es auf die Einführung eines konzernweiten kartellrechtlichen Compliance-Programms und verlangt dafür die Reduzierung der Buße. Zunächst entgegnet das Gericht, dass ein nach Feststellung der Zuwiderhandlung eingeführtes Compliance-Programm nicht die Art der Schwere der Zuwiderhandlung mildern könne, wenngleich „es (keine) zwingend(e) oder abschließende Liste von Kriterien, gäbe, die auf jeden Fall berücksichtigt werden müssten."[203] Nach seiner Auffassung verdeutliche die Einführung eines kartellrechtlichen Compliance-Programms den Willen des Unternehmens, künftige Zuwiderhandlungen gegen das Wettbewerbsrecht zu verhindern. Dieses Verhalten wiederum erleichtere die Arbeitsweise der Kommission.[204]

Wenngleich dies in vorausgegangenen Entscheidungen ebenfalls einer Bußgeldreduzierung gleich kam, ergebe sich daraus aber keine Verpflichtung, in einem anderen Fall ebenso zu entscheiden. Das Gericht fasst wie folgt zusammen (alle Hervorhebungen im Folgenden durch den Verfasser):

---

202 EuG v. 14.5.1998 – Rs. T-352/94 *Mo Och Domsjö AB ./. Kommission*, Slg. 1998, II-1989, Rn. 409: „Diese Unterstützung werde dadurch belegt, a) daß Iggesund Paperboard den Sitzungen der Ausschüsse der PG Karton ferngeblieben sei, nachdem die Kommission ihre Ermittlungen durchgeführt habe, b) daß die Klägerin in ihrer Erwiderung auf die Mitteilung der Beschwerdepunkte die wesentlichen Tatsachen nicht bestritten habe, c) daß sie die Existenz von Erörterungen über Preisankündigungen eingeräumt habe und d) daß die Unternehmen des MoDo-Konzerns ein Programm durchgeführt hätten, das die Beachtung der Wettbewerbsregeln sicherstellen solle."

203 EuG v. 14.5.1998 – Rs. T-352/94 *Mo Och Domsjö AB ./. Kommission*, Slg. 1998, II-1989, Rn. 416 f. vgl. auch EuG v. 16.7.1992 – Rs. T-29/92 *SPO u. a. ./. Kommission*, Slg. 1992, II-2161, Rn. 54.

204 EuG v. 14.5.1998 – Rs. T-352/94 *Mo Och Domsjö AB ./. Kommission*, Slg. 1998, II-1989, Leitsatz 23.

> „Folglich zeigt die Einführung eines Programms zur Befolgung des Wettbewerbsrechts zwar, daß das fragliche Unternehmen gewillt ist, künftige Zuwiderhandlungen zu verhindern, und stellt somit einen Faktor dar, der der Kommission die Erfuellung ihrer Aufgabe **erleichtert**, die u. a. darin besteht, im Bereich des Wettbewerbs die im Vertrag verankerten Grundsätze anzuwenden und die Unternehmen entsprechend anzuleiten; die blosse Tatsache, daß die Kommission in ihrer früheren Entscheidungspraxis in einigen Fällen die Einführung eines Befolgungsprogramms als mildernden Umstand berücksichtigt hat, bedeutet jedoch nicht, daß sie verpflichtet wäre, im vorliegenden Fall ebenso vorzugehen.“[205]

Trotzdem entscheidet das Gericht mit beinahe identischen Ausführunge allerdings mit einem anderen Ergebnis in der unmittelbar folgenden Randnummer bzw. in dem unmittelbar vorangegangenen Leitsatz zur der Frage der Bußgeldreduzierung wegen Nichtsbestreiten des zugrunde liegenden Sachverhalts wie folgt:

> „Die Kommission war deshalb zu der Annahme berechtigt, daß im vorliegenden Fall nur das Verhalten der Unternehmen zu belohnen sei, das es ihr ermöglichte, die betreffende Zuwiderhandlung **leichter** festzustellen. Da die Klägerin im Verwaltungsverfahren die von der Kommission gegen sie vorgebrachten Tatsachenbehauptungen im wesentlichen bestritten hat, kann der Kommission somit nicht zum Vorwurf gemacht werden, daß sie die Geldbusse der Klägerin nicht herabsetzte.“[206]

> „Bei der Bestimmung der Höhe der wegen einer Zuwiderhandlung gegen die Wettbewerbsregeln der Gemeinschaft festzusetzenden Geldbusse ist eine Herabsetzung der Geldbusse aufgrund einer Kooperation während des Verwaltungsverfahrens nur dann gerechtfertigt, wenn das Verhalten des beschuldigten Unternehmens es der Kommission ermöglicht hat, eine Zuwiderhandlung **leichter** festzustellen und gegebenenfalls zu beenden.
>
> Insoweit kann bei einem Unternehmen, das ausdrücklich erklärt, daß es die von der Kommission vorgebrachten Tatsachenbehauptungen nicht bestreite, davon ausgegangen werden, daß es zur **Erleichterung** der in der Feststellung und Verfolgung von Zuwiderhandlungen gegen die Wettbewerbsregeln der Gemeinschaft bestehenden Aufgabe der Kommission beigetragen hat. Die Kommission ist berechtigt, ein solches Verhalten in ihren Entscheidungen, in denen eine Zuwiderhandlung gegen die Wettbewerbsregeln festgestellt wird, als Eingeständnis der behaupteten Tatsachen und damit als Beweis für die Begründetheit der fraglichen Behauptungen zu werten. Ein solches Verhalten kann daher eine Herabsetzung der Geldbusse rechtfertigen.
>
> Etwas anderes gilt, wenn ein Unternehmen in seiner Erwiderung auf die Mitteilung der Beschwerdepunkte die darin aufgestellten Behauptungen der Kommission im wesentlichen

---

205 EuG v. 14.5.1998 – Rs. T-352/94 *Mo Och Domsjö AB ./. Kommission*, Slg. 1998, II-1989, Rn. 417.

206 EuG v. 14.5.1998 – Rs. T-352/94 *Mo Och Domsjö AB ./. Kommission*, Slg. 1998, II-1989, Rn. 418.

> bestreitet, wenn es überhaupt nicht antwortet oder wenn es nur erklärt, daß es zu den von der Kommission aufgestellten Tatsachenbehauptungen nicht Stellung nehme. Durch ein solches Verhalten während des Verwaltungsverfahrens trägt das Unternehmen nämlich nicht zur **Erleichterung** der Aufgabe der Kommission bei."[207]

Das EuG greift danach die Rechtsprechung aus der Rechtssache *Hercules Chemicals* auf und bestätigt die Spruchpraxis, wonach künftige Maßnahmen im Rahmen eines Compliance-Programms nicht den Umstand der begangenen Zuwiderhandlung abändern könnten.[208]

bb) Kritische Würdigung

Nach Auffassung des EuG gibt es also zwei verschiedene Formen der „Erleichterung" bzw. Kooperation der Unternehmen mit der Kommission. Diese Feststellung mutet aber nur auf den ersten Blick merkwürdig an und ist keineswegs widersprüchlich, wenngleich offen bleiben soll, ob sie mit diesem Ergebnis auch wünschenswert ist.

Eine Herabsetzung der Buße durch die kooperative Zusammenarbeit des beschuldigten Unternehmens sei also dann gerechtfertigt, wenn dies dazu führe, dass die Kommission die in Rede stehende Zuwiderhandlung „leichter" feststellen und verfolgen konnte. Das Unternehmen müsse nämlich zur Erledigung der „bestehenden Aufgaben der Kommission beigetragen (haben)." Dies sei insbesondere dann gegeben, wenn das betroffene Unternehmen den von der Kommission festgestellten Sachverhalt nicht bestreite. Mit beinahe identischen Worten beschreibt das Gericht unmittelbar zuvor, dass die Einführung eines Compliance-Programms ebenfalls die der Kommission zugewiesene Aufgabe, die gemeinschaftsrechtlichen Wettbewerbsgrundsätze anzuwenden und den Unternehmen zu vermitteln, erleichtere. Diese Feststellung wird das EuG in mindestens zwei weiteren Entscheidungen bestätigen.[209]

---

207 EuG v. 14.5.1998 – Rs. T-352/94 *Mo Och Domsjö AB ./. Kommission*, Slg. 1998, II-1989, Leitsatz 22.

208 EuG v. 14.5.1998 – Rs. T-352/94 *Mo Och Domsjö AB ./. Kommission*, Slg. 1998, II-1989, Fn. 419: „Ausserdem ist es zwar bedeutsam, daß die Klägerin Maßnahmen ergriffen hat, um künftige Zuwiderhandlungen ihrer Mitarbeiter gegen das Wettbewerbsrecht der Gemeinschaft zu verhindern, doch ändert dies nichts daran, daß die vorliegend festgestellte Zuwiderhandlung tatsächlich begangen wurde (vgl. Urteil des Gerichts vom 17. Dezember 1991 in der Rechtssache T-7/89, Hercules Chemicals/Kommission, Slg. 1991, II-1711, Randnr. 357)."

209 EuG v. 20.3.2002 – Rs. T-16/99 *Lögstör Rör ./. Kommission*, Slg. 2002, II-1633, Rn. 326 und EuG v. 20.3.2002 – Rs. T-23/99 *LR AF 1998 ./. Kommission*, Slg. 2002, II-1705, Rn. 345: „ (...) (N)ach der Rechtsprechung (zeigt) die Einführung eines Programms

Wenn nun für diese beiden Formen der Aufgabenerleichterungen der Kommission – Nichtbestreiten des Sachverhalts zum einen und Anwendung der gemeinschaftsweiten Wettbewerbsregeln in den Unternehmen zum anderen – in einem Fall ein Bußgelderlass gewährt wird und im anderen nicht, so geht damit unweigerlich die Herleitung eines Stufenverhältnis einher. Letztlich soll also das Nichtbestreiten eines von der Kommission ermittelten Sachverhalts von Seiten des Unternehmens eher honorierungswürdig sein, als die Grundsätze des EG-Wettbewerbsrechts auf „Micro-Ebene" innerhalb des Unternehmens dauerhaft anzuwenden und deren Einhaltung für eine Vielzahl von Fällen zu überprüfen. Dabei gilt es zu bedenken, dass die Kooperation im Rahmen der Sachverhaltsfeststellung <u>konkrete</u> Ressourcen schont, denn die Kommission wäre andersfalls gezwungen, mit eben diesen den Verstoß aufzuklären und kann sie nicht anderweitig einsetzten.

Im Falle der „Arbeitserleichterung" durch ein kartellrechtiches Compliance-Programm sind die Dinge etwas anders gelagert. Zunächst einmal liegt damit nicht schon ein Eingeständnis in den Sachverhalt vor; insofern sind die Ausgangssituationen (schon) verschieden. Und genau zur Aufklärung dieses Verstoßes (trotz Compliance-Programms) muss die Kommission ihre Ressourcen – ungeschont – einsetzen.[210] Die in dem EuG-Urteil gleichsam für das Compliance-Programm angesprochene „Erleichterung" liegt (vermutlich) darin begründet, dass das Unternehmen durch seine Compliance-Maßnahmen eine höhere Dunkelziffer an nicht durchgeführten Kartellverstößen produziert hat, die <u>abstrakt</u> nicht mit den Ressourcen der Kommission aufzuklären ist.

Die Kommission und auch später das EuG nehmen also eine Wertung – das angesprochene Stufenverhältnis – zugunsten der konkreten Ressourcenschonung gegenüber der abstrakten vor. Ob diese Wertung mit Hinblick auf die rechtsstaatlichen Verfahrensgarantien und im Sinne einer nachhaltigen Anwendung und Befolgung des europäischen Kartellrechts durch die Unternehmen begrüßenswert ist, soll an dieser Stelle dahingestellt bleiben.[211]

---

zur Befolgung der Wettbewerbsregeln der Gemeinschaft zwar, dass das fragliche Unternehmen gewillt ist, künftige Zuwiderhandlungen zu verhindern, und stellt somit einen Faktor dar, der der Kommission die Erfüllung ihrer Aufgabe erleichtert, die u. a. darin besteht, im Bereich des Wettbewerbs die im Vertrag verankerten Grundsätze anzuwenden und die Unternehmen entsprechend anzuleiten; (...)."

210 Dass ein Unternehmen mit effektivem Compliance-Programm und entsprechend „gelebter" Compliance-Struktur tendenziell kooperiert, sei nur am Rande erwähnt.

211 Keinesfalls abwegig scheint es, an dieser Stelle über einen „erst-recht-Schluss" nachzudenken. Wenn die Kommission, respektive das EuG, schon für den einzelnen Fall

Einige Informationen aus dem Fall sollen an dieser Stelle Erwähnung finden, da sie für die Einordnung der Entscheidung und für die Antwort auf die zugrunde liegende Frage dieser Arbeit von Bedeutung sind. So wurde nach den Durchsuchungen und Ermittlungen der Kommission der Verstoß nicht sofort abgestellt. Die Kommission hatte sichere Kenntnis davon, dass einige Unternehmensvertreter auch nach Aufnahme der Ermittlungen weiterhin an den Sitzungen teilnahmen und damit die Abstellung der wettbewerbswidrigen Geschäftspraxis nicht gesichert ist.[212] Die Kommission erließ daher eine Abstellungsverfügung gegen die in dieser Entscheidung genannten Unternehmen.

Zwar haben die Kartellanten die Mechanismen des Fides Systems geändert, doch bleibt die Vereinbarkeit dieses Systems mit Art. 85 EWG-Vertrag weiterhin fraglich, da es immer noch bestimmte Marktindikatoren auf Grundlage von Informationen sammelt, die wiederum die Abstimmung einer gemeinsamen Geschäftspolitik auf dem Kartonmarkt ermöglichen.[213]

Als bekannt wurde, dass die Kommission in der Angelegenheit ermitteln würde, ist in einem Unternehmen sogar ein Mock Dawn Raid mithilfe externer Rechtsberatung durchgeführt worden. Im Anschluss daran wurden verschiedene Dokumente „zwecks weiterer Prüfung" entfernt.[214] Ferner gaben die Adressaten auf das Auskunftsverlangen der Kommission nach Art. 11 VO 17 zunächst nur „vage oder ausweichende Antworten"[215] zu der Organisation und den Abläufen des Kartells.

Diese Umstände belegen die fehlende Einsicht der Unternehmen in die offensichtliche Rechtswidrigkeit ihrer Handlungen. Eine Kooperationsbereitschaft ist nicht erkennbar; im Gegenteil – die Arbeit der Kommission wird nicht gerade

eine Arbeitserleichterung annimmt, dann doch erst recht für die Dunkelziffer der Zuwiderhandlungen, die schon wegen der Compliance-Maßnahmen nicht vorgenommen worden sind und daher auch nicht von der Kommission geahndet werden mussten. Deutlich auch *Wils*, Journal of Antitrust Enforcement, Vol. 1, No. 1, S. 52, 62 "So we have no idea how often antitrust infringements are prevented by antitrust compliance programmes."

212 Kommission v. 13.7.1994 – 94/601/EG (33.833) *Karton*, ABl. 1994 L 243/1, Rn. 164.

213 Kommission v. 13.7.1994 – 94/601/EG (33.833) *Karton*, ABl. 1994 L 243/1, Rn. 166 die Kommission ordnet daher eigens an, dass die Unternehmen von einem Informationsaustausch über Auftragseingänge und -bestand, erwarteter Grad der Kapazitätsauslastung und Produktionskapazität der Maschinen Abstand nehmen.

214 Kommission v. 13.7.1994 – 94/601/EG (33.833) *Karton*, ABl. 1994 L 243/1, Rn. 23.

215 Kommission v. 13.7.1994 – 94/601/EG (33.833) *Karton*, ABl. 1994 L 243/1, Rn. 165 sie verfügen über keinerlei Aufzeichnungen oder Dokumente, die sie der Kommission zur Verfügung stellen könnten.

sonderlich erleichtert. Die Kommission musste gleichsam die Abstellung der Geschäftspraxis anordnen. Unter heutigen Compliance-Maßstäben wäre ein Vorgehen der Unternehmen gegenüber der Kommission in dieser Art und Weise nur schlechterdings vorstellbar; die Unternehmen gestehen ihre Verstöße ein, stellen sie automatisch ab und kooperieren mit der Kommission im Zuge ihrer Ermittlungen, worauf sie geschult wurden. Sie bereiten wesentliche Teile des Sachverhalts mit ihren Bonusanträgen vor.

Ferner waren an dieser Entscheidung Unternehmensvertreter verschiedener Ebenen bis hin zur Unternehmensleitung beteiligt; so viel Unrecht stellt nach heutigen Compliance-Maßstäben[216] einen Ausnahmefall dar, der nicht allzu tauglich ist, eine Argumentationsstütze für andere Verfahren zu sein oder eine gewisse Praxis – vor allem nach heutigen Compliance Maßstäben – zu statuieren. Unter diesen Umständen und unter Berücksichtigung des fortgeschrittenen Forschungsgrades in Compliance-Fragen ist es geboten, sich erneut mit der Frage der Bußgeldreduzierung durch Compliance-Programmen zu beschäftigen, um endgültig Klarheit zu schaffen. Ein Verweis von Kommission oder EuG auf dieses Urteil in Zeiten von Compliance und Leniency-Mitteilung spiegelt die Rechtstatsächlichkeit und die Anstrengungen der Unternehmen nicht wider.

c) Kommissionsentscheidung PVC II 1994

Die Kommissionsentscheidung *PVC II* ist ebenfalls eine vielzitierte Entscheidung der Kommission und des EuG zur Stützung ihrer Argumentation. In dieser werden Bußgelder in Höhe von insegesamt 19,25 Millionen ECU gegen zwölf Unternehmen wegen Zuwiderhandlung gegen Art. 85 EWG-Vertrag auf dem Markt für PVC festgesetzt.[217] Die Unternehmen sind Hersteller von PVC[218] und decken beinahe den gesamten Gemeinsamen Markt dafür ab. Sie verständigten sich in verschiedenen Zusammenkünften über eine gemeinsame Koordination ihrer Preispolitik durch Festlegung einheitlicher Preiserhöhungen sowie Ziel- und Mindestpreise. Ferner trafen sie Vereinbarungen über bestimmte Marktanteile mit entsprechenden Höchstabsatzmengen. Sie überwachten die Entwicklung und tauschten im monatlichen Rhythmus am Rande der offiziellen Treffen der Chemieindustrie-Verbände ihre tatsächlichen Umsatzmengen aus. Das Kartell agierte von August 1980 bis Ende 1984 und

216 Stichwort: „Mission Statement“ und „Tone from the Top“.

217 Kommission v. 27.7.1994 – 94/599/EG (31.865) PVC II, ABl. 1994 Nr. L 239/14.

218 Kommission v. 27.7.1994 – 94/599/EG (31.865) *PVC II*, ABl. 1994 Nr. L 239/14, Rn. 3 PVC (Polyvinylchlorid) ist ein thermoplastisches Produkt, für das es vielseitige Anwendungsbereiche gibt, besonders in der Schwerindustrie und im Baugewerbe.

damit über die Ermittlungen im November 1983 und das Auskunftsersuchen der Kommission hinaus. Im Zuge ihrer Ermittlungen gegen das Polypropylenkartell[219] fand die Kommission bei einer Durchsuchung konkrete Hinweise für Kartellabsprachen über PVC vor. Danach versandte sie Auskunftsersuchen an die beteiligten Unternehmen und nahm im Jahre 1987 weitere Durchsuchungen in den Geschäftsräumen von sechs Unternehmen vor.

Die Kommission sieht in diesem Marktverhalten und der Gesamtheit aller einzelnen Absprachen eine fortgesetzte Zuwiderhandlung gegen Art. 85 EWG-Vertrag. Die Vereinbarungen der Unternehmen haben den Handel mit den Produkten in und zwischen den Mitgliedstaaten spürbar beeinträchtigt.[220] BASF, Hoechst und ICI waren bereits für ihre Absprachen im Chemiesektor mit Bußgeldern sanktioniert worden.[221] Die Kommission stuft das Kartell als schwere Wettbewerbsbeschränkung ein, berücksichtigt aber mildernd, dass die Unternehmen erhebliche Verluste mit dem Produkt in den Jahren 1980 bis 1984 erzielt haben und in einer vorangegangenen Entscheidung zur Thermoplastik mit empfindlichen Bußgeldern belegt wurden.[222] Erwägungen zu Compliance nimmt die Kommission in der Entscheidung nicht vor, doch bildet ihre Entscheidung den Ausgangspunkt für die Rechtsprechung des EuG in der Sache *Limburgse Vinyl Maatschappij*, die in einigen folgenden Entscheidungen zur Etablierung einer Entscheidungspraxis zitiert wird.

aa) Die Nichtigkeitsklage vor dem EuG

Zusammengefasst in gerade einmal einer Randnummer trägt ICI als einziges der Unternehmen etwas zur Compliance Defence vor. Sie rügt in einem Zuge: Die Absprachen haben keine Auswirkungen auf den Markt gehabt und ihn somit nicht verfälscht; ICI sei dem Auskunftsersuchen der Kommission nachgekommen, würde ferner seinen „Willen zur Zusammenarbeit" signalisieren und habe sich schließlich „entsprechend verhalten (...), um die zukünftige Beachtung des Wettbewerbsrechts der Gemeinschaft sicherzustellen."[223] Dazu verweist

---

219 Vgl. 1. Teil:Abschnitt 1§ 1D)I.2.a).

220 Kommission v. 27.7.1994 – 94/599/EG (31.865) *PVC II*, ABl. 1994 Nr. L 239/14, Rn. 39.

221 Kommission v. 24.7.1969 – 69/243/EWG (26.267) *Farbstoffe*, ABl. Nr. L 195/11.

222 Kommission v. 27.7.1994 – 94/599/EG (31.865) *PVC II*, ABl. 1994 Nr. L 239/14, Rn. 52.

223 EuG v. 20.4.1999 – verb. Rs. T-305/94 bis T-307/94 und T-313/94 bis T-316/94, T-318/94, T-325/94, T-328/94, T-329/94 und T-335/94 *Limburgse Vinyl Maatschappij u.a. ./. Kommission*, Slg. 1999, II-931 Rn. 1156: „ICI hebt hervor, daß sich

das Unternehmen auf die Kommissionsentscheidung in der Sache *Fisher-Price/ Quaker Oats – Toyco* und verlangt eine Reduzierung der Buße.[224] Nach Auffassung des Gerichts sind die eigeninitiativen Maßnahmen zwar „bedeutsam", aber nicht geeignet, die Tatsache auszublenden, dass der Kartellverstoß tatsächlich begangen wurde. Aus dem „Umstand" heraus, dass die Kommissionspraxis (und auch die Gerichtspraxis) in der Vergangenheit die Einführung eines „Informationsprogramms" als bußgeldmindernd berücksichtigt hat, könne dennoch keine Verpflichtung abgeleitet werden, „im vorliegenden Fall" ebenso zu verfahren. „Vor allem" wegen des Charakters eines „offenkundigen Verstoßes" gegen Art. 85 Abs. 1 lit. a), c) EWG-Vertrag könne keine mildernde Berücksichtigung erfolgen und schließlich sei ICI nach der Entscheidung in der Sache *Farbstoffe* aus dem Jahre 1969 Wiederholungstäter.[225] Das EuG hebt die Kommissionsentscheidung

---

Auswirkungen auf den Markt nicht gezeigt hätten (namentlich Urteil Suiker Unie u. a./Kommission, Randnrn. 612 ff.), daß sie durch die Beantwortung der Fragen der Kommission gemäß Artikel 11 der Verordnung Nr. 17 ihren Willen zur Zusammenarbeit gezeigt habe und daß sie sich entsprechend verhalten habe, um die zukünftige Beachtung des Wettbewerbsrechts der Gemeinschaft sicherzustellen (vgl. namentlich Entscheidung 88/86/EWG der Kommission vom 18. Dezember 1987 betreffend ein Verfahren nach Artikel 85 EWG-Vertrag [V/31.017 – Fisher-Price/ Quaker Oats Ltd – Toyco] [ABl. 1988, L 49, S. 19])."

224 1. Teil:Abschnitt 1§ 1D)I.1.b).

225 EuG v. 20.4.1999 – verb. Rs. T-305/94 bis T-307/94 und T-313/94 bis T-316/94, T-318/94, T-325/94, T-328/94, T-329/94 und T-335/94 *Limburgse Vinyl Maatschappij u.a. ./. Kommission*, Slg. 1999, II-931, Rn. 1162: „Fünftens ist zwar die Tatsache, daß ICI Maßnahmen getroffen hat, um neue Verstöße ihrer Angestellten gegen das Wettbewerbsrecht der Gemeinschaft zu verhindern, bedeutsam, doch ändert dies nichts daran, daß im vorliegenden Fall die festgestellte Zuwiderhandlung tatsächlich begangen worden ist. Allein der Umstand, daß die Kommission in einigen Fällen in ihrer früheren Entscheidungspraxis die Aufstellung eines Informationsprogramms als mildernden Umstand angesehen hat, verpflichtet sie nicht dazu, im vorliegenden Fall ebenso zu verfahren. Dies gilt vor allem deshalb, weil die betreffende Zuwiderhandlung ein offenkundiger Verstoß gegen Artikel 85 Absatz 1 Buchstaben a und c EG-Vertrag war. Wie die Kommission in Randnummer 51, zweiter Absatz, der Entscheidung festgestellt hat, gehörte ICI im übrigen zu den Unternehmen, gegen die bereits wegen Absprachen im Chemiebereich Geldbußen festgesetzt worden waren (Entscheidung 69/243/EWG der Kommission vom 24. Juli 1969 über ein Verfahren nach Artikel 85 des EWG-Vertrags [IV/26.267 – Farbstoffe] [ABl. L 195, S. 11])."

in zwei Punkten auf.[226] Der EuGH hat das Urteil in den wesentlichen Punkten bestätigt.[227]

bb) Kritische Anmerkungen

Dieses Urteil ist ebenfalls wenig exemplarisch für den Stellenwert von Compliance heutzutage. Von insgesamt zwölf Nichtigkeitsklagen gegen die Kommissionsentscheidung trägt nur ein Unternehmen etwas zur Compliance Defence vor. Und auch dieser Vortrag stellt weder die Bedeutung von Compliance heraus noch ist er in diesem Punkt allzu gelungen. So nennt er – im Gegensatz zu Ausführungen von Unternehmen in älteren Entscheidungen – weder konkreten Maßnahmen noch beschreibt er die Dimensionen, in denen das Unternehmen sein Verhalten nunmehr mit dem EG-Wettbewerbsrecht in Einklang bringen möchte. Schließlich lässt sich aufgrund der Tatsache, dass der Verstoß über ein Jahr nach den ersten Ermittlungen der Kommission fortgesetzt wurde, nicht ernsthaft sagen, dass die Unternehmen die Rechtswidrigkeit ihres Handelns eingesehen und unterbunden haben.

Aber auch das Urteil ist sicherlich kein Präzedenzfall zu der in Rede stehenden Frage, wenn es auf über 300 Seiten und 1.200 Randnummern die verschiedensten formalen und materiellen Rügen der Unternehmen behandelt, aber lediglich in Randnummer 1.162 Ausführungen zur Compliance Defence macht.[228]

---

226 EuG v. 20.4.1999 – verb. Rs. T-305/94 bis T-307/94 und T-313/94 bis T-316/94, T-318/94, T-325/94, T-328/94, T-329/94 und T-335/94 *Limburgse Vinyl Maatschappij u.a. ./. Kommission*, Slg. 1999, II-931, Rn. 1197 f. Die Kommission hat für Elf Atochem und ICI von falschen Marktanteilen ausgehend die Höhe des Bußgeldes falsch berechnet hat, sodass die Bußgelder auf 2,6 Mio. EUR bzw. 1,55 Mio. EUR festgesetzt werden. Das EuG revidiert ferner Art. 1 der Entscheidung insoweit, als SAV nach der ersten Jahreshälfte 1981 weiterhin an dem Verstoß beteiligt war, weist die Klagen im Übrigen ab.

227 EuGH v. 15.10.2002 – verb. Rs. C-238/99P, C-244/99P, C-245/99P, C-247/99P, C-250/99P bis C-252/99 P und C-254/99 P *Limburgse Vinyl Maatschappij u. a. ./. Kommission*, Slg. 2002, I-8375.

228 EuG v. 20.4.1999 – verb. Rs. T-305/94 bis T-307/94 und T-313/94 bis T-316/94, T-318/94, T-325/94, T-328/94, T-329/94 und T-335/94 *Limburgse Vinyl Maatschappij u.a. ./. Kommission*, Slg. 1999, II-931, Rn. 15 nach Art. 50 der Verfahrenordnung werden die Klagen durch Beschluss ihres Zusammenhangs wegen zu einer Rechtssache verbunden.

d) Kommissionsentscheidung British Sugar II 1998 vs. British Sugar 1988

Im Falle British Sugar wurde das Bestehen eines Compliance-Programms sogar als erschwerend berücksichtigt, nachdem dem Unternehmen in einem früheren Verfahren wegen Einführung des Programms das Bußgeld ermäßigt worden war.[229] Die Entscheidung ist ein Einzelfall; weder davor noch danach wurde ein Verstoß trotz Bestehen eines Compliance-Programms als erschwerend bewertet.[230]

Gegenstand der Entscheidung ist die Koordinierung der Preispolitik für Kristallzucker, auf den Sub-Märkten für Gewerbe- und Haushaltszucker, in Großbritannien durch die beiden britischen Zuckerhersteller British Sugar PLC, Tate & Lyle PLC sowie durch zwei Zuckerhandelsunternehmen, Napier Brown & Company Ltd. und James Budgett Sugar Ltd. British Sugar informierte Tate & Lyle in einer gemeinsamen Sitzung im Jahre 1986 und später Napier Brown sowie James Budgett im selben Jahr, dass man den zuvor zur Steigerung des Marktanteils geführten Preiskampf für beendet erkläre,[231] das Preisniveau für Gewerbezucker in Großbritannien anheben wolle und auf Ausweitung der Marktanteile verzichte. British Sugar tendiere von der zuvor anvisierten Wachstums hin zu einer Höchstpreisstrategie für seine Produkte. Napier Brown und James Budgett sollten ebenfalls Parteien der Absprache sein, da sie als Händler gute Geschäftsbeziehungen zu Produzenten anderer Mitgliedstaaten unterhielten und in der Lage gewesen wären, die auf Anhebung der Kristallzuckerpreise in Großbritannien angelegte gemeinsame Strategie von British Sugar und Tate & Lyle mit

---

229 Kommission v. 18.7.1988 – 88/518/EWG (30.178) *Napier Brown/British Sugar*, ABl. L 284/41; Kommission v. 14.10.1998 – 1999/210/EWG (33.708–33.711), *British Sugar II*, ABl. 1999 L 76/1, Rn. 208 mit Kritik von *Bechtold/Bosch/Brinker/Hirsbrunner*, EG-Kartellrecht (2005), Rn. 65.

230 So auch *Bosch/Colbus/Harbusch*, WuW 2009, 740, 744. Der einzige, aber zugleich nicht eindeutige Hinweis in der Entscheidungspraxis der Kommission darauf, dass sie eine Compliance Offence angewandt hat, findet sich bei Kommission v. 14.5.1997 - 97/624/EG *Irish Sugar*, ABl. 1997 L 258/1, Rn. 167 a. E.: „(…) Die Muttergesellschaft von Irish Sugar, Greencore, veröffentlichte im September 1992 für ihr Personal ein Handbuch für Wettbewerbsrecht (Competition Law Compliance Manual), in dem die potentielle Widerrechtlichkeit bestimmter Praktiken wie diskriminierende Preise und Treuerabatte "or the like" eines Unternehmens in beherrschender Stellung erläutert werden. Obwohl es dieses Handbuch gab, wurden Zuckerausfuhrrabatte, Preisdiskriminierungen gegen konkurrierende Zuckerverpacker, selektive Preise und Zielrabatte von den Mitarbeitern von Greencore nach September 1992 fortgesetzt weiter angewandt."

231 Kommission v. 18.7.1988 – 88/518/EWG (30.178) *Napier Brown/British Sugar*, ABl. L 284/41, siehe dazu 1. Teil:Abschnitt 1§ 1D)I.1.d).

Zuckerimporten weitgehend scheitern zu lassen. Bis die Kommission im Jahre 1990 ihre Ermittlungen aufnahm – sie wurde zuvor von Tate & Lyle über das Kartell informiert – fanden insgesamt 18 dokumentierte Treffen aller vier Unternehmen statt. Auf diesen stellte British Sugar immer wieder die ihren Preiszielen und Abnahmemengen zugrunde liegende „Preismatrix“[232] vor. Der andere britische Zuckerhersteller Tate & Lyle signalisierte, dieser zu folgen, sodass sich die Zuckerhandelsunternehmen rechtzeitig auf diese Preiserhöhungen einstellen konnten. Die vier Unternehmen machen zusammen 90 Prozent des Marktes für Gewerbezucker in Großbritannien aus.

Ferner unterrichtete British Sugar Tate & Lyle darüber, dass man für den Haushaltszuckermarkt gleichermaßen verfahren wolle. Zwischen beiden Unternehmen fanden in der Zeit von 1986 bis 1990 insgesamt acht Treffen statt, bei denen British Sugar über ihre Preispolitik sprach, aktuelle Einzelhandelspreislisten vor Zuleitung an den Handel übergab und ihre Rabattpolitik vorstellte. Die beiden Unternehmen machen zusammen etwa 89 Prozent des gesamten Marktes für Haushaltszucker in Großbritannien aus.

Die Kommission sah in dieser Praxis einen schwerwiegenden Verstoß gegen Art. 85 Abs. 1 EWG-Vertrag. Die „systematische Teilnahme“[233] an den über einen längeren Zeitraum in regelmäßigen von ein bis drei Monaten Abständen stattfindenden Treffen zum Zwecke des Austausches über Preisbildung und Preispolitik ist Indiz für ein abgestimmtes Verhalten. Auch wenn die Preise nicht im Einzelnen ausgehandelt wurden, schufen sie bei den Teilnehmern ein gegenseitiges Vertrauen, sich an der kommunizierten Preispolitik und den Höchstpreisen zu orientieren. Es genüge, dass die betreffenden Unternehmen gegenseitig ihren gemeinsamen Willen als allgemeinen Konsens bekunden, sich am Markt in einer bestimmten Weise zu verhalten.[234] Kristallzucker ist ein homogenes Produkt, sodass der wichtigste Wettbewerbsfaktor der Preis ist. Die Ungewissheit über die Preispolitik der Wettbewerber führt mit hoher Wahrscheinlichkeit zu einem verschärften Wettbewerb. Insgesamt bewertet die Kommission die Zuwiderhandlungen als vorsätzlich und von mittlerer Dauer.[235]

---

232 Kommission v. 14.10.1998 – 1999/210/EWG (33.708–33.711) *British Sugar II*, ABl. 1999 L 76/1, Rn. 29, 37 ff.

233 Kommission v. 14.10.1998 – 1999/210/EWG (33.708–33.711) *British Sugar II*, ABl. 1999 L 76/1, Rn. 72.

234 EuG v. 24.10.1991 – Rs. T-1/89 *Rhône-Poulenc ./. Kommission*, Slg. 1991, II-867 1073, Rn. 120.

235 Kommission v. 14.10.1998 – 1999/210/EWG (33.708–33.711) *British Sugar II*, ABl. 1999 L 76/1, Rn. 192.

Im Rahmen eines vorangegangenen Verfahrens gegen British Sugar hat das Unternehmen im Jahre 1986 gegenüber der Kommission eine Verpflichtungserklärung abgegeben.[236] In dieser gelobte es, nicht nur die von der Kommission genannten Beschwerdepunkte zur kartellrechtswidrig gerügten Geschäftspolitik abzustellen, sondern ein „Erfüllungsprogramm" zur Einhaltung des (gesamten) Wettbewerbsrechts der Gemeinschaft einzuführen.[237] Das von British Sugar erlassene Compliance-Programm erfasste demnach nicht nur das in der Entscheidung von 1988 gerügte Verhalten nach Art. 86 Abs. 1 EG-Vertrag, sondern das gesamte gemeinschaftsrechtliche Wettbewerbsrecht, also auch einen Verstoß gegen Art. 85 Abs. 1 EWG-Vertrag.[238] Dem Umfang nach verpflichtete

---

236 Kommission v. 18.7.1988 – 88/518/EWG (30.178) *Napier Brown/British Sugar*, ABl. L 284/41, Rn. 10 siehe dazu 1. Teil:Abschnitt 1§ 1D)I.1.d); Kommission v. 14.10.1998 – 1999/210/EWG (33.708–33.711) *British Sugar II*, ABl. 1999 L 76/1, Rn. 26 bzw. Fn. 52 (im englischen Originaltext).

237 Kommission v. 14.10.1998 – 1999/210/EWG (33.708–33.711) *British Sugar II*, ABl. 1999 L 76/1, Rn. 149 Fn. 27 bzw. Fn. 53 (im englischen Originaltext): „Artikel 85, Absatz 1: Wettbewerbswidrige Vereinbarungen So sind z. B. Vereinbarungen oder abgestimmte Verhaltensweisen zur Festsetzung von Preisen, zur Einschränkung der Produktion oder des Absatzes, zur Aufteilung von Märkten, zum kollektiven Boykott gegenwärtiger oder potentieller Abnehmer oder Lieferanten sowie Koppelvereinbarungen grundsätzlich verboten. Artikel 85 Absatz 1 verbietet ferner alle Vereinbarungen oder abgestimmten Verhaltensweisen zum Austausch von Informationen zwischen Wettbewerbern über Preise, Lieferbedingungen, Gutschriften, Rabatte usw., wobei diese Bestimmung auch angewendet werden kann, wenn solche Informationen einseitig gegeben werden. Gemäß seiner Politik der Einhaltung aller geltenden Rechtsvorschriften ist das Unternehmen daher verpflichtet, die Wettbewerbsvorschriften des Gemeinschaftsrechts einzuhalten, und es wird alle nötigen Maßnahmen ergreifen, um die Beachtung dieser Politik zu gewährleisten. Das Unternehmen ist ferner entschlossen, über die bloße buchstabengetreue Erfuellung der Bestimmungen hinauszugehen und jegliches Verhalten zu vermeiden, das Zweifel an der Rechtmäßigkeit seiner Handlungsweise wecken könnte (53)."

238 Kommission v. 14.10.1998 – 1999/210/EWG (33.708–33.711) *British Sugar II*, ABl. 1999 L 76/1, Fn. 150: „(...) ein Blick auf den Wortlaut des Erfuellungsprogramms (356) bestätigt ... (dass) dieses für die Gesamtheit der Verpflichtungen unter Artikel 85 Absatz 1 und Artikel 86 (gilt). Abgesehen davon heißt es in diesem Erfuellungsprogramm: ‚... Gemäß seiner Politik der Einhaltung aller geltenden Rechtsvorschriften ist das Unternehmen daher verpflichtet, die Wettbewerbsvorschriften des Gemeinschaftsrechts einzuhalten, und es wird alle nötigen Maßnahmen ergreifen, um die Beachtung dieser Politik zu gewährleisten. Das Unternehmen ist ferner entschlossen, über die bloße buchstabengetreue

sich British Sugar, „alle erforderlichen Schritte zu unternehmen, um die Einhaltung der gemeinschaftlichen Wettbewerbsvorschriften zu gewährleisten, sogar über ihre streng gesetzlichen Verpflichtungen hinauszugehen und auch jedes zweifelhafte Verhalten zu vermeiden, und diese Anweisung auf allen Ebenen der Unternehmenshierarchie zu verbreiten."[239]

Im Beschwerdeverfahren von 1988 hatte die Kommission ein solches Programm zuvor als mildernden Umstand bußgeldmindernd berücksichtigt.[240] Ihr Compliance-Programm greift British Sugar zur Argumentationszwecken in diesem Verfahren erneut auf und verweist auf dessen Bestehen. Die Sitzungen mit den Mitbewerbern sollen gerade deshalb stattgefunden haben, um die Aufgabe ihrer zuvor als Missbrauch einer marktbeherrschenden Stellung gerügten Geschäftspolitik und die damit verbundene Abgabe der Verpflichtungserklärung gegenüber der Kommission zu kontrollieren.[241] Nach Ansicht der Kommission ist eine nicht nur wortgetreue, sondern auch sinngemäße Einhaltung der Wettbewerbsvorschriften in der Tat notwendig, doch ist der Konkurrent keine geeignete Instanz, das eigene Verkaufspersonal und die Einhaltung der Verpflichtungserklärung zu kontrollieren. Richtigerweise hätte die Kommission angerufen werden sollen, was jedoch in den zwei Jahren zwischen Einführung des Compliance-Programms (1986) und Erlass der vorangegangenen Entscheidung (1988) nicht geschah. Die neuerlichen Zuwiderhandlungen – wenn auch nicht

---

Erfuellung der Vorschriften hinauszugehen und jegliches Verhalten zu vermeiden, das Zweifel an der Rechtmäßigkeit seiner Handlungsweise wecken könnte (...). Daher wird von allen Mitgliedern des Vorstands und der Geschäftsleitung sowie allen sonstigen Mitarbeitern des Gesamtunternehmens erwartet, daß sie dieser Politik des Unternehmens folgen und die Wettbewerbsbestimmungen der Gemeinschaft nach Sinn und Buchstaben einhalten. Außerdem wird von ihnen erwartet, daß sie allen ihren Untergebenen das Gefühl der Verpflichtung und den Willen zur Einhaltung dieser Bestimmungen vermitteln. Kein Mitarbeiter gleich welchen Ranges ist berechtigt, Anweisungen zu geben oder Maßnahmen zu ergreifen, die im Widerspruch zu der oben dargelegten Politik des Unternehmens stehen.'"

239 Kommission v. 14.10.1998 – 1999/210/EWG (33.708–33.711) *British Sugar II*, ABl. 1999 L 76/1, Rn. 208.

240 Kommission v. 18.7.1988 – 88/518/EWG (30.178) *Napier Brown/British Sugar*, ABl. L 284/41, Rn. 86.

241 Kommission v. 14.10.1998 – 1999/210/EWG (33.708–33.711) *British Sugar II*, ABl. 1999 L 76/1, Rn. 33; 132; 149 sinngemäß trägt British Sugar vor, niemand anders als der Wettbewerber könne besser beurteilen, dass der Marktmissbrauch aufgegeben worden sei.

gegen Art. 86, sondern Art. 85 EWG-Vertrag – begannen nicht nur zwei Jahre vor Abschluss des ersten Verfahrens gegen British Sugar (1988) und dauerten bis 1990 an, sondern geschahen sowohl für dasselbe Produkt (Kristallzucker) als auch für denselben relevanten Markt (Großbritannien). Diese Umstände hat die Kommission als erschwerenden Faktor bewertet, zumal Art. 85 und Art. 86 EWG-Vertrag dasselbe Ziel, einen unverfälschten Wettbewerb, verfolgen.[242] Die Kommission erhöht deshalb den Grundbetrag der Buße für British Sugar um 75 Prozent und legt dem Unternehmen ein Bußgeld in Höhe 39,6 Millionen ECU auf.[243]

Die Rechtsmittel gegen die Kommissionsentscheidung vor dem EuG[244] und dem EuGH[245] waren für British Sugar in Gänze erfolglos.

aa) Kritische Anmerkungen

In dieser Entscheidung wird dem Unternehmen die erneute Zuwiderhandlung gegen EG-Wettbewerbsrecht und gegen seine zuvor in einem anderen Verfahren abgegeben Verpflichtungserklärung zum Vorwurf gemacht. Letztlich geht damit der Vorwurf an das Unternehmen einher, sein Compliance-Programm habe versagt, da es diesen neuerlichen Verstoß nicht erkennen und vermeiden konnte. Aus der Compliance Defence des Unternehmens wird eine Compliance Offence der Kommission, die rechtfertige, das Bußgeld um 75 Prozent zu erhöhen.

Man könnte also meinen, dass die Kommission nur konsequent handele, wenn sie im ersten Fall die Compliance Defence anerkennt, bei erneutem und sehr ähnlichen Verstoß deshalb das Compliance-Programm für ihre Zwecke aufgreift und daraus eine Compliance Offence macht. Doch im Vordergrund steht nicht etwa das Versagen des Compliance-Programms, sondern der Vorwurf, einen ähnlichen Verstoß innerhalb kurzer Zeitfolge auf dreiste Art wiederholt zu haben.[246] Unter diesen Umständen – der Verstoß begann während das Verfahren

---

242 Kommission v. 14.10.1998 – 1999/210/EWG (33.708–33.711) *British Sugar II*, ABl. 1999 L 76/1, Rn. 209.

243 Kommission v. 14.10.1998 – 1999/210/EWG (33.708–33.711) *British Sugar II*, ABl. 1999 L 76/1, Rn. 202, 210, Art. 3 Tate & Lyle erhielt ein Bußgeld in Höhe von 7 Mio. ECU, Napier Brown sowie James Budgett von je 1,8 Mio. ECU.

244 EuG v. 12.7. 2001. – verb. Rs. T-202/98, T-204/98 und T-207/98 *Tate & Lyle u.a. ./. Kommission*, Slg. 2001, II-2035.

245 EuGH v. 29.4.2004 – Rs. C-359/01 P *British Sugar u.a. ./. Kommission*, Slg. 2004, I-4933.

246 Ähnlich Kommission v. 21.10.1998 – 1999/60/EG (35.691) *Fernwärmetechnik*, ABl. 1999 L 24/1, Rn. 172: „Ebensowenig hat (das Compliance-Programm) die hohen Führungskräfte daran gehindert, das Kartell über neun Monate nach Beginn der

aus dem ersten Verstoß noch nicht abgeschlossen war – wollte die Kommission in erster Linie den zuvor gewährten Bonus abschöpfen, nicht aber eine Compliance Offence begründen.[247] Deshalb ist das Bestehen eines Compliance-Programms aus Sicht der Kommission letztlich als „neutral" zu bewerten.[248]

Wegen dieser besonderen Umstände des Einzelfalls ist diese Entscheidung kein tauglicher Präzedenzfall, der die Kommissionspraxis und Rechtsprechung des EuG zu der in Rede stehenden Frage wiedergeben kann.

3. *Kommissionsentscheidung Graphitelektroden – die heutige Praxis und Status Quo*

Stellvertretend für ihre heute geltende Praxis, also dieser seit dem Jahr 2000, zitieren Kommission und EuG immer wieder die Entscheidung und das sie bestätigende EuG-Urteil in der Sache *Graphitelektroden*. Diese Rechtssache ist zugleich ein anschauliches Beispiel für die bis heute vorgebrachte Argumentationsweise

---

Untersuchung fortzuführen. Die Anweisungen der Rechtsabteilung von ABB an den damaligen Vorsitzenden von IC Møller vom 29. November 1995, wonach es ein „zwingender Unternehmensgrundsatz" sei, daß die Mitarbeiter von ABB zu keiner Zeit gegen das Wettbewerbsrecht der Gemeinschaft verstoßen dürfen, wurden eindeutig nicht befolgt. ABB behauptet, daß bald nach der Zusammenkunft vom 17. Januar 1996 die Geschäftsleitung von BA-VDH sämtlichen Unternehmen die mündliche Anweisung erteilt habe, von „illegalen Kontakten mit Wettbewerbern abzusehen"; doch sechs Wochen später hat es am 4. März auf einem Geschäftsführertreffen die Inanspruchnahme der Dienste eines „Beraters" befürwortet, um das Kartell fortführen zu können, ohne Vollversammlungen abhalten zu müssen. Außerdem wurden noch nach der Versendung des Auskunftsersuchens der Kommission die „Anweisungen" an die ABB-Mitarbeiter über die Einhaltung der wettbewerbsrechtlichen Bestimmungen (Memorandum vom 4. April 1996) von einigen der aktivsten Teilnehmer an dem Kartell herausgegeben und in eine Sprache gekleidet, die den später von ABB als zutreffend eingestandenen Verstoßbeschuldigungen keine Bedeutung beigemessen hat. Selbst nachdem die Anwälte von ABB der Kommission zweimal (Schreiben von 21. März und 1. April 1996) die Kooperationsbereitschaft ihres Mandanten signalisiert hatten, nahm ein leitender Mitarbeiter von ABB IC Møller an einem (augenscheinlich ergebnislosen) Treffen mit dem Verkaufsleiter von Løgstør teil, um eine Weiterführung des Kartells mit anderen Mitteln zu besprechen."

247 So auch *Weitbrecht/Tepe*, EWS 2001, 220, 228; *Kasten*, in: Mäger, Europäisches Kartellrecht, Rn. 146; *Bechtold/Brosch/Brinker/Hirsbrunner*, Art. 23 VO 1/2003 Rn. 65.

248 So auch *Kling/Thomas*, § 8 Rn. 96 Fn. 252 a.E.; *Bechtold/Bosch/Brinker/Hirsbrunner*, Art. 23 VO 1/2003 Rn. 66; *Gehring/Kasten/Mäger*, CCZ 2013, 1, 2; *Baron/Seeliger*, Compliance-Berater 2013, 345, 346.

und gefestigte Entscheidungspraxis der Kommission und des EuG. In dieser jüngeren Vergangenheit weisen sie seither jede Form der Compliance Defence strikt zurück.

Wie im Anschluss an die Entscheidung *Graphitelektroden* herausgestellt wird, macht es dabei keinen Unterschied, an welcher Stelle und unter welcher dogmatischen Verortung die Unternehmen ihr Compliance-Programm zur Verteidigung vortragen, sei es als mildernder Umstand, zur Vermeidung eines Wiederholungs- oder Abschreckungsaufschlag im Sinne der Bußgeldleitlinien oder bei der Frage der Verantwortlichkeit der Konzernobergesellschaft für den Verstoßes der Konzerngesellschaft.[249] Ebenso wenig könne die Einführung eines Compliance-Programms nachträglich die Schwere der Zuwiderhandlung beeinflussen.[250]

a) Kommissionsentscheidung Graphitelektroden 2001

In dieser Kommissionsentscheidung werden acht Unternehmen wegen Verstoßes gegen Art. 81 EG-Vertrag auf dem Markt für Graphitelektroden Geldbußen in Höhe von insgesamt 218,8 Millionen Euro auferlegt.[251] Unter den Kartellanten befinden sich mit UCAR, SGL und Showa Denko zugleich die drei größten Hersteller für Graphitelektroden. Der Handel mit dem Produkt innerhalb Europas ist rege; etwa 44 Prozent der in Europa erzeugten Graphitelektroden werden über innergemeinschaftliche Landesgrenzen hinweg in der Union vertrieben. Zwar blieben im Juni 1997 durchgeführte Nachprüfungen der Kommission in den Räumen der Unternehmen SGL, VAW und UCAR zunächst erfolglos, sodass die Kommission im Dezember 1997 dutzende Abnehmer des Produkts anschrieb und um Auskünfte zu Lieferanten, Preisen und Rabatten bat. Zudem versandte sie im April und Mai 1998 sowie März und Juni 1999 Auskunftsverlangen an die Kartellanten. Im Februar 1998 jedoch signalisierte Showa Denko seine volle Kooperationsbereitschaft unter Anwendung der Bonusregelung und übergab der Behörde Informationen über Struktur und Grundregeln sowie gemeinsamen

---

249 EuG v. 5.4.2006 – Rs. T-279/02 *Degussa ./. Kommission*, Slg. 2006, II-897, Rn. 352: „Auch wenn die Klägerin diesen Umstand im Rahmen der Erhöhung des Grundbetrags der Geldbuße zu Abschreckungszwecken geltend macht und nicht förmlich als mildernden Umstand, gelten diese Erwägungen auch für den vorliegenden Fall."

250 Ganz deutlich EuG v. 5.4.2006 – Rs. T-279/02 *Degussa ./. Kommission*, Slg. 2006, II-897, Rn. 356 und 363.

251 Gemäß der Bonusregelung reduziert die Kommission diese Geldbuße zwischen 70 % (für Showa Denko) und 10 % (für Tokai, SEC und Nippon). Das Produkt wird in keramischer Form als Graphitstäbe bei der Stahlerzeugung zum Einschmelzen von Stahl unter hohen Temperaturen verwendet (sog. Lichtbogenverfahren).

Zusammenkünften der Kartellanten. Dem folgten UCAR im März 1998 und SGL im April 1998, C/G im Juni 1999 sowie VAW im Juli 1999 mit ähnlichen Begehren. Nach der Informationsweitergabe an die Kommission wurden Ausmaß und Ablauf des Kartells deutlich. In der Zeit von Mai 1992 bis März 1998 fanden regelmäßige Zusammenkünfte auf diversen Hierarchieebenen statt. Einmal jährlich trafen sich die obersten Führungskräfte („top guys")[252] und etwa zwei- bis dreimal jährlich fand ein Austausch auf der so genannten Arbeitsebene („working level")[253] zwischen den Kartellanten statt. Abgerundet wurden diese Vorgehensweise zum einen durch regelmäßige „Gruppentreffen" der europäischen Hersteller (ohne die japanischen Produzenten), zum anderen durch bilaterale Kontakte, insbesondere zwischen den Kartellanführern SGL und UCAR. Inhaltlich teilten die Kartellanten einander Märkte und Anteile zu, verzichteten auf die Ausweitung von Produktionskapazitäten oder schränkten diese ein, unterbanden die Weitergabe von technologischen Wissen an Unternehmen außerhalb des Kartells und führten schließlich ein Überwachungssystem zur Durchsetzung dieser Absprachen, insbesondere der Preiserhöhungen, ein. Konkret sollte der jeweilige Marktführer eines nationalen Marktes die Preise erhöhen und die anderen ihm daraufhin folgen. Jedem Kartellanten wurde für seinen nationalen Markt ein Protektorat zugesprochen, in dem auf aggressiven Wettbewerb verzichtet wurde und sich die heimatmarktfremden Unternehmen mit einem bestimmten festgesetzten Anteil an dem fremden Markt zufrieden gaben.

In den Preis- und Gebietsabsprachen sieht die Kommission einen vorsätzlichen besonders schweren Verstoß gegen Art. 81 Abs. 1 EG-Vertrag. Erschwerend bewertet sie, dass SGL und UCAR Anführer und Anstifter des Kartells waren. Zudem haben die meisten Unternehmen die Zuwiderhandlung auch nach den Ermittlungen der Behörde fortgesetzt, weshalb die Kommission die Unternehmen zur Einstellung der Zuwiderhandlung auffordern musste. SGL habe ferner versucht, die anderen Kartellanten über die bevorstehenden Untersuchungen zu warnen.

Neben wirtschaftlicher Schwierigkeiten in der Branche macht UCAR geltend, es habe im Gegensatz zu den übrigen Kartellanten Maßnahmen gegen die verantwortlichen Mitarbeiter getroffen und ein „umfassendes Programm zur Einhaltung des Wettbewerbsrecht"[254] eingeführt. Die Kommission entgegnet

252 Kommission v. 18.7.2001 – 2002/271/EG (36.490) *Graphitelektroden*, ABl. L 2002 100/1, Rn. 47.

253 Kommission v. 18.7.2001 – 2002/271/EG (36.490) *Graphitelektroden*, ABl. L 2002 100/1, Rn. 47.

254 Kommission v. 18.7.2001 – 2002/271/EG (36.490) *Graphitelektroden*, ABl. L 2002 100/1, Rn. 193: „UCAR macht geltend, es sei das einzige an der Zuwiderhandlung

sodann, dass sie die „Initiative" UCARs zwar begrüße, diese aber die Kommission nicht von ihrer „Pflicht enthebe, den besonders schweren Verstoß (...), zu ahnden."[255] Mildernde Umstände, insbesondere den Vortrag der Unternehmen zur ihrer passiven Rolle, berücksichtigt die Kommission nicht.

aa) Die Nichtigkeitsklage vor dem EuG

In (lediglich) einer Randnummer trägt UCAR vor, ihre „beispielhafte (beispiellose sic!) interne Untersuchung zur Aufdeckung und schnellstmöglichen Beendigung" des Verstoßes sei von der Kommission nicht bußgeldmindernd berücksichtigt worden; C/G schließt ihren Vortrag unmittelbar daran an und rügt, dass ebenso wenig die „Einführung eines Programms, um ihre Geschäftspolitik mit dem Wettbewerbsrecht in Einklang zu bringen" zur Reduzierung der Buße geführt hätte.[256] In derselben Randnummer wurde aber zugleich auch gerügt, dass die Kommission die „katastrophale" Wirtschaftslage auf dem Markt für Graphitelektroden nicht als bußgeldmindernden Umstand erachtet habe. Das Gericht weist sämtliches Vorbringen als mildernden Umstand zur Reduzierung der Buße zurück: Weder die internen Untersuchungen noch die Einführung eines kartellrechtlichen Compliance-Programms können den Umstand erschüttern, dass der Kartellverstoß tatsächlich begangen wurde. Wenngleich die Kommission in der Vergangenheit

---

beteiligte Unternehmen gewesen, das selbst gegen die für die Zuwiderhandlung verantwortlichen Mitarbeiter vorgegangen sei und ein umfassendes Programm zur Einhaltung des Wettbewerbsrechts aufgestellt habe (Antwort von UCAR auf die Mitteilung der Beschwerdepunkte, S. 14–16)."

255 Kommission v. 18.7.2001 – 2002/271/EG (36.490) *Graphitelektroden*, ABl. L 2002 100/1, Rn. 194: „Die Kommission begrüßt die Tatsache, dass UCAR nach den Ermittlungen gegen das Kartell eine eigene Untersuchung durchgeführt und ein Programm zur Einhaltung des Wettbewerbsrechts aufgestellt hat. Diese Initiative kann die Kommission allerdings nicht ihrer Pflicht entheben, den besonders schweren Verstoß gegen die Wettbewerbsregeln, den UCAR in der Vergangenheit begangen hat, zu ahnden."

256 EuG v. 29.4.2004 – verb. Rs. T-236/01, T-239/01, T-244/01 bis T-246/01, T-251/01 und T-252/01 *Tokai Carbon ./. Kommission*, Slg. 2004, II-1181, Rn. 324: „Auch UCAR verweist auf die katastrophale wirtschaftliche Lage des Sektors und die Tatsache, dass sowohl die Kommission in ihrer früheren Entscheidungspraxis als auch das Gericht davon ausgegangen seien, dass eine solche Lage einen mildernden Umstand darstellen könne. Zudem hätte ihre beispielhafte interne Untersuchung zur Aufdeckung und schnellstmöglichen Beendigung der Zuwiderhandlung als mildernder Umstand anerkannt werden müssen. In diesem Zusammenhang beruft sich C/G auf die Einführung eines Programms, um ihre Geschäftspolitik mit dem Wettbewerbsrecht in Einklang zu bringen."

„in einigen Fällen solche Maßnahmen" bußgeldmindernd bewertet habe, komme dieser bloße „Umstand" nicht einer Verpflichtung gleich, in jeder Entscheidung so zu verfahren. Dazu stützt sie sich auf die Entscheidungen des EuG in den Sachen *Hercules* und *Mo och Domsjö*.[257] „Dies gelte umso mehr" in einem Hardcore-Kartellverstoß wie der vorliegenden Preis- und Gebietsabsprache. Letztlich seien die Bemühungen der Unternehmen dennoch in der Entscheidung mittelbar zur Geltung gekommen; sie führten in dem Fall von UCAR dazu, dass es die Bonusregelung in Anspruch nehmen konnte und so in den Genuss einer 40-prozentigen Bußgeldreduzierung kam.[258]

Das EuG reduziert die Bußgeldbeträge wegen rechtsfehlerhafter Würdigung der Beiträge der Unternehmen im Rahmen der Bonusmitteilung und Berechnung der Ausgangsbeträge der japanischen Unternehmen von Seiten der Kommission im Wege seiner unbeschränkten Nachprüfungsbefugnis.[259]

bb) Kritische Würdigung und Einordnung

Dieser Entscheidung und dem sie bestätigenden Urteil sind einige Bedenken entgegenzusetzen. Diese betreffen insbesondere die Frage, ob das Vorgehen der Unternehmen, aber auch die Begründung von Kommission und EuG tauglich

---

257 S. oben 1. Teil:Abschnitt 1§ 1D)I.2.a) und 1. Teil:Abschnitt 1§ 1D)I.2.b).

258 EuG v. 29.4.2004 – verb. Rs. T-236/01, T-239/01, T-244/01 bis T-246/01, T-251/01 und T-252/01 *Tokai Carbon ./. Kommission*, Slg. 2004, II-1181, Rn. 343: „Erstens ändert die Tatsache, dass C/G im Anschluss an die von der Kommission eingeleitete Untersuchung ein Programm zur Befolgung der Wettbewerbsregeln einführte und UCAR eine interne Untersuchung vornahm, um die Zuwiderhandlung abzustellen, nichts am Vorliegen der festgestellten Zuwiderhandlung. Folglich bedeutet der bloße Umstand, dass die Kommission in ihrer früheren Entscheidungspraxis in einigen Fällen solche Maßnahmen als mildernde Umstände berücksichtigt hat, nicht, dass sie verpflichtet wäre, in jedem Einzelfall ebenso vorzugehen (Urteile des Gerichts vom 17. Dezember 1991 in der Rechtssache T-7/89, Hercules Chemicals/Kommission, Slg. 1991, II-1711, Randnr. 357, und vom 14. Mai 1998 in der Rechtssache T-352/94, Mo och Domsjö/Kommission, Slg. 1998, II-1989, Randnrn. 417 und 419). Dies gilt umso mehr, wenn die fragliche Zuwiderhandlung wie im vorliegenden Fall einen offensichtlichen Verstoß gegen Artikel 81 Absatz 1 Buchstaben a und c EG darstellt. Soweit die interne Untersuchung von UCAR ihrer Zusammenarbeit mit der Kommission zugute kam, hat die Kommission dem im Übrigen durch eine Herabsetzung der Geldbuße um 40 % gemäß ihrer Mitteilung über Zusammenarbeit Rechnung getragen."

259 69,11 Mio. EUR für SGL, 42,05 Mio. EUR für UCAR, 6,48 Mio. EUR für C/G, 12,27 Mio. EUR für Tokai, 10,44 Mio. EUR für SDK, 6,27 Mio. EUR für Nippon und 6,13 Mio. EUR für SEC.

sind, die heutige Entscheidungs- und Spruchpraxis – mit späteren Verweisen darauf – zu repräsentieren.

Der Entscheidung liegt ein Hardcore-Kartellverstoß par excellence zugrunde, an dem nicht etwa nur eine geringe Anzahl an Mitarbeitern aus eigenen Interessen teilgenommen haben, sondern die Initiative ging von der Unternehmensführung aus. Mindestens ein Mitglied des Vorstandes von SGL Carbon traf zum Jahresende 1991 mit dem damaligen CEO von C/G in den USA zusammen und beide initiierten das Kartell mit einer gemeinsamen Preisabsprache und trafen sich fortan mindestens einmal jährlich. Hinzu kommt, dass die Zuwiderhandlungen auch noch nach den gleichzeitigen Nachprüfungen durch die Kommission (und das Departement of Justice) fortgesetzt wurden. Ferner versuchte UCAR vor den Nachprüfungen, in erheblichem Umfang Beweise zu vernichten, da alle Unternehmen von SGL über bevorstehende Untersuchungen durch die Behörden gewarnt wurden. SGL war es auch, die die japanischen Unternehmen von einer Zusammenarbeit mit der Kommission abzuhalten versuchte. Diese Summe äußerst vorwerfbaren Verhaltens repräsentiert wohl kaum das Verhalten eines Unternehmens im Zeitalter von Compliance und Leniency-Mitteilung. Denn gerade das unmissverständliche Bekenntnis der Unternehmensleitung ist einer der Grundpfeiler eines effektiven Compliance-Programms („mission statement“ und „tone from the top“).[260]

Hervorzuheben sind auch die Ausführungen von UCAR an einer Stelle in der Kommissionsentscheidung. Dort verweist das Unternehmen auf seine Erwiderung des Auskunftsverlangens der Kommission, konkret auf die Seiten 14 bis 16. Das Unternehmen hat, ausweislicher der Stelle, demnach auf zwei Seiten versucht, die Kommission davon zu überzeugen, dass es

> „(...) das einzige an der Zuwiderhandlung beteiligte Unternehmen gewesen (sei), das selbst gegen die für die Zuwiderhandlung verantwortlichen Mitarbeiter vorgegangen sei und ein umfassendes Programm zur Einhaltung des Wettbewerbsrechts aufgestellt habe (Antwort von UCAR auf die Mitteilung der Beschwerdepunkte, S. 14–16).“[261]

Entweder ist es der unzureichende Vortrag zu den Compliance-Maßnahmen, der wegen seines dürftigen Umfangs von maximal zwei Seiten nicht überzeugt, oder es lassen sich tatsächlich alle durchgeführten Compliance-Maßnahmen – zusammen mit den anderen vorgebrachten Gründe – auf zwei Seiten zusammenfassen.

---

260 Vgl. dazu unten 1. Teil: Abschnitt 1§ 2D)III.

261 Kommission v. 18.7.2001 – 2002/271/EG (36.490) *Graphitelektroden*, ABl. L 2002 100/1, Rn. 193. Die Argumente gegen den Grundsatz *ne bis in idem* machen z.B. vier Seiten aus, vgl. Rn. 177 (S. 17–21).

In beiden Fällen jedenfalls sind diese Umstände aber wenig geeignet, die Kommission von einem effektiven Compliance-Programm, dem sie eine bußgeldreduzierende Wirkung zusprechen soll, zu überzeugen. Dieses Vorgehen ist nicht zeitgemäß und entspricht nicht dem Compliance Verständnis und dem Forschungsgrad, den die Wissenschaft dazu mittlerweile erreicht hat.[262]

b) Keine Berücksichtigung als mildernder Umstand

Die Kommission berücksichtigt ein effektives Compliance-Programm nicht als mildernden Umstand nach Randzeichen 29 ihrer Leitlinien bei der Frage der Bußgeldhöhe.

aa) Exemplarisch: Kommissionsentscheidung Aminosäuren 2000

Gemessen an dem Umfang der Vorträge der Unternehmen in anderen Entscheidungen sind die Ausführungen des Unternehmens Archer Daniels Midland besonders üppig, denn es trägt gleich seinen gesamten Maßnahmenkatalog vor.[263] So verweist das Unternehmen im Lysinkartell (*Aminosäuren*) – einem Fall von besonders schwerer Zuwiderhandlung gegen Art 81 EG-Vertrag wegen horizontaler Preis- und Gebietsabsprachen – zur Verteidigung auf die Einführung eines „Verhaltenskodex und Befolgungsleitlinien des Unternehmens."[264] In diesen Leitlinien habe es eine Geschäftsführung auf höchstem ethischem Niveau

---

262 So auch *Karbaum*, Kartellrechtliche Compliance, S. 364.

263 Ähnlich auch EuG v. 26.4.2007 – verb. Rs. T-109/02, T-118/02, T-122/02, T-125/02, T-126/02, T-128/02, T-129/02, T-132/02 und T-136/02 *Bolloré ./. Kommission*, Slg. 2007, II-947, Rn. 652: „(Der) Vorstand habe bei einer Sitzung im Herbst 1995 von den maßgebenden Führungskräften des Unternehmens eine strikte Einhaltung der kartellrechtlichen Vorschriften verlangt. Mit dieser Sitzung sei ein umfangreiches Compliance-Programm eingeleitet worden, in dessen Verlauf die Mitarbeiter des Unternehmens im Kartellrecht geschult worden seien. Der Chairman von International Paper habe im Frühjahr 1996 ein Schreiben (Anlage 8 zur Klageschrift) an alle Mitarbeiter der Gesellschaft gerichtet und sie zur Einhaltung der Wettbewerbsregeln aufgefordert; diesem Schreiben seien Direktiven über die Einhaltung des europäischen Wettbewerbsrechts beigefügt worden. Nach außen hin habe der Vorstandsvorsitzende von Zanders nach Übernahme des Vorsitzes der AEMCP zum 1. Januar 1996 in diesem Rahmen den Konkurrenten im Übrigen unmissverständlich deutlich gemacht, dass Zanders einen ‚Schlussstrich' unter das Kartell gezogen habe. Die Zahl der Sitzungen der AEMCP sei 1996 gesunken, und Zanders sei bei den geheimen Treffen nicht mehr vertreten gewesen."

264 Kommission v. 7.6.2000 – 2001/418/EG (36.545) *Aminosäuren*, ABl. 2001 L 152/24, Rn. 306.

festgelegt und fordere von seinen Mitarbeiten die strikte Befolgung aller für die Führung seiner Geschäfte geltenden Gesetze.[265] Das Unternehmen verlange, dass dieses Niveau von Integrität durch sein Personal umgesetzt wird. Eigens dafür hat die Unternehmensleitung einen „Überprüfungsausschuss“[266] gebildet, der die Einhaltung der in den Leitlinien aufgestellten Grundsätze überwachen soll. Zu diesem Zwecke wurde ein „Befolgungsbeauftragter“ ernannt sowie zusätzliches Personal abbestellt, „um die Befolgungsanstrengungen des Unternehmens erweitern zu können.“[267] Für die Einhaltung des europäischen Kartellrechts wurde von Seiten des Unternehmens ein „verbindlicher Leitfaden“, in dem „eingehend“ die Bedeutung der Einhaltung der Normen sowie Beispiele für konkretes Verhalten zur Verwirklichung dieses Ziels beschrieben wurden, eingeführt.[268] Er ist an „alle leitenden Angestellten und Beschäftigten auf sämtlichen Entscheidungsebenen des Unternehmens gerichtet, deren Stellung das Treffen konkreter Entscheidungen, Kontakte mit Wettbewerbern, physische Kontakte mit Kunden oder Lieferanten sowie andere Funktionen mit potentiellen Kartellauswirkungen in der Gemeinschaft bedingt.“[269]

Auch wenn die Kommission dieses Vorgehen ausdrücklich begrüßt, könne dieses Nachtatverhalten nicht „als vorbeugendes Mittel die Kommission von ihrer Pflicht entbinden, die von dem Unternehmen in der Vergangenheit begangenen Zuwiderhandlungen gegen die Wettbewerbsregeln zu ahnden.“[270] Die Kommission geht nicht weiter auf die Ausführungen von Archer Daniels Midland oder den Umfang seines Compliance-Programms ein, sondern belässt es bei der oben ausgeführten Feststellung.

In seinem Rechtsmittel gegen diese Kommissionsentscheidung bemängelt das Unternehmen Archer Daniels Midland, die Kommission habe bei der Verhängung der Geldbuße „(sein) strenges ständiges Programm zur Befolgung der

---

265 Kommission v. 7.6.2000 – 2001/418/EG (36.545) *Aminosäuren*, ABl. 2001 L 152/24, Rn. 306.

266 Kommission v. 7.6.2000 – 2001/418/EG (36.545) *Aminosäuren*, ABl. 2001 L 152/24, Rn. 306.

267 Kommission v. 7.6.2000 – 2001/418/EG (36.545) *Aminosäuren*, ABl. 2001 L 152/24, Rn. 306.

268 Kommission v. 7.6.2000 – 2001/418/EG (36.545) *Aminosäuren*, ABl. 2001 L 152/24, Rn. 306.

269 Kommission v. 7.6.2000 – 2001/418/EG (36.545) *Aminosäuren*, ABl. 2001 L 152/24, Rn. 306.

270 Kommission v. 7.6.2000 – 2001/418/EG (36.545) *Aminosäuren*, ABl. 2001 L 152/24, Rn. 312.

Wettbewerbsregeln", das dem Umfang nach unter anderem einen „Verhaltenskodex für alle Beschäftigten (... sowie) die Errichtung einer Sonderabteilung" ausmachte, nicht bußgeldmindernd berücksichtigt.[271] Die Initiative, ein solches Programm zu verabschieden, belege die ernsthafte Bemühung des Unternehmens, zukünftige ähnliche oder gleichgelagerte Verstöße zu vermeiden.

Das Gericht folgt der Auffassung der Kommission: Die Einführung eines solchen Programms sei ein positives Signal, aber keine hinreichende Voraussetzung bei der Festsetzung des Bußgeldes.[272] Schließlich würdigt das Gericht die Initiative von Archer, doch könne

> „die bloße Tatsache, dass die Kommission in ihrer früheren Entscheidungspraxis in einigen Fällen die Einführung eines Befolgungsprogramms als mildernden Umstand berücksichtigt hat, folglich nicht bedeuten, dass sie verpflichtet wäre, in einem gegebenen Fall ebenso vorzugehen. Das gilt erst recht, wenn die betreffende Zuwiderhandlung wie im vorliegenden Fall einen offensichtlichen Verstoß gegen Artikel 81 Absatz 1 Buchstaben a und b EG darstellt."[273]

Ferner könne diese Initiative nicht über das entstandene Unrecht durch die Zuwiderhandlung hinwegtäuschen. Zwar sei die Kommission bei der Berücksichtigung von mildernden Umständen insbesondere an den Gleichheitssatz gebunden, doch sieht das Gericht diesen nicht verletzt. Dieser sei nur dann verletzt, wenn die Kommission ein Unternehmen einer Entscheidung in diesem Punkt anders behandelt als ein anderes derselben Entscheidung, was hier nicht geschehen sei.[274]

---

271 EuG v. 9.7.2003 – Rs. T-224/00 *Archer Daniels Midland ./. Kommission*, Slg. 2003, II-2597, Rn. 257; bestätigt durch EuGH v. 18.5.2006 – Rs. C-397/03 P *Archer Daniels Midland ./. Kommission*, Slg. 2006, I-4429.

272 EuG v. 9.7.2003 – Rs. T-224/00 *Archer Daniels Midland ./. Kommission*, Slg. 2003, II-2597, Rn. 259.

273 EuG v. 9.7.2003 – Rs. T-224/00 *Archer Daniels Midland ./. Kommission*, Slg. 2003, II-2597, Rn. 280.

274 EuG v. 9.7.2003 – Rs. T-224/00 *Archer Daniels Midland ./. Kommission*, Slg. 2003, II-2597, Rn. 281 f. Aufgegriffen in EuG v. 5.4.2006 – Rs. T-279/02 *Degussa ./. Kommission*, Slg. 2006, II-897, Rn. 351: „Nach dieser Rechtsprechung ist die Kommission somit nicht verpflichtet, einen solchen Faktor als mildernden Umstand zu berücksichtigen, sofern sie den Grundsatz der Gleichbehandlung beachtet, was voraussetzt, dass die Unternehmen, an die sich eine Entscheidung richtet, in diesem Punkt nicht unterschiedlich beurteilt werden (oben in Randnr. 53 angeführtes Urteil Archer Daniels Midland und Archer Daniels Midland Ingredients/Kommission, Randnr. 281)."

Mit Urteil des EuGH aus dem Jahre 2006 wird die Klage gegen das Urteil des EuG in vollem Umfang zurückgewiesen.[275]

bb) Fortführung in weiteren Fällen: Der „Sechsklang" der Kommission

In zahlreichen weiteren Verfahren haben Unternehmen ihr Compliance-Programm als mildernden Umstand vorgetragen.[276] In einigen Verfahren hat es der Kommission auch nicht genügt, wenn neben der präventiven Vorsorge auch repressive „Disziplinarmaßnahmen gegen die an der Zuwiderhandlung beteiligten Beschäftigten ergriffen" wurden.[277] Ebenso wenig erkannten weder Kommission

---

275 EuGH v. 18.5.2006 – Rs. C-397/03 P Archer Daniels Midland ./. Kommission, Slg. 2006, I-4429 Archer rügt insb. Verstöße gegen das Rückwirkungsverbot von Mitteilungen, gegen den Gleichheitsgrundsatz, gegen den Grundsatz *ne bis in idem*, gegen die Begründungspflicht und gegen den Grundsatz der Verhältnismäßigkeit.

276 Kommission v. 22.7.2009 – 39.396 *Calciumcarbid und Reagenzien auf Magnesiumbasis für die Stahl- und die Gasindustrien*, K(2009) 5791, Rn. 324; Kommission v. 27.11.2002 – 2004/104/EG (37.978) *Methylglukamin*, ABl. 2004 L 38/18, Rn. 259: „Ferner erklärt Aventis in seiner Erwiderung, umfassende Programme zur Gewährleistung eines wettbewerbsrechtskonformen Geschäftsverhaltens eingeleitet zu haben, die zur Aufdeckung anderer Vereinbarungen geführt hätten." Kommission v. 22.11.2001 – 2003/2/EG (37.512) *Vitamine*, ABl. L 2003 Nr. 6/1, Rn. 735: „Merck macht geltend, dass der von seiner Geschäftsführung am 12. September 2000 für seine Angestellten erlassene ‚Verhaltenskodex" in Bezug auf Wettbewerbsregeln als ein weiterer mildernder Umstand gelten sollte. Desgleichen behauptet Eisai, dass das von diesem Unternehmen 1999 eingeführte Programm zur Einhaltung der Rechtsvorschriften ebenfalls als ein mildernder Umstand gelten sollte." Kommission v. 16.12.2003 – 2004/421/EG (38.240) *Industrierohre*, K(2003) 4820, Rn. 381: **„**Alle Unternehmen haben die Kommission ersucht, zu berücksichtigen, dass sie Programme zur Einhaltung des Kartellrechts beschlossen haben." Kommission v. 21.10.1998 – 1999/60/EG (35.691) *Fernwärmetechnik*, ABl. 1999 L 24/1, Rn. 172: „(…). ABB hat behauptet, die strenge Einhaltung sämtlicher geltenden Gesetze einschließlich der gemeinschaftsrechtlichen Wettbewerbsregeln als Unternehmensgrundsatz stets durchgesetzt zu haben."

277 Kommission v. 9.12.2004 – 2005/566/EG (37.533) *Cholinchlorid*, ABl. 2005 L 190/22, Rn. 217; Kommission v. 21.12.2005 – 38.443 *Kautschukchemikalien*, C(2005) 5592 final, Rn. 344; Kommission v. 13.9.2006 – 38.456 *Bitumen NL*, C(2006) 4090 final, Rn. 371: „Various undertakings (namely Nynäs, Shell) also argued that they should receive a reduction for having taken disciplinary measures against employees involved in the infringement (…)."; Kommission v. 21.2.2007 – 38.823 *Aufzüge und Rolltreppen*, C(2007) 512 final, Rn. 753: „Otis argues that it should be taken into consideration that it has taken disciplinary measures against employees involved in the infringements (…)."

noch EuG in einem anderen Fall die Tatsache als mildernden Umstand an, dass das Unternehmen das Kartell verlassen und unmittelbar auf die Abstellung des Verstoßes ein Compliance-Programm erlassen und dieses bis zur Aufnahme der Ermittlungen durch die Kommission mindestens drei Jahre lang „systematisch und konzernweit angewandt"[278] hatte.[279] Auch wenn Nr. 3 3. Sps. der Bußgeldleitlinien von 1998[280] eine Reduzierung des Bußgeldes wegen Abstellen des Verstoßes vorsieht, könne diese Wertung nicht erst recht auf den Fall angewandt werden, dass die Zuwiderhandlung vor den Ermittlungen durch die Kommission abgestellt wurde. Der Zweck der Vorschrift liegt darin begründet, dass nur das Eingreifen der Kommission für die Abstellung der Zuwiderhandlung hinreichend kausal ist; das Unternehmen soll seine Praxis gerade aufgrund der Ermittlungen der Kommission überdenken und ändern.[281]

---

278 EuG 8.10.2008 – Rs. T-73/04 *Carbone-Lorraine ./. Kommission*, Slg. 2008, II-2661, Rn. 225 f.

279 Kommission v 3.12.2003 – 2004/420/EG (38.359) *Elektrotechnische und mechanische Kohlenstoff- und Graphitprodukte*, K(2003) 4457 endg., Rn. 312: „Carbone Lorraine weist überdies darauf hin, dass es im Juni 1999, als es das Kartell verließ, ein umfassendes Programm zur Einhaltung des Wettbewerbsrechts aufgestellt und umgesetzt hat." Jedoch gingen der Abstellung des Verstoßes und Einführung des Compliance-Programms Ermittlungen der US-amerikanischen Behörden voraus, wie das EuG in seinem Urteil betont, EuG 8.10.2008 – Rs. T-73/04 *Carbone-Lorraine ./. Kommission*, Slg. 2008, II-2661, Rn. 231 a.E.

280 Leitlinien für das Verfahren zur Festsetzung von Geldbußen, die gemäß Artikel 15 Absatz 2 der Verordnung Nr. 17 und gemäß Artikel 65 Absatz 5 EGKS-Vertrag festgesetzt werden, ABl. 1998 C 9/3.

281 EuG 8.10.2008 – Rs. T-73/04 *Carbone-Lorraine ./. Kommission*, Slg. 2008, II-2661, Rn. 227. Dazu ferner EuG v. 8.7.2004 – Rs. 50/00 *Dalmine ./. Kommission*, Slg. 2004, II-2395 Rn. 330: „Eine Herabsetzung der Geldbuße (…) würde außerdem die sich aus den Leitlinien ergebende Berücksichtigung der Zuwiderhandlungsdauer für die Berechnung der Geldbußen verdoppeln. Mit dieser Berücksichtigung wird gerade bezweckt, gegen Unternehmen, die über lange Zeit hinweg gegen die Wettbewerbsregeln verstoßen haben, strenger vorzugehen als gegen Unternehmen, deren Zuwiderhandlungen von kurzer Dauer waren. Würde eine Geldbuße deshalb herabgesetzt, weil ein Unternehmen sein rechtswidriges Verhalten vor den ersten Untersuchungshandlungen der Kommission beendete, so würden die Verantwortlichen von kurzzeitigen Zuwiderhandlungen hierdurch ein zweites Mal begünstigt." S. auch Kommission v. 9.12.2004 – 2005/566/EG (37.533) *Cholinchlorid*, ABl. 2005 L 190/22, Rn. 210: „Nach Auffassung der Kommission verdient in Fällen eines vorsätzlichen unrechtmäßigen Verhaltens die Tatsache, dass ein Unternehmen dieses Verhalten vor dem Eingreifen der Kommission beendet hat, nur insofern eine Belohnung, als sich der Zeitraum der Zuwiderhandlung des Unternehmens dadurch

Es machte letztlich keinen Unterschied, ob das Compliance-Programm erstmalig aufgelegt und eingeführt[282] oder eine vorhandenes überarbeitet wurde[283] oder es vor oder nach dem Verstoß[284] (oder vor oder nach der Aufnahme der Ermittlungen der Kommission)[285] eingeführt wurde. Die Kommission wiederholt in ihren Antworten auf die Ausführungen der Unternehmen eine gewisse Argumentationsweise immer wieder („Sechsklang"):

---

verkuerzt. Wäre jedoch die Zuwiderhandlung nach dem Eingreifen der Kommission fortgesetzt worden, so wuerde dies als erschwerender Umstand angesehen werden muessen. In seinem Urteil *Graphitelektroden* hat das Gericht erster Instanz bestätigt, dass die Tatsache, dass ein Unternehmen freiwillig die Zuwiderhandlung beendet, bevor die Kommission ihre Untersuchung eingeleitet hat, bei der Berechnung der Dauer des Zuwiderhandlungszeitraums ausreichend beruecksichtigt wird und keinen mildernden Umstand darstellt."

282 Kommission v. 11.12.2001 – 2003/437/EG (37.027) *Zinkphosphat*, ABl. 2003 L 153/1, Rn. 331: „Britannia und Trident tragen vor, sie hätten Programme zur Einhaltung kartellrechtlicher Vorschriften beschlossen und dass dies als mildernder Umstand in Rechnung gestellt werden solle." Kommission v. 14.9.2005 – 38.337 *Garne*, C(2005) 3452 und C(2005) 3765, Rn. 373 ff; Kommission v. 13.9.2006 – 38.456 *Bitumen NL*, C(2006) 4090 final, Rn. 371: „Various undertakings (namely Nynäs, Shell) also argued that they should receive a reduction (…) for having (introduced) a compliance programme (…)." Kommission v. 31.5.2006 – 38.645 *Methacrylate*, C(2006) 2098 final, Rn. 386: „Several undertakings claim that account should be taken of the fact that they have set up a compliance programme."

283 Kommission v. 17.12.2002 – 2004/206/EG *Geschmacksverstärker*, ABl. 2004 L 75/1, Rn. 279: „Ajinomoto, Cheil und Takeda weisen auch darauf hin, dass sie Maßnahmen zur Verhinderung zukünftiger Verstöße gegen die Wettbewerbsvorschriften ergriffen haben. Sie haben in diesem Zusammenhang Programme zur Sicherstellung der Übereinstimmung eingeführt oder solche Programme verstärkt." Kommission v. 21.12.2005 – 38.443 *Kautschukchemikalien*, C(2005) 5592 final, Rn. 344; Kommission v. 21.2.2007 – 38.823 *Aufzüge und Rolltreppen*, C(2007) 512 final, Rn. 753: „Otis argues that it should be taken into consideration that it has (…) reissued and reinstituted its anti-trust compliance program."

284 Kommission v 3.12.2003 – 2004/420/EG (38.359) *Elektrotechnische und mechanische Kohlenstoff- und Graphitprodukte*, K(2003) 4457, Rn. 313: „(…). (Die Kommission) hält es jedoch nicht für angebracht, ein Programm zur Einhaltung des Wettbewerbsrechts als mildernden Umstand für ein Kartellvergehen zu werten, ob diese Zuwiderhandlung nun vor oder nach Einführung eines solchen Programms begangen wurde." A.A. *Moosmayer*, wistra 2007, 91, 94.

285 EuG v. 26.4.2007 – verb. Rs. T-109/02, T-118/02, T-122/02, T-125/02, T-126/02, T-128/02, T-129/02, T-132/02 und T-136/02 *Bolloré ./. Kommission*, Slg. 2007, II-947, Rn. 655.

1. Meist „begrüßt“[286] sie das Engagement der Unternehmen ganz ausdrücklich und sieht darin ein positives Signal zur Erreichung eines wichtigen Ziels, der Schaffung eines unverfälschten Wettbewerbs.

---

286 EuGH v. 28.6.2005 – verb. Rs. C-189/02 P, C-202/02 P, C-205/02 P bis C-208/02 P und C-213/02 P, Slg. 2005, I-5425, Rn. 373 spricht von einer „wichtigen Maßnahme“. Ebenso EuG v. 8.10.2008 – Rs. T-73/04 *Carbone-Lorraine ./. Kommission*, Slg. 2008, II-2661, Rn. 231. EuG v. 12.12.2007 – verb. Rs. T-101/05 und 111/05 *BASF und UCB ./. Kommission*, Slg. 2007, II 4949, Rn. 52: „Zu den Maßnahmen, die von BASF getroffen wurden, um eine Tatwiederholung zu verhindern, ist festzustellen, dass Maßnahmen zur Einhaltung des Wettbewerbsrechts zwar wichtig sind, (…).“ EuG v. 26.4.2007 – verb. Rs. T-109/02, T-118/02, T-122/02, T-125/02, T-126/02, T-128/02, T-129/02, T-132/02 und T-136/02 *Bolloré ./. Kommission*, Slg. 2007, II-947, Rn. 653 „wichtig“. Kommission v. 22.11.2001 – 2003/2/EG (37.512) *Vitamine*, ABl. L 2003 Nr. 6/1, Rn. 736: „Die Kommission begrüßt alle Maßnahmen, die Unternehmen ergreifen, um ihre Mitarbeiter für bestehende Wettbewerbsvorschriften zu sensibilisieren.“ Kommission v. 11.12.2001 – 2003/437/EG (37.027) *Zinkphosphat*, ABl. 2003 L 153/1, Rn. 332: „Die Kommission begrüßt den Umstand, dass die vorstehend genannten Unternehmen Konzepte zur Einhaltung kartellrechtlicher Vorschriften eingeführt haben.“ Kommission v. 2.7.2002 – 2003/674/EG (37.519) *Methionin*, ABl. 2003 L 255/1, Rn. 330: „(…). Die Kommission begrüßt die von Degussa getroffenen Maßnahmen zur Einhaltung des Kartellrechts. (…).“ Kommission v. 17.12.2002 – 2004/206/EG *Geschmacksverstärker*, ABl. 2004 L 75/1, Rn. 279: „(…). Die Kommission begrüßt die Tatsache, dass diese Unternehmen Maßnahmen ergriffen haben, die sicherstellen sollen, dass die Kartellgesetze nicht verletzt werden.“ Kommission v 3.12.2003 – 2004/420/EG (38.359) *Elektrotechnische und mechanische Kohlenstoff- und Graphitprodukte*, K(2003) 4457, Rn. 313: „Die Kommission begrüßt diese Initiative von Carbone Lorraine, die hoffentlich neuen Zuwiderhandlungen vorbeugen wird. (…).“ Kommission v. 16.12.2003 – 2004/421/EG (38.240) *Industrierohre*, K(2003) 4820, Rn. 382: „Die Kommission begrüßt derartige Initiativen. (…) (Es) ist wichtig, dass ein Unternehmen Maßnahmen ergreift, um neue Zuwiderhandlungen gegen das Wettbewerbsrecht der Gemeinschaft seitens seiner Angestellten zu verhindern, (…).“ Kommission v. 9.12.2004 – 2005/566/EG (37.533) *Cholinchlorid*, ABl. 2005 L 190/22, Rn. 217: „(…) Die Kommission begrüsst zwar die von den Unternehmen ergriffenen Maßnahmen, um Kartellzuwiderhandlungen in Zukunft zu vermeiden, (…).“ Kommission v. 21.12.2005 – 38.443 *Kautschukchemikalien*, C(2005) 5592 final, Rn. 345: „Die Kommission begrüsst zwar Maßnahmen von Unternehmen zur Vermeidung künftiger Verstöße gegen das Kartellrecht; (…).“ Kommission v. 13.9.2006 – 38.456 *Bitumen NL*, C(2006) 4090 final, Rn. 371: „(…). Whilst the Commission welcomes measures taken by undertakings to avoid the recurrence of cartel infringements in the future, (…).“ Kommission v. 21.2.2007 – 38.823 *Aufzüge und Rolltreppen*, C(2007) 512 final, Rn. 754: „While the Commission welcomes measures taken by undertakings to avoid

2. Jedoch könne die Einführung oder Verbesserung eines bestehenden Compliance-Programms, um zukünftige Verstöße zu vermeiden, nicht die Tatsache ausräumen, dass der Kartellverstoß in der Vergangenheit begangen wurde.[287]
3. Deshalb sei die Kommission auch verpflichtet, diesen Verstoß als solchen mit einem Bußgeld zu ahnden bzw. nicht verpflichtet, diesen Umstand als mildernd anzuerkennen.[288]

---

cartel infringements in the future, (…).“ Kommission v. 27.11.2002 – 2004/104/EG (37.978) *Methylglukamin*, ABl. 2004 L 38/18, Rn. 260: „Die Kommission begrüßt, dass Aventis eine Geschäftspolitik in die Wege geleitet hat, die die Einhaltung der Wettbewerbsvorschriften bezweckt.“ Kommission v. 22.7.2009 – 39.396 *Calciumcarbid und Reagenzien auf Magnesiumbasis für die Stahl- und die Gasindustrien*, K(2009) 5791, Rn. 325: „Auch wenn die Kommission Maßnahmen von Unternehmen begrüßt, die darauf Zuwiderhandlungen den zuständigen Behörden zu melden, gerichtet sind, die Wiederholung von Kartellverstößen zu vermeiden, (…).“

287 EuGH v. 28.6.2005 – verb. Rs. C-189/02 P, C-202/02 P, C-205/02 P bis C-208/02 P und C-213/02 P Slg. 2005, I-5425, Rn. 373: „(…) dies jedoch nichts an der Tatsache der Zuwiderhandlung ändere, die vorliegend festgestellt worden sei. (…).“ EuG v. 26.4.2007 – verb. Rs. T-109/02, T-118/02, T-122/02, T-125/02, T-126/02, T-128/02, T-129/02, T-132/02 und T-136/02 *Bolloré ./. Kommission*, Slg. 2007, II-947, Rn. 653: „(…) doch ändert dies nichts an der Tatsache der vorliegend festgestellten Zuwiderhandlung. (…).“ EuG v. 5.4.2006 – Rs. T-279/02 *Degussa ./. Kommission*, Slg. 2006, II-897, Rn. 350: „(…) doch ändert dies nichts daran, dass die festgestellte Zuwiderhandlung tatsächlich begangen wurde. (…).“ EuG v. 12.12.2007 – verb. Rs. T-101/05 und 111/05 *BASF und UCB ./. Kommission*, Slg. 2007, II-4949, Rn. 52: „(…). (Die) Maßnahmen, (…) eine Tatwiederholung zu verhindern, (…) ändern jedoch nichts daran, dass die Zuwiderhandlung tatsächlich begangen wurde.“ EuG 8.10.2008 – Rs. T-73/04 *Carbone-Lorraine ./. Kommission*, Slg. 2008, II-2661, Rn. 231: „(…) dies (ändert) jedoch nichts an der Tatsache der festgestellten Zuwiderhandlung.“ Kommission v. 13.9.2006 – 38.456 *Bitumen NL*, C(2006) 4090 final, Rn. 371: „(…) measures taken by undertakings to avoid the recurrence of cartel infringements in the future (…) cannot change the reality of the infringement (…).“ Kommission v. 21.2.2007 – 38.823 *Aufzüge und Rolltreppen*, C(2007) 512 final, Rn. 754: „(…) measures (…) to avoid cartel infringements in the future (…) cannot change the reality of the infringements (…).“ Kommission v. 16.12.2003 – 2004/421/EG (38.240) *Industrierohre*, K(2003) 4820, Rn. 382: „(…) dies jedoch nichts an der Tatsache ändert, dass eine Zuwiderhandlung begangen worden ist. (…).“ Kommission v. 27.11.2002 – 2004/104/EG (37.978) *Methylglukamin*, ABl. 2004 L 38/18, Rn. 260.

288 EuGH v. 28.6.2005 – verb. Rs. C-189/02 P, C-202/02 P, C-205/02 P bis C-208/02 P und C-213/02 P *Dansk Rørindustri u.a. ./. Kommission*, Slg. 2005, I-5425, Rn. 373: „(…). Das Gericht hat zu Recht entschieden, dass dieser Umstand die Kommission nicht

4. Wenngleich sie in der Vergangenheit in einigen Entscheidungen einem Compliance-Programm bußgeldmindernde Wirkung zugesprochen habe, sei sie aufgrund dieser „bloßen Tatsache" nicht verpflichtet, in jeden Fall so zu entscheiden.[289] Diese Einschätzung untermauert die Kommission sodann mit

verpflichtet habe, wegen eines mildernden Umstands die Geldbuße dieser Rechtsmittelführerin herabzusetzen." EuG v. 26.4.2007 - verb. Rs. T-109/02, T-118/02, T-122/02, T-125/02, T-126/02, T-128/02, T-129/02, T-132/02 und T-136/02 *Bolloré ./. Kommission*, Slg. 2007, II-947, Rn. 653: „(...). Dieser Umstand verpflichtete die Kommission nicht, wegen eines mildernden Umstands die Geldbuße der Klägerin herabzusetzen (...)." Kommission v. 22.11.2001 - 2003/2/EG (37.512) *Vitamine*, ABl. L 2003 Nr. 6/1, Rn. 736: „(...) Gleichwohl können weder die von Eisai noch die von Merck ergriffene Initiative die Kommission von ihrer Pflicht entbinden, den vorliegenden, sehr schweren Verstoß gegen die Wettbewerbsvorschriften zu ahnden." Kommission v. 11.12.2001 - 2003/437/EG (37.027) *Zinkphosphat*, ABl. 2003 L 153/1, Rn. 332: „(...). (Die Kommission) ist aber der Auffassung, dass diese Maßnahmen zu spät kamen und nicht als Handhabe dienen können, um die Kommission von ihrer Pflicht zu entbinden, die Verletzung von Wettbewerbsregeln zu ahnden, die Britannia und Trident in der Vergangenheit begangen haben." Kommission v. 2.7.2002 - 2003/674/EG (37.519) *Methionin*, ABl. 2003 L 255/1, Rn. 330: „(...). Nach Ansicht der Kommission kam diese Initiative jedoch zu spät und kann - als Präventivmaßnahme - die Kommission nicht von ihrer Pflicht entbinden, den von Degussa in der Vergangenheit begangenen Verstoß gegen das Wettbewerbsrecht zu ahnden. Die Kommission sieht deshalb die Einführung des betreffenden Präventivprogramms nicht als mildernden Umstand an, der eine Ermäßigung der Geldbuße für Degussa rechtfertigen könnte." Kommission v. 17.12.2002 - 2004/206/EG *Geschmacksverstärker*, ABl. 2004 L 75/1, Rn. 279: „(...). Nichtsdestoweniger ist sie der Ansicht, dass diese Initiative zu spät ergriffen wurde und als Verhütungsmaßnahme die Kommission nicht ihrer Pflicht enthebt, einen von diesen Unternehmen in der Vergangenheit begangenen Verstoß gegen die Wettbewerbsregeln zu bestrafen." Kommission v. 9.12.2004 - 2005/566/EG (37.533) *Cholinchlorid*, ABl. 2005 L 190/22, Rn. 217: „(Die) Maßnahmen, um Kartellzuwiderhandlungen in Zukunft zu vermeiden, vermögen jedoch nichts an dem Erfordernis zu ändern, die begangene Zuwiderhandlung mit einer Entscheidung zu ahnden (...)." Kommission v. 13.9.2006 - 38.456 *Bitumen NL*, C(2006) 4090 final, Rn. 371 identisch Kommission v. 31.5.2006 - 38.645 *Methacrylate*, C(2006) 2098 final, Rn. 386 und Kommission v. 21.2.2007 - 38.823 *Aufzüge und Rolltreppen*, C(2007) 512 final, Rn. 754: „(...) such measures cannot change the need to sanction it in this Decision, (...)." Kommission v. 22.7.2009 - 39.396 *Calciumcarbid und Reagenzien auf Magnesiumbasis für die Stahl- und die Gasindustrien*, K(2009) 5791, Rn. 324.

289 EuG 8.10.2008 – Rs. T-73/04 *Carbone-Lorraine ./. Kommission*, Slg. 2008, II-2661, Rn. 231: „Die Kommission ist somit nicht verpflichtet, diesen Gesichtspunkt als mildernden Umstand heranzuziehen." EuG v. 5.4.2006 – Rs. T-279/02 *Degussa ./.*

Verweisen auf die Entscheidungen *Hercules, Mo och Domsjö, Limburgse Vinyl Maatschappij* und *Tokai Carbon.*[290]

5. Eine Ahndung müsse vielmehr erst recht ergehen, sodass eine Bußgeldreduzierung ausscheide, wenn der Kartellverstoß besonders schwerwiegend oder für die Unternehmen offensichtlich und eindeutig erkennbar war.[291]

Kommission, Slg. 2006, II-897, Rn. 350: „(...). Die bloße Tatsache, dass die Kommission bei ihrer Entscheidungspraxis in bestimmten Fällen die Einführung eines Befolgungsprogramms als mildernden Umstand berücksichtigt hat, bedeutet folglich nicht, dass sie verpflichtet wäre, in einem konkreten Fall ebenso vorzugehen." Kommission v. 21.12.2005 – 38.443 *Kautschukchemikalien*, C(2005) 5592 final, Rn. 345: „Die bloße Tatsache, dass in einzelnen früheren Entscheidungen der Kommission diese Maßnahmen als mildernde Umstände berücksichtigt wurden, bedeutet nicht, dass die Kommission verpflichtet wäre, sich in jedem Fall so zu verhalten." Kommission v. 21.2.2007 – 38.823 *Aufzüge und Rolltreppen*, C(2007) 512 final, Rn. 754: „(...) The mere fact that in certain of its previous Decisions the Commission took such measures into consideration as attenuating circumstances does not mean that it is obliged to act in the same manner in every case." Kommission v. 16.12.2003 – 2004/421/EG (38.240) *Industrierohre*, K(2003) 4820, Rn. 382: „(...). Die bloße Tatsache, dass die Kommission in ihrer früheren Entscheidungspraxis in einigen Fällen die Einführung eines Befolgungsprogramms als mildernden Umstand berücksichtigt hat, bedeutet folglich nicht, dass sie verpflichtet wäre, in einem gegebenen Fall ebenso vorzugehen (Fn.[323])."

290 EuG v. 17.12.1991 – Rs. T-7/89 *Hercules Chemicals ./. Kommission*, Slg. 1991, II-1711; EuG v. 14.5.1998 – Rs. T-352/94 *Mo Och Domsjö AB ./. Kommission*, Slg. 1998, II-1989; EuG v. 20.4.1999 – verb. Rs. T-305/94 bis T-307/94 und T-313/94 bis T-316/94, T-318/94, T-325/94, T-328/94, T-329/94 und T-335/94 *Limburgse Vinyl Maatschappij u.a. ./. Kommission*, Slg. 1999, II-931; EuG v. 29.4.2004 – verb. Rs. T-236/01, T-239/01, T-244/01 bis T-246/01, T-251/01 und T-252/01 *Tokai Carbon ./. Kommission*, Slg. 2004, II-1181.

291 EuG v. 20.3.2002 – Rs. T-16/99 *Lögstör Rör ./. Kommission*, Slg. 2002, II-1633 Rn. 326: „(...) Dies gilt umso mehr, wenn es sich wie im vorliegenden Fall um eine Zuwiderhandlung in Form einer Preisabsprache und einer Marktaufteilung handelt, die einen offenkundigen Verstoß gegen Artikel 85 Absatz 1 Buchstaben a und c EG-Vertrag darstellt." EuG 8.10.2008 – Rs. T-73/04 *Carbone-Lorraine ./. Kommission*, Slg. 2008, II-2661, Rn. 231: „(...) vor allem nicht, wenn, wie im vorliegenden Fall, die Zuwiderhandlung einen offensichtlichen Verstoß gegen Art. 81 EG darstellt." Kommission v. 9.12.2004 – 2005/566/EG (37.533) *Cholinchlorid*, ABl. 2005 L 190/22, Rn. 217: „(...) Erfordernis (...), die begangene Zuwiderhandlung mit einer Entscheidung zu ahnden, um so mehr, als dies eine offenkundige Verletzung von Artikel 81 Absatz 1 EG-Vertrag (...) ist." Kommission v. 21.12.2005 – 38.443 *Kautschukchemikalien*, C(2005) 5592 final, Rn. 345: „Dies gilt erst recht insoweit, als die

6. Die Compliance-Maßnahmen der Unternehmen tragen dennoch insofern Früchte und führen tatsächlich zu einer Bußgeldreduzierung, als sie in der Zusammenarbeit mit der Kommission im Rahmen der Bonusregelung münden.[292]

c) Keine Berücksichtigung bei Wiederholungsaufschlag

Die Kommission berücksichtigt das Compliance-Programm auch nicht bei der Frage der Wiederholungstäterschaft und verzichtet daher nicht auf einen etwaigen Aufschlag nach Randzeichen 28 ihrer Bußgeldleitlinien. Danach kann ein Aufschlag von bis zu 100 Prozent für jeden festgestellten Verstoß auf den Grundbetrag auferlegt werden, wenn ein „erneutes Begehen einer gleichartigen oder ähnlichen Zuwiderhandlung" vorliegt.[293] Das ist der Fall, wenn einem Unternehmen in einer früheren Kommissionsentscheidung – und neuerdings selbst in einem Verfahren einer nationalen Kartellbehörde –[294] für eine Zuwiderhandlung ein Bußgeld auferlegt wurde und es nunmehr erneut für eine andere Zuwiderhandlung der gleichen Art zur Verantwortung gezogen wird.[295] Für die

---

Zuwiderhandlung in diesem Fall einen eindeutigen Verstoß gegen Artikel 81 Absatz 1 Buchstabe a EGVertrag darstellt." Kommission v. 13.9.2006 – 38.456 *Bitumen NL*, C(2006) 4090 final, Rn. 371: „(…) the need to sanction it in this Decision, the more so as the infringement concerned is a manifest breach of Article 81 of the Treaty." Kommission v. 31.5.2006 – 38.645 *Methacrylate*, C(2006) 2098 final, Rn. 386: „(…) the need to sanction it in this decision, the more so since the infringement concerned is very serious." Kommission v. 16.12.2003 – 2004/421/EG (38.240) *Industrierohre*, K(2003) 4820, Rn. 382: „(…) dies gilt erst recht, wenn die betreffende Zuwiderhandlung wie im vorliegenden Fall einen offensichtlichen Verstoß gegen Artikel 81 EG-Vertrag (…)."

292 Kommission v. 21.12.2005 – 38.443 *Kautschukchemikalien*, C(2005) 5592 final, Rn. 345: „(…). Insoweit die interne Untersuchung bei Crompton die Zusammenarbeit mit der Kommission förderte, berücksichtigt die Kommission dies bei der Anwendung der Bonusregelung." Kommission v. 21.2.2007 – 38.823 *Aufzüge und Rolltreppen*, C(2007) 512 final, Rn. 754: „(…) Furthermore, in so far as Otis' internal investigation encouraged its cooperation with the Commission, this is taken into account in the application of the Leniency Notice."

293 Leitlinien für das Verfahren zur Festsetzung von Geldbußen gemäß Artikel 23 Absatz 2 Bustabe a) der Verordnung (EG) Nr. 1/2003, Rz. 28 1. Sps. Vgl. dazu *Böni*, WuW 2011, 360 ff.

294 *Moosmayer*, wistra 2007, 91, 93.

295 *Soyez*, EuZW 2007, 596, 600 insofern reicht ein Verstoß gegen nationales Wettbewerbsrecht nicht aus. Aus einer Kombination von Verstoß gegen Art. 101 und Art. 102 hat die Kommission – soweit ersichtlich – keine Wiederholungstäterschaft hergeleitet. Nach MünchKommEuWettbR/*Engelsing/Schneider*, VO 1/2003 Art. 23

Eigenschaft der Zuwiderhandlung ist es unerheblich, dass die neuerliche Zuwiderhandlung in einem anderen Geschäftszweig oder für ein anderes Produkt erfolgte.[296] Die zusätzliche Sanktion liege darin begründet, dass das vorausgegangene Bußgeld nicht abschreckend genug war, das Unternehmen zu einem anderen Verhalten zu bewegen; im Gegenteil, durch den neuerlichen Verstoß belege es, dass es nicht zur Einhaltung des Wettbewerbsrechts neige.[297]

Der Begriff des Unternehmens ist bekanntlich weit zu verstehen und umfasst alle juristischen Personen innerhalb derselben wirtschaftlichen Einheit, die ihr Marktverhalten nicht selbständig bestimmen.[298] Daher ist es konsequent, dass die Wiederholungstäterschaft zulasten eines Unternehmens festgelegt wird, wenn mindestens zwei seiner mehrheitlich gehaltenen Tochtergesellschaften erstmals einen Verstoß begangen haben.[299] Die Kommission konnte bisher nicht dazu bewegt werden, auf einen Wiederhoungsaufschlag zu verzichten, wenn nach dem ersten Verstoß ein (effektives) Compliance-Programm eingeführt wurde. Im Gegenteil teilt sie die Auffassung, dass die neuerliche wettbewerbsrechtliche Zuwiderhandlung zeige, dass das Compliance-Programm sie gerade nicht verhindern konnte.[300]

Zwischen der alten und der neuerlichen Zuwiderhandlung muss ein innerer Zusammenhang bestehen. Dies rechtfertigt es, das Bußgeld zu erhöhen, da der Täter die notwendigen Lehren bzw. die Zwecke des Bußgeldes nicht verinnerlicht haben. Eine Begrenzung auf einen zeitlichen Zusammenhang fehlt bei der Formel „gleichartige oder ähnliche Zuwiderhandlungen" vollends.[301]

aa) Cholinchlorid 2004

In diesem Verfahren wegen horizontaler Preis- und Gebietsabsprache trug das Unternehmen vor, es habe im Zusammenhang mit einem anderen etwa zeitgleich

---

Rn. 127 sollen aber auch diejenigen Entscheidungen herangezogen werden können, die von den nationalen Wettbewerbsbehörden auf Grundlage von Art. 101 f. AEUV (bzw. ex Art. 81 f. EG) ergangen sind.

296 EuG v. 13.7.2011 – verb. Rs. T-144/07, T-147/07, T-148/07, T-149/07, T-150/07 und T-154/07 *ThyssenKrupp Liften Ascenseurs u.a. ./. Kommission*, Slg. 2011, II-5129, Rn. 299.

297 *Dannecker/Biermann*, in: Immenga/Mestmäcker, Art. 23 Rn. 154.

298 Vgl. dazu unten 1. Teil:Abschnitt 1§ 3A)I.2.b).

299 EuG v. 30.9. 2003 – Rs. T-203/01 *Michelin ./. Kommission*, Slg. 2003, II-4071, Rn. 290.

300 Kommission v. 22.7.2009 – 39.396 *Calciumcarbid und Reagenzien auf Magnesiumbasis für die Stahl- und die Gasindustrien*, K(2009) 5791, Rn. 312.

301 *Sünner*, EuZW 2007, 8, 11. Kritisch dazu auch MünchKommEuWettbR/*Engelsing/Schneider*, VO 1/2003 Art. 23 Rn. 127.

laufenden Kommissionsverfahren ein effektives Compliance-Programm eingeführt.[302] Dieses umfasse „nie dagewesene Maßnahmen",[303] damit gleiche oder ähnliche Zuwiderhandlungen in Zukunft unterblieben.

Aus mehreren Gründen entgegnet die Kommission diesem Vortrag: Sie könne zunächst im Zeitpunkt ihrer Entscheidung nicht absehen, ob die Maßnahmen auch tatsächlich geeignet und wirksam sind, zukünftige Kartellverstöße zu verhindern.[304] Zudem solle nicht der Eindruck entstehen, dass große Unternehmen, die an mehr als einem Kartell beteiligt sind, durch einen weiteren Kartellverstoß „weniger zu verlieren" hätten und daher letztlich gegenüber kleineren und mittelständischen Unternehmen bevorzugt würden, die nur wegen der Beteiligung an einem Kartell zu bestrafen sind. Schließlich dürfe die abschreckende Wirkung eines hohen Bußgeldes nicht verloren gehen.[305] Das Unternehmen war in vorangegangenen Kommissionsentscheidungen bereits für einen ähnlichen Kartellverstoß bebußt worden.[306] Die Kommission erkennt in der neuerlichen Zuwiderhandlung die Wiederholung „derselben Art von Verhalten", wenngleich ein anderes Produkt und ein anderer Markt betroffen sind.[307] Dass die in den vorangegangenen

---

302 Kommission v. 21.11.2001 – 2003/2/EG (37.512) *Vitamine*, ABl. 2003 L 6/1.

303 EuG v. 12.12.2007 – verb. Rs. T-101/05 und 111/05 *BASF und UCB ./. Kommission*, Slg. 2007, II 4949, Rn. 39.

304 Kommission v. 9.12.2004 – 2005/566/EG (37.533) *Cholinchlorid*, ABl. 2005 L 190/22, Rn. 204: „(...) Erstens kann sie nicht wissen, ob sich die von BASF ergriffenen Maßnahmen bei der Verhinderung von Kartellverstößen in Zukunft als wirksam erweisen werden."

305 Kommission v. 9.12.2004 – 2005/566/EG (37.533) *Cholinchlorid*, ABl. 2005 L 190/22, Rn. 204: „Zweitens ist die Kommission grundsätzlich der Auffassung, dass für jede einzelne Zuwiderhandlung eine getrennte Geldbuße festzusetzen ist, die der Größe des betreffenden Unternehmens angemessen sein sollte, um ihre Wirkung zu entfalten. Sollte die Kommission gemäß diesem Argument von BASF beschließen, eine niedrigere Geldbuße als durch die Größe von BASF gerechtfertigt festzusetzen, könnten dies BASF und auch andere Unternehmen so verstehen, dass ein an einem oder mehreren Kartellen beteiligtes Großunternehmen bei einer Teilnahme an weiteren Kartellen weniger zu verlieren hätte als kleinere Unternehmen. Durch die Festsetzung einer hinreichend hohen Geldbuße gegen ein Großunternehmen für jede der von ihm begangenen Zuwiderhandlungen wird eine abschreckende Wirkung gegen ein solches Verhalten erzielt."

306 Kommission v. 24.7.1969 – 69/243/EWG (26.267) *Farbstoffe*, ABl. 1969 L 195/11; Kommission v. 27.7.1994 – 94/599/EG (31.865) *PVC I*, ABl. 1994 L 239/14.

307 Kommission v. 5.12.2001 – 2003/569/EG (37.614) *Interbrew und Alen-Maes*, ABl. 2003 L 200/1, Rn. 314: „(...). Dass Danone seinerzeit unter einem anderen Namen firmierte, ändert daran nichts. Ebenso wenig kann der Umstand, dass die beiden

Entscheidungen verhängten Bußgelder das Unternehmen nicht veranlasst haben, sein Marktverhalten zu ändern, stelle einen erschwerenden Umstand dar und rechtfertige eine Erhöhung des Bußgeldes um 50 Prozent.[308] Dass zwischen den Wiederholungen zehn und 35 Jahre vergangen sind, ändere nichts an der Einordnung als Wiederholung.[309]

bb) Kupferinstallationsrohre 2004

In dieser Entscheidung über einen langwierigen besonders schwerwiegenden Verstoß gegen Art. 81 EG-Vertrag wegen horizontaler Preis- und Gebietsabsprache verweist ein Unternehmen darauf, dass es im Zusammenhang mit dem etwa zeitgleich laufenden Verfahren *Industrierohre*[310] ein Compliance-Programm eingeführt hatte. In diesem Zusammenhang habe es seine Mitarbeiter zu regelkonformen Verhalten verpflichtet und den Verstoß eingestanden. Es akzeptiere die Schuld für den Verstoß und bedauere diesen, sodass von einer Strafe, insbesondere wegen fehlenden Wiederholungsrisikos, abgesehen werden könne.[311]

---

früheren Zuwiderhandlungen Danones einen anderen Sektor zum Gegenstand hatten als in der vorliegenden Sache, und auch nicht die Art des Verstoßes, in diesem Fall dagegensprechen, dass es sich um einen ähnlichen Verstoß handelt. (…)." Vgl. dazu auch MünchKommEuWettbR/*Engelsing/Schneider*, VO 1/2003 Art. 23 Rn. 128.

308 Kommission v. 9.12.2004 – 2005/566/EG (37.533) *Cholinchlorid*, ABl. 2005 L 190/22, Rn. 208: „Zum Zeitpunkt der Zuwiderhandlung waren gegen BASF bereits die beiden Entscheidungen 69/243/EG[243] und 94/599/EG[244] zur Untersagung von Kartelltätigkeiten erlassen. Der Tatsache, dass BASF dieselbe Art von Verhalten wiederholte, wenn auch in einem anderen Wirtschaftszweig als dem, wo zuvor Geldbußen gegen das Unternehmen festgesetzt wurden, kann man entnehmen, dass diese Geldbußen BASF nicht veranlassten, sein Verhalten zu ändern. Dies ist aus Sicht der Kommission ein erschwerender Umstand. Dieser erschwerende Umstand rechtfertigt eine Erhöhung um 50 % des Grundbetrages der gegen BASF festzusetzenden Geldbuße. 50 % ist der übliche von der Kommission bei einem Rückfälligwerden angewandte Satz."

309 Damit bestätigt die Kommission auch ihre Entscheidung v. 5.12.2001 – 2003/569/EG (37.614) *Interbrew und Alen-Maes*, ABl. 2003 L 200/1, Rn. 314 in der ein Wiederholungsaufschlag auch nach einem Zeitraum von 20 Jahren erhoben wurde. Einen sachlichen Zusammenhang bezweifelt *Soyez*, EuZW 2007, 596, 600.

310 Kommission v. 1612.2003 – 2004/421/EG (38.240) *Industrierohre*, C(2003) 4820 final, Rn. 381 ff.

311 Kommission v. 3.9.2004 – 2006/485/EG (38.069) *Kupferinstallationsrohre*, C(2004) 2826, Rn. 753: „Most parties have requested that the Commission take into account that they have adopted antitrust compliance programmes. Furthermore, Wieland submits that, as a consequence of the proceedings in the Industrial Tubes Case

Die Kommission hat das Vorbringen in Gänze zurückgewiesen und zum Compliance-Programm abermals ausgeführt, dass sie zwar Initiativen der Unternehmen, kartellrechtliche Wohlverhaltensprogramme aufzulegen, begrüße, dieser Umstand aber nicht die Tatsache erschüttere, dass der Verstoß begangen wurde.[312] Diese Auffassung untermauert sie mit einem Verweis auf die Entscheidung in den Sachen *Hercules* und *Archer Daniels Midland*.[313]

cc) Methacrylate 2006

In einem weiteren Verfahren, ebenfalls über horizontale Preis- und Gebietsabsprachen, führen die beteiligten Unternehmen verschieden Umstände zu ihrer Verteidigung an. In diesem Zusammenhang ist der Vortrag eines Unternehmens (ICI) hervorzuheben, dem die Kommission einen zusätzlichen Aufschlag auf den Grundbetrag wegen wiederholter Zuwiderhandlung auferlegt hat. Das Unternehmen macht dagegen geltend, dass der Verstoß aus den späten 1970er Jahren herrühre und es seither derart „radikale Restrukturierungen" vorgenommen habe, die es rechtfertigen, nicht mehr von einer Identität des Unternehmens auszugehen und ein Vergleich daher nicht angebracht sei. Zusätzlich habe es die Einhaltung der Wettbewerbsregeln mit einer Reihe von innovativen und effektiven Maßnahmen wesentlich gesteigert.[314]

(38.240), it has already run a compliance program and has obliged all employees to respect competition rules. It confessed, regrets and has accepted its guilt. Regret and confession are mitigating factors in the Member States' legal order. There is no risk of repetition. In Wielandís view, there is therefore no need for deterrence with respect to Wieland."

312 Kommission v. 3.9.2004 – 2006/485/EG (38.069) *Kupferinstallationsrohre*, C (2004) 2826, Rn. 754: „The Commission welcomes any initiatives to set up antitrust compliance programmes. Nevertheless, it should be borne in mind that, whilst it is important that an undertaking should take steps to prevent fresh infringements of Community competition law from being committed in the future by members of its staff, that does not alter the fact that an infringement has been committed. Thus, the mere fact that in certain of its previous Decisions the Commission took the implementation of a compliance programme into consideration as an attenuating factor does not mean that it is obliged to act in the same manner in any given case, especially where the infringement in question is, as in this case, a clear infringement of Article 81(1)(a) and (b) of the Treaty (...)."

313 EuG v. 17.12.1991 – Rs. T-7/89 *Hercules Chemicals ./. Kommission*, Slg. 1991, II-1711, Rn. 357; EuG v. 9.7.2003 – Rs. T-224/00 *Archer Daniels Midland ./. Kommission*, Slg. 2003, II-2597, Rn. 280.

314 Kommission v. 31.5.2006 – 38.645 *Methacrylate*, C(2006) 2098 final, Fn. 366: „ICI also submitted that the Commission's taking into account of decisions relating to

Nach Auffassung der Kommission genügt ein vorausgegangener Verstoß, ohne dass es auf die Zeitspanne zwischen den Verstößen ankomme, sodass daher auch kein Verstoß gegen den Verhältnismäßigkeitsgrundsatz vorliege, wenn diese Entscheidung mehrere Jahrzehnte zurückliege.[315] Die Kommission begrüße zwar die Anstrengungen, das Compliance-Programm auf „höchstem Niveau" fortzuentwickeln, doch können solche Anstrengungen, im Übrigen genauso wenig wie eine noch so große Zeitspanne zwischen der Erst- und Wiederholungstat, den Umstand der Wiederholungstäterschaft ungeschehen machen.[316] Im Vordergrund stehe der mit der Strafe verbundene Zweck der Abschreckung. Dass dabei eventuell andere Unternehmensstrukturen existieren und Mitarbeiter gewechselt haben mit der Folge, dass ein „persönliches Erlebnis"[317] des wiederholten Verstoßes gar nicht stattfindet, stellt kein Hindernis dar. Dies führt zwangsläufig und struktuerell bedingt dazu, dass größere Unternehmen mit breiteren Tätigkeitsfeldern gegenüber kleineren und mittleren Unternehmen benachteiligt werden.[318]

---

conduct back in the late 1970's is excessive. Since this conduct, ICI argues that it has undergone a radical restructuring, which makes it a very different undertaking to that found guilty of infringements of a similar type in the past, which ICI argues, renders an increase for repeated infringement inappropriate and unwarranted. Furthermore, ICI claims to have significantly improved its competition compliance with a range of innovative and effective measures."

315 Kommission v. 31.5.2006 – 38.645 *Methacrylate*, C(2006) 2098 final, Rn. 367; 362: „(…) Furthermore, to establish a repeated infringement, the Commission need only find one previous decision of the same type; as regards Atofina, it has three such examples. Relying on previous decisions does not constitute in the Commission's view a violation of the principles of proportionality orlegal certainty." Kritisch dazu *Moosmayer*, wistra 2007, 91, 93 und schlägt zugleich vor, eine Berücksichtigung der „Vortat" nach Ablauf des Zeitraums von Art. 25 VO 1/2003 nicht mehr zu berücksichtigen.

316 Kommission v. 31.5.2006 – 38.645 *Methacrylate*, C(2006) 2098 final, Rn. 368: „Whilst the Commission welcomes efforts at the highest level within ICI to improve its competition law compliance, even this in addition to the passage of time since previous infringing conduct, does not devolve ICI of the consequences of committing a repeated infringement. It is appropriate that the Commission ensures that this decision has sufficient deterrent effect to prevent any risk of recurrence." Mit rechtsstaatlichen Bedenken, *Dannecker/Biermann*, in: Immenga/Mestmäcker, Art. 23 Rn. 155.

317 *Sünner*, EuZW 2007, 8, 11.

318 *Sünner*, EuZW 2007, 8, 11.

d) Kein Auslassen eines Abschreckungsaufschlages

Ein effektives Compliance-Programm kann nach Einschätzung der Kommission nicht das Ausbleiben eines zusätzlichen Abschreckungsaufschlags nach Randzeichen 25, die so genannte Eintrittsgebühr („entry fee")[319] der Leitlinien der Kommission rechtfertigen.[320] Der Zweck dieses Aufschlags liegt vor allem darin begründet, den Geldbußen eine „ausreichend abschreckende Wirkung" zu verleihen. Nach Randzeichen 25 ist für „Vereinbarungen zur Festsetzung von Preisen, Aufteilung, von Märkten oder Mengeneinschränkungen" ein Zuschlag im Umfang zwischen 15–25 Prozent zwingend vorgesehen;[321] für andere Verstöße verbleibt es beim Ermessen der Kommission, diesen zu verhängen. Die Entscheidungspraxis zu diesem Merkmal ist aber nicht eindeutig; in einigen Fällen wurde ein Aufschlag herangezogen in anderen wiederum nicht.[322]

aa) Methionin 2002

Die Klägerin vertritt in ihrer Nichtigkeitsklage gegen die Kommissionsentscheidung die Auffassung, die Kommission sei rechtsfehlerhaft von einem zu hohen Abschreckungsaufschlag ausgegangen. Denn sie habe bei der Verdoppelung der Geldbuße nicht berücksichtigt, dass die Klägerin nicht nur vor Einleitung des Verfahrens durch die Kommission die Zuwiderhandlung beendet, sondern zeitgleich ein Compliance-Programm eingeführt habe, um künftige Verstöße zu vermeiden.[323] Zur Begründung des Rechtsfehlers betont die Klägerin sowohl die spezial-

---

319 *Soyez*, EuZW 2007, 596, 598. Vgl. dazu auch unten 1. Teil:Abschnitt 1§ 3A)I.3.a)bb).

320 Spezialpräventive Zwecke habe die Kommission bei der Verhängung des Abschreckungsaufschlags bisher nicht berücksichtigt, *Bechtold/Bosch/Brinker/Hirsbrunner*, Art. 23 VO 1/2003 Rn. 65. Den gleichen Vorwurf macht ihr die Klägerin in EuG v. 5.4.2006 – Rs. T-279/02 Degussa ./. Kommission, Slg. 2006, II-897, Rn. 345. Darüber hinaus rügt sie einen Verstoß gegen Grundsatz des angemessenen Verhältnisses zwischen Vergehen und Strafe nach Artikel 6 Abs. 1 EU.

321 *Soyez*, EuZW 2007, 596, 599.

322 Aufschlag um 100 Prozent in Kommission v. 17.12.2002 – 2004/206/EG (37.671) *Geschmacksverstärker*, ABl. 2004 L 75/1, Rn. 253. Erhöhungen auch in Kommission v. 30.10.2002 – 2003/675/EG (35.706) *Nintendo*, ABl. 2003 L 255/33, Rn. 396; Kommission v. 21.10.1998 – 1999/60/EG (35.691) *Fernwärmetechnik*, ABl. 1999 L 24/1, Rn. 169. Kein Aufschlag in Kommission v. 6.11.2002 – 2004/138/EG (36.571) *Österreichische Banken* („Lombard Club"), ABl. 2004 L 56/1, Rn. 515.

323 EuG v. 5.4.2006 – Rs. T-279/02 *Degussa ./. Kommission*, Slg. 2006, II-897, Rn. 344: „Die Klägerin trägt vor, die Kommission habe bei der von ihr für erforderlich gehaltenen Verdoppelung des Grundbetrags der Geldbuße deren Abschreckungswirkung einen zu hohen Stellenwert eingeräumt, denn sie habe unberücksichtigt

als auch generalpräventive Funktion des Abschreckungsaufschlags, die also darin besteht, dass nicht nur das zuwiderhandelnde, sondern auch andere Unternehmen künftig keine (weiteren) Wettbewerbsverstöße begehen. Dem spezialpräventiven Zweck genüge die Klägerin aber bereits mit Einführung des Compliance-Programms. Wenn die Kommission diesen Umstand nicht berücksichtigt, lasse sie sich einzig von generalpräventiven Erwägungen leiten, was wiederum gegen eine gefestigte Rechtsprechung der Gerichte zu dieser Thematik verstoße.[324]

Das Gericht entgegnet zunächst, dass die Zuwiderhandlung nicht auf Initiative der Klägerin, sondern – von der Klägerin nicht bestritten – eines anderen Unternehmens aufgegeben wurde. Der Umstand, dass die Klägerin den Verstoß abgestellt hatte, begründe nicht zugleich die Vermutung, dass sie die Zuwiderhandlung nicht wiederaufnehmen und in Zukunft die EG-Wettbewerbsregeln befolgen werde. Aber erst mit Erreichen dieses ungewissen Ereignisses liegt die Erfüllung des spezialpräventiven Zwecks des Bußgeldes vor.[325]

Das Gericht entgegnet der von der Klägerin vorgebrachten gefestigten Rechtsprechung damit, dass es sich um einen Sonderfall des Ausländerrechts handele und dieser keinesfalls einen allgemeinen Grundsatz darstelle, der auf das Wettbewerbsrecht Anwendung finde.[326] Einige Sätze später räumt das EuG aber ein, dass mit der Einführung des Compliance-Programms der von der Kommission „verfolgte Präventionszweck zumindest teilweise bereits erreicht wurde“[327], wenngleich

> „die bloße Einführung eines Programms zur Einhaltung der Wettbewerbsregeln durch ein Unternehmen zweifellos keine tragfähige und sichere Garantie für die künftige dauerhafte Einhaltung dieser Regeln darstellen kann (...).“[328]

---

gelassen, dass Degussa bereits vor der Einleitung des Verfahrens durch die Kommission die Zuwiderhandlung beendet und sodann unverzüglich Maßnahmen in Form eines „Compliance-Programms“ geschaffen habe, um künftigen Zuwiderhandlungen vorzubeugen.“

324 EuG v. 5.4.2006 – Rs. T-279/02 *Degussa ./. Kommission*, Slg. 2006, II-897, Rn. 346 mit Verweis auf EuGH v. 28.10.1975 – Rs. 36/75 *Rutili / Ministre de l'intérieur*, Slg. 1975, 1219, Rn. 51–53; EuGH v. 27.10.1977 – Rs. 30/77 *Regina / Bouchereau*, Slg. 1977, 1999, Rn. 27–30; EuGH v. 10.2. 2000 – Rs. C-340/97 *Nazli u. a.*, Slg. 2000, I-957, Rn. 63.

325 EuG v. 5.4.2006 – Rs. T-279/02 *Degussa ./. Kommission*, Slg. 2006, II-897, Rn. 349.

326 Es geht um den Fall, in dem ein Mitgliedstaat allein aus generalpräventiven Gründen der öffentlichen Ordnung die Grundfreiheit der Freizügigkeit aus Art. 18 EG einschränken will.

327 EuG v. 5.4.2006 – Rs. T-279/02 *Degussa ./. Kommission*, Slg. 2006, II-897, Rn. 361.

328 EuG v. 5.4.2006 – Rs. T-279/02 *Degussa ./. Kommission*, Slg. 2006, II-897, Rn. 361.

bb) Cholinchlorid 2004

In dem bereits oben genannten Verfahren wendet sich das Unternehmen mit der Nichtigkeitsklage vor dem EuG gegen den zusätzlichen Abschreckungsaufschlag von 50 Prozent, den die Kommission wegen erneuter Zuwiderhandlung verhängt hatte. Nach der Kommissionsentscheidung *Vitamine* habe es „nie dagewesene Maßnahmen ergriffen",[329] damit gleiche oder ähnliche Zuwiderhandlungen in Zukunft unterblieben. Zudem belege sowohl ihre Kooperationsbereitschaft gegenüber der Kommission bei Aufklärung des Verstoßes als auch die Höhe der geleisteten Geldbußen, die aus der oben genannten *Vitamin*-Entscheidung resultieren, dass ein zusätzlicher Abschreckungsaufschlag nicht zwingend zu verhängen sei.

Das Gericht führt aus, dass der Zweck des Bußgeldes darin begründet liegt, neben der repressiven Ahndung auch präventiv der Wiederholung vorzubeugen. Die zusätzliche Erhöhung sei rechtsfehlerfrei, denn „es ... (sei) nötig, ... die Geldbuße auf einen Betrag festzusetzen, der eine hinreichend abschreckende Wirkung entfaltet".[330]

cc) Kautschukchemikalien 2005

Eines in diesem Verfahren betroffene Unternehmen und Teilnehmer horizontaler Preis- und Gebietsabsprachen wehrt sich aus zweierlei Gründen gegen einen etwaigen Abschreckungszuschlag: Zum einen seien die an der kartellrechtswidrigen Absprache beteiligten Mitarbeiter entlassen und zum anderen sei ein „Programm zur Einhaltung der Wettbewerbsregeln"[331] eingeführt worden.

Die Kommission entgegnet jedoch, sie könne nicht wissen, ob und in welchem Umfang die getroffenen Maßnahmen in Zukunft wirksam sein werden. Sie ist grundsätzlich der Ansicht, dass für jede Zuwiderhandlung eine eigene Geldbuße festzusetzen sei, die gemessen an der Größe des kartellrechtswidrig handelnden Unternehmen auch angemessen empfindlich sein müsse, um künftige Verstöße zu unterbinden.[332]

---

329 EuG v. 12.12.2007 – verb. Rs. T-101/05 und 111/05 *BASF und UCB ./. Kommission*, Slg. 2007, II-4949, Rn. 39.

330 EuG v. 12.12.2007 – verb. Rs. T-101/05 und 111/05 *BASF und UCB ./. Kommission*, Slg. 2007, II-4949, Rn. 44.

331 Kommission v. 21.12.2005 – 38.443 *Kautschukchemikalien*, C(2005) 5592 final, Rn. 309.

332 Kommission v. 21.12.2005 – 38.443 *Kautschukchemikalien*, C(2005) 5592 final, Rn. 310.

dd) Aufzüge und Rolltreppen 2007

In diesem Preis- und Gebietskartell entgegnet eines der Unternehmen in seiner Stellungnahme auf die Anfrage der Kommission, die Behörde müsse keinen zusätzlichen Abschreckungsaufschlag auferlegen, da das Unternehmen unter anderem ein konzern- und europaweites kartellrechtliches Compliance-Programm aufgebaut habe.[333]

Die Kommission lehnt das Begehren mit der Begründung ab, dass es nicht auf die bloße Existenz eines Compliance-Programms ankomme, sondern dieses auch den Kartellverstoß verhindern müsse.[334] In erster Linie betrachtet die Kommission repressive Maßnahmen, vorrangig ein hohes, an der Größe des

333 Kommission v. 21.2.2007 – 38.823 *Aufzüge und Rolltreppen*, C(2007) 512 final, Rn. 687: „In its reply to the Statement of Objections, Otis claims that there is no need to increase its fine for the purpose of deterrence, *inter alia* because it has already taken measures to prevent future cartel violations in all Member States concerned, such as antitrust compliance programmes and termination of the employment of key individuals involved in the respective elevators and escalators cartels." An dieser Stelle ist nicht deutlich, ob das Programm den Verstoß tatsächlich verhindern muss oder die Eignung dazu genügt.

334 Kommission v. 21.2.2007 – 38.823 *Aufzüge und Rolltreppen*, C(2007) 512 final, Rn. 688: „While the Commission welcomes measures taken by undertakings to prevent future cartel infringements, the measures taken by Otis do not alter the fact that infringements were committed. Since the existence of the compliance programme did not prevent the infringement from being committed, the mere existence of the programme cannot be taken into consideration when establishing the fine to be imposed on Otis." Sodann verweist sie in Fn. 127 auf die folgenden Entscheidungen und führt an: „*See* Case T-15/02 *BASF v Commission*, paragraph 266: "*As regards the internal measures adopted by the applicant in order to prevent any repetition after the infringements had come to an end (dismissal of the senior executives involved in the events giving rise to the infringements, the adoption of internal programmes for compliance with competition rules and to increase staff awareness in that regard), it should be noted that, whilst it is indeed important that an undertaking took measures to prevent further infringements of Community competition law from being committed in the future by its staff, that does not alter the fact that the infringement was committed. Merely because in certain previous decisions the Commission took account of a compliance programme as an attenuating circumstance does not mean that it is under a duty to do so in each case which comes before it.*" (*Hercules Chemicals v Commission*, paragraph 357; Case T-13/89 ICI v Commission [1992] ECR II-1021, paragraph 395; Case T-28/99 *Sigma Tecnologie v Commission* [2002] ECR II-1845, paragraph 127; and *Dansk Rørindustri and Others v Commission*, paragraph 373)."

Unternehmens ausgerichtetes Bußgeld für effektiv, zukünftige Kartellverstöße zu verhindern.[335]

e) Kein Abbruch der Verantwortlichkeit der Konzernobergesellschaft

Ebenso wenig erfolgreich wie an anderen Stellen bringen einige Unternehmen ihr konzernweites Compliance-Programm zum Zwecke des Abbruchs der Verantworlichkeit für die Zuwiderhandlung der Tochtergesellschaft an. Letztlich soll mit diesem Einwand gegen die Rechtsprechung aus der Sache *Akzo Nobel* argumentiert werden.[336] Der EuGH bestätigt in diesem Verfahren die von ihm aufgestellte Rechtsprechung, nach der die widerlegliche Vermutung besteht, dass die Konzernmutter bei 100 %iger Beteiligung an ihrer Tochtergesellschaft diese ihr Markverhalten nicht autonom bestimme, sodass die Muttergesellschaft wesentlichen Einfluss darauf nehme.[337] Daher bilden die Unternehmen zusammen eine „wirtschaftliche Einheit“ im Rahmen des Unternehmensbegriffs nach Art. 101 AEUV. Die Grundlage der Geldbuße liegt folglich nicht in einer Zurechnung des Verhaltens der Tochter- an die Obergesellschaft, sondern letztere wird die Obergesellschaft wegen eigener Beteiligung bzw. Unterlassen, nicht genügend Einfluss auf die Tochtergesellschaft genommen zu haben, zum eigenen Haftungssubjekt. Nach einer weiteren Entscheidung gelte dies unabhängig davon, wie viele Gesellschaften dazwischengeschaltet sind.[338]

Die Kommission führt in einem Verfahren das Bestehen eines konzernweiten Compliance-Programms im Gegenteil als Indiz dafür an, dass die Tochtergesellschaft ihr Verhalten gerade nicht autonom bestimme und daher Teil der wirtschaftlichen Einheit sei.[339] Die im Nachgang eines Kartellverstoßes erfolgte

335 Kommission v. 21.2.2007 – 38.823 *Aufzüge und Rolltreppen*, C(2007) 512 final, Rn. 688: „(…). In general, the Commission considers that each separate infringement merits a separate fine, which should be proportionate to the size of the undertaking in order to be effective. Imposing a sufficiently high fine on large undertakings for each separate infringement they commit deters future violations. There is no reason to impose a lower fine on Otis than would be justified by its size.“

336 EuGH v. 10.9.2009 – Rs. C-97/08 P *Akzo Nobel u.a. ./. Kommission*, Slg. 2009, I-8237. Vgl. dazu *de Bronett*, EWS 2012, 113 ff.

337 Vgl. dazu auch unten 1. Teil:Abschnitt 1§ 3A)I.2.b).

338 EuGH v. 20.1.2011 – Rs. C-90/09 P *General Química u.a. ./. Kommission*, Slg. 2011, I-1. Zusammefassung, ABl. C 2011 80/2, Rn. 86.

339 Kommission v. 22.7.2009 – 39.396 *Calciumcarbid und Reagenzien auf Magnesiumbasis für die Stahl- und die Gasindustrien*, K(2009) 5791, Rn. 210 a.E. So auch *Mojzesowicz*, Vertreterin der Kommission, in der mündlichen Verhandlung vor dem EuG gegen den Vortrag Schindlers, mlex v. 17.9.2009: „The fact that a child

Aufdeckung verbunden mit Geständnissen und Kooperationen der Täter, kann indes nicht den Umstand abändern, dass der Verstoß tatsächlich begangen wurde. Danach soll das Compliance-Programm der Konzernobergesellschaft diese nicht von dem Vorwurf der unzureichenden Aufsicht befreien, wenn die Tochtergesellschaft dennoch einen Kartellverstoß begeht.[340]

Die in dem Urteil *Akzo Nobel* bestätigte Praxis hat wesentliche Bedeutung für den Umfang und Reichweite der kartellrechtlichen Compliance-Programme der Unternehmen, da diese nunmehr auf die Einhaltung des Kartellrechts der Tochter- und Enkelgesellschaften zugeschneidert werden müssen.[341] Diesen Punkt anzugreifen, scheint angesichts der gefestigten Rechtsprechung zu dem Begriff und der Reichweite der wirtschaftlichen Einheit wenig erfolgsversprechend.[342]

aa) Kautschukchemikalien 2005

In diesem Verfahren rügt eines der betroffenen Unternehmen in seinem Rechtsmittel vor dem EuGH, dass die Verantwortlichkeit unzulässigerweise auf die Konzernobergesellschaft ausgedehnt werde.[343] Die Zwischengesellschaft Repsol Quimica habe anderthalb Jahre nach Aufgabe der Zuwiderhandlung ihrer Tochtergesellschaft eine konzernweite Anweisung erteilt, jegliche kartellrechtswidrige Praktiken einzustellen und ein entsprechendes Compliance-Programm eingeführt. Zudem wusste nicht einmal die Zwischengesellschaft von der Zuwiderhandlung der Tochtergesellschaft, geschweige denn war sie selbst Partei der Kartellabsprache. Daraus ergebe sich vielmehr, dass die Tochtergesellschaft ihr Verhalten am Markt autonom bestimme.[344]

Der EuGH teilt jedoch die Auffassung, dass sich für den Fall, in dem eine Holdinggesellschaft 100 %ig an der Zwischengesellschaft beteiligt ist und diese wiederum zu 100 Prozent an der zuwiderhandelnden Tochtergesellschaft, eine widerlegbare Vermutung ergebe, dass die Konzernmutter einen bestimmenden Einfluss auf das Verhalten der Zwischengesellschaft und somit „mittelbar durch

---

may chosse not to obey its parents, doesn't mean that the parents lose their capacity as parents."

340 Kommission v. 22.7.2009 – 39.396 *Calciumcarbid und Reagenzien auf Magnesiumbasis für die Stahl- und die Gasindustrien*, K(2009) 5791, Rn. 239.

341 *Kapp*, CCZ 2009, 236, 238 f.

342 *Soyez*, EuZW 2007, 596, 597; *Voet van Vormizeele*, WuW 2010, 1008, 1014.

343 EuGH v. 20.1.2011 – Rs. C-90/09 P *General Química u.a. ./. Kommission*, Slg. 2011, I-1. Zusammefassung ABl. C 2011 80/2, Rn. 81 f.

344 EuGH v. 20.1.2011 – Rs. C-90/09 P *General Química u.a. ./. Kommission*, Slg. 2011, I-1. Zusammefassung ABl. C 2011 80/2, Rn. 95 f.

diese auch auf das Verhalten der Tochtergesellschaft“[345] Einfluss ausübe. Diese „Umstände“ können nicht die gegenteilige Überzeugung des Gerichts erschüttern, dass alle Unternehmen zusammen eine wirtschaftliche Einheit darstellen, was der Kommission gestatte, gegen die Konzernmutter die Buße festzusetzen.[346]

bb) Aufzüge und Rolltreppen 2007

In diesem Verfahren bringt ein betroffenes Unternehmen seine Compliance Defence an einer frühen Stelle vor, um die rechtliche Verantwortung für den Kartellrechtsverstoß als Konzernmutter für die Tochtergesellschaft auszuschließen. Es habe alles in seiner Macht stehende unternommen, insbesondere durch Einführung eines kartellrechtlichen Compliance-Programms, dass ein solcher Verstoß nicht vorkomme.[347]

Wenngleich die Kommission derartige Initiativen begrüße, können sie nicht die Tatsache ändern, dass eine Zuwiderhandlung stattgefunden hat und notwendigerweise bebußt werden muss. Nach Einschätzung der Kommission kann dieser Umstand auch nicht die Vermutung erschüttern und die nötigen Beweise liefern, wonach ein 100 %iges Tochterunternehmen keine selbstständige wirtschaftliche Einheit im Sinne der Kartellrechtsvorschrift ist.[348]

---

345 EuGH v. 20.1.2011 – Rs. C-90/09 P *General Química u.a. ./. Kommission*, Slg. 2011, I-1. Zusammefassung ABl. C 2011 80/2, Rn. 88, 90. So auch schon der Generalanwalt *Mazák* in seinen Schlussanträgen v. 14.9.2010 Rs. C-90/09 P *General Química u.a. ./. Kommission*, Slg. 2011, I-1, Rn. 62 f. Vgl. auch *Kokott/Dittert*, WuW 2012, 670, 673.

346 EuGH v. 20.1.2011 – Rs. C-90/09 P *General Química u.a. ./. Kommission*, Slg. 2011, I-1. Zusammefassung ABl. C 2011 80/2, Rn. 101 f.

347 Kommission v. 21.2.2007 – 38.823 *Aufzüge und Rolltreppen*, C(2007) 512 final, Rn. 631: „SH also argues that the measures taken to prevent cartel violations, such as antitrust compliance programmes, "prove that Schindler Holding did not issue instructions regarding the infringements, but on the contrary did everything [...] to prevent breaches of the law and in particular infringements of competition law." In general, while the Commission welcomes measures taken by undertakings to avoid cartel infringements, such measures cannot change the reality that infringements did take place and the need to sanction them in this Decision.“

348 Kommission v. 21.2.2007 – 38.823 *Aufzüge und Rolltreppen*, C(2007) 512 final, Rn. 631: „(...) In fact, the mere existence of a compliance programme cannot lead to the conclusion that SH did or did not issue instructions regarding the infringement. The presumption remains that SH's whollyowned subsidiary did not determine autonomously its commercial policy on the market. The Commission therefore cannot take this argument into consideration whenestablishing liability.

f) Wirksame Änderung der Bußgeldpraxis im Hinblick auf den Vertrauensgrundsatz?

Die Änderung der Verwaltungspraxis könnte aber einer Verletzung des Vertrauensgrundsatzes gleichkommen. Auf diesen kann sich grundsätzlich jeder berufen, bei dem die Verwaltung „begründete Erwartungen geweckt habe".[349] Für diese ist allerdings eine gewisse Hürde zu nehmen. Denn dafür muss die Verwaltung präzise und bedingungslose übereinstimmende Zusicherungen von zuständiger und zuverlässiger Seite ausgegeben haben.[350]

Die Änderung einer früheren Bußgeldpraxis z.B. durch Einführung oder Überarbeitung von Leitlinien stellt weder einen Verstoß gegen das allgemeine Verbot der Rückwirkung von Strafbestimmungen noch gegen den allgemeinen Grundsatz der Rechtssicherheit wegen Verfälschung des rechtlichen Rahmens für die Ermittlung des zu verhängenden Geldbußenbetrags dar. Eine frühere Entscheidungspraxis der Kommission bildet gerade nicht den rechtlichen Rahmen für die Verhängung einer Geldbuße. Dieser ist einzig in Art. 23 VO 1/2003 geregelt. Die Einführung einer neuen Berechnungsmethode kann wegen des weit reichenden Ermessens und der beiden einzigen Anforderungen – Dauer und Schwere des Verstoßes – aus Art. 23 VO 1/2003[351] nicht als rückwirkende Verschärfung der Geldbußen angesehen werden, wenn und soweit sich die neue Berechnungsmethode in den Grenzen der Norm verhält. Die Kommission ist also nicht daran gehindert, das Bußgeldniveau, sei es durch eine neue Berechnungsmethode, zu erhöhen, wenn dies – im gesetzlichen Rahmen von Art. 23 VO 1/2003 – erforderlich ist, um die Einhaltung des europäischen Wettbewerbsrechts sicherzustellen.[352] Die Kommission muss sogar stets in der Lage sein, das

---

349 EuGH v. 11.3.1987 – Rs. 265/85 *Van den Bergh en Jurgens ./. Kommission*, Slg. 1987, 1155, Rn. 44; EuGH v. 26.6.1990 – Rs. 152/88 *Sofrimport ./. Kommission*, Slg. 1990, I-2477, Rn. 26; EuG v. 29.4.2004 – verb. Rs. T-236/01, T-239/01, T-244/01 bis T-246/01, T-251/01 und T-252/01 *Tokai Carbon ./. Kommission*, Slg. 2004, II-1181, Rn. 152.

350 EuG v. 29.4.2004 – verb. Rs. T-236/01, T-239/01, T-244/01 bis T-246/01, T-251/01 und T-252/01 *Tokai Carbon ./. Kommission*, Slg. 2004, II-1181, Rn. 152.; EuG v. 6.7.1999 – Rs. T-203/97 *Forvass ./. Kommission*, Slg. 1999, II-705, Rn. 70; EuG v. 18.1.2000 – Rs. T-290/97 *Mehibas Dordtselaan ./. Kommission*, Slg. 2000, II-15, Rn. 59.

351 So auch schon in Art. 15 Abs. 2 lit. b) VO 17/62.

352 EuGH v. 7.6.1983 – verb. Rs. 100-103/880 – *Musique Diffusion Francaise*, Slg. 1983, 1825, Rn. 109; EuG v. 29.4.2004 – verb. Rs. T-236/01, T-239/01, T-244/01 bis T-246/01, T-251/01 und T-252/01 *Tokai Carbon ./. Kommission*, Slg. 2004, II-1181, Rn. 192.

Niveau der Geldbußen den Erfordernissen der Wettbewerbspolitik anpassen zu können, um so den Wettbewerbsregeln zur Durchsetzung zu verhelfen[353] und die abschreckende Wirkung der Geldbußen zu verstärken.[354] Es wird sogar verlangt, dass sie jederzeit das Bußgeldniveau ändern kann, wenn sich die Erfordernisse der Wettbewerbspolitik geändert haben.[355]

Ein Vertrauenstatbestand eines Wirtschaftsbeteiligten für eine Situation, die ein Gemeinschaftsorgan im Rahmen seines Ermessens ändern kann, ist somit grundsätzlich abzulehnen.[356] Es besteht also kein schützenswertes Vertrauen auf eine unveränderte Entscheidungspraxis der Kommission in Fragen der Compliance Defence. Im Gegenteil hat die Kommission jederzeit die Möglichkeit, die Leitlinien zu novellieren und zu modifizieren, letztlich als Konsequenz ihres weiten Ermessens.[357] Sie braucht daher nicht in der Mitteilung der Beschwerdepunkte an das Unternehmen auf eine mögliche Änderung ihrer Praxis hinzuweisen; diese orientiert sich gerade losgelöst von konkreten Sachverhalten an „allgemeinen wettbewerbspolitischen Erwägungen."[358] Nur in wenigen Ausnahmesituationen

---

353 EuGH v. 7.6.1983 – verb. Rs. 100–103/880 – *Musique Diffusion Francaise*, Slg. 1983, 1825, Rn. 109; EuGH v. 23.11.2000 – Rs. C-1/98 P *Corus UK ./. Kommission*, Slg. 2000, I-10349, Rn. 52; EuG v. 20.3.2002 – Rs. T-23/99 *LR AF 1998 ./. Kommission*, Slg. 2002, II-1705, Rn. 236 f.; hierzu EuGH v. 28.6.2005 – verb. Rs. C-189/02 P, C-202/02 P, C-205/02 P bis C-208/02 P und C-213/02 P *Dansk Rørindustri u.a. ./. Kommission*, Slg. 2005, I-5425, Rn. 214; 373 ff. und Rn. 227 ff. in Bezug auf die Einführung von Leitlinien zur Bußgeldbemessung. EuG v. 6.4.1995 – Rs. T-150/89 *Martinelli ./. Kommission*, Slg. 1995, II-1165, Rn. 59; EuG v. 11.12.1996 – T-49/95 *Van Megen Sports Group ./. Kommission*, Slg. 1996, II-1799, Rn. 53; EuG v. 21.10.1997 – T-229/94 *Deutsche Bahn ./. Kommission*, Slg. 1997, II-1689, Rn. 127; EuG v. 29.4.2004 – verb. Rs. T-236/01, T-239/01, T-244/01 bis T-246/01, T-251/01 und T-252/01 *Tokai Carbon ./. Kommission*, Slg. 2004, II-1181, Rn. 216.

354 EuG v. 14.5.1998 – Rs. T-327/94 *SCA Holding ./. Kommission*, Slg. 1998, II-1373, Rn. 179.

355 EuGH v. 7.6.1983 – verb. Rs. 100–103/880 – *Musique Diffusion Francaise*, Slg. 1983, 1825, Rn. 109; EuG v. 20.3.2002 – Rs. T-23/99 *LR AF 1998 ./. Kommission*, Slg. 2002, II-1705, Rn. 236 f.; EuG v. 9.7.2003 – Rs. T-224/00 *Archer Daniels Midland ./. Kommission*, Slg. 2003, II-2597, Rn. 56;.

356 EuG v. 9.7.2003 – Rs. T-224/00 *Archer Daniels Midland ./. Kommission*, Slg. 2003, II-2597, Rn. 64.

357 EuG v. 30.4.1998 – Rs. T-214/95 *Vlaamse Gewest ./. Kommission*, Slg. 1998, II-717, Rn. 89.

358 EuGH v. 7.6.1983 – verb. Rs. 100–103/880 – *Musique Diffusion Francaise*, Slg. 1983, 1825, Rn. 22; EuG v. 9.7.2003 – Rs. T-224/00 *Archer Daniels Midland ./. Kommission*, Slg. 2003, II-2597, Rn. 66.

kann vor der Änderung der Entscheidungspraxis im Einzelfall eine Mitteilung erforderlich sein, in welchem Umfang sie ihre Praxis ändert und gegebenenfalls Übergangsregelungen erlassen wird, um dem Vertrauensschutz zu genügen.[359] Ganz deutlich formuliert das EuG im Jahre 2003:

> „Es ist aber ausgeschlossen, dass bei Unternehmen, die an einem Verwaltungsverfahren beteiligt sind, das zur Festsetzung einer Geldbuße führen kann, ein berechtigtes Vertrauen darauf entsteht, dass die Kommission eine angebliche frühere Entscheidungspraxis im Bereich der Berechnung von Geldbußen beibehält.[360]

Wenn dies schon in ständiger Rechtsprechung für die gesamte Berechnungsmethode festgestellt wurde, gilt dies erst recht für die Änderung hinsichtlich eines mildernden Umstandes und dessen Gewichtung.

g) Zwischenergebnis

Die Kommission und auch das EuG stützten ihre ablehnende Haltung in der Berücksichtigung der Compliance Defence auf die notwendige Effektivität der Geldbußen. Danach muss es der Kommission möglich sein, Geldbußen und deren Zusammensetzung jederzeit im Rahmen ihres weiten Ermessens aufs Neue festlegen zu können, sodass deren Sanktionswirkung gewahrt ist.[361] Denn einer

---

359 *Thomas*, EuR 2009, 423, 430. Einen Ausnahme davon stellt EuGH v. 12.11.1987 – Rs. 344/85 *Ferriere San Carlo ./. Kommission*, Slg. 1987, 4435 dar. In der Sache ging es um ein Bußgeld nach Art. 58 EGKSV, welches einem Unternehmen wegen Überschreitung des für Lieferungen innerhalb des Gemeinsamen Marktes festgesetzten Anteils seiner Stahlerzeugungsquote auferlegt worden war. Die Kommission hatte bis zu diesem Fall nach ihrer Praxis dieses Verhalten nicht beanstandet, da sie eine gewisse Überschreitung stets geduldet hatte. Der EuGH befand daher, dass das Unternehmen vor einer Bußgeldverhängung hätte darauf hingewiesen werden müssen, dass die Kommission von ihrer früheren Entscheidungslinie abzurücken gedenke.

360 EuG v. 9.7.2003 – Rs. T-224/00 *Archer Daniels Midland ./. Kommission*, Slg. 2003 II-2597, Rn. 63.

361 Dazu EuG v. 5.4.2006 – Rs. T-279/02 *Degussa ./. Kommission*, Slg. 2006, II-897, Rn. 360: „Vielmehr ergibt sich aus einer ständigen Rechtsprechung, dass die Kommission dem Umstand Rechnung tragen darf, dass wettbewerbswidrige Praktiken der hier in Rede stehenden Art wegen des Gewinns, den eine Reihe der betroffenen Unternehmen daraus ziehen kann, immer noch verhältnismäßig häufig sind, obwohl ihre Rechtswidrigkeit von Beginn der gemeinschaftlichen Wettbewerbspolitik an feststand, und dass sie daher das Niveau der Geldbußen anheben kann, um deren abschreckende Wirkung zu verstärken (vgl. z. B. das oben in Randnr. 58 angeführte Urteil Musique diffusion française u. a./Kommission, Randnr. 108); (…)."

Geldbuße soll eine hinreichend abschreckende Wirkung zukommen und diese muss über den Einzelfall hinaus anhand der generalpräventiven Funktion des Bußgeldes auch anderen Unternehmen verdeutlicht werden.[362]

Die Verhängung eines Bußgeldes ist ein Mittel der Kommission, mit dem sichergestellt sein soll, dass die Unternehmen die unionsrechtlichen Wettbewerbsregeln befolgen. Damit wahrt die Kommission die Einhaltung eines legitimen Ziels.[363] Um eine effektive Durchsetzung des unionsrechtlichen Wettbewerbsrechts zu gewährleisten, kann die Kommission sowohl das Bußgeldniveau, aber auch die zu berücksichtigen Faktoren jederzeit (im Rahmen von Art. 23 VO 1/2003) verändern.[364] Die Tatsache, dass sich für ein bestimmtes Verhalten in vorangegangenen Verfahren eine bestimmte Bußgeldhöhe unter Berücksichtigung bestimmter Gründe herausgebildet haben, kann die Kommission nicht daran hindern, von dieser im Rahmen der Kartellverfahrensverordnung jederzeit (unangekündigt)[365] abzuweichen, um sie den Erfordernissen ihrer Politik anzupassen.[366]

Zudem ergibt sich aus ständiger Rechtsprechung, dass ein Unternehmen nicht auf die Fortsetzung einer Entscheidungspraxis vertrauen darf, die die Kommission im Rahmen ihres Ermessens ändern kann.[367] Das weit reichende Ermessen

---

362 Es geht dabei um die Lehre der „optimalen Abschreckung", also um das adäquate Strafmaß auf Grundlage des kartellbedingten Mehrgewinns und der Entdeckungswahrscheinlichkeit des Kartells. Dies habe regelmäßig einen Betrag von 150 % des Jahresumsatzes mit den betroffenen Gütern zur Folge, vgl. dazu und m.w.N. *Heinemann*, FS v. Büren (2009), S. 597, 610.

363 EuG v. 5.4.2006 – Rs. T-279/02 *Degussa ./. Kommission*, Slg. 2006, II-897, Rn. 316.

364 EuG v. 5.4.2006 – Rs. T-279/02 *Degussa ./. Kommission*, Slg. 2006, II-897, Rn. 316.

365 EuGH v. 7.6.1983 – verb. Rs. 100–103/880 – *Musique Diffusion Francaise*, Slg. 1983, 1825.

366 EuGH v. 7.6.1983 – verb. Rs. 100–103/880 – *Musique Diffusion Francaise*, Slg. 1983, 1825 Rn. 109; EuG v. 10.3.1992 – Rs. T-12/89 *Solvay ./. Kommission*, Slg. 1992, II-907, Rn. 309; EuG v. 14.5.1998 – Rs. T-304/94 *Europa Carton ./. Kommission*, Slg. 1998, II-869, Rn. 89; EuG v. 26.4.2007 – verb. Rs. T-109/02, T-118/02, T-122/02, T-125/02, T-126/02, T-128/02, T-129/02, T-132/02 und T-136/02 *Bolloré ./. Kommission*, Slg. 2007, II-947, Rn. 376: „In Bezug auf die bisherige Entscheidungspraxis ist daran zu erinnern, dass nach gefestigter Rechtsprechung die Tatsache, dass die Kommission für bestimmte Arten von Zuwiderhandlungen in der Vergangenheit Geldbußen in bestimmter Höhe verhängt hat, ihr nicht die Möglichkeit nehmen kann, die Geldbußen in den Grenzen der Verordnung Nr. 17 zu erhöhen, wenn dies erforderlich ist, um die Durchführung der gemeinschaftlichen Wettbewerbspolitik sicherzustellen."

367 EuG v. 26.4.2007 – verb. Rs. T-109/02, T-118/02, T-122/02, T-125/02, T-126/02, T-128/02, T-129/02, T-132/02 und T-136/02 *Bolloré ./. Kommission*, Slg. 2007, II-947,

der Kommission bei der Festsetzung des Bußgeldes begründet einen umfangreichen Handlungsspielraum, in dem das Bußgeld ein Werkzeug der Wettbewerbspolitik ist.[368] Um dieses Werkzeug nicht abstumpfen zu lassen, bedarf es einer stetigen Flexibilität, wenn Kartellverstöße aufgedeckt und geahndet werden sollen.[369] Es soll gerade kein berechenbarer Katalog entstehen. Der Kommission und dem EuG ist auch insoweit zuzustimmen, dass das mit dem Kartellverbot verfolgte Ziel allzu leicht umgangen werden könnte, wenn die Obergesellschaft ihre Verantwortung für den Kartellverstoß der Tochter damit abwenden könnte, dass sie konzernweit auf die Rechtswidrigkeit von Kartellabsprachen hingewiesen habe.[370]

Nachdem die Entscheidungspraxis der Kommission und des EuG in den letzten Jahrzehnten zu der Frage der Compliance Defence aufgezeigt wurde, müssen sich sowohl beide Organe aber auch die an den Verfahren beteiligten Unternehmen bestimmte Einwände gefallen lassen. Für letztere zählt dazu, dass es ihnen nicht gelungen ist, die Kommission und das EuG von der Wertigkeit und dem Nutzen eines effektiven Compliance-Programms zu überzeugen, indem es versäumt wurde, diesem Punkt eine besondere Aufmerksamkeit zu verleihen. So tragen die Unternehmen in vielen Fällen nur vereinzelt etwas zur Compliance Defence vor und häufig erschöpft sich der Vortrag in einem pauschalen Verweis auf das Bestehen oder die Einführung eines Compliance-Programms. Es hat den Anschein der formalen Ausschöpfung aller Rechtsgründe ohne ernsthaftes Interesse, diesen Punkt zu vertiefen.[371] Die Bedeutung, Reichweite und der Umfang von Compliance sowie die damit verbundene Kultur innerhalb des Unternehmens finden sich zumindest in den Entscheidungen nicht wieder.[372]

Rn. 377; EuGH v. 15.7.1982 – Rs. 245/81 *Edeka ./. Deutschland,* Slg. 1982, 2745, Rn. 27; EuGH v. 14.2. 1990 – Rs. C-350/88 *Delacre u. a. ./. Kommission*, Slg. 1990, I-395, Rn. 33.

368 *Schwarze*, EuZW 2003, 261, 267 sieht darin eine „Ambivalenz"; *Soyez*, EuZW 2007, 596, 596.

369 *Schwarze*, EuZW 2003, 261, 267; *Sünner*, EuZW 2007, 8, 10.

370 *Italianer*, SPEECH, Recent developments regarding the Commission's cartel enforcement, Studienvereinigung Kartellrecht Conference 14 March 2012, Brussels, S. 5.

371 Beispielhaft Kommission v. 14.9.2005 – 38.337 *Garne*, C(2005) 3452 und C(2005) 3765, Rn. 373, wonach nur zwei von zehn Unternehmen die Compliance Defence vortragen und sodann auf das Bestehen eines „Programms zur Einhaltung des Kartellrechts" verweisen, ohne dies zu präzisieren. Zwei von dreizehn Unternehmen sind es im Fall Kommission v. 13.9.2006 – 38.456 *Bitumen NL*, C(2006) 4090 final.

372 So auch *Karbaum*, Kartellrechtliche Compliance, S. 364.

Die aufgezeigte Praxis belegt aber auch deutlich, dass die Frage der Compliance Defence in den Entscheidungen der Kommission und Urteilen des EuG eine äußerst rudimentäre Rolle einnimmt.[373] Freilich bedarf es zur Begründung einer gefestigten Praxis keines bestimmten Umfangs. Doch in den zum Teil mehrere hundert Randnummern und Seiten langen Entscheidungen und Urteilen macht die Erörterung der Frage auch in den zuvor genannten Präzedenzfällen, auf die später zuweilen verwiesen wird, nicht mehr als maximal eine Handvoll Randnummern, manchmal auch nur eine,[374] aus.[375] Häufig hat die Compliance Defence nicht einmal einen eigenen Gliederungspunkt,[376] geschweige denn wird sie in der Zusammenfassung der Entscheidung, die im Amtsblatt veröffentlicht ist, genannt.[377]

Auch wenn weder die Kommission noch das EuG eine Compliance Defence bußgeldmindernd berücksichtigen wollen, sollten klarere Regelungen dazu getroffen werden. Wünschenswert wäre in diesen Zusammenhang ein Urteil des EuG oder EuGH, das nicht geprägt von außergewöhnlichen Umständen des Einzelfalls grundlegende Voraussetzungen und Erwägungen dafür oder dagegen aufstellt. Bisher ist zu der Frage überhaupt keine Kommissionsentscheidung oder Entscheidung des EuG ergangen, die sich zentral und in sachgerechtem Umfang der Bedeutung des Themas angemessen mit dem Für und Wider beschäftigt. So ist die bisherige Praxis wenig differenziert und unterscheidet z.B.

---

373 So auch *Karbaum*, Kartellrechtliche Compliance, S. 364; *Voet van Vormizeele*, CCZ 2009, 41, 44 spricht von „lapidarer" Begründung. Ebenso *Moosmayer*, wistra 2007, 91, 94 „lapidar und ohne Auseinandersetzung mit der bisherigen Entscheidungspraxis".

374 Kommission v. 13.9.2006 – 38.456 *Bitumen NL*, C(2006) 4090 final, Rn. 371.

375 In EuG v. 29.4.2004 – verb. Rs. T-236/01, T-239/01, T-244/01 bis T-246/01, T-251/01 und T-252/01 *Tokai Carbon ./. Kommission*, Slg. 2004, II-1181 sind es zwei von 489 Rn. Nach Kommission v. 14.9.2005 – 38.337 *Garne*, C(2005) 3452 und C(2005) 3765 machen Vortrag, Erwiderung und Begründung des Compliance-Programms bei insg. 464 Rn. nur drei Rn. aus.

376 Kommission v. 13.9.2006 – 38.456 *Bitumen NL*, C(2006) 4090 final „4.2.5. Effective co-operation outside the Leniency Notice"; Kommission v. 31.5.2006 – 38.645 *Methacrylate*, C(2006) 2098 final „9.2.4. Introduction of a compliance programme"; Kommission v. 21.2.2007 – 38.823 *Aufzüge und Rolltreppen*, C(2007) 512 final „13.7.2.8. Disciplinary measures and Compliance Programmes"; Kommission v 3.12.2003 – 2004/420/EG (38.359) *Elektrotechnische und mechanische Kohlenstoff- und Graphitprodukte*, K(2003) 4457 „Einführung eines Programms zur Einhaltung des Wettbewerbsrechts"; Kommission v. 16.12.2003 – 2004/421/EG (38.240) *Industrierohre*, K(2003) 4820 „Programm zur Einhaltung des Kartellrechts".

377 Vgl. z.B. Kommission v 3.12.2003 – 2004/420/EG (38.359) *Elektrotechnische und mechanische Kohlenstoff- und Graphitprodukte*, K(2003) 4457.

nicht nach der Art des Kartellverstoßes. So waren Gegenstand der neueren Verfahren seit 2001 durchweg horizontale Hardcore-Kartellverstöße, die zum Teil den gesamten europäischen Wirtschaftsraum betrafen und an denen Teile der höchsten Leitungsebene beteiligt waren. Diese extremen Voraussetzungen, worunter auch ein Verhalten zu verstehen ist, das die Arbeit der Kommission behindert oder trotz Aufnahme der Ermittlungen der Kartellverstoß (zum Teil noch ein Jahr) fortgesetzt wird, bilden jedoch im Zeitalter von Compliance, Leniency- und Settlement-Verfahren wohl eher einen Ausnahme- als den Regelfall.[378] Ein statischer Verweis auf diese Urteile, die selbst von Besonderheiten des Einzelfalls ausgehen oder durch hochgradig kriminelles Verhalten geprägt sind, stellt jedenfalls keine überzeugende Grundlage dar, eine Compliance Defence per se nicht anzuerkennen.

Auch die jüngst ergangene Entscheidung des EuGH in Sachen Schindler kann die Bewertung nicht erschüttern. Wenngleich dort[379] das Unternehmen an zwei (von 13) Stellen den Versuch unternimmt, mit einem Vortrag zu seinen Compliance-Maßnahmen einen Bußgelderlass oder Reduzierung zu erlangen, so liegt auch hier insofern eine Besonderheit vor, die nicht einem „state of the art" Compliance-Programm entspricht. Auch der Vortrag der Rechtsmittelführerin zur Effektivität („funktionierendes Compliance-Programm") der Compliance erschöpfe sich in einem „lapidaren"[380] Hinweis. Mit dem siebten und elften Rechtsmittelgrund trägt Schindler vor, der Verstoß gegen das konzerweite Compliance-Programm zeige, dass die gegen das Kartellverbot handelnde Gesellschaft nicht vollständig kontrolliert werde (siebter Rechtsmittelgrund), sodass eine Haftung auszuschließen sei[381] bzw. seien die Compliance-Maßnahmen als milderner Umstand im Sinne der Leitlienien zu berücksichtigen (elfter Rechtmittelgrund).[382] Hinsichtlich des ersten Rechtsmittelgrundes erwidert der EuGH, dass ein bestehendes Compliance-Programm nichts an der begangenen Zuwiderhandlung als

378 So auch *Geradin*, Journal of Antitrust Enforcement, Vol. 1, No. 2, S. 325, 333.

379 EuGH v. 18.7.2013 – Rs. C-501/11 P *Schindler Holding u.a. ./. Kommission*, noch nicht in Slg., Rn. 90 ff.; 139 ff.

380 Schlussanträge GA Kokott v. 18.4.2013 – Rs. C-501/11 P *Schindler Holding u.a. ./. Kommission*, noch nicht in Slg. Rn. 97. Vgl. später Rn. 185 a. E. : „Es wäre widersinnig, ein Unternehmen für ein derartiges, offensichtlich untaugliches Compliance-Programm auch noch mit einer milderen Geldbuße zu belohnen."

381 EuGH v. 18.7.2013 – Rs. C-501/11 P *Schindler Holding u.a. ./. Kommission*, noch nicht in Slg., Rn. 90 ff.

382 EuGH v. 18.7.2013 – Rs. C-501/11 P *Schindler Holding u.a. ./. Kommission*, noch nicht in Slg., Rn. 139 ff.

solche ändere und Schindler damit auch nicht den Nachweis erbracht habe, dass die Tochtergesellschaft ihre Unternehmenspolitik eigenständig bestimme.[383] In seiner Erwiderung zu dem elften Rechtsmittelgrund, der Compliance Defence im Rahmen des mildernden Umstandes nach den Bußgeldleitlinien, kommt das Gericht zu dem Schluss, dass das Compliance-Programm von Schindler so ausgestaltet war, dass es die Aufeckung des Verstoßes sogar erschwert hat.[384]

Eine solche gesicherte Grundlage oder gar umfassende Behandlung des Themas können ebenfalls nicht die Aufklärungsmaßnahmen der Kommission zu Compliance, insbesondere nicht ihre im November 2011 veröffentlichte Broschüre „Compliance Matters“ darbieten.[385] Zwar bringt die Kommission deutlich zum Ausdruck, dass sie eine Compliance Defence im Bußgeldverfahren weiterhin nicht anerkenne.[386] Das liegt zum einen daran, dass diese Maßnahmen – Broschüre und Webauftritt – keine verbindliche Regelungsform aufweisen. Die Behörden teilen letztlich ihre Expertise zu dem Thema mit. Zum anderen genügen sie in erster Linie dem erklärten Zweck, KMU mit Guidance über Kartellverstöße und Compliance zur Seite zu stehen.[387] Schließlich ist Aufklärung in dem Zusammenhang nicht gleich mit rechtlicher Bewertung gleichzuseten.[388]

---

383 EuGH v. 18.7.2013 – Rs. C-501/11 P *Schindler Holding u.a. ./. Kommission*, noch nicht in Slg., Rn. 113.

384 EuGH v. 18.7.2013 – Rs. C-501/11 P *Schindler Holding u.a. ./. Kommission*, noch nicht in Slg., Rn. 144.

385 Zu diesen Maßnahmen zählte ebenfalls der Webauftritt der Kommission zum Thema Compliance mit weiteren Hinweisen und Informationen, http://ec.europa.eu/competition/antitrust/compliance/index_en.html. An derselben Stelle kann ebenfalls die zuvor genannte Broschüre abgerufen werden. Vgl. *Jalabert-Doury*, JECL&Pract 2012 (3), 260 f.

386 Kommission, Compliance Matters, 4.6 S. 22: „If a company which has put a compliance programme in place is nevertheless found to have committed an infringement of EU competition rules, the question of whether there is any positive impact on the level of fines frequently arises. The answer is: No.“ Vgl. auch *Jalabert-Doury*, JECL&Pract 2012 (3), 260 f.

387 So das erklärte Ziel von *Almunia*, Compliance Matters, Foreword: „I hope this brochure will assist all companies, and in particular small and medium-sized companies, to understand better what the stakes are and how they can prevent their staff from crossing the line.“ Die Kommission unterscheidet innerhalb ihres Leitfadens aber gerade nicht zwischen den unterschiedlichen Bedürfnissen großer und KM-Unternehmen, wie es etwa das australische Recht vorsieht, *Hauschka*, in: ders., Corporate Compliance, § 1 Rn. 46.

388 *Baron/Seeliger*, Compliance-Berater 2013, 345, 346 sprechen auch von „moralischer Unterstützung“ der Kommission gegenüber den Unternehmen.

Es kann ferner nicht sachgerecht sein, die Ablehnung der Compliance Defence mit Urteilen aus den 1980er und 1990er Jahren zu begründen, also einem Zeitraum, in dem Compliance außerhalb der USA noch eine sehr geringe bis keinerlei Bedeutung hatte. Zudem geht eine Begründung, gestützt auf jene in den zuvor genannten Jahrzehnten ergangene Entscheidung an der Rechtstatsächlichkeit der heutigen Unternehmensstrukturen vorbei und lässt dabei auch den derzeitigen Grad der Compliance-Forschung und den Umfang der Maßnahmen sowie die dadurch gewonnene Integrität der Mitarbeiter gänzlich unberücksichtigt. Das paradoxe an der Wandelung der Entscheidungspraxis ist, dass Compliance-Programme der Unternehmen zu einem Zeitpunkt mildernd berücksichtigt wurden, als der Umfang der Programme und der Forschungsgrad zu Compliance noch „in den Kinderschuhen" steckten. Je weiter aber die Anstrengungen der Unternehmen gingen und der Forschungsgrad voranschritt, desto geringer wurden die Chancen, dass Compliance-Programme in Bußgeldverfahren von der Kommission berücksichtigt würden. Im Übrigen stieg im selben Zeitraum auch das Bußgeldniveau erheblich an.

Ferner entsteht nicht der Eindruck, dass sich die Kommission und das EuG ernsthaft mit dem Inhalt der einzelnen Maßnahmen und ihrer Tauglichkeit zur Sicherung der (spezial- und generalpräventiven) Zwecke des Bußgeldes auseinandergesetzt haben. Sicherlich sind Maßnahmen äußerst verschieden und individuell auf das jeweilige Unternehmen zugeschnitten, doch bemüht sich die Kommission ausweislich der Textstellen in den veröffentlichten Entscheidungen nicht einmal im Ansatz darum, diese nachzuvollziehen oder vergleichbare Indikatoren und Maßstäbe zu bilden.[389] Im Gegenteil in vielen Entscheidungen wird keine (überzeugende) Begründung für die ablehnende Haltung angeführt oder es wird auf die Umstände und Besonderheiten des Einzelfalls verwiesen. In keiner der Entscheidungen wird eine echte Forensik betrieben, ein Rechtsvergleich (z.B. zu den Regelungen der Mitgliedstaaten oder USA) oder der Versuch unternommen, bestimmte Voraussetzungen aufzustellen, wie dies noch zuvor z.B. im Fall *National Panasonic* geschah.

389 In dem Fall Kommission v. 3.12.2003 – 2004/420/EG (38.359) *Elektrotechnische und mechanische Kohlenstoff- und Graphitprodukte*, K(2003) 4457, Rn. 313 erschöpft sich die Feststellung darin, dass die Kommission die Maßnahmen für „nicht angebracht" halte.

E) Status Quo – Die Bußgeldpraxis im nationalen Recht

Weder Bundeskartellamt noch Rechtsprechung haben sich bisher in der Rechtspraxis ausdrücklich zu der Frage der Berücksichtigung von Compliance-Programmen geäußert.[390] In seinem Tätigkeitsbericht 2011/2012 betont das Bundeskartellamt jedoch die Bedeutung der Inhalte – insbesondere bei hardcore Kartellverstößen – die durch Compliance vermittelt werden. Bezüglich einer Bußgeldreduzierung merkt das Bundeskartellamt jedoch an

> „Compliance (kann) – je nach Ausgestaltung und praktischer Durchführung – die Haftung der Konzern- bzw. Unternehmensleitung wegen Aufsichtspflichtverletzung nach § 130 OWiG vermeiden. Eine darüber hinausgehende Berücksichtigung von Compliance-Bemühungen bei der Bußgeldbemessung ist hingegen nicht geboten und würde zudem durch die Gefahr der Belohnung ineffektiver und materiell nicht wirksamer Programme falsche Anreize setzen."[391]

Zu einigen Elementen eines Compliance-Programms haben sowohl Bundeskartellamt als auch Rechtsprechung im Rahmen der Anwendung von § 130 OWiG und der Feststellung von Art und Umfang der Aufsichtspflichtverletzung Stellung bezogen.

Was die Haltung des Bundeskartellamts angeht, so lässt sich anhand der Veröffentlichung und Vortragspräsentationen einiger Mitarbeiter entnehmen, dass es nicht gewillt ist, ein Compliance-Programm bugeldmindernd oder gar bußgeldausschließend zu berücksichtigen.[392]

Bei der judikativen Gewalt zeichnet sich ein etwas anderes Bild ab: Das Kammergericht hat in zwei Entscheidungen Compliance-Maßnahmen – vielmehr deren Vorboten – mildernd berücksichtigt.[393] In einer Entscheidung aus dem Jahre 1990 betont das Gericht, dass es bei der Bemessung des Bußgeldes berücksichtigt, dass das Unternehmen „organisatorische Maßnahmen getroffen hat, um derartige Handlungen (= horizontale Preisabsprachen) in ihrem

---

390 So auch *Krebs/Eufinger/Jung*, CCZ 2011, 213, 214; *Grützner/Leisch*, DB 2012, 787, 791. Allerdings verweisen *Rübenstahl/Skoupil*, wistra 2013, 209, 215 Fn. 60 auf eine Entscheidung des LG Stade, die aber vom OLG Celle aufgehoben wurde.

391 Tätigkeitsbericht 2011/2012, BT-Drs. 17/13675, S. 32.

392 Vgl. Tätigkeitsbericht 2011/2012, BT-Drs. 17/13675, S. 32; MünchKommGWB/*Vollmer*, § 81 Rn. 90, 94; *Pampel*, BB 2007, 1636 ff.; so auch die telefonische Auskunft von Dr. Peter Gussone nach *Krebs/Eufinger/Jung*, CCZ 2011, 213, 213 Fn. 13. Für eine Berücksichtigung (ohne Begründung) sprechen sich aus *Dannecker/Biermann*, in: Immenga/Mestmäcker, § 81 Rn. 379.

393 KG, WuW/E OLG 4572, 4574; KG, WuW/E OLG 1394, 1399.

Unternehmen künftig zu unterbinden".[394] Allerdings erschöpft sich in dieser Stelle bereits die Behandlung des Problems und einen allgemeinen Grundsatz für die Berücksichtigung der Compliance Defence daraus abzuleiten, ist nicht erkennbar. Insbesondere war diese Stelle gewissermaßen beiläufig genannt, denn es ging vordergründig um die Schätzung des Steueranteils am Mehrerlös. Es kann deshalb sogar gemutmaßt werden, dass das Gericht, hätte es die später in der Literatur vertretenen Anknüpfungen für die Berücksichtigung von der Compliance Defence vorausgesehen, diesen Passus gestrichen hätte.

Anfang 2011 hat sich der 1. Vorsitzende des Kartellsenats des OLG Düsseldorf, Jürgen Kühnen, in einem Interview und im Wissen um die Veröffentlichung positiv zur bußgeldmindernden Berücksichtigung von Compliance geäußert.[395] Man mag dem Umstand nicht viel beimessen; es handelt sich um keine (rechtskräftige) konkrete Entscheidung des Senats, ja nicht einmal um eine Veröffentlichung oder einen Vortrag, doch ist ihr Informationsgehalt und die darin enthaltene positive Grundstimmung gegenüber der Compliance Defence nicht von der Hand zu weisen.

Wenngleich sich Rechtsprechung und Bundeskartellamt nicht ausdrücklich zu den Vorgaben an ein effektives (kartellrechtliches) Compliance-Programm geäußert haben,[396] besteht doch ihrerseits eine mehr bzw. weniger umfangreiche Praxis mit konkreten Vorgaben zur Aufsichtspflicht nach § 130 OWiG. Diese Vorgaben stellen einen ersten Hinweis für die Ausarbeitung eines Maßnahmenkatalogs dar. Im Folgenden werden daher kurz die Grundsätze des Bundeskartellamts und der Rechtsprechung zu Art und Umfang der Aufsichtspflicht nach § 130 OWiG nachgezeichnet, die in jedem Fall von einem Compliance-Programm umfasst sein müssten.

I. Praxis des Bundeskartellamts

Vorab sei gesagt, dass die Untersuchung der Praxis des Bundeskartellamts zu der Frage der Berücksichtigung von Compliance-Programmen im Bußgeldverfahren nicht sehr ergebnisreich ist. Es sind nur wenige Entscheidungen veröffentlicht, die sich zu einigen Elemente eines Compliance-Programms äußern, doch sind die Vorgaben, aus den Entscheidungen des Bundeskartellamts auf die Art

394 KG, WuW/E OLG 4572, 4574.

395 *Krebs/Eufinger/Jung*, CCZ 2011, 213, 214.

396 Mit Spannung dürfte aber die Entscheidung des Urteils des LG München I v. 10.12.2013 Az. 5HK O 1387/10 zu erwarten sein.

und Umfang der Aufsichtspflichtverletzung aus § 130 OWiG bezogen. In keiner Entscheidung fällt ausdrücklich der Begriff Compliance.

Unter diesen wenigen findet sich eine Entscheidung, die besagt, dass ein Unternehmen seine mit der Preissetzung betrauten Mitarbeiter über die einschlägigen kartellrechtlichen Vorschriften zu belehren und deren Einhaltung zu kontrollieren habe.[397] Um einem Verstoß aus § 20 Abs. 4 GWB vorzubeugen, kann dazugehören, dass die Mitarbeiter, die mit der Berechnung und Kommunikation der Einstandspreise betraut sind, wiederum die Personen effektiv überwachen, die für die Preisfestsetzung vor Ort verantwortlich sind. Dies kann umso bedeutender werden, je größer die Preise beworben wurden.[398]

Das Bundeskartellamt zählt zu dem Pflichtenkreis von § 130 OWiG neben der Bestellung einer Aufsichtsperson auch die Überwachung dieser durch eine weitere Aufsichts- oder Oberaufsichtsperson. Trotz Delegationsmöglichkeit verbleibe diese Pflicht zur Oberaufsicht in Form von „überraschenden Stichproben" beim Betriebsinhaber.[399]

II. Rechtsprechungspraxis

Auch die Auswertung der Rechtsprechung zu dem Thema ist nicht allzu ergiebig. Ebenso wenig wie in den Entscheidungen des Bundeskartellamts wird auch von der Rechtsprechung die Frage der Compliance Defence weder ausdrücklich aufgeworfen noch irgendwie beantwortet. Es finden sich zwar deutlich mehr Hinweise und Vorgaben, doch werden die konkreten Anforderungen an die Aufsichtspflichtverletzung im Rahmen von § 130 OWiG erläutert. Wenn auch der Umfang dieser Pflicht im Umfang hinter dem eines ganzheitlichen Compliance-Programms zurückbleibt, sind doch in jedem effektiven Compliance-Programm die (wenigen) geltenden Vorgaben aus Entscheidungs- und Spruchpraxis zu berücksichtigen. Auch das Bundeskartellamt erachtet die Grundsätze zum Umfang der Aufsichtspflichtverletzung als durch Rechtsprechung „hinreichend geklärt" an.[400]

Grundsätzlich geht die Rechtsprechung davon aus, dass Maßnahmen vor allem immer dann geboten seien, wenn sie eine hohe Wahrscheinlichkeit dafür bieten und erfahrungsgemäß dazu führen, einen Verstoß zu unterbinden.[401]

397 BKartA v. 8.8.2001, B9 – 52612 – P – 120/00, S. 17 zur Aufsichtspflichtverletzung gegenüber Franchisebetrieben; BKartA v. 17.3.2003, B9 – 9/03, S. 25.

398 BKartA v. 17.3.2003, B9 – 9/03, S. 25.

399 BKartA v. 17.3.2003, B9 – 9/03, S. 26 f.

400 BKartA v. 17.3.2003, B9 – 9/03, S. 26.

401 BGH, WuW/E BGH 2262, 2265; OLG Düsseldorf, WuW/E DE-R, 1893: „Aufsichtsmaßnahmen, von denen keinerlei Verhaltensbeeinflussung ausgehen kann,

Von welcher Art und welchen Umfangs diese Maßnahmen sind, hängt wiederum von den „konkreten Umständen des Einzelfalls ab.“[402] Es gilt aber der Grundsatz, dass die Pflicht umso geringer ist, je höher der Mitarbeiter qualifiziert ist, wenngleich auf eine Belehrung des Mitarbeiters über die einschlägigen Rechtsnormen nicht deshalb unterbleiben darf, weil dieser sie kennt.[403] Die Aufsichtspflicht soll grundsätzlich die Beachtung der bestehenden Gebote und Verbote gewährleisten und aller Voraussicht nach die betriebsbezogenen Pflichten einhalten.[404] Die Anforderungen an die Erfüllung der Pflicht können aber mit Zunahme des Schwierigkeitsgrads der rechtlichen Anforderungen steigen und ebenso zunehmen, wenn bereits in der Vergangenheit ein Verstoß begangen wurde.[405] Die Anforderungen an den Umfang der Aufsichtsmaßnahmen sollen umso höher sein,

> „je öfter sich im Bereich (des) Unternehmens Mitarbeiter dem Vorwurf der Beteiligung an (Zuwiderhandlugen) ausgesetzt sehen.“[406]

§ 130 Abs. 1 OWiG lässt es genügen, dass durch die gehörige Aufsicht die Zuwiderhandlung wesentlich erschwert worden wäre.[407] Dabei ist der Betriebsinhaber verpflichtet, die ihm zur Verfügung stehenden Möglichkeiten der Risikoverringerung auch zu nutzen. Er darf nichts unversucht lassen, um erkannten oder erkennbaren Zuwiderhandlungsgefahren entgegenzuwirken. Bleibt er gegenüber derartigen Gefahren untätig und kommt es demnach zu einer konkreten Zuwiderhandlung, so erweist sich diese als Realisierung des nicht bekämpften Gefahrenkomplexes.

„Nicht im Ansatz ausreichend“ sei es, wenn z.B. bereits in „naher Vergangenheit“ kartellrechtliche Zuwiderhandlungen durch Mitarbeiter des Vertriebs begangen wurden und die sich daran anschließenden Aufsichtsmaßnahmen des Unternehmens in der

> „bloßen einmaligen Bekanntgabe eines Merkblatts über kartellrechtlich korrektes Verhalten“ erschöpfen.“[408]

---

sind von vornherein als untauglich anzusehen.“ OLG Düsseldorf, WuW/E DE-R, 1733.

402 OLG Frankfurt v. 21.9.1992 – 6 Ws (Kart) 12/91 = NJW-RR 1993, 231 Rn. 12; OLG Düsseldorf, WuW/E DE-R, 1893.

403 Für den Fall der spezifische kartellrechtlichen Belehrung OLG Düsseldorf, WuW/E DE-R, 1893.

404 OLG Düsseldorf, WuW/E DE-R, 1893.

405 OLG Düsseldorf, WuW/E DE-R, 1893; OLG Düsseldorf, WuW/E DE-R, 1733.

406 OLG Frankfurt v. 21.9.1992 – 6 Ws (Kart) 12/91 = NJW-RR 1993, 231, Rn. 15.

407 OLG Köln v. 29.1.2010 – III-1 RBs 24/10 Rn. 11.

408 OLG Düsseldorf, WuW/E DE-R, 1733.

Ebenso wenig genügt anlässlich der Verleihung der Prokura der

> „allgemein erteilte Hinweis, man erwarte (vom Prokuristen), dass er sich im Rahmen der gesetzlichen Bestimmungen bewege."[409]

Dieser allgemeine Hinweis sei nicht geeignet, zu verdeutlichen, welche Situationen und Gesprächsinhalte mit Mitbewerbern bereits kartellrechtlich bedenklich sein können und ein Bewusstsein für die besondere Kartellanfälligkeit der (homogenen) (Zement-)Branche zu schaffen.[410]

1. Verbindliche Maßnahmen

Zu den erforderlichen Aufsichtsmaßnahmen gehören insbesondere die sorgfältige Auswahl der Mitarbeiter und gegebenenfalls die Bestellung von Aufsichtspersonen, sachgerechte Instruktion und Aufgabenverteilung, Aufklärung, Belehrung und Überwachung der Mitarbeiter.[411] Der Betriebsinhaber erfüllt seine gesetzlichen Pflichten nur dann,

> „wenn er die von ihm nicht wahrnehmbaren Aufsichtsmaßnahmen lückenlos verteilt und den Aufsichtspersonen den Inhalt ihrer Pflichten genau mitteilt."[412]

Ein Organisationsmangel im Sinne des § 130 OWiG liegt auch trotz Bestellung eines Aufsichtspflichtigen vor,

> „wenn dieser erkennbar überfordert ist, die Einhaltung der gesetzlichen Bestimmungen, auf die sich die ihm übertragenen Aufsichtspflichten erstrecken, ausreichend zu beachten."[413]

Hingegen hat der Betriebsinhaber seiner Aufsichtspflicht genüge getan, wenn er

> „durch Rundschreiben und Vorträge auf Tagungen in regelmäßigen Abständen über das Verbot von Kartellabsprachen belehrt" hat.[414]

---

409 OLG Düsseldorf, WuW/E DE-R, 1893: „Der gesteigerten Gefahr von Kartellrechtsverstößen kann nicht durch die allgemeine Belehrung über eine bloße Selbstverständlichkeit begegnet werden."

410 OLG Düsseldorf, WuW/E DE-R, 1893.

411 OLG Düsseldorf, WuW/E DE-R, 1893; WuW/E DE-R, 1733.

412 KG v. 26.8.1997 – 2 Ss 182/97 - 5 Ws (B) 424/97, 2 Ss 182/97, 5 Ws (B) 424/97.

413 KG v. 26.8.1997 – 2 Ss 182/97 - 5 Ws (B) 424/97, 2 Ss 182/97, 5 Ws (B) 424/97 m.w.N.

414 OLG Frankfurt v. 21.9.1992 – 6 Ws (Kart) 12/91 = NJW-RR 1993, 231, Rn. 3 mit Verweis auf BGH, WuW/E BGH 2329.

Die Einhaltung des Rechts hat der Betriebsinhaber durch „stichprobenartige, überraschende Kontrolle der Mitarbeiter" sicherzustellen.[415]

Der Aufsichtspflicht genügt hat auch eine

> „dem Vorstand unterstellte technischkaufmännische Prüfgruppe, (die) in allen Niederlassungen mindestens zweimal jährlich stichprobenartige Kontrollen durchführen (lässt), um etwaige Kartellabsprachen aufzudecken."[416]

2. *Grenzen der Maßnahmen*

Der Umfang der Aufsichtsmaßnahmen von § 130 OWiG findet seine Grenzen in der fehlenden objektiven Erforderlichkeit und Zumutbarkeit der Maßnahmen.[417]

Der BGH hat für den Pflichtenumfang von § 130 OWiG festgestellt, dass es

> „weder möglich noch notwendig (ist), betriebliche Aufsichtsmaßnahmen so zu gestalten, daß sie alle vorsätzlichen Verstöße gegen betriebliche Pflichten verhindern."[418]

In dieser Entscheidung betont der BGH, dass „von starkem Misstrauen geprägte Maßnahmen" nicht nur den Betriebsfrieden stören, sondern auch die Würde des Mitarbeiters verletzen können.[419] In diese Richtung argumentiert auch das OLG Frankfurt:

> „Ob die getroffenen Aufsichtsmaßnahmen beim Betroffenen (...) tatsächlich zum gewünschten Erfolg geführt haben, dürfte für die allein entscheidende Frage, ob diese Maßnahmen unter gewöhnlichen Umständen nach Art und Umfang ausreichend waren, ohne Bedeutung sein. Allein der Umstand, daß Betriebsangehörige Zuwiderhandlungen begehen, ist jedenfalls kein ausreichendes Indiz für die Unzulänglichkeit der ergriffenen Aufsichtsmaßnahmen."[420]

Ebenso geht die Anfertigung von Aktenvermerken über jeden geschäftlichen Kontakt über das gesetzlich geforderte Maß hinaus.[421]

---

415 BGH, WuW/E BGH 2202; OLG Düsseldorf, WuW/E DE-R, 1733.

416 OLG Frankfurt v. 21.9.1992 – 6 Ws (Kart) 12/91 = NJW-RR 1993, 231, Rn. 3 mit Verweis auf BGH, WuW/E BGH 2329.

417 OLG Düsseldorf, WuW/E DE-R, 1893; WuW/E DE-R, 1733. Im Rahmen der Erforderlichkeit gilt der Grundsatz des mildesten Mittels, vgl. KarlsruherKommentar-*Rogall*, § 130 Rn. 48; *Adam*, wistra 2003, 285, 288.

418 BGH, WuW/E BGH 2262, 2265.

419 BGH, WuW/E BGH 2262, 2265.

420 OLG Frankfurt v. 21.9.1992 – 6 Ws (Kart) 12/91 = NJW-RR 1993, 231, Rn. 8 mit Verweis auf BGH, WuW/E BGH 2262, 2265.

421 BGH, WuW/E BGH 2262, 2264.

Auch hat das OLG Frankfurt[422] mit Verweis auf die Entscheidung „Revisionsabteilung" des BGH[423] befunden, dass der Aufsichtspflichtige nicht verpflichtet sei,

> „den Betriebsangehörigen für den Fall eines Kartellverstoßes „von vornherein" arbeitsrechtliche Sanktionen anzudrohen."

Damit hob es zugleich eine Entscheidung der Landeskartellbehörde auf, die diese Maßnahme noch zwingend vorsah.[424] Im selben Fall hat das OLG Frankfurt der Auffassung der Landeskartellbehörde einen Riegel vorgeschoben, die dem Betroffenen in ihrem Bußgeldbescheid vorgeworfen hatte,

> „daß Sanktionen, die gegen einzelne Mitarbeiter in der Vergangenheit verhängt worden sind, im Unternehmen nicht allgemein bekannt gemacht worden sind."

Solche Maßnahmen der „Prangerwirkung" seien auch in der Form eines anonymisierten Hinweises geeignet, den Betriebsfrieden zu stören und gehen über das gesetzlich geforderte Maß der Zumutbarkeit hinaus.[425]

Eine Aufsichtspflichtverletzung ist abzulehnen, wenn sich der Betriebsinhaber für sein Vorgehen auf die zuvor eingeholte Empfehlung einer spezialisierten Anwaltskanzlei verlässt und nach dieser entsprechend vorgeht.[426] Eine schuldhafte Aufsichtspflichtverletzung ist dann abzulehnen.

Zumutbar und erforderlich zugleich sind „regelmäßige Belehrungen und kontrollierende Nachfragen,"[427] nicht aber eine solche umfassende Beaufsichtigung über jede nur mögliche betriebliche Pflicht. Ihre Grenze findet die Aufsichtspflicht realistischerweise (im) Zumutbaren sowie (in der) Eigenverantwortung der Betriebsangehörigen.[428]

---

422 OLG Frankfurt v. 21.9.1992 – 6 Ws (Kart) 12/91 = NJW-RR 1993, 231, Rn. 6. In dieser Entscheidung wird auf die Meinung *Göhlers*, § 130 OWiG Rn. 13, 9. Aufl. verwiesen, der vertritt, dass die Pflicht, arbeitsrechtliche Sanktionen anzudrohen, allenfalls bei wiederholter Zuwiderhandlung entsteht.

423 BGH, WuW/E BGH 1799.

424 BGH, WuW/E BGH, 2543, 2545.

425 OLG Frankfurt v. 21.9.1992 – 6 Ws (Kart) 12/91 = NJW-RR 1993, 231, Rn. 7 mit Verweis auf BGH, WuW/E BGH 2262, 2264.

426 BGH v. 11.11.2008 – KRB 47/08 Rn. 13c mit Verweis auf BGHSt 21, 18, 22 f.

427 OLG Düsseldorf, WuW/E DE-R, 1893.

428 OLG Düsseldorf, WuW/E DE-R, 1893 mit Verweis auf BGH, wistra 1986, 222, 223.

F) Rechtsvergleichende Perspektive

Wenngleich weder im nationalen- noch im Unionsrecht eine Berücksichtigung der Compliance Defence von Seiten des Bundeskartellamtes, der Kommission aber auch der Gerichte stattfindet, ist die Situation in einigen ausländischen Rechtsordnungen anders. Immer mehr Rechtsordnungen, auch innerhalb der Union, erkennen zunehmend die Compliance Defence an.

Die ausländischen Behörden sind der Auffassung, mit Prävention durch Compliance-Programme eine umfassende Strategie der Kartellrechtsbekämpfung zu verfolgen.[429] Das Thema Compliance hat dort einen ganz anderen Stellenwert, was nicht zuletzt auf die teils umfangreichen Maßnahmen, sich als Kartellbehörde an dem Compliance-Prozess zu beteiligen und ihn zu verstehen, deutlich wird.[430] So werden insbesondere in den USA, Großbritannien, Kanada,[431], Australien,[432] Brasilien[433] sowie der Schweiz[434] und zuletzt Frankreich[435] effektive Compliance-Programme bei der Bemessung des Bußgeldes von Behörden und Gerichten mildernd berücksichtigt oder die vorhandene Diskussion lässt eine Tendenz in diese Richtung erkennen. Auch von der OECD sind in einem Report von 2005 Compliance-Maßnahmen positiv befürwortet worden.[436]

---

429 *Voet van Vormizeele*, CCZ 2009, 41, 47.

430 Vgl. dazu die Studie des OFT „Drivers of Compliance and Non-compliance with Competition Law", OFT1227 aus dem Jahre 2010. Dies macht sich gerade auch den Formulierungen bemerkbar, ebenda, 1.5 „General Approach to Compliance."

431 Kanada Competition Bureau Canada, Corporate Compliance Programs, 18.

432 Näheres bei *Hauschka*, in: ders., Corporate Compliance, § 1 Rn. 44 ff.

433 Rechtsverordnung Nr. 14 v. 9.3.2004. Zu dieser wohl einmaligen Zertifizierungspraxis, *Voet van Vormizeele*, CCZ 2009, 41, 47 m.w.N.; *Inácio de Souza*, The Antitrust Review oft he Americas 2011.

434 *Krauskopf/Rochat*, Anwaltsrevue 2009, 63, 65; *ders./Carron*, WuW 2004, 495, 505. Im Berner Elektroinstallationsbetriebe-Fall aus dem Jahre 2009 hat die Schweizer Wettbewerbsbehörde (WEKO) bereits Compliance-Maßnahmen berücksichtigt. Vgl. zu den Ansätzen im italienischen Recht, *Gehring/Kasten/Mäger*, CCZ 2013, 1, 9 m.w.N.; eingehend *Eufinger/Maschemer*, EWS 2012, 509 ff.

435 Die Initiative ging aus von Conseil de la Concurrence, Etat des lieux et perspectives des programmes de conformité, 5.9.2008, S. 119.

436 OECD, Hard Core Cartels, 3rd Report on the Implemantion of the 1998 Recommendation (2005), S. 18. OECD Competition Law and Policy in Latin America (2006), S. 108. Weitere Nachweise bei *Voet van Vormizeele*, CCZ 2009, 41, 47.

I. USA – Vorgaben und Leitbild

Im Folgenden wird die US-amerikanische Regelung exemplarisch für die Regelungen anderer Rechtsordnungen herausgegriffen und genauer vorgestellt. Für viele Regelungen des nationalen Wirtschaftsrechts hat das US-amerikanische Recht in den letzten Jahrzehnten eine Vorbildfunktion gehabt. Dies ist nicht zuletzt an der Corporate Governance Diskussion und somit auch der Compliance-Forschung im „Mutterland der Compliance"[437] messbar.[438] Diesen Beleg liefert die Rechtstatsächlichkeit: Die zunehmende Erwachsung globaler Märkte erlaubt es auch, kleineren und mittleren Unternehmen in den USA zu Fuß zu fassen. Folge dessen ist, dass die dort herrschenden besonders strengen Regelungen eingeführt und angewandt werden müssen. Um den eigenen Verwaltungsaufwand so gering wie möglich zu halten, werden die Unternehmen einheitliche und grenzüberschreitende Compliance-Programme einführen, die sich an dem strengsten Vorbild orientieren. Vor allem die Regelungen des Sarbanes-Oxley Act zur Regulierung der Finanzbranche sind an dieser Stelle zu nennen. Der Forschungsstand zu Compliance ist in den USA insgesamt sehr viel fortgeschrittener als in Europa und es ist zu erwarten, dass US-amerikanische Regelungen und Ausführungen, zum Beispiel zu unternehmensinternen Kontrollmaßnahmen, weiterhin ins nationale- und Unionsrecht übernommen werden und sich dadurch ein weltweiter Standard bildet.[439]

Im Folgenden wird deshalb die konkrete Berechnung des Bußgelds unter Berücksichtigung eines effektiven Compliance-Programms – in ihren wesentlichen Zügen – dargestellt und gefragt, ob die USSG Vorschriften Vorbildcharakter für die Bußgeldpraxis im Unions- und nationalen Recht haben könne.

---

437 *Moosmayer*, Compliance, S. 8; *C. Müller*, Kartellrechtscompliance, S. 204.

438 Grundsätzlich *Fleischer*, NZG 2004, 1129, 1136 die USA habe im Aktienrecht die größten „Lernkurveneffekte" erzielt; *Bürkle*, BB 2005, 565, 565. Nachweise bei *Bussmann/Matschke*, wistra 2008, 88 ff.; Ringleb/Kremer/Lutter/v. Werder-*Ringleb*, Rz. 620 Unternehmen, die an den US-amerikanischen Börsen gelistet sind, müssen nach dem Corporate Governance Listing Standards der New York Stock Exchange und der NASDAQ in Ausführung der Sec. 406 des Sarbanes-Oxley Actes einen Ethikkodex einführen; *Bussmann/Matsche*, CCZ 2009, 132, 133; *M. Roth*, Compliance, S. 7, 28.

439 *Bussmann/Matschke*, wistra 2008, 88 Foreign Corrupt Practices Act 1977; *dies.*, CCZ 2009, 132, 133; vgl. auch *Glaum/Thomaschewski/Weber*, S. 12; *Arbeitskreis Schmalenbach Gesellschaft*, BB 2004, 2399, 2406; *Petermann*, Die Bedeutung von Compliance-Maßnahmen, S. 97.

1. *Compliance Defence Übersee – Die United States Sentencing Guidelines*

Bei der Regelungsform United States Sentencing Guidelines (USSG) handelt es sich im Kern um Strafzumessungsrichtlinien des US-amerikanischen Bundesstrafrechts.[440] Sie dienen dem Bundesgericht als Anleitung zur Ausübung seines richterlichen Ermessens für die Verhängung von Strafen und das Vorliegen ihrer Voraussetzungen ist justiziabel.[441] Ihr Zweck besteht darin, eine einheitliche strafrechtliche Urteilspraxis herzustellen.[442] Auch die Bundesstaatsanwaltschaft orientiert sich an den USSG bei der Frage der Strafverfolgung und hat keine eigenen Leitlinien oder Anforderungen an ein effektives Compliance-Programm aufgestellt.[443]

Im Chapter 8[444] finden sich seit 1991 Regelungen zur Strafzumessung von Unternehmen wegen Organisationsverschulden (*Organizational* Sentencing Guidelines).[445] Die Regelungen haben Compliance-Programme zu einem wichtigen Bestandteil der Strafzumessung gemacht und sich konkret zu den Vorgaben

---

440 Ringleb/Kremer/Lutter/v. Werder-*Ringleb*, Rz. 619 sprechen von „öffentlich-rechtlichen Verwaltungsanweisungen“; *Liese/Schulz*, BB 2011, 1347, 1348. Sie gliedern sich in Chapter – Part – Subpart – Section – Subsection, Beispiel: Chapter § 8, Part C., Subpart 4., Section (1), Subsection (a), kurz: § 8 C4.(1)(a).

441 Ringleb/Kremer/Lutter/v. Werder-*Ringleb*, Rz. 619; *Liese/Schulz*, BB 2011, 1347, 1348.

442 *Dannecker*, in: Alwart, S. 6, 11. Dieser Zweck wird auch schon deshalb erreicht, da sich im Anschluss an die abstrakte Regelung ein Kommentar fügt, der die betreffende Regelung näher erläutert und weiterführende Informationen gibt, *Steinherr/Steinmann/Olbrich*, in: Alwart, S. 165.

443 United States Attorney Manual (USAM), 9-28.800 Corporate Compliance Programs. Eine weitere lohnenswerte Folge ist, dass zwischen dem beschuldigtem Unternehmen und der Staatsanwaltschaft ein Non-Prosecution Agreement geschlossen werden kann, § 9-27.600-650 USAM; dazu *Withus*, CCZ 2011, 63, 65; s. auch *Rübenstahl/Skoupil*, wistra 2013, 209 ff.

444 Dieses achte Kapitel ist wiederum in fünf Unterkapitel gegliedert. In Teil A (§ 8A1.1–§ 8A1.2) geht es um allgemeine Anwendungsprinzipien, Teil B (§ 8B1.1–§ 8B1.4) enthält Richtlinien, wie eine Wiedergutmachung des angerichteten Schadens auszusehen hat, Teil C (§ 8C1.1–§ 8C4.11) regelt die Bemessung des konkreten Strafmaßes, Teil D (§ 8D1.1–§ 8D1.5) regelt die Möglichkeiten der Bewährungsstrafe und schließlich Teil E (§ 8E1.1–§ 8E1.3) regelt eine etwaige Zahlung an einen Opfer-Hilfsfond, *Steinherr/Steinmann/Olbrich*, in: Alwart, S. 165.

445 Auch die US Federal Acquisition Regulation (FAR) sieht die Einführung eines effektiven Compliance Programms vor, Part 3 – Improper Business Practices and Personal Conflicts of Interest. Zur Entwicklunsgeschichte vgl. *Steinherr/Steinmann/Olbrich*, in: Alwart, S. 156 ff. Zur Struktur s. a. *Meyer*, ZStW 118 (2006), 512, 516 ff.

eines effektiven Compliance-Programms geäußert.[446] Sie sprechen ausdrücklich an, was der US-amerikanische Gesetzgeber unter effektiver Compliance versteht und geben den Unternehmen zugleich eine Anleitung, wie sie ihre Compliance-Programme gestalten sollten.[447] Die USSG bezwecken damit Schaffung von Transparenz und Rechtssicherheit.[448] Im Grundsatz ist ein Compliance-Programm danach effektiv, wenn es eine systematische Organisation angelehnt an die Unternehmenskultur vorweist, die über die Ausübung von Einzelmaßnahmen hinausgeht und die Einhaltung des Rechts fördert.[449] Der US-amerikanische Gesetzgeber verlangt also auch die Einführung kontrollierender Maßnahmen zur Risikoprävention, wie sich an den USSG exemplarisch zeigt. Nach dieser Strategie sollen US-amerikanische Unternehmen eine aktive Rolle in der Bekämpfung von Wirtschaftskriminalität einnehmen.[450]

Die Umsetzung der Maßnahmen ist an den Besonderheiten des jeweiligen Sektors auszurichten (i), der Größes des Unternehmens (ii) sowie einem etwaigen vorangegangenen Fehlverhalten der Mitarbeiter (iii).

---

446 *Withus*, CCZ 2011, 63, 66 verweist auf eine Untersuchung des Conference-Boards in den USA, wonach in den Jahre 1993–2008 von 2.811 Verfahren gegen Unternehmen in lediglich drei Verfahren eine Bußgeldredutierung aufgrund eines effektiven Compliance-Programms im Sinne der USSG gewährt wurde. Diese geringe Zahl komme aber dadurch zustande, dass überwiegend kleinere Unternehmen, die eher weniger umfangreiche Compliance-Maßnahmen aufgesetzt hatten, die große Mehrheit der Verfahren ausmachte. So auch *Steinherr/Steinmann/Olbrich*, in: Alwart, S. 198 (90 % aller überführten Unternehmen im Jahre 1995). Ähnlich auch *Swenson*, in: Alwart, S. 43, so seien eingie Verfahren gerade wegen eines Compliance-Programms schon nicht zur Ankalge gereicht. Der Wert des Complianc-Programme nach den Vorgaben der USSG geht aber über diese Guidelines hinaus, denn DoJ und SEC wenden die dort aufgestellten Grundsätze entsprechend an und entscheiden, ob sie ein Verfahren einstellen oder zur Anklage bringen. Dazu auch *Rübenstahl/Skoupil*, wistra 2013, 209.

447 *Murphy*, 87 (2001–2002) Iowa L. Rev., 697, 707 ff.; *Hopson/Graham Koehler*, CCZ 2008, 208 ff.; *Hauschka*, in: ders., Corporate Compliance, § 1 Rn. 40; der Umfang der Maßnahmen kann durchaus als „Best Practice“ bezeichnet werden, *Moosmayer*, Compliance, S. 10. Nach der Einschätzung *Withus'*, CCZ 2011, 63, 67 eignen sie sich auch besser als Best-Pracitce Maßstab als der IDW PS 980, da sie in Teilen konkreter werden als der Prüfungstandard.

448 *Bussmann/Matsche*, CCZ 2009, 132, 133, wenngleich Transparenz kein Selbstzweck sein kann.

449 *Moosmayer*, Compliance, S. 9; *Dannecker*, in: Alwart, S. 6.

450 *Bussmann/Matschke*, wistra 2008, 88, 95; *Dannecker*, in: Alwart, S. 6; *Swenson*, in: Alwart, S. 36 ff. spricht von dem Prinzip „Zuckerbrot und Peitsche“ (Carrot and Stick), nach dem die USSG aufgebaut seien.

a) Prevent – Detect – React

Den Regelungen des USSG zu den Anforderungen an ein effektives Compliance-Programm liegt ein „Dreiklang“ zu Grunde.[451] Danach ist ein Compliance-Programm effektiv, wenn

1. ein Code of Conduct besteht, der von Angestellten und anderen Vertretern einer Organisation befolgt wird und dieser angemessen ist, die Wahrscheinlichkeit krimineller Handlungen durch das Unternehmen zu reduzieren.
2. die Verantwortung, die Einhaltung des Compliance-Programms zu überwachen auf einen bestimmten Personenkreis der Führungsebene der Organisation übertragen wird.
3. die Organisation bei der Delegation von Entscheidungen gebührende Sorgfalt angewandt hat, diese nicht an Personen mit bekannter oder fahrlässiger Weise verkannter Kenntnis von kriminellen Neigungen übertragen hat.[452]
4. die Organisation wirksame Maßnahmen ergriffen hat, um ihre Verhaltensrichtlinien regelmäßig ihren Angestellten zu vermitteln z.B. durch deren Teilnahme an Trainingsprogrammen oder durch die Veröffentlichung von praktischen Handlungsanweisungen.
5. die Organisation angemessene Maßnahmen zur Einhaltung der Richtlinien erlassen hat, z.B. durch ein angemessenes Überwachungs- und Berichtserstattungssystem.
6. die Organisation die Maßnahmen konsequent unter Anwendung von Disziplinarmaßnahmen durchgesetzt hat und bei der Durchsetzung andere Mitarbeiter beauftragt als diejenigen, die für die Nichtaufdeckung der Straftat verantwortlich waren.
7. die Organisation nach Aufdeckung der Straftat in angemessener Weise reagiert, weitere und ähnliche Straftaten zu vermeiden.

Diese sieben Punkte müssen kumulativ vorliegen. Das bloße Vorhandensein des Compliance-Programms genügt demnach keineswegs; es muss vielmehr in angemessener Weise entworfen, implementiert und durchgesetzt werden.

---

451 *M. Roth*, Compliance (2010), S. 8 „Trilogie der Compliance-Aktivitäten“.

452 In § 8 B2.1.(b)(3) findet sich also eine personelle Vorgabe, denn aus kriminologischer Sicht gilt Vorbelastung als Indikator für den Rückfall, vgl. *Bussmann/Matsche*, CCZ 2009, 132, 134.

b) Die konkrete Berechnung nach den USSG – Saldierung von Bonus und Malus

Im Kern wird ein Wert für eine Grundstrafe (base offense level + evtl. weitere Faktoren = base fine) mit einem Wert für den Umfang des Schuldgrades (culpability score) zur Feststellung eines Wertes für den Mindest- und Höchststrafrahmens multipliziert.

aa) Bildung des Multiplikanden – base fine

Der offense level wird durch einen numerischen Wert gebildet, der sich an dem verwirklichten Straftatbestand orientiert und dem für bestimmte Tatumstände weitere Maluspunkte hinzuaddiert werden können.[453] Der ermittelte offense level wird in eine Tabelle übertragen, aus der sich der entsprechende Geldbetrag ergibt: Ist der offense level unter dem Wert 6, so liegt er bei 5.000 US Dollar bzw. bei einem Wert von mehr als 38 bei 72,5 Millionen US Dollar.[454] Wenn die durch die Straftat zugeflossenen Gewinne bzw. angerichteten Schäden diesen Betrag nicht überschreiten, so bildet er die Grundstrafe (base fine). Andernfalls wird der höhere Gewinn- bzw. Schadenswert zugrunde gelegt.[455]

bb) Bildung des Multiplikators – culpability score

In einem zweiten Schritt wird der Umfang der Schuld des Unternehmens festgestellt. Dabei wird ein numerischer Schuldwert (culpability score) ermittelt, der wiederum mit der Grundstrafe (base fine), multipliziert die Gesamtstrafe ergibt.

---

453 Vgl. z.B. Manual, § 2 R1.1.(b)(2) je nach Umfang des kartellbedingten Umsatzes wird der base level erhöht.

454 Manual, § 8 C2.4.; § 2 A.1.1.(a) homicide first degree murder (vorsätzlicher Mord): 43.

455 Manual, § 8 C2.4.(a) base fine; § 8C2.4.(b) pecuniary gain, der bei Kartellverstößen auf 10 % des kartellbedingten Umsatzes geschätzt wird (§ 8 C2.4.(b) i.V.m. Commentary 3 § 2 R1.1. und schließlich § 8 C2.4.(c) pecuniary loss, wenn der Schaden (aus dem Kartellverstoß) absichtlich („*intentionally*"), wissentlich („*knowingly*") oder billigend in Kauf genommen wurde („*recklessly*"). Für die Kartellverstöße nimmt § 2 R1.1.(d)(1) aus prozessökonomischen Gründen eine Modifizierung bei der Bemessung des pecuniary loss und setzt diesen grds. auf 20 % des kartellbedingten Umsatzes fest. Auch nach 18 U.S.C. § 3571(d) ist das Gericht nicht angehalten, den Gewinn oder Verlust genau zu ermitteln; eine Schätzung genügt (vgl. Commentary 2 § 8 C2.4. und Commentary Background a.E. § 8 C2.4. Commentary 3 § 2 R.1.1. formuliert aber weiter, dass auch höhere oder geringere Prozentzahlen zugrunde gelegt werden können, wenn der Schaden wesentlich höher oder geringer als 20 % ist.

Bei der Ermittlung der culpability score wird ein Schuldwert von 5 veranschlagt, der anhand von Bonus- und Maluskriterien verringert oder erhöht wird:[456]

- Ist ein leitender Angestellte an der Tat beteiligt, so wird der Schuldwert um 1 bis 5 Punkte erhöht je nach Größe des Unternehmens von mehr als 10 (1 Punkt) bis mehr als 5.000 Mitarbeiter (5 Punkte).[457]
- Hat das Unternehmen eine ähnliche Tat in den letzten fünf bzw. zehn Jahren begangen, so werden 2 bzw. 1 Punkt addiert.
- Verstößt das Unternehmen mit der Zuwiderhandlung zugleich gegen eine gerichtliche Anordnung, werden weitere 2 Punkte addiert.
- Behindert das Unternehmen die Ermittlungen der Behörde, werden 3 Punkte addiert.
- Hingegen werden 1, 2 und/oder 5 Punkten subtrahiert, wenn das Unternehmen seine volle Verantwortlichkeit eingestanden und/oder voll umfänglich bei den Ermittlungen kooperiert und/oder die Tat zur Anzeige gebracht.
- Schließlich werden weitere 3 Punkte subtrahiert, wenn ein effektives Compliance-Programm nach den Maßstäben der USSG zum Zeitpunkt des Verstoßes bestand.[458] Diese Reduzierung ist jedoch gemäß § 8C4.10. USSG wiederum teilweise oder gänzlich zu versagen, wenn die Einrichtung des Compliance-Programms Folge einer gerichtlichen oder behördlichen Anordnung war.[459] Ist hingegen die Einführung eines effektiven Compliance-Programms bereits gesetzliche Pflicht und hat das Unternehmen ein solches nicht eingeführt, so wird der Verstoß zusätzlich erschwerend bewertet.[460]

---

456 Manual, § 8 C2.5; *Voet van Vormizeele*, CCZ 2009, 41, 47 spricht von „Algorithmus".

457 Manual, § 8 C2.5.(b) Involvement in or Tolerance of Criminal Activity: Den Punkten 1 bis 5 stehen die Einteilungen, 10, 50, 200, 500, 1.000 und 5.000 Mitarbeiter gegenüber.

458 Manual, § 8 C2.5.(f)(1); die Maßstäbe finden sich in § 8 B2.1. Nach § 8 C2.5.(f)(3)(b) gilt eine widerlegbare Vermutung, dass das Compliance-Programm nicht effektiv war, wenn ein leitender Angestellter den Verstoß begangen hat.

459 So der erste Absatz von § 8C4.10. Nach § 8 D1.1.(a)(3) soll als gerichtliche Anordnung der Gesellschaft die Einführung eines effektiven Compliance-Programms nach den Maßstäben des § 8B2.1. USSG vorgesehen auferlegt werden. Diese gerichtlichen Anordnungen können zusätzlich nicht unempfindliche Auswirkungen haben: Das Gericht kann bestimmen, dass das Unternehmen Einzelheiten der Straftat, des Verfahrens und der Verurteilung in vom Gericht bestimmten Medien veröffentlichen muss, vgl. *Linklater/McElyea*, RIW 1994, 117, 121.

460 So der zweite Absatz von § 8 C4.10.

Die errechnete culpability score wird abermals in eine Tabelle übertragen. Das geringste Schuldmaß ist danach 0 Punkte, sodass der Höchstmultiplikator (maximum multiplier) bei 0,5, der Mindestmultiplikator (minimum multiplier) bei 0,2 liegt. Je nach Höhe des Schuldmaßes steigt der Mindest- bzw. Höchstmultiplikator an. Ist das Schuldmaß höher als 10, beträgt der Mindest- 2 bzw. der Höchstmultiplikator 4 Punkte. § 2R1.1.(d)(2) USSG modifiziert diese Regelungen für Kartellrechtsverstöße und bestimmt, dass weder der Mindest- noch der Höchstmultiplikator unter 0,75 Punkten liegen soll.[461]

cc) Bildung des Strafmaßes

In einem letzten Schritt werden die ermittelten Mindest- und Höchstmultiplikatoren (culpability score) mit der Grundstrafe (base fine) multipliziert und ergeben so den Strafrahmen (mit Mindest- und Höchststrafe), der vom Gericht verhängt werden darf. Geht es daran, das konkrete Strafmaß innerhalb des Strafrahmens von Mindest- und Höchststrafe zu bilden, hat sich das Gericht an den Voraussetzungen des § 8C2.8.(a)(1)-(11),(b) USSG zu orientieren. In § 8C2.8.(a)(1) USSG sind insgesamt elf verschiedene spezial- und generalpräventive Zwecke benannt, die das Gericht berücksichtigen soll. Es hat zum Beispiel das Nachtatverhalten zu berücksichtigen oder weiterführende Verantwortungen, wie begleitende Schadenszahlungen, aber auch gemäß § 8 C2.8.(a)(11) USSG, ob das Unternehmen zum Zeitpunkt der Tat kein effektives Compliance-Programm hatte.

c) Der konkrete Fall – Price-Fixing in Detroit

An dieser Stelle wird ein fiktives Beispiel über eine Preisabsprache mehrer Wettbewerber der Detroiter Automobilbranche durch einen leitenden Angestellten vorgestellt. Anhand der zuvor genannten Kriterien soll das nach den USSG zu bestimmende Bußgeld errechnet werden für den Fall, dass ein effektives Compliance-Programm bestand bzw. versäumt wurde, ein solches einzuführen.

> A arbeitet als leitender Angestellter in Detroit für das dort ansässige Unternehmen U. U ist in der Automobilbranche tätig und beschäftigt ca. 10.000 Mitarbeiter. Anlässlich eines Verbandstreffens im Jahre 2002 zu Zeiten schlechter Auftragslage sprach sich A mit vier weiteren Wettbewerbern über eine einheitliche Erhöhung der Preise bestimmter Produkte für die nächsten fünf Jahre ab. Im Jahr 2008 wird die Absprache öffentlich und es wird festgestellt, dass U durch das Kartell einen Umsatz in Höhe von 100 Millionen US Dollar erzielt hat.
>
> Wie hoch wird die Geldstrafe nach den USSG sein, wenn a) ein effektives Compliance-Programm nach § 8C.2.5(f) bzw. b) ein solches nicht eingerichtet wurde?

---

461 Manual, § 2 R.1.1. Commentary Background.

aa) Bußgeldberechnung unter Berücksichtigung eines Compliance-Programms

Chapter 2 Part R USSG regelt die Antitrust Offenses. Die Rechtsgrundlage des Kartellverstoßes ist 15 U.S.C. §§ 1, 3(b) Sherman Antitrust Act. Die USSG sind zur Findung des Strafmaßes auf die Vorschriften der Kartellverstöße gemäß § 8C2.1.(a)-9. Var. USSG anwendbar. § 2R1.1. USSG regelt dabei das base offense level für *Bid-Rigging* (Absprachen bei Ausschreibungen), *Price-Fixing* (Preisabsprachen) und *Market-Allocation-Agreements* (Gebietsabsprachen) zwischen Wettbewerbern.

(1) Bestimmung der base fine

Das base offense level beträgt nach § 2R1.1.(a) USSG 12 Punkte. Ist der individuelle Umsatz, der durch das Kartell erwirtschaftet wurde mehr als 1 Millionen US Dollar, wird die Grundstrafe um 2 Punkte erhöht.[462] Hier beträgt der kartellbedingte Umsatz 100 Millionen US Dollar, sodass das base offense level um 8 Punkte erhöht wird, § 2R1.1.(b)(2)(D) USSG. Die base fine beträgt also 20 Punkte, würde demnach bei 650.000 US Dollar liegen. Wie bereits festgestellt wird im Kartellrecht allerdings der kartellbedingte Gewinn bzw. Schaden als base fine zugrunde gelegt, der wiederum zehn Prozent bzw. zwanzig Prozent des kartellbedingten Umsatzes beträgt.

(2) Bestimmung der culpability score

Ausgehend von dem Wert 5 werden weitere 5 Punkte addiert, da ein Angestellter in leitender Position des Unternehmens mit mehr als 5.000 Mitarbeitern an der Preisabsprache beteiligt war. Weitere Maluskriterien werden nicht addiert; subtrahiert werden allerdings 3 Punkte für das Bestehen eines effektiven Compliance-Programms. Die culpability score beträgt also 7.

Aus der Tabelle von § 8 C2.6. USSG ergibt sich daher ein minimum und maximum multiplier von 1,4 und 2,8. Daher liegt das Strafmaß zwischen 28 und 56 Millionen US Dollar.

(3) Bildung des Strafmaßes

In diesem Schritt würde das Bestehen eines effektiven Compliance-Programms zwar nicht direkt mildernd berücksichtigt werden, doch ist ein Faktor bei Verhängung des konkreten Strafmaßes nach § 8 C2.8.(a)(1) USSG die Förderung von Einhaltung des Gesetzes. Diesem Grundsatz ist das Unternehmen durch das

462 Vgl. § 2R1.1.(b)(2)(A); mehr als 10 Mio. US Dollar um 4 Punkte, mehr als 40 Mio. US Dollar um 6, mehr als 100 Mio. US Dollar um 8 bis zu 16 Punkten bei 1.5 Mrd. US Dollar vgl. § 2R1.1.(b)(2)(A)-(H).

effektive Compliance-Programm entgegengekommen, sodass dieser Umstand mittelbar ein zweites Mal berücksichtigt werden kann. Der Umfang des konkreten Strafmaßes obliegt dem richterlichen Ermessen.

bb) Bußgeld ohne Berücksichtigung eines Compliance-Programms

(1) Bestimmung der base fine

Sie beträgt wie zuvor 20 Millionen US Dollar.

(2) Bestimmung der culpability score

Sie beträgt nun 10 Punkte, da kein effektives Compliance-Programm zum Zeitpunkt der Tat bestand. Der minimum bzw. maximum mulitplier beträgt nun 2 und 4, sodass das Strafmaß zwischen 40 und 80 Millionen US Dollar liegt.

(3) Bildung des Strafmaßes

An dieser Stelle findet sich in den § 8 C2.8.(a)(1)-(11),(b) USSG kein Anknüpfungspunkt für eine Milderung; im Gegenteil soll nach § 8 C2.8.(a)(11) USSG berücksichtigt werden, dass das Unternehmen zum Zeitpunkt der Tat kein effektives Compliance-Programm nach den Vorgaben der USSG hatte.

cc) Zwischenergebnis

Vergleicht man allein die Strafrahmen vor Bildung des konkreten Strafmaßes durch den Richter, so ergibt sich eine Bußgeldreduzierung von mindestens 30 Prozent bei Bestehen eines effektiven Compliance-Programms. Ein weiterer Vorteil ist eine so genannte organisational probation, eine Art Bewährungsmöglichkeit für das Unternehmen, die gleichsam verschlossen bliebe, wenn kein Compliance-Programm eingeführt wurde.[463]

Es fällt auf, dass die USSG steuernd in die Praxis der Unternehmen eingreift und incentives setzt. Sie fördern dadurch auch die Autonomie der Unternehmen und Verbände, ihre Handlungen selbst zu kontrollieren und diese Kontrolle zu fördern.[464]

---

463 § 8 D1.1. USSG; *Hauschka*, in: ders., Corporate Compliance, § 1 Rn. 41 a.E. *Petermann*, Die Bedeutung von Compliance-Maßnahmen, S. 99 und *Hopson/Graham Koehler*, CCZ 2008, 208 nennen sogar eine mögliche Reduzierung von bis zu 95 %, wenn ein effektives Compliance-Programm nachgewiesen wird.

464 *Wegner*, wistra 2000, 361, 368.

d) Kritik an den USSG

Ziel des Rechtsvergleichs ist es, nicht nur die angewandte Praxis der Berücksichtigung von Compliance-Programmen bei der Bußgeldbemessung aufzuzeigen, sondern zugleich eine Alternative für die geltende Praxis zu suchen und diese auf ihre Tauglichkeit zu überprüfen.[465] Jede Kritik, die den USSG zuteil wird, ist daher zugleich Kritik an der Tauglichkeit und Möglichkeit, diese Praxis (in Teilen) einzuführen.

Die USSG sind nicht unkritisch zu betrachten. Sie waren in der Vergangenheit mehrfach Gegenstand in Verfahren vor dem US Supreme Court. Im Jahr 2005 sind sie im Verfahren *US vs. Freddie Booker* sowie *US vs. Duncan Fanfan* sogar in Teilen wegen Verstoßes gegen den sechsten Zusatzartikel der US-amerikanischen Verfassung,[466] dem Verfahrensrecht auf ein Jury-Verfahren, für verfassungswidrig erklärt worden. Wenngleich im selben Urteil den Gerichten gestattet wurde, sie weiterhin „beratend" anzuwenden,[467] konnte der Vorwurf des Verfassungsverstoßes nicht ausgeräumt werden.

2. Ausstrahlungswirkung und Tauglichkeit als Vorbild?

Das Regelungssystem im US-amerikanischen Kartellrecht unterscheidet sich schon in seiner Grundausrichtung vom deutschen und europäischen Kartellrecht. Es handelt sich bei den US-amerikanischen Kartellgesetzen um Strafnormen, die neben Geld- auch empfindliche Haftstrafen ermöglichen. Sie fügen sich so in das vorherrschende System ein, Wirtschaftskriminalität mit harten Bandagen zu

465 Gewissermaßen überkritisch zum Leitbild der USSG für das Uniosnrecht *Dannecker*, in: Alwart, S. 28, da sie erst auf Eben der Strafzumessung zum Tragen kommen. Vgl. auch *Swenson*, in: Alwart, S. 43 f. zur „Ausstrahlungswirkung" der USSG auf z.B. die Höhe der Versicherungsprämien.

466 Bill of Rights, 6th Amendment: „In all criminal prosecutions, the accused shall enjoy the right to a speedy and public trial, by an impartial jury of the State and district wherein the crime shall have been committed, which district shall have been previously ascertained by law, and to be informed of the nature and cause of the accusation; to be confronted with the witnesses against him; to have compulsory process for obtaining witnesses in his favor, and to have the Assistance of Counsel for his defence." *Engelhart*, NZG 2011, 126. Zu der Entscheidung und ihren Auswirkungen vgl. auch *Fiorelli/Tracey*, 32 J. Corp. L. 2006, 467, 472 ff. Zur Kritik s. a. Meyer, ZStW 118 (2006), 512, 523 ff., 528 ff., 534 ff.

467 *Withus*, CCZ 2011, 63, 64 spricht daher von „unverbindlichen Richtlinien". Ebenso *Fiorelli/Tracey*, 32 J. Corp. L. 2006, 467, 474.

bekämpfen.[468] Wenngleich sich die Praxis zunehmend auf die Einführung und Honorierung präventiver Maßnahmen seitens der Unternehmen abzielt, ist die Androhung von repressiven Strafen immer noch Kern der Praxis.

Dem Unionsrecht und bis auf den Tatbestand des Submissionsbetrugs, §§ 298, 263 StGB, auch dem nationalen Recht sind diese Regelungsform fremd. Im Gegenteil, das im deutschen Recht geltende Schuldprinzip legt individuell die Frage nach dem Verschulden fest und ist nicht mathematisierbar.[469] Dieser ist auf die natürliche Person ausgerichtet und hinterfragt deren persönliche Vorwerfbarkeit, für die wiederum ihre individuellen Fähigkeiten maßgeblich sind, sodass sich dies nicht ohne weiteres auf das Unternehmen übertragen lässt.[470] Auch die europäischen Gerichte haben sich gegen eine Mathematisierbarkeit der Bußgelder ausgesprochen.[471] Denn die Kommission verfügt bei der Festelegung der Höhe der einzelnen Geldbußen über ein Ermessen, das sie nicht verpflichtet, eine mathematische Formel anzuwenden,[472] zugleich aber

---

468 *Bussmann/Matschke*, wistra 2008, 88, 95; *Jannsen*, in: Wecker/van Laak, S. 171, 177 f. Vgl. auch die Zusammenfassung zur Strenge des FCPA bei *Petermann,* Die Bedeutung von Compliance-Maßnahmen, S. 100, wonach bereits der Versand einer E-mail von einem US-amerikanischen Server Anknüpfungspunkt für die Anwendung und Verfolgung des FCPA sein soll.

469 *Dannecker/Biermann*, in: Immenga/Mestmäcker, § 81 Rn. 414; *Wegner*, Die Systematik der Zumessung unternehmensbezogener Geldbußen, S. 275. Ein „beherzter Griff zum Taschenrechner" kann dem nicht genügen, *Schall*, NStZ 1986, 1, 5, zitiert nach KarlsruherKommentar-*Mitsch*, § 17 Rn. 31 a.E, 44. Nach *Tiedemann*, in: Freiburger Begegnungen, S. 50 sei eine Orientierung an den USSG geboten, wenngleich die Mathematisierbakrit der Strafzumessung nicht übernommen werden sollte.

470 *Wegner*, Die Systematik der Zumessung unternehmensbezogener Geldbußen, S. 43. m.w.N. Die Strafbarkeit von Unternehmen ist nach US-amerikanischem Recht allgemein anerkannt, *Dannecker*, in: Alwart, S. 8 ff. m.w.N.

471 EuG v. 11.3.1999 – Rs. T-137/94 *ARBED ./. Kommission*, Slg. 1999, II-303, Rn. 45; *v. Alemann*, EuZW 2006, 487, 488; MünchKommEuWettbR/*Engelsing/Schneider*, VO 1/2003 Art. 23 Rn. 77.

472 EuG v. 6.4.1995 – Rs. T-150/89 *Martinelli ./. Kommission*, Slg. 1995, II-1165, Rn. 59; EuG v. 14.5.1998 – Rs. T-352/94 *Mo Och Domsjö AB ./. Kommission*, Slg. 1998, II-1989, Rn. 68, bestätigt durch EuGH v. 16.11.2000 – Rs. C-283/98 P *Mo och Domsjö AB ./. Kommission*, Slg. 2000, I-9855, Rn. 45; EuG v. 12.7. 2001. – verb. Rs. T-202/98, T-204/98 und T-207/98 *Tate & Lyle u.a. ./. Kommission*, Slg. 2001, II-2035, Rn. 105; so auch EuG v. 14.7.1994 – Rs. T-77/92 *Parker Pen ./. Kommission*, Slg. 1994, II-549, Rn. 94: „(…) die Festsetzung der angemessenen Geldbusse kann somit nicht das Ergebnis einer schlichten Rechenoperation auf der Grundlage des Gesamtumsatzes sein." EuG v. 26.4.2007 – verb. Rs. T-109/02, T-118/02, T-122/02,

auch nicht ermächtigt durch Rückgriff auf eine solche Formel auf die pflichtgemäße Ausübung ihres Ermessen zu verzichten.[473]

Das im deutschen und europäischen Kartellrecht herrschende hohe Bußgeldniveau wird im US-amerikanischen Recht durch das private enforcement erreicht. Es erkennt den Privatkläger als „Sachwalter des Allgemeininteresses" an und gestattet ihm gewisse Privilegien, was zur Folge hat, dass die gerichtlichen Kartellverfahren initiert durch private Kläger um Verhältnis 10:1 bis 20:1 zum public enforcement stehen.[474]

Ferner hat sich der US-amerikanische Gesetzgeber gerade nicht für ein abstrakt-generelles Regelungskonzept entschieden, sondern die USSG weitgehend durch präzise Vorgaben determiniert. Die USSG sind daher anfällig für eine planvolle, politische Einflussnahme und einem ständigen Wandel unterzogen. Es ist gerade die dem Unions- und nationalen Recht fremde Rechtstradition des Common Law, in verschiedensten Regelungsformen (so genannten Policies) möglichst umfassend jeden Lebensausschnitt und Einzelfall zu erfassen und zu regeln.[475]

Schließlich sind gemäß § 8 C3.1.(b) USSG keine höheren Strafrahmen zulässig, wenn ein Gesetz etwas anderes vorschreibt. 15 USC §§ 1, 3 Sherman Act bestimmt allerdings, dass die maximale Strafe für Organisationen nicht mehr als 100 Millionen US-Dollar betragen darf.[476] Das tatsächliche Bußgeldniveau im deutschen und europäischen Kartellrecht übersteigt diese Höchstgrenze in zahlreichen Fällen bereits um ein Vielfaches.

Dennoch, trotz aller Abweichungen und Unterschiede, lässt sich dem US-amerikanischen Recht ein Kerngedanke entnehmen, der frei von

---

T-125/02, T-126/02, T-128/02, T-129/02, T-132/02 und T-136/02 *Bolloré ./. Kommission*, Slg. 2007, II-947, Rn. 468: „ (…). Zum anderen folgt daraus, dass weder der einen noch der anderen dieser Umsatzzahlen eine im Verhältnis zu den anderen Beurteilungskriterien übermäßige Bedeutung zugemessen werden darf, so dass die Festsetzung einer angemessenen Geldbuße nicht das Ergebnis eines bloßen, auf den Gesamtumsatz gestützten Rechenvorgangs sein kann."

473 *Dannecker/Biermann*, in: Immenga/Mestmäcker, Art. 23 Rn. 113.

474 *Canenbley/Steinvorth*, FS 50 Jahre FIW (2010), S. 143, 155 m.w.N. Ebenso *Hüschelrath*, Comp Law 2010, 481, 484.

475 Ringleb/Kremer/Lutter/v. Werder-*Ringleb*, Rz. 620.

476 Tatsächlich besträgt die höchste Einzelgeldbuße 500 Mio. USD gegen AU Optronics im TFT-LCD Kartell aus dem Jahre 2012, http://www.allenovery.com/news/en-gb/articles/Pages/Cartel-Enforcement-2012-Record-Breaking-Fines-in-Multiple-Jurisdictions.aspx.

dogmatischen Konzeptionen übertragbar ist: Repression muss nicht das einzige Mittel sein.[477]

II. Großbritannien – Die Bußgeldpraxis des Office of Fair Trading

Die Kartellbehörde Großbritanniens, das Office of Fair Trading (OFT), vertritt bei ihrer Politik der Kartellbekämpfung die Auffassung, dass für ein wohlfunktionierendes Kartellrecht die Androhung verschiedenartiger Sanktionen für kartellrechtswidriges Verhalten wichtig ist. Ein solches Sanktionssystem gewährleiste, dass neben dem Unternehmen zugleich auch jeder einzelne Mitarbeiter zur Befolgung der Regeln veranlasst wird.[478]

Bemerkenswert daran ist, dass das Office of Fair Trading bei der Frage der Berücksichtigung der Compliance Defence von der Praxis der Kommission abweicht. Im Kartellsanktionenrecht sind die nationalen Behörden und Gerichte bekanntlich nicht an die Verwaltungsgrundsätze der Kommission gebunden.

Ebenfalls bemerkenswert und zugleich augenscheinlich ist, dass das OFT ständig den Dialog zu der Praxis sucht und seine „Maßnahmen" nicht ohne vorausgegangene Kommunikation erlässt. Am Beispiel der Fragen zu Art und Umfang der Compliance-Maßnahmen, die ein Best-Practice Maßstab ausmachen sollte, entwarf das OFT zunächst ein Konsultationspapier, auf welches die Praxis weitestgehend zustimmend geantwortet hat.[479]

1. Compliance im Rahmen der Competition Disqualification Order

Eine juristisch kreative, aber für den Einzelnen weit reichende Regelung – neben der drohenden Freiheitsstrafe von bis zu fünf Jahren aus Sec. 190 Enterprise Act – enthält das britische Recht mit der „Competition Disqualification Order" für Kartellverstöße in Sec. 204 des Enterprise Acts 2002 i.V.m. Section 9A(9) Company Directors Disqualification Act (CDDA) von 1986 bereit.[480] Danach kann das OFT beim zuständigen Gericht gegen den Betroffenen eine so

---

477 Vgl. auch *Steinherr/Steinmann/Olbrich*, in: Alwart, S. 182 ff. zur Auswertung erster empirischer Ergebnisse der Studien „A National Study of Compliance Practices", „A Study of Smal Business Compliance Practices" sowie „A Study of Compliance Practices in „Compliance Aware Companies".

478 OFT, Guidance as to the appropriate amount of a penalty, October 2011, OFT-423con, 3.24.

479 OFT, How Your Business Can Achieve Compliance, OFT1278 und OFT1278resp.

480 *Fleischer*, BB 2008, 1070, 1074; *Seeliger*, AnwBl. 2010, 643, 645.

genannte Competition Disqualification Order (CDO) beantragen, bei deren Gewährung die Ausübung des Berufs in leitender Stellung für eine Dauer von bis zu 15 Jahren verwehrt werden kann.[481] In dieser Zeit darf der Betroffene weder als „company director" arbeiten noch irgendwie in die Geschäftsleitung eines Unternehmens eingebunden werden. Ebenfalls ist es ihm untersagt, als Insolvenzverwalter (sowohl in der Variante des „receiver of a company's property" noch der des „insolvency practitioner") tätig zu sein.

Voraussetzung dieser Konsequenz ist, dass das Unternehmen[482] einen Kartellverstoß begangen hat und das Gericht überzeugt ist, dass der leitenden Mitarbeiter (director) als „unfit" gilt, eine Leitungsposition zu übernehmen, wenn er für den Kartellverstoß der Gesellschaft verantwortlich ist. Seine Verantwortlichkeit kann aus dreierlei Szenarien mit verschiedener Verschuldensanknüpfung resultieren. Im ersten Fall ist der leitende Mitarbeiter selbst aktiv an dem Verstoß beteiligt gewesen,[483] im zweiten hat er eine Aufklärung trotz konkreter Anhaltspunkte unterlassen[484] und im dritten hat er es versäumt, Kenntnis von dem Verstoß zu erlangen, obwohl er sie hätte haben müssen.[485] In der Richtlinie des OFT „Guidance on Director disqualification orders in competition cases" sind weitere Regelungen dazu enthalten. Im Wesentlichen wird anhand fünf verschiedener Schritte ermittelt, ob die Verhängung der CDO angemessen erscheint.[486] Im Rahmen des letzten Schritts – erschwerender oder mildernder Faktoren – wird in Punkt 4.26 ein Compliance-Programm mildernd berücksichtigt:

---

481 Zum Antrag vgl. OFT, Director disqualification orders in competition cases, OFT510, 4.1; s. auch das Konsultationspapier OFT1244; de lege ferenda im europäischen Kartellrecht *J. Schmidt*, ZWeR 2010, 378.

482 Gemeint ist ein Unternehmen im Sinne des Art. 101 f. AEUV, vgl. OFT, Director disqualification orders in competition cases, OFT510, 2.2.

483 OFT, Director disqualification orders in competition cases, OFT510, 4.19 f. mit weiteren Ausführungen.

484 OFT, Director disqualification orders in competition cases, OFT510, 4. 21 mit weiteren Ausführungen

485 OFT, Director disqualification orders in competition cases, OFT510, 2.9.; 4.22. Weitere und genauere Ausführungen enthalten die Guidelines OFT, Company directors and competition law, OFT1277; *Ellison*, Comp. Law, 2011, 65, 68, 74.

486 OFT, Director disqualification orders in competition cases, OFT510, 4.2. ff. zu den insgesamt fünf Erwägungsgründen zur Bestimmung des Ermessens: Step one – Breach of competition law, Step two – Nature of the breach, Step three – Immunity and leniency, Step four – Extent of the director's responsibility for the breach und Step five – Aggravating and mitigating factors.

„the director contributed to the company taking quick remedial steps when the breach was brought to his or her attention, including the implementation or revision of a competition law compliance programme."

Demnach handelt es sich um eine weitere lohnende Funktion eines effektiven Compliance-Programms.

2. *Compliance im Rahmen der Bußgeldbemessung im Englischen Recht*

Die Rechtsgrundlage für die Bußgeldverhängung bilden die Vorschriften des Competition Act 1998 (CA98) sowie Art. 101 f. AEUV.[487] Sec. 36 CA98 sieht vor, dass das OFT Geldbußen gegen ein Unternehmen verhängen kann, das vorsätzlich oder fahrlässig einen Verstoß gegen Chapter I („Agreements") oder Chapter II („Abuse of Dominant Position") des CA98 oder Art. 101 f. AEUV begangen hat.[488] Die Geldbuße kann dann bis zu zehn Prozent des weltweiten Umsatzes ausmachen, Sec. 36(8) CA98.[489]

Nach Sec. 38(1) CA98 ist das OFT verpflichtet, Leitlinien zu veröffentlichen, in denen die Berechnung eines jeden und angemessenen Bußgeldes dargelegt wird.[490] Gemäß Sec. 38(2) CA98 kann sie diese jederzeit verändern, wenngleich nach Sec. 38(4) CA98 der zuständige Minister der Veröffentlichung vorher zustimmen muss.

a) Guidance as to the approproate amount of a penalty

Der aktuelle Leitfaden „OFT's guidance as to the appropriate amount of a penalty"[491] ist von Dezember 2004 und regelt in einem fünfstufigen Verfahren

---

487 OFT, OFT's guidance as to the appropriate amount of a penalty, OFT423, 1.16; die Guidelines erfahren gerade eine Überarbeitung OFT, Guidance as to the appropriate amount of a penalty, October 2011, OFT423con, 1.1.

488 (Weitere) Befugnisse des OFT sind weit überwiegend in Sec. 25–44 CA98 geregelt. Nicht nur das OFT, sondern auch die Aufsichtsbehörden der regulierten Bereiche, Office of Communications (OFCOM), Gas and Electricity Markets Authority (OFGEM), Northern Ireland Authority for Energy Regulation (OFREG NI), Director General of Water Services (OFWAT), Office of Rail Regulation (ORR) sowie Civil Aviation Authority (CAA) können die Vorschriften gleichermaßen, in Konkurrenz zum OFT, anwenden.

489 OFT, OFT's guidance as to the appropriate amount of a penalty, OFT423, 1.10.

490 OFT v. 30.1.2002 - CP/1163–00 *Arriva plc and FirstGroup plc*, Rn. 55; OFT v. 28.11.2002 - CP/0239–01 *Hasbro*, Rn. 62. Diese Pflicht trifft einzig das OFT und keine der anderen, zuvor genannten Behörden.

491 OFT423.

die Berechnung des Bußgeldes.[492] Zwei Gedanken sind bei der Bußgeldfindung wesentlich und stets zu beachten: Das Bußgeld soll die Schwere des Verstoßes widerspiegeln (spezialpräventive Erwägung) und zugleich sicherstellen, dass andere Unternehmen von der Begehung kartellrechtlicher Zuwiderhandlungen abgeschreckt werden (generalpräventive Erwägung).[493]

Im ersten der fünf Schritte wird ein prozentualer Grundbetrag von bis zu zehn Prozent des relevanten Umsatzes aus dem letzten Jahr festgelegt.[494] Das Competition Appeal Tribunal (CAT) hat in seinen Entscheidungen klargestellt, dass „last business year" insofern als letztes Geschäftsjahr, in dem die Zuwiderhandlungen fortdauerte, auszulegen ist.[495] Der genaue Wert innerhalb der zehn Prozent bestimmt sich nach der Schwere des Verstoßes. Grundsätzlich gilt, dass je schwerer und weitläufiger der Verstoß war, desto höher liegt der prozentuale Ausgangswert. Nicht abschließende Anhaltspunkte dafür bieten: Art der Ware oder der Dienstleistung, Marktstruktur- und anteile der Kartellanten, Wirkung auf den Markt und den Wettbewerb sowie durch die Zuwiderhandlung entstandener Schaden.[496]

In einem zweiten Schritt wird dieser Grundbetrag mit der Dauer des Verstoßes anhand der Anzahl der Jahre multipliziert.[497] Dabei zählen nicht vollendete Jahre trotzdem als volle Jahre zum Zwecke der Multiplikation mit dem Grundbetrag.[498]

---

492 OFT, OFT's guidance as to the appropriate amount of a penalty, OFT423, 2.1 ff.; OFT v. 30.1.2002 - CP/1163–00 *Arriva plc and FirstGroup plc*, Rn. 56 ff.; OFT v. 28.11.2002 - CP/0239–01 *Hasbro*, Rn. 62 ff., 82 ff.

493 OFT, Guidance as to the appropriate amount of a penalty, October 2011, OFT-423con, 1.2, 4.2.

494 OFT, OFT's guidance as to the appropriate amount of a penalty, OFT423, 2.7. Fn. 14 der relevante Umsatz kommt abzgl. Steuern und Abgaben zustande: „Relevant turnover will be calculated after deduction of sales rebates, value added tax and other taxes directly related to turnover."

495 OFT, OFT's guidance as to the appropriate amount of a penalty, OFT423, 2.3; OFT, Guidance as to the appropriate amount of a penalty, October 2011, OFT423con, Fn. 1, 2 m.w.N.

496 OFT, OFT's guidance as to the appropriate amount of a penalty, OFT423, 2.3–2.6.; OFT, Guidance as to the appropriate amount of a penalty, October 2011, OFT-423con, 4.4. In OFT v. 30.1.2002 – CP/1163–00 *Arriva plc and FirstGroup plc*, Rn. 60 betrug er zehn Prozent des relevanten Umsatzes.

497 OFT, Guidance as to the appropriate amount of a penalty, October 2011, OFT-423con, 4.5.

498 OFT, OFT's guidance as to the appropriate amount of a penalty, OFT423, 2.10. Davon will das OFT nunmehr abrücken und Zeiträume unterhalb eines Jahres bis

In einem weiteren dritten Schritt kann der ermittelte Wert aus den zuvor genannten spezial- und generalpräventiven Zielen der Bußgeldverhängung – Wiedergabe der Schwere des Verstoßes und hinreichend abschreckende Wirkung für andere – angepasst werden, z.B. weil ein besonderer Gewinn erzielt wurde.[499] Ferner kann an dieser Stelle die Größe des Unternehmens oder seine finanzielle Lage („financial hardship“) berücksichtigt werden. Letztlich soll das nach dem zweiten Schritt gefundene Ergebnis darauf überprüft werden, ob es hinreichend abschreckende Wirkung erzeugt.[500]

Im vorletzten und vierten Schritt kann das bisher gefundene Ergebnis anhand verschiedener mildernder und/oder erschwerender Faktoren angepasst werden.[501] Zu den erschwerenden Faktoren zählen Anführer- oder Anstifterrolle, Beteiligung der Unternehmensleitung oder leitender Angestellter („directors or senior management“)[502] sowie wiederholte Begehung des Unternehmens oder Konzernunternehmens. Mildernd kann hingegen die (passive) Rolle und der Grund der Beteiligung an der Zuwiderhandlung berücksichtigt werden. Ist letzterer aus Zwang erfolgt, kann ein Abschlag gewährt werden. Ferner gehören zu den mildernden Umständen ernsthafte Ungewissheit über die Rechtmäßigkeit des Handeln auf Seiten des Unternehmens („genuine uncertainty“) und etwaig unternommene angemessene Compliance-Maßnahmen, die die Einhaltung des Wettbewerbsrecht gewährleisten sollten.[503]

---

zum Ende des letzten Quartals abgerunden, OFT, Guidance as to the appropriate amount of a penalty, October 2011, OFT423con, 5.23.

499 OFT, OFT's guidance as to the appropriate amount of a penalty, OFT423, 2.11.

500 OFT, Guidance as to the appropriate amount of a penalty, October 2011, OFT-423con, 4.6.

501 OFT, OFT's guidance as to the appropriate amount of a penalty, OFT423, 2.15 f.

502 In OFT v. 30.1.2002 - CP/1163–00 *Arriva plc and FirstGroup plc*, Rn. 65 wurde der Grundbetrag dafür um zehn Prozent erhöht. OFT v. 28.11.2002 – CP/0239–01 *Hasbro*, Rn. 76 5–8 Prozent.

503 OFT, OFT's guidance as to the appropriate amount of a penalty, OFT423, 2.16.: „adequate steps having been taken with a view to ensuring compliance with Articles 81 and 82 and the Chapter I and Chapter II prohibitions.“ OFT, Guidance as to the appropriate amount of a penalty, October 2011, OFT423con, 4.7; OFT v. 30.1.2002 - CP/1163–00 *Arriva plc and FirstGroup plc*, Rn. 65: „However, the Director recognised from copies of training manuals and evidence that training had taken place and from documents reporting contacts with competitors that the parties both had genuine compliance systems in place which appeared to be generally followed and adhered to. As a result the penalties would be reduced by 10 per cent.“ Deutlich kritischer aber dennoch mit Bußgeldabschlag OFT v. 28.11.2002 – CP/0239–01

Im letzten Schritt wird das Bußgeld gegebenenfalls auf zehn Prozent des weltweiten Umsatzes des Unternehmens herabgesetzt. Ebenfalls berücksichtigt das OFT, ob von Seiten der Kommission (oder der Gerichte) oder der Wettbewerbsbehörde (oder Gerichte) eines anderen Mitgliedstaates für dieselbe Tat ein Bußgeld verhängt worden ist, damit kein Verstoß gegen den Grundsatz *ne bis indem* vorliegt.[504]

b) Die Haltung des OFT zu Compliance

Grundsätzlich und zu Anfang der Untersuchung steht das OFT der Berücksichtigung von Compliance im Bußgeldverfahren „neutral" gegenüber, sodass nicht automatisch eine Bußgeldreduzierung für Compliance-Maßnahmen erfolgt.[505] Hat das Unternehmen nachweislich adäquate Schritte unternommen, um ein eindeutiges unternehmensweites Bekenntnis zu den Vorgaben des Wettbewerbsrechts, insbesondere Chapter I, II CA98 sowie Art. 101 f. AEUV, einzuhalten, kann dieser Umstand als mildernd in Betracht kommen. Zwingend dafür ist eine vorherige geeignete Risikoidentifizierung, -bewertung und -reduzierung sowie regelmäßige Revision der ermittelten Ergebnisse.[506] In

---

Hasbro, Rn. 92: „Hasbro has made representations to the effect that it had in place a thorough and complete compliance programme and that its being ignored by senior management should not be regarded as an aggravating factor. In many cases the Director is likely to find that the existence of an effective compliance programme is a mitigating factor and might make an appropriate downward adjustment to the level of penalty. In this case the existence of the compliance programme is offset by the fact that it was blatantly ignored at a very senior level within Hasbro and no adjustment is appropriate. However, the Director is also aware that following the infringement, Hasbro organised a specific competition law training programme for its senior management and sales staff and training in competition law for new staff. This leads the Director to reduce the amount of the penalty by 10 per cent."

504 OFT, OFT's guidance as to the appropriate amount of a penalty, OFT423, 2.20; OFT, Guidance as to the appropriate amount of a penalty, October 2011, OFT423con, 4.8. In einem „sechsten" Schritt berücksichtigt das OFT sodann die Kooperation des Unternehmens im Rahmen von Leniency- und Settlement-Verfahren.

505 OFT, Guidance as to the appropriate amount of a penalty, October 2011, OFT-423con, 5.44.; OFT, How Your Business Can Achieve Compliance with competition law, OFT1341, 7.1.

506 OFT, Guidance as to the appropriate amount of a penalty, October 2011, OFT-423con, 2.15 Fn. 22; Drivers of Compliance and Non-compliance with Competition Law, OFT1227, 1.17 ff. Dieser vierstufige Aufbau soll unabhängig von der Größe des Unternehmens anwendbar sein, OFT, How Your Business Can Achieve Compliance with competition law, OFT1341, 1.7.

diesem Zusammenhang erwartet das OFT einen Nachweis darüber, dass die getroffenen Maßnahmen seinem wettbewerbsrechtlichen Risiko, insbesondere seiner Größe und unternehmerischen Ausrichtung entsprechend, angemessen waren. Unter diese Nachweispflicht fällt ebenfalls die Erklärung darüber, wie die im konkreten Fall begangene Zuwiderhandlung durch Art und Umfang der Compliance-Maßnahmen verhindert werden sollte.[507] Das OFT geht davon aus, dass ein Compliance-Director die Maßnahme des Unternehmens anleitet und überwacht und dafür insofern eine besondere Verantwortung trägt.[508] Der Nachweis über ausreichendes „Commitment" kann z.B. auch über ein Hinweisgebersystem erfolgen, das unmittelbar bei der Geschäftsleitung ankommt.[509]

Wenn das OFT zu der Überzeugung gelangt ist, dass adäquate Compliance-Maßnahmen getroffen wurden, kann eine Reduzierung des Bußgeldes von bis zu zehn Prozent gewährt werden. Ob und in welchem Umfang ein solcher Erlass gewährt wird, richtet sich stets nach den Gegebenheiten des Einzelfalls. Entscheidend dabei ist auch, in welchem Maße das Unternehmen Maßnahmen zur Aufklärung des Verstoßes unternommen hat. Ganz ausdrücklich soll daraus keine Erwartung hinsichtlich einer generellen Berücksichtigung als mildernder Faktor erwachsen („general approach").[510]

Das OFT ist und bleibt von der Berücksichtigung der Compliance Defence im Bußgeldverfahren überzeugt. In einem Konsultationspapier von Oktober 2011 legt es seine Sichtweise und Einschätzung zur Bußgeldberechnung dar und stellt verschiedene Punkte (z.B. Reihenfolge der „five steps" zur Bußgeldberechnung, neuer erschwerender Umstand „persistent delay in complying with time limits set by the OFT in its investigation" oder Berücksichtigung von Nachtatverhalten) der (kartellrechtlichen) „Scientific Community" zur Disposition.[511] Das OFT habe seit 2004 weiter an Erfahrungen in Anwendung und Berechnung von

---

507 OFT, Guidance as to the appropriate amount of a penalty, October 2011, OFT-423con, 5.45.

508 OFT, Company directors and competition law, OFT1277, 5.13. Auf nachgelagerten Ebenen könnte ein „Compliance Champion" ernannt werden, der die unernehmensweiten Compliane-Vorgaben in seiner jeweiligen Abteilung umsetzt, OFT, How Your Business Can Achieve Compliance with competition law, OFT1341, 2.3.

509 OFT, How Your Business Can Achieve Compliance with competition law, OFT1341, 2.2.

510 OFT, Guidance as to the appropriate amount of a penalty, October 2011, OFT-423con, 5.48.

511 OFT, Guidance as to the appropriate amount of a penalty, October 2011, OFT-423con.

Bußgeldern gesammelt und wolle in den neuen Leitlinien zudem die Entscheidungen des Competition Appeal Tribunal (CAT) berücksichtigen. In diesem Papier beabsichtigt das OFT, die Berücksichtigung von Compliance als mildernden Umstand weiter zu auszubauen und zu forcieren.[512]

c) Im Kern: „Commitment"

Der Kern und zugleich das Ziel der Maßnahmen sollte sein, eine Compliance-Kultur innerhalb des Unternehmens zu vermitteln und vorzuleben.[513] Das bedeutet, dass Mitarbeiter auf allen Ebenen im Ansatz „top down" Engagement („Commitment") bei der organisatorischen Einhaltung des Rechts an den Tag legen müssen.[514] Zu diesem Zweck hat das OFT einen vierstufigen Aufbau des Compliance-Programms vorgeschlagen, obwohl es sogleich betont, dass dieser nicht zwingend sei und es bei einer unternehmerischen Entscheidung eines jeden Unternehmens verbleibe, wie und in welchem Umfang es sein Compliance-Programm einrichtet. Vielmehr sollte die Compliance-Kultur im Vordergrund der Maßnahme des Unternehmens stehen.[515]

Für die Reichweite des Engagement hinsichtlich Compliance trägt die Unternehmensleitung („board and senior management") die Letztverantwortung.[516] Konkreterweise sollte die Unternehmensleitung ihr „Commitment" regelmäßig betonen, z.B. in E-mails an die Mitarbeiter.[517]

aa) Risikoidentifizierung – Risk Identification

Im ersten Schritt soll das Unternehmen die möglichen kartellrechtlichen Risiken in seinen Geschäftsbereichen ausmachen. Das OFT hält dafür einen Fragenkatalog bereit, der mögliche und zugleich regelmäßig wiederkehrende Szenarien

---

512 OFT, Guidance as to the appropriate amount of a penalty, October 2011, OFT-423con, 1. 18.

513 Denn die Ausrichtung der Unternehmenskultur ist für das Verhalten des Einzelnen prägend, *Steinherr/Steinmann/Olbrich*, in: Alwart, S. 162. *Bussmann*, FS Achenbach (2011), S. 57 ff. spricht von einer „rutSozialisation in Unternehmen durch Compliance".

514 OFT, Quick Guide to Competition Law Compliance (2009), OFT1330, S. 6; Drivers of Compliance and Non-compliance with Competition Law, OFT1227, 1. 17.

515 OFT, How Your Business Can Achieve Compliance with competition law, OFT1341, 1.11.

516 OFT, Quick Guide to Competition Law Compliance (2009), OFT1330, S. 6; OFT, How Your Business Can Achieve Compliance with competition law, OFT1341, 2.1.

517 OFT, How Your Business Can Achieve Compliance with competition law, OFT1341, 2.2.

aufzählt: Unterhalten Mitarbeiter unmittelbareren Kontakt zu Wettbewerbern z.B. anlässlich Verbandstreffen? Hat der Markt eine hohe Fluktuation von Mitarbeiterwechseln zwischen den Wettbewerbern? Haben eigene Mitarbeiter konkrete Informationen zu Preisen oder Geschäftsplänen von Wettbewerbern? Sind Kunden zugleich Wettbewerber? Gibt es Kooperationen mit Wettbewerbern? Bestehen langfristige Exklusivverträge? Belegt das Unternehmen andere Marktstufen mit konkreten Vorgaben zum Weiterverkauf? Wie groß ist der eigene Anteil in den jeweils operierenden Märkten?[518]

bb) Risikobewertung – Risk Assessment

Nachdem die Risiken ermittelt wurden, soll deren Eintrittswahrscheinlichkeit bewertet werden. Dazu hat sich eine Bewertung in Klassen, in der einfachsten Variante mit „einfach, mittel und hoch" bewährt. Das Unternehmen sollte sich sodann bewusst machen, welche Mitarbeiter in den risikobehafteten Bereichen arbeiten und untersuchen, ob diese dazu neigen, Kontakt mit Wettbewerbern herzustellen, z.B. weil sie im Bereich Vertrieb und Marketing beschäftigt sind. Für Mitarbeiter des Backoffices ist diese Risiko eher gering.[519]

cc) Risikobegrenzung – Risk Mitigation

Im Rahmen einer sich der Risikobewertung anschließenden Risikobegrenzung sollen die Risikosituationen erkannt und auf breiter Fläche vermieden werden. Hilfreich ist es dazu, Richtlinien und Hinweise zu erlassen sowie Schulungseinheiten zu errichten, damit sich die Eintrittswahrscheinlichkeit der Risiken reduziert.

Ferner gehört dazu auch das Training von konkreten Situationen (z.B. das Verbandstreffen), aber auch ein niedergeschriebener Code of Conduct. Welche Maßnahmen in welchem Umfang ein Unternehmen durchführt, richtet sich nach der Eintrittswahrscheinlichkeit des Risikos.[520] Bei anderen Unternehmen haben sich Schulungen der Mitarbeiter im (Kartell-)Recht, Reporting

518 OFT, Quick Guide to Competition Law Compliance (2009), OFT1330, S. 7; weitere Nachweise bei OFT, How Your Business Can Achieve Compliance with competition law, OFT1341, 3.1–3.11.

519 OFT, Quick Guide to Competition Law Compliance (2009), OFT1330, S. 8. weitere Nachweise und Beispiele OFT, How Your Business Can Achieve Compliance with competition law, OFT1341, 4.1.–4.7.

520 OFT, How Your Business Can Achieve Compliance with competition law, OFT1341, 5.1.–5.12.

und Dokumentation über den Besuch wie Verbandstreffen und -messen,[521] ständige Möglichkeit, (vertraulichen) Rechtsrat zu beabsichtigten Handlungen einzuholen sowie die Einführung eines (anonymen) Hinweisgebersystems bewährt.[522] Das OFT führt in einem beispielhaften Maßnahmenkatalog aber auch Dinge auf, wie die Verknüpfung von Gehalts- und Bonuszahlungen mit der Erreichung von Compliance-Zielen oder Absolvierung von Compliance-Trainings, Errichtung eines Reporting-Systems, dem jeder Kontakt mit dem Wettbewerber zu melden ist sowie Vorzüge für Mitarbeiter, die sich proaktiv in die Compliance-Angelegenheiten des Unternehmens einbringen.[523]

dd) Revison und Nachbetrachtung – Review

Schließlich sollen nach Meinung des OFT die drei zuvor genannten Schritte regelmäßig auf ihre Effektivität hin untersucht werden. Einige Unternehmen führen dies jährlich, andere weniger häufig durch. Das OFT schlägt zur Revision die Durchführung von Audits vor.[524] Losgelöst von der regelmäßigen Überprüfung sollten die Schritte der Risikoidentifizierung, -bewertung und -begrenzung immer dann zusätzlich durchgeführt werden, wenn das Unternehmen die Übernahme eines anderen plant oder Betroffener in einer kartellbehördlichen Untersuchung ist.[525]

3. *Übertragbarkeit der Praxis und Vorbildcharakter für andere Rechtsordnugen*

Das OFT macht vor, wie es funktionieren kann. Im Rahmen der Bußgeldbrechnung wird ein ernsthaftes und effektives Compliance-Programm mit einem konkreten Bußgeldabschlag von bis zu zehn Prozent honoriert. Richtigerweise betont das OFT aber auch, dass es nicht per se diesen Abschlag gewähren wird, sondern das Unternehmen die Effektivität seiner Compliance-Bemühungen nachzuweisen hat.

Wie noch später herausgestellt wird, hat das System zur Bußgeldberechnung sehr viele Gemeinsamkeiten mit der Methode der Kommission und des

---

521 Vgl. dazu OFT v. 30.1.2002 - CP/1163–00 *Arriva plc and FirstGroup plc*, Rn. 54.

522 OFT, Quick Guide to Competition Law Compliance (2009), OFT1330, S. 9.

523 OFT, How Your Business Can Achieve Compliance with competition law, OFT1341, 5.11 ff.

524 OFT, How Your Business Can Achieve Compliance with competition law, OFT1341, 6.3.

525 OFT, Quick Guide to Competition Law Compliance (2009), OFT1330, S. 9.

Bundeskartellamts.[526] Auch dort wird nach der Ermittlung des Grundbetrags dieser anhand erschwerender und/oder mildernder Umstände erhöht und reduziert. Ein zusätzlicher mildernder Umstand „Compliance" im Sinne der Leitlinien ließe sich ohne weiteres auch in die Bußgeldleitlinien der Kommission oder des Bundeskartellamts integrieren.

Begrüßenswert ist zudem die transparente Vorgehensweise des OFT. In konkreten und zum Teil recht umfangreichen Anleitungen und Leitfäden beschäftigt es sich mit dem Thema Compliance und äußert sich konkret zu den Vorgaben der Effektivität. Es wagt den Blick über „den Tellerrand" und untersucht rechtsvergleichend die Praxis der anderen Verfolgungsbehörden, bevor es sich eine eigene Meinung bildet.[527] Diesem Rechtsvergleich misst es ausdrücklich einen hohen Stellenwert zu.[528] Seine Ansichten stellt es zur Diskussion und holt vor Erlass einer Regelung Rat bei Unternehmen, Verbänden und Kanzleien ein. Diese Vorgehensweise verleiht einer Regelung eine besondere Bedeutung, denn sie ist in einem breiten Konsultationsprozess unter Beteiligung von Verfolgungsbehörde und Rechtsanwendern zustande gekommen. Das OFT kann dadurch bei der seinerseits erfolgten Rechtsanwendung und -auslegung auf eine hohe Akzeptanz und Rechtssicherheit seiner Entscheidung vertrauen, denn es hat den Einwänden der Betroffenen vorab bereits Gehör verliehen.[529] Somit nimmt es seinen Kritikern „den Wind aus den Segeln". Die Vorgehensweise ist sehr homogen und begrüßenswert, da zwischen allen Anwendern des Kartellrechts ein Dialog vor Anwendung des Rechts geschaffen wird.

---

526 Vgl. 1. Teil:Abschnitt 1§ 3A)I.1 und 1. Teil:Abschnitt 1§ 3A)II.1

527 Annexe A – Summary of Penalty Regimes in selcted other Jurisdictions, OFT, Guidance as to the appropriate amount of a penalty, October 2011, OFT423con, S. 59 ff.

528 OFT, Guidance as to the appropriate amount of a penalty, October 2011, OFT-423con, Annex A – Summar of Penalty Regimes in selected other jurisdictions, Introduction: „The OFT considers that such 'benchmarking' by looking at the best practice and experience of other competition authorities is an important part of reviewing its approach to setting penalties."

529 OFT, How Your Business Can Achieve Compliance, OFT1278resp.

§ 2 Gesellschaftsrechtlicher Teil: Von „Binsenweisheit“ und „alten Schläuchen“ – Rechtspflicht zu Compliance?

A) Reichweite eines Compliance-Programms

Zunächst stellt sich die Frage, ob ein Compliance-Programm überhaupt einen Einfluss auf den Umfang des Bußgeldes haben darf. Denn sollte auf Seiten des Unternehmens bereits eine Rechtspflicht (oder[530] Obliegenheit?)[531] zur Einführung eines solchen Programms bestehen, so lässt sich eine Verteidigung mit diesem gerade nicht herleiten.[532] Um sich der Antwort zu nähern, ist es hilfreich, zunächst den Umfang und die Reichweite eines Compliance-Programms herauszustellen.

So wird die Ansicht vertreten, Compliance beschreibe zunächst nichts anderes, als die selbstverständliche Pflicht zur Normkonformität.[533] Die Begriffsbildung um Compliance solle „vielmehr nicht darüber hinwegtäuschen, dass Compliance-Programme, verstanden als die Summe aller Aufklärungs- und Überwachungspflichten, kein neues Phänomen der Rechtswirklichkeit seien.“[534] Und die Einhaltung gesetzlicher Regelungen sei schlichtweg Pflicht einer jeden Person, deren Erfüllung nicht in der Reduzierung oder gar in einem Verzicht auf ein Bußgeld münden könne. Es sei vielmehr eine „Binsenweisheit“,[535] dass gesetzliche Vorgaben einzuhalten sind und die Geschäftsleitung, nach Recht und

530 *Wagner*, CCZ 2009, 8; *Breßler/Kuhnke/Schulz/Stein*, NZG 2009, 721 ff.; *Dreher*, ZWeR 2004, 75, 78 spricht von beidem.

531 *Pampel*, BB 2007, 1636, 1638 spricht bei Obliegenheit von Aufsichtspflichtverletzung; *Krebs/Eufinger/Jung*, CCZ 2011, 213, 213 Obliegenheit im Rahmen von § 130 OWiG, ebenso *Eufinger/Maschemer*, EWS 2012, 509, 511.

532 *Pampel*, BB 2007, 1636, 1638.

533 *Rotsch*, ZIS 2010, 614, 614.

534 *Pampel*, BB 2007, 1636, 1636; gegen die Auffassung bei Compliance handele es sich in diesem Zusammenhang um „alten Wein in neuen Schläuchen“, vielmehr um „neuen Wein in neuen Schläuchen“ *Klindt/Pelz/Theusinger*, NJW 2010, 2385; *Klindt*, NJW 2006, 3399; *Benz/Klindt*, BB 2010, 2977, 2977; *C. Müller*, Kartellrechtscompliance, S. 25.

535 *U. H. Schneider*, ZIP 2003, 645, 646; *ders.*, NZG 2009, 1321, 1322; *ders./S. H. Schneider*, ZIP 2007, 2061.

Gesetz zu handeln, verpflichtet ist; eine Bußgeldmilderung bei Befolgung könne daher nicht abgeleitet werden.

Freilich rechtfertigt der Umstand allein, dass gesetzliche Vorgaben befolgt werden, nicht die Begründung eines neuen Betätigungsfelds; die hoheitlichen Gebote sprechen durch ihren Anwendungsbefehl für sich.[536] Jedoch geht es bei der Einführung und Fortentwicklung von Compliance-Maßnahmen gerade nicht nur um die Gewährleistung der Gesetzmäßigkeit der Handlungen der Geschäftsleitung, sondern um die Einführung, Umsetzung und Überwachung organisatorischer Maßnahmen zur Risikoprävention.[537] Die Unternehmensleitung will sich nicht (mehr) darauf beschränken, auf Verstöße zu reagieren, sondern leitet systematisch präventive Gegenmaßnahmen ein („legal engineering").[538] Mit einem hohen organisatorischen, technischen, finanziellen und personellen Aufwand versucht sie mit diesen, die Risikofelder des Unternehmens zu erkennen, sodass dessen Haftung und die seiner Organe reduziert[539] – perspektivisch ausgeschlossen wird und für den Fall der Zuwiderhandlung zum einen Schadensbegrenzung betrieben werden kann, zum anderen eine vollständige Aufklärung des Sachverhalts erleichtert wird.[540] Dabei kommuniziert die Unternehmensleitung die rechtlichen Grenzen, überwacht deren Einhaltung und sanktioniert Verstöße intern.[541]

Die Qualität der (verletzen) Regelung als staatlich, autonom (oder auch vertraglich) spielt dabei keine Rolle.[542] So macht nicht zuletzt der Wortlaut von Ziffer 4.1.3 DCGK deutlich („unternehmensinterne Richtlinien"), dass Compliance-Programme nicht allein auf die Beachtung gesetzlicher Vorschriften begrenzt

536 *Dreher*, ZWeR 2004, 75, 79; *Zimmermann*, WM 2008, 433, 435; *Hauschka*, in: Gesellschaftsrecht in der Diskussion, S. 51, 62; *Wiedemann*, ZGR 2011, 183, 199; *Rodewald/Unger*, BB 2007, 1629, 1635.

537 *Bergmoser/Theusinger/Gushurst*, BB-Special 2008, 1, 2; *Rodewald/Unger*, BB 2007, 1629, 1635; *Heuking/v. Coelln*, DÖV 2012, 827, 828.

538 *M. Roth*, Compliance, S. 3, 49.

539 *Klindt*, NJW 2007, 2460, 2460; *Bergmoser/Theusinger/Gushurst*, BB-Special 2008, 1, 2.

540 *Lampert*, BB 2002, 2237, 2242; *Vetter*, FS Graf von Westphalen (2010), S. 719, 721 f; *Bergmoser*, BB Beilage Nr. 4 2010, 2, 3; *Wolf*, DStR 2006, 1995, 1996; *Rodewald/Unger*, BB 2007, 1629, 1635.

541 *Dreher*, ZWeR 2004, 75, 79.

542 *Passarge*, NZI 2009, 86, 87; *Kort*, NZG 2008, 81, 82; *Hauschka*, ZIP 2004, 877, 877; *Vetter*, FS Graf von Westphalen (2010), S. 719, 723. Zu dem Problemkreis siehe noch Tz 5 des IDW EPS 980. Gegen eine Einbeziehung spricht, dass nicht jeder Verstoß gegen eine vertragliche Regelung pflichtwidrig ist. Ebenso eine Stellungnahme von BASF zu IDW EPS 980, da unnötigerweise von der Compliance Definition der DCGK abgewichen wird.

sind, sondern zugleich die vor- und nachgelagerte Frage der ordnungsgemäßen Anleitung und Vermittlung untersucht.[543] Mit einem Compliance-Programm beabsichtigt das Unternehmen, jedwedem Regelverstoß und seinen (finanziellen und reputationsmäßigen) Konsequenzen vorzubeugen. Es wird also mehr versucht, als nur „punktuelle Rechtskonformität“[544] zu gewährleisten, denn es erfolgt eine ganzheitliche Auseinandersetzung mit Regeln, Normen und Werten. In der Sache findet eine „Emanzipation von individueller Rechtstreue“[545] hin zu einer organisierten, dokumentierten und auch sanktionierenden Architektur der Rechtseinhaltung in allen unternehmerischen Tätigkeitsfeldern statt.

Compliance ist der erstmalige Ansatz, systematisch unternehmensinterne Prozesse so aufzusetzen, dass die Einhaltung des geltenden Rechts nicht dem Zufall oder individuellen Engagement einer Unternehmenseinheit zu verdanken ist, sondern mit dem gesamten Unternehmensauftritt verbunden ist.[546]

Compliance beschreibt daher nicht nur die tatsächliche Selbstverständlichkeit der Einhaltung von Regeln und Gesetzen, sondern reicht weiter als die Summe aller Rechtspflichten der Geschäftsleitung.[547] Hinter dem Begriff verbirgt sich mehr als das „althergebrachte Legalitätsprinzip des Vorstandes oder Geschäftsführers,“ nämlich „eine Querschnittsaufgabe über alle Rechtsgebiete hinweg, welche die Praxis für mehr als nur vorübergehende Zeit beschäftigen wird“[548] und das rechtmäßige Verhalten des Unternehmens, aller Organe und Mitarbeiter sicherstellen will.[549] Somit ergibt sich schon keine Pflicht aus dem Gedanken, dass Compliance schlichtweg die neuerliche Beschreibung der Bündelung aller Leitungs-, Aufklärungs- und Überwachungspflichten ist.

Jedoch schuldet die Unternehmensleitung gesetzmäßiges Handeln und es bleibt dabei ihr überlassen, wie sie diese Pflicht erfüllt, insbesondere Kartellverstöße vermeidet.[550] In der Debatte um eine Compliance-Pflicht sind zwei Problemkreise von

543 *Dreher*, ZWeR 2004, 75, 79; *Vetter*, FS Graf von Westphalen (2010), S. 719, 723; *Moosmayer*, Compliance, S. 1; *Hauschka*, in: Gesellschaftsrecht in der Diskussion, S. 51, 62.

544 *Klindt/Pelz/Theusinger*, NJW 2010, 2385.

545 *Klindt*, NJW 2007, 2460.

546 *Klindt/Pelz/Theusinger*, NJW 2010, 2385; *U. H. Schneider*, ZIP 2003, 645, 646; *Kiethe*, GmbHR 2007, 393, 394.

547 *Vetter*, FS Graf von Westphalen (2010), S. 719, 721; *Kiethe*, GmbHR 2007, 393, 394; *Kort*, NZG 2008, 81, 82; *Bergmoser*, BB Beilage Nr. 4 2010, 2, 3.

548 Wörtlich *Hauschka*, in: Gesellschaftsrecht in der Diskussion, S. 51, 54; *Passarge*, NZI 2009, 86.

549 *U. H. Schneider*, ZIP 2003, 645, 648.

550 *Hauschka/Klindt*, NJW 2007, 2726, 2728, *Pampel*, BB 2007, 1636, 1637.

einander zu trennen:[551] Ein enges Verständnis von Compliance betrachtet die Einzelpflicht der Unternehmensleitung zur Beachtung (kartell-)rechtlicher Vorgaben zum einen und ein weites Verständnis geht der Frage nach der Pflicht zur Einrichtung einer unternehmensweiten Compliance-Organisation zum anderen nach. Sicherlich obliegt es der Unternehmensleitung, die organisatorischen Maßnahmen zu treffen, die notwendig sind, um den Vorgaben des Kartellrechts zu folgen.[552] Doch ist fraglich, welches Maß und welchem Umfang diese Pflicht ausmacht, also ob die Beschränkung auf einzelne Bereiche und Ebenen zulässig ist oder vielmehr ein ganzheitlicher organisatorischer Ansatz zu wählen ist. Anknüpfend an die Frage, ob eine Pflicht zur allgemeinen, rechtsgebietsunspezifischen Compliance-Programm besteht, wird im Folgenden untersucht, ob es diese im Speziellen für die kartellrechtliche Compliance gibt.

In der Sache besteht weitestgehend Einigkeit, dass bei stetig zunehmender Regelungsdichte der Pflicht zur Beachtung rechtlicher Vorgaben nur noch mit der Einführung eines Compliance-Programms genüge getan werden kann. Unter den Befürwortern wird aber sodann lebhaft über die dogmatische Herleitung dieser Pflicht und ihren inhaltlichen Maßstäben diskutiert.[553] Rechtstatsächlich sind in den Unternehmen Compliance-Maßnahmen gewachsen, ohne dass der Gesetzgeber – abgesehen von einigen Ausnahmen im Finanzsektor – eingeschritten wäre.[554]

B) Geschriebene Rechtspflichten – Das „Ob“ zu Compliance

Neben einigen branchenspezifischen Sonderregelungen[555] ist im deutschen (Gesellschafts-)Recht keine allgemeine Vorschrift vorhanden, die die Geschäftsleitung oder eine andere Einheit im Unternehmen zur Einführung von

551 *Bachmann*, in: Gesellschaftsrecht in der Diskussion, S. 65, 67 Fn. 4; *Karbaum*, Kartellrechtliche Compliance, S. 103.

552 *Hauschka*, AG 2004, 461, 465.

553 Zu den Anfänge der Diskussion *Grohnert*, Rechtliche Grundlagen einer Compliance-Organisation und ausgewählte Fragen der Umsetzung (1999); *U. H. Schneider*, DB 1993, 1909; *ders.*, ZGR 1996, 225. Zu Beginn seiner 100-seitigen Ausführungen zu dieser Frage bemerkt *Karbaum*, Kartellrechtliche Compliance, S. 103, dass es insg. schwer falle, „Begründungsversuche zu systematisieren und rechtlich zu verorten.“

554 *Hauschka*, AnwBl. 2010, 629, 630.

555 Vgl. § 25a KWG, § 33 WpHG, § 64a VAG, § 12 Abs. 3–5 WpDVerOV, § 52a Abs. 2 BImSchG, § 53 Abs. 2 KrW-/AbfG, § 14 Abs . 2 GwG, § 22 ZAG, § 34 AO, § 29 I 2 StrahlenschutzVO.

Compliance-Maßnahmen generell verpflichtet.[556] Eine abstrakte, also branchenunabhängige gesetzliche Verpflichtung, existiert derzeit nicht;[557] die in den §§ 90 ff. und 161 AktG aufgeführten Organisationspflichten regeln, wie aufgezeigt wird, nur einzelne Compliance-relevante Aspekte des Vorstandshandelns.[558]

Die deutsche Rechtsprechung wurde mit dieser Frage bisher nur in Ansätzen und punktuell behelligt.[559]. Bis in die Ausbildungszeitschriften gereichte die wohl populärste Entscheidung zum Thema Compliance des BGH, wenn auch nur „nebenbei gesagt", zur Frage der Garantenstellung des Compliance-Officers, betrügerische Abrechnungen zu verhindern.[560] Trotz der Popularität dieser und zum Teil einiger weiterer Entscheidung hat die Rechtsprechung die Frage der Pflicht nicht erschöpfend geklärt.

I. Spezialgesetzliche Regelungen der regulierten Bereiche – Herleitung einer Gesamtanalogie?

Die Regelungsdichte von Compliance ist in den Rechtsgebieten unterschiedlich stark ausgeprägt. Dieser Unterschied ist vor allem für die regulierten Branchen Finanzen und Versicherungen „historisch" bedingt, da Compliance durch sie Einzug ins nationale (erweiterte) Recht gefunden hat.[561]

---

556 *Immenga*, FS Schwark (2009), S. 199, 199; *Vetter*, FS Graf von Westphalen (2010), S. 719, 725; *U. H. Schneider/S. H. Schneider*, ZIP 2007, 2061, 2062; Ringleb/Kremer/Lutter/v. Werder-*Ringleb*, Rz. 618.

557 *Schaefer/Baumann*, NJW 2011, 3601.

558 *Bürkle*, BB 2005, 565, 567. Daneben bestehen Treue- (§ 88 AktG), Verschwiegenheits (§ 93 Abs. 1 S. 3 AktG) und Kapitalerhaltungspflichten (§ 93 Abs. 3).

559 Erste Ansätze finden sich zum Produkthaftungsrecht z.B. BGHSt 37, 106 – Lederspray. Aus der jüngeren Rechtsprechung OLG Jena, NZG 2010, 226 zur Einführung eines konzerweiten Kontrollsystems gegen Scheinrechnungen; OLG Brandenburg, ZIP 2009, 866 zur Pflichtverletzung eines freiwillig eingerichteten Aufsichtsrats einer GmbH, der es Unterlassen habe, (rechtzeitig) einen Insolvenzantrag nach § 15a InsO zu stellen. Gespannt darf aber auf die Entscheidungsgründe des Urteils LG München I v. 10.12.2013 Az. 5HK O 1387/10 gewartet werden.

560 BGHSt 54, 44, kritisch dazu *Brozat*, CCZ 2011, 227.

561 Schimansky/Bunte/Lwowski-*Eisele*, § 109 Rn. 2. Das Recht der Bankenaufsicht habe eine „Schrittmacherrolle", *Preußner*, NZG 2004, 57; *ders.*, NZG 2004, 303, 305; so auch *Fleischer*, CCZ 2008, 1 ff.; *ders.*, ZIP 2003, 1, 10. *Bachmann*, in: Gesellschaftsrecht in der Diskussion, S. 65, 69 „Paradenorm der Compliance". Wenn man eine solche Reichweite annimmt, so liegt darin lediglich die Beschreibung eines tatsächlichen Zustands, der keinerlei Wirkungen für andere, vor allem nicht regulierte

Nach § 25a Abs. 1 S. 1, Abs. 4 KWG sind Kreditinstitute verpflichtet, eine ordnungsgemäße Geschäftsorganisation vorzuhalten, die die Einhaltung aller gesetzlichen Bestimmungen gewährleistet. Zweck der Norm ist zweierlei: Schutz des Einlegervermögens und Schutz der Gesamtwirtschaft vor Nachteilen durch Verfehlungen im Finanzdienstleistungs- und Kreditwesen.[562] Die Vorschrift ist damit eine branchenspezifische Compliance-Regelung.[563]

Im Rahmen des § 33 Abs. 1 S. 2 Nr. 1, 5 WpHG hat der Begriff Compliance zum ersten Mal ausdrückliche Erwähnung im deutschen Recht gefunden. Die Vorschrift wurde mit dem Umsetzungsgesetz (FRUG)[564] der MiFiD Richtlinie[565] ins nationale geschriebene Recht umgesetzt. Die Folge davon ist, dass die Norm eine herausragende Funktion in der Compliance-Diskussion und -Forschung einnimmt und letztlich die Pflicht zu Compliance für Wertpapierhandelsunternehmen und seine Mitarbeiter begründet.[566] Die Pflicht und ihr Umfang ist wiederum an den Maßstab von § 25a KWG angelehnt und wird demnach nicht „autonom" bestimmt.[567] Die Compliance-Maßnahmen haben „angemessen" zu sein, sodass Art, Umfang, Komplexität und Risikogehalt des Geschäftsbereichs das Leitbild dafür vorgeben.[568]

Eine weitere gesetzliche Pflicht, ein Compliance-Programm zu errichten, statuiert § 64a Abs. 1 S. 1 VAG. Die Vorschrift weist der Geschäftsleistung des Unternehmens die Verantwortung für die Geschäftsorganisation und letztlich die Herstellung von Compliance zu.[569] Sie ist in den wesentlichen Teilen

---

Branchen besitzt. Eine „Katalysator-Funktion" habe das Kartellrecht, *Fleischer*, NZG 2004, 1129, 1131.

562 Boos/Fischer/Schulte-Mattler-*Braun/Wolfgarten*, § 25a KWG Rn. 28 ff. m.w.N.

563 *Schmidt*, Compliance in Kapitalgesellschaften, S. 50; *Spindler*, WM 2008, 905.

564 Gesetz vom 17.7.2007 zur Umsetzung der Richtlinie über Märkte und Finanzinstrumente und der Durchsetzungsrichtlinie der Kommission (Finanzmarktrichtlinieumsetzungsgesetz), BGBl. I 2007, S. 1330 ff.

565 Richtlinie 2004/39/EG des Europäischen Parlaments und des Rates vom 21. April 2004 über Märkte für Finanzinstrumente, zur Änderung der Richtlinien 85/611/EWG und 93/6/EWG des Rates und der Richtlinie 2000/12/EG des Europäischen Parlaments und des Rates und zur Aufhebung der Richtlinie 93/22/EWG des Rates, ABl. EU L 145/1.

566 *Schmidt*, Compliance in Kapitalgesellschaften, S. 50; *Schaefer/Baumann*, NJW 2011, 3601, 3602; *Casper*, FS K. Schmidt (2009), S. 199; *Veil*, WM 2008, 1093, 1094, 1097.

567 AT 7 MaComp; *Schmidt*, Compliance in Kapitalgesellschaften, S. 50.

568 *Veil*, WM 2008, 1093, 1095.

569 *Schmidt*, Compliance in Kapitalgesellschaften, S. 52; *Bürkle*, VW 2008, 212; *Dreher*, WM 2008, 1765; *Kort*, NZG 2008, 81, 83.

deckungsgleich mit der Regelung des § 25a KWG. Der Gesetzgeber hat damit ein kohärentes Vorgehen der Aufsichtsbehörden ermöglichen wollen.[570]

Eine Rechtspflicht zur Einführung von Compliance-Programmen besteht in Ausschnitten für Unternehmen bestimmter Branchen bereits.[571] Tatsächlich decken diese Spezialvorschriften einige wichtige und große Branchen ab und es erscheint daher nicht unratsam, ein Compliance-Programm auf nicht ausdrücklich normierte Bereiche aufzulegen.[572] Eine Meinung will daher in der Summe dieser Vorschriften die Pflicht der Unternehmensleitung zur Einführung eines Compliance-Programms erkennen, welche über die regulierten Bereiche hinausgeht und sich auf alle Unternehmen erstreckt, sei es auch im Wege der Gesamtanalogie.[573]

Dem ist aber entgegenzuhalten, dass die einzelnen Regelungen als Sondervorschriften streng regulierten Rechtsgebieten entstammen und als solche grundsätzlich nicht allzu analogietauglich sind, da sie einen engen Anwendungsbereich regeln und keinen allgemeinen Rechtsgedanken formulieren.[574] Sie bestimmen die Pflichten der Unternehmensleitung zu sehr branchenbezogen und gerade außerhalb des Aktiengesetzes liegenden Sachverhalten.[575] Die Übertragung der

---

570 BT-Drs. 16/6518, S. 15.

571 *Wittig/Kümpel*, Rn. 16.656–750; *Gebauer/Kleiner*, in: Handbuch der Managerhaftung, § 19. Überblicksartig zur Produkthaftung und zum Reklamationsmanagement *Hauschka/Klindt*, NJW 2007, 2726, dazu grundlegend *Hauschka*, AG 1988, 29.

572 So *Bachmann*, in: Gesellschaftsrecht in der Diskussion, S. 65, 79 f. konkret für die Versicherungsbranche zu einem Zeitpunkt als § 64a VAG noch nicht Kraft getreten war.

573 *U. H. Schneider*, ZIP 2003, 645, 648 f.; *ders.*, ZGR 1996, 225, 230; *S. H. Schneider*, Informationspflichten, S. 225 ff.; *Kort*, NZG 2008, 81, 82 spricht von einer „Ausstrahlungswirkung". Auch *C. Müller*, Kartellrechtscompliance, S. 71 will i.E. aus den Anforderungen an das Risikomanagement von Banken und Finanzdienstleistungsunternehmen sowie Versicherern eine Pflicht zur (kartellrechtlichen) Compliance erkennen.

574 Nach *Emde*, FS U. H. Schneider (2011), S. 295, 312 ist die deutsche Kreditwirtschaft eine der am intensivsten regulierten Bereiche aller Wirtschaftssysteme, in dem das Prinzip der Gewerbefreiheit durch das der Gewerbeaufsicht ersetzt wurde. *Bachmann*, in: Gesellschaftsrecht in der Diskussion, S. 65, 70; *Vetter*, FS Graf von Westphalen (2010), S. 719, 728; *Pietzke*, CCZ 2010, 45, 49; *Hauschka/Klindt*, NJW 2007, 2726, 2728; *Hauschka*, in: ders., Corporate Compliance, § 1 Rn. 23.

575 *Unger*, in: Gesellschaftsrecht in der Diskussion, S. 103, 103; *Bürkle*, BB 2005, 565, 568; *Bachmann*, in: Gesellschaftsrecht in der Diskussion, S. 65, 70, 74; *Hauschka/Klindt*, NJW 2007, 2726, 2728. *Koch*, DB 2005, 267; *U. H. Schneider/v. Buttlar*, ZIP 2004, 1621; *Rodewald/Tüxen*, BB 2004, 2249; *Ziemons*, NZG 2004, 537, 540; *Diekmann/Sustmann*, NZG 2004, 929, 932.

Normen auf andere Branchen ist allenfalls für gleichsam regulierte Bereiche vorstellbar.[576] Zudem handelt es sich bei § 33 WpHG um eine öffentlich-rechtliche Eingriffsnorm, die äußerst restriktiv anzuwenden ist und regelmäßig durch diverse Rundschreiben der BaFiN (notwendigerweise)[577] präzisiert wird.

Wenn auch den Spezialnormen eine gewisse Tendenz innewohnt, die Entwicklung von Compliance in den Unternehmen voranzutreiben, so beschreibt dieser Befund lediglich die Rechtstatsächlichkeit, ohne dass diese Vorschriften eine normative Wirkung außerhalb der Finanz- oder Versicherungsbranche entfalten würden.[578] Im Wege der Gesamtanalogie soll gerade kein Junktim hergestellt werden zwischen der vorhandenen strengen Pflicht zu Compliance in den regulierten Bereichen und einer (abstrakten oder konkreten) Pflicht zu Compliance in den übrigen Branchen.[579] Zwar finden sich Teile einer Compliance-Organisation auch in normierten Handlungsvorgaben wieder, doch bilden diese kein abschließendes System, sondern verpflichten einzelne Organe in bestimmten Branchen punktuell und nicht umfassend.

II. Geschriebene Rechtspflicht aus dem Aktienrecht

Für die Antwort auf die Frage, ob eine generelle Pflicht der Gesellschaft zur Einführung eines Compliance-Programms besteht, ist es sinnvoll, diese zunächst bei der Aktiengesellschaft zu suchen. Von allen Gesellschaften besteht bei dieser Form die größte Notwendigkeit einer organisierten Haftungsprävention, nicht allein deshalb, da die höchste Ansammlung an verschiedenen nationalen und

---

576 *Bachmann*, in: Gesellschaftsrecht in der Diskussion, S. 65, 70 mit Verweis auf VG Frankfurt, WM 2004, 2157, 2160, das § 25a KWG über § 34 Abs. 2 VAG und 91 Abs. 2 AktG auf Versicherungsunternehmen angewandt hatte. Ähnlich auch VG Berlin, WM 2004, 2158, 2160 mit der Anwendung des § 25a KWG auf Versicherungsunternehmen.

577 Rundschreiben 4/2010 – Mindestanforderungen an die Compliance-Funktion und die weiteren Verhaltens- und Organisations- und Transparenzpflichten nach §§ 31 ff. WpHG für Wertpapierdienstleistungsunternehmen (MaComp). § 64a VAG wird durch die aufsichtsrechtlichen Mindestanforderungen an das Risikomanagement (MaRisk VA) ergänzt. Rundschreiben der BaFin VA 3/2009 vom 28. Januar 2009. MaRisk Banken und VA. Kritisch *Bachmann*, in: Gesellschaftsrecht in der Diskussion, S. 65, 76; *Wiedemann*, ZGR 2011, 183, 199.

578 *Bachmann*, in: Gesellschaftsrecht in der Diskussion, S. 65, 70.

579 *Bachmann*, in: Gesellschaftsrecht in der Diskussion, S. 65, 75.

internationalen Rechtsvorschriften aufeinander treffen. Auch ist die Forschung dort am weitesten vorangetrieben und hat einen hohen Detailierungsgrad.[580]

1. *Pflicht des Vorstands aus § 91 Abs. 2 AktG*

Eine Pflicht zur Einführung eines Compliance-Programms könnte sich sodann aus § 91 Abs. 2 AktG ergeben.[581] Der Vorstand wird im Rahmen dieser Vorschrift verpflichtet, durch die Einrichtung eines Informations- und Überwachungssystems den Fortbestand der Gesellschaft gefährdende Eingriffe zu erkennen und abzuwehren.[582] Dabei konkretisiert § 91 Abs. 2 AktG eine bereits vorher bestandene Pflicht des Vorstandes aus § 76 Abs. 1 AktG.[583]

Im Rahmen des Gesetzes zur Kontrolle und Transparenz im Unternehmensbereich wurde die Norm eingeführt (KonTraG)[584] und eine Gemeinsamkeit von der Motivation zum Erlass damals und der Debatte um Compliance heute ist nicht von der Hand zu weisen: Die Schaffung von Transparenz durch die Ausweitung der unternehmensinternen Kontrolle soll die Corporate Governance der Unternehmen verbessern. Ausweislich der Begründung des Regierungsentwurfes zu § 91 Abs. 2 AktG sind bestandsgefährdende Entwicklungen solche,

> „Verstöße gegen gesetzliche Vorschriften, die sich auf die Vermögens-, Finanz- und Ertragslage der Gesellschaft oder des Konzerns wesentlich auswirken."[585]

Neben den Verstößen gegen gesetzliche Vorschriften zählen dazu noch risikobehaftete Geschäfte und fehlerhafte Angaben in der Rechnungslegung.[586] Die

---

580 So auch *C. Müller*, Kartellrechtscompliance, S. 72.

581 Eine Rechtspflicht aus § 91 Abs. 2 AktG wollen herleiten *Wirtz*, WuW 2001, 342, 354; *Schwintowski/Klaue*, WuW 2005, 370, 377; *Schwintowski*, NZG 2005, 200, 201; *Arbeitskreis Schmalenbach Gesellschaft*, DB 1998, 1573; *Preußner/Becker*, NZG 2002, 846, 847; *Gernoth*, DStR 2001, 299 Fn. 9.

582 *Fleischer*, AG 2003, 291, 298; eine besondere Nähe sieht auch *Vetter*, DB 2007, 1963, 1966; Regierungsentwurf abgedruckt in ZIP 1997, 2059, 2061. Gemäß § 317 Abs. 4 HGB hat der Jahresabschlussprüfer zu beurteilen, ob das Überwachungssystem nach § 91 Abs. 2 AktG seine Aufgaben erfüllt hat und wird gegebenenfalls Verbesserungsvorschläge anbringen, § 321 Abs. 4 HGB. Über diese Vorschrift ist der Bezug zum Prüfungswesen hergestellt. Weiter Ausprägungen der Pflicht aus § 91 Abs. AktG finden sich in § 289 f. HGB.

583 *Wirtz*, WuW 2001, 342, 350; *Karbaum*, Kartellrechtliche Compliance, S. 149.

584 Gesetz zur Kontrolle und Transparenz im Unternehmensbereich (KonTraG), BGBl. I 1998, 786.

585 BT-Drs. 13/9712, 15.

586 *Obermayr*, in: Hauschka, Corporate Compliance, § 17 Rn. 8.

Bestandsgefahr ist demnach die Insolvenzgefahr, sodass ein Risikomanagementsystem im Sinne des § 91 Abs. 2 AktG derartigen Entwicklungen vorbeugen soll. Entwicklungen sind schließlich prozessuale Veränderungen von Zuständen.[587]

Ein Compliance-Programm wird in das unternehmensweite Risikomanagementsystem eingebunden.[588] Wesentliche Elemente dessen, wie die Festlegung einer Risikostrategie, -identifikation, -analyse und -bewertung sind ebenfalls kennzeichnend für Compliance.[589]

Zudem kann einem Kartellrechtsverstoß, wie oben gesehen, unter Umständen die Gefahr der Existenzbedrohung immanent sein.[590] Schon die drohenden hohen Bußgelder – abgesehen von weiteren zuvor genannten Konsequenzen – können für sich genommen grundsätzlich geeignet sein, eine bestandsgefährdende Entwicklung im Sinne von § 91 Abs. 2 AktG darzustellen.[591] Dieser Umstand ist in einigen Nichtigkeitsklagen vor den europäischen Gerichten auch Gegenstand der Einlassungen der betroffenen Unternehmen gewesen, die sich mit diesem Vorbringen eine Bußgeldreduzierung erhofften. Durch die außerordentliche Höhe des Bußgeldes werde die Finanzlage des Unternehmens in ihren Festen gefährdet und es drohe die Zahlungsunfähigkeit.[592] Die Kartellbehörden wehren sich gegen diesen Vorwurf mit Hinweis auf Randzeichen 35 der Bußgeldleitlinien der Kommission und Randzeichen 24 der Leitlinien des Bundeskartellamtes a.F. Diese sehen einen Ausnahmetatbestand zum Schutze der Unternehmensintegrität vor. Danach sei zwar eine bloß defizitäre Lage hinzunehmen und eine Bußgeldreduzierung nicht gerechtfertigt; dies gelte aber nicht bei einer unwiderruflichen Gefährdung der wirtschaftlichen Überlebensfähigkeit des Unternehmens.

---

587 *Zimmer/Sonneborn*, in: Risikomanagement nach KonTraG, § 1 Rn. 179; MünchKommAktG/*Spindler*, § 91 Rn. 16.

588 *Eisolt*, BB 2010, 1843, 1844; *Görtz*, CCZ 2010, 127.

589 *Wirtz*, WuW 2001, 342, 352, 354; *Wagner*, CCZ, 8; *Kort*, NZG 2008, 81. Eine gewisse Nähe sehen auch *Liese/Schulz*, BB 2011, 1347, 1350 m.w.N. und *Otto/Fonk*, CCZ 2012, 161, 162.

590 *Dannecker/Biermann*, in: Immenga/Mestmäcker, § 81 GWB Rn. 385 ff.; *Wirtz*, WuW 2001, 342, 349; *Dreher*, WuW 2009, 133, 134; *Krebs/Eufinger/Jung*, CCZ 2011, 213, 213 Fn. 2 mit Verweis auf das Amaturenkartell 2010 (Kommission v. 23.6.2010, Pressemitteilung IP/10/790).

591 *Wirtz*, WuW 2001, 342, 354; *Fleischer*, AG 2003, 291, 298.

592 Kommission v. 18.7.2001 – 2002/271/EG (36.490) *Graphitelektroden*, ABl. L 2002 100/1, Rn. 184, 206. In dem konkreten Fall kam die Kommission auch nach Prüfung weiterer Unterlagen dem Begehren nicht nach, weil damit ein ungerechtfertigter Wettbewerbsvorteil gegenüber den anderen, am Markt besser angepassten, Unternehmen einherginge.

Eine Existenz- oder Insolvenzgefahr würde danach von den Kartellbehörden bei Verhängung der Geldbuße mildernd berücksichtigt und ein Bußgeld mit existenzbedrohendem Ausmaß wäre unzulässig.[593] Auch habe ein Bußgeld (bisher) tatsächlich niemals zur Insolvenz geführt und exorbitant hohe Bußgelder seien auch nicht der Regelfall.[594]

Gegen die Auffassung, eine (abstrakte) Pflicht zu Compliance im Rahmen von § 91 Abs. 2 AktG zu suchen, sprechen jedoch einige Bedenken. Zunächst ist virulent, dass über die Reichweite von Tatbestand und Rechtsfolge der Norm interdisziplinäre Uneinigkeiten bestehen. Nach dem herrschenden (weiten) wirtschaftswissenschaftlichen Verständnis geht es darum, ein umfassendes kontrollierendes Risikomanagement für alle Einzelrisiken zu etablieren, hingegen soll nach rechtswissenschaftlichem Verständnis der Norm lediglich bestandsgefährdenden Entwicklungen entgegengewirkt werden.[595] Nach dem weiten wirtschaftswissenschaftlichen Verständnis könnte daher die Pflicht zu Compliance durchaus aus § 91 Abs. 2 AktG hergeleitet werden. Für die letztere (enge) Auffassung spricht aber insbesondere der systematische Zusammenhang zu § 92 AktG, der ebenfalls von gravierenden Konsequenzen ausgeht („Verlust, Überschuldung oder Zahlungsunfähigkeit").[596]

Ferner wird im Rahmen dieser Pflicht aus § 91 Abs. 2 AktG jedoch nicht die Einführung eines umfassenden Risikomanagementsystems geschuldet, sondern die Einführung von Kontrollmaßnahmen zur frühzeitigen Erkennung bestandsgefährdender Entwicklungen.[597] Nicht jeder (Kartell-)Rechtsverstoß

---

593 Zum deutschen Kartellrecht *Dannecker/Biermann*, in: Immenga/Mestmäcker, § 81 Rn. 393.

594 *Mundt*, FS 50 Jahre FIW (2010), S. 237, 242 f. die verhängten Bußgelder liegen selten über drei Prozent des Jahresumsatzes; *Karbaum*, Kartellrechtliche Compliance, S. 102.

595 Zum Stand der Diskussion nach (weitem) wirtschaftswissenschaftlichem Verständnis *Wolf*, DStR 2002, 1729, 1730; *Lück*, DB 1998, 8; *ders.*, DB 2000, 1473; *Schmidbauer*, DB 2000, 153; *Eggemann/Konradt*, BB 2000, 503. Für das (enge) rechtswissenschaftliche Verständnis vgl. *Fleischer*, in: Spindler/Stilz, § 91 Rn. 34; *Hommelhoff/Mattheus*, BB 2007, 2787; *Wirtz*, WuW 2001, 342, 352; *Seibert*, FS Bezzenberger (2000), S. 427, 437.

596 *Zimmermann*, WM 2008, 433, 436; Abs. 1 „Verlust in Höhe der Hälfte des Grundkaiptals", Abs. 2 „Zahlungsunfähigkeit".

597 *Immenga*, FS Schwark (2009), S. 199, 201; *Preußner/Becker*, NZG 2002, 846, 848; *Schmidbauer*, DB 2000, 153; *Lück*, DB 1998, 8; *ders.*, DB 2000, 1473. *Fleischer*, AG 2003, 291, 298; *Bergmoser/Theusinger/Gushurst*, BB-Special 2008, 1, 4.

löst sogleich diese Bestandsgefahr aus.[598] Ein Compliance-Programm beinhaltet über die Identifikation der Risiken hinaus aber auch Maßnahmen zur Vermeidung und Beseitigung.[599] Zudem verlangt § 91 Abs. 2 AktG, dass bestandsgefährdende *Entwicklungen* erkannt und ausgeräumt werden, womit ein konkreter Vorgang beschrieben wird. Doch ist eine Kartellabsprache kein reifender („dynamsicher")[600] Prozess, sondern ein tatsächlicher Zustand, sodass bereits der Wortlaut gegen die Verortung an dieser Stelle spricht.[601] Dieser verlangt zudem, dass die zuvor genannten Risiken „früh" zu erkennen sind. Hierunter ist zu verstehen, dass Risiken rechtzeitig, also zu einem Zeitpunkt bekannt werden, in dem es noch möglich ist, Maßnahmen zur Sicherung des Fortbestandes der Gesellschaft zu ergreifen.[602] Auch eine solche Sicherung ist nach Feststellung des Kartellverstoßes für diesen nicht mehr möglich.

Ferner reicht ein Compliance-Programm in seiner Regelungswirkung weiter als lediglich bestandsgefährdende Entwicklungen auszumachen; eine Pflicht aus § 91 Abs. 2 AktG herzuleiten, wäre daher zu eng.[603] Auch soll mit einem Compliance-Programm, weiter als § 91 Abs. 2 AktG es verlangt, nicht nur akuten, sondern grundsätzlich allen rechtlichen Risiken begegnet werden.[604] Schließlich scheint auch das Institut der Wirtschaftsprüfer e.V. (IDW) als Fachverband einen wesentlichen Unterschied zwischen einer Pflicht aus § 91 Abs. 2 AktG und einer etwaigen Pflicht zu Compliance zu erkennen, wenn er für Risikofrüherkennungssysteme (IDW PS 340) und Compliance-Programme (IDW PS 980) deutlich unterschiedliche Prüfungsstandards aufstellt und nicht in den einen den anderen, sei es als Annex, aufnimmt. Aus diesen Gründen ist daher auch eine etwaige analoge Anwendung von § 91 Abs. 2 AktG abzulehnen.[605]

---

598 *Bachmann/Prüfer*, ZRP 2005, 109, 110; *Bachmann*, in: Gesellschaftsrecht in der Diskussion, S. 65, 73; *Zimmermann*, WM 2008, 433, 435; MünchKommAktG/*Spindler*, § 91 Rn. 17; *Vetter*, FS Graf von Westphalen (2010), S. 719, 727; *Hauschka*, in: ders., Corporate Compliance, § 1 Rn. 23; *C. Müller*, Kartellrechtscompliance, S. 80.

599 *C. Müller*, Kartellrechtscompliance, S. 80.

600 *Berg*, AG 2007, 271, 276.

601 *Immenga*, FS Schwark (2009), S. 199, 201; *Berg* AG 2007, 271, 276; *Karbaum*, Kartellrechtliche Compliance, S. 101, Fn. 408, S. 149, 631; *Kiethe*, GmbHR 2007, 393, 393; *Turiaux/Knigge*, DB 2004, 2199.

602 Begr. RegE KonTraG, BT-Drucks. 13/9712, S. 15.

603 *Zimmermann*, WM 2008, 433, 436; *ders.*, BKR 2005, 208; *U. H. Schneider*, NZG 2009, 1321, 1323.

604 *Fleischer*, AG 2003, 291, 298.

605 So aber *Berg*, AG 2007, 271, 274; *Schwintowski/Klaue*, WuW 2005, 370, 377; *Schwintowski*, NZG 2005, 200, 201.

2. *Pflicht des Vorstands aus § 76 Abs. 1, § 93 Abs. 1 AktG*

Wenn nun § 91 Abs. 2 AktG nur einen Mindest-Pflichtrahmen statuiert, so rückt die allgemeine Leitungsverantwortung aus § 76 Abs. 1 AktG verbunden mit dem Sorgfaltsmaßstab von § 93 Abs. 1 AktG, der weiter reichende Organisations- und Überwachungspflichten begründet, als potentielle Rechtspflicht in den Fokus.[606] § 93 Abs. 1 AktG präzisiert wiederum die nicht (abschließend formulierbaren) Verhaltensanforderungen der Generalklausel aus § 76 Abs. 1 AktG, der die Pflicht zur sorgfältigen Unternehmensleitung begründet.[607] Die Wahrnehmung dieser Aufgabe ist nicht nur Recht, sondern auch dem Gesamtvorstand zugewiesene Pflicht, die dieser in eigener Verantwortung wahrnimmt.[608] So könnte die Pflicht zu Compliance Ausprägung der allgemeinen Kompetenzvorschrift des § 76 Abs. 1 AktG und mittelbar aus den Haftungsnormen um § 93 Abs. 1 und 2 AktG sein.[609]

Es wird vertreten, aus der allgemeinen Leitungsverantwortung von § 76 Abs. 1 AktG bestehe für die Leitungsorgane einer Gesellschaft die Pflicht, Entwicklungen entgegenzuwirken, welche einen Schaden der Gesellschaft zur Folge haben können.[610] Es sei die „Grundpflicht eines jeden Geschäftsleiters“[611], von der Gesellschaft vorhersehbare und vermeidbare Schäden abzuwenden (*Schadensabwendungspflicht*).[612] Es mag zwar zutreffen, dass eine solche Pflicht in der Sache besteht, doch ist dieses Verständnis aber in Bezug auf Compliance

---

606 *Fleischer*, AG 2003, 291, 298; *Immenga*, FS Schwark (2009), S. 199, 202; *Debo/Ennenbach*, NJW 2013, 2911.

607 *Vetter*, FS Graf von Westphalen (2010), S. 719, 727; *Fleischer*, NJW 2009, 2337, 2338; *Habersack*, FS U. H. Schneider (2011), S. 429, 430.

608 MünchKommAktG/*Spindler*, § 76 Rn. 19. So auch *Wagner*, CCZ 2009, 8, 11 maiore ad minus für die Internal Inverstigation Maßnahmen; *Fleischer*, BB 2008, 1070, 1072; *Bürkle*, BB 2005, 565, 569; *U. H. Schneider*, ZIP 2003, 645, 647; *Kiethe*, GmbHR 2007, 393, 398; *Wiedemann*, ZGR 2011, 183, 185; *Rodewald/Unger*, BB 2007, 1629, 1630.

609 MünchKommAktG/*Spindler*, § 76 Rn. 17; *U. H. Schneider/S. H. Schneider*, ZIP 2007, 2061, 2062; *Immenga*, FS Schwark (2009), S. 199, 202; *Fleischer*, NJW 2009, 2337, 2338. § 93 Abs. 1 AktG hat insofern eine Doppelfunktion, denn er umschreibt zum einen den Verschuldensmaßstab und begründet zu anderen objektive Verhaltenspflichten, *Hüffer*, § 93 Rn. 3a.

610 *Hauschka*, AnwBl. 2010, 629, 631; *ders.*, in: Gesellschaftsrecht in der Diskussion, S. 51, 62; *Moosmayer*, Compliance, S. 1.

611 *Hauschka*, AnwBl. 2010, 629, 631; *Wellhöfer/Peltzer/Müller*, S. 26.

612 GroßkommAktG/*Hopt*, § 93 Rn. 80; *Schmidt*, Compliance in Kapitalgesellschaften, S. 24 f, 54; *Bürkle*, BB 2005, 565, 569. S. dazu auch *Buntig*, ZIP 2012, 1542, 1544.

zu eng und trifft nicht seinen Kern. Denn nach diesem wird versucht, jede Rechtsverletzung zu unterbinden und nicht erst solche, die für das Unternehmen schadensträchtig sein könnten.[613]

Zu der Leitungsverantwortung des § 76 Abs. 1 AktG zählt aber auch eine *Organisationsverantwortung*, die wiederum eine *Legalitätspflicht* umfasst.[614] Diese „Kardinalpflicht“[615] verlangt der Unternehmensleitung Gesetzestreue bei Ausübung ihrer Amtsführung ab und beinhaltet zwei Kernpunkte: Zum einen eine interne Pflichtenbindung gegenüber der Gesellschaft, die durch Vorschriften des AktG,[616] der Satzung und Geschäftsordnung[617] weiter ausgestaltet ist,[618] zum anderen eine externe Pflichtenbindung, die sich aus den besonderen dem Unternehmensgegenstand entsprechenden Vorschriften des operativen Geschäft ergeben.[619] Die Bindung der Gesellschaft im Außenverhältnis bestimmt danach grundsätzlich auch die Bindung des Vorstands im Innenverhältnis.[620] Zu dieser gehören wiederum die Maßgaben des deutschen und europäischen Kartellrechts.

---

613 *U. H. Schneider*, NZG 2009, 1321, 1323.

614 *Thole*, ZHR 173 (2009), 504; *Fleischer*, ZIP 2005, 141; GroßkommAktG/*Hopt*, § 93 Rn. 98; *Ihlas*, Organhaftung und Haftpflichtversicherung, S. 78 f. *Habersack*, FS U. H. Schneider (2011), S. 429 ff.; *Buntig*, ZIP 2012, 1542, 1543. Bedenken gegen den Umfang der Legalitätspflicht hegt *Karbaum*, Kartellrechtliche Compliance, S. 105, indem er vermutet, die Legalitätspflicht umfasse nur die Verpflichtung des Vorstands, sein *eigenes* Verhalten den gesetzlichen Vorschriften entsprechend auszurichten; *Fleischer*, BB 2008, 1070.

615 *Vetter*, FS Graf von Westphalen (2010), S. 719, 728; *Fleischer*, NJW 2009, 2337, 2337; *U. H. Schneider*, NZG 2009, 1321, 1322; *Moosmayer*, Compliance, S. 2; *C. Müller*, Kartellrechtscompliance, S. 73.

616 U.a. §§ 80 f., 83, 90 f., 92 Abs. 1, 92 Abs. 2, 131, 161a AktG, § 81 BetrVG, § 325 HGB, § 40 BörsG, § 15 WpHG.

617 BGH, NJW 2007; 917; NZG 2008, 622; NZG 2008, 783; *Wiedemann*, ZGR 2011, 183, 196; *Hauschka*, in: ders., Corporate Compliance, § 1 Rn. 24.

618 *Hauschka*, in: Gesellschaftsrecht in der Diskussion, S. 51, 63 spricht von Commitment, das geschuldet werde. *Dreher*, FS Konzen (2006), 84, 94 f.; *Fleischer*, in: ders., Handbuch des Vorstandsrechts, § 7 Rn. 14; KK-AktG/*Mertens*, § 93 Rn. 34; GroßkommAktG/*Hopt*, § 93 Rn. 98. Mit Ausnahme der Verletzung vertraglicher Pflichten zustimmend *Wiedemann*, ZGR 2011, 183, 198 f.

619 *Fleischer*, NJW 2009, 2337, 2337; *ders.*, BB 2008, 1070; *C. Müller*, Kartellrechtscompliance, S. 73.

620 *Fleischer*, BB 2008, 1070; *Habersack*, FS U. H. Schneider (2011), S. 429, 431; *Buntig*, ZIP 2012, 1542, 1542; speziell fürs Kartellrecht *Dreher*, WuW 2009, 133, 137 f. spricht von einem Gleichlauf von bußgeldrechtlicher und zivilrechtlicher Haftung eines Geschäftsleiters.

Ordnet der Vorstand Zuwiderhandlungen gegen das (Kartell-)Recht an, duldet sie oder begeht sie gar selbst, handelt er demnach der Legalitätspflicht zuwider.[621] Denn die rechtswidrige Tat im Außenverhältnis wird (auch) zur Pflichtverletzung im Innenverhältnis gegenüber der Gesellschaft. Jedoch muss der Vorstand grundsätzlich nicht für ein unternehmensweites rechtmäßiges Verhalten einstehen, sondern lediglich sein eigenes Verhalten nach innen und außen legal gestalten.[622]

Allerdings wird nicht jede dem Unternehmen zugewiesene Aufgabe eigenhändig vom Vorstand durchgeführt, auch nicht jede Vorstandspflicht wird sodann im Gesamtvorstand wahrgenommen. Nach einer Studie sollen vielmehr nur etwa elf Prozent der Compliance-relevanten Belange auf der Ebene der Unternehmensleitung bearbeitet werden;[623] der Regelfall ist also deren Delegation, denn es handelt sich nicht um eine Leitungsentscheidung, die zwingend vom Gesamtvorstand vorzunehmen ist.[624] Für den Fall der zulässigen Arbeitsteilung[625] wandelt sich die Leitungsverantwortung in eine *horizontale Überwachungspflicht* der anderen Vorstandsmitglieder und eine *vertikale Auswahl-, Einweisungs- und Überwachungspflicht* gegenüber den nachgeordneten Unternehmensebenen des eigenen Ressorts und dessen rechtmäßigen Handelns.[626] Dadurch werden nicht

---

621 *Zimmermann*, WM 2008, 433, 435. Jedoch könne aus der Legalitätspflicht nicht gefolgert werden, dass damit auch die Einhaltung interner Regelungen einherginge. Sie behandelt demnach nicht alle Compliance-relevanten Vorgaben, *Bachmann*, in: Gesellschaftsrecht in der Diskussion, S. 65, 77 mit Verweis auf *Paefgen*, Unternehmerische Entscheidungen S. 25.

622 *Paefgen*, AG 2004 245, 251; *Wiesner*, in: Münchener Handbuch Gesellschaftsrecht, Band IV, § 25 Rn. 4; KK-AktG/*Mertens*, § 93 Rn. 34; MünchKommAktG/*Spindler*, § 93 Rn. 70; *Lücke*, in: Becksches Mandatshandbuch Vorstand der AG, § 3 Rn. 11; *Karbaum*, Kartellrechtliche Compliance, S. 105; *Dreher*, ZGR 1992, 22, 38; *Kort*, NZG 2008, 81, 82. A.A. *Zimmermann*, WM 2008, 433, 442; *Bürkle*, BB 2005, 565, 568.

623 AG Report, AG 2007, 326.

624 *Emde*, FS U. H. Schneider (2011), S. 295, 303; *Schmidt-Housson*, in: Hauschka, Corporate Compliance, § 7 Rn. 3 f. A. A. *C. Müller*, Kartellrechtscompliance, S. 84.

625 Zu den Grenzen der Delegationsmöglichkeiten *Schmidt-Housson*, in: Hauschka, Corporate Compliance, § 7 Rn. 14.

626 Von dem Prinzip der Gesamtverantwortung, das jedes Mitglied zur Geschäftsleitung in Gänze verpflichtet und ihm auch ungeteilte Verantwortung zuschreibt, kann zulässigerweise abgewichen werden und § 77 Abs. 1 S. 2 AktG bildet dafür die Ermächtigung, *Emde*, FS U. H. Schneider (2011), S. 295, 301; *Bechtold*, § 81 Rn. 64. So auch die Einteilung der Rechtsprechung BGHZ 127, 336, 347 (für § 43 GmbHG); BGH, NJW 1986, 54, 55 (für § 43 GmbHG); NJW 1995, 2850, 2851 (für

mehr alle Vorstandsmitglieder gemeinsam für jeden Geschäftsleitungsfehler einstehen müssen, auch wenn dies der gesetzlichen Wertung des § 76 Abs. 1 AktG mit seiner Allzuständigkeit und dem Prinzip der Gesamtzuständigkeit auf den ersten Blick zuwider läuft.[627] Durch die Einrichtung eines kartellrechtlichen Compliance-Programms werden die übrigen Vorstandsmitglieder von ihrer Pflicht zur Überwachung kartellrechtskonformen Verhaltens nachgeordneter Unternehmensangehöriger befreit und somit im Hinblick auf eine Einstandspflicht für Kartellverstöße entlastet, freilich solange und soweit die Delegationsgrenzen eingehalten und das betreffende Vorstandsmitglied ausreichend überwacht wurde.[628] Zwar haftet ein Vorstandsmitglied nicht für die ressortbezogene Rechtsverletzung des Vorstandskollegen, kann aber durchaus seine Überwachungs- und Kontrollpflicht verletzt haben.[629] Letztlich ist dies die Verknüpfung einer weit verstandenen Legalitätsverantwortung gekoppelt mit der Organisationsverantwortung für das Unternehmen.[630] Denn die Sorgfalt eines

§ 43 GmbHG); NJW 1997, 130, 132 (für § 43 GmbHG und § 823 BGB); NJW 2001, 969, 970 (für § 823 BGB); NStZ 1986, 34, 34 (für § 130 OWiG); OLG Düsseldorf, WuW/E DE-R, 1733 (für § 130 OWiG). *Wirtz*, WuW 2001, 342, 344 f.; *Dreher*, FS Konzen (2006), S. 85, 98; *ders.*, AG 2006, 213, 215; *Fleischer*, AG 2003, 291, 291, 293; *Zimmermann*, WM 2008, 433, 435; *Hauschka*, in: ders., Corporate Compliance, § 1 Rn. 30; *Fleischer*, BB 2008, 1070, 1071 spricht von einer „Legalitätskontrolle"; *ders.*, NJW 2009, 2337, 2338; *Hüffer*, § 76 AktG, Rn. 9a.

627 *Fleischer*, NJW 2009, 2337, 2338; *ders.*, AG 2003, 291, 293; *Hegnon*, CCZ 2009, 57; *Emde*, FS U. H. Schneider (2011), S. 295, 302, 306. *Vetter*, in: Handbuch der Managerhaftung, § 17 Rn. 4; MünchKommAktG/*Spindler*, § 77 Rn. 24.

628 *Wagner*, CCZ 2009, 8, 14; *Karbaum*, Kartellrechtliche Compliance, S. 120 Fn. 484 m.w.N. *Emde*, FS U. H. Schneider (2011), S. 295, 306 spricht von einer „gesteigerten Befassungs- und Kontrollpflicht für ihr Ressort" und einer dazu „korrelierend reduzierten Befassungspflicht" für die fachfremden Ressorts je nach Weite und Umfang der Delegation. *Turiaux/Knigge*, DB 2004, 2199, 2205; *Fleischer*, in: ders., Handbuch des Vorstandsrechts, § 8 Rn. 4, 36.

629 *Pietzke*, CCZ 2010, 45, 47; *Hegnon*, CCZ 2009, 57, 58; *Emde*, FS U. H. Schneider (2011), S. 295, 302; *Buntig*, ZIP 2012, 1542, 1543 spricht von einer „Legalitätskontrollpflicht".

630 *Bachmann*, in: Gesellschaftsrecht in der Diskussion, S. 65, 73. Semler/Peltzer-*Semler*, § 1 Rn. 211; MünchKommAktG/*Spindler*, vor § 76 Rn. 66 ordnet Aufsichts- und Überwachungspflichten der Sorgfaltspflicht zu; Preußner/*Zimmermann*, AG 2002 657, 658 und *Götz*, AG 1995 337, 338 der Leitungsaufgabe. Aber auch eine Verselbstständigung dieser Pflicht wird diskutiert, vgl. *Fleischer*, in: ders., Handbuch des Vorstandsrechts, § 8 Rn. 1.

ordentlichen Geschäftsleiters im Sinne des § 93 Abs. 1 AktG verlangt neben der Einhaltung der Gesetz auch eine effektive Unternehmensorganisation.[631]

Ob diese Pflicht nun aber auch die Einführung eines Compliance-Programms beinhaltet, hängt wiederum von der Bedeutung von Compliance für das jeweilige Unternehmen ab.[632] Es ist zu danach zu fragen, ob ihre Erfüllung im Ermessen der Unternehmensleitung gemäß § 93 Abs. 1 AktG liegt oder dieses zu einer Handlungspflicht reduziert ist.[633] Der Vorstand selbst ist zu rechtmäßigem Verhalten verpflichtet, insoweit steht ihm kein Ermessen zu und er wäre verpflichtet, ein angemessenes Compliance-Programm einzuführen.[634] Bedenkt man nun, dass der Umfang der einzuhaltenden Normen in großen Unternehmen schier unüberschaubar erscheint und die Risiken immer weiter ansteigen, so könnte dieser zuvor genannten Überwachungspflicht nur mit einem durchdachten System zur Einhaltung und Überwachung der Gesetzesmäßigkeit innerhalb der Gesellschaft genügt werden. Jedoch ist nicht jede Compliance-Maßnahme als solche dem Vorstand in seiner Funktion als Leitungsorgan angetragen und er wird nicht alle Compliance-relevanten Tätigkeiten eigenhändig ausüben. Wie auch die Entlastungsmöglichkeiten der § 93 Abs. 2 AktG, § 130 OWiG sowie §§ 823 ff., BGB aufzeigen, schuldet der Vorstand nicht per se ein bedingungsloses unternehmensweites rechtsmäßiges Verhalten aller Mitarbeiter, sondern seine Pflicht erschöpft sich in der sorgfältigen Überwachung.[635] Daher kann Compliance

---

631 Auch die Vorschrift § 93 Abs. 1 AktG nimmt einen Perspektivenwechsel von Organ zu Organwalter vor und prüft die individuelle und nicht die kollegiale Verantwortung des Organs, *Emde*, FS U. H. Schneider (2011), S. 295, 314.

632 *Kort*, NZG 2008, 81, 84; GroßkommAktG/*Kort*, § 91 Rn. 65; *Schmidt*, Compliance in Kapitalgesellschaften, S. 26; Schimansky/Bunte/Lwowski-*Eisele*, § 109 Rn. 95; *Krieger/Sailer*, in: Schmidt/Lutter, § 93 Rn. 6; *U. H. Schneider/S. H. Schneider*, ZIP 2007, 2061, 2062; *Vetter*, DB 2007, 1963, 1964; *Fleischer*, CCZ 2008, 1, 5.

633 *Schmidt*, Compliance in Kapitalgesellschaften, S. 54; *Thole*, ZHR 173 (2009), 504, 510, *Bürkle*, BB 2005, 565, 569 und *Immenga*, FS Schwark (2009), S. 199, 203 sehen das „Entschließungsermessen" auf Null reduziert. Konsequenterweise finde nach *Immenga*, FS Schwark (2009), S. 199, 203 die Business Judgement Rule keine Anwendung auf die Frage, ob ein Compliance-Programm eingeführt werde, da es sich um keine „Unternehmerische Entscheidung" im Sinne der Business Judgement Rule handele, wenn die Erfüllung der Legalitätspflicht eine Organisation erfordere. Vgl. zum unternehmerischen Ermessen grundsätzlich *Lohse*, Unternehmerisches Ermessen, S. 182 ff.

634 *Bürkle*, BB 2005, 565, 566; *Buchta*, DB 2006, 1939, 1939; *Wiedemann*, ZGR 2011, 183, 193. So auch AT 6 MaComp.

635 *Karbaum*, Kartellrechtliche Compliance, S. 106; *Fleischer*, in: ders., Handbuch des Vorstandsrechts, § 8 Rn. 45; *Thole*, ZHR 173 (2009), 504, 510.

in Gänze nicht seine (abstrakte) Rechtspflicht sein.[636] §§ 76 Abs. 1, 93 Abs. 1 AktG können also zu einer unternehmensweiten Compliance verpflichten, ohne aber konkrete Anforderungen an Art und Ausmaß zu stellen.[637]

3. *Soft Law – Pflichten aus dem Deutschen Corporate Governance Kodex*

Börsennotierte Gesellschaften sind seit Einführung des Deutschen Corporate Governance Kodex (DCGK) am 20. August 2002 gemäß § 161 AktG verpflichtet, eine Corporate Governance Erklärung abzugeben.[638] Diese jährlich abgegebene Erklärung beinhaltet die Information seitens des Unternehmens, dass es den Empfehlungen des Kodex entsprochen hat oder im Falle der Nichtbefolgung die Gründe dafür darzulegen, warum Empfehlungen nicht umgesetzt wurden (comply or explain).[639] Zwar handelt es sich bei dem Kodex nicht um verbindliches Recht, doch liegt sein Wert in seinen Anregungen und Empfehlungen, die das Leitungs- und Überwachungsverhalten der Unternehmensleitung beeinflussen sollen.[640] So ist die Abweichung davon als unternehmerische Entscheidung vom weiten Leitungsermessen der Unternehmensleitung erfasst aber/und im Rahmen der Business Judgement Rule justiziabel.[641] Die (vollständige und inhaltlich korrekte) Abgabe der Entsprechenserklärung nach § 161 AktG ist allerdings verpflichtend, auch wenn sich ihr Pflichtcharakter nicht auf die Inhalte des DCGK bezieht.[642] Eine Meinung will daher eine Pflicht zu Compliance herleiten.[643]

---

636 *Wagner*, CCZ 2009, 8, 11; *Fleischer*, AG 2003, 291, 297; *ders.*, NZG 2004, 1129, 1131; *Liese/Schulz*, BB 2011, 1347, 1349; *Hauschka*, in: ders., Corporate Compliance, § 1 Rn. 22; *ders.*, ZIP 2004, 877, 879; *Hauschka/Klindt*, NJW 2007, 2726, 2728. Ein Compliance-System außerhalb des Kapitalmarkts ablehnend Schimansky/Bunte/Lwowski-*Eisele*, § Rn. § 109 Rn. 1, 5; *Lücke*, in: Becksches Mandatshandbuch Vorstand der AG, § 3 Rn. 15.

637 *Vetter*, DB 2007, 1963, 1964. Der Unternehmer weiß immer noch besser als ein Richter und der Gesetzgeber, wie er sein Unternehmen organisiert, *Hauschka*, ZIP 2004, 877, 878.

638 BGH, NZG 2009, 342 m. Anm. *Vetter*, NZG 2009, 561 ff.

639 *Bürkle*, BB 2005, 565, 567 unter Umständen kann der Druck so hoch sein, dass die Devise in Anlehnung an die Wirtschaftsprüfungsgesellschaft Arthur Anderson „comply or die" lautet.

640 *Lohse*, Unternehmerisches Ermessen, S. 287; *Karbaum*, Kartellrechtliche Compliance, S. 166 f; *Weber-Rey/Buckel*, AG 2011, 845.

641 *Weber-Rey/Buckel*, AG 2011, 845, 849.

642 *Karbaum*, Kartellrechtliche Compliance, S. 167; *Weber-Rey/Buckel*, AG 2011, 845.

643 *Bürkle*, BB 2007, 1797, 1799.

Entsprechend dem Ziel aus Abs. 5 der Präambel des DCGK – der Flexibilisierung und Selbstregulierung der deutschen Unternehmensverfassung – verzichtet der Kodex auf eine ausdrückliche Empfehlung, ein Compliance-Programm einzurichten.[644] Ziffer 4.1.3 DCGK formuliert deutlich, dass

> „der Vorstand (…) für die Einhaltung der gesetzlichen Bestimmungen und der unternehmeninternen Richtlinien zu sorgen (hat) und wirkt auf deren Beachtung durch die Konzernunternehmen hin (Compliance)."

Die Kodex-Kommission geht davon aus, dass die Formulierung die gesetzliche Lage wiedergibt und begründet keine Verhaltenspflichten der Unternehmensleitung in Bezug auf Compliance.[645] Die dogmatische Herleitung dieser Pflicht, aber auch ihr Umfang und ihre Voraussetzungen müssen weiterhin außerhalb des DCGK gesucht werden.[646]

Der Kodex ist ein Regelungsinstrument, das zwischen privater Selbstregulierung und staatlicher Normensetzung steht.[647] Zwar handelt es sich nur um „soft-law-Regelungen" einer Experten-Kommission und auch diese richten sich nur an kapitalmarktorientierte Unternehmen im Sinne von § 264d HGB, doch ist zum einen eine Begriffsprägung des Wortes Compliance gewollt, zum anderen der Wille erkennbar, Compliance im Wege der Corporate Governance einzugliedern.[648] Insofern könnte dem Kodex die Eigenschaft einer „self-fulfilling-prophecy" zukommen, indem die Unternehmensleitung dauerhaft den Angaben Folge leistet.[649] Jedenfalls ist die ausdrückliche Nennung des Begriffs Compliance

---

644 Ringleb/Kremer/Lutter/v. Werder-*Ringleb*, Rz. 615d; schon deshalb enthält der Kodex keine Empfehlungen oder Anregungen zur Ausgestaltung, Ringleb/Kremer/Lutter/v. Werder-*Ringleb*, Rz. 617. *Vetter*, DB 2007, 1963, 1963; *U. H. Schneider/S. H. Schneider*, ZIP 2007, 2061, 2062.

645 Ringleb/Kremer/Lutter/v. Werder-*Ringleb*, Rz. 615. *Liese*, BB-Sepcial 2008, 17, 20; *Vetter*, DB 2007, 1963, 1964.

646 *Bürkle*, WM 2005, 1496, 1497 der Verweis des DCGK auf eine nicht bestehende Pflicht geht demnach ins Leere; *Bergmoser/Theusinger/Gushurst*, BB-Special 2008, 1, 5. So auch ausdrücklich *C. Müller*, Kartellrechtscompliance, S. 109, 112 für die Plficht zu kartellrechtlichen Compliance-Programmen.

647 *Schmidt*, Compliance in Kapitalgesellschaften, S. 43; „reflexives Regelungswerk" *Littger*, ZG 2008, 165, 170. In anderen Rechtsordnungen sind ebenfalls Corporate Governance Kodices eingeführt worden, vgl. für die Schweiz *Bühler*, ZGR 2012, 228 ff., für Großbritannien *Winner*, ZGR 2012, 245 ff. sowie überblickartig zur Situation in den europäischen Mitgliedstaaten *Fleischer*, ZGR 2012, 160 ff.

648 *Vetter*, FS Graf von Westphalen (2010), S. 719, 722.

649 *Preußner*, NZG 2004, 303, 306 nimmt an, dass der DCGK über § 161 AktG dennoch Außenwirkung erlange; *Buchta*, DB 2006, 1939, 1939. Weit auch *Kort*, NZG 2008,

durch die Änderung 2007 Konsequenz eines „breiten Bewusstseinswechsels“ in der Unternehmenspraxis, Compliance-Maßnahmen auch außerhalb des Finanzsektors umzusetzen.[650] In der Präambel des Kodex wird auch nicht börsennotierten Gesellschaften ausrücklich die Einhaltung des DCGK empfohlen wird.

Es ist daher nicht zu leugnen, dass die Erklärungs- und Begründungspflicht einen tatsächlichen Druck erzeugt, wenigstens den Empfehlungen nachzukommen.[651] Zunehmend in den Fokus der Diskussion rückt die Frage der (mittelbaren) Haftung, wenn einer Empfehlung des Kodex nicht gefolgt wird.[652] Kein Unternehmen möchte ungezwungen in die Situation geraten, seinen Aktionären, Gläubigern sowie der Presse und weiteren Öffentlichkeit einzuräumen, dass es den Grundsätzen der Corporate Governance widerspricht und wird sich daher zumindest faktisch gebunden fühlen.[653] Vielmehr verbirgt sich hinter der Entsprechenserklärung die Chance des Unternehmens, sich selbst als „Good Corporate Citizen“[654] zu präsentieren, denn bei Abgabe der Erklärung kann es zur Einhaltung des Kodex Stellung nehmen und für seine Corporate Governance Maßnahmen werben.[655]

4. Compliance Verantwortung des Aufsichtsrats

Intuitiv scheint der Aufsichtsrat das „geborene Organ“ für die Wahrnehmung von Compliance-Pflichten zu sein.[656] § 111 Abs. 1 AktG weist ihm die

---

81, 83. Gegen die Einordnung als Handelsbrauch, Gewohnheitsrecht, Vermutung oder „irgendwie gearteter safe harbour“, *Weber-Rey/Buckel*, AG 2011, 845, 846.

650 *Vetter*, DB 2007, 1963, 1963. So auch *Bergmoser*, BB Beilage Nr. 4 2010, 2, 2.

651 *Karbaum*, Kartellrechtliche Compliance, S. 167; *Bergmoser/Theusinger/Gushurst*, BB-Special 2008, 1, 5.

652 *Weber-Rey/Buckel*, AG 2011, 845, 847 ff.

653 BT-Drs. 14/8769, S. 21; *Borges*, ZGR 2003, 508, 524; Ringleb/Kremer/Lutter/v. Werder-*Ringleb*, Rn. 54 ff.; *Hoffmann-Becking*, ZIP 2011, 1173, 1174; *ders.*, FS Hüffer (2010), 337, 338; *Wernsmann/Gatzka*, NZG 2011, 1001, 1006. Auch *Hüffer*, § 161 Rn. 4 spricht von Verhaltensregeln mit „gesetzgeberischer Wirkung“. Einen faktischen Zwangs ablehnend *Weber-Rey/Buckel*, AG 2011, 845, 849; *Kremer*, ZIP 2011, 1177, 1180.

654 *Dannecker*, in: Alwart, S. 6.

655 *Karbaum*, Kartellrechtliche Compliance, S. 167. Gemäß § 161 Abs. 2 AktG ist die Entsprechenserklärung dauerhaft auf der Interpräsenz des Unternehmens zu veröffentlichen. *Schaefer/Baumann*, NJW 2011, 3601, 3605; *Schwintowski*, NZG 2005, 200, 203.

656 *Bachmann*, in: Gesellschaftsrecht in der Diskussion, S. 65, 92 f.; *Hauschka*, AnwBl. 2010, 629, 630.

(nachrangige)[657] Überwachung der Geschäftsführung des Vorstands zu. Der Aufsichtsrat ist aber nicht der Initiator für die Einführung eines Compliance-Programms, sondern kann nur dessen Überwacher sein. Seiner Tätigkeit muss immer ein geschäftsführendes Verhalten vorauszugehen, denn eigenständig kann er keine geschäftsleitenden Maßnahmen vornehmen, § 111 Abs. 4 S. 1 AktG. Auch kann seine Pflicht nicht weiter gehen als die des Vorstands selbst, sodass aus diesem Gedanken schon keine abstrakte Pflicht besteht.

In seinen Aufgabenbereich fällt insbesondere auch die Überwachung der Leitungs- und Organisationsverantwortung und somit der Rechtmäßigkeit der Geschäftsleitung.[658] Die Überwachungsfunktion schließt auch die Prüfung mit ein, die vom Vorstand getroffenen Compliance-Maßnahmen zur organisatorischen Sicherstellung der Rechtmäßigkeit im Rahmen des pflichtgemäßen Unternehmensermessens zu beurteilen.[659] Wenn deren Einrichtung also Rechtspflicht des Vorstands ist, so ist deren Überwachung dem Aufsichtsrat angetragen.[660] Zwar wird keine Detail-Prüfung zu jeder Einzelmaßnahme möglich sein, doch beschränkt sich die Prüfung dabei keinesfalls auf die Rechtsmäßigkeit des Handelns, sondern auch auf dessen Zweckmäßigkeit und Wirtschaftlichkeit.[661] Da für den Maßstab der Prüfung durch den Aufsichtsrat gleichfalls die Business Judgement Rule des § 93 Abs. 1 AktG gilt,[662] bestimmen sich die Maßnahmen hinsichtlich kartellrechtlicher Compliance nach den zuvor beim Vorstand genannten Kriterien wie z.B. Unternehmensgröße, Branche, Zuwiderhandlungsrisiko. Wie auch im Verhältnis Gesamtverantwortung zu Ressortverantwortung innerhalb des Vorstands herrscht im Verhältnis Aufsichtsrat zu Ausschuss ein eingeschränkter Überwachungsmaßstab.

Nach § 90 Abs. 1 S. 1 AktG hat der Vorstand dem Aufsichtsrat über die Lage der Gesellschaft oder Fragen der Unternehmensplanung zu berichten. Ziel

---

657 *Martens*, FS Fleck (1988), S. 191, 198 ff.

658 *Lutter/Krieg*, Rechte und Pflichten des Aufsichtsrats, Rn. 73; MünchKommAktG/*Spindler*, § 76 Rn. 109; *Vetter*, in: Handbuch börsennotierte AG, § 26 Rn. 75.

659 *Vetter*, FS Graf von Westphalen (2010), S. 719, 732; *ders.*, DB 2007, 1963, 1966. Auch Ziff. 3.8. DCGK sieht die Anwendung der Business Judgement Rule auf die Pflichten des Aufsichtsrates vor.

660 *Bürkle*, BB 2007, 1797, 1800; *Vetter*, DB 2007, 1963, 1966; *Kort*, NZG 2008, 81, 84.

661 *Vetter*, FS Graf von Westphalen (2010), S. 719, 732; *Fett/Theusinger*, BB Beilage Nr. 4 2010, 6, 10. Nach *Karbaum*, Kartellrechtliche Compliance, S. 235 soll das Unterlassen gebotener kartellrechtlicher Compliance von Seiten des Vorstands zu einer Abberufung durch den Aufsichtsrat aus wichtigem Grund gemäß § 84 Abs. 3 AktG führen.

662 MünchKommAktG/*Habersack*, § 111 Rn. 207.

der Norm ist es, eine Informationsgrundlage zu schaffen, aufgrund derer der Aufsichtsrat seinen Überwachungspflichten aus § 111 AktG gegenüber dem Vorstand nachkommen kann. Zu diesen Informationen gehört auch eine Einschätzung der kartellrechtlichen Risikolage.[663] Die Entscheidung über die Einrichtung eines Compliance-Programms ist ein wichtiger Anlass im Sinne des § 90 Abs. 2 Nr. 1 AktG, sodass der Vorstand darüber unverzüglich zu berichten hat, wovon auch Ziffer 3.4. Abs. 2 DCGK ausgeht.[664]

Jedoch ist Gegenstand der Überwachungspflichten des Aufsichtsrats nur das Vorstandshandeln, nicht aber das Verhalten der Mitarbeiter.[665] Auch wenn der Aufsichtsrat nach Ziffer 5.3.2. DCGK eine Prüfungsausschuss einrichten soll,[666] der sich mit (einigen) Fragen der Compliance befasst, so ist dies lediglich eine Empfehlung; § 107 Abs. 3 AktG, der weitestgehend wortgleich ist, klammert die Compliance-Anforderungen aus.[667] Zwar wird der Aufsichtsrat immer wieder mit Compliance-Belangen in Verbindung gebracht, doch verpflichten diese Vorschriften ihn nicht, ein Compliance-Programm einzuführen.[668] Auch Ziffer 3.4. Abs. 2 DCGK bestimmt lediglich, dass der Vorstand den Aufsichtsrat über die „relevanten Fragen der Compliance“ zu unterrichten hat.[669] Informationen

---

663 *Lohse*, Unternehmerisches Ermessen, S. 100 ff.; *Karbaum*, Kartellrechtliche Compliance, S. 162.

664 Auch wenn der DCGK die konkrete Art und Weise der Berichterstattung über Compliance offenlässt, ist nicht zwingend, dass diese vom Vorstand vorgenommen wird, sondern kann auch von einer anderen Stelle, z.B. dem Compliance Officer, erfolgen. Insofern ist nur die Vorgabe aus § 33 Abs. 1 Nr. 5 WpHG zwingend, dass der Vorstand den Aufsichtsrat informiert. *Karbaum*, Kartellrechtliche Compliance, S. 163.

665 *Bachmann*, in: Gesellschaftsrecht in der Diskussion, S. 65, 93. Die Überwachungs- und Beratungspflicht des Aufsichtsrats der Konzernobergesellschaft beziehen sich ausschließlich auf diese. Daher trifft den Aufsichtsrat keine konzernweite Überwachungsverantwortung.

666 Nach Art. 41 Richtlinie 2006/43/EG des Europäischen Parlaments und des Rates 17.5.2006 über Abschlussprüfungen von Jahresabschlüssen und konsolidierten Abschlüssen, zur Änderung der Richtlinien 78/660/EWG und 83/349/EWG des Rates und zur Aufhebung der Richtlinie 84/253/EWG des Rates soll das obsolet sein. *Kort*, NZG 2008, 81, 84, *Sünner*, CCZ 2008, 56; *Preußner*, NZG 2008, 574, 575; *Hauschka*, in: ders., Corporate Compliance, § 1 Rn. 20.

667 Vgl. zu dem Pflichtenkreis aus § 107 Abs. 3 *Wermelt/Saitz*, ZCG 2011, 29 ff.

668 Auch wenn eine gewisse Sachnähe nicht von der Hand zu weisen ist, *Vetter*, FS Graf von Westphalen (2010), S. 719, 735.

669 *Vetter*, DB 2007, 1963, 1964; *Kort*, NZG 2008, 81, 84; *Rodewald/Unger*, BB 2007, 1629, 1631.

müssen so bei einem begründeten Verdacht des Compliance-Verstoßes oder bei einer Änderung der Rechtsprechung oder Gesetzeslage erfolgen, wenn sie die Planung und Entwicklung des Unternehmensgegenstandes berühren. So hat der Aufsichtsrat in der Regel keine Möglichkeit, sich originär über Fragen der Compliance zu informieren. Ein direkter Kontakt mit dem Compliance Officer ist auch nicht vorgesehen.[670] Das ist insofern unglücklich, als der unmittelbare Kontakt zum Abschlussprüfer durchaus üblich ist.[671]

III. Geschriebene Pflichten außerhalb des Aktienrechts

1. Pflicht aus § 130 (§ 30) OWiG

Der § 130 OWiG bezieht sich auf die Pflichten des Betriebsinhabers in seiner Funktion. Die Vorschrift will das Interesse der Allgemeinheit an der Aufrechterhaltung der innerbetrieblichen Ordnung und der Abwehr von Gefahren schützen, die von dem Unternehmen ausgehen und bildet dafür zugleich einen Auffangtatbestand.[672] Sie sanktioniert als Tathandlung das Unterlassen der erforderlichen Aufsichtsmaßnahmen und geht davon aus, dass aus dem arbeitsteiligen Zusammenwirken Risiken herrühren können, für die dann eine Organisationsverantwortlichkeit besteht. Der Zweck der Vorschrift liegt vor allem darin begründet, bei der betriebsbezogenen Ordnungswidrigkeit des Mitarbeiters auf das Unternehmen und sein Vermögen durchgreifen zu können, weil dieses nicht hinreichend Vorkehrungen gegen die Tat getroffen hat.[673] Denn dieses haftet, im Falle zurechenbaren Fehlverhaltens seiner Aufsichtspflichtigen nach der Normenkette §§ 30, 130, 9 OWiG.

Das Merkmal des betriebsbezogenen Verstoßes umfasst nach weitem Verständnis sämtliche Pflichten, die in Zusammenhang mit der Betriebsleitung stehen (Zivilrechtsakzessorietät).[674] Dabei liegt der Vorwurf gerade nicht in der

670 Eine gesetzliche Regelung findet sich (nur) in § 33 Abs. 1 S. 2 Nr. 1 WpHG und § 12 Abs. 4 WpDVerOV.

671 Im Einzelfall kann eine solche Berichtslinie hergestellt werden, *Kasten*, in: Mäger, Europäisches Kartellrecht, Rn. 68.

672 BGH, NJW 1994, 1801, 1803; *Bussmann/Matsche*, CCZ 2009, 132, 132; *Dannecker/Biermann*, in: Immenga/Mestmäcker, Vor § 81 Rn. 122; KarlsruherKommentar-*Rogall*, § 130 Rn. 4; *Adam*, wistra 2003, 285, 286; *Többens*, NStZ 1999, 1, 5.

673 Wenngleich der Begriff „Unternehmen" nicht ausdrücklich fällt, *Wegner*, Die Systematik der Zumessung unternehmensbezogener Geldbußen, S. 33; *Dannecker/Biermann*, in: Immenga/Mestmäcker, Vor § 81 Rn. 122; Göhler-*Gürtler*, § 130 Rn. 3.

674 *Bussmann/Matsche*, CCZ 2009, 132, 132.

Teilnahme an einer Ordnungswidrigkeit begründet, sondern in der fehlerhaften Organisation, die die rechtswidrige Handlung erst ermöglicht hat. § 130 OWiG legt der Unternehmensleitung also gewisse Koordinations-, Organisations- (präventive Verhinderung von Fehlverhalten),[675] Untersuchungs- (substantiierten Hinweisen nachgehen)[676] und Kontrollpflichten (regelmäßige Kontrollen und wiederholte Vermittlung des Inhalts),[677] auf, deren Anforderungen die Rechtsprechung in zahlreichen Fällen bereits konkretisiert hat.[678] Zwar entstammt die Rechtsprechung einem „prae-Compliance-Zeitraum", doch finden sich viele wichtige Elemente guter Compliance wieder. Um einige zu nennen: sorgfältige Auswahl der Mitarbeiter, sachgerechte Aufgabenverteilung, Aufklärung über Rechte und Pflichten der Mitarbeiter, Überwachung und Kontrolle[679] (nachgeordneter Unternehmensebenen),[680] Durchführung stichprobenartiger Kontrollen und Verfolgung von Verdachtsfällen[681] sowie angemessene Sanktionierung bei Zuwiderhandlung. Insgesamt ist die Einrichtung an die Grundsätze der objektiven Erforderlichkeit und Zumutbarkeit gebunden.[682]

---

675 OLG Hamm, wistra 2003, 469; *Dannecker/Biermann*, in: Immenga/Mestmäcker, Vor § 81 Rn. 122.

676 BGH, GmbHR 1985, 143; OLG Koblenz, ZIP 1991, 870.

677 OLG Stuttgart, NJW 1977, 1410. Vgl. auch KarlsruherKommentar-*Rogall*, § 130 Rn. 40.

678 Vgl. oben Rspr. überblicksartig bei KarlsruherKommentar-*Rogall*, § 130 Rn. 41; *Schaefer/Baumann*, NJW 2011, 3601, 3604. BGH, WuW/E BGH 2148, 2149; WuW/E BGH 2202, 2203; WuW/E BGH 2329, 2332; WuW/E BGH 2394; OLG Frankfurt v. 21.9.1992 – 6 Ws (Kart) 12/91 = NJW-RR 1993, 231; KG, WuW/E OLG 1394, 1397; WuW/E OLG 1449, 1457; WuW/E OLG 339, 3403; WuW/E OLG 2330, 2332; WuW/E DE-R, 83, 86; WuW/E OLG 3169, 3174; KG, wistra 1999, 357, 359; OLG Zweibrücken, NStZ 1998, 575; OLG Düsseldorf, WuW/E DE-R 1893, 1897; BayObLG, wistra 2001, 478, 480; BKartA, WuW/E DE-V 21, 24; BKartA, WuW/E DE-V, 85, 89. *Bussmann/Matsche*, CCZ 2009, 132, 132 sprechen von einem „Wildwuchs an Kasuistik", ähnlich auch *Hauschka*, ZIP 2004, 877, 878.

679 Darunter fällt auch, den Betriebsinhaber zu kontrollieren, dass dieser Steuern und Sozialabgaben ordnungsgemäß abführt, *Bachmann*, in: Gesellschaftsrecht in der Diskussion, S. 65, 71. Nach *Groß/Reichling*, wistra 2013, 89 ff. sollen dies mangels Betriebsbezogneheit allerdings keine Korruptionsstraftaten sein, da sie weder typisch für einen bestimmten Betrieb noch eine bestimmte Branche und daher auch nicht betriebsspezifisch seien können.

680 *Fleischer*, AG 2003, 291, Fn. 4 m.w.N.

681 BayObLG, NJW 2002, 766, 767; BGH, WuW/E BGH 1799; KG, wistra 1999, 357, 359.

682 *Fleischer*, AG 2003, 291, 294; FK-*Achenbach*, Vor § 81 Rn. 81; *Dannecker/Biermann*, in: Immenga/Mestmäcker, Vor § 81 Rn. 130. OLG Düsseldorf, WuW/E DE-R 1893,

Wegen dieser Ansammlung wesentlicher Elemente von Compliance wollen einige aus der Vorschrift eine Compliance-Pflicht ableiten.[683] Es besteht jedoch keine Verpflichtung aus § 130 OWiG ein nahezu flächendeckendes Kontrollnetz aufzubauen.[684] Das liegt darin begründet, dass § 130 OWiG nicht die Beachtung aller Vorschriften vorschreibt, insofern eine „unvollkommene Organisationspflicht" ist.[685] Nach dem herrschenden Verständnis stellt § 130 OWiG gerade nicht abstrakt auf eine allgemeine Ordnung im Unternehmen ab, sondern bezweckt, konkrete Gefahren von Seiten des Unternehmens für die nach der Rechtsordnung geschützten Rechtsgüter abzuwenden.[686] Nach § 130 OWiG soll gerade keine „flächendeckende Personalkontrolle" oder „Aufsicht der Aufsicht wegen" erfolgen, sondern nur „solche Maßnahmen (...), die eine hohe Wahrscheinlichkeit dafür bieten, dass betriebsbezogene Verstöße unterbleiben."[687] Auch eine solche weite Auslegung der Norm stößt sehr schnell an die Bedenken des Bestimmtheitsgebots des § 3 OWiG und ist daher nur schwerlich zu präzisieren.

Zwar schuldet der Vorstand die Einhaltung dieser (externen) Aufsichtspflichten nach § 130 OWiG grundsätzlich intern auch seiner Gesellschaft aus §§ 76 Abs. 1,

---

1896; nach der Formulierung des BGH, WuW/E BGH 2262, 2264 „realistischerweise zumutbar". *Petermann,* Die Bedeutung von Compliance-Maßnahmen, S. 18 § 130 OWiG sei „die" Compliance-Norm. Ähnlich auch *Krause*, StraFo 2011, 437, 441. A.A. *Wilhelm*, ZRFC 2013, 133 mit Blick auf die verschiedenen Schutzrichtungen könne es nicht heißen „Compliance ist § 130 OWiG".

683 *Moosmayer*, Compliance, S. 6; *Dreher*, WuW 2009, 133, 134; mit Tendenzen auch *Kasten*, in: Mäger, Europäisches Kartellrecht, Rn. 36.

684 OLG Düsseldorf, WuW/E DE-R, 1893; *Hauschka*, in: ders., Corporate Compliance, § 1 Rn. 23; *Fleischer,* AG 2003, 291, 295; *Theile/Petermann*, JuS 2011, 496, 498 und *Többens*, NStZ 1999, 1, 4 § 130 OWiG verlange keine „flächendeckende Personalkontrolle". Ebenso KarlsruherKommentar-*Rogall*, § 130 Rn. 15, 40; FK-*Seeliger/Mross*, Kartellrechts-Compliance, Rn. 21, 24 sprechen von „Mindestanforderungen", lehnen aber zutreffend eine allgemeine Pflicht ab. A.A. *Kort*, NZG 2008, 81, 82 der die Pflicht zu Compliance aus § 130 OWiG entnehmen will. Ebenso *C. Müller*, Kartellrechtscompliance, S. 133, 189 der aus der Summe der Vorgaben aus der Rechtsprechung zu § 130 OWiG eine Pflicht zur umfassenden Organisation erblicken will. Ferner sei nach *Wilhelm*, ZRFC 2013, 133 weder dogmatisch noch durch Rechtsprechung abgesichert, dass Compliance den Vorgaben der Aufsichtspflicht aus § 130 OWiG eins zu eins genüge.

685 OLG Düsseldorf, WuW/E DE-R, 1893 „keine Aufsicht der Aufsicht wegen"; *U. H. Schneider*, ZIP 2003, 645, 649.

686 *Theile/Petermann*, JuS 2011, 496, 497. So auch *Wilhelm*, ZRFC 2013, 133 ff.

687 OLG Düsseldorf, WuW/E DE-R 1893, 1896; KarlsruherKommentar-*Rogall*, § 130 Rn. 43. Ktirisch auch *Groß/Reichling*, wistra 2013, 89 ff.

93 Abs. 1 AktG.[688] Die Pflichten aus § 130 OWiG fallen aber nach Delegation und Ressortaufteilung nicht (mehr) in die Gesamtverantwortung des Vorstands, sondern in die individuellen Verantwortungsbereiche der Vorstandsmitglieder.[689] Der Pflichtenkatalog aus § 130 OWiG ist also nicht weiter als der aus §§ 76 Abs. 1, 93 Abs. 1 AktG, wenn diese schon zur Einführung eines Compliance-Programms verpflichten. Bei § 130 OWiG (und auch 91 Abs. 2 AktG) geht es demnach um konkrete Einzelmaßnahmen, hingegen verpflichten §§ 76 Abs. 1, 93 Abs. 1 AktG zur Einführung einer umfangreichen Organisation im Unternehmenssystem.[690]

2. *Vertragliche Pflicht*

Aus dem Anstellungsvertrag des Organs wäre eine Compliance-Pflicht ebenfalls denkbar.[691] Allerdings bildet § 93 AktG eine Spezialregelung gegenüber den vertraglichen Pflichten.[692] Er regelt den Umfang der organschaftlichen Pflichten und den daran anknüpfenden Sorgfaltsmaßstab abschließend, ohne dass dieser weder durch privatrechtliche Regelungen reduziert[693] noch verschärft[694] werden könnte. Aus demselben Grund ist daher auch eine Pflicht aus § 241 Abs. 2 BGB abzulehnen.[695]

3. *Pflicht aus Deliktsrecht §§ 823, 831 BGB*

Die Vorschriften der §§ 823 ff. BGB normieren eine Reihe von Verkehrspflichten, die durch eine umfangreiche Rechtsprechung präzisiert wurden. Sie verlangen

---

688 Bejahend im Innenverhältnis, da im wesentlichen ein Gleichlauf zu den aktienrechtlichen Pflichten bestehe, aber ablehnend im Außenverhältnis *Fleischer*, AG 2003, 291, 294; *Dreher*, WuW 2009, 133, 135.

689 *Klusmann*, in: Wiedemann, § 55 Rn. 37; *Petermann*, Die Bedeutung von Compliance-Maßnahmen, S. 201.

690 *Wagner*, CCZ 2009, 8, 12; *Schaefer/Baumann*, NJW 2011, 3601, 3603; *Rodewald/Unger*, BB 2007, 1629, 1632.

691 *Vetter*, FS Graf von Westphalen (2010), S. 719, 723; *Bachmann*, in: Gesellschaftsrecht in der Diskussion, S. 65, 69 mit Hinweis auf die Spielsperre-Entscheidung des BGHZ 165, 276, wonach ein solche Spielbank bestimmte Überwachungsmaßnahmen zu treffen habe, damit der Spielsperre des Spielsüchtigen eingehalten werde.

692 *Zöllner/Noack*, in: Baumbach/Hueck, § 43 Rn. 4 im Hinblick auf die parallele Regelung.

693 *Hüffer*, § 93 Rn. 1; KK-AktG/*Mertens*, § 93 Rn. 4; MünchKommAktG/*Spindler*, § 93 Rn. 41.

694 BGHZ 64, 325, 326.

695 *Bachmann*, in: Gesellschaftsrecht in der Diskussion, S. 65, 69.

dem Geschäftsherrn insbesondere eine sorgfältige Auswahl-, Einweisung- und Überwachung seiner Verrichtungsgehilfen ab. So können Unternehmen grundsätzlich bei Kartellverstößen gemäß § 831 BGB für mangelnde Beaufsichtigung von Verrichtungsgehilfen, nach § 823 Abs. 1 BGB für allgemeine Organisationspflichtverletzungen und gemäß § 823 Abs. 2 BGB i.V.m. Art. 101 f. AEUV, § 1 ff. GWB haftbar sein, unabhängig davon, in welcher Branche sie operieren.[696] Für das Kartellrecht bedeutet dies, dass gemäß § 831 BGB eine Aufsichtspflicht gegenüber Mitarbeitern besteht, die mit kartellrechtlichen Sachverhalten in Berührung kommen. Gemäß § 823 Abs. 1 BGB sind erforderliche und im Rahmen der Zumutbarkeit allgemeine Organisationsmaßnahmen zu treffen, damit Kartellrechtsverstöße unterbleiben.[697]

Doch erfolgt daraus nicht zwingend eine organisatorische Anforderung, wie sie bei Compliance-Programmen prägend ist.[698] Eine Organisation wird begrenzt nur verlangt, sobald die zuvor genannten Pflichten weiter delegiert werden (dezentraler Entlastungsbeweis).[699] Doch ergeben sich aus §§ 823 ff. BGB keine weiterführenden Überwachungspflichten, die für die Aktiengesellschaft nicht schon im Rahmen von §§ 76 Abs. 1, 93 Abs. 1 AktG zu beachten wären.[700] Bedeutung können die Pflichten der §§ 823 ff. BGB daher nur für Gesellschaften außerhalb des AktG erlangen.

Auf den ersten Blick scheinen §§ 823 ff. BGB gegenüber § 130 OWiG weiter angelegt zu sein, da nach ihnen (bereits) jede unerlaubte Handlung und nicht (bloß) Ordnungswidrigkeiten und Straftaten zu vermeiden wären.[701] Allerdings kehrt sich dieser Eindruck für das Kartellrecht um: § 130 OWiG verlangt, dass alle erforderlichen Maßnahmen getroffen werden und berücksichtigt dabei nicht die Bewährung des/der Mitarbeiter(s). Es ist ein Fall denkbar, wonach ein langjähriger Mitarbeiter keiner Aufsicht mehr bedarf, um dem Exkulpationshürde

696 BGHZ 86, 324, 330; BGH v. 28.6.2011 – KZR 75/10, Anm. von *Bulst*, ZWeR 2012, 70; *Bergmann/Fiedler*, BB 2012, 206; *Kersting/Dworschak*, JZ 2012, 777.

697 *Karbaum*, Kartellrechtliche Compliance, S. 193.

698 So auch *C. Müller*, Kartellrechtscompliance, S. 134; die Vorgabe von § 831 BGB verlangt dem Geschäftsherrn lediglich die „Eignungsprüfung" einer einzelnen zu beaufsichtigenden Person, wohl aber kein unternehmensweites Compliance-Programm ab.

699 *Karbaum*, Kartellrechtliche Compliance, S. 185. Den Gedanken greift auch auf *Buntig*, ZIP 2012, 1542, 1546.

700 *Fleischer*, AG 2003, 291, 292 ff. In der Organisation der AG wäre auch nicht der Vorstand, sondern die Gesellschaft Geschäftsherr.

701 *Karbaum*, Kartellrechtliche Compliance, S. 193 f.

des §§ 823 ff. zu genügen, sodass eine deliktsrechtliche Haftung ausgeschlossen wäre. Der Maßstab von § 130 OWiG bleibt aber unverändert, gleich wie lange der Mitarbeiter sich bewährt hat.[702] Gewissermaßen korrigiert wird diese Lage unter Berücksichtigung der Beweislastverteilung. Im Rahmen des § 130 OWiG gilt die Unschuldsvermutung, hingegen muss sich der Schädiger im Rahmen der §§ 823 ff. BGB exkulpieren.[703]

4. *Faktischer Druck – Compliance als common sense*

Aus den Erfahrungen der jüngsten Finanzkrise und Unternehmensskandalen wird nicht nur jeder Vorstand seine Lehren gezogen haben, sondern die Gesetzgebung hat es auch und legt der Unternehmensleitung tendenziell eher mehr Pflichten auf, als sie ihr abnimmt.[704] Nicht nur wird nach schärferer Haftung aufgerufen, sondern exkulpierende Tatsachen, selbst wenn sie auf den ersten Blick dem Unternehmen nützlich scheinen, werden zurückgewiesen.[705] Die Haftungsdichte der Unternehmensleitung steigt zunehmend, sodass unabhängig vom Bestehen einer (abstrakten) Pflicht des Unternehmens die Organe einem Druck ausgesetzt sind, der einer faktischen Pflicht zu Compliance nachkommt.

Einigkeit besteht, dass Compliance-Programme den Vorwurf der Aufsichtspflichtverletzung unterbinden sowie der Legalitätsverantwortung der Unternehmensleitung genügen können.[706] Ungeachtet der Frage, ob eine Rechtspflicht besteht oder nicht, ist es ein „schlichtes Gebot der Vernunft", für die Einhaltung derjenigen Normen und Vorschriften zu sorgen, deren Verletzung nicht unerhebliche Nachteile für das Unternehmen birgt.[707]

---

702 BGHZ 1, 383, 383; v. Staudinger-*Belling*, § 831 Rn. 99.

703 *Karbaum*, Kartellrechtliche Compliance, S. 196.

704 *Sieg/Zeidler*, in: Hauschka, Corporate Compliance, § 3 Rn. 11; *Buchta*, DB 2006, 1939, 1939, 1943; *Fleischer*, NJW 2009, 2337, 2337, 2341; 2343 spricht im Zusammenhang mit dem MoMiG davon, dass eine „Verlagerung der Haftung von den Gesellschaftern auf den Geschäftsführer" stattfinde; kritisch *Goette*, DStR 2009, 51, 56.

705 BGH, NJW 2009, 89 zu Siemens schwarze Kassen und der Frage nach einer „nützliche" Aufwendung bzw. „nützliche" Pflichtverletzung im Rahmen der Untreue nach § 266 StGB; *Pietzke*, CCZ 2010, 45, 46.

706 *Bachmann*, in: Gesellschaftsrecht in der Diskussion, S. 65, 80 spricht von „verbalen Meinungsunterschieden".

707 *Lampert/Matthey*, in: Hauschka, Corporate Compliance, § 26 Rn. 48; *Bachmann*, in: Gesellschaftsrecht in der Diskussion, S. 65, 67; *Fleischer*, BB 2008, 1070, 1072 spricht in dem Zusammenhang von „einem Gebot ökonomischer Klugheit"; *Liese/Schulz*, BB 2011, 1347 „zweckmäßiger Bestandteil"; so auch *Pietzke*, CCZ 2010, 45, 50; *Reichelsdorfer*, ZRFC 2010, 118, 120 „If you think compliance is expensive, try

5. *„Ausstrahlung" auf andere Gesellschaftsformen*

Wenn für die GmbH die gefundenen Ergebnisse zu der Compliance-Pflicht mit leichten Abschlägen übertragbar sein dürften – man denke insofern an die „Ausstrahlungswirkung" bestimmter aktienrechtlicher Regelungen wie § 91 Abs. 2 AktG sowie an die analoge Anwendung der Business Judgement Rule[708] auf die GmbH[709] – gilt dieser Maßstab nicht gleich für alle anderen Gesellschaftsformen. Vor allem für die Personengesellschaften besteht nicht der strenge Maßstab der Organisationspflichten der AG.[710] Die Gesellschafter einer GbR und OHG schulden im Innenverhältnis zur Gesellschaft nur Sorgfalt in eigenen Angelegenheiten, also ein Pflichtenprogramm von geringerem Maßstab. Eine (gesetzliche) Ausgestaltung dieser Pflichten ist nicht festgelegt.[711] Im Außenverhältnis haben jedoch alle Gesellschaften die Vorgaben der §§ 823 ff. BGB und § 130 OWiG einzuhalten, gleich welcher Organisationsform das Unternehmen entspricht, und daher in Bedarfsfällen Mindestvorkehrungen gegen die Verletzung bestimmter Rechtsgüter durch Mitarbeiter zu treffen.[712] Zu diesen Pflichten gehören auch Vorkehrungen gegen Zuwiderhandlungen von Art. 101 AEUV und § 1 GWB bzw. erst-recht branchenspezifische wie § 25a KWG, wenn das Unternehmen in der Finanzbranche tätig ist. Ein gewisses Mindestmaß an Compliance kann zur Einhaltung der Pflicht daher geboten, nicht aber verpflichtend sein.[713]

---

non compliance". Viele Vorgaben, wenn auch rechtlich unverbindlich, sind als von der Natur der Sache geboten und obendrein häufig marktüblich, § 346 HGB, *Wolf*, DStR 2006, 1995, 1995. Speziell zum Kartellrecht FK-*Seeliger/Mross*, Kartellrechts-Compliance, Rn. 12.

708 *Kiethe*, GmbHR 2007, 393, 395.

709 BT-Drs. 13/9712; *Wirtz*, WuW 2001, 342, 355 Fn. 71 m.w.N.; *Pietzke*, CCZ 2010, 45, 47; *Otto/Fonk*, CCZ 2012, 161, 162. Auch in umgekehrter Richtung *Bergmoser/Theusinger/Gushurst*, BB-Special 2008, 1, 5; zum GmbH-Konzern *Mansdörfer/Timmerbeil*, WM 2004, 362, 363.

710 Vgl. allerdings, dass nach der Rechtsprechung eine Personenaußengesellschaft im Falle eines gegen § 1 GWB verstoßenden Gesellschaftsvertrags als nicht existent und nicht einmal als fehlerhaft gilt, BGH, WuW/E DE-R 2136, Rn. 16, dazu *Lohse*, FS Säcker (2011), S. 827, 833.

711 Vgl. § 128 HGB, *C. Müller*, Kartellrechtscompliance, S. 124. Ferner haben nach dem „Grundsatz der Selbstorganschaft" die Gesellschafter die Ausübung der Geschäftsleitung inne, sodass sie selbst zu entscheiden haben, welche organisatorischen Maßnahmen sie für die Gesetzestreue für erforderlich halten.

712 *Wiedemann*, ZGR 2011, 183, 200.

713 *Bachmann*, in: Gesellschaftsrecht in der Diskussion, S. 65, 92; *C. Müller*, Kartellrechtscompliance, S. 124.

IV. Geschriebene Rechtspflichten zu Compliance ausländischer Rechtsordnungen – der US-amerikanische Sarbanes-Oxley Act

Die Herausforderungen an die Unternehmen steigen im Zuge der Globalisierung der Märkte. Ganz deutlich wird das für die Finanzbranche, deren Unternehmen im Rahmen der „zu beachtenden gesetzlichen Bestimmungen" von § 25a KWG auch ausländische Rechtsnormen berücksichtigen müssen, soweit sie nach kollisionsrechtlichen Grundsätzen Anwendung finden.[714]

Um einen Schaden für Ruf, Vermögen und Umsatz in ausländischen Märkten abzuwenden, gilt es für die Unternehmensleitung, sich mit den ausländischen Normen sorgfältig zu beschäftigen. Das gilt auch dann, wenn die Anwendung der ausländischen Norm eine Rechtsanmaßung von Seiten der ausländischen Gerichte oder Behörden darstellt, weil sie deutschen Kollisionsgrundsätzen widerspricht.[715] Unabhängig von der Rechtmäßigkeit kann eine solche Rechtsanmaßung Nachteile für das Unternehmen bergen, sei es, dass ausländisches Vermögen beschlagnahmt wird oder der Ausschluss von Aufträgen droht.[716] Dem Umfang nach ist dem Vorstand dabei allerdings ein weiter Ermessenspielraum anzuerkennen, sodass auch eine Entscheidung gegen die Anwendung des ausländischen Rechts unter Beachtung der kollisionsrechtlichen Grundsätzen und bei Verstoß gegen den orde public, ohne dass es zu einer Haftung kommen würde. Ansonsten wäre die Unternehmensleitung gezwungen, sich auch – unberechtigten oder gar erpesserischen Forderungen – zu beugen.

In der US-amerikanischen Rechtsordnung finden neben den zuvor genannten USSG vor allem im Sarbanes-Oxley Act konkrete Compliance-Pflichten wieder. Auch die Rechtsprechung scheint spätestens seit den beiden Leitentscheidungenden *Graham vs. Allis Chalmers Mfg. Co.*[717] und *Caremark*[718] von einer Pflicht zur Compliance auszugehen.

---

714 Dabei muss ein gewisser Kontakt zu der Rechtsordnung durch etwa Börsennotierung oder grenzüberschreitenden Produktvertrieb bestehen, *Bachmann*, in: Gesellschaftsrecht in der Diskussion, S. 65, 96.

715 *Bachmann*, in: Gesellschaftsrecht in der Diskussion, S. 65, 97; *Hauschka*, in: Gesellschaftsrecht in der Diskussion, S. 51, 62.

716 *Bachmann*, in: Gesellschaftsrecht in der Diskussion, S. 65, 97.

717 Organmitglieder eines Elektronikunternehmes wurden von ihren Aktionären auf Schadensersatz verklagt werden, weil sie die Kartellrechtsverstöße nicht rechtzeitig aufgedeckt und verhindert haben, *S. H. Schneider*, Informationspflichten, S. 282 ff.

718 Nach der Entscheidung des Court of Chancery von Delaware besteht eine Rechtspflicht der Unternehmen zur Einführung eines Compliance-Programms zu Strafmilderung nach den zuvor genannten USSG, Re Caremark International Inc., 698

Bei Unternehmen mit Bezug zum US-amerikanischen Recht kann die Einführung eines Compliance-Programms als „incentive" nicht nur durchaus empfehlenswert sein; in einigen Fällen ist sie gar zwingend.[719] In diesem Zusammenhang sind vor allem die Regelungen des US-amerikanischen Sarbanes-Oxley Act (SOA)[720] zu nennen. Unmittelbar dem Anwendungsbereich dieses Gesetzes unterliegen die Leitungsorgane und Abschlussprüfer derjenigen Unternehmen, die bei der US-amerikanischen Börsenaufsicht Security and Exchange Commission (SEC) registriert sind.[721] Der primäre Zweck des SOA besteht darin, Bilanzfälschungen zu unterbinden und sein Erlass ist Konsequenz der Lehre aus den Bilanzmanipulationsskandalen um Enron, Worldcom und anderen im Jahre 2001.[722] Das Gesetz beabsichtigt, die Finanzmärkte zu stabilisieren und unternehmensinterne Kontrollen zu fördern. Der Gesetzgeber hat mit den im SOA geforderten Maßnahmen direkten Einfluss auf die Corporate Governance Struktur, insbesondere für Vorstand, Interne Revision, Aufsichtsrat und Abschlussprüfer, der Unternehmen genommen.[723]

Konkret schreibt Sec. 302 SOA dem Vorstandsvorsitzenden und Finanzvorstand vor, die bei der SEC eingereichten Quartals- und Jahresberichte inhaltlich zu bestätigen.[724] Ferner verlangt die Vorschrift die Einführung von Offenlegungskontrollen und Offenlegungsverfahren, so genannten Disclosure Controls and Procedures, wodurch sichergestellt werden soll, dass notwendige Unternehmensinformationen dokumentiert, verarbeitet und berichtet werden.[725] Gegenstand dieser Dokumentationen ist ebenfalls ein Bericht darüber, dass dem Audit-Committee alle wesentlichen Schwachpunkte des internen

---

A. 2d 959 (Del.Ch.1996); dazu eine 146-seitige Besprechung von *Brown*, 26 (2001) Del. J. Corp. L. 1–146; s. auch *Hauschka*, in: ders., Corporate Compliance, § 1 Rn. 44; *U. H. Schneider/S. H. Schneider*, ZIP 2007, 2061 Fn. 8; *S. H. Schneider*, Informationspflichten, S. 285 ff.

719 Ringleb/Kremer/Lutter/v. Werder-*Ringleb*, Rz. 615d; *Immenga*, FS Schwark (2009), S. 199, 205.

720 Sarbanes-Oxley Act of 2002 v. 30.7.2002. *Regelin/Fisher*, IStR 2003, 276, 287 ff.

721 Das sind zur Zeit nicht mehr als zwei dutzend deutsche Unternehmen *Obermayr*, in: Hauschka, Corporate Compliance, § 17 Rn. 20.

722 *Arbeitskreis Schmalenbach Gesellschaft*, BB 2004, 2399, 2406; *Immenga*, FS Schwark (2009), S. 199, 205; *Büssow/Taetzner*, BB 2005, 2437, 2437 „Erosion von Vertrauen in die Verlässlichkeit der Kapitalmarktinformationen".

723 *Arbeitskreis Schmalenbach Gesellschaft*, BB 2004, 2399.

724 *Immenga*, FS Schwark (2009), S. 199, 206; *Wolf*, DStR 2006, 1995, 1998.

725 *Arbeitskreis Schmalenbach Gesellschaft*, BB 2004, 2399, 2400.

Kontroll- und Berichtswesens mitgeteilt wurden.[726] Dieses Organ ist nach Sec. 301 SOA zwingend zu installieren; es bestellt, überwacht und vergütet den Abschlussprüfer. Für die vorsätzliche Abgabe falscher Angaben sind Geldstrafen von bis zu 5 Mio. US-Dollar bzw. Haftstrafen von bis zu 20 Jahren vorgesehen.

Sec. 404 SOA verpflichtet die Unternehmensleitung zur Einführung interner Überwachungsmaßnahmen sowie zur Bewertung des Finanzberichtssystems.[727] Die getroffenen Maßnahmen müssen in einem Internal Control Report, der Teil des Geschäftsberichts wird, auf ihre Umsetzung und Wirksamkeit bewertet werden. In diesem Bericht werden aber über die Finanzberichterstattung hinaus sämtliche Unternehmensfunktionen beschrieben und bewertet.[728] Dieser Report wird sodann vom Abschlussprüfer geprüft und bestätigt, Sec. 404b SOA.[729] Die Pflicht aus Sec. 404 SOA erstreckt sich ebenfalls auf die Tochtergesellschaften, sodass davon allein in Deutschland ca. 300 Unternehmen betroffen sind.[730]

Nach Sec. 406 SOA hat das Unternehmen einen Ethikkodex (Code of Ethics) für Senior Financial Officers und Principal Executive Officers einzuführen und dessen Inhalt zu veröffentlichen. Die SEC wiederum konkretisiert die inhaltlichen Vorgaben an diesen Code in fünf Punkten: (1.) verantwortungsvolle Unternehmensführung, (2.) vollständige und sorgfältige Berichterstattung gegenüber der SEC, (3.) Befolgung gesetzlicher Vorgaben, (4.) organisatorische Maßnahmen zur unternehmensweiten Einhaltung des Codes sowie (5.) interne Mitteilungen bei Verstößen gegen den Code.[731] Zudem ist der Code als Anhang im jährlichen Abschlussbericht einzureichen.[732] Handelt ein Unternehmen diesen Pflichten zuwider, drohen nach Sec. 901–906 SOA bis zu 20 Jahre Haft bzw. Geldstrafen von bis zu 5 Mio. US-Dollar.

---

726 *Immenga*, FS Schwark (2009), S. 199, 206; *Wolf*, DStR 2006, 1995, 1998.

727 *Immenga*, FS Schwark (2009), S. 199, 206; *Karbaum*, Kartellrechtliche Compliance, S. 10; *Arbeitskreis Schmalenbach Gesellschaft*, BB 2004, 2399, 2400. *Moritz/Gesse*, Die Auswirkungen des Sarbanes-Oxley Acts auf deutsche Unternehmen; *Büssow/Taetzner*, BB 2005, 2437, 2437 f.

728 *Obermayr*, in: Hauschka, Corporate Compliance, § 17 Rn. 22.

729 Zu dieser Vorgabe bestehen weitere Ausführungsvorschriften (Auditing Standard No. 2 Public Companies Accountin Oversight Board – PCAOB) mit umfassenden Dokumentationspflichten, die ebenfalls vom Abschlussprüfer geprüft werden. Wegen der Überschneidungen zu § 289 HGB erachtet *Hauschka*, in: ders., Corporate Compliance, § 1 Rn. Rn. 29 Fn. 104 diesen für das deutsche Recht als „unnötigen Formalismus".

730 *Gruson/Kubicek*, AG 2003, 393, 397.

731 *Immenga*, FS Schwark (2009), S. 199, 207.

732 *Büssow/Taetzner*, BB 2005, 2437, 2438.

Schließlich sieht Sec. 806 SOA (mittelbar) die Einführung eines Compliance-Officers und einer Whistleblowing Hotline vor.[733]

Dem SOA wird eine „extraterritoriale Ausstrahlungswirkung“[734] auf andere Unternehmen nachgesagt, auch wenn sie nicht an der US-amerikanische Wertpapierbörse zugelassenen sind.[735] Dies gilt umso mehr, als die Unternehmen, denen der SOA unmittelbare Corporate Governance Pflichten auferlegt, ein nachvollziebares Bestreben aufweisen werden, diese Pflichten als „Best Practice“[736] festzulegen, damit andere Unternehmen ebenfalls an die Regelung gebunden werden.

C) Compliance im Konzern

Compliance-Risiken machen nicht an der rechtlichen „Grenze“ der Selbstständigkeit eines Unternehmens halt. Bei einem Compliance-Verstoß kann die gesamte Unternehmensgruppe Schaden nehmen. Der konzernrechtliche Laie und vielfach auch die breite Medienlandschaft werden sich nicht die Mühe machen, zwischen den verschiedenen Konzerngesellschaften und ihren Strukturen zu differenzieren.[737]

Die konzernrechtlichen Folgen eines Compliance-Verstoßes werden besonders im europäischen Kartellrecht deutlich. Dort wird das Unternehmen als

733 So auch *C. Müller*, Kartellrechtscompliance, S. 114; ferner dazu *v. Zimmermann*, WM 2007, 1060 ff. Zum Begriff des „Whistleblowing“ *Bueren*, ZWeR 2012, 310, 313.

734 *Arbeitskreis Schmalenbach Gesellschaft*, BB 2004, 2399; so auch *Bergmoser/Theusinger/Gushurst*, BB-Special 2008, 1, 2; *Bussmann/Salvenmoser*, CCZ 2008, 192, 193; *Bussmann/Matschke*, wistra 2008, 88; *Wilhelm*, ZRFC 2013, 133, 136. Für die Praxis der SEC *M. Roth*, Compliance, S. 30; *Büssow/Taetzner*, BB 2005, 2437, 2437; *Rübenstahl/Skoupil*, wistra 2013, 209, 210.

735 Ringleb/Kremer/Lutter/v. Werder-*Ringleb*, Rz. 647; *Bussmann/Matsche*, CCZ 2009, 132, 133. *C. Müller*, Kartellrechtscompliance, S. 116 will keine Pflicht zu (kartellrechtlichen) Compliance-Programmen aus den Vorschriften herleiten, wenngleich die allgemeinen Organisationsanforderungen aus dem Ethikkodex zu beachten seien.

736 *U. H. Schneider*, NZG 2009, 1321, 1325 spricht von „good practice“.

737 Die Mühe machen sich ebensowenig einige ausländische Rechtsordnungen, weshalb ein konzernweites Compliance-System ratsam ist, *Fett/Theusinger*, BB Beilage Nr. 4 2010, 6, 7; *Petermann*, Die Bedeutung von Compliance-Maßnahmen, S. 199; *Dück/Eufinger*, CCZ 2012, 131. Am Beispiel der Produkthaftung *Hauschka*, AG 1988, 29, 39; *ders.*, in: Gesellschaftsrecht in der Diskussion, S. 51, 59. *U. H. Schneider/S. H. Schneider*, ZIP 2007, 2061; *Rodewald/Unger*, BB 2007, 1629, 1634; *Buntig*, ZIP 2012, 1542, 1544 „durchschlagen“ von Imageverlusten auf die Obergesellschaft.

wirtschaftliche Einheit verstanden, auch wenn sich diese rechtlich aus mehreren (juristischen) Personen zusammensetzt.[738] Begeht nun ein Unternehmen dieser Einheit einen Kartellverstoß, so kann dieses Verhalten einem anderen Unternehmen vorgehalten werden, wenn das zuwiderhandelnde Unternehmen an die Weisungen dessen gebunden ist und daher sein Marktverhalten nicht autonom bestimmt.[739]

Zwar sehen einzelne aufsichtsrechtliche Normen eine Verantwortung der Konzernspitze für das gesetzmäßige Verhalten ihrer Konzerngesellschaften ausdrücklich vor (§§ 2 f. GwG, § 10a Abs. 8 KWG) und punktuell hat sich die Rechtsprechung zu den Anforderungen der Pflichten des Konzernvorstands geäußert,[740] doch ergibt sich daraus keine abstrakte Compliance-Pflicht.[741]

Im Einheitsunternehmen hat der Vorstand ein Direktionsrecht gegenüber den nachrangigen Gesellschaften und kann dadurch Kontrolle auf diese ausüben. Im Vertragskonzern nach §§ 291 ff. AktG (§§ 308, 309, 311, 317, 318 AktG) kann das herrschende Unternehmen seinen Willen auch gegenüber dem Vorstand des abhängigen Unternehmens durchsetzen. Dabei ist § 76 Abs. 1 AktG Ausgangspunkt der Überlegungen zu einer Konzernleitungspflicht,[742] also der Frage, ob eine Verpflichtung der Konzernleitung besteht, die Leitungsaufgaben auf Tochterunternehmen und andere abhängige Gesellschaften auszudehnen.[743]

---

738 EuGH v. 14.7.1972 – Rs. 48/69 *ICI ./. Kommission*, Slg. 1972, 619, Rn. 132; EuGH v. 25.10.1983 – Rs. 107/82 *AEG-Telefunken AG ./. Kommission*, Slg. 1983, 3151, Rn. 49. EuG v. 13.7.2011 - verb. Rs. T-144/07, T-147/07, T-148/07, T-149/07, T-150/07 und T-154/07 *ThyssenKrupp Liften Ascenseurs u.a. ./. Kommission*, Slg. 2011, II-5129, Rn. 92, 309. Fürs das deutsche Kartellrecht BGH, WuW/E BGH 1841, 1842; *Bürger*, WuW 2011, 130, 130; *Scheidtmann*, WRP 2010, 499, 499 f.

739 EuGH v. 10.9.2009 – Rs. C-97/08 P *Akzo Nobel u.a. ./. Kommission*, noch nicht in Slg, Rn. 58; EuGH v. 28.6.2005 – verb. Rs. C-189/02 P, C-202/02 P, C-205/02 P bis C-208/02 P und C-213/02 P *Dansk Rørindustri u.a. ./. Kommission*, Slg. 2005, I-5425, Rn. 117; EuG v. 13.7.2011 – verb. Rs. T-144/07, T-147/07, T-148/07, T-149/07, T-150/07 und T-154/07 *ThyssenKrupp Liften Ascenseurs u.a. ./. Kommission*, Slg. 2011, II-5129, Rn. 310; EuG v. 14.5.1998 – verb. Rs. T-339/94 bis T-342/94 *Metsä-Serla u. a. ./. Kommission*, Slg. 1998, II-1727, Rn. 27; EuG v. 27.9. 2006 – Rs. T-314/01 *Avebe ./. Kommission*, Slg. 2006, II-3085, Rn. 135. Zu dem Merkmal „bestimmender Einfluss“ vgl. auch *Kokott/Dittert*, WuW 2012, 670, 672 a.E.

740 Aufsehenerregend seinerzeit die sog. Supergun-Entscheidung zur Beteiligung am Bau einer Spezial-Waffe für Saddam Hussein, *U. H. Schneider*, NZG 2009, 1321, 1321.

741 Interessante Fallbeispiele und Risiken im internationalen Rechtsverkehr werden bei *Hauschka*, in: Gesellschaftsrecht in der Diskussion, S. 51, 57 ff. beschrieben.

742 *Hommelhoff*, Die Konzernleitungspflicht, S. 41, 165.

743 *Fett/Theusinger*, BB Beilage Nr. 4 2010, 6, 8.

Eine rechtliche Möglichkeit, ein konzernweites Compliance-Programm durchzusetzen, bestünde demnach.[744]

Lehnt man eine generelle Konzerleitungsverantwortung ab, verbleibt dem Konzernvorstand dennoch eine Leitungs- und Sorgfaltspflicht mit eigenen Kontroll- und Organisationspflichten.[745] Gegenstand dieser Pflichten ist es, Beteiligungen sorgfältig zu analysieren und zu verwalten sowie Risiken daraus zu verringern und schließlich die Ergebnisse im Rahmen seiner Einflussmöglichkeiten zu optimieren.

Der Vorstand der Obergesellschaft verfügt über einen weit reichenden Ermessenspielraum für die Art und den Umfang konzerninterner Leitungsstrukturen.[746] Sowohl rechtliche als auch betriebswirtschaftliche Erwägungen, insbesondere über Rentabilität und Effizienz der Konzernorganisation, fließen dabei zusammen.[747] In diesem Zusammenhang ist auch Ziffer 4.1.3 DCGK Pflicht zu sehen, die von einer konzernweiten Compliance ausgeht, letztlich nach dem gleichen Prozess wie im Einzelunternehmen. Der Umfang der Compliance-Maßnahmen richtet sich dabei nach dem Risikopotential der Gesellschaft(en), das sowohl bei im In- als auch Ausland begangenen Rechtsverstößen für die Konzernmutter vorherrschen kann.[748] Dem Vorstand bleibt die Entscheidung überlassen, ob er ein selbständiges Compliance-Programm in den jeweiligen Tochtergesellschaften erwirkt oder ein konzernweites Compliance-Programm aufsetzt.[749] Die Einführung einer konzernweiten Compliance-Stelle ist ratsam (Group Compliance Officer), aber nur bei einheitlicher Leitung notwendig, § 18 AktG.[750] Die Compliance-Pflicht kann sich auf alle Töchter des Mutterkonzerns; auch auf die ausländischen erstrecken.[751]

---

744 *Vetter*, FS Graf von Westphalen (2010), S. 719, 724; *Immenga*, FS Schwark (2009), S. 199, 204.

745 *Karbaum*, Kartellrechtliche Compliance, S. 258 ff. *Karst*, WuW 2012, 150, 155 spricht sich mit Blick auf den Wirkungsgrad gegen ein konzernweites und für ein jeweiliges unternehmensindividuelles Compliance-Programm aus.

746 *Bürkle*, BB 2005, 565, 568. Unter Umständen kann das konzernweite Compliance-Programm für das abhängige Unternehmen z.B. wegen internationaler Ausrichtung zu umfangreich sein und ein eigenes effizienter. *Fett/Theusinger*, BB Beilage Nr. 4 2010, 6, 8; *Liese/Schulz*, BB 2011, 1347, 1349.

747 *Vetter*, FS Graf von Westphalen (2010), S. 719, 724; *Buntig*, ZIP 2012, 1542, 1548 f.

748 *Fett/Theusinger*, BB Beilage Nr. 4 2010, 6, 9.

749 *Karbaum*, Kartellrechtliche Compliance, S. 270.

750 *Bachmann*, in: Gesellschaftsrecht in der Diskussion, S. 65, 94; *Petermann*, Die Bedeutung von Compliance-Maßnahmen, S. 19.

751 *Fett/Theusinger*, BB Beilage Nr. 4 2010, 6, 9.

Ungeachtet der Kontrollverantwortung (Konzernkontrollpflicht nach § 153 AktG)[752] sind jedoch im AG-Konzern die Möglichkeiten der Konzernspitze, auf die Konzernunternehmen einzuwirken, eingeschränkt.[753] Mit der Reichweite der Einflussrechte im Konzern in Verbindung mit der gesetzlichen Typenvielfalt derer stehen oder fallen ihre Möglichkeiten für die Ausübung von Compliance.[754] Die Grenzen des Ermessensspielraums für den Vorstand bildet zugleich die rechtliche Selbstständigkeit der Tochtergesellschaft. Im Rahmen der Einflussmöglichkeiten ist aber alles Erforderliche zu unternehmen, um Kartellverstöße der Tochtergesellschaften zu vermeiden – ebenso wie im Einzelunternehmen.

Im faktischen Konzern besteht eine rechtlich gesicherte Konzernleitungsmacht gerade nicht, vgl. § 308 Abs. 2 AktG. Auch Ziffer 4.1.3 DCGK hat bei seiner Formulierung lediglich den Konzern mit Beherrschungsvertrag im Blick.[755] Dass bedeutende Unterschiede zwischen beiden Formen bestehen, lässt sich dem § 302 (und dem § 308 Abs. 2 S. 1 AktG) entnehmen, wonach die Konzernobergesellschaft zur Übernahme der einer Tochtergesellschaft entstandenen Verluste verpflichtet ist.[756] Diese Regelung gilt gerade nicht für den faktischen Konzern.[757]

Gegen eine konzernweite Compliance-Pflicht wird eingewandt, dass die Vermengung von haftungsrechtlichen Grundsätzen und bußgeldrechtlicher Praxis die fehlende Rechtspersönlichkeit des Konzerns unzulässigerweise annimmt, das gesellschaftsrechtliche Schutz- und Ausgleichssystem ausblendet und faktisch die Konzernleitung zum Handeln zwingt.[758] Vorzugswürdig ist hingegen ein Ansatz, der differenziert nach Art und Umfang der Konzerneinbindung der Konzernleitung und die konzerninterne Aufgabenverteilung berücksichtigt.[759] Bei dem Umfang der Pflichten könnte absteigend zu differenzieren sein zwischen Stammhauskonzern, Strategische Holding, Mischholding und Finanzholding.

---

752 *Emmerich/Habersack*, Aktien- und GmbH-Konzernrecht, § 311 Rn. 87; *Fleischer*, DB 2005, 759, 763.

753 *Vetter*, FS Graf von Westphalen (2010), S. 719, 724.

754 *Grützner/Leisch*, DB 2012, 787, 791.

755 *Immenga*, FS Schwark (2009), 199, 203 f.

756 *Kremer/Klahold*, ZGR 2010, 113, 122.

757 MünchKommAktG/*Altmeppen*, § 317 Rn. 23; MünchKommAktG/*Altmeppen*, § 302 Rn. 97; *Immenga*, FS Schwark (2009), 199, 205; *Fleischer* CCZ 2008, 1, 6; *Spindler*, WM 2008, 905, 915; *Kort*, NZG 2008, 81, 83.

758 *Bachmann*, in: Gesellschaftsrecht in der Diskussion, S. 65, 95.

759 *Bachmann*, in: Gesellschaftsrecht in der Diskussion, S. 65, 95; *Grützner/Leisch*, DB 2012, 787, 791.

D) Ausgestaltung und Umfang der Pflicht – Das „Wie“ eines effektiven Compliance-Programms

Nachdem die grundsätzliche Frage der Pflicht zur Einführung eines Compliance-Programms geklärt ist, gilt es, die inhaltliche Ausgestaltung und Ausrichtung zu untersuchen. Denn wie diese gesetzgeberischen Ziele und verbunden damit die Rechtstreue von Seiten der Unternehmen erreicht werden, verbleibt im jeweiligen unternehmerischen Ermessen; einen verpflichtenden, abschließenden Maßnahmenkatalog gibt es insofern nicht.[760]

Anknüpfungspunkt dafür könnte § 93 Abs. 1 AktG sein, aus dem sich die Bindung des Vorstands an die Unternehmensinteressen bei Ausübung seiner Leitungsmacht ergibt.[761] Auch wenn für die inhaltliche Umsetzung ein weites (Geschäfts-)Leitungsermessen der Unternehmensleitung besteht,[762] so stellt § 93 Abs. 1 AktG sowie die dazu ergangene Rechtsprechung des BGH in der Sache *ARAG/Garmenbeck* zwei Voraussetzungen und damit zugleich Grenzen des weiten Ermessens auf.[763] Der Maßstab ergibt sich demnach aus der in § 93 Abs. 1 S. 2 AktG kodifizierten Business Judgement Rule,[764] nach der (1.) eine unternehmerische Entscheidung aus ex ante Sicht sowie (2.) die Berücksichtigung aller verfügbaren Informationsquellen tatsächlicher und rechtliche Art verlangt wird.[765] Die unternehmerische Entscheidung muss demnach zum Wohle der Gesellschaft auf Grundlage angemessener Informationen getragen worden sein, ohne dass sachfremde Erwägungen und Sonderinteressen diese beeinflusst hätten.[766]

---

760 *Hauschka*, ZIP 2004, 877, 878; *Moosmayer*, Compliance, S. 6; einer abstrakten Compliance Pflicht bereits aus § 91 Abs. 2 AktG ist bei hohem Schädigungspotential nicht abgeneigt *Schmidt*, Compliance in Kapitalgesellschaften, S. 58.

761 *Buchta*, DB 2006, 1939, 1939.

762 BT-Drs. 13/9712, S. 15; *Fleischer*, BB 2008, 1070, 1072; *Bachmann*, in: Gesellschaftsrecht in der Diskussion, S. 65, 80; *Wiedemann*, ZGR 2011, 183, 198.

763 BGHZ 135, 244; *Fleischer*, AG 2003, 291, 292 ff.; *Lutter*, ZIP 2009, 197, 198; *ders.*, ZIP 2007, 841; *Bürkle*, BB 2005, 565, 568. Dazu sowie grundlegend zum unternehmerischen Ermessen *Lohse*, Unternehmerisches Ermessen, S. 11 ff.

764 Gesetz zur Unternehmenintegrität und Modernisierung des Anfechtungsrechts (UMAG), BT-Drs. 15/5092, S. 11. Zuletzt BGH, CCZ 2011, 233. Kritisch *Seibert/Schütz*, ZIP 2004, 252. Zur Übertragung auf die GmbH vgl. *Fleischer*, GmbHR 2008, 673 ff.

765 BGH, NJW 2008, 3361, *Weber-Rey/Buckel*, AG 2011, 845, 851; *Sieg/Zeidler*, in: Hauschka, Corporate Compliance, § 3 Rn. 7 ff.

766 *Hauschka*, Der Aufsichtsrat 2007, 124, 124.

Die Business Judgement Rule schützt also das Organ vor haftungsrechtlicher Inanspruchnahme, wenn es bei der Entscheidung im ersten Schritt für oder gegen die Einführung eines Compliance-Programms bzw. im zweiten Schritt der Frage nach dem Umfang eines solchen die aus der Fachdiskussion hervorgetretenen Grundsätze auf die Tauglichkeit für die Belange des eigenen Unternehmens überprüft, bewertet und gegebenenfalls umgesetzt hat.[767] Dabei hat die Unternehmensleitung die „branchenüblichen Techniken“[768] bei ihrer Entscheidung zu Rate zu ziehen und muss diese mit dem unternehmensindividuellen Risikoprofil sowie den bereits vorhandene Maßnahmen der Gesellschaft verknüpfen und bewerten.[769] Dabei gilt, je breiter das Unternehmen aufgestellt ist, also je internationaler seine Ausrichtung und vielfältiger die Palette der Waren und Dienstleistungen ist, desto näher rückt die Pflicht, ein Compliance-Programm einzuführen.[770]

Die Rechtsprechung geht in diesem Zusammenhang von „Best Practice“ aus, wenn sie für eine konkrete Entscheidungssituation die Auswertung aller verfügbaren Informationsquellen tatsächlicher und rechtlicher Art und deren Verknüpfung mit dem Risikoprofil des Unternehmens verlangt.[771] Es muss also eine „Compliance-Inventur“ durchgeführt werden, um den Risiko-Standort aus-

767 Grundlegend *Hopt*, FS Mestmäcker (1996), S. 909 ff.; *Pietzke*, CCZ 2010, 45, 51; *Bachmann*, in: Gesellschaftsrecht in der Diskussion, S. 65, 85. *Emde*, FS U. H. Schneider (2011), S. 295, 315. A. A. *Zimmermann*, WM 2008, 433, 435 geht von einer Haftungsfreistellung nur bei fehlgeschlagenen unternehmerischen Entscheidungen aus. Rechtsvorschriften seien stets einzuhalten, gleich ob deren Zuwiderhandlung der Gesellschaft einen (wirtschaftlichen) Vorteil beibringt. Etwas anderes gelte nur, wenn die Rechtslage unklar sein, *Roth*, Unternehmerisches Ermessen und Haftung des Vorstands, S. 131 ff.

768 BGH, DB 2002, 473; BGH, CCZ 2011, 233. Arbeitskreise und Verbände des Pharma- und Medizinrecht haben Verhaltensstandards entwickelt und verlangen die Errichtung von Compliance-Programmen, § 28 FSA-Kodex, § 26 VDGH-Kodex, *Schaefer/Baumann*, NJW 2011, 3601, 3603 m.w.N.; *Liese/Schulz*, BB 2011, 1347, 1352 beschreiben diese Vorgehensweise als „best practice“.

769 *Wirtz*, WuW 2001, 342, 351; *Karbaum*, Kartellrechtliche Compliance, S. 98.

770 *Moosmayer*, Compliance, S. 1; *Kiethe*, GmbHR 2007, 393, 397.

771 BGH, NJW 2008, 3361; *Bachmann*, in: Gesellschaftsrecht in der Diskussion, S. 65, 81; *Fett/Theusinger*, BB Beilage Nr. 4 2010, 6, 9; *Zimmermann*, WM 2008, 433, 436; *Vetter*, FS Graf von Westphalen (2010), S. 719, 729; *Hauschka/Klindt*, NJW 2007, 2726, 2728.

machen zu können.[772] Indizwirkung haben vergangene Zuwiderhandlungen,[773] Größe und Struktur des Unternehmens, Marktgegebenheiten und -umfeld (oligopolistisch oder eigene starke Marktstellung) sowie der Grad der Integrität der Mitarbeiter.[774] Ein Unternehmen der Baubranche wird sich in erster Linie mit den rechtlichen Folgen der Arbeitnehmerüberlassung und des Umweltrechts beschäftigen;[775] Korruption und Kartellrecht können für beinahe jedes (international agierende) Unternehmen ein verschärftes Risiko darstellen.[776] Hinzu kommen die rechtlichen Anforderungen aus dem Kapitalmarkt-, Produkthaftungs-, Datenschutz- und Arbeits- und Außenwirtschaftsrecht sowie dem Steuer- und Bilanzrecht.[777]

Nicht jedes Unternehmen, insbesondere nicht jedes kleine und mittelständische Unternehmen, soll mit der Pflicht belastet werden, ein Compliance-Programm aufzubauen.[778] Die Verpflichtung zur Einführung von Compliance-Maßnahmen ist daher davon abhängig, wie das individuelle Unternehmensprofil gestrickt ist und welche Risikopotentiale nach der Einzelfallbetrachtung bestehen, sodass unter Umständen sogar die Entscheidung gegen

---

772 *Lampert*, BB 2002, 2237, 2239; *Bergmoser*, BB Beilage Nr. 4 2010, 2, 4; *Wolf*, DStR 2006, 1995, 1997; *U. H. Schneider*, NZG 2009, 1321, 1323; *Kasten*, in: Mäger, Europäisches Kartellrecht, Rn. 61 „Risikoinventur".

773 OLG Düsseldorf, wistra 1999, 116; *Schaefer/Baumann*, NJW 2011, 3601, 3603; *Hauschka*, in: Gesellschaftsrecht in der Diskussion, S. 51, 55; *ders.*, in: ders., Corporate Compliance, § 1 Rn. 23;

774 *Bürkle*, BB 2005, 565, 565; *Weber-Rey*, in: Görling/Inderst/Bannenberg, S. 574 Rn. 199; *Karbaum*, Kartellrechtliche Compliance, S. 114 f.

775 *Hauschka*, AnwBl. 2010, 629, 631; *Immenga*, FS Schwark (2009), S. 199, 199.

776 Speziell zur Korruptionsbekämpfung *Hauschka*, ZIP 2004, 877; *ders.*, in: Gesellschaftsrecht in der Diskussion, S. 51, 57; *ders.*, AnwBl. 2010, 629, 631. Nach Auffassung des EuG entstehen Kartelle vor allem dann, „wenn eine Branche in Schwierigkeiten" ist, EuG v. 29.4.2004 – verb. Rs. T-236/01, T-239/01, T-244/01 bis T-246/01, T-251/01 und T-252/01 *Tokai Carbon ./. Kommission*, Slg. 2004, II-1181, Rn. 345, 369.

777 Weitere Beispiele bei *Hauschka*, in: ders., Corporate Compliance, § 1 Rn. 8 ff. *M. Roth*, Compliance, S. 9 f. schildert überblicksartig die Rechtsverstöße der Auktionshäuser Sotheby's und Christie's Ende der 1990er Jahre.

778 Diese Auffassung teilt auch die Kommission, *Almunia*, Compliance and Competition policy, Businesseurope & US Chamber of Commerce. Competition conference, SPEECH/10/586: „Specific rewards would result in unequal treatment between those companies that have the resources to set up a compliance programme and other – often smaller – companies that cannot afford them. For smaller companies, setting up and implementing a compliance programme can be difficult."

bestimmte Compliance-Maßnahmen (wirtschaftlich) geboten sein kann.[779] Ebenfalls vom unternehmerischen Ermessen ist die Entscheidung umfasst, ob ein Compliance-Programm aufgelegt wird, das die Steuerung aller Unternehmensrisiken erfasst oder eines, das nur bestimmte Bereiche regelt.[780] Danach können die Umsetzungsmöglichkeiten im Unternehmen untersucht und Überlegungen zur sinnvollen (horizontalen, vertikalen und lateralen) Implementierung angestellt werden.[781] Eine Funktionsprüfung der prozessualen und organisatorischen Prozesse rundet diese Vorgehensweise ab.

Für die Ausgestaltung des Compliance-Programms gibt es (wenige bis) keine verbindlichen Vorgaben. Für die Finanz- und Versicherungsbranche sind MaComp und MaRisk verbindlich, für Unternehmen anderer Sektoren können sie (lediglich) eine sinnvolle Auslegungshilfe sein. Eine solche stellen zugleich auch die Vorgaben der USSG, der Guidelines des OFT und des UK Anti Bribery Act[782] dar, wenn sie nicht schon für das jeweilige Unternehmen aufgrund seines Marktauftritts in dem Land verpflichtend sind. Auch der IDW hat kürzlich einen Maßnahmenkatalog erlassen und darin zum Teil detailliert wiedergegeben, wie er ein Compliance-Programm auf seine Effektivität hin prüfen möchte. Abgerundet wird der Themenbereich zur organisatorischen Umsetzung und Implementierung von Compliance durch eine umfangreiche und zum Teil hoch spezialisierte Fachliteratur, in denen zum Teil auch (Group) Compliance Officer großer Unternehmen über ihre Erfahrungen bei der Ausgestaltung und Einrichtung sowie den konkreten Maßnahmen von Compliance-Programmen berichten.[783] Eine ausführlichen Darstellung an dieser Stelle ist angesichts des Umfangs und der Vielfalt sowie des hohen Forschungsgrades in der Literatur nicht zielführend.

---

779 So *Karbaum*, Kartellrechtliche Compliance, S. 113. *Vetter*, FS Graf von Westphalen (2010), S. 719, 726 Fn. 32 m.w.N.; *Bergmoser*, BB Beilage Nr. 4 2010, 2, 3; so schon im Vorwort *Moosmayer*, Compliance, V; für § 130 OWiG *Schmidt*, Compliance in Kapitalgesellschaften, S. 70; *Bachmann*, in: Gesellschaftsrecht in der Diskussion, S. 65, 68; *Bergmoser*, BB Beilage Nr. 4 2010, 2, 4.

780 Ferner, ob die Organisation zentral, dezentral, in eigener Verantwortung oder in Wege der Delegation vorgenommen wird. *U. H. Schneider*, NZG 2009, 1321, 1325; *Pietzke*, CCZ 2010, 45, 47; *Hegnon*, CCZ 2009, 57, 58; *Wiedemann*, ZGR 2011, 183, 196; *Kort*, NZG 2008, 81, 85.

781 *Bergmoser*, BB Beilage Nr. 4 2010, 2, 4.

782 *Fett/Theusinger*, BB Beilage Nr. 4 2010, 6, 7; *Pörnbacher/Mark*, NZG 2010, 1372. Überblicksartig zur ersten Verurteilung nach dem UK Bribery Act *Hugger/Pasewaldt*, CCZ 2012, 23 ff.

783 Beispielhaft *Moosmayer*, Compliance (2. Aufl. 2012); *ders./Hartwig*, Interne Untersuchungen (2012).

Im Folgenden soll der IDW PS 980 beispielhaft herausgegriffen und in seinen wesentliche Zügen nachskizziert werden. Danach werden kurz die wichtigsten Kernelemente eines effektiven Compliance-Programms zusammengefasst.

I. Der IDW PS 980 als Best-Practice Maßstab?

Das IDW hat auf die Nachfrage nach einer einheitlichen unabhängigen Prüfung reagiert und dafür den Prüfungsstandard 980 für so genannte Compliance-Management-Systeme eingeführt.[784] Diese freiwillige Prüfung soll die Leitungs- und Überwachungsorgane bei der Erfüllung ihrer Organisations- und Überwachungspflichten unterstützen und zu Verbesserungen vorhandener Compliance-Programme anregen.[785]

Gegenstand der Prüfung im Rahmen des IDW PS 980 können einzelne Rechtsgebiete und/oder operative Prozesse des Unternehmens sein. Der Abschlussprüfer bewertet ebenfalls die getroffenen Compliance-Maßnahmen. Es ist daher ratsam, sich nach den Empfehlungen und Standards der Prüfer zu richten.[786] Mit Einführung des Compliance-Programms nach den Maßstäben hat die Unternehmensleitung ihre Pflicht noch nicht vollends erfüllt. Im Rahmen der Prüfung wird lediglich eine Systemprüfung vorgenommen, dieses System gilt es, mit Leben zu füllen.[787]

Der Standard enthält drei verschiedene Auftragstypen, die einen unterschiedlich weit reichenden Prüfungsumfang des Compliance-Programms haben. Dabei geht der Standard von verschiedenen miteinander in Wechselwirkung stehenden Grundelementen aus, die womöglich als Checkliste dienen können.[788] Im Rahmen seiner Prüfung nimmt der Prüfer Befragungen der Mitarbeiter des Unternehmens auf jeder Hierachiestufe vor, sichtet die Dokumentation über das Compliance-Programm und jene Unterlagen, die aus dieser Tätigkeit erstellt wurden.[789]

---

784 *Moosmayer*, Compliance, S. 105. Auch die Unternehmensverbände haben das Bedürfnis für Best Practice im Bereich Compliance erkannt. Beispielhaft dafür können für den Bereich der Korruptionsbekämpfung die Korruptionshinweise des VDMA oder des BDI genannt werden.

785 *Wermelt*, CCZ 2010, 150, 151; *Klindt/Pelz/Theusinger*, NJW 2010, 2385, 2387; *Krumbach*, Compliance Februar 2011 (online) S. 3; *Fett/Theusinger*, BB Beilage Nr. 4 2010, 6, 9; *Görtz*, CCZ 2010, 127. Der Standard steht im Einklang mit dem International Framework for Assurance Engagements (ISAE) 3000, sodass die Prüfung nach dem PS 980 auch internationalen Standards standhält.

786 *Bachmann*, in: Gesellschaftsrecht in der Diskussion, S. 65, 89; *Berg*, AG 2007, 271, 275.

787 *Klindt/Pelz/Theusinger*, NJW 2010, 2385, 2387.

788 *Bergmoser*, BB Beilage Nr. 4 2010, 2, 3; *Eisolt*, BB 2010, 1843, 1844.

789 *Görtz*, CCZ 2010, 127, 130.

- *Compliance-Kultur* beschreibt die Vorgabe und den Stellenwert von Compliance im Unternehmen und hat Einfluss auf den Umfang der Bedeutung, die Mitarbeiter der Einhaltung von Regeln zumessen.[790] Charakteristisch dafür sind ein Bekenntnis der Unternehmensleitung und die Kommunizierung der Compliance-Ziele.
- Die Unternehmensleitung legt allgemeine *Compliance-Ziele* fest, sodass daran orientiert die bedeutsamen Regeln, die das Compliance-Programm erreichen soll.
- Das Management regelt mit der *Compliance-Organisation* die Verantwortlichkeiten und den Aufbau des Systems und stellt die notwendigen Ressourcen zur Verfügung.
- Mit *Compliance-Risiken* werden die Regeln und Sanktionen herausgestellt, die bei Verstoß gegen eine Compliance-Vorgabe eintreten. Hierbei geht es um eine systematische Früherkennung von Risiken und den Informationsfluss.
- Das *Compliance-Programm* führt die Grundsätze und Maßnahmen zur Begrenzung der Compliance-Risiken durch. In diesem Schritt erfolgt eine systematische Kontrolle, die durch ein Hinweisgebersystem ergänzt werden kann.
- *Compliance-Kommunikation* erfolgt mittels Audits, Handbüchern und Leitlinien.
- *Compliance-Überwachung* zur Angemessenheit und Wirksamkeit des Compliance-Programms bedarf der Dokumentation, Durchsetzung und stetigen Prüfung mit anschließender Verbesserung.

Die Bedeutung des IDW Standards für Compliance ist nicht von der Hand zu weisen, auch wenn dessen Befolgung nicht verpflichtend ist.[791] Letztlich handelt es sich bei dem Wirtschaftsprüfer um eine geeignete Revisionsstelle und mit der Überprüfung des Compliance-Programms durch externen (unabhängigen) Sachverstand kann das Unternehmen die Ernsthaftigkeit seiner Compliance-Maßnahmen verdeutlichen. Ein weiterer Vorzug in der Zertifizierung durch den Wirtschaftsprüfer ist darin zu sehen, dass dieser bei börsennotierten Aktiengesellschaften bereits einmal im Jahr nach 317 Abs. 4 HGB in seiner Abschlussprüfung die Einhaltung des Überwachungssystems nach § 91 Abs. 2 AktG kontrolliert und dabei einige Aspekte der Compliance berührt.

790 *Eisolt*, BB 2010, 1843, 1845.
791 *Liese/Schulz*, BB 2011, 1347, 1351.

II. Kein „one fits all“ sondern „Baukasten“

Wie gesehen besteht keine abstrakte Pflicht des Unternehmens, ein Compliance-Programm einzuführen, doch wird in vielen Fällen der Organisationsverantwortung nur genügt werden können, wenn ein solches aufgelegt wird. Wenngleich sich Gesetzgebung und Rechtsprechung in Teilen zu den Vorgaben an ein effektives Compliance-Programm geäußert haben, so schweigen sie doch zur Umsetzung derer.[792] Eine Lösung „one fits all“ wird es nicht geben und kann angesichts der Besonderheiten eines jeden Unternehmens nicht gewollt sein. Auch im Rahmen des IDW PS 980 verbleibt ein Spielraum zur Ausübung des unternehmerischen Ermessens des Vorstands für unternehmensindividuelle Maßnahmen, sodass dieser kein „Best“, wenngleich „Good Practice“ darstellen kann.[793] Doch sollte die Unternehmensleitung sich „baukastenartig“ an verschiedenen Kriterien, dem Praktikabilitäts- und Wirtschaftlichkeitsprinzip folgend, bedienen und daraus einen eigenen „Best Practice-Standard“ aus dem Querschnitt der zur Verfügung stehenden Leitfäden, zwingendem Recht sowie nützlichen Vorgaben formulieren.[794] Denn keiner kennt sein Unternehmen besser als der Unternehmer selbst. Die zwingenden Vorgaben durch Gesetzgeber und Rechtsprechung bilden sogleich einen Mindestmaßstab,[795] der durch zweckmäßige Regelungen zu dem unternehmensspezifischen Risikoprofil und Branchenumfeld weiter aufgestockt werden können.[796] Im Vordergrund steht ein überzeugender Gesamteindruck.[797] Ein Compliance-Programm muss effektiv sein, um seine Glaubwürdigkeit zu erlangen.[798] Die Anforderungen an ein effektives Compliance-Programm sind dabei nicht gering und stetig auf Verbesserungen, vor allem nach Entdeckung einer Schwachstelle, angelehnt.[799]

---

792 Die Herangehensweise ist auch eine andere: Die Gerichte bewerten den konkreten Fällen und urteilen, ohne darzulegen, welche Anforderungen konkret genügt hätten *Hauschka*, in: ders., Corporate Compliance, § 1 Rn. 21; *Eufinger/Maschemer*, EWS 2012, 509, 510.

793 *Eisolt*, BB 2010, 1843, 1843; *Görtz*, CCZ 2010, 127, 128; *Klindt/Pelz/Theusinger*, BB 2010, 2385, 2387.

794 *Bergmoser/Theusinger/Gushurst*, BB-Special 2008, 1, 6; in die Richtung auch *Krebs/Eufinger/Jung*, CCZ 2011, 213, 216 f. „Compliance Basic Tools“, die (auch) an den USSG angelehnt sein sollten.

795 Vgl. dazu oben 1. Teil:Abschnitt 1§ 1E).

796 *Kasten*, in: Mäger, Europäisches Kartellrecht, Rn. 35 ff.

797 *Weber/Rizvi*, SJZ 2010, 501, 509.

798 *Pampel*, BB 2007, 1636, 1638.

799 Vgl. zu den Club-Bids und Joint-Bid Verfahren, *Hauck*, CCZ 2010, 53 ff.

Jedoch gibt es einige Elemente, die zwingend beachtet werden sollten und ein effektives Compliance-Programm auszeichnen. Ausgehend von *Hauschka*[800] sind dies 1. unternehmensspezifische *Risikoanalyse* („Scoping"), 2. *Commitment*, wonach im Wege eines „mission statements" in deutlichen Worten eine klare („vorbehaltslos und uneingeschränkt") Botschaft der Unternehmensleitung an die Mitarbeiter verfasst wird, dass Compliance-Verstöße nicht geduldet werden,[801] 3. *Organisation* und Zuteilung von Verantwortungsbereichen gestaffelt nach dem Risikoprofil des Unternehmens, also vor allem seiner Größe und Marktausrichtung, 4. *Kommunikation* mit nachhaltigen Schulungen und stichprobenartigen Nachforschungen („Audits") sowie 5. *Dokumentation* der durchgeführten Maßnahmen zu Beweiszwecken. Schließlich muss das Unternehmen angemessen auf einen Verstoß reagieren. Die Gänze der Maßnahmen und ihre verschiedenen Schritte lassen sich treffend mit dem „Dreiklang" *prevent-detect-react* zusammenfassend beschreiben.

III. Errichtung eines effektiven kartellrechtlichen Compliance-Programms

Für die erfolgreiche Errichtung eines Compliance-Programms ist zunächst eine Standpunktbestimmung angelehnt an Marktposition und branchenspezifisches Risiko notwendig.[802] Sie wird üblicherweise von der Rechtsabteilung oder einer beauftragten Kanzlei durchgeführt.[803] Besonders anfällig für Kartellverstöße sind Ausschreibungsmärkte oder Branchen mit homogenen Massengütern (z.B. Baustoffe und Chemikalien).[804] Für vertriebsorientierte Unternehmen stehen

---

800 Im Folgenden zur Einteilung *Hauschka*, in: ders., Corporate Compliance, § 1 Rn. 34–38; *ders.*, in: Gesellschaftsrecht in der Diskussion, S. 51, 57. Nach *Moosmayer*, Compliance, S. 31, 34 sind die drei Säulen der Compliance-Organisation Prävention, Aufdeckung und Reaktion.

801 „Tone from the top" und „zero tolerance policy statement" sind synonym dafür, *Hauschka*, in: ders., Corporate Compliance, § 1 Rn. 35; *Lampert/Matthey*, in: Hauschka, Corporate Compliance, § 26 Rn. 53; *Moosmayer*, NJW 2010, 3548, 3550; *Kasten*, in: Mäger, Europäisches Kartellrecht, Rn. 75. Dieser Ton sollte aber nicht allzu harsch und aufoktroyoiert sein, denn idealerweise „leben" Mitarbeiter Compliance und befolgen die Vorgaben aus eigenem Antrieb („Compliance-Kultur"), *Voet van Vormizeele*, CCZ 2009, 41, 42; *Lampert*, in: Hauschka, Corporate Compliance, § 9 Rn. 6; *M. Roth*, Compliance, S. 68.

802 Zur Bestimmung von Compliance-Risiken in Unternehmen, vgl. *Ebersoll*, Messung von Compliancerisiken, S. 21 ff.

803 *Voet van Vormizeele*, ZRFC 2010, 102, 105.

804 OLG Düsseldorf, WuW/E DE-R 1893; *Voet van Vormizeele*, ZRFC 2010, 102; *Lampert*, BB 2002, 2237, 2239.

Fragen zur Bindung und Beeinträchtigung von Händlern und Zulieferern im Vordergrund.[805] Insofern sollte das Compliance-Programm nicht nur vertikalen oder horizontalen Kartellverstößen begegnen, sondern zugleich – ab einer gewissen Marktgröße – vor kartellrechtswidrigen Verhaltsanforderungen im Falle der Marktbehrrschung (Diskriminerung und Ausbeutungsmissbrauch gegenüber vor- und nachgelagerten Unternehmen sowie Behinderungsmissbrauch gegenüber Unternehmen auf derselben Stufe) schützen.[806] Auch das eigene Marktumfeld sollte analysiert werden, denn in einem konzentrierten Markt oder gar einem Oligopol steigen die Risiken, einen Kartellverstoß zu begehen.

Neben der Branche muss der internationale Aktionsradius, also die Einhaltung der (Wettbewerbs-)Gesetze der ausländischen Rechtsordnungen, in denen das Unternehmen tätig ist, geprüft werden. Es reicht dann womöglich nicht aus, das Wettbewerbsrecht des Unternehmenssitzes einzuhalten.[807]

Ferner muss ermittelt werden, unter welchen Umständen Kontakte zu Wettbewerbern geknüpft und unterhalten werden können. Zwar besteht gerade keine Pflicht, über alle geschäftlichen Kontakte Aktenvermerke anzufertigen,[808] doch Gelegenheiten dafür bieten in erster Linie (Fach-)Messen, Verbands-[809] oder sonstige Unternehmertreffen.[810] Die Grenzen zwischen zulässigem allgemeinen, insbesondere von Art. 9 GG geschütztem Meinungsaustausch, hin zur kartellrechtlichen Zuwiderhandlung können mitunter fließend sein.[811] Nach der Rechtsprechung des EuGH und EuG können Unternehmen die Teilnahme an Kartelltreffen nicht damit rechtfertigen, dass sie sich nicht an der Absprache

805 *Lampert*, BB 2002, 2237, 2239; *ders./Matthey*, in: Hauschka, Corporate Compliance, § 26 Rn. 52.

806 *Stadler*, in: Schwerpunkte des Kartellrechts 2004, FIW Schriftenreihe 206 (2006), 67, 74 in einem CP sollte über beides aufgeklärt werden. *Lampert*, BB 2002, 2237, 2239 schlägt das ab 40 % Marktanteil vor.

807 Bei den „Top Ten" der Kartellgeldbußen, die nach dem Sherman Act in den USA verhängt wurden, findet sich kein us-amerikanisches Unternehmen.

808 BGH, WuW/E BGH 2262, 2264.

809 Schon *Adam Smith* befand „People of the same trade seldom meet together ... (and) the conversation ends in conspiracy against the public, or in some contrivance to raise prices", The Wealth of Nations (1776), book I, chapter X, part II.

810 *Möhlenkamp*, WuW 2008, 428, 436.

811 *Möhlenkamp*, WuW 2008, 428, 432, 436; *Kapp*, CCZ 2008, 11, 14. Der EuG hat das Verweilen in einer Diskussionsrunde bereits als Kartellverstoß gewertet v. 15.11.1990 – Rs. T-1/89 *Rhône-Poulenc u.a. ./. Kommission*, Slg. 1991, II-867 Rn. 122 f. Ähnlich für das deutsche Kartellrecht im Rahmen von § 130 OWiG *Bechtold*, § 81 Rn. 64.

beteiligt hätten; die Gerichte verlangen vielmehr, dass sie sich davon ausdrücklich distanzieren.[812]

Schließlich gilt es, die unternehmensinternen Risiken abzustecken. Dazu zählt zunächst die Bewertung der eigenen Kartellhistorie, denn ein vorangegangener Kartellverstoß stellt regelmäßig ein erhöhtes Risiko dar.[813] In dem Zusammenhang hat es die Rechtsprechung nicht genügen lassen, dass nach einen aufgedeckten Preiskartell ein Merkblatt mit „Richtlinien für kartellrechtlich korrektes Verhalten" ausgegen wurde.[814] Zudem müssen die innerbetrieblichen Abläufe auf falsche Anreize, z.B. auf kompetitives und kompromissloses Geschäftsverhalten oder die Ausgestaltung der (Vergütungs-)Bonussysteme überprüft werden.[815]

Kurzum geht es um eine Risikoidentifikation, -bewertung, -steuerung innerhalb des Unternehmens.[816]

1. Der richtige Zeitpunkt

Zwar gibt es nicht den einen richtigen Zeitpunkt, wohl aber einige ungünstige, vor allem solche, die das Unternehmen unter Zeitdruck zu Handlungen zwingen.[817] Ein solcher besteht z.B. dann, wenn ein behördliches Ermittlungsverfahren eingeleitet wurde.[818] Die (Strafverfolgungs- und Kartell-)Behörden verlangen zeitnah Nachweise über die Besserung der Situation, sodass Stress und Fremdsteuerung vorherrschen und nunmehr nicht die unternehmerische Freiheit für die Einrichtung genutzt werden kann.[819]

---

812 EuGH v. 7.1.2004 – Rs. C 204/00 P *Aalborg Portland u.a. ./. Kommission*, Slg. 2004, I-123, Rn. 81; EuG v. 27.9.2006 – Rs. T-329/01 *Archer Daniels Midland ./. Kommission*, Slg. 2006, II-3255, Rn. 246; EuG v. 14.5.1998 – Rs. T-334/94 *Sarrió*, Slg. 1998, II-1439; *Sura*, in: Langen/Bunte, Kartellrecht Band 2, Art. 23 Rn. 20.

813 *Kasten*, in: Mäger, Europäisches Kartellrecht, Rn. 47; *Dreher*, ZWeR 2004, 75, 95; *Dannecker/Biermann*, in: Immenga/Mestmäcker, Vor § 81 Rn. 129.

814 OLG Düsseldorf, WuW/E DE-R 1733, 1745.

815 *Lampert*, BB 2002, 2237, 2240; *M. Roth*, Compliance, S. 40 f.

816 *Kasten*, in: Mäger, Europäisches Kartellrecht, Rn. 47 ff.

817 Aus der Produkthaftung entstammt die Idee, Compliance möglichst früh im Wertschöpfungsprozess einer (Produkt-)Entwicklung einzubeziehen. Diese Herangehensweise kann auch für andere Branchen interessant sein, *Lösler*, NZG 2005, 104, 105; *Lampert*, BB 2002, 2237, 2239 a.E.

818 *Hollensteiner/Persihl*, ZRFC 2010, 124, 124; *Lampert*, BB 2002, 2237, 2243 a.E.; *Bosch/Colbus/Harbusch*, WuW 2010, 740, 747. Ebenso ungünstig sind Krisenzeiten.

819 *Hollensteiner/Persihl*, ZRFC 2010, 124, 124.

2. *Mission statement*

Mitarbeiter werden die Compliance-Vorgaben eher befolgen, wenn die Geschäftsführung sie verlangt und zugleich „vorlebt".[820] Daher steht zu Anfang einer Compliance-Struktur im Unternehmen das Bekenntnis der Geschäftsleitung.[821] Ein „Commitment" dieser zu Compliance ist wichtig, da dieses positive Wirkung auf die Motivation der Mitarbeiter hat, die Wertevermittlung zu verinnerlichen und umzusetzen.[822] Dabei sollen der Belegschaft Compliance-Maßnahmen nicht aufoktroyiert, sondern durch Kommunikation das gemeinsame Interesse daran klar gemacht werden.[823] Idealerweise entwickelt sich eine „Kultur" der Mitarbeiterbeteiligung an der Compliance-Gestaltung.[824] So kann die Gefahr der Überregulierung und Bürokratie, die häufig zur Abstumpfung innerhalb der Belegschaft führt, umgangen werden.[825]

Der „tone from the top" darf aber auch nicht nur „Lippenbekenntnis" sein, sondern die Unternehmensleitung sollte mit gutem Vorbild vorweg auch in bestimmtem Umfang eigenhändig für die Umsetzung sorgen.[826] Compliance soll kein Aktionismus sein und nicht gedankenlos dem guten Image nach außen zu Liebe installiert werden. Die langfristige Strategie und Gesamtentwicklung des Unternehmens zur Normentreue muss im Vordergrund der Maßnahme stehen und nicht kurzfristige Opportunitäten.

3. *Kodifikation*

Des Weiteren sollten Verhaltensregeln für Mitarbeiter zu konkreten Anlässen wie Verbandstreffen,[827] klare Richtlinien und Anweisungen sowie eine zuständige

---

820 *Kasten*, in: Mäger, Europäisches Kartellrecht, Rn. 64; *M. Roth*, Compliance, S. 70.

821 *Voet van Vormizeele*, ZRFC 2010, 102, 104; *M. Roth*, Compliance (2010), S. 119 ff.

822 Vgl. Führungskräftebefragung der Wertekommission wertekommission.de. Nach *Moosmayer*, Compliance, S. 43 steht und fällt der Erfolg der Compliance im Unternehmen mit der Überzeugung der Unternehmensleitung von der Notwendigkeit dieses Programms.

823 *Voet van Vormizeele*, CCZ 2009, 41, 42; *M. Roth*, Compliance, S. 70.

824 *Hollensteiner/Persihl*, ZRFC 2010, 124, 124 sprechen davon, Compliance Etablierung als „lebendigen Prozess" zu verstehen; *M. Roth*, Compliance, S. 38 ff. „Corporate Culture".

825 *Voet van Vormizeele*, ZRFC 2010, 102, 109.

826 *Kasten*, in: Mäger, Europäisches Kartellrecht, Rn. 62; *Lampert/Matthey*, in: Hauschka, Corporate Compliance, § 26 Rn. 52; *Dreher*, ZWeR 2004, 75, 94; *Heinemann*, FS v. Büren (2009), S. 597, 620.

827 Vgl. dazu auch Kommission v. 31.5.2006 – 38.645 *Methacrylates*, C(2006) 2098 final, Rn. 214: „It is also well-settled case law that "the fact that an undertaking does

Compliance Stelle, z.B. als Compliance-Officer[828] mit direkter Anbindung zur Geschäftsleitung, in einem „Code of Conduct" etabliert werden.[829] Diese Richtlinien und Anweisungen sollten als Betriebsvereinbarung und Bestandteil eines jeden Arbeitsverhältnisses die Bedeutung, die das Unternehmen ihr zumisst, widerspiegeln. Mit Kodifikation sind nicht nur verbindliche Unternehmensrichtlinien gemeint, sondern zugleich Bereitstellung von know-how und Informationen, die ständig (intern) abrufbar sind. Dazu gehören FAQs, Checklisten, Merkblätter, Handbücher (mehrsprachig) sowie Schulungsvideos etc.[830]

Ein Code of Conduct gibt dem einzelnen Mitarbeiter nicht nur eine erste Orientierung für sein Verhalten, sie konkretisieren zugleich die Wertevorstellungen und Vorgaben des Unternehmens und können so jeden Einzelnen für rechtmäßiges Verhalten sensibilisieren.[831] Schließlich schafft er eine Selbstbindung durch unternehmensinterne Vorgaben, die wiederum veröffentlicht werden, und soll damit Ausdruck einer gemeinsamen Unternehmenskultur sein.[832]

4. *Kommunikation*

Es genügt allerdings nicht, wenn lediglich ein Hinweis ergeht, die Mitarbeiter mögen sich gesetzesteu verhalten; Problemfälle müssen ausdrücklich thematisiert werden.[833] Im Rahmen der Kommunikation sollte deutlich auf die Konsequenzen eines Verstoßes gegen das Compliance-Programm hingewiesen werden. Dabei sind sowohl die Folgen für den Einzelnen (individualarbeitsrechtlich: Abmahnung und Versetzung), aber auch für das Unternehmen und die Belegschaft kenntlich

---

not abide by the outcome of meetings which have a manifestly anti-competitive purpose is not such as to relieve it of full responsibility for the fact that it participated in the cartel, if it has not publicly distanced itself from what was agreed in the meetings". Such distancing should take the form of an announcement by the company, for instance, that it would take no further part in the meetings (and therefore did not wish to be invited to them)." *Voet van Vormizeele*, ZRFC 2010, 102, 108.

828 Berühmtes Beispiel Theo Waigel Compliance Monitor bei Siemens AG. Vgl. BGHSt 54,44, dazu auch *Brozat*, CCZ 2011, 227. Eingehend zu dem Berufsbild und seinen Pflichten *M. Roth*, Compliance (2010), S. 171 ff. bzw. 195 ff.

829 *M. Roth*, Compliance (2010), S. 120.

830 *Kasten*, in: Mäger, Europäisches Kartellrecht, Rn. 89. Detaillierte Fragenkataloge und Checklisten bei *dems.*, in: Mäger, Europäisches Kartellrecht, Rn. 47 ff. Vgl. zu den Schulungen (Präsenz und e-learning) umfangreich FK-*Seeliger/Mross*, Kartellrechts-Compliance, Rn. 277 ff.

831 *M. Roth*, Compliance (2010), S. 120.

832 *M. Roth*, Compliance (2010), S. 125.

833 *Pampel*, BB 2007, 1636, 1637.

zu machen. Es reicht nicht, abstrakt auf die Gefahren der Branche und Kartellrisiken einzugehen.[834] Vielmehr sollten mit (Präsenz-)Schulungen (so genannten Audits, auch im E-learning Bereich)[835] und Case-studies anhand von Praxisbeispielen typische und gefahrspezifische Situationen zwischen Kunden, Lieferanten und Wettbewerbern simuliert werden, um so ein Bewusstsein für die unternehmerischen Risikobereiche schaffen.[836] Es geht nicht darum, kartellrechtliches Sonderwissen zu schulen,[837] sondern die Audits und Anleitungen in verständlichen Worten sorgfältig und praktikabel aufzulegen. Das kann auch durchaus ansprechend gestaltet werden.[838] So gibt es z.B. Videos ausländischer Kartellbehörden, die die Folgen für den Einzelnen, sein (familiäres) Umfeld und sein Unternehmen eindrucksvoll darstellen („touching“[839]). Schließlich sollte die Teilnahme an der Schulung durch die Unterschrift des Mitarbeiters bestätigt werden.[840]

Ferner hat die Kommunikation nachhaltig zu sein und darf sich nicht in einer einmaligen „Verkündigungsaktion“ erschöpfen. Einmalige Schulungen der Mitarbeiter sind daher nicht ausreichend, sondern sie müssen in regelmäßigen Abständen wiederholt werden.[841] Neben der mündlichen Schulung sollten die Mitarbeiter regelmäßig schriftlich belehrt werden.[842]

Für eine erfolgreiche Etablierung des Compliance-Programms ist das Feedback der Mitarbeiter besonders wichtig; schließlich sind sie die praktischen

---

834 Konkret für die Gefahren der Baubranche im Ausschreibungswettbewerb BGH, WuW/E BGH 2329, 2333; OLG Frankfurt v. 21.9.1992 – 6 Ws (Kart) 12/91 = NJW-RR 1993, 231.

835 Zu den Vor- und Nachteilen von E-leanirng und Präsenzschulung vgl. *M. Roth*, Compliance (2010), S. 155.

836 *Lampert*, BB 2002, 2237, 2241.

837 Ein solches wäre angesichts der Komplexität und Ungewissheit über die rechtliche Einordnung mancher kartell- und gesellschaftsrechtlicher Sachverhalte nicht zielführend. Vgl. exemplarisch für die Komplexität mancher Sachverhalte vgl. BGH, WuW/E DE-R 2361 *Nord-KS/Xella*, dazu *Lohse*, FS Säcker (2011), S. 827 ff.

838 *Lampert*, BB 2002, 2237, 2241 „Kartellsrechtsquiz“.

839 Am eindrucksvollsten bisher ACCCs „The Marker“, abruf unter http://www.youtube.com/user/ACCCvideos. Vgl. auch OFTs „Competition Compliance Film“, abrufbar unter https://www.youtube.com/watch?v=ACA9vdlNqek. Ebenso die schwedischen Kartellbehörde „Be the first to tell – a film about leniency“, abrufbar unter http://www.kkv.se/t/Page____5767.aspx. und schließlich der Comic aus Singapur, abrufbar unter http://kartellblog.de/2012/04/03/video-price-fixing-singapur.

840 *Lampert*, BB 2002, 2237, 2241; *Voet van Vormizeele*, CCZ 2009, 41, 43.

841 KG, WuW/E DE-R 1449, 1457.

842 BGH, WuW/E BGH 2329, 2331; OLG Frankfurt v. 21.9.1992 – 6 Ws (Kart) 12/91 = NJW-RR 1993, 231; KG, WuW/E OLG 2330, 2332; KG, WuW/E OLG 2476, 2478.

Anwender der Regeln. Dazu sollten nicht zuletzt, um den Verstoß an die zuständige Stelle zu kommunizieren, Berichtslinien in verschiedene Richtung – Mitarbeiter-Geschäftsleitung, Geschäftsleitung-Mitarbeiter sowie Mitarbeiter-Mitarbeiter eingerichtet werden, sodass ein echtes Compliance-Netzwerk entstehen kann.[843]

5. *Kontrolle und Sanktion*

Ein Compliance-Programm kann nur effektiv sein, wenn es kontrollieren und einen Verstoß angemessen sanktionieren kann. Dem Unternehmen muss es dabei um kompromisslose Wahrheitsfindung gehen, was bei Kartellverstößen und der Möglichkeit, die Bonusregelung in Anspruch nehmen zu können, besonders deutlich wird.[844] Dazu können auch stichprobenartige, unangekündigte Prüfungen gehören, damit den Mitarbeitern die Entdeckungsmöglichkeiten aufgezeigt werden.[845]

Methodische und organisatorische Ansätze könnten Hinweisgebersysteme, wie Whistleblowing-Hotlines, aber auch Mock Dawn Raids und Internal Inverstigations sein.[846] Bei einem Mock Dawn Raid wird die kartellbehördliche Ermittlung und Durchsuchung in den Abteilungen der Unternehmen vor Ort durch Fachpersonal simuliert. Dadurch kann nicht nur ein großer Lerneffekt für den „Ernstfall" erzielt, sondern zugleich (kartell-)rechtswidrige Aktivitäten einzelner Mitarbeiter zutage befördert werden.[847]

---

843 *Lösler*, NZG 2005, 104, 107; *Moosmayer*, Compliance, S. 34 eine Berichtslinie der Compliance-Abteilung zur Unternehmensleitung ist notwendig für eine effektive Compliance.

844 *Wagner*, CCZ 2009, 8, 17; *Breßler/Kuhnke/Schulz/Stein*, NZG 2009, 721 ff. Dazu hat es im Rahmen von arbeitsvertraglichen Neben- und Auskunftspflichten die Mitarbeiter zu befragen, *Moosmayer*, Compliance, S. 92 f.; *Göpfert/Merten/Siegrist*, NJW 2008, 1703 ff.

845 BGH, WuW/E BGH 1799; WuW/E BGH 2202; OLG Düsseldorf, WuW/E DE-R, 1733, 1745; KG, WuW/E OLG 2330, 2332; *Kasten*, in: Mäger, Europäisches Kartellrecht, Rn. 42; *Liese/Schulz*, BB 2011, 1347.

846 *Wagner*, CCZ 2009, 8. Zu den weiteren Möglichkeiten gehört auch ein sog. Corporate Monitorship, wonach die Stabilität und Fortentwicklung des Compliance-Programms extern überwacht wird, *Reyhn*, CCZ 2011, 48 ff., zu den Vor- und Nachteilen S. 57 f.; *Schwarz*, CCZ 2011, 59 ff.

847 *de Crozals/Jürgens*, CCZ 2009, 92, 97.

6. *Weisungsfreiheit der Compliance-Abteilung*

Zu einem Compliance-Programm nach dem Best Practice-Maßstab gehört auch eine dafür verantwortliche Abteilung.[848] Diese sollte organisatorisch, personell, disziplinarisch und finanziell (insbesondere nicht an den geschäftlichen Erfolg gekoppelt) weisungsfrei sein.[849] So fordert die BaFin in Ziffer 4.2 ihrer Compliance Richtlinie,[850] die Compliance-Abteilung eines Wertpapierdienstleistungsunternehmens sollte nur der Geschäftsführung unmittelbar verantwortlich, im Weiteren aber weisungsfrei sein. Die Größe der einzurichtenden Abteilung und ihre Anzahl an Mitarbeitern hängt von den Umständen des Einzelfalls dar, wie Unternehmensgröße und Gefahrgeneigtheit.[851] Es wird aber erwogen, für alle 400 Mitarbeiter eine Vollzeitkraft mit Compliance-Aufgaben zu beschäftigen.[852]

7. *Umfang und Risikomanagement*

Um Compliance-Programme sinnvoll innerhalb der bestehenden Unternehmensprozesse zu verorten und zügig einzusetzen, können sie in bestehende Risikomanagementsysteme oder andere vorhandene Unternehmensprozesse integriert werden.

E) Stellungnahme

I. Compliance als „übererfüllungsmäßige Voraussetzung" belohnenswert?

Wie gesehen besteht in vielen Fällen und ausnahmslos für die größten Unternehmen am Markt eine Pflicht, Compliance-Programme einzuführen und

---

848 *Bergmoser*, BB Beilage Nr. 4 2010, 2, 5.

849 *Lösler*, NZG 2005, 104, 107; *ders.*, WM 2008, 1098, 1103. Für die Maßstäbe des SOX *Arbeitskreis Schmalenbach Gesellschaft*, BB 2004, 2399, 2401; kritisch zur Weisungsgebundenheit im Unternehmen *Moosmayer*, Compliance, S. 34.

850 Richtlinie zur Konkretisierung der Organisationspflichten von Wertpapierdienstleistungsunternehmen gemäß § 33 Abs. 1 WpHG vom 25.10.1999, Bundesanzeiger Nr. 210 v. 6.11.1999, S. 18453.

851 *Karbaum*, Kartellrechtliche Compliance, S. 144; Nach KG, WuW/E OLG 2330 und bestätigt durch BGH, WuW/E BGH 1799 hat eine Revisionsabteilung (Prüfgruppe) von 4 Mitarbeitern im Verhältnis zu 5.000 Mitarbeitern als nicht ausreichend erachtet.

852 *Jaekel*, Finance Compliance Dezember 2011, S. 2. Kennzahlen wie EBIT oder Umsatz sind nicht aussagekräftig.

zwar in dem Umfang Best Practice.[853] Es fällt daher insofern besonders schwer, bei einer dennoch eingetretenen Zuwiderhandlung aus einem Compliance-Programm ein Argument für die Bußgeldreduzierung zu erblicken. Der Argumentation der Kartellbehörden kann danach zugestimmt werden, dass in vielen Fällen bereits eine Pflicht zur Einführung eines Compliance-Programms besteht, Kartellrechtsverstöße des Unternehmens zu verhindern, sodass sich daher keine Bußgeldreduzierung herleiten ließe.

Eine Berücksichtigung von Compliance-Programmen im Bußgeldverfahren könnte daher grundsätzlich nur unter bestimmten und engen Überlegungen und Voraussetzungen mildernd berücksichtigt werden.

Zunächst könnte dies durch einen gewissen Mehrwert erreicht werden, der über die gesetzliche Rechtspflicht hinausgeht. Die Maßnahmen der Unternehmensleitung können über die gesetzlichen Mindestanforderungen hinausgehen, soweit dies für eine effektive Prävention geboten ist.[854] Der deutsche Gesetzgeber geht durchaus davon aus, dass ein Unternehmen „Praktiken, die über die gesetzlichen Anforderungen hinausgehen", grundsätzlich unternehmen kann, § 289a Abs. 2 Nr. 2 HGB. Auch die Kommission scheint diese Möglichkeit erkannt zu haben und formuliert in Randzeichen 29 4. Sps. ihrer Leitlinien sodann, dass (Hervorhebung durch Verfasser):

> „(d)er Grundbetrag der Geldbuße (…) verringert werden (kann), wenn die Kommission mildernde Umstände wie beispielsweise die nachstehend aufgeführten feststellt, aktive Zusammenarbeit des Unternehmens mit der Kommission außerhalb des Anwendungsbereichs der Mitteilung über den Erlass und die Ermäßigung von Geldbußen in Kartellsachen und über seine rechtliche Verpflichtung zur Zusammenarbeit hinaus".[855]

Hinzu kommt, dass nicht nur der Umfang der unternehmerseits ausgerufenen und einzuhaltenden Anforderungen im Rahmen von Compliance einen neuerlichen „Mehrwert" darstellen kann, sondern dieser in der neuartigen weitgehenden Organisationsform der zu beachtenden Normen zu erblicken sein kann.[856]

---

853 Stimmen in der Literatur wollen mit Einführung eines § 91 Abs. 3 AktG, einem „Compliance-Paragrafen", Klarheit über die Frage der Compliance-Pflicht schaffen, *Bachmann*, in: Gesellschaftsrecht in der Diskussion, S. 65, 99.

854 *Forstmoser*, FG Schweizerischer Juristentag (2006), S. 55, 75 ff., 83 leitet – im Kontext Share- vs. Stakeholder-Value-Ansatz – eine Verpflichtung auf das Gesamtinteresse und der Sozialpflichtigkeit der AG her; *Fleischer*, in: ders., Handbuch des Vorstandsrechts, § 1 Rn. 34 ff.; a.A. *Zöllner*, AG 2003, 2, 7.

855 *Sünner*, EuZW 2007, 8, 11.

856 *U. H. Schneider*, NZG 2009, 1321, 1322; *ders./S. H. Schneider*, ZIP 2007, 2061; *Lösler*, WM 2008, 1098, 1099, 1100.

Ein solcher „übererfüllungsmäßiger“ Mehrwert ist zum einen dann gegeben, wenn schon keine Pflicht des Unternehmens, z.B. wegen geringen kartellrechtlichen Zuwiderhandlungsrisikos, bestand, ein Compliance-Programm zu erlassen, es aber dennoch eingeführt wurde. Dieses proaktive Verhalten müsste von Seiten der Kartellbehörden im Rahmen des Ermessens positiv berücksichtigt werden.

Zum anderen wäre ein Mehrwert durch ein effektives Compliance-Programm dann gegeben, wenn nicht nur der Rechtspflicht genügt wurde, sondern das Compliance-Programm dem Umfang nach „überobligatorisch“ und oberhalb des Best Practice-Maßstabs aufgelegt wurde.[857] Das kann der Fall sein, wenn das Compliance-Programm des Unternehmens Elemente enthält, die nicht (zwingend) Gegenstand der branchentypischen Vorgaben des Best Practice-Maßstabs sind. So finden sich z.B. weder im IDW PS 980 noch in den USSG die Pflicht, Whistleblowing-Hotlines einzurichten oder Mock Dawn Raids[858] durchzuführen. In der Praxis haben die Unternehmen weitere, zum Teil kreative Vorgaben erlassen, mit denen sichergestellt werden soll, dass den Compliance-Vorgaben Folge geleistet wird, die nicht Gegenstand einer branchentypischen Vorgabe sind.

In diese Kategorie fällt das Beispiel der Siemens AG, ein Compliance-orientiertes Vergütungssystem für die Unternehmensleitung und leitenden Angestellten einzuführen.[859] Danach werden bis zu 15 Prozent der Ausschüttung davon abhängig macht, ob die Compliance-Ziele erfüllt worden sind. Bei einem (aufgedeckten, nicht einmal zwingend geahndeten) Kartellverstoß müsste dieser Bonus abzulehnen sein. Ferner sind Abzüge denkbar, wenn Compliance-Maßnahmen nicht termingerecht oder nicht mit der geforderten Sorgfalt durchgeführt worden sind. Mit der Einführung einer solchen Regelung macht das Unternehmen sein Interesse und Bekenntnis an der Einhaltung der Compliance-Maßnahmen deutlich.[860]

---

857 *Krebs/Eufinger/Jung*, CCZ 2011, 213, 215.

858 *Feigen/Livonius*, ZIP 2004, 889, 890. Zur Kontroverse *Lampert/Matthey*, in: Hauschka, Corporate Compliance, § 26 Rn. 84. Hingegen zählen *Grützner/Leisch*, DB 2012, 787, 792 Whistleblowing zum Best Practice.

859 *Moosmayer*, Compliance, S. 79; s. auch *M. Roth*, Compliance (2010), S. 164.

860 *Kasten*, in: Mäger, Europäisches Kartellrecht, Rn. 102 f.; *Moosmayer*, Compliance, S. 79; 115 im Geschäftsjahr 2008 hingen rund 17 % des Jahresbonus vom Erreichen definierter Compliance Ziele ab.

Ferner ist eine Bindung von Compliance-Erfolg an Karriereziele denkbar, um so das „Commitment" seitens der Mitarbeiter zu steigern.[861] Ein weiterer Ansatz könnte eine so genannte Business Partner Policy sein. Nach dieser werden Geschäftspartner und Vermittler anhand eines bestimmten Vorgangs einer Risikoprüfung unterzogen und ein Kontrakt unter Umständen abgelehnt.[862] Diese Risikoeinschätzung wirkt sich sodann auf den Genehmigungsprozess eines Projekts aus. Aufträge und Projekte werden also nicht mehr nach finanziellen und technischen, sondern auch nach den spezifischen Compliance-Risiken bewertet.[863] In den operativen Geschäftsablauf hat damit ein compliance-orientierter Regelungsansatz Einzug gefunden.

Denkbar wäre auch eine Prämie des Mitarbeiters für die Aufdeckung eines Verstoßes (in Grenzen) angelehnt an die US-amerikanische Regelung des Sec. 21F Security Exchange Act bzw. Sec. 922 Dodd-Frank Act oder ein Bonusprogramm innerhalb des Unternehmens,[864] das den der Mitarbeiter von unternehmensinternen Sanktion schützt, wenn er gegenüber dem Unternehmen seine Kartellbeteiligung offenbart und kompromisslos die Aufklärung unterstützt (soweit er dazu nicht verpflichtet wäre).[865]

Schließlich könnten kriminelle oder schulungsresistente Mitarbeiter häufiger innerhalb des Unternehmens versetzt werden, sodass diese schon gar nicht in die Position geraten, Netzwerke anzulegen, aus denen heraus kartellrechtliche Zuwiderhandlungen begangen werden können.[866] Es sind also durchaus Konstellationen denkbar, nach denen ein Compliance-Programm einen über der Erfüllung der gesetzlichen Pflicht bestehenden Mehrwert haben kann – der Kreativität der Unternehmen sind bei der Ausgestaltung ihrer Compliance-Programme keine Grenzen gesetzt.

Nun mag man einwenden, dass sodann jede Maßnahme oberhalb des Best Practice-Maßstabs diesen sogleich renoviere und sein Niveau anhebe. Doch ist dem entgegenzuhalten, dass die Überholung eines vorhandenen Best Practice-Maßstabs eine gewisse branchenweite Einigkeit und Überzeugung von mehr als nur einem Unternehmen (oder einem kleinen Kreis von Unternehmen) voraussetzt.

---

861 *Jaekel*, Finance Compliance Februar 2011, S. 8.

862 *Moosmayer*, Compliance, S. 113.

863 *Moosmayer*, Compliance, S. 113.

864 Vgl. dazu auch *Bueren*, ZWeR 2012, 310, 312 ff.; *Schürrle/Fleck*, CCZ 2011, 218, 219, 221.

865 *Bueren*, ZWeR 2012, 310 ff.

866 *Lampert*, in: Hauschka, Corporate Compliance, § 9 Rn. 36.

II. Verfassungsrechtlicher Ausgangspunkt

Die Kommission ist bei jedem einzelnen Schritt der Bußgeldbemessung, sowohl bei der Festlegung des Grundbetrags als auch bei der Erhöhung dessen, an allgemeine Rechtsgrundsätze, wie den Grundsatz der Gleichbehandlung und der Verhältnismäßigkeit gebunden, die gleichermaßen auch im Bußgeldverfahren gelten.[867]

Ausprägung des allgemein anerkannten Verhältnismäßigkeitsgrundsatzes im Unionsrecht ist ein angemessenes Verhältnis zwischen Vergehen und Strafe, wie Art. 5 Abs. 4 EUV im Allgemeinen und Art. 49 Abs. 3 der Grundrechtecharta im Besonderen als strafrechtliche Spezialregelung verlautbaren. Die verhängte Buße darf nicht außer Verhältnis zu den Merkmalen der Zuwiderhandlung stehen.[868] Sie muss verhältnismäßig ausfallen, also auf einer Konkordanz zwischen Abschreckungswirkung und angemessener Sanktionierung beruhen.[869] Der konkrete Umfang des Bußgeldes muss daher in einem angemessenen Verhältnis zu den zugrunde liegenden Kriterien für die Beurteilung der Dauer und Schwere passen.[870]

Das Gleichbehandlungsgebot als Ausprägung des Gleichheitssatzes verlangt zudem, dass die Kommission den unterschiedlichen Beteiligungsgrad eines jeden Kartellanten zu berücksichtigen hat.[871] Das heißt konkret, dass innerhalb eines Kartells das Bußgeld eines Unternehmens mit geringerer Beteiligung und geringerem Vorwurf im Verhältnis der Bußgelder der weiteren Beteiligten eine gewisse

---

867 EuG v. 11.7.2007 – Rs. T-170/06 *Alrosa ./. Kommission*, Slg. 2007, II-2601, Rn. 86 ff., 112 f., 140; Sünner, EuZW 2007, 8, 10; MünchKommEuWettbR/*Engelsing/Schneider*, VO 1/2003 Art. 23 Rn. 96 f.; *Klees*, Kartellverfahrensrecht, § 6 Rn, 109 f.

868 EuG v. 5.4.2006 – Rs. T-279/02 *Degussa ./. Kommission*, Slg. 2006, II-897, Rn. 345, 356.

869 *Dannecker/Biermann*, in: Immenga/Mestmäcker, Art. 23 Rn. 120.

870 EuGH v. 14. 11. 1996 – Rs. C-333/94 P *Tetra Pak ./. Kommission*, Slg. 1996, I-5951, Rn. 48; EuG v. 21.10.1997 – Rs. T-229/94 *Deutsche Bahn ./. Kommission*, Slg. 1997, II-1689 Rn. 125 ff.; EuG v. 12.7.2001. – verb. Rs. T-202/98, T-204/98 und T-207/98 *Tate & Lyle u.a. ./. Kommission*, Slg. 2001, II-2035 Rn. 106; EuG v. 9.7.2003 – Rs. T-220/00 *Cheil Jedang Corporation ./. Kommission*, Slg. 2003, II-2473 Rn. 93; EuG v. 29.11.2005 – Rs. T-62/02 Union Pigments ./. Kommission, Slg. 2005, II-5057, Rn. 155; EuG v. 5.4.2006 – Rs. T-279/02 *Degussa ./. Kommission*, Slg. 2006, II-897, Rn. 324; *Dannecker/Biermann*, in: Immenga/Mestmäcker, Art. 23 Rn. 120.

871 *Dannecker/Biermann*, in: Immenga/Mestmäcker, Art. 23 Rn. 117; *Kokott/Dittert*, WuW 2012, 670, 671.

Abstufung erkennen lassen muss.[872] Dieses Gleichheitsgebot beschränkt sich aber nur auf das konkrete Verfahren und beansprucht keine Geltung darüber hinaus.[873] Dies wiederum hat zur Folge, dass für die Einhaltung des Gleichheitsgrundsatzes nicht die Entscheidungspraxis der Kommission, sondern einzig Art. 23 Abs. 3 VO 1/2003 in Verbindung mit den Leitlinien der Kommission von Relevanz sind.[874] Selbst wenn die Compliance-Maßnahmen unzureichend waren, den Verstoß zu verhindern, kann eine Gleichbehandlung zwischen beiden Unternehmen („sorglos vs. sorgfältig") nicht ohne weiteres angenommen werden.[875] Der Grad der Unzulänglichkeit sollte Berücksichigung finden.

Unter folgender Überlegung scheint die Compliance Defence unter Heranziehung des Gleichbehandlungsgebot sogar verfassungsrechtlich geboten:[876] Ein Unternehmen, das sich sorglos in Compliance-Belangen verhält und jegliche Anstrengungen unterlässt, würde bußgeldrechtlich gleichermaßen behandelt wie das in diesen Belangen sorgfältig agierende.[877] Gleiches gilt für die Compliance Offence: Das sorgfältigere Unternehmen würde härter bestraft als ein

872 *Dannecker/Biermann*, in: Immenga/Mestmäcker, Art. 23 Rn. 117.

873 *Dannecker/Biermann*, in: Immenga/Mestmäcker, Art. 23 Rn. 119; MünchKomm-EuWettbR/*Engelsing/Schneider*, VO 1/2003 Art. 23 Rn. 97.

874 EuG v. 5.4.2006 – Rs. T-279/02 *Degussa ./. Kommission*, Slg. 2006, II-897, Rn. 80; *Dalheimer/Feddersen/Miersch*, Nach Art. 83 EGV Art. 23 Rn. 156 m.w.N.; *Dannecker/Biermann*, in: Immenga/Mestmäcker, Art. 23 Rn. 119;

875 *Dreher*, ZWeR 2004, 75, 83; *C. Müller*, Kartellrechtscompliance, S. 186; *Gehring/Kasten/Mäger*, CCZ 2013, 1. Vgl. auch *Wils*, Journal of Antitrust Enforcement, Vol. 1, No. 1, S. 52, 63 ff. "a tale of four companies" zu einem schönen Vergleich vierer Unternehmen mit unterschiedlicher Historie und Philosophie. Abzulehnen ist aber der Vorschlag von *Klaiber*, Die Berücksichtigung von Compliance-Programmen, S. 115 das Bußgeldniveau um den Proporz zu erhöhen, der sodann bei „sorgfältigen" Unternehmen in Form eines Rabattes gewährt würde.

876 Zum Gleichheitsgrundsatz im Bußgeldverfahren, EuG v. 12.7.2001. – verb. Rs. T-202/98, T-204/98 und T-207/98 *Tate & Lyle u.a. ./. Kommission*, Slg. 2001, II-2035, Rn. 118; EuG v. 17.12.1991 – Rs. T-7/*89 Hercules Chemicals ./. Kommission*, Slg. 1991, II-1711, Rn. 295.

877 Bereits *Steinherr/Steinmann/Olbrich*, in: Alwart, S. 161; *Hofstetter/Ludescher*, FS v. Büren (2009), S. 485, 498; *Geradin*, Journal of Antitrust Enforcement, Vol. 1, No. 2, S. 325, 330. *C. Müller*, Kartellrechtscompliance, S. 194 will in der schlichten Außerachtlassung von Compliance-Programmen seitens der Kommission keine Ungleichbehandlung erkennen, weil diese Praxis die Compliance-Programme gänzlich außer Acht lässt, sodass keine Ungleichbehandlung auftreten könne.

sorgloses Unternehmen, denn es hat nicht nur Kosten und Mühen für Compliance aufgewendet und wird darüberhinaus zusätzlich finanziell mit einem höheren Bußgeld belastet.[878] Auch innerhalb derer Unternehmen, die (auf dem Papier) ein Compliance-Programm eingerichtet haben, wird es Unternehmen geben, die ihre Kartellrechts-Zuwiderhandlungsprävention weiter vorantreiben als andere. Derjenige, der um Einhaltung der Regeln strebt, kann nicht dem gleichgesetzt werden, dem dies gleichgültig ist. Es bedarf einer Milderung, alles andere wäre ein fatales Signal und rechtsstaatlich kaum vertretbar.[879]

III. Rechtspolitischer Ausgangspunkt

Eine schließlich dritte Überlegung könnte ebenfalls zu einer Berücksichtigung von Compliance-Programmen führen. Dies könnte aus rechtspolitischen Gründen, etwa aufgrund eines Ausbaus der Kooperation zwischen Verfolgungsbehörde und Unternehmen im Rahmen der Kartellbekämpfung erfolgen. Dieser Überlegung geht voraus, dass die Kartellbehörden ihre Sichtweise und Einstellung zu Compliance ändern und neben der Möglichkeit der Enthaftung einen zusätzlichen Anreiz im Bußgeldverfahren zusprechen. Wer wie sie den Fokus ausgerufenermaßen auf die Abschreckung legt, der sollte mildernder Umstände berücksichten, wenn ein Unternehmen alles Erforderliche getan hat, den Verstoß im Vorfeld zu vermeiden (keine Doppelmoral).[880]

Dafür müssten Kommission und Bundeskartellamt den präventiven Wert von Compliance erkennen, denn ihre derzeitige Praxis, die allein auf Abschreckung Repression ausgelegt ist, wird diesem nicht gerecht.[881] Freilich mutet es auf den ersten Blick ein wenig kontraintutitv an, ausgerechnet den Bonus für etwas zu

878 *Dannecker/Biermann*, in: Immenga/Mestmäcker, Art. 23 Rn. 163.

879 *Krebs/Eufinger/Jung*, CCZ 2011, 213, 214 f.; *Wegner*, wistra 2000, 361, 363.

880 *Dreher*, ZWeR 2004, 75, 87.

881 Sie müssten dazu bildlich eine Sprung über den eigenen Schatten wagen, *Voet van Vormizeele*, CCZ 2009, 41, 45; *Bosch/Colbus/Harbusch*, WuW 2009, 740, 746; *Kasten*, in: Mäger, Europäisches Kartellrecht, Rn. 148; *Weber/Rizvi*, SJZ 2010, 501, 508; *Schwarze/Bechtold/Bosch*, Rechtstaatliche Defizite im Kartellrecht der Europäischen Gemeinschaft, S. 63; *Geradin*, The EU Com-petition Law Fining System, S. 5 oben; *Moosmayer/Gropp-Stadler*, NZWiSt 2012, 241, 242. A. A. *Pampel*, BB 2007, 1636, 1639 nach dem bereits die Enthaftung Anreiz genug sei. Ebenso *Wils*, Journal of Antitrust Enforcement, Vol. 1, No. 1, S. 52, 73 mit HInweis auf ein falsches Signal, das eine Compliance Defence geben würde: Kartellverstöße gehören zum Geschäftsalltag und das Unternehmen treffe keine Pflicht, diese vollständig zu unterbinden.

gewähren, was den Verstoß, also letztlich das gesamte Verfahren, in dem der Bonus begehrt wird, vermeiden sollte. Ob das Compliance-Programm vor oder nach dem Verstoß errichtet wurde, macht – auch nach Sicht der Kommission[882] – im Regelfall keinen Unterschied, denn in den meisten Fällen bestand bereits die Pflicht ein solches aufzusetzen. Die Kommission geht nach ihrer Auffassung aber von einer Erfolgsverpflichtung des Compliance-Programms aus.

Mit der Diskussion um Compliance wird den Kartellbehörden von Seiten der Unternehmen das einmalige Engagement entgegengebracht, die Vorgaben des (Kartell-)Rechts organisatorisch und auf ganzer Linie unter Verwendung eigener finanzieller und personeller Ressourcen einzuhalten. Begrüßenswert wäre es, wenn die Verfolgungsbehörden darin vielmehr die Chance erkennen, sich an dem Prozess gestaltend und mit konkreten Vorgaben zu beteiligen.[883] Dabei würden sie sich zugleich ein Stück weit Regelungskompetenz im Gestaltungsprozess um Compliance zurückholen. Die Erfüllung ihrer Vorgaben könnten sie mit einem konkreten Bußgeldabschlag als Anreiz honorieren. Die Formel muss doch lauten: Je höher die Anreize für Unternehmen geschaffen werden, desto mehr werden sie tun, um in deren Genuss zu kommen und desto weniger Verstöße wird es langfristig geben. Sie sollten auch erkennen, dass präventive Maßnahmen seitens der Unternehmen durchaus ein Garant für effektive Kartellrechtsbekämpfung sein können.[884] Dadurch vergrößert sich die Dunkelziffer der

882 Kommission v 3.12.2003 – 2004/420/EG (38.359) *Elektrotechnische und mechanische Kohlenstoff- und Graphitprodukte*, K(2003) 4457 endg., Rn. 313: „(…). However, the Commission considers that it is not appropriate to take the existence of a compliance programme into account as an attenuating circumstance for a cartel infringement, whether committed before or after the introduction of such a programme." Kritisch zu dieser fehlenden Unterscheidung FK-*Seeliger/Mross*, Kartellrechts-Compliance, Rn. 100; *Baron/Seeliger*, Compliance-Berater 2013, 345, 347 f. Vielmehr handele es bei dem kategorischen Ausschluss der Compliance Defence seitens der Kommission und des Bundeskartellamtes bereits um fehlerhafte Ausübung des Ermessens, denn zu einer rechtmäßigen Ermessensausübung gehöre, dass alle Umstände des Einzelfalles – einschließlich der Compliance-Maßnahmen - berücksichtigt werden und in die Ermessensprüfung einscfließen. Ähnlich *Geradin*, Journal of Antitrust Enforcement, Vol. 1, No. 2, S. 325, 329.

883 *Reichelsdorfer*, ZRFC 2010, 118, 119; *Bosch/Colbus/Harbusch*, WuW 2009, 740, 747. Es spricht angesichts des gemeinsamen Ziels der Kartellbekämpfung nichts dagegen, dass diese ehrgeizig und streng formuliert werden.

884 *Bosch/Colbus/Harbusch*, WuW 2009, 740, 746.

Verstöße, die bereits durch die Compliance-Strukturen in der Planungsphase erstickt sind und nicht umgesetzt wurden.[885]

Ein Compliance-Programm ist das einzige organisatorische Mittel von Unternehmensseite, Kartellverstöße der Mitarbeiter zu verhindern.[886] Es verdeutlicht, dass die Unternehmensleitung ihre Aufsichtspflicht ernst nimmt.[887] Und doch kann damit keine Garantie einhergehen, dass es zu keinerlei Rechtsverstößen durch das Unternehmen oder seine Mitarbeiter kommt.[888] Es muss der Einwand der „organisatorischen Unvermeidbarkeit der Anknüpfungstat"[889] von Seiten der Behörden gehört werden und der Verstoß trotz des Compliance-Programms darf kein Indiz dafür sein, dass das Compliance-Programm gescheitert sei, sondern vielmehr alles Erforderliche und Zumutbare unternommen wurde.[890] Es gilt dabei zusätzlich zu bedenken, dass im europäischen Kartellrecht jeder Mitarbeiter – und nicht erst der Kreis der vertretungsberechtigten Personen – den Verstoß begehen kann und sich die Bußgeldbemessung an dem weltweiten Konzernumsatz orientiert.[891] Der Verstoß (eines Einzelnen) trotz Bestehen eines Compliance-Programms bedeutet nicht zugleich, dass das gesamte Compliance-Projekt gescheitert ist, sondern an bestimmten Bereichen „nachjustiert" und Verbesserungen erfolgen müssen (Compliance als Prozess verstehen).

---

885 Nach *Ackermann*, ZWeR 2010, 329, 335 müsste damit auch eine Reduzierung des Bußgeldniveaus einhergehen, denn eine Sanktion solle so drakonischer ausfallen, desto höher die Dunkelziffer der Zuwiderhandlungen sei, damit eine effektive Abschreckung gewährleistet werden könne.

886 *Bosch/Colbus/Harbusch*, WuW 2009, 740, 745; *Weber/Rizvi*, SJZ 2010, 501, 508; *Hofstetter/Ludescher*, FS v. Büren (2009), S. 485, 496.

887 *Voet van Vormizeele*, CCZ 2009, 41, 48; *Kasten*, in: Mäger, Europäisches Kartellrecht, Rn. 150.

888 *Bosch/Colbus/Harbusch*, WuW 2009, 740, 745; *Kasten*, in: Mäger, Europäisches Kartellrecht, Rn. 150; *Voet van Vormizeele*, CCZ 2009, 41, 48; *Karbaum*, Kartellrechtliche Compliance, S. 373; *Gehring/Kasten/Mäger*, CCZ 2013, 1. In Bezug auf § 30 OWiG *Wegner*, wistra 2000, 361, 363.

889 *Wegner*, wistra 2000, 361, 363.

890 *Bechtold*, § 81 Rn. 67; *Soyez*, CCZ 2012, 25. Insofern könnte Compliance ein tauglicher Gegenpol für die unbeschränkte Haftung in diesem Zusammenhang sein, *Moosmayer*, wistra 2007, 91, 94; *Voet van Vormizeele*, CCZ 2009, 41, 48; *Kasten*, in: Mäger, Europäisches Kartellrecht, Rn. 156.

891 EuGH v. 7.6.1983 – verb. Rs. 100–103/880 – *Musique Diffusion Francaise*, Slg. 1983, 1825, Rn. 97.

Es ändert sich dadurch aber keinerfalls die Grundstimmung, Haltung und gelebte Compliance-Kultur innerhalb des Unternehmens.

Vollständige Prävention kann kein Mittel leisten[892] und speziell im Kartellrecht muss ein Unternehmen nach der Rechtsprechung das auch nicht.[893] Wer die zumutbaren und erforderlichen Mittel ergriffen hat, darf im Falle der Zuwiderhandlung Einzelner gegen betriebsbezogene Pflichten nicht dafür verantwortlich gemacht werden.[894] In der deutschen Spruchpraxis ist bereits entschieden, dass der vorsätzliche Kartellverstoß keinen zwigenden Rückschluss auf die Unzulänglichkeit der Aufsichts-, also der Compliance-Maßnahmen bedeutet.[895] Dazu führt der BGH für die Aufsichtspflichtverletzung nach § 130 OWiG wie folgt aus:

> „Art und Umfang der Aufsichtsmaßnahmen, die von einem Betriebsinhaber oder dem ihm gleichgestellten Vertreter verlangt werden müssen, sind nicht allein an dem Ziel auszurichten, durch eine möglichst umfassende Beaufsichtigung der Betriebsangehörigen jegliche Zuwiderhandlung gegen betriebliche Pflichten zu verhindern. Es sind vielmehr auch die Grenzen des für den Aufsichtspflichtigen realistischerweise Zumutbaren und die Eigenverantwortung der Betriebsangehörigen zu beachten. Dabei ist auch zu berücksichtigen, daß überzogene, von zu starkem Mißtrauen geprägte Aufsichtsmaßnahmen den Betriebsfrieden stören und die Würde des Arbeitnehmers verletzen können. Das gilt vor allem für Maßnahmen, die ausdrücklich oder erkennbar mit einer nicht durch Tatsachen belegten Befürchtung begründet werden, der Arbeitnehmer könnte vorsätzliche Gesetzesverstöße begehen. Auch wenn man davon

---

892 KarlsruherKommentar-*Rogall*, § 130 Rn. 15 der Betriebsinhaber muss „kein quasi flächendeckendes Kontrollnetz im Sinne einer allumfassenden Personalaufsicht" einführen und gewährleisten. Ebenso der Prüfbericht des IDW zu ThyssenKrupp nach PS 980, S. 2 abrufbar unter http://www.thyssenkrupp.com/documents/investor/ThyssenKrupp_Pruefungsbericht_2011_09_30.pdf. Den Wert der Prävention durch Compliance betont auch *Klaiber*, Die Berücksichtigung von Compliance-Programmen, S. 114.

893 BGH, WuW/E BGH 2262, 2264; es genügt ja gerade die die Geeignetheit und Erforderlichkeit im Rahmen des Zumutbaren. Unzumutbar seien insofern direkte Prämien für Denunziantentum oder eine lückenlose Überwachung von Mitarbeitern, *Theile/Petermann*, JuS 2011, 496, 498; KarlsruherKommentar-*Rogall*, § 130 Rn. 15. S. auch FK-*Seeliger/Mross*, Kartellrechts-Compliance, Rn. 11 a. E.

894 KarlsruherKommentar-*Rogall*, § 130 Rn. 15.

895 BGH, WuW/E BGH 2262; KG, WuW/E OLG 2330, 2332. *Lampert*, in: Hauschka, Corporate Compliance, § 9 Rn. 3 „natürliche Grenze" von Compliance; *ders.*, BB 2002, 2237, 2239; *Liese/Schulz*, BB 2011, 1347, 1350, 1351 Fn. 58; *Fleischer*, BB 2008, 1070, 1072. In diese Richtung auch *Dannecker/Biermann*, in: Immenga/Mestmäcker, Vor Art. 23 Rn. 18.

ausgeht, daß vorsätzliche verbotene Absprachen getroffen werden können, die selbst ein Betriebsinhaber nicht entdecken kann, der die Angebotsunterlagen anfordert, alle Angebote überprüft und deren Endpreis bestimmt, so begründet das für den gemäß § 130 OWiG Verantwortlichen noch nicht die Pflicht, seine Betriebsangehörigen anzuweisen, über alle geschäftlichen Kontakte mit fremden Firmenangehörigen Aktenvermerke anzufertigen und zudem ausdrücklich darauf hinzuweisen, daß damit ein bestimmtes gesetzwidriges Verhalten verhindert werden solle. Eine solche Maßnahme könnte allenfalls geboten sein, wenn sie erfahrungsgemäß besonders geeignet wäre, dieses gesetzwidrige Verhalten zu verhindern. Einen derartigen Erfahrungssatz hat das Kammergericht aber nicht dargelegt, er ist auch nicht offenkundig. Es ist im Gegenteil eher anzunehmen, daß eine solche Anordnung jedenfalls bei vorsätzlichen Verstößen gegen § 1 Abs. 1 GWB wirkungslos bleiben müßte. Ein Betriebsangehöriger, der ein so starkes Interesse an dem Zustandekommen einer verbotenen Absprache hat, daß er, um sie zu erreichen, sogar vorsätzlich gegen gesetzliche Vorschriften und nachdrückliche Verbote seines Arbeitgebers verstößt, wird sich von diesem Verhalten regelmäßig nur durch Aufsichtsmaßnahmen abhalten lassen, die die Gefahr der Entdeckung seines verbotenen Handelns erhöhen oder die Hemmschwelle auf andere Weise merklich anheben."[896]

Auch der US-amerikanische Gesetzgeber hat in der neuesten Überarbeitung der USSG klargestellt, dass ein Compliance-Programm nicht zwigend ineffektiv ist, weil es die Zuwiderhandlung (durch sein Führungspersonal) nicht verhindert hat.[897] Mit einem effektiven Compliance-Programm kann das Unternehmen aber belegen, dass es organisatorische Strukturen zur Verbesserung seiner Gesetzestreue unternommen hat, weil es den Raum für eigenmotivierte Verstöße einschränkt, Zuwiderhandlung frühzeitig erkennen und abstellen kann.[898]

Es sollen aber mit Compliance diese Zuwiderhandlungen aufgedeckt werden und Strukturen geschaffen werden, die solche Verstöße erschweren und zugleich das Bewusstsein der Mitarbeiter für Regelkonformität schärfen und auch belohnen. Eine nachhaltige Schulung der Mitarbeiter schafft im Unternehmen

896 BGH, WuW/E BGH 2262, 2264. So auch KarlsruherKommentar-*Rogall*, § 130 Rn. 49, der zugleich die Bedeutung des Vertrauensverhältnisses zwischen Arbeitnehmer und Arbeitgeber hervorhebt.

897 *Engelhart*, NZG 2011, 126, 128 Fn. 16; USSC, Amendments to the Sentencing Guidelines, 3.5.2010, 31.

898 *Kasten*, in: Mäger, Europäisches Kartellrecht, Rn. 150; *Krebs/Eufinger/Jung*, CCZ 2011, 213, 215.

eine gewisse Sensibilisierung der Belegschaft, schult sie zu Eigenverantwortung und Selbstkontrolle und erhöht damit deren Hemmschwelle, Kartellverstöße zu begehen.[899] Insofern ist eine „Vorfeldwirkung" von Compliance nicht von der Hand zu weisen.[900]

---

899 *C. Müller*, Kartellrechtscompliance, S. 197; *Bosch/Colbus/Harbusch*, WuW 2009, 740, 745; *Voet van Vormizeele*, CCZ 2009, 41, 48. Dies kann z.B. nach den überzeugend darlegen, wer kein „paper program" aufsetzt, USAM 9–28.800 Corporate Compliance Programs: „Prosecutors should therefore attempt to determine whether a corporation's compliance program is merely a "paper program" or whether it was designed, implemented, reviewed, and revised, as appropriate, in an effective manner. In addition, prosecutors should determine whether the corporation has provided for a staff sufficient to audit, document, analyze, and utilize the results of the corporation's compliance efforts. Prosecutors also should determine whether the corporation's employees are adequately informed about the compliance program and are convinced of the corporation's commitment to it. This will enable the prosecutor to make an informed decision as to whether the corporation has adopted and implemented a truly effective compliance program that, when consistent with other federal law enforcement policies, may result in a decision to charge only the corporation's employees and agents or to mitigate charges or sanctions against the corporation."

900 *Dreher*, ZWeR 2004, 75, 80.

§ 3 Kartellrechtlicher Teil: Compliance Defence im Bußgeldverfahren

kəm'plaɪəns dɪ'fens – darunter sollen im Folgenden die Möglichkeiten untersucht werden, wonach eine Berücksichtigung eines effektiven Compliance-Programms im kartellrechtlichen Bußgeldverfahren dogmatisch möglich erscheint und sich ein Unternehmen damit entlasten kann. Dabei werden sowohl im Tatbestand („Enthaftung") als auch auf Rechtfolgenebene („Bemessung") im europäischen und deutschen Kartellrecht Anknüpfungspunkte gesucht und zugleich auf ihre Tauglichkeit hin überprüft.

Es sprechen beinahe gleich gute Gründe sowohl dafür als auch dagegen, ein Compliance-Programm im Bußgeldverfahren entlastend zu berücksichtigen. Immerhin wurde gerade im europäischen Kartellrecht noch vor einigen Jahren innerhalb des fast identischen Normgefüges eine Bußgeldreduzierung vorgenommen. Nach diesen können die Europäische Kommission und das Bundeskartellamt gegen ein Unternehmen Bußgelder in einer Höhe von bis zu zehn Prozent des weltweiten Konzernumsatzes pro Verstoß verhängen. Die konkrete Höhe des Bußgeldes hängt von Dauer und Schwere des Verstoßes ab; sie unterliegt dem Ermessen der Behörden. In Ausübung ihres Ermessens haben die Kartellbehörden so genannte Bußgeldleitlinien erlassen. Kommission und Bundeskartellamt sind an den Inhalt ihrer Leitlinien gebunden; nicht jedoch die Gerichte. Letztere prüfen, ob der Auslegungs- und Ermessensgrundsatz seitens der Behörden im Bußgeldverfahren eingehalten wurde.[901]

Dennoch soll die folgende Betrachtung nicht darüber hinwegtäuschen, dass das wichtigtste Ziel eines Compliance-Programms in der Haftungsvermeidung des Unternehmens und seiner Leitung besteht und nicht zum Zwecke der Bußgeldreduzierung aufgelegt wird. Ein weiterer Vorteil, so argumentiert insbesondere die Kommission, liege in der potentiellen Möglichkeit eines Informationsvorsprungs gegenüber anderen Kartellanten, sodass sich das Compliance-Programm mittelbar in dem Bußgelderlass unter Inanspruchnahme der Kronzeugenregelung bemerkbar mache. Es mag schon sein, dass diese Möglichkeit besteht, doch sind vorher noch einige Entscheidungen zu treffen und die Voraussetzungen der Kronzeugenregelung erfüllt sein, sodass dies nicht zwangsläufig in einem geringen Bußgeld münden wird.

901 *Raum*, in: Langen/Bunte, Kartellrecht Band 1, § 81 Rn. 147 f.

A) Gesetzliche Anknüpfungspunkte

I. Unionsrechtliche Perspektive

1. Rechtlicher Rahmen für die Verhängung von Kartellgeldbußen

Der Kommission ist mit Art. 23 VO 1/2003 ein Instrument zur Überwachung des unverfälschten Wettbewerbs (im Sinne von ex Art. 3 Abs. 1 lit. g) EG) an die Hand gegeben worden.[902] Nach Art. 23 Abs. 2 VO 1/2003 kann bei einem vorsätzlichen oder fahrlässigen Verstoß gegen die Verbotsnormen des (ex) Art. 81 EG (Art. 101 AEUV) und (ex) 82 EG (Art. 102 AEUV) ein Unternehmen oder eine Unternehmensvereinigung mit einem Bußgeld von der Kommission belegt werden. Grundlage für diese Sanktionsmöglichkeit bildet Art. 103 Abs. 2 lit. a) AEUV, wonach der Rat in den Durchführungsvorschriften auf Grundlage des Art. 103 Abs. 1 AEUV auch Buß- und Zwangsgelder einführen kann.[903]

Die Festsetzung eines Bußgeldes liegt sodann im pflichtgemäßen Ermessen der Kommission und kann gemäß Art. 23 Abs. 2 VO 1/2003 bis zu zehn Prozent des Gesamtumsatzes im vorangegangenen Geschäftsjahr des Unternehmens ausmachen.[904] Dabei ist der Umsatz mit allen Waren und Dienstleistungen sowie fakturierten Nebenkosten (z. B. Transport und Verpackung) aller Gesellschaften und Einheiten zu summieren, aus denen das im Sinne des Art. 101 AEUV auftretende Unternehmen besteht.[905] Nur dieser Gesamtumsatz kann die vollständige wirtschaftliche Größe des Unternehmens nach Art. 101 AEUV darstellen.[906] Der

---

902 *Nowak*, in: Loewenheim/Meessen/Riesenkampff, Kartellrecht, S. 1153 Rn. 3; *Sura*, in: Langen/Bunte, Kartellrecht Band 2, Art. 23 Rn. 2; *Dannecker/Biermann*, in: Immenga/Mestmäcker, Vor Art. 23 Rn. 22; *Bechtold/Bosch/Brinker/Hirsbrunner*, Art. 23 VO 1/2003 Rn. 7; MünchKommEuWettbR/*Engelsing/Schneider*, VO 1/2003 Art. 23 Rn. 10 „ordnungspolitische Überwachungsaufgabe". Die VO 1/2003 hat im Kern drei Funktionen: Kartellverfahrensrecht außerhalb der Fusionskontrolle, Regelungen zur dezentralen Anwendung des europäischen Kartellrechts sowie Modellcharakter, *Ost*, in: Schwarze, Rechtsschutz und Wettbewerb (2010), S. 33.

903 MünchKommEuWettbR/*Engelsing/Schneider*, VO 1/2003 Art. 23 Rn. 1. Überblickartig *Dannecker*, wistra 2004, 361 ff.

904 Näher dazu und zu dem Begriff des Geschäftsjahres MünchKommEuWettbR/*Engelsing/Schneider*, VO 1/2003 Art. 23 Rn. 77.

905 Kritisch zur Anwendung des Begriffs im Kartellbußgeldrecht, *Hofstetter/Ludescher*, FS v. Büren (2009), S. 485, 488.

906 EuGH v. 7.6.1983 – verb. Rs. 100–103/880 – *Musique Diffusion Francaise*, Slg. 1983, 1825, Rn. 119; EuGH v. 12.7.1984 – Rs. 170/83 *Hydrotherm Gerätebau GmbH ./. Compact*, Slg. 1984, 2999, Rn. 11; EuG v. 7.7.1994 – Rs. T-43/92 *Dunlop Slazenger ./. Kommission*, Slg. 1994, II-441, Rn. 160; EuG v. 15.3.2000 – verb. Rs. T-25/95, T-26/95,

Umsatz ist nicht auf den EWR beschränkt und es wird üblicherweise der Umsatz des letzten Geschäftsjahres vor Erlass der Entscheidung herangezogen.[907] Eine nähere Konkretisierung zur Berechnung des Umsatzes hat die Kommission in ihrer Mitteilung zur Berechnung des Umsatzes im Sinne der Fusionskontrollverordnung vorgenommen.[908]

Insgesamt erfolgt die Berechnung in zwei Schritten: 1. Ermittlung des Grundbetrags (*Formel: 1a. Schwere x 1b. Dauer + 1c. Eintrittsgebühr = Grundbetrag*) und 2. Anpassung durch erschwerende und/oder mildernde Umstände. Neben der Möglichkeit der Gewinnabschöpfung (2a.) kann ein zusätzlicher Aufschlag (2b.) bestimmt werden, damit die abschreckende Wirkung des Bußgeldes ausreichend zur Geltung kommt.[909]

a) Die Bußgeldleitlinien der Kommission

Die konkrete Bemessung des Bußgeldes ergibt sich aus den Leitlinien zur Festsetzung von Kartellgeldbußen der Kommission und erfolgt anhand einer

---

T-30/95, T-31/95, T-32/95, T-34/95, T-35/95, T-36/95, T-37/95, T-38/95, T-39/95, T-42/95, T-43/95, T-44/95, T-45/95, T-46/95, T-48/95, T-50/95, T-51/95, T-52/95, T-53/95, T-54/95, T-55/95, T-56/95, T-57/95, T-58/95, T-59/95, T-60/95, T-61/95, T-62/95, T-63/95, T-64/95, T-65/95, T-68/95, T-69/95, T-70/95, T-71/95, T-87/95, T-88/95, T-103/95 und T-104/95 *Cimentries CBR u.a. ./. Kommission*, Slg. 2000, II-491 Rn. 5040; *Nowak*, in: Loewenheim/Meessen/Riesenkampff, Kartellrecht, S. 1160 Fn. 66; *Sura*, in: Langen/Bunte, Kartellrecht Band 2, Art. 23 Rn. 34; *Dannecker/Biermann*, in: Immenga/Mestmäcker, Vor Art. 23 Rn. 71. *dies.*, in: Immenga/Mestmäcker, Art. 23 Rn. 102; *Bechtold/Bosch/Brinker/Hirsbrunner*, Art. 23 VO 1/2003 Rn. 41; *Ackermann*, ZWeR 2010, 329, 343; *Kling*, WRP 2010, 506, 507.

907 Es wird auf den vollständigen vorjährigen Gesamtumsatz abgestellt, abzüglich verkaufsgebundener Abgaben und Steuern. EuGH v. 12.7.1984 – Rs. 170/83 *Hydrotherm Gerätebau GmbH ./. Compact*, Slg. 1984, 2999, Rn. 11; Kommission v. 11.12.2001 – 2003/437/EG (37.027) *Zinkphosphat*, ABl. 2003 L 153/1, Rn. 344 f.; *Sura*, in: Langen/Bunte, Kartellrecht Band 2, Art. 23 Rn. 34. *Lampert*, BB 2002, 2237, 2237; *Dannecker/Biermann*, in: Immenga/Mestmäcker, Art. 23 Rn. 102; *Bechtold/Bosch/Brinker/Hirsbrunner*, Art. 23 VO 1/2003 Rn. 41; MünchKommEuWettbR/*Engelsing/Schneider*, VO 1/2003 Art. 23 Rn. 73.

908 Mitteilung der Kommission v. 2.3.1998 über den Begriff des Zusammenschlusses der Verordnung (EWG) Nr. 4064/89 des Rates über die Kontrolle von Unternehmenszusammenschlüssen, ABl. C 66.

909 Eine übersichtliche Kurzdarstellung „Fines for breaking competition law“ aus der Feder der Kommission selbst findet sich unter http://ec.europa.eu/competition/cartels/overview/factsheet_fines_de.pdf. Ebenso anschaulich bei *Geradin*, The EU Competition Law Fining System, S. 8.

Würdigung aller tatsächlichen und rechtlichen Umstände des Einzelfalls.[910] Nach Ziff. 38 finden diese auf Geldbußen aus Art. 23 Abs. 2 VO 1/2003 Anwendung. Mit dem Erlass der Leitlinien beabsichtigt die Kommission die Schaffung von mehr Transparenz und Objektivität für die Zusammensetzung des Bußgeldes.[911]

Bei den aktuellen Leitlinien, die am 28. Juni 2006 erlassen wurden, handelt es sich um die „zweiten" Leitlinien, die die „ersten" von 1998 ersetzten.[912] Das mit dem Erlass der neuen Leitlinien erklärtermaßen verfolgte Ziel ist, eine größere Abschreckungswirkung mit höheren Bußgeldern zu erreichen.[913]

Die Regelungsform der Leitlinien fällt zwar nicht in den Rechtsquellenkatalog des Art. 288 AEUV, geht aber über die bloße Meinungsäußerung oder Informationsvermittlung hinaus.[914] Sie bilden eine eigene Regelungsart im Unionsrecht und finden unmittelbare Anwendung.[915] Die Leitlinien stellen eine Auslegungshilfe

---

910 Leitlinien für das Verfahren zur Festsetzung von Geldbußen gemäß Art. 23 Abs. 2 lit. a) VO Nr. 1/2003, ABl. 2006 C 210, S. 2. EuGH v. 7.6.1983 – verb. Rs. 100–103/880 – *Musique Diffusion Francaise*, Slg. 1983, 1825; EuG v. 15.3.2000 – verb. Rs. T-25/95, T-26/95, T-30/95, T-31/95, T-32/95, T-34/95, T-35/95, T-36/95, T-37/95, T-38/95, T-39/95, T-42/95, T-43/95, T-44/95, T-45/95, T-46/95, T-48/95, T-50/95, T-51/95, T-52/95, T-53/95, T-54/95, T-55/95, T-56/95, T-57/95, T-58/95, T-59/95, T-60/95, T-61/95, T-62/95, T-63/95, T-64/95, T-65/95, T-68/95, T-69/95, T-70/95, T-71/95, T-87/95, T-88/95, T-103/95 und T-104/95 *Cimentries CBR u.a. ./. Kommission*, Slg. 2000, II-491; *Dannecker/Biermann*, in: Immenga/Mestmäcker, Art. 23 Rn. 113; *Kasten*, in: Mäger, Europäisches Kartellrecht, Rn. 139; *Voet van Vormizeele*, CCZ 2009, 41, 44.

911 So auch Ziff. 3. EuG v. 29.4.2004 – verb. Rs. T-236/01, T-239/01, T-244/01 bis T-246/01, T-251/01 und T-252/01 *Tokai Carbon ./. Kommission*, Slg. 2004, II-1181, Rn. 157; *Dannecker/Biermann*, in: Immenga/Mestmäcker, Art. 23 Rn. 191; *Lampert/Niejahr/Kübler/Weidenbach*, Art. 23 Rn. 441; *Hellmann*, WuW 2002, 944 zugleich sollte die Effizienz gesteigert werden. Kritisch *Soyez*, EuZW 2007, 596, 600 a.E. und *Moosmayer*, wistra 2007, 91, 92.

912 Leitlinien für das Verfahren zur Festsetzung von Geldbußen, die gemäß Artikel 15 Absatz 2 der Verordnung Nr. 17 und gemäß Artikel 65 Absatz 5 EGKS-Vertrag festgesetzt werden, ABl. 1998 C 9, S. 3.

913 Kommission v. 28.6.2006, Pressemitteilung IP 06/857; s. auch Ziff. 4. und 30. der Leitlinien.

914 *Thomas*, EuR 2009, 423, 424, 426.

915 *Thomas*, EuR 2009, 423, 424; *Pampel*, EuZW 2005, 11, 12; *Hellmann*, WuW 2002, 944, 948 „es handelt sich nicht um Ermessensausübung im Einzelfall, sondern um abstrakt-generell umschriebene und über die Ermessensentscheidung hinausgehende auf einen unbestimmten Adressatenkreis anwendbare Kriterien zur Festlegung der Geldbußen."

der Kommission bei Anwendung des europäischen Kartellrechts dar und führen rechtlich zur Selbstbindung der Kommission bei ihrer Entscheidungspraxis.[916] Der mit dem Erlass solcher Leitlinien verfolgte Zweck liegt in der Norm- und Ermessenskonkretisierung und schafft einen der Kommission zurechenbaren Vertrauenstatbestand auf Seiten des Rechtsanwenders.[917] Die Selbstbindung der Kommission an ihre Leitlinien bei Anwendung und Auslegung des europäischen Rechts ist Ausdruck des allgemeinen Gleichheitssatzes und des Vertrauensschutzes.[918] Diese Prinzipien sind wiederum Ausfluss des europarechtlichen Rechtstaatlichkeitsprinzips wie es in Art. 6 Abs. 1 EU normiert ist.[919] Den Leitlinien wohnt demnach eine Garantiefunktion inne.[920]

Allerdings ist zu beachten, dass die Bindungswirkung nur soweit gehen kann, dass kein Verstoß gegen Primär- und/oder Sekundärrecht erfolgt.[921] Denn eine rechtsgestaltende Möglichkeit wohnt der Kompetenz zum Erlass der Leitlinien

---

916 EuGH v. 28.6.2005 – verb. Rs. C-189/02 P, C-202/02 P, C-205/02 P bis C-208/02 P und C-213/02 P *Dansk Rørindustri u.a. ./. Kommission*, Slg. 2005, I-5425, Rn. 209; EuGH v. 15.1.2002 – Rs. C-171/00 P *Libéros ./. Kommission*, Slg. 2002, I-451, Rn. 35; *Thomas*, EuR 2009, 423, 426; *Crones*, Selbstbindungen der Verwaltungen im Europäischen Gemeinschaftsrecht, 1997; *Moosmayer*, wistra 2007, 91, 91; *Sünner*, EuZW 2007, 8, 10; *Ackermann*, in: Riesenhuber, Europäische Methodenlehre, § 21 Rn. 10.

917 *Thomas*, EuR 2009, 423, 426.

918 EuGH v. 28.6.2005 – verb. Rs. C-189/02 P, C-202/02 P, C-205/02 P bis C-208/02 P und C-213/02 P *Dansk Rørindustri u.a. ./. Kommission*, Slg. 2005, I-5425, Rn. 211; EuG v. 3.4.2003 – Rs. T-119/02 *Royal Philips Electronics ./. Kommission*, Slg. 2003, II-1433, Rn. 242; zum Aspekt des Vertrauensschutzes im EG-Verwaltungsrecht s. *Everling*, Elemente eines europäischen Verwaltungsrechts, DVBl. 1983, S. 649, 652; *Muders*, wistra 2011, 405, 407.

919 *Italianer*, SPEECH, Recent developments regarding the Commission's cartel enforcement, Studienvereinigung Kartellrecht Conference 14 March 2012, Brussels, S. 4: „The Court has also confirmed, in the Elevators and Escalators case, that the way we impose fines is in line with the principle of legality of penalties as laid down in Article 7 of the European Convention of Human Rights. The General Court made it clear in the Elevators and Escalators case that this principle of rebuttable presumption does not run counter to the presumption of innocence laid down in Article 6 (2) of the European Convention on Human Rights."

920 *Thomas*, EuR 2009, 423, 426; MünchKommEuWettbR/*Engelsing/Schneider*, VO 1/2003 Art. 23 Rn. 91.

921 EuG v. 3.4.2003 – Rs. T-119/02 *Royal Philips Electronics ./. Kommission*, Slg. 2003, II-1433, Rn. 242; EuG v. 30.4.1998 – Rs. T-214/95 *Vlaamse Gewest ./. Kommission*, Slg. 1998, II-717, Rn. 89; EuG v. 14.10.2004 – Rs. T-137/02 *Pollmeier Malchow ./. Kommission*, Slg. 2004, II-3541, Rn. 54.

nicht inne. Die Leitlinien der Kommission sind auch nicht darauf angelegt, einen Regelungsbereich vollumfänglich zu erfassen. Im Gegenteil stellen sie dies sogar selbst ausdrücklich fest.[922] Ihr Zweck besteht darin, typische und in gewisser Häufigkeit auftretende Sachverhalte zu erfassen.[923]

Zwar sind die europäischen Gerichte nicht an den Inhalt gebunden, wie die Kommission selbst in Ziff. 7 der Leitlinien zur Anwendung von ex Art. 81 Abs. 3 EG-Vertrag kundtut,[924] doch wird die Bedeutung der Leitlinien noch eindringlicher, wenn bekannt wird, dass sie ebenfalls an der Berechnungsmethode der Kommission orientieren, wenn sie eine Neufestsetzung der Geldbuße vornehmen.[925]

b) Ermittlung des Grundbetrags

Zunächst wird ein Grundbetrag für die Geldbuße festgesetzt, der sich an der Schwere des Verstoßes (1a.) sowie an der Anzahl der Jahre der Zuwiderhandlung (1b.) orientiert, Ziff. 19. Zudem kann ein Aufschlag zwischen 15 und 25 Prozent verhängt werden („Eintrittsgebühr" 1c.).

Der Grundbetrag ist ein bestimmter prozentualer Anteil am kartellbefangenen Umsatz, dessen Bestimmung sich grundsätzlich nach der Schwere des Verstoßes richtet.[926] Dieser relevante Umsatz wiederum ist nach Ziff. 13 der Umsatz des betreffenden Unternehmens, der in dem relevanten räumlichen Markt im EWR im letzten Geschäftsjahr der Zuwiderhandlung mit Waren und Dienstleistungen, die mit dem kartellrechtlichen Verstoß in einem unmittelbaren oder mittelbaren Zusammenhang stehen, erzielt wurde.[927] Er ist daher nicht mit den

922 Leitlinien zur Anwendbarkeit von Artikel 81 EG-Vertrag auf Vereinbarungen über horizontale Zusammenarbeit, ABl. EG 2001 C 3/2, Rn. 7; Leitlinien über den Begriff der Beeinträchtigung des zwischenstaatlichen Handels in den Artikeln 81 und 82 des Vertrags, ABl. EU 2004 C 101/81, Rn. 3.

923 *Thomas*, EuR 2009, 423, 427.

924 Leitlinien zur Anwendung von Artikel 81 Absatz 3 EG-Vertrag, ABl. EU 2004 C 101/97; *Thomas*, EuR 2009, 423, 426.

925 EuG v. 8.7.2004 – Rs. T-44/00 *Mannesmannröhren-Werke ./. Kommission*, Slg. 2004, II-2223, Rn. 315; EuG v. 25.10.2005 – Rs. T-38/02 *Groupe Danone ./. Kommission*, Slg. 2005, II-4407, Rn. 313; *v. Alemann*, EuZW 2006, 487, 489.

926 Ziff. 13, 19. *Sura*, in: Langen/Bunte, Kartellrecht Band 2, Art. 23 Rn. 46. In Betracht kommen dabei Art der Wettbewerbsbeschränkung, ihre Marktbeeinträchtigung, ihr Schaden für den Wettbewerb und die Marktanteile der Kartellanten. Vgl. auch MünchKommEuWettbR/*Engelsing/Schneider*, VO 1/2003 Art. 23 Rn. 80.

927 An den Verkauf des Produktes gebundene Abgaben und Steuern bleiben außer Betracht, vgl. Ziff. 17. Siehe aber auch Ziff. 18 zur Möglichkeit der Kommission, den Umsatz außerhalb des EWR bei der Bemessung zu berücksichtigen, wenn der

oben genannten zehn Prozent am Gesamtumsatz der Unternehmensgruppe aus Art. 23 Abs. 2 VO 1/2003 zu verwechseln. Nach Ziff. 15 wird die Kommission den Umsatz des betreffenden Unternehmens mit dem kartellbefangenen Produkt anhand verfügbarer und zuverlässigster Unternehmensdaten ermitteln. Der Spielraum zur Festlegung des Grundbetrages innerhalb des kartellbefangenen Umsatzes kann bis zu 30 Prozent ausmachen, wie Ziff. 21 verdeutlicht, wobei alle relevanten Umstände des Einzelfalls berücksichtigt werden, Ziff. 20. Die Grundlage zur Ermittlung des Grundbetrags innerhalb dieses Spielraums bilden zwei Kategorien: Zum einen objektive Faktoren, wie die Natur der Wettbewerbsbeschränkung, die Summe der Marktanteile der Kartellteilnehmer, räumlicher Umfang der Kartellabsprachen oder die Macht der Abnehmer.[928] Zum anderen zählen dazu subjektive, ein jedes Unternehmen betreffende Faktoren wie Art sowie Anzahl und Beitrag an der Zuwiderhandlung, die Umsetzung der Absprache, erzielter Gewinn und betroffene Waren sowie Wiederholungs- und Rückfälle.[929] Dabei bilden horizontale Wettbewerbsverstöße, also solche Vereinbarungen über Preise und Märkte unter direkten Wettbewerbern, den schwerwiegendsten Verstoß und sind am oberen Ende des Spielraums festzumachen, Ziff. 23.[930]

Anschließend wird der Wert mit der Dauer der Beteiligung an dem Kartell in Jahren multipliziert (1b.).[931] Das ist der Zeitraum von Aufnahme der kartellrechtswidrigen Abrede bis zu ihrer Beendigung, Ziff. 20.[932]

---

innerhalb des EWR erzielte Umsatz nicht die Gewichtung des Unternehmens an dem (weltweiten) Kartell in angemessener Weise widerspiegelt. Dazu auch *Moosmayer*, wistra 2007, 91, 92.

928 Ziff. 22. *Nowak*, in: Loewenheim/Meessen/Riesenkampff, Kartellrecht, S. 1166 f. Rn. 27; *Canenbley/Steinvorth*, FS 50 Jahre FIW (2010), S. 143, 145

929 *Nowak*, in: Loewenheim/Meessen/Riesenkampff, Kartellrecht, S. 1166 Rn. 27 m.w.N.

930 Kritisch dazu *Sünner*, EuZW 2007, 8, 10. Eine Einzelfallgerechtigkeit könne nicht erreicht werden, insb. werde nicht die Intensivität der Zuwiderhandlung untersucht. Etwaige Sanktionen gegen Abweichler würden genauso wenig berücksichtigt, wie eine lockere Umsetzung an die Absprache. Es könne auch kein Unterschied ausgemacht werden, ob ein einzelner Mitarbeiter oder gar die gesamte Unternehmensleitung an dem Verstoß beteiligt waren. Grundlage der Festlegung ist allein die abstrakt (und gerade nicht konkret) zugemessene Schwere des Kartellverstoßes.

931 *Moosmayer*, wistra 2007, 91, 92. Kritisch zu dem Kriterium der Dauer *Sünner*, EuZW 2007, 8, 10 wonach der betriebene Umfang des Verstoßes nicht unterschieden wird; die Mühen des einen Jahres gleichen nicht denen eines anderen.

932 Dabei werden Zeiträume bis sechs Monate ab- und über sechs Monate aufgerundet, Ziff. 24. *Sura*, in: Langen/Bunte, Kartellrecht Band 2, Art. 23 Rn. 41. Der

Zur Gewährleistung der abschreckenden Wirkung (1c.) erfolgt nach Ziff. 25 ein Aufschlag von 15 bis 25 Prozent des kartellbefangenen Umsatzes.[933] Dieser Aufschlag ist für horizontale Kartellabsprachen, wie Festsetzung von Preisen, Aufteilung von Märkten oder Mengeneinschränkungen zwingend, für andere Verstöße kann er herangezogen werden. Er wird allein für den Umstand auferlegt, dass das Unternehmen Beteiligter des Kartells war, ohne die Dauer der Beteiligung zu berücksichtigen.[934] Seine konkrete Bemessung orientiert sich insbesondere an den in Ziff. 22 zugrunde gelegten objektiven und subjektiven Kriterien.

c) Anpassung anhand mildernder und erschwerender Umstände

In einem zweiten Schritt (2.) kann der Grundbetrag anhand verschiedener beispielhaft formulierter erschwerender (Ziff. 28) und/oder mildernder Umstände (Ziff. 29) angepasst werden. Diese sind unternehmensbezogen und haben Auswirkung auf den Unrechtsgehalt der Zuwiderhandlung.[935] Es findet also eine ausgewogene Würdigung aller zugrunde liegender Umstände statt, wenngleich dafür kein prozentualer Rahmen oder konkretere Anhaltspunkt in den Leitlinien enthalten wäre und sie auch nicht abschließend formuliert sind („insbesondere").[936]

So gelten als erschwerend die neuerliche (gleichartige) oder fortgesetzte Zuwiderhandlung desselben Unternehmens und zwar unabhängig davon, wie lange der vorausgegangene Verstoß zurückliegt und möglicherweise bereits verjährt wäre. Die erneute Zuwiderhandlung muss nicht zwangsläufig im selben Markt oder Wirtschaftssektor begangen worden sein[937]; maßgeblich sind Natur

---

Unterschied zwischen den alten und neuen Leitlinien wird an dieser Stelle besonders deutlich: Nach den alten Leitlinien wurde (lediglich) eine Erhöhung des Grundbetrags von zehn Prozent pro Jahr der Kartellzuwiderhandlung angenommen. Zweifel an der Verhältnismäßigkeit haben *Bechtold/Bosch/Brinker/Hirsbrunner*, Art. 23 VO 1/2003 Rn. 58 a. E. Kritisch dazu auch *Sünner*, EuZW 2007, 8, 11 kurzzeitige und damit weniger gravierendere Verstöße werden ggü. langjährigen und damit schädlicheren Zuständen relativ höher bebußt.

933 Sog. Entry Fee oder Eintrittsgebühr; *Sura*, in: Langen/Bunte, Kartellrecht Band 2, Art. 23 Rn. 47; *Canenbley/Steinvorth*, FS 50 Jahre FIW (2010), S. 143, 145; *Soyez*, EuZW 2007, 596, 599.

934 *Moosmayer*, wistra 2007, 91, 92; *Johanns*, in: Mäger, Europäisches Kartellrecht, Rn. 87.

935 *Nowak*, in: Loewenheim/Meessen/Riesenkampff, Kartellrecht, S. 1173 Rn. 36.

936 Ausdrücklich festgestellt in EuG v. 14.5.1998 – Rs. T-347/94 *Mayr-Melnhof Kartongesellschaft ./. Kommission*, Slg. 1998, II-1751, 1830.

937 Kommission v. 5.12.2001 – 2003/569/EG (37.614) *Interbrew und Alken-Maes*, ABl. 2003, Nr. L 200/1 Rn. 314 ff.; *Dannecker/Biermann*, in: Immenga/Mestmäcker, Art. 23 Rn. 154.

der Zuwiderhandlung und Identität des Unternehmens.[938] Grundlage bildet ein Verhalten des Unternehmens, das belegt, dass die vorangegangene Strafe der Kommission oder einer nationalen Wettbewerbsbehörde nicht abschreckend genug war.[939] Sodann wird der Grundbetrag für jeden festgestellten Verstoß um 100 Prozent erhöht. Ferner kommen erschwerend die Verweigerung der Zusammenarbeit oder gar Behinderung der Kommission,[940] die Rolle als Anführer eines Kartells[941] und das Betreiben von Vergeltungsmaßnahmen gegen Unternehmen, um die Kartellabsprachen durchzusetzen oder sie zu der Teilnahme zu zwingen, in Betracht.[942]

Mildernd wird berücksichtigt, dass der Verstoß nach dem ersten Eingreifen der Kommission beendet[943] oder er nur fahrlässig begangen wurde, die Beteiligung ausschließlich geringfügig oder passiv war oder die Vereinbarung nicht umgesetzt wurde. Schließlich wird eine aktive Zusammenarbeit mit der Kommission (außerhalb der Kronzeugenregelung) als mildernder Umstand gewertet.[944] Zur letzterer gehört z.B. der Hinweis, dass das Kartell tatsächlich länger operiert hat als der Kommission bekannt[945] oder gar die Übergabe weiteren

---

938 *Bechtold/Bosch/Brinker/Hirsbrunner*, Art. 23 VO 1/2003 Rn. 60 a.E.; *Lampert/Niejahr/Kübler/Weidenbach*, Art. 23 Rn. 443.

939 Vgl. oben 1. Teil:Abschnitt 1§ 1D)I.3.c). *Dannecker/Biermann*, in: Immenga/Mestmäcker, Art. 23 Rn. 154. Ähnlich *Bach*, FS Bechtold (2006), S. 1, 5.

940 *Sura*, in: Langen/Bunte, Kartellrecht Band 2, Art. 23 Rn. 48. Kritisch dazu *Soyez*, EuZW 2007, 596, 599, denn es solle schließlich das wettbewerbswidrige Verhalten sanktioniert werden und nicht ein als unzureichend beurteiltes Kooperationsverhalten. Die Vermischung von beidem sei sachfremd.

941 Eine Berücksichtigung an dieser Stelle ist richtig, da das europäische Kartellrecht von einem einheitlichen Täterbegriff ausgeht (§ 14 OWiG auch); jedes Unternehmen verwirklicht den Tatbestand, gleich wie es zur Verwirklichung beigetragen hat *Bechtold/Bosch/Brinker/Hirsbrunner*, Art. 23 VO 1/2003 Rn. 26.

942 Kommission v. 2.4.2003 – 2003/600/EG (38.279) *Viandes bovines francaises*, ABl. 2003 L 209/12, Rn. 173; Kommission v. 29.6.2001 – 2001/711/EG (36.693) *Volkswagen*, ABl. 2001 L 262/14, Rn. 107.

943 Kritisch dazu für den Fall, dass bei der autonomen Einstellung des Verstoßes dieser Milderungsgrund nicht zugunsten des Unternehmens greift, wenngleich diese Leistung deutlich lobenswürdiger ist als nach Aufdeckung durch die Kommission *Dannecker/Biermann*, in: Immenga/Mestmäcker, Art. 23 Rn. 168.

944 Kommission v. 30.10.2002 – 2003/675/EG (35.587) *Nintendo*, ABl. L 2003 255/33, Rn. 429; *Lampert/Niejahr/Kübler/Weidenbach*, Art. 23 Rn. 443.

945 Kommission v. 9.12.2004 – 2005/566/EG (37.533) *Cholinchlorid*, ABl. 2005 L 190/22, Rn. 21. In einem anderen Fall ging die Belohnung des Unternehmens so weit, dass der längere Zeitraum, den das Unternehmen gegenüber der Kommission

Beweismittels je nach Wertigkeit der Information für die Untersuchung.[946] Es wird sogar vertreten, daraus einen Grundsatz herzuleiten, dass ein kooperierendes Unternehmen bei der Bußgeldbemessung keine Nachteile aus der Zusammenarbeit erwachsen dürfen.[947] Ein sonstiger nicht ausdrücklich genannter Milderungsgrund ist z.B. der finanzielle Ausgleich gegenüber Dritten.[948]

Schließlich hat die Kommission die Möglichkeit, eine gewisse Ergebniskontrolle durchzuführen und gegebenenfalls einen zusätzlichen Aufschlag nach Ziff. 30 aufzuerlegen (2b.), wenn das Unternehmen hohe Umsätze mit anderen Waren und Dienstleistungen erzielt, die nicht kartellbefangen waren. In der Vergangenheit galt dieser Aufschlag insbesondere Großunternehmen, um eine „hinreichend abschreckende Wirkung“ zu erzielen und zu berücksichtigen, dass ab einer gewissen Unternehmensgröße „juristischer und wirtschaftlicher Sachverstand und Ressourcen“ vorhanden seien und sie daher ihr Verhalten auf Wettbewerbsbeschränkungen durchaus präzise selbst einschätzen können.[949]

Nach diesem, aber auch bereits nach dem ersten Rechenschritt können durchaus Zwischenbeträge vorliegen, die bereits die Grenze von zehn Prozent des vorangegangenen Jahresumsatzes aus Art. 23 Abs. 2 VO 1/2003 übersteigen. Dies ist aber nicht schädlich, solange im letzten Schritt die Bußgeldhöhe auf zehn Prozent gekappt wird.[950]

---

aufgedeckt hatte, keine Berücksichtigung in der Bebußung fand, Kommission v. 3.9.2004 – 2006/485/EG (38.069) *Kupferinstallationsrohre*, C(2004) 2826, Rn. 36.

946 Kommission v. 5.7.2000 – 2001/135/EG (36.516) *Nathan-Bricolux*, ABl. 2001 Nr. L 54/1 Rn. 134. Diese Regelung findet ihren Anwendungsbereich bei vertikalen Verstößen, da diese von der Kronzeugenregelungen ausgenommen sind, oder in einem Verfahrensstadium, in dem die Inaspruchnahme der Kronzeugenregelung verspätet ist.

947 Vgl. Kommission v. 3.9.2004 – 2006/485/EG (38.069) *Kupferinstallationsrohre*, C(2004) 2826, Rn. 35 ff.; *Dannecker/Biermann*, in: Immenga/Mestmäcker, Art. 23 Rn. 168 173.

948 Kommission v. 30.10.2002 – 2003/675/EG (35.587) *Nintendo*, ABl. L 2003 255/33, Rn. 440.

949 MünchKommEuWettbR/*Engelsing/Schneider*, VO 1/2003 Art. 23 Rn. 93, 152 ff. m.w.N.; *Bechtold/Bosch/Brinker/Hirsbrunner*, Art. 23 VO 1/2003 Rn. 63; *Moosmayer*, wistra 2007, 91, 92 f. So geschehen für die Unternehmen Ajinomoto und Takeda bei einem Umsatz von 8,7 bzw. 9,2 Mrd. EUR im Verfahren Kommission v. 17.12.2002 – 2004/206/EG *Geschmacksverstärker*, ABl. 2004 L 75/1.

950 So geschehen in EuGH v. 15.10.2002 – verb. Rs. C-238/99P, C-244/99P, C-245/99P, C-247/99P, C-250/99P bis C-252/99 P und C-254/99 P *Limburgse Vinyl Maatschappij u. a. ./. Kommission*, Slg. 2002, I-8375, Rn. 592 f.; EuGH v. 28.6.2005 – verb. Rs. C-189/02 P, C-202/02 P, C-205/02 P bis C-208/02 P und C-213/02 P *Dansk*

d) Sinn und Zweck

Das Telos von Art. 23 VO 1/2003 verfolgt neben einer Gewinnabschöpfung vor allem präventive und repressive Zwecke.[951] Mit einem hohen, abschreckenden Bußgeldniveau soll dabei vordergründig der negativen Generalprävention genügt werden, sodass andere Wettbewerbsteilnehmer von kartellrechtlichen Zuwiderhandlungen abgehalten werden.[952] Ein derartiges Bußgeld hat sogleich spezialpräventive Wirkung auf das einzelne kartellrechtswidrig handelnde Unternehmen, da es einerseits für sein begangenes Unrecht zur Verantwortung gezogen wird und ihm andererseits aufgezeigt wird, derartige Verstöße in Zukunft zu unterlassen.[953] Schließlich wohnt der Bußgeldandrohung des Art. 23 VO 1/2003 die positive Generalprävention inne, indem mit Erlass eines Bußgeldes die Normen des europäischen Kartellrechts eine Bestätigung erfahren und zugleich das System eines unverfälschten Wettbewerbs aufrechterhalten wird.[954] Der EuGH hat die Bußgeldleitlinien in der Entscheidung *Dansk Rorindustri* aus

---

Rørindustri u.a. ./. Kommission, Slg. 2005, I-5425, Rn. 278; EuG v. 29.4.2004 – verb. Rs. T-236/01, T-239/01, T-244/01 bis T-246/01, T-251/01 und T-252/01 *Tokai Carbon ./. Kommission*, Slg. 2004, II-1181, Rn. 368; Kommission v. 11.12.2001 – 2003/437/EG (37.027) *Zinkphosphat*, ABl. 2003 L 153/1, Rn. 344; *Sura*, in: Langen/Bunte, Kartellrecht Band 2, Art. 23 Rn. 34; *Dannecker/Biermann*, in: Immenga/Mestmäcker, Art. 23 Rn. 101.

951 So erklärtermaßen in Ziff. 4. *Nowak*, in: Loewenheim/Meessen/Riesenkampff, Kartellrecht, S. 1153 Rn. 4; *Dannecker/Biermann*, in: Immenga/Mestmäcker, Vor Art. 23 Rn. 22; *Bechtold/Bosch/Brinker/Hirsbrunner*, Art. 23 VO 1/2003 Rn. 7; MünchKommEuWettbR/*Engelsing/Schneider*, VO 1/2003 Art. 23 Rn. 93.

952 So auch *Almunia*, 15th International Conference on Competition: A Spotlight on Cartel Prosecution, SPEECH/11/268: „I will start with the relationship between prevention and repression. I put prevention first because we want to help companies understand the rules, stay on the right side of the law, and take their own responsibilities seriously. (…) First, my doctrine in cartel control can be encapsulated in a maxim: 'prevention when possible, repression when necessary'." *Nowak*, in: Loewenheim/Meessen/Riesenkampff, Kartellrecht, S. 1153 Rn. 4; *Dannecker/Biermann*, in: Immenga/Mestmäcker, Vor Art. 23 Rn. 22, 24. Die Präventionsfunktion sei nicht nur dem Strafrecht vorbehalten, *Ackermann*, ZWeR 2010, 329, 332 ff.; *Canenbley/Steinvorth*, FS 50 Jahre FIW (2010), S. 143, 144; *Guski*, ZWeR 2012, 243, 245 ff.

953 *Ackermann*, ZWeR 2010, 329, 332. Nach *Dannecker/Biermann*, in: Immenga/Mestmäcker, Vor Art. 23 Rn. 22 spielt dieser Zweck jedoch keine oder allenfalls eine untergeordnete Rolle.

954 *Dannecker/Biermann*, in: Immenga/Mestmäcker, Vor Art. 23 Rn. 25.; *Nowak*, in: Loewenheim/Meessen/Riesenkampff, Kartellrecht, S.1154 Rn. 4.

dem Jahre 2005 schließlich für rechtmäßig und vereinbar mit dem primären Unionsrecht erklärt.[955]

e) Vom weiten Ermessen

Die Festsetzung von Buß- und Zwangsgeldern nach Art. 23 f. VO 1/2003 erfolgt nach dem Opportunitätsprinzip, was bedeutet, dass der Kommission ein Entschließungs- und Auswahlermessen zukommt.[956] Dieses ist – bestätigt durch die europäischen Gerichte – sehr weit ausgestaltet, „nahezu unbegrenzt".[957] In vielen Fällen hat die Rechtsprechung der Kommission gestattet, das Bußgeldniveau anzuheben, um weiterhin eine wirksame Wettbewerbspolitik betreiben zu können.[958] Insgesamt sind der Kommission bei Verhängung eines Bußgeldes von Seiten des Verordnungsgebers nach Art. 23 Abs. 3 VO 1/2003 nur zwei konkrete (aber keine weiteren inhaltlichen)[959] Vorgaben gemacht worden – die Schwere und Dauer der Zuwiderhandlung. Über die weitere konkrete Ausgestaltung entscheidet sie im Rahmen ihres pflichtgemäßen Ermessens.[960] Auch die Kommission geht selbst von einem weiten Ermessen aus, wie sie selbst in Ziff. 2 ihrer Leitlinien mit zusätzlichen Nachweisen aus der Rechtsprechung

---

955 EuGH v. 28.6.2005 – verb. Rs. C-189/02 P, C-202/02 P, C-205/02 P bis C-208/02 P und C-213/02 P *Dansk Rørindustri u.a. ./. Kommission*, Slg. 2005, I-5425.

956 Demnach hat der Beschwerdeführer gemäß Art. 7 Abs. 1 VO 1/2003 einen Anspruch auf ermessensfehlerfreie Entscheidung *Sura*, in: Langen/Bunte, Kartellrecht Band 2, Art. 23 Rn. 2; *Dannecker/Biermann*, in: Immenga/Mestmäcker, Vor Art. 23 Rn. 210; *Bechtold/Bosch/Brinker/Hirsbrunner*, Art. 23 VO 1/2003 Rn. 8, 35; *Johanns*, in: Mäger, Europäisches Kartellrecht, Rn. 70; *Soltész/Steinle/Bielesz*, EuZW 2003, 202, 207.

957 *Bechtold/Bosch/Brinker/Hirsbrunner*, Art. 23 VO 1/2003 Rn. 25; *Kasten*, in: Mäger, Europäisches Kartellrecht, Rn. 139 „erheblicher Ermessensspielraum", ebenso *Voet van Vormizeele*, CCZ 2009, 41, 44. Kritisch *Bechtold/Bosch*, ZWeR 2011, 160, 160, 168 keine „Prävention um jeden Preis". Vgl. zur Krux auch *Guski*, ZWeR 2012, 243, 245 „Sanktionen dürfen nicht überraschen und sollen doch abschrecken."

958 EuGH v. 7.6.1983 – verb. Rs. 100–103/880 – *Musique Diffusion Francaise*, Slg. 1983, 1825, Rn. 105, 109; EuG v. 21.10.1997 – T-229/94 *Deutsche Bahn ./. Kommission*, Slg. 1997, II-1689, Rn. 127. Vgl. dazu Zahlenwerke bei *Hellmann*, WuW 2002, 944, 945 f.

959 *Bechtold/Bosch/Brinker/Hirsbrunner*, Art. 23 VO 1/2003 Rn. 25.

960 MünchKommEuWettbR/*Engelsing/Schneider*, VO 1/2003 Art. 23 Rn. 92. Weitere Kriterien durch den Verordnungsgeber zur Bestimmung der Bußgeldhöhe halten *Dannecker/Biermann*, in: Immenga/Mestmäcker, Art. 23 Rn. 89, 99 für wünschenswert.

formuliert.[961] Dabei ist sie aber an die unionsrechtlichen Grundsätze der ordnungsgemäßen Ermessensausübung, also insbesondere den Gleichheits- und Verhältnismäßigkeitsgrundsatz,[962] gebunden.[963]

In der Sache bedeutet dieses Ermessen ferner, dass die Kommission von einem Bußgeld absehen kann, obwohl gleichsam alle Voraussetzungen des Kartellverstoßes erfüllt sind.[964] Selbst das Diskriminierungsverbot kann das Ermessen nur bedingt einschränken: Eine Geldbuße wurde gegen einen Kartellanten festgesetzt und gegen den anderen nicht, obwohl sie sich beide in einer „ähnlichen Lage", wenngleich nicht im selben Verfahren, befanden.[965] Für den Fall, dass die Kommission von ihrer Ahndungsbefugnis Gebrauch macht, hat sie innerhalb desselben Verfahrens das Gleichbehandlungsgebot zu beachten.[966]

---

961 Sie führt dazu an EuGH v. 28.6.2005 – verb. Rs. C-189/02 P, C-202/02 P, C-205/02 P bis C-208/02 P und C-213/02 P *Dansk Rørindustri u.a. ./. Kommission*, Slg. 2005, I-5425, Rn. 172. Vgl. auch *Soyez*, EuZW 2007, 596, 597 in den Leitlinien finden sich 13 „Kann-Vorschriften" und immer wieder Begriffe, wie „grundsätzlich", „insbesondere" „im Regelfall" etc.

962 EuGH v. 16.11.2000 – Rs. C-280/98 P *Moritz J Weig ./. Kommission*, Slg. 2000, I-9757 Rn. 63 ff.; EuG v. 28.2.2002 – Rs. T-354/94 *Stora Kopparbergs Bergslags ./. Kommission*, Slg. 2002, II-843 Rn. 78; EuG v. 29.4.2004 – verb. Rs. T-236/01, T-239/01, T-244/01 bis T-246/01, T-251/01 und T-252/01 *Tokai Carbon ./. Kommission*, Slg. 2004, II-1181, Rn. 309; EuG v. 8.7.2004 – Rs. T-67/00 *JFE Engineering ./. Kommission*, Slg. 2004, II-2501, Rn. 574; EuG v. 29.11.2005 – Rs. T-52/02 *SNCZ ./. Kommission*, Slg. 2005, II-5005, Rn. 45 ff.; EuG v. 29.11.2005 – Rs. T-62/02 *Union Pigments ./. Kommission*, Slg. 2005, II-5057, Rn. 142 ff.; *Kokott/Dittert*, WuW 2012, 670, 680; *Dannecker/Biermann*, in: Immenga/Mestmäcker, Art. 23 Rn. 115.

963 EuG v. 29.4.2004 – verb. Rs. T-236/01, T-239/01, T-244/01 bis T-246/01, T-251/01 und T-252/01 *Tokai Carbon ./. Kommission*, Slg. 2004, II-1181, Rn. 309; EuG v. 8.7.2004 – Rs. T-67/00 *JFE Engineering ./. Kommission*, Slg. 2004, II-2501, Rn. 572 f.; *Dannecker/Biermann*, in: Immenga/Mestmäcker, Art. 23 Rn. 115.

964 Kommission v. 11.6.1998 – 98/513/EG (35.613) *Alpha Flight Services ./. Aeroports de Paris*, ABl. 1998 L 230/10; *Bechtold/Bosch/Brinker/Hirsbrunner*, Art. 23 VO 1/2003 Rn. 9, 35. MünchKommEuWettbR/*Engelsing/Schneider*, VO 1/2003 Art. 23 Rn. 11. In dem Fall Kommission v. 30.11.1994 – 94/815/EG (33.126 und 33.322) *Zementkartell*, ABl. 1994 L 343/2 hatte die Kommission letztlich Bußgelder nur gegen 42 der insgesamt 76 betroffenen Unternehmen verhängt. Vgl dazu *Soltész/Steinle/Bielesz*, EuZW 2003, 202, 207.

965 EuGH v. 31.3.1993 – verb. Rs. C-89/85, C-114/95, C-116/85, C-117/85 und C-125/85 bis C-129/85 *Ahlström Osakeyhtiö u.a. ./. Kommission*, Slg. 1993 I-1307, Rn. 145 f., 197; *Sura*, in: Langen/Bunte, Kartellrecht Band 2, Art. 23 Rn. 2; MünchKommEuWettbR/*Engelsing/Schneider*, VO 1/2003 Art. 23 Rn. 97.

966 *Dannecker/Biermann*, in: Immenga/Mestmäcker, Vor Art. 23 Rn. 211.

Das Ermessen der Kommission geht sogar so weit, dass es in der Vergangenheit nicht nur bereits die rückwirkende Anwendung der neuen, strengeren Bußgeldleitlinien gerechtfertigt hat – sie waren im Zeitpunkt der Entscheidung, nicht aber im Zeitpunkt der Zuwiderhandlung erlassen. Es hatte sogar eine Erhöhung des Bußgeldes um das fünfzehn- bis zwanzigfache zur Folge hatte, was bei den europäischen Gerichten auf keinerlei Bedenken stieß.[967] Die Befugnis der Kommission, Bußgelder zu verhängen, ergebe sich allein aus Art. 23 VO 1/2003 und nicht aus den Leitlinien, die (lediglich) die Absicht der Kommission wiedergeben, wie sie ihr Ermessen ausüben will. Solange sie das Bußgeld anhand der in Art. 23 VO 1/2003 vorgegebenen Kriterien, also Dauer und Schwere der Zuwiderhandlung,[968] bestimme und die Leitlinien diese nicht verfälschten, handele sie rechtmäßig. Insofern liege darin kein Verstoß gegen das Rückwirkungsverbot oder Grundsatz der Rechtssicherheit und des Vertrauensschutzes.[969]

2. *Anknüpfungspunkte auf der Tatbestandsebene*

a) Berücksichtigung in zwei Richtungen: Compliance Offence vs. Compliance Defence

Wenn der Untersuchungsgegenstand der Arbeit nach einer Berücksichtigung der Compliance Defence im kartellrechtlichen Bußgeldverfahren fragt, so ist damit zugleich eine Richtung vorgeben – eine bußgeldreduzierende oder gar befreiende Verteidigung. Eine Berücksichtigung von Compliance kann aber durchaus in eine zweite, gegensätzliche Richtung erfolgen und zur Bußgelderhöhung, der so genannten Compliance Offence, führen.[970] Dabei wird dem Unternehmen ein (Compliance-)Verstoß trotz Bestehens eines Compliance-Programms besonders

---

967 EuG v. 9.7.2003 – Rs. T-224/00 *Archer Daniels Midland ./. Kommission*, Slg. 2003, II-2597, Rn. 28. MünchKommEuWettbR/*Engelsing/Schneider*, VO 1/2003 Art. 23 Rn. 11.

968 Nach MünchKommEuWettbR/*Engelsing/Schneider*, VO 1/2003 Art. 23 Rn. 80, 120 sei die Schwere ausweislich Rn. 5 der Bußgeldleitlinien das wichtigste Zumessungskriterium.

969 S. auch schon oben 1. Teil:Abschnitt 1§ 1D)I.3.f); EuG v. 9.7.2003 – Rs. T-224/00 *Archer Daniels Midland ./. Kommission*, Slg. 2003, II-2597, Rn. 53 ff. MünchKommEuWettbR/*Engelsing/Schneider*, VO 1/2003 Art. 23 Rn. 91 f.

970 In diese Richtung auch OFT, Guidance as to the appropriate amount of a penalty, October 2011, OFT423con, 5.46: „The guidance on compliance also makes it clear that the OFT will not, save in exceptional situations, regard a competition law compliance programme as a factor warranting an increase in the amount of the penalty." S. auch FK-*Seeliger/Mross*, Kartellrechts-Compliance, Rn. 74.

vorgehalten. Denkbar wäre zum Beispiel, dass die nachtatliche Einführung eines Compliance-Programms einer verfahrensrelevanten Handlung, z.B. einem Eingeständnis des begangenen Unrechts gleichkäme. Doch diesem Einwand ist die Kommission richtigerweise früh entgegengetreten und hat ausgeführt, dass diesem Verhalten – der Einführung eines Compliance-Programms – nicht „irgendein Eingeständnis der Mitteilung der Beschwerdepunkte" gleichkomme.[971] Auch kann ein Unternehmen für seinen „internen Misserfolg"[972] verständlicherweise nicht härter bestraft werden als ein Unternehmen, dass keinerlei Prävention betreibt.

Von Seiten der Kommission wird der Gedanke der Compliance Offence hin und wieder aufgegriffen, wenn sie ausführt, dass die Einführung von Compliance-Maßnahmen zukunftsorientiert und damit gerade nicht geeignet sei, entstandenes Unrecht zu kompensieren. Im Gegenteil könne man einen Kartellverstoß trotz Compliance-Programms auch als erschwerend berücksichtigen, wie sie es einst in der Rs. *British Sugar II* gesehen habe.[973] Die Zuwiderhandlung sei gerade

---

971 Kommission v. 18.7.1988 – 88/518/EWG (30.178) *Napier Brown/British Sugar*, ABl. L 284/41, Rn. 10: „Die Kommission akzeptiert den Vorbehalt, daß weder die in Beantwortung der Mitteilung der Beschwerdepunkte im Rahmen der einstweiligen Anordnung von BS abgegebene Verpflichtungserklärung noch die Einführung eines „Erfüllungsprogramms" irgendein Eingeständnis eines Verschuldens der BS im Sinne der in der Mitteilung der Beschwerdepunkte gegen sie erhobenen Beschuldigungen darstellt."

972 *C. Müller*, Kartellrechtscompliance, S. 202.

973 Kommission v. 14.10.1998 – 1999/210/EWG (33.708–33.711), *British Sugar II*, ABl. 1999 L 76/1, Rn. 408 f.: „British Sugar hat sich auf eine Weise verhalten, die in klarem Widerspruch zu dem Wortlaut ihres Erfuellungsprogramms steht, das BS der Kommission im Oktober 1986 angekündigt und im Dezember 1986 eingeführt hat. Wie aus dem Text der Entscheidung im Fall Napier Brown hervorgeht (418), wurde die Einführung dieses Erfuellungsprogramms bei der Festsetzung der Geldbuße in diesem Fall als mildernder Faktor berücksichtigt, so daß British Sugar den Vorteil einer im Vergleich zu dem Betrag, der ohne dieses Programm festgesetzt worden wäre, erheblich ermäßigten Geldbuße erlangt hat. Wie oben im einzelnen dargelegt (419), betraf das Erfuellungsprogramm das Gesamtspektrum der Verpflichtungen des Unternehmens nach Artikel 85 und 86, wobei Vereinbarungen und/ober abgestimmte Verhaltensweisen zur Preispolitik besonders erwähnt waren. Zudem hatte sich British Sugar in ihrem Erfuellungsprogramm verpflichtet, alle erforderlichen Schritte zu unternehmen, um die Einhaltung der gemeinschaftlichen Wettbewerbsvorschriften zu gewährleisten, sogar über ihre streng gesetzlichen Verpflichtungen hinauszugehen und auch jedes zweifelhafte Verhalten zu vermeiden, und diese Anweisung auf allen Ebenen der Unternehmenshierarchie zu verbreiten. Der in der

der Beweis dafür, dass die getroffenen Compliance-Maßnahmen nicht erfolgreich und damit untauglich waren. Wie oben bereits besprochen liegen diesem Fall jedoch zu viele eigene Besonderheiten zugrunde, sodass daraus keine Compliance Offence hergeleitet werde kann.[974]

Für eine Compliance Offence besteht kein Bedarf. Sie anzunehmen, würde die falschen Signale aussenden. Unternehmen, die sich redlich um die Einhaltung des Kartellrechts bemühen und organisatorische Maßnahmen für dessen Einhaltung auflegen, würden härter bestraft als Unternehmen, die solche Anstrengungen nicht an den Tag gelegt haben.[975] Auch die Rechtsordnugen, in denen ein Compliance-Programm bereits bußgeldmindernd berücksichtigt wird, wie die USSG oder die Leitlinien des OFT, schließen die Compliance Offence grundsätzlich aus.

b) Art. 23 Abs. 2 lit. a) VO 1/2003 i.V.m. Art 101 AEUV

Art. 23 VO 1/2003 sanktioniert eine Zuwiderhandlung in zweierlei Hinsicht. Nach Abs. 1 werden Verstöße gegen formelles Verfahrensrecht, z.B. gegen Mitwirkungs- und Duldungspflichten mit dem Zweck der ordnungsgemäßen und effizienten Kartellverfahren,[976] mit bis zu einem Prozent des Jahresumsatzes sanktioniert. In Abs. 2 geht es um die Bestrafung von Verstößen gegen materielles Recht, insbesondere den Kartellverbotsnormen des Art. 101 und 102 AEUV.[977]

Nach der Dogmatik des europäischen Kartellrechts hat der Unionsgesetzgeber nur Unternehmen als Normadressaten vorgesehen und geht somit zugleich von deren Handlungsfähigkeit aus.[978] Nun kann eine kartellrechtswidrige Absprache aber nur von einer natürlichen Person begangen werden. Einem Unternehmen wird das schuldhafte Verhalten der natürlichen Person zugerechnet, wenn und soweit sie befugterweise für dieses auftritt.[979] Es macht dabei keinen Unterschied,

---

vorliegenden Entscheidung festgestellte Verstoß macht deutlich, daß diese Zusage nicht eingehalten wurde. (…) Die Kommission wertet diese Umstände daher als erschwerenden Faktor."

974 Vgl. dazu 1. Teil:Abschnitt 1§ 1D)I.2.d)aa).

975 *Dannecker/Biermann*, in: Immenga/Mestmäcker, Art. 23 Rn. 163.

976 *Dannecker/Biermann*, in: Immenga/Mestmäcker, Art. 23 Rn. 2.

977 *Sura*, in: Langen/Bunte, Kartellrecht Band 2, Art. 23 Rn. 5.

978 MünchKommEuWettbR/*Engelsing/Schneider*, VO 1/2003 Art. 23 Rn. 35a; *Dreher*, ZWeR 2004, 75, 83 und *Bosch/Colbus/Harbusch*, WuW 2009, 740, 743 Fn. 24 Voraussetzung für ein Bußgeld gegen eine natürliche Person wäre, dass diese als Unternehmen im Sinne des Art. 101 AEUV zu qualifizieren wäre.

979 *Dreher*, ZWeR 2004, 75, 84; *Dannecker/Biermann*, in: Immenga/Mestmäcker, Vor Art. 23 Rn. 112 f.; *Muders*, wistra 2011, 405, 406; EuGH v. 7.6.1983 – verb.

auf welcher Hierarchiestufe sie innerhalb des Unternehmens steht, sie muss also kein Organ oder leitender Angestellter sein.[980] Diese wiederum müssen auch nicht zwingend Kenntnis von dem Verstoß haben oder ein vorwerfbares Fehlverhalten, an den Tag gelegt haben, damit ein Bußgeld festgesetzt werden kann.[981] Die Kommission unterscheidet insofern nicht, ob eine Aufsichtspflichtverletzung oder Verletzung der Organisationsverantwortung seitens der Organe vorliegt oder nicht. Auch wenn die natürliche Person keine Berechtigung für ihr Verhalten hatte, ändert dies nichts an der Zurechnung; diese bliebe nur dann aus, wenn sie den ihr übertragenen Aufgabenbereich eindeutig überschreitet.[982] Da es nicht auf eine Vertretungsbefugnis ankommt, haftet das Unternehmen für jedes Mitglied der Belegschaft.[983] Abgerundet wird dies schließlich damit, dass nicht feststehen muss, welche konkrete natürliche Person den Verstoß begangen

---

Rs. 100-103/880 – *Musique Diffusion Francaise*, Slg. 1983, 1825, Rn. 97; EuG v. 15.3.2000 – verb. Rs. T-25/95, T-26/95, T-30/95, T-31/95, T-32/95, T-34/95, T-35/95, T-36/95, T-37/95, T-38/95, T-39/95, T-42/95, T-43/95, T-44/95, T-45/95, T-46/95, T-48/95, T-50/95, T-51/95, T-52/95, T-53/95, T-54/95, T-55/95, T-56/95, T-57/95, T-58/95, T-59/95, T-60/95, T-61/95, T-62/95, T-63/95, T-64/95, T-65/95, T-68/95, T-69/95, T-70/95, T-71/95, T-87/95, T-88/95, T-103/95 und T-104/95 *Cimentries CBR u.a. ./. Kommission*, Slg. 2000, II-491 Rn. 1312 ff.; *Johanns*, in: Mäger, Europäisches Kartellrecht, Rn. 73; *Papakiriakou*, Das Europäische Unternehmensstrafrecht in Kartellsachen, S. 303; MünchKommEuWettbR/*Engelsing/Schneider*, VO 1/2003 Art. 23 Rn. 36 ff.

980 EuGH v. 7.6.1983 – verb. Rs. 100-103/880 – *Musique Diffusion Francaise*, Slg. 1983, 1825, Rn. 97; *Dannecker/Biermann*, in: Immenga/Mestmäcker, Vor Art. 23 Rn. 114. In der Entscheidung Kommission v. 17.12.1982 – 82/371/EWG (29.995) *Navewa-Anseau*, ABl. 1982 Nr. L 167/39 Rn. 75 hat es sogar genügt, dass die Zuwiderhandlung durch Beauftragte oder Bevollmächtigte begangen wurde. *Hofstetter/Ludescher*, FS v. Büren (2009), S. 485, 492 f.; *Johanns*, in: Mäger, Europäisches Kartellrecht, Rn. 73.

981 EuGH v. 7.6.1983 – verb. Rs. 100-103/880 – *Musique Diffusion Francaise*, Slg. 1983, 1825, Rn. 97; *Dannecker/Biermann*, in: Immenga/Mestmäcker, Vor Art. 23 Rn. 114; *Bosch/Colbus/Harbusch*, WuW 2009, 740, 749; *Kasten*, in: Mäger, Europäisches Kartellrecht, Rn. 135; *Hofstetter/Ludescher*, FS v. Büren (2009), S. 485, 492; *Wegner*, Die Systematik der Zumessung unternehmensbezogener Geldbußen, S. 250.

982 Es muss also gerade nicht zwingend eine Organisation- oder Aufsichtspflichtverletzung vorliegen, *Dannecker/Biermann*, in: Immenga/Mestmäcker, Vor Art. 23 Rn. 116, 169; *Kasten*, in: Mäger, Europäisches Kartellrecht, Rn. 135; *Muders*, wistra 2011, 405, 406; *Bechtold*, in: Schwarze, Rechtsschutz und Wettbewerb (2010), S. 97, 101.

983 *Kasten*, in: Mäger, Europäisches Kartellrecht, Rn. 135 a.E.; *Moosmayer*, wistra 2007, 91, 94.

hat und ob sie ein persönlicher Schuldvorwurf trifft.[984] Eine gewisse Parallele dieser Induktion findet sich bei der Heranziehung des Gesamtumsatzes zur Bußgeldberechnung wieder. Dieser kann unabhängig davon zugrunde gelegt werden, wie hoch der Anteil des kartellbefangenen Produkts an der Produktpalette des Unternehmens ist. Es genügt bereits ein Einziges, auch wenn sein Anteil am Gesamtumsatz marginal ist, sodass auch die Umsätze des Konzerns einbezogen werden, die in keinerlei Zusammenhang zu dem Kartellverstoß stehen.[985]

Der Unionsgesetzgeber geht ferner von einem weiten Unternehmensbegriff im Sinne einer wirtschaftlichen Einheit aus und forciert damit einen Haftungsdurchgriff bzw. -erstreckung auf andere (rechtlich selbstständige) Gesellschaften.[986] Dabei fallen Adressat der Norm und Adressat der Rechtsfolge des Bußgeldes auseinander.[987] Der Normadressat wird funktional bestimmt, sodass es auf die eigenständige Rechtspersönlichkeit nicht ankommt, hingegen ist Adressat der Verfügung immer ein Rechtsträger.[988] Es ist daher konsequent, dass der Unionsgesetzgeber die Konzernobergesellschaft für den Kartellverstoß der Konzerngesellschaft mit eigener Rechtspersönlichkeit gesamtschuldnerisch mit dem zuwiderhandelnden Unternehmen verantwortlich macht („parental liability")[989]

---

984 EuGH v. 18.9.2003 – Rs. C-388/00 P *Volkswagen ./. Kommission*, Slg. 2003, I-9189, Rn. 95, 98; *Sura*, in: Langen/Bunte, Kartellrecht Band 2, Art. 23 Rn. 38; *Dannecker/Biermann*, in: Immenga/Mestmäcker, Vor Art. 23 Rn. 169; *Voet van Vormizeele*, WuW 2010, 1008, 1013; *Hofstetter/Ludescher*, FS v. Büren (2009), S. 485, 492; *Wegner*, Die Systematik der Zumessung unternehmensbezogener Geldbußen, S. 250; *Papakiriakou*, Das Europäische Unternehmensstrafrecht in Kartellsachen, S. 309.

985 *Dannecker/Biermann*, in: Immenga/Mestmäcker, Art. 23 Rn. 103; *Voet van Vormizeele*, WuW 2010, 1008, 1011.

986 *Bueren*, ZWeR 2011, 285, 288; *Hofstetter/Ludescher*, FS v. Büren (2009), S. 485, 488; *Kling*, WRP 2010, 506, 508 ff.

987 *Bürger*, WuW 2011, 130, 130; *Muders*, wistra 2011, 405, 406. Vgl. zur Zurechnung bei Joint-Venture Sachverhalten, *Gehring/Kasten/Mäger*, CCZ 2013, 1, 2.

988 *Bürger*, WuW 2011, 130, 130, *Scheidtmann*, WRP 2010, 499, 499. Es ist gewissermaßen die Kehrseite des Konzernprivilegs, dass sich das Unternehmen im Außenverhältnis als eine Einheit behandeln lassen muss, *Kokott/Dittert*, WuW 2012, 670, 672.

989 Eingehend EuG v. 12.12.2007 – Rs. T-112/05 *Akzo Nobel NV u.a. ./. Kommission*, Slg. 2007, II-5049, Rn. 58: „Nicht ein zwischen Mutter- und Tochterunternehmen in Bezug auf die Zuwiderhandlung bestehendes Anstiftungsverhältnis und schon gar nicht eine Beteiligung Ersterer an dieser Zuwiderhandlung, sondern der Umstand, dass sie ein einziges Unternehmen im vorstehend genannten Sinne darstellen, gibt somit der Kommission die Befugnis, die Entscheidung, mit der Geldbußen verhängt werden, an das Mutterunternehmen einer Unternehmensgruppe zu richten. Nach dem gemeinschaftlichen Wettbewerbsrecht stellen nämlich verschiedene

und zudem auf den konzernweiten Umsatz abstellt, wenn die Kapungsgrenzen in Höhe von zehn Prozent herangezogen werden.[990] Der Kommission geht es bei dieser Vorgehensweise zum einen darum, die gesamte Finanzkraft der an dem Kartell beteiligten Unternehmenseinheiten angemessen zu sanktionieren und zum anderen soll für die Zahlung der Geldbuße ein solventer Schuldner geradestehen, gleich wie konzerninterne Strukturen aussehen oder Vermögensverschiebungen vorgenommen werden.[991] Schließlich soll die Verhängung einer Buße nach dem europäischen Kartellrecht nicht von gesellschaftsrechtlichen Wertungen der Mitgliedstaaten abhängig bzw. mit diesen das Bußgeld gegen die Konzernobergesellschaft stehen und fallen.[992]

Die bußgeldrechtliche Verantwortung für eine Konzerobergesellschaft ohne direkte Beteiligung oder Billigung des Verstoßes ließe sich aus zweierlei Wegen

---

Gesellschaften, die zum selben Konzern gehören, eine wirtschaftliche Einheit und somit ein Unternehmen im Sinne der Art. 81 EG und 82 EG dar, wenn sie ihr Marktverhalten nicht autonom bestimmen." *Ackermann*, ZWeR 2010, 329, 343; *Hofstetter/Ludescher*, FS v. Büren (2009), S. 485, 488. Zur Gesamtschuld vgl. *Jüchser*, WuW 2012, 1048 ff.

990 Eingehend EuG v. 12.12.2007 – Rs. T-112/05 *Akzo Nobel NV u.a. ./. Kommission*, Slg. 2007, II-5049, Rn. 90: „Der Umstand, dass mehrere Unternehmen gesamtschuldnerisch zur Zahlung einer Geldbuße verpflichtet sind, weil sie ein Unternehmen im Sinne von Art. 81 EG bilden, bedeutet hinsichtlich der Anwendung der in Art. 23 Abs. 2 der Verordnung Nr. 1/2003 vorgesehenen Obergrenze nicht, dass die Verpflichtung jedes einzelnen dieser Unternehmen auf 10 % ihres Umsatzes im letzten Geschäftsjahr beschränkt wäre. Die in dieser Bestimmung festgelegte Obergrenze von 10 % ist nämlich anhand des gesamten Umsatzes aller Gesellschaften zu ermitteln, aus denen die als Unternehmen im Sinne von Art. 81 EG auftretende wirtschaftliche Einheit besteht, da nur der Gesamtumsatz der zu dieser Einheit gehörenden Gesellschaften die Größe und die Wirtschaftskraft des fraglichen Unternehmens widerspiegeln kann." Folgendes Beispiel nach *Hofstetter/Ludescher*, FS v. Büren (2009), S. 485, 489: Begeht eine Konzerngesellschaft mit einem Umsatz von 10 Mio. EUR aus einem Konzern, der weltweit einen Umsatz von 1 Mrd. EUR hat, in einem Mitgliedstaat einen Kartellverstoß, kann die Buße bis zu 100 Mio. EUR, demnach das zehnfache des Umsatzes der fehlbaren Konzerngesellschaft, betragen.

991 *Kokott/Dittert*, WuW 2012, 670, 671, 674 die einflussreiche Muttergesellschaft im Hintergrund solle sich dem Kartellzugriff nicht entziehen können. So auch *Muders*, wistra 2011, 405, 406.

992 *Muders*, wistra 2011, 405, 406. Hinzu kommt die Erleichterung von Beweisproblemen, denn das Unternehmen solle nicht seine schwer durchschaubaren Konzernstrukturen vorhalten können.

herleiten ohne jedoch, dass dies eine Relevanz in der Praxis hätte.[993] Zum einen könne der Obergesellschaft das Verhalten der Konzerngesellschaft zugerechnet werden, wovon die Rechtsprechung auszugehen scheint,[994] zum anderen wird nach dem Verständnis der Kommission der gesamte Konzern mit allen seinen Gesellschaften und Einheiten als eine einzelne wirtschaftliche Einheit angesehen, sodass es keiner Zurechnung bedarf, sondern eine originäre Verantwortlichkeit bestünde.[995] Bereits seit einer Entscheidung aus dem Jahre 1969 scheint die Kommission von der wirtschaftlichen Einheit aller Konzerngesellschaften auszugehen.[996] Indizwirkungen ohne abschließenden Charakter haben seither eine kapitalmäßige Verflechtung, fehlende Autonomie der Tochter sowie Leitung und Kontrolle der Obergesellschaft.[997] Für letztere ist eine 100 %ige

---

993 *Scheidtmann*, WRP 2010, 499, 502 f. Vgl. auch MünchKommGWB/*Vollmer*, § 81 Rn. 110.

994 EuGH v. 2.10.2003 – Rs. C-196/99 *Aristrain ./. Kommission*, Slg. 2003, I-11005, Rn. 93; Im Fall EuGH v. 16.11.2000 – Rs. C-286/98 P, Slg. 2000, I-9925, Rn. 29 hat es der EuGH als Indiz gewertet, dass die Konzerngesellschaft als einziges Unternehmen der Stora-Gruppe mit der Kommission kommuniziert und verhandelt hat, *Hofstetter/Ludescher*, FS v. Büren (2009), S. 485, 490. *Bueren*, ZWeR 2011, 285, 288 m.w.N.; *Scheidtmann*, WRP 2010, 499, 502 f.; *Kling*, WRP 2010, 506, 509; *Schwarze/Bechtold/Bosch*, Rechtstaatliche Defizite im Kartellrecht der Europäischen Gemeinschaft, S. 49; *Gehring/Kasten/Mäger*, CCZ 2013, 1.

995 *de Bronett*, EWS 2012, 113 ff.; *Kokott/Dittert*, WuW 2012, 670, 672; *Kling*, WRP 2010, 506, 518; *Thomas*, Unternehmensverantwortlichkeit, S. 152; *Karst*, WuW 2012, 150, 154 f.; *Scheidtmann*, WRP 2010, 499, 502 f. Konsequenz des funktionalen Unternehmensbegriffs; *Dannecker/Biermann*, in: Immenga/Mestmäcker, Vor Art. 23 Rn. 79. Gegen den Begriff der „Zurechnung" *Bechtold/Bosch*, ZWeR 2011, 160, 166 f. nach denen Gefährdungshaftung und Zurechnung fremden Verhaltens im Rahmen der Verbandsstrafe verfassungswidrig. Es sei vielmehr ein eigenes Verhalten des Verbandes, z.B. wegen Organisationspflichtverletzung seiner Organe.

996 Kommission v. 24.7.1969 – 69/243/EWG (26.267) *Farbstoffe*, ABl. Nr. L 195/11; *Dannecker/Biermann*, in: Immenga/Mestmäcker, Vor Art. 23 Rn. 80 m.w.N. Dazu auch *de Bronett*, EWS 2012, 113.

997 Nach EuG v. 12.12.2007 – Rs. T-112/05 *Akzo Nobel NV u.a. ./. Kommission*, Slg. 2007, II-5049, Rn. 83 ist es nicht notwendig, dass die Konzerngesellschaft tatsächliche keinen Einfluss auf den bereich genommen hat, in dem es zu dem Verstoß kam; *Hofstetter/Ludescher*, FS v. Büren (2009), S. 485, 489 491. *Ackermann*, ZWeR 2010, 329, 344; *Dannecker/Biermann*, in: Immenga/Mestmäcker, Vor Art. 23 Rn. 84; *Bueren*, ZWeR 2011, 285, 288; *Voet van Vormizeele*, WuW 2010, 1008, 1012 weitere Indizien sind Bestimmung über Preispolitik, Herstellungs- und Vertriebsaktivitäten, Verkaufsziele, Bruttomargen, Lagerbestände und Marketingstrategie.

Beteiligung nicht notwendig,[998] wenngleich bei dieser Höhe eine widerlegbare Vermutung seitens der Kommission angenommen wird, wenn die Gesellschaft zwar eine eigene Rechtspersönlichkeit besitzt, aber tatsächlich aufgrund der Weisung der Muttergesellschaft gehandelt hat und ihr Verhalten nicht autonom am Markt bestimmt.[999] Das Institut der wirtschaftlichen Einheit wendet die Kommission ebenso im Falle der Rechtsnachfolge an.[1000]

Es wird daher vertreten, die Compliance Defence als Ausnahme der Zurechnung z.B. für den Fall anzuerkennen, dass ein Mitarbeiter sich evident widersprüchlich zu den Compliance-Vorgaben und Weisungen des Unternehmens verhält.[1001] Doch würde die Kommission dem entgegenhalten, dass es gerade nicht auf einen bestimmten Mitarbeiter und dessen Verhalten ankommen kann, sodass dieser Vortrag auch nicht geeignet ist, ihr Verständnis und das Gerichte von der wirtschaftlichen Einheit bzw. der Zurechnung im europäischen Kartellrecht zu erschüttern.[1002]

---

998 *Dannecker/Biermann*, in: Immenga/Mestmäcker, Vor Art. 23 Rn. 86. Vgl. auch *Frenz/Lülsdorf*, EWS 2012, 504, 506 zum Wahlrecht der Kommission zwischen Vermutungs- und Grundlagenmethode. Gegen die in der Literatur angeführten rechtsstaatlichen Bedenken der 100 %-Vermutung, *Kokott/Dittert*, WuW 2012, 670, 675 f.

999 EuGH v. 10.9.2009 – Rs. C-97/08 P *Akzo Nobel u.a. ./. Kommission*, Slg. 2009, I-8237, Rn. 60 ff.; *Ackermann*, ZWeR 2010, 329, 344. Weitere Inidizien finden sich bei Schlussanträge GA Kokott v. 23.4.2009 – Rs. C-97/08 P *Akzo Nobel*, Rn. 92. *Dannecker/Biermann*, in: Immenga/Mestmäcker, Vor Art. 23 Rn. 87. Im deutschen Kartellrecht wäre eine Zurechnung aufgrund von Vermutungen nicht möglich, sondern es bedarf der richterlichen Überzeugung, *Raum*, in: Langen/Bunte, Kartellrecht Band 1, § 81 Rn. 153. Nach EuGH v. 26.9.2013 – Rs. C-172/12 P *E.I. du Pont de Nemours and Company ./. Kommission*, noch nicht in Slg. gilt der Grundsatz auch für beide Obergesellschaften, wenn das betroffene Gemeinschaftsunternehmen je zur Hälfte gehalten wird.

1000 *Dannecker/Biermann*, in: Immenga/Mestmäcker, Vor Art. 23 Rn. 97 ff.

1001 *Kasten*, in: Mäger, Europäisches Kartellrecht, Rn. 137 „rogue employee". Ebenso *Gehring/Kasten/Mäger*, CCZ 2013, 1, 11. OFT, How Your Business Can Achieve Compliance, OFT1278resp, 2.39. Differenzierend, *Wils*, Journal of Antitrust Enforcement, Vol. 1, No. 1, S. 52, 56 f.

1002 *Pampel*, BB 2007, 1636, 1638. Jeder Versuch, das europäische Bußgeldrecht zu systematisieren, geht aber immer auch von der eigenen Rechtsordnung und dem Versuch, dieses in diese Kategorien zu integrieren. Und das europäische Kartellrecht sieht gerade keine dem § 130 OWiG ähnliche Entlastungsmöglichkeiten vor. *Wegner*, Die Systematik der Zumessung unternehmensbezogener Geldbußen, S. 228. Kritisch zu dieser Praxis *Schwarze/Bechtold/Bosch*, Rechtstaatliche Defizite im Kartellrecht der Europäischen Gemeinschaft, S. 47.

Im Gegegnteil eine Anknüpfung der Compliance Defence im Tatbestand und der Bußgelddogmatik des Art. 23 Abs. 2 VO 1/2003 zu suchen, ist aufgrund des weiten Verständnisses des Unternehmensbegriffs des Art. 101 AEUV nicht zielführend. Zwar mag man diese Praxis, insbesondere wegen Verstoßes gegen Schuldprinzip, Bestimmtheitsgrundsatz und Unschuldsvermutung, bemängeln,[1003] doch gehört sie seit mehreren Jahrzehnten zu den Grundfesten des europäischen Kartellrechts und nur in „extremen Ausnahmenfällen" konnte ein Unternehmen den Enthaftungsbeweis vorbringen.[1004] Wenngleich an dieser Stelle ein Compliance-Programm berücksichtigt werden könnte – die Kommission müsste verstärkt nachweisen und darlegen, dass trotz der Vorgaben des Compliance-Programms eine Konzernzurechnung und Verantwortlichkeit gerechtfertigt ist – ist nicht ersichtlich, dass die Kommission sich in irgendeiner Weise bewegen würde.[1005] Es besteht aber auch keine Not, die Grundfesten der Rechtsprechung der europäischen Gerichte und die Auffassung der Kommission in Frage zu stellen, um die Compliance Defence sachgerecht herzuleiten und dogmatisch zu verorten. Im Folgenden werden weitere Szenarien und Argumentationsstrategien aufgegriffen und besprochen.

1003 Vgl. dazu *Bechtold/Bosch*, ZWeR 2011, 160 ff.; *Voet van Vormizeele*, WuW 2010, 1008, 1013; *Gehring/Kasten/Mäger*, CCZ 2013, 1, 4; *Kling*, WRP 2010, 506, 510 „Zustandshaftung der Muttergesellschaft".

1004 Im Einzelenen EuGH v. 10.9.2009 – Rs. C-97/08 P *Akzo Nobel u.a. ./. Kommission*, Slg. 2009, I-8237, Rn. 62; Kommission v. 20.10.2004 – 2007/236/EG (38.238) *Rohtabak Spanien*, K(2004) 4030, Rn. 376; *Bürger*, WuW 2011, 130, 132; *Scheidtmann*, WRP 2010, 499, 499; *Voet van Vormizeele*, WuW 2010, 1008, 1013 „ein Entlastungsbeweis (ist) faktisch kaum zu führen". Ähnlich *Karst*, WuW 2012, 150, 155; *Kling*, WRP 2010, 506, 509, 512; *Riesenkampff*, FS Loewenheim (2009), S. 529, 537 spricht im Zuge der (seltenen) Ausnahme gar von einem „Betriebsunfall", denn im späteren und gleichgelagerten Fall Kommission v. 20.10.2005 – 2006/901/EG (38.281) *Rohtabak Italien*, K(2005) 4012, Rn. 328 hat sie klargestellt, dass sie nicht gedenke, von ihrer (vorherigen) Praxis abzuweichen. Offengelassen bei *Kokott/Dittert*, WuW 2012, 670, 677. Wegen unzureichender Nachweise zur 100 %igen Vermutung hat das EuG v. 16.6.2011 – Rs. T-185/06 *L'Air Liquide ./. Kommission*, Slg. 2009, II-1375, Rn. 70 ff. die Entscheidung der Kommission aufgehoben.

1005 *Voet van Vormizeele*, WuW 2010, 1008, 1019 dies würde auch nicht zur Auflösung des kartellrechtlichen Unternehmensbegriffs der „wirtschaftlichen Einheit" führen, sondern der Kommission lediglich eine erhöhte Darlegungs- und Beweislast auferlegen, wenn sie diese zugrunde legen will. Eine Enthaftung des Unternehmens bei Best-Practice Compliance befürworten *Hofstetter/Ludescher*, FS v. Büren (2009), S. 485, 497 a.E. Vgl. auch FK-*Seeliger/Mross*, Kartellrechts-Compliance, Rn. 78 ff.

aa) Ausschluss des Milderungsgrund der Fahrlässigkeit

Art. 23 Abs. 1 und Abs. 2 VO 1/2003 setzen ein Verschulden des Unternehmens, ein vorsätzliches oder fahrlässiges Verhalten bei Begehung des Kartellverstoßes voraus. Dabei wird auf die Kenntnis der natürlichen Person und ihre Vorstellung abgestellt, deren Verhalten dem Unternehmen zugerechnet wird, als sie den Kartellverstoß beging.[1006] Vorsatz bedeutet dabei Wissen und Wollen der Tatbestandsverwirklichung.[1007] Die Kommission hat ein weites Verständnis vom Vorsatzbegriff, wenn sie verlangt, dass das Unternehmen die Wettbewerbsbeschränkung erkannt habe.[1008] Spätestens jedoch vom Zeitpunkt der Mitteilung von Beschwerdepunkten an ist ein vorsätzliches Handeln zu unterstellen, vgl. Art. 27 VO 1/2003.[1009] Fahrlässigkeit hingegen liegt dann vor, wenn das Unternehmen die Zuwiderhandlung hätte erkennen müssen bzw. der im Verkehr erforderlichen Sorgfalt zuwider gehandelt hat und deshalb unwissentlich blieb.[1010]

In Ziff. 29 der Leitlinien der Kommission ist der Nachweis über fahrlässiges Verhalten ein mildernder Umstand. Nun wird vertreten, ein effektives Compliance-System schaffe bei den Mitarbeitern allerdings ein deutliches Bewusstsein für das Bestehen eines Kartellverstoßes, sodass alle Mitarbeiter in Folge des Compliance-Systems „bösgläubig“ seien.[1011] Die geschulten Mitarbeiter sind

---

1006 *Dannecker/Biermann*, in: Immenga/Mestmäcker, Art. 23 Rn. 16; MünchKommEuWettbR/*Engelsing/Schneider*, VO 1/2003 Art. 23 Rn. 27.

1007 Kommission v. 14.12.1984 – 85/79/EWG (30.809) *John Deere*, ABl. 1985 Nr. L 35/58, Rn. 39; Kommission v. 20.12.1979 – 80/334/EWG *Fabbrica Pisana*, ABl. 1980 Nr. L 75/30; *Sura*, in: Langen/Bunte, Kartellrecht Band 2, Art. 23 Rn. 37; *Dannecker/Biermann*, in: Immenga/Mestmäcker, Vor Art. 23 Rn. 172 und Art. 23 Rn. 15; MünchKommEuWettbR/*Engelsing/Schneider*, VO 1/2003 Art. 23 Rn. 28.

1008 Folglich kommt es zu einer Annäherung an den Begriff der bewussten Fahrlässigkeit. EuGH v. 8.11.1983 – Rs. 96/82 *IAZ ./. Kommission*, Slg. 1983, 3369 Rn. 45; *Sura*, in: Langen/Bunte, Kartellrecht Band 2, Art. 23 Rn. 37; *Bechtold/Bosch/Brinker/Hirsbrunner*, Art. 23 VO 1/2003 Rn. 29.

1009 Kommission v. 25.9.1986 – 86/506/EWG (31.143) *Peugeot*, ABl. 1986 Nr. L 295/19, Rn. 52; Kommission v. 7.10.1992 – 92/500/EWG (33.791) *CSM Zucker*, ABl. 1992 Nr. L 305/16; Kommission v. 14.12.1999 – 2000/146/EG (34.327) *Anheuser-Busch Incorporated ./. Scottish & Newcastle*, ABl. 2000 Nr. L 49/37 Rn. 63 ff.; *Sura*, in: Langen/Bunte, Kartellrecht Band 2, Art. 23 Rn. 37; *Dannecker/Biermann*, in: Immenga/Mestmäcker, Art. 23 Rn. 15.

1010 EuGH v. 14.2.1978 – Rs. 27/76 *United Brands ./. Kommission*, Slg. 1978, 207, Rn. 299; *Sura*, in: Langen/Bunte, Kartellrecht Band 2, Art. 23 Rn. 37; MünchKommEuWettbR/*Engelsing/Schneider*, VO 1/2003 Art. 23 Rn. 29.

1011 *Dreher*, ZWeR 2004, 75, 88; *Kasten*, in: Mäger, Europäisches Kartellrecht, Rn. 150; *Karbaum*, Kartellrechtliche Compliance, S. 366.

über das Handeln ihrer Folgen informiert, sodass regelmäßig nur noch vorsätzliche Zuwiderhandlungen vorstellbar seien und eine Berufung auf den Milderungsgrund in Ziff. 29 wegen fahrlässiger Begehung gänzlich ausgeschlossen wäre. Diesen Nachteil gilt es, zu kompensieren.[1012] Das Unternehmen könne also tatsächlich von dem mildernden Umstand keinen Gebrauch machen.[1013] Deshalb solle die Compliance Defence gewissermaßen ein Korrektiv zu fehlendem „eigenen" Verschulden des Unternehmens – es wird mit Fahrlässigkeit und Vorsatz ja nur auf den unmittelbar Handelnden abgestellt – an dieser Stelle berücksichtigt werden.[1014]

Dieser Auffassung kann aber nicht gefolgt werden. Kartellrechtsverstöße sind zum Teil sehr komplex und ihr Übergang zu legalem Verhalten ist mitunter fließend (vgl. erlaubtes Parallelverhalten und vertikale Vereinbarungen).[1015] Es wird auch nach der Auflegung eines Compliance-Programms und Schulung mit diesem weiterhin nicht immer zweifelsfrei zwischen den Kategorien „zulässiges" und „unzulässiges" Wettbewerbsverhalten unterschieden werden können. Zudem wird der einzelne Mitarbeiter mit dem Compliance-Programm ja gerade nicht über juristischen Feinheiten des Kartellrechts geschult, sondern ihm werden praktische Handlungsanweisungen für seinen täglichen Berufsalltag mit auf den Weg gegeben. Es verbleibt also weiterhin ein großer Bereich, in dem nur ein fahrlässiger Verstoß vorliegen kann.

bb) Ausschluss wegen fehlender Möglichkeit eines Verbots

In diese Riege fällt auch die Argumentation, die Schulung der Mitarbeiter durch das effektive Compliance-Programms habe zur Folge, dass den Unternehmen die Berufung auf einen vermeidbaren Tatsachen- oder Rechtsirrtum verwehrt bleibe, einem sorglos handelnden Unternehmen gerade nicht. Entweder sei stets das Bewusstsein um die Rechtswidrigkeit des Kartellverstoßes gegeben oder mit geringem Aufwand eine professionelle rechtliche Einschätzung des eigenen Verhaltens durch die Compliance-Stelle innerhalb des Unternehmens möglich.[1016]

1012 *Kasten*, in: Mäger, Europäisches Kartellrecht, Rn. 150 durch Anerkennung eines mildernden Umstandes.

1013 *Kasten*, in: Mäger, Europäisches Kartellrecht, Rn. 142 a.E.; *Dreher*, ZWeR 2004, 75, 89; aus der Schweizer Literatur ebenfalls in Rz. 29 *Weber/Rizvi*, SJZ 2010, 501, 503.

1014 *Dreher*, ZWeR 2004, 75, 85; *Moosmayer*, wistra 2007, 91, 94.

1015 *Stadler*, in: Schwerpunkte des Kartellrechts 2004, FIW Schriftenreihe 206 (2006), 67, 74.

1016 *Karbaum*, Kartellrechtliche Compliance, S. 366. So auch *Stadler*, in: Schwerpunkte des Kartellrechts 2004, FIW Schriftenreihe 206 (2006), 67, 70.

Zunächst findet sich in der VO 1/2003 keine allgemeine Regelung zu Folgen eines Tatsachen- oder Rechtsirrtums.[1017] Seit der Einführung des Systems der Legalausnahme gewinnen diese aber zunehmend an Bedeutung. Grundsätzlich führt ein Irrtum über Tatsachen zum Ausschluss des Vorsatzes, wenngleich die Möglichkeit der Bestrafung wegen fahrlässiger Zuwiderhandlung weiterhin gegeben ist.[1018] Auch dies belegt, dass weiterhin ein Anwendungsbereich für die Fallgruppe der Fahrlässigkeit gegeben ist. Rechtsirrtümer sind im Regelfall jedoch unbeachtliche Verbotsirrtümer, gleich ob unvermeidbar oder vermeidbar.[1019] So hat die Kommission einen unvermeidbaren Verbotsirrtum und damit einen Ausschluss von der Schuld,[1020] bisher nur für den Fall anerkannt, dass der Irrtum über das Verbot auf missverständliche Äußerungen der Kommission zurückzuführen sei.[1021] Selbst für den Fall einer falschen Rechtsauskunft gingen Kommission und die europäischen Gerichte nicht von einem Rechtsirrtum aus.[1022] Die Kommission teilt die Auffassung, dass die Unternehmen mit den von ihr veröffentlichten Leitlinien zur Anwendung von ex Art. 81 Abs. 3 EG ihr Verhalten auf Konformität weitestgehend selbst überprüfen können.[1023] Sollten darüber hinaus Unsicherheiten bestehen, insbesondere bei neuartigen und ungelösten Fragen, kann das Unternehmen in Einzelfällen ein Beratungsschreiben in Anspruch nehmen.[1024]

1017 *Sura*, in: Langen/Bunte, Kartellrecht Band 2, Art. 23 Rn. 38; *Johanns*, in: Mäger, Europäisches Kartellrecht, Rn. 73 a.E.

1018 *Sura*, in: Langen/Bunte, Kartellrecht Band 2, Art. 23 Rn. 38; *Frenz*, EWS 2013, 209, 211.

1019 *Sura*, in: Langen/Bunte, Kartellrecht Band 2, Art. 23 Rn. 38; MünchKommEuWettbR/*Engelsing/Schneider*, VO 1/2003 Art. 23 Rn. 32.

1020 Das Unrechtsbewusstsein ist nicht Bestandteil des Vorsatzes, vgl. *Dannecker/Biermann*, in: Immenga/Mestmäcker, Vor Art. 23 Rn. 179, 185 m.w.N.

1021 Immenga/Dannecker, 1.-3. Aufl. Art. 15 VO 17 Rn. 180; *Bechtold/Bosch/Brinker/Hirsbrunner*, Art. 23 VO 1/2003 Rn. 38; *Frenz*, EWS 2013, 209, 211.

1022 EuGH v. 1.2.1978 – Rs. 19/77 *Miller ./. Kommission*, Slg. 1978, 131, Rn. 18. Zuletzt EuGH v. 18.6.2013 – Rs. C-681/11 *Schenker u.a. ./. Kommission*, noch nicht in Slg. Kritisch *Dannecker/Biermann*, in: Immenga/Mestmäcker, Vor Art. 23 Rn. 187; *Dreher/Thomas*, WuW 2004, 8, 15. Anders stellt sich dies im deutschen Recht dar *Dannecker/Biermann*, in: Immenga/Mestmäcker, Vor § 81 Rn. 89 für den Rat eines „besonders erfahrenen Rechtsanwalts"; ebenso *Bechtold*, § 81 Rn. 21 mit Verweis auf OLG Düsseldorf, WuW/E OLG 4229, 4230; *Raum*, in: Langen/Bunte, Kartellrecht Band 1, § 81 Rn. 60.

1023 *Sura*, in: Langen/Bunte, Kartellrecht Band 2, Art. 23 Rn. 40.

1024 Kommission, Bekanntmachung über informelle Beratung bei neuartigen Fragen zu den Art. 81, 82 EG, die in Einzelfällen auftreten (Beratungsschreiben), ABl. 2004 C 101/78 Rn. 4; *Sura*, in: Langen/Bunte, Kartellrecht Band 2, Art. 23 Rn. 40.

Dieser Einwand ist aus zweierlei Gründen nicht allzu tauglich. Zunächst sind beide Verschuldensformen gleichwertig im Art. 23 Abs. 2 VO 1/2003 verortet, sodass die Kommission und Rechtsprechung in vielen Fällen die Frage unbeantwortet lassen, ob denn nun fahrlässiges oder vorsätzliches Handeln vorliegt.[1025] Eine Bedeutung hat die Einordnung dann nur noch für die konkrete Bußgeldbemessung.[1026] Hinzu kommt, dass die Kommission bei materiellen Verstößen im Sinne des Abs. 2 regelmäßig bereits dazu neigt, von vorsätzlichem Handeln auszugehen.[1027] Der Einwand wäre damit nicht allzu erfolgsversprechend.

cc) Geringere Schwere des Verstoßes

Ein Kartellverstoß, der sich zugleich auch gegen die Vorgaben des Compliance-Programms richtet, habe einen geringeren Unwertgehalt, als wenn er durch fehlende Kontrolle ermöglicht worden sei oder in Kenntnis (und Billigung) der Unternehmensleitung begangen wurde.[1028] Ein Kartellverstoß trotz Compliance-Programm sei daher ein minder schwerer Fall.[1029]

Dem ist im Grunde zuzustimmen, doch sind die Folgen eines minder schweren Verstoßes nicht im Rahmen des Tatbestands von Art. 23 VO 1/2003, sondern im Rahmen der Rechtsfolge z.B. im Rahmen der Bestimmung des Grundbetrages zu verorten.

3. Anknüpfungspunkte auf der Rechtsfolgenebene

Nachdem untersucht wurde, ob und falls ja, in welchem Maße die Anknüpfung der Compliance Defence im Tatbestand der Normen des europäischen Kartellrechts geeignet erscheint, wird im folgenden Teil eine Anknüpfung in der Rechtsfolge, insbesondere im Rahmen der Bußgeldbemessung, analysiert.

a) Verortung innerhalb der Bußgeldpraxis der Kommission

So könnte die zuvor erwähnte flexible Praxis der Kommission wegen ihres weiten Ermessens im Rahmen der Kartellbekämpfung und Bußgeldbemessung einen geeigneten Anknüpfungspunkt darstellen.

1025 EuGH v. 25.3.1996 – Rs. C-137/95 P *SPO u.a. ./. Kommission*, Slg. I-1611 Rn. 53 ff.; *Sura*, in: Langen/Bunte, Kartellrecht Band 2, Art. 23 Rn. 37; *Dannecker/Biermann*, in: Immenga/Mestmäcker, Vor Art. 23 Rn. 171.

1026 *Dannecker/Biermann*, in: Immenga/Mestmäcker, Art. 23 Rn. 15; 171.

1027 Kommission v. 20.9.2000 – 2001/146/EG (36.653) *Opel*, ABl. 2001 L 59/1 Rn. 189 ff.; *Sura*, in: Langen/Bunte, Kartellrecht Band 2, Art. 23 Rn. 37.

1028 *Kasten*, in: Mäger, Europäisches Kartellrecht, Rn. 141.

1029 *Kasten*, in: Mäger, Europäisches Kartellrecht, Rn. 141 a.E.

aa) Compliance als mildernder Umstand im Sinne der Leitlinien

Ein solcher ließe sich sodann in den Leitlinien zur Bußgeldbemessung auffinden. Dort ist in Rn. 29 von „mildernden Umständen“ die Rede, die zuvor bereits kurz erläutert wurden.[1030] Diese Gründe sind, wie der Wortlaut bereits vorgibt („insbesondere“), nicht abschließend aufgezählt, können demnach durchaus um weitere Tatbestände erweitert werden. Ein solcher mildernder Umstand könnte in einem effektiven Compliance-Programm zu erblicken sein.[1031] Die Anknüpfung in den Leitlinien und an dieser Stelle bietet sich aus vielerlei Gründen an. So handelt es sich bei den dort genannten Gründen, wie z.B. kooperatives Nachtatverhalten, bereits ausschließlich um unternehmensspezifische Umstände. Ein effektives Compliance-Programm ist ebenfalls ein solcher unternehmensspezifischer Grund, da es je nach Art und Umfang des Unternehmens individuell eingerichtet und ausgestaltet ist.[1032] Es gibt Stimmen in der Literatur, die einem Compliance-Programm sodann den wirkungsvollsten Milderungsgrund erkennen wollen.[1033]

Ein weiterer Vorzug der Implementierung innerhalb der Leitlinien liegt darin begründet, dass die Berücksichtigung ohne gesetzgeberischen Akt, gewissermaßen „über Nacht“ vollzogen und die Liste in Rn. 29 um einen weiteren Spiegelstrich ergänzt werden könnte.[1034] Es müssten keine weiteren Kapazitäten

1030 Vgl. 1. Teil:Abschnitt 1§ 3A)I.1.c).

1031 *Desai*, The European Antitrust Review 2006, S. 22; *Klees*, Kartellverfahrensrecht, § 10 Rn. 59; *Lampert*, BB 2002, 2237, 2243. Dagegen *Dalheimer/Feddersen/Miersch*, Art. 23 Rn. 187 ff.; *Nowack/Pombo*, in: Loewenheim/Meessen/Riesenkampff, Kartellrecht Bd. 1 (2005), Art. 23 VO (EG) 1/2003 Rn. 35; *Schwarze/Bechtold/Bosch*, Rechtstaatliche Defizite im Kartellrecht der Europäischen Gemeinschaft, S. 63; zuletzt FK-*Seeliger/Mross*, Kartellrechts-Compliance, Rn. 88.

1032 *Bosch/Colbus/Harbusch*, WuW 2009, 740, 748.

1033 *Karbaum*, Kartellrechtliche Compliance, S. 376.

1034 Diese Möglichkeit sehen auch der Wirtschaftsausschuss des Bundestages (BT-Drs. 17/11053, S. 21) und das Bundeskartellamt für das deutsche Recht innerhalb des § 30 OWiG (Tätigkeitsbericht 2011/2012, BT-Drs. 17/13675, S. VII). Der Wirtschaftsausschuss will die Frage der Milderung aber ausdrüklich den Verfolgungsbehörden und Gerichten überlassen. Vgl dazu *Achenbach*, wistra 2013, 369, 371. *Kasten*, in: Mäger, Europäisches Kartellrecht, Rn. 142; *Dreher*, WuW 2004, 75, 88; *Voet van Vormizeele*, CCZ 2009, 41, 44; *Bosch/Colbus/Harbusch*, WuW 2009, 740, 749; *Krebs/Eufinger/Jung*, CCZ 2011, 213, 213; *Weber/Rizvi*, SJZ 2010, 501, 503; *C. Müller*, Kartellrechtscompliance, S. 193; *Moosmayer*, wistra 2007, 91, 94; *Heinemann*, FS v. Büren (2009), S. 597, 620 f.; *Eufinger/Maschemer*, EWS 2012, 509, 512; *Geradin*, The EU Competition Law Fining System, S. 23 ff. Ausdrücklich zur Klärung durch die europäischen Gerichte offengelassen bei *Kokott/Dittert*, WuW 2012, 670, 678.

gebunden und Gesetzgebungsverfahren angestrengt werden, sondern die Kommission könnte die Verwirklichung sehr zeitnah herbeiführen.

Im Falle der Einordnung des effektiven Compliance-Programms als einen mildernden Umstand würden zudem keine Beweiserhebungswidersprüche entstehen. Zwar gibt es Stimmen, die verlangen, dass die Verfolgsungsbehörden die Ausgestaltung und Umsetzung des Compliance-Programms ebenso zu prüfen haben, wie sie auch die Art der Tatbegehung prüfen.[1035] Dies sei sodann mit einem nicht unbedeutenden Aufwand verbunden, wie Zeugenbefragungen oder Rekonstruktion von Prozessabläufen und deren Bewertung durch Gutachter und Sachverständige.[1036] Denn in der Praxis werde beinahe jedes größere Unternehmen vorgeben können, über ein effektives Compliance-Programm zu verfügen.[1037] Allerdings nimmt die Kommission bei der Bewertung von Informationen im Rahmen der Kronzeugenregelung eine gleichsam umfangreiche Prüfung vor und muss den teils umfangreichen Einwänden der Unternehmen begegnen.[1038] Doch hat grundsätzlich das betroffene Unternehmen das Bestehen eines der Milderungsgründe darzulegen und zu beweisen, die Kommission das Vorliegen eines erschwerenden Umstandes.[1039] Die Leitlinien (der Kommission) sprechen bereits davon, dass das betroffene Unternehmen „das Nicht-Vorliegen", „Nicht-Fortführung" oder das „Fehlen einer aktiven Rolle" im Sinne von

1035 *Bosch/Colbus/Harbusch*, WuW 2009, 740, 745; *Kasten*, in: Mäger, Europäisches Kartellrecht, Rn. 156 zumindest eine Prüfung im Grundsatz.

1036 *Weber/Rizvi*, SJZ 2010, 501, 508. Dem ist aber auch insofern entgegenzutreten, als dass die Verfolgungsbehörden eine ähnlich detailreiche Prüfung vornehmen, wenn sie die Inhalte und Informationen von Leniency-Anträgen bewerten.

1037 *Weber/Rizvi*, SJZ 2010, 501, 508.

1038 Vgl. z.B. EuG v. 12.12.2007 – verb. Rs. T-101/05 und 111/05 *BASF und UCB ./. Kommission*, Slg. 2007, II 4949, Rn. 74–120; Kommission v. 21.12.2005 – 38.443 *Kautschukchemikalien*, C(2005) 5592 final, Rn. 353 oder auch Rn. 30 der Leniency-Mitteilung.

1039 MünchKommEuWettbR/*Engelsing/Schneider*, VO 1/2003 Art. 23 Rn. 125, 139; *Soyez*, EuZW 2007, 596, 599. Für die „mildernden Umstände" im Sinne der Bußgeldleitlinien des BKartA ebenso *C. Müller*, Kartellrechtscompliance, S. 173; *Geradin*, Journal of Antitrust Enforcement, Vol. 1, No. 2, S. 325, 336. Anders *Hofstetter/Ludescher*, FS v. Büren (2009), S. 485, 499, die die Compliance Defence (auch) im Verschulden anknüpfen wollen, was zur Enthaftung führen wird. Grds. hat die Kommission das Bestehen des Verschuldens zu prüfen, doch sollte für den Fall der Compliance Defence eine Beweislastumkehr erfolgen, da das Unternehmen seine Compliance-Organisation immer noch am besten kontrollieren und dokumentieren kann.

Rn. 29 und seinen Spiegelstrichen nachzuweisen habe.[1040] Im Rahmen eines Milderungsgrundes „effektives Compliance-Programm" ginge damit zugleich die Darlegungs- und Beweislast über die „Effektivität", also die Ausgestaltung des Compliance-Programms nach dem Best Practice-Maßstab, einher.[1041] Denn nur ein Programm mit dieser Qualität kann eine Bußgeldreduzierung rechtfertigen. Dies hätte zur Folge, dass von Seiten der Kommission keine allzu umfangreichen Kompetenzen gebunden würden, insbesondere nicht die Gefahr bestünde, dass sie in Zukunft ein jedes, konzernweites und unternehmensspezifisch eingerichtetes Compliance-Programm auf „Herz und Nieren" prüfen müsste, was sie vor eine beinahe technische und fachliche Unmöglichkeit stellen dürfte. Zudem würde die Vorgehensweise auch dem Einwand begegnen, dass Compliance-Programme mittlerweile derart verbreitet sind, dass die Strafmilderung praktisch jedem Unternehmen zu gewähren wäre.

bb) Compliance im Rahmen des „Entry Fee"

Die Abschreckungsfunktion eines Bußgeldes ist der Kommission das wichtigste Anliegen in der Kartellbekämpfung und -ahndung.[1042] Dies wird bei der Verhängung des zusätzlichen Abschreckungsaufschlags nach Rn. 25 der Bußgeldleitlinien, des „Entry Fee", von 15 bis 25 Prozent besonders deutlich.[1043] Ein geringerer Aufschlag kann also demnach nicht verhängt werden.[1044] Dieser soll nach dem Verständnis der Kommission den Bußgeldern eine ausreichend abschreckender Wirkung zukommen lassen, damit „die Unternehmen *von vornherein* an der Beteiligung an horizontalen Vereinbarungen zur Festsetzung

---

1040 *Soyez*, EuZW 2007, 596, 599. Hingegen hat die Kommission von Amts wegen eine Exkulpation des Unternehmens auf Tatbestandsebene von Art. 23 VO 1/2003 zu berücksichtigen, MünchKommEuWettbR/*Engelsing/Schneider*, VO 1/2003 Art. 23 Rn. 54.

1041 Die Effektivität betonen auch *Steinherr/Steinmann/Olbrich*, in: Alwart, S. 201, wonach auch die USSG „keine Checkliste", sondern lediglich Hinweise zur Überprüfung der Effektivität des eigenen Compliance-Programms sein sollen. Auch die schweizerische Regelung der Compliance Defence verlangt den Nachweis der Effektivität von Seiten der Unternehmen, *Eufinger/Maschemer*, EWS 2012, 509, 510.

1042 S.o. Fn. 5 ff. am Anfang mit Speeches. Das OFT z.B. spricht sich gegen die Verhängung eines Abschreckungsaufschlages aus, OFT, Guidance as to the appropriate amount of a penalty, October 2011, OFT432con, 5.22; *Hellmann*, WuW 2002, 944, 946.

1043 S.o. 1. Teil:Abschnitt 1§ 1D)I.3.d). *Soyez*, EuZW 2007, 596, 598.

1044 *Soyez*, EuZW 2007, 596, 599; MünchKommEuWettbR/*Engelsing/Schneider*, VO 1/2003 Art. 23 Rn. 122.

von Preisen, Aufteilung von Märkten oder Mengeneinschränkungen“ (Hervorhebung durch Verfasser) abgeschreckt sind. Diese Regelung, die bisher keinen Vorläufer in den Leitlinien von 1998 hatte, wird ohne Rücksicht auf die Dauer des Verstoßes oder dem Grad der Beteiligung an dem Kartell angewandt.[1045] Würde der Zweck, eine besonders nachhaltige Abschreckung im Vorfeld zu erzeugen, auf einer anderen Art und Weise erfüllt werden, so könnte dieser Aufschlag teilweise oder gar gänzlich entfallen. Schließlich wäre er dann (durch eine andere Maßnahme) erreicht, für eine weitere Ahndung bliebe kein Raum; im Gegenteil, sie wäre wegen Verstoßes gegen den Verhältnismäßigkeitsgrundsatz sogar rechtswidrig.

Von einem Compliance-Programm geht bereits eine „verhaltenslenkende Wirkung“ aus.[1046] Wie zuvor gesehen, wird damit eine ganzheitliche Organisation zur Haftungsvermeidung und Rechtstreue aufgestellt, die jeden Unternehmensteil und jeden einzelnen Mitarbeiter erreicht. Insofern ist vorstellbar, dass einem Bußgeld für den Teil seines Zwecks eine Anpassung widerfährt, der bereits durch das Compliance-Programm bewirkt ist. Im Rahmen eines effektiven Compliance-Programms sind bereits solche Sanktionen und Konsequenzen angedroht, die eine abschreckende Wirkung erzeugen und grundsätzlich geeignet sind, den Einzelnen zur Rechtstreue anzuhalten.[1047] Insofern sind – je nach Ausgestaltung und Umfang der Sanktionen und Konsequenzen – bis zu einem gewissen Grad diejenigen Zwecke erreicht, die mit der Verhängung eines Abschreckungszuschlags einhergehen. Schließlich kann das Unternehmen selbst keine weiteren Maßnahmen erbringen.[1048] Ein zusätzlicher Aufschlag würde keine weitere Abschreckung hinzufügen können, da im Idealfall bereits das Maximale an Abschreckung mit einem effektiven Compliance-Programm erreicht ist.[1049] Je nach Grad der Effektivität des Compliance-Programms wäre demnach der Abschreckungsaufschlag im Sinne von Rn. 25 der Bußgeldleitlinien zu reduzieren oder müsste bei einem Compliance-Programm nach Best Practice-Maßstab gänzlich entfallen.

1045 *Moosmayer*, wistra 2007, 91, 92.

1046 *C. Müller*, Kartellrechtscompliance, S. 200.

1047 Vgl. dazu auch nachfolgend die Frage des „Spannungsverhältnisses“ zur Leniency-Bekanntmachung.

1048 *Hofstetter/Ludescher*, FS v. Büren (2009), S. 485, 498.

1049 *Hofstetter/Ludescher*, FS v. Büren (2009), S. 485, 498.

b) Die Bonusregelung als Anknüpfungspunkt – Gedanken zur antizipierten Selbstbindung

Mit der Leniency-[1050] und der Settlement-Mitteilung[1051] hat die Kommission zur Erleichterung ihrer Arbeitsweise im Rahmen der Kartellbekämpfung eine Möglichkeit der vollständigen Bußgeldreduzierung (Leniency-Mitteilung Rn. 8 ff.) oder teilweisen -ermäßigung (Leniency-Mitteilung Rn. 23 ff.) für die Aufdeckung bzw. eine solche von bis zu zehn Prozent für die einvernehmliche Verfahrensbeendigung eingeführt.[1052]

Nach Rn. 11 der Leniency-Mitteilung sind die Voraussetzungen[1053] für einen vollständigen Bußgelderlass wie folgt ausgestaltet.

> (1.) Vorlage von Informationen und Beweismittel als erstes Unternehmen aller Beteiligten, die es der Kommission erlauben, entweder gezielte Nachprüfungen vorzunehmen oder sogleich einen Verstoß gegen Art. 101 AEUV festzustellen.
>
> (2.) Während des gesamten Verfahrens kooperiert das Unternehmen „ernsthaft, in vollem Umfang, kontinuierlich und zügig mit der Kommission zusammen."
>
> Schließlich (3.) muss das Unternehmen unmittelbar nach der Antragstellung seine Beteiligung an dem Kartell beenden, es sei denn, seine weitere Beteiligung ist im Interesse einer weiteren Nachprüfung durch die Kommission.

Im Rahmen des Settlement-Verfahrens haben Unternehmen nach Einsichtnahme in die der Kommission zur Verfügung stehenden Beweismittel die Möglichkeit, ihre Beteiligung an dem Kartell einzugestehen. Im Gegenzug dafür und für das Ersparnis eigener Ressourcen in einem unter Umständen langwierigen und

---

1050 Mitteilung der Kommission über den Erlass und die Ermäßigung von Geldbußen in Kartellsachen, ABl. 2006 C 298/17.

1051 Mitteilung der Kommission über die Durchführung von Vergleichsverfahren bei dem Erlass von Entscheidungen nach Artikel 7 und Artikel 23 der Verordnung (EG) Nr. 1/2003 des Rates in Kartellfällen, ABl. 2008 C 167/1. Für das deutsche Kartellrecht fehlt eine Bekanntmachung, vgl. aber Tätigkeitsbericht 2007/2008 S. 35 und veröffentlichter Fallbericht „Kaffeeröster" B11–18/08.

1052 Rn. 8 und 26 Leniency-Mitteilung; Rn. 32 Settlement-Mitteilung.

1053 *Johanns*, in: Mäger, Europäisches Kartellrecht, Rn. 80; *Sura*, in: Langen/Bunte, Kartellrecht Band 2, Art. 23 Rn. 56 f. Der Anfangsverdacht für eine Nachprüfungsentscheidung nach Art. 20 Abs. 4 VO 1/2003 genüge insofern. *Dannecker/Biermann*, in: Immenga/Mestmäcker, Art. 23 Rn. 238 ff. (allerdings für die Leniency-Mitteilung von 2002).

umfangreichen Verfahren gewährt die Kommission einen Erlass der Buße in Höhe von bis zu zehn Prozent.[1054]

aa) „Spannungsverhältnis" zur Leniency- und Settlement-Bekanntmachung?

Es gibt also mit der Regelung des Leniency- und Settlement-Verfahrens zwei Möglichkeiten, die sich in hohem Maße bußgeldmildernd auswirken können, wenngleich die Leniency-Mitteilung nur auf Hardcore-Kartellverstößen anwendbar ist.[1055] Die beiden Verfahren können von jedem Kartellanten in Anspruch genommen werden und stehen diesen gleichermaßen zu. Es wird nicht nach dem Unwertgehalt der Tat oder dem Umfang der Beteiligung unterschieden, also insbesondere nicht – im Gegensatz zur ersten Leniency-Mitteilung von 1996 –[1056] ob ein Unternehmen Initiator war, vorsätzlich oder fahrlässig gehandelt hat.

Ferner erfolgt keine Unterscheidung dahingehend, ob innerhalb des Unternehmens ein Compliance-Programm aufgelegt wurde oder nicht. Dieser Umstand könne aber dazu führen, dass Unternehmen mit einem Compliance-Programm geradezu benachteiligt würden.[1057] So ist ein wesentlicher Bestandteil eines effektiven Compliance-Programms die Androhung von Sanktionen und Konsequenzen bei Zuwiderhandlungen gegenüber den Beschäftigten.[1058] Folglich würde es den kartellbetroffenen Unternehmen nicht allzu leicht fallen, ihre Mitarbeiter

---

1054 *Johanns*, in: Mäger, Europäisches Kartellrecht, Rn. 83. Mittlerweile sind sechs Verfahren mit einem Settlement beendet worden, Kommission v. 27.6.2012, Pressemitteilung IP/12/704.

1055 *Johanns*, in: Mäger, Europäisches Kartellrecht, Rn. 79. Ebenso ist das Settlement-Verfahren lediglich auf Verstöße gegen Art. 101 AEUV (Art. 81 EG) anwendbar, Rn. 1 Mitteilung der Kommission über die Durchführung von Vergleichsverfahren bei dem Erlass von Entscheidungen nach dem Artikel 7 und Artikel 23 der Verordnung (EG) Nr. 1/2003 des Rates in Kartellfällen, ABl. 2008 C 167/1.

1056 *Bechtold/Brosch/Brinker/Hirsbrunner*, Art. 23 VO 1/2003 Rn. 76.

1057 *Bosch/Colbus/Harbusch*, WuW 2009, 740, 746; *Dreher*, WuW 2004, 75, 88 spricht von einem „Spannungsverhältnis"; ebenso *Kasten*, in: Mäger, Europäisches Kartellrecht, Rn. 149. Vgl. zum Spannungsfeld zwischen Amnestieprogrammen und Haftungsfreizeichnung gegenüber dem Mitarbeiter zwecks Inanspruchnahme der Bonusregel und pflichtwidriger Nichtverfolgung von Ersatzansprüchen durch den Vorstand und strafbare Untreue, *Kapp/Gärtner*, CCZ 2009, 168, 170 f.; *Schwarze/Bechtold/Bosch*, Rechtstaatliche Defizite im Kartellrecht der Europäischen Gemeinschaft, S. 65. *Klaiber*, Die Berücksichtigung von Compliance-Programmen, S. 124 sieht darin einen Verstoß gegen die Einheit der Rechtsordnung.

1058 S. zuvor 1. Teil:Abschnitt 1§ 2D)III.5.

dafür zu gewinnen, den Kartellverstoß aufzudecken und diejenigen Informationen an die verantwortliche Stelle im Unternehmen weiterzugeben, die für die wirksame Inanspruchnahme der Bonusregelung konstitutiv sind.[1059] So verlangen beispielsweise Rn. 12 lit. a) und Rn. 16 lit. a) der Leniency-Mitteilung, dass das Unternehmen alle in seinem Besitz befindlichen relevanten Informationen preisgibt und seine Mitarbeiter zur Vernehmung durch die Kommission bereitstellt. Die in Rn. 9 (a) (und Rn. 31 ff.) der Leniency-Mitteilung geregelte „Unternehmenserklärung", die nach Rn. 8 konstitutiv für den (vollständigen) Bußgelderlass ist, verpflichtet zur Preisgabe vieler Detailinformationen. Verweigert ein Mitarbeiter seine Zusammenarbeit mit dem Unternehmen und den Kartellbehörden jedoch wegen drohender (haftungsrechtlicher und arbeitsrechtlicher) Konsequenzen durch die Inhalte des Compliance-Programms, könne dies dem Unternehmen schaden. Ohne einen zeitnahen und umfangreichen und schließlich vollständigen Antrag droht dem Unternehmen der Verlust des Ranges innerhalb der Rangliste und somit ein niedrigerer Erlass des möglichen Bußgeldes.[1060] Dies hätte die merkwürdige Konstellation zur Folge, dass ein Unternehmen neben den getätigten Compliance-Kosten nicht nur diese, sondern zudem ein höheres Bußgeld zu zahlen hätte als ein Unternehmen, das gänzlich sorglos, also keinerlei Compliance-Maßnahmen angestrengt hat und eine Leniency-Antrag stellt.[1061]

Zwar ist dieser Befund nicht von der Hand zu weisen und er wird einige Unternehmen vor nicht unerhebliche Probleme stellen. Doch ist die Lösung dieses Konflikts nicht im Bußgeldrecht zu suchen. Es handelt sich vielmehr um ein organisatorisches, unternehmensspezifisches und -internes Problem, das nicht Einzug in das Bußgeldverfahren finden sollte oder gar in diesem mit einer Bußgeldreduzierung zu lösen wäre. Unter diesen Umständen müsste entweder in der Leniency-Mitteilung selbst eine Korrektur eingearbeitet werden oder ein zusätzliches unternehmensinternes Amnestie- oder Anreizprogramm versuchen,[1062] die arbeitsrechtlichen Konsequenzen für den Einzelnen abzufangen und ihn zur Kooperation zu bewegen.

1059 *Bosch/Colbus/Harbusch*, WuW 2009, 740, 746; *Kasten*, in: Mäger, Europäisches Kartellrecht, Rn. 149; *Karbaum*, Kartellrechtliche Compliance, S. 373.

1060 *Bosch/Colbus/Harbusch*, WuW 2009, 740, 746.

1061 *C. Müller*, Kartellrechtscompliance, S. 195.

1062 Dazu *Kasten*, in: Mäger, Europäisches Kartellrecht, Rn. 124 f. S. auch *Hüschelrath*, Comp Law 2010, 481, 492. Umfassend und rechtsvergleichend dazu *Bueren*, ZWeR 2012, 310 ff., zu den Vor- Nachteilen S. 322 ff. Zu den Vor- und Nachteilen vgl. auch *Wrase/Fabritius*, CCZ 2011, 69, 70 f. Zur inhatlichen Ausgestaltung *Kahlenberg/Schwinn*, CCZ 2012, 81 ff.

bb) *Leniency- und Settlement-Mitteilung als antizipierte Selbstbindung für Compliance?*

Darüber hinaus könnte jedoch ein weiterer Wertungswiderspruch zum Leniency- und Settlement-Verfahren entstehen, wenn generell präventive Maßnahmen zur Verhinderung von Kartellverstößen durch ein Compliance-Programm gänzlich unberücksichtigt blieben.[1063] Es ist wenig nachvollziehbar, dass die Kommission an einer Stelle eigeninitiative Maßnahmen des Unternehmens bis hin zum vollständigen Bußgelderlass eigens anerkennt,[1064] weitere, von der Kommission „ungeregelte" Eigeninitiative jedoch nicht im Ansatz mit konkreten Abschlägen honorieren will.[1065]

Es könnte daher die Möglichkeit bestehen, dass die Kommission bereits im Wege der Selbstbindung an jene bisher ungeregelten und ungeschriebenen Maßnahmen seitens der Betroffenen gebunden ist, soweit diese den Zweck jener Maßnahmen erfüllen, zu deren Berücksichtigung sich die Kommission bereits ausdrücklich selbst verpflichtet hat. Dieser Gedanke ließe sich ebenso mit dem Institut der „berechtigten Erwartungen" seitens der Unionsgerichte begründen. So trifft die Kommission in ihrer Leniency-MItteilung selbst die Feststellung (Rn. 38), dass

> „(sie) sich der Tatsache bewusst (ist), dass die Mitteilung berechtigte Erwartungen begründet, auf die sich die Unternehmen, die der Kommission das Bestehen eines Kartells darlegen, berufen können."[1066]

1063 *Dreher*, ZWeR 2004, 75, 88; *Wagner*, CCZ 2009, 8, 17; *C. Müller*, Kartellrechtscompliance, S. 193 ff. FK-*Seeliger/Mross*, Kartellrechts-Compliance, Rn. 100 erachten es als widersprüchlich an, dass die Kartellbehörden einerseits eine vollständigen Bußgelderlass im Rahmen der Kronzeugenregelungen gestatten, eine Bußgeldminderung für Compliance aber ablehnen.

1064 Wenngleich die Voraussetzungen dafür zum Teil sehr streng sind: Rn. 5, 23 verlangt z.B. für eine Bußgeldermäßigung „einen erheblichen Mehrwert gegenüber den Beweismitteln (…), die bereits im Besitz der Kommission sind." Vgl. auch den Umfang der „Unternehmenserklärung" nach Rn. 9 (a). Vgl. auch *Bechtold/Brosch/Brinker/Hirsbrunner*, Art. 23 VO 1/2003 Rn. 80; *Johanns*, in: Mäger, Europäisches Kartellrecht, Rn. 81; *Lampert/Niejahr/Kübler/Weidenbach*, Art. 23 Rn. 450. Für das Settlement-Verfahren s. dort in der Mitteilung Rn. 20 ff.

1065 *Dreher*, ZWeR 2004, 75, 88; *Bosch/Colbus/Harbusch*, WuW 2010, 740, 746. Eine Vergleichbarkeit der Systeme sieht auch *Klaiber*, Die Berücksichtigung von Compliance-Programmen, S. 120 ff.

1066 Vgl. auch oben Fn. 348. S. auch *Heiderhoff*, Europäisches Privatrecht, S. 111 ff. Fn. 141 m.w.N.

Allerdings müssten dafür die Inhalte und Zwecke eines Compliance-Programms identisch mit denen der Leniency- und Settlement-Mitteilung sein. Anerkanntermaßen besteht zwischen der Inanspruchnahme von Leniency- und Settlement-Verfahren bereits Idealkonkurrenz, sodass die Bußgeldreduzierung aus beiden Verfahren addiert wird.[1067] Zudem hat die Kommission bereits den Anwendungsbereich ihrer ersten Leniency-Mitteilung über den ursprünglichen hinaus erweitert, als sie eine Bußgeldreduzierung für das kooperative Verhalten eines Unternehmens analog anwandte, lange bevor die Kommission diese Mitteilung verabschiedet hatte.[1068] Dabei handelte es sich um den zuvor genannten Fall *British Sugar II*, bei dem die Zuwiderhandlung zwischen 1986 und 1990 stattfand, die Leniency-Mitteilung aber erst am 18. Juli 1996 verabschiedet wurde. Die Leniency-Mitteilung ist damit der Rechtsfortbildung zugänglich.

Der Zweck der Leniency-Regelung besteht darin, Anreize zur Aufdeckung nicht bekannter, geheimer Kartellabsprachen in einem frühen Verfahrensstadium

---

1067 So ausdrücklich Rn. 1 und 33 Mitteilung der Kommission über die Durchführung von Vergleichsverfahren bei dem Erlass von Entscheidungen nach dem Artikel 7 und Artikel 23 der Verordnung (EG) Nr. 1/2003 des Rates in Kartellfällen, ABl. 2008 C 167/1. Vgl. auch Kommission v. 27.6.2012, Pressemitteilung IP/12/704.

1068 Kommission v. 14.10.1998 – 1999/210/EWG (33.708–33.711), *British Sugar II*, ABl. 1999 L 76/1, Rn. 212: „Die Kommission hat festgestellt, daß es im Interesse der Gemeinschaft liegt, Unternehmen, die mit ihr unter bestimmten, in der Mitteilung dargelegten Bedingungen zusammenarbeiten, bei der Verhängung der Geldbuße eine günstige Behandlung zu gewähren. War es schon immer die Politik der Kommission, bei der Festsetzung der Höhe von Geldbußen nachsichtig zu sein gegenüber Kartellmitgliedern, die mit ihr zusammenarbeiten, so geht die Mitteilung über die bisherige Praxis hinaus und schafft spezielle Anreize für Unternehmen, die mit der Kommission zusammenarbeiten und ihr helfen oder sie in die Lage versetzen, das Kartell zu erkennen und zu verbieten. Die Anwendung der in der Mitteilung aufgeführten Bedingungen für die Nichtfestsetzung einer Geldbuße oder für einen der verschiedenen Grade der Herabsetzung der Geldbuße ist somit günstiger für die Unternehmen als es ihre Behandlung nach der bisherigen Praxis war. Eine direkte Anwendung der Mitteilung ist jedoch nur möglich, wenn die Zusammenarbeit nach der Veröffentlichung der Mitteilung im Amtsblatt am 18. Juli 1996 stattfand. In allen anderen Fällen von Zusammenarbeit ist die Mitteilung analog anzuwenden. Eine solche analoge Anwendung bedeutet, daß eine günstige Behandlung im Sinne der Mitteilung davon abhängt, daß sämtlich in der Mitteilung aufgeführten sachlichen Voraussetzungen der Zusammenarbeit erfuellt sind." S. zur analogen Anwendung auch *Sura*, in: Langen/Bunte, Kartellrecht Band 2, Art. 23 Rn. 45 m.w.N.

zu schaffen.[1069] Wie die Kommission ausdrücklich in Rn. 3 ausführt, teilt sie die Auffassung, dass

> „(d)as Interesse der Verbraucher und Bürger an der Aufdeckung und Ahndung von Kartellen größer (ist) als das Interesse an der Verhängung von Geldbußen gegen Unternehmen, die es der Kommission ermöglichen, solche Verhaltensweisen aufzudecken und zu untersagen."[1070]

Die Settlement-Regelung bezweckt in erster Linie, eine Belohnung für das Eingeständnis in die Zuwiderhandlung zu schaffen.[1071] Durch diese wiederum kann eine sofortige Verfahrensbeendigung erreicht und damit Ressourcen auf Seiten der Kommission geschont werden, die sonst in einem zum Teil langwierigen und aufwendigen (Gerichts-)Verfahren gebunden wären.[1072] Durch diese Freisetzung von Ressourcen ist sie in der Lage, mehr Sachverhalte bearbeiten zu können.[1073] Sie genügt damit umso mehr dem Allgemeininteresse an „einer wirksamen und rechtzeitigen Ahndung von Zuwiderhandlungen (...) und (Verbesserung der) Abschreckungswirkung insgesamt."[1074]

1069 *Sura*, in: Langen/Bunte, Kartellrecht Band 2, Art. 23 Rn. 53 a.E.; *Johanns*, in: Mäger, Europäisches Kartellrecht, Rn. 79 Fn. 300; *Dannecker/Biermann*, in: Immenga/Mestmäcker, Art. 23 Rn. 221.

1070 S. auch *Lampert/Niejahr/Kübler/Weidenbach*, Art. 23 Rn. 446.

1071 *Johanns*, in: Mäger, Europäisches Kartellrecht, Rn. 79 Fn. 300.

1072 *Bechtold/Brosch/Brinker/Hirsbrunner*, Art. 27 VO 1/2003 Rn. 23; *Johanns*, in: Mäger, Europäisches Kartellrecht, Rn. 83; *Schwarze/Bechtold/Bosch*, Rechtstaatliche Defizite im Kartellrecht der Europäischen Gemeinschaft, S. 70; *Herrlinger*, ZWeR 2012, 137, 151 mit Verweis auf *Polley/Heinz*, WuW 2012, 14, 16 seien im deutschen Kartellrecht Verfahrensbeendigungen im Wege des Settlements bereits zur Regel geworden.

1073 Zur Auswirkung der Settlement-Regelung auf die Arbeit der Kommission vgl. das eindrucksvolle Beispiel bei *Italianer*, SPEECH, Recent developments regarding the Commission's cartel enforcement, Studienvereinigung Kartellrecht Conference 14 March 2012, Brussels, S. 6: „In particular, there is far less drafting work, as evidenced by a simple comparison with traditional cartel cases, such as Car Glass or Heat Stabilizers, where the decisions ran to hundreds of pages. Our settlement decisions ranged on average between 20 and 40 pages. We also wanted to shorten the length of the proceedings and reduce the number of appeals. For example, decisions such as Pre-stressing Steel and Bathroom Fittings generated more than 40 separate appeals. Even though settlement decisions can be appealed, this is less likely because under a settlement the parties expressly and unequivocally acknowledge their involvement in the cartel."

1074 Rn. 1, Mitteilung der Kommission über die Durchführung von Vergleichsverfahren bei dem Erlass von Entscheidungen nach dem Artikel 7 und Artikel 23 der Verordnung (EG) Nr. 1/2003 des Rates in Kartellfällen, ABl. 2008 C 167/1. Rechtsgrundlage

Unabhängig von der Frage, ob eine solche Möglichkeit – eine antizipierte Selbstbindung der Kartellbehörden an solche Zwecke, die zwar nicht ausdrücklich formuliert wurden, aber dennoch mit denen der Selbstbindung übereinstimmen – dogmatisch vorgesehen ist, müsste eine Vergleichbarkeit zwischen dem Verhalten eines Unternehmens in der Einführung eines Compliance-Programms zum einen und dem Verhalten im Rahmen des Leniency- oder Settlement-Verfahrens zum anderen gegeben sein. Gemein haben sie die Bekämpfung und Befolgung von Kartellen, sei sie general- und/oder spezialpräventiv. Jedoch unterscheiden sie sich in ihrer Ausrichtung in einem wichtigen Punkt voneinander: Sowohl Leniency- als auch Settlement-Verfahren behandeln den Fall einer konkreten Zuwiderhandlung in der Vergangenheit. Sie belohnen das kooperative Verhalten des Unternehmens für genau dieses (eine!) Verfahren. Dementsprechend ist der Ansatz ein retrospektiver, aus der ex post Betrachtung heraus. Ein Compliance-Programm hat jedoch im Wesentlichen eine genau umgekehrte Ausrichtung: Es will – prospektiv – aus der ex ante Perspektive Kartellrisiken identifizieren und diese in Gänze, ohne dabei einen konkreten Fall vor Augen zu haben, unterbinden.[1075] Eine gewisse Übereinstimmung könnte sich lediglich in einem Element des „Dreiklangs" des Compliance-Programms ergeben, aus der Sanktionierung („react"). In diesem Teil bewertet auch das die Compliance-Abteilung des Unternehmens den Verstoß im Einzelfall. Doch besteht darin nicht die Prägung und der wesentliche Zweck eines Compliance-Programms.

Wenngleich die Idee der antizipierten Selbstbindung nicht fruchtet, denn auch die berechtigten Erwartungen finden ihre Grenzen in den Voraussetzungen der Leniency-Bekanntmachung, sollte die Kommission dennoch ein „großes Paket" der Kartellrechtsbekämpfung mit verschiedenen Elementen und Ansätzen schnüren, die sich durchweg ergänzen: Compliance Defence neben Leniency und Settlement.[1076] Für die letztere ist eine Verknüpfung bereits anerkannt.

---

dafür wiederum ist Verordnung (EG) Nr. 622/2008 der Kommission vom 30. Juni 2008 zur Änderung der Verordnung (EG) Nr. 773/2004 hinsichtlich der Durchführung von Vergleichsverfahren in Kartellfällen, ABl. 2008 L 171/3.

1075 Im Übrigen ist unabhängig vom Vorliegen des Compliance-Programms ein Verstoß gegeben und muss nun von der Kommission aufgearbeitet werden, sodass schon keine Ressourcenschonung gegeben ist. Diese lässt sich darüber hinaus auch bezweifeln, wenn die Kommission nun damit befasst würde, die Effektivität, Art und Umfang des Compliance-Programms nachzuvollziehen. Kritisch *Klaiber*, Die Berücksichtigung von Compliance-Programmen, S. 122.

1076 Vgl. auch Wirtschaftsausschuss und Bundeskartellamt Tätigkeitsbericht 2011/2012, BT-Drs. 17/13675, S. VII.

cc) Diskriminierung der KMU

Es wird vertreten, dass durch die Einführung einer Compliance Defence vor allem eine Diskriminierung der kleineren und mittleren Unternehmen (KMU) zur Folge hätte. Sie haben häufig nicht die Ressourcen, eine eigene unternehmensweite organisatorische Struktur zu schaffen, um ein effektives Compliance-Programm zu etablieren.[1077] Die etwaigen Vorzüge dieses Programms im Rahmen des Bußgeldverfahrens blieben ihnen letztlich verschlossen.

Jedoch gilt es zu beachten, dass mit abnehmender Größe des Unternehmens ebenso der individuelle Sorgfaltsmaßstab schwindet und damit die Anforderungen an ein „Best Practice“ Compliance-Programm der KMU.[1078] Unter Umständen muss dieses nicht derart aufwendig sein, wie das eines großen Unternehmens, um dennoch „effektiv“ zu sein. Dies hat auch die Kommission erkannt und ihrem Leitfaden, der Broschüre „Compliance matters“, die Belange der KMU angesprochen und gewürdigt. Auch sie geht darin davon aus, dass der Umfang der Compliance-Maßnahmen ein anderer im Vergleich zu den großen Unternehmen ist. Eine Ungleichbehandlung oder Diskriminierung ist also nicht gegeben.

dd) Verzicht auf Verzinsungsspflicht

Denkbar wäre ebenfalls, einen finanziellen Anreiz in Form von Zahlungsaufschub oder Wegfall der Verzinsungspflicht für die Compliance Defence einzuführen.[1079] Allerdings mangelt es dabei an einer Sachnähe zwischen Tat und Bonus. Zweck der Verzinsung ist es in erster Linie, dem Betroffenen den Anreiz zu nehmen, ein

---

1077 *Almunia*, Compliance and Competition policy, Businesseurope & US Chamber of Commerce. Competition conference, SPEECH/10/586: „And I note in passing that this is another problem with rewarding compliance. Specific rewards would result in unequal treatment between those companies that have the resources to set up a compliance programme and other – often smaller – companies that cannot afford them.“ Ein „too small to comply“ kann es nicht geben, *M. Roth*, Compliance (2010), S. 5. Für eine Benachteiligung sprechen sich aus FK-*Seeliger/Mross*, Kartellrechts-Compliance, Rn. 100.

1078 Das sehen ausdrücklich die USSG auch so Application Note Nr. 2 (C) von § 8 B 2.1. Vgl. auch *Passarge*, ZRFC 2011, 6, 9.

1079 Dazu grundsätzlich BVerfG v. 19.12.2012 – 1 BvL 18/11. Vgl. mit Anm. *Vollmer*, wistra 2013, 289 ff. Zu den Bedenken gegen eine solche Pflicht *Burrichter* FS Bechtold (2006), S. 81 ff. Eine Zinspflicht ist im europäischen Kartellrecht zwar nicht normiert, ist aber in der Rechtsprechung anerkannt EuGH v. 25.10.1983 – Rs. 107/82 *AEG ./. Kommission*, Slg. 1983, 3151, Rn. 141; EuG v. 14.7.1995 – Rs. T-275/94 *Groupement des cartes bancaires „CB“ ./. Kommission*, Slg. 1995 II-2169, Rn. 47; *Dannecker/Biermann*, in: Immenga/Mestmäcker, Vor Art. 23 Rn. 460.

Rechtsmittel gegen den Bußgeldbescheid einzulegen, damit ihm so nicht ein zum Teil nicht unerheblicher Zinsvorteil zukommt.[1080] Die Verzinsung des Bußgeldes dient in erster Linie der Aufrechterhaltung der Sanktionswirkung, stellt aber keine solche zusätzliche Sanktion dar.[1081]

ee) Verzicht auf Pressemitteilungen

Einen schließlich letzten Anreiz,[1082] den die Kommission einem Unternehmen mit einem effektiven Compliance-Programm in Aussicht stellen könnte, wäre ein Verzicht auf die Herausgabe einer Pressemitteilung. Denn diese ist es, die zumeist Ausgangspunkt einer medialen Berichterstattung ist, die dann den oben beschriebenen Reputationsverlust bei Kunden, Behörden und Nachwuchskräften herbeiführt. Aber eben eine solche Einschränkung oder gar Verzicht der Publizität des Bußgeldverfahrens ist die gegenteilige Herangehensweise von Compliance.[1083] Ein wesentliches Element von Compliance ist, dass mit Transparenz möglichst umfassende Sachverhaltsaufklärung betrieben werden soll, sodass ein solcher „Verschleierungsanreiz" dem Zweck von Compliance grundsätzlich zuwider liefe.

c) Ausschlussgründe von der Berücksichtigung der Compliance Defence

Unter Umständen kann von dem gefundenen Ergebnissen und der Berücksichtigung der Compliance Defence wiederum abzurücken sein, vor allem wenn besonders schadensträchtige Gründe vorliegen.

aa) Keine Berücksichtigung bei Hardcore-Kartellen

Denkbar wäre, eine Compliance Defence im Fall eines Hardcore-Kartells, also insbesonderer einer horizontalen Absprache zwischen Unternehmen über die

---

1080 BT-Drs. 15/3640, S. 42; S. 67; MünchKommGWB/*Vollmer*, § 81 Rn. 119; *Raum*, in: Langen/Bunte, Kartellrecht Band 1, § 81 Rn. 177; *Dannecker/Biermann*, in: Immenga/Mestmäcker, § 81 Rn. 459; *Bechtold*, § 81 Rn. 42. Vor Erlass des § 81 Abs. 6 GWB ist es in der Praxis häufiger dazu gekommen, dass ein Betroffener seinen Einspruch gegen den Bußgeldbescheid kurz vor der gerichtlichen Entscheidung zurückgenommen hatte.

1081 *Dannecker/Biermann*, in: Immenga/Mestmäcker, § 81 Rn. 459.

1082 Ebenfalls in Betracht gezogen werden könnte eine Reduzierung des Untersuchungsgegenstandes. Doch ist dies zum einen eine Abkehr von dem Sinn von Compliance, eine umfassende Aufklärung zu betreiben und zum anderen bereits der Anreiz zur Anwendung des Settlement-Verfahrens.

1083 *Dannecker/Biermann*, in: Immenga/Mestmäcker, Vor § 81 Rn. 271 f. erwägen dahinter gar eine „Nebenstrafe", für die es nach Art. 103 Abs. 2 GG einer gesetzliche Grundlage bedarf und in § 53 GWB nicht zu erblicken ist.

Festsetzung von Preisen, Kunden, Absatzquoten oder der Aufteilung von Märkten, nicht vorzunehmen.[1084] In diesen Fällen regeln die Kartellanten den zwischen ihnen bestehenden Wettbewerb einschränkend zu ihrem Nutzen, ohne dass andere Marktteilnehmer davon einen Vorteil hätten. Diese Wettbewerbsbeschränkungen sind so schwerwiegend und sozialschädlich und zugleich so evident, dass den Teilnehmern bewusst sein muss, dass die Absprachen rechtswidrig geschehen.[1085] Die Kartellanten verdienten daher keine Strafmilderung, sodass letztlich die Compliance Defence keine Berücksichtigung im Bußgeldverfahren finden könne.

Diesem Einwand ist jedoch entgegenzutreten. Im Rahmen der Bußgeldbemessung ist jedes Kriterium zur Ermittlung der Buße isoliert und unabhängig von anderen Kriterien sowie zudem an einer gewissen, dafür vorgesehenen Stelle zu betrachten. Dies lässt sich insbesondere aus den Leitlinien der Kommission selbst und dort für das Kriterium der „Dauer des Verstoßes" entnehmen. Das Kriterium soll dort, nachdem es bereits für die Ermittlung des Grundbetrags (1. Schritt) herangezogen wurde, nicht (noch einmal) im Wege der Anpassung des Grundbetrags (2. Schritt) als mildernder Umstand Berücksichtigung finden. So formuliert Rn. 29 3. Sps. a.E.

> „der bloße Umstand einer kürzeren Beteiligung im Vergleich zu den übrigen Unternehmen wird nicht als mildernder Umstand anerkannt, da er bereits im Grundbetrag zum Ausdruck kommt."

Ganz deutlich formuliert dies auch das Bundeskartellamt in seinen alten Bußgeldleitlinien. Dort hieß es in Rn. 14 a.F.:

> „Das Bundeskartellamt berücksichtigt im Rahmen der Bußgeldzumessung Anpassungsfaktoren. Zumessungsfaktoren, die bereits bei der Berechnung des Grundbetrags berücksichtigt worden sind, werden als Anpassungsfaktoren nicht noch einmal berücksichtigt."

Die Entscheidung gegen eine Berücksichtigung der Compliance Defence wegen der besonderen Schwere der Tat bei einem Hardcore-Kartell hätte aber zur Folge, dass das Kriterium der „Schwere des Verstoßes" mehr als einmal angerechnet würde.[1086] Die Schwere des Verstoßes findet bereits bei der Berechnung des Grundbetrages und so letztlich bei der Begründung der Sanktion Berücksichtigung. Die Ablehnung der Compliance Defence für Hardcore-Kartelle würde zu

1084 In diese Richtung *Bachmann*, in: Gesellschaftsrecht in der Diskussion, S. 65, 87.

1085 *Pampel*, BB 2007, 1636, 1639; *Moosmayer*, Compliance, S. 87.

1086 Ähnlich zur „doppelten Belohnung" eines Compliance-Programms *C. Müller*, Kartellrechtscompliance, S. 192.

einer unzulässigen zweiten Berücksichtigung innerhalb des konkreten Bußgeldmaßes dieses Kriteriums führen und die Buße zwangsläufig unverhältnismäßig hoch ausfallen lassen.[1087] Es ist kein Grund ersichtlich, warum mit den beiden (einzigen ausdrücklich formulierten) Kriterien – Dauer und Schwere – von Art. 23 VO 1/2003 unterschiedlich verfahren werden sollte. Daher ist auch im Falle eines vertikalen oder horizontalen Hardcore-Kartellverstoßes eine Bußgeldminderung aufgrund eines bestehenden Compliance-Programmes zu gewähren.

bb) Keine Berücksichtigung bei Verstoß durch Geschäftsleiterebene

Es könnte jedoch einen Unterschied bei der Frage der Berücksichtigung der Compliance Defence machen, von wem der Kartellverstoß tatsächlich begangen wurde. Begeht ein Mitglied der Unternehmensleitung den Verstoß, so würde im Gegensatz zum Verstoß des einzelnen Mitarbeiters unterhalb dieser Ebene deutlich,[1088] dass das Compliance-Programm gerade nicht von jener höchsten Unternehmensebene getragen würde.[1089] Sie widersetze sich dabei ihren eigenen Vorgaben und führe das Compliance-Programm ad absurdum, denn in der Form kann weder der Wert noch die Bedeutung von Compliance wirksam vorgelebt werden und zur Überzeugung der Mitarbeiter reifen. Ursprünglich hatten auch die USSG eine widerlegbare Vermutung enthalten, dass für diesen Fall das Compliance-Programm gescheitert sei und deshalb kein Erlass zu gewähren sei. Diese Regelung wurde allerdings mit Änderung vom 1. November 2010 außer Kraft gesetzt, sodass nunmehr auch bei Beteiligung eines „high-level personnel" eine Bußgeldreduzierung unter den oben genannten Voraussetzungen gewährt werden kann.[1090]

1087 Im deutschen Recht ergibt sich dieser Umstand bereits aus der analogen Anwendung von § 46 Abs. 3 StGB und dem daraus abgeleiteten Doppelverwertungsverbot, gleich ob das Merkmal tat- oder täterbezogen ausgestaltet ist. Dieser Grundsatz kann sehr weit gefasst werden und über die geschriebenen Tatbestandsmerkmale sämtliche Gesichtspunkte, Normzweck oder Regelungsgrund, die unteilbar mit dem Tatbestand verbunden sind, betreffen. So auch MünchKommGWB/*Vollmer*, § 81 Rn. 87 und KarlsruherKommentar-*Mitsch*, § 17 Rn. 32 m.w.N., deutlich bei Rn. 36, zum Vorsatz Rn. 82. *Wegner*, Die Systematik der Zumessung unternehmensbezogener Geldbußen, S. 76; Göhler-*Gürtler*, § 17 Rn. 17. Missverständlich, weil zunächst ebenso *Bohnert*, § 17 OWiG, Rn. 23, dann aber will *ders.*, § 130 OWiG, Rn. 38, der Art und Schwere der Zuwiderhandlung als objektive Bedingung der Strafbarkeit im Rahmen von § 130 OWiG zusätzlich im Rahmen der Bemessung berücksichtigen.

1088 *Bosch/Colbus/Harbusch*, WuW 2009, 740, 745; *Dreher*, ZWeR 2004, 75, 89.

1089 *Stadler*, in: Schwerpunkte des Kartellrechts 2004, FIW Schriftenreihe 206 (2006), 67, 72 a.E. f.

1090 *Withus*, CCZ 2011, 63, 65 f.; *Engelhart*, NZG 2011, 126, 128 m.w.N.

Doch auch diesem Einwand ist unter zweierlei Erwägungen entgegen zu treten. Auch bei einem Verstoß durch ein oder mehrere Mitglieder der Unternehmensleitung verbleibt es bei einer unvermittelten Entscheidung Einzelner. Die Annahme, aus diesem Verhalten Rückschlüsse über das Scheitern oder gar die Absurdität eines Compliance-Programms herzuleiten, ist verfehlt. Erst wenn der Verstoß von der Mehrheit des Organs getragen würde, wäre die zuvor beschriebene Situation eingetreten und die Geschäftsleitung hätte ihren eigenen Vorgaben zuwider gehandelt. In diesem Fall wäre das Compliance-Programm gescheitert und es besteht kein Grund, ein Compliance-Programm bußgeldmindernd zu berücksichtigen. Das unvermittelte rechtswidrige Verhalten eines Einzelnen, gleich welche Funktion er im Unternehmen ausübt, stellt keinen Nachweis über die generelle Untauglichkeit des Compliance-Programms dar.[1091] Ferner ist zu berücksichtigen, dass die Ebene der Geschäftsleitung selten der Kontrolle des Compliance-Programms unterfällt, sodass deshalb nicht zwingend ein Scheitern anzunehmen ist.[1092]

4. *Zwischenergebnis*

Schließlich[1093] kann der Auffassung nicht gefolgt werden, dass eine Rechtsordnung, die ein Compliance-Programm bußgeldmindernd berücksichtigt, ein „Vorteil im Systemwettbewerb" zukomme.[1094] Richtig ist dabei, dass Unternehmen von einem Wettbewerb der Rechtssysteme unter Umständen profitieren können („forum shopping"), doch bleibt das für europäische und deutsche Unternehmen letztlich ohne Alternative. Kein Unternehmen wird ernsthaft in Erwägung ziehen, den europäischen (oder deutschen) Markt zu verlassen und sich einem anderen Land zu wenden, weil die jeweilige Rechtsordnung ein Compliance-Programm bußgeldmindernd oder enthaftet berücksichtigt bzw. dies nicht tut. An dieser Stelle überwiegen die wirtschaftlichen Vorteile und Anreize des europäischen (und deutschen Marktes) denen solcher Rechtsordnungen, die eine Compliance Defence berücksichtigen.

1091 *Eufinger/Maschemer*, EWS 2012, 509, 512.

1092 *Krebs/Eufinger/Jung*, CCZ 2011, 213, 216.

1093 Nicht überzeugend ist Idee, dass die Compliance Defence zu einem verkürzten Bemessungszeitraum führt. Hierbei würde ein unternehmensspezifischer Umstand mit einem objektiven Kriterium – der Dauer – sachfremd miteinander verknüpft. Vgl. *Wegner*, Die Systematik der Zumessung unternehmensbezogener Geldbußen, S. 31 mit Verweis auf BKartA, WuW/E BKartA 2892, wo in einem Fall der Martkaufteilung das Kartell nachweislich seit 1902 bestand, im Jahre 1958 der § 1 GWB eingeführt, das Bundeskartellamt hat aber nur einen dreijährigen Bemessungszeitraum zugrunde gelegt.

1094 So aber *C. Müller*, Kartellrechtscompliance, S. 199.

In ihrer Ende 2011 veröffentlichten Broschüre „Compliance matters – What companies can do better to respect EU competition rules“ beschreibt die Kommission genau den Dreiklang („prevent-detect-react“) als effektiv, der auch in der herrschenden Literatur und Praxis angewandt wird. Insofern würde ein Unternehmen, dass ein Compliance-Programm nach diesem – vor allem in der Broschüre – beschriebenen Dreiklang aufbaut, effektiv im Sinne der Kartellverfolgung der Kommission verfahren. Es schafft sich also mit dem Compliance-Programm und seinen Maßstäben eine Art „Inhouse-Kommission“, also eine Abteilung, die dauerhaft und nachhaltig mit hinreichender personeller und sachlicher Ausstattung unabhängig nach den Maßstäben der Kommission eine Kartellrechtsprüfung des Unternehmens vornimmt, präventiv anleitet und bei Auffinden eines Verstoßes mit entsprechender Härte reagiert („Mikrokosmos“).

Die Untersuchung hat gezeigt, dass eine Verortung in den Leitlinien am sinnvollsten ist. Wenn auch eine antizipierte Selbstbindung hinsichtlich Compliance nicht besteht, findet sich in den Leitlinien ein günstiger Anknüpfungspunkt. So fördert die Einführung eines Compliance-Programms den in Rn. 4 der Leitlinien niedergelegten Zweck und schafft eine unternehmensweite nachhaltige Anwendung und Sicherung des Wettbewerbsrechts:

> „Die Befugnis zur Verhängung von Geldbußen gegen Unternehmen und Unternehmensvereinigungen, die vorsätzlich oder fahrlässig gegen Artikel 81 oder 82 des EG-Vertrags verstoßen, zählt zu den Mitteln, mit denen die Kommission den ihr durch den EG-Vertrag anvertrauten Überwachungsaufgaben nachkommt. Dazu zählt nämlich nicht nur die Pflicht, einzelne Zuwiderhandlungen zu ermitteln und zu ahnden, sondern auch der Auftrag, eine allgemeine Politik mit dem Ziel zu verfolgen, die im Vertrag niedergelegten Grundsätze auf das Wettbewerbsrecht anzuwenden und das Verhalten der Unternehmen in diesem Sinne zu lenken.“

Es ist geradezu bedauerlich, dass die Kommission nur Anreize für solche Tatsachen setzt, die ihr in einem konkreten Fall, die Arbeit erleichtern (Leniency- und Settlemente-Verfahren), dabei aber nicht solche Tendenzen fördert, die langfristig eine Vielzahl von Kartellen unterbinden wollen. Sie sollte den Unternehmen einen zusätzlichen Anreiz geben, um die Dynamik der Fortentwicklung und Eigeninitiative nicht zu bremsen.[1095] Noch nie haben sich Unternehmen selbst um die Einhaltung der Vorschriften derart bemüht.[1096]

1095 Die hohe Bedeutung, die der Anreizfunktion nachkommt, betont auch *C. Müller*, Kartellrechtscompliance, S. 193. Ebenso *Krause*, StraFo 2011, 437, 445. Auch *Bussmann*, FS Achenbach (2011), S. 57, 61 spricht von einer „irreversiblen Eigendynamik“.

1096 Die gefundenen Ergebnisse zur Compliance Defence im Rahmen von Art. 23 VO 1/2003 lassen sich nicht ohne weiteres auf z.B. die in Art. 14 Fusionskontroll-VO 139/2004 angedrohten Bußgelder übertragen.

II. Nationalstaatliche Perspektive – Deutsches Recht

Im deutschen Kartellrecht ist die Berücksichtigung der Compliance Defence ebenfalls nicht ausdrücklich vorgesehen und auch die 8. GWB Novelle schweigt zu diesem Thema. Dennoch finden sich auch im deutschen Kartellrecht verschiedene Anknüpfungspunkte dafür – sowohl im Tatbestand als auch auf Rechtsfolgenebene.

1. Rechtlicher Rahmen zur Verhängung eines Bußgeldes

Art. 5 VO 1/2003 (bzw. § 50 GWB) ermächtigt die nationalen Kartellbehörden, Zwangsgelder, Geldbußen und sonstige innerstaatliche Sanktionen bei Verstößen gegen europäisches Kartellrecht aufzuerlegen.[1097] Diese Zuständigkeit entfällt, wenn die Kommission nach Art. 11 Abs. 6 VO 1/2003 ein Verfahren an sich zieht. Die rechtliche Ausgestaltung der Sanktionierung eines Kartellverstoßes ist jedoch den einzelnen Mitgliedstaaten überlassen, soweit und solange diese effektiv ist (effet util).[1098] Im deutschen Recht richtet sich die Sanktionierung eines Kartellverstoßes demnach nach dem Ordnungswidrigkeitenrecht. In Abweichung zum europäischen Kartellrecht ist danach im Regelfall eine natürliche Person („ordnungswidrig handelt, *wer…*")[1099] Adressat der Sanktion, wenngleich auch das deutsche Recht in Ausnahmen eine Sanktionierung von

1097 Grundsätzlich sind die nationalen und europäischen Rechtssysteme parallel nebeneinander anwendbar, wenn ein und dieselbe Handlung sowohl gegen Unions- als auch nationales Kartellrecht verstößt, MünchKommEuWettbR/*Engelsing/Schneider*, VO 1/2003 Art. 23 Rn. 20 m.w.N. Bei rein deutschen Sachverhalten ist das Bundeskartellamt gemäß §§ 81 Abs. 10, 48 GWB i.V.m. §§ 36 Abs. 1 Nr. 1, 46 OWiG, §§ 102 ff. StPO zuständig. Unter Umständen könnte die nationalen Wettbewerbsbehörde verpflichtet sein, die Bußgeldpraxis, also vor allem die Ausgestaltung dieser in den Leitlinien der Kommission, zu übernehmen. Eine solche Pflicht könnte sich ausdrücklich aus Art. 108 Abs. 1 AEUV ergeben. Dafür ist aber eine Verbindlichkeitserklärung im nationalen Recht von Nöten, die im deutschen Kartellrecht fehlt. Vereinzelt wird eine solche Pflicht aus Art. 4 Abs. 3 AEUV, der Pflicht zur loyalen Zusammenarbeit zwischen der Union und den Mitgliedstaaten, hergeleitet. Der Gedanke dahinter ist, in einer dezentralen Anwendung und zugleich effektiven Durchsetzung des europäischen Wettbewerbsrechts zu erblicken. Vgl. dazu *Bieroert*, in: Schwarze, Art. 288 AEUV, Rn. 36; kritisch *Thomas*, EuR 2009, 423, 435; *Lampert/Niejahr/Kübler/Weidenbach*, Art. 23 Rn. 426.

1098 *Dannecker/Biermann*, in: Immenga/Mestmäcker, § 81 Rn. 20; *Bürger*, WuW 2011, 130, 134 f.; *Johanns*, in: Mäger, Europäisches Kartellrecht, Rn. 69.

1099 *Johanns*, in: Mäger, Europäisches Kartellrecht, Rn. 184 Fn. 574.

Unternehmen und Verbänden vorsieht.[1100] Daher findet auch bei einem Verstoß gegen Art. 101 f. AEUV das deutsche Bußgeldverfahrensrecht Anwendung, mit der Folge, dass das Bundeskartellamt auch gegenüber natürlichen Personen ein Bußgeld wegen Verstoßes gegen europäisches Kartellrecht festsetzen kann.

Die Geldbuße stellt dabei eine staatliche Sanktion dar, die sich der rechtswidrigen und vorwerfbaren Verwirklichung eines Ordnungswidrigkeitentatbestands anschließt.[1101] Sie stellt insofern eine „kombinierte Sanktion" dar, als sie die Funktionen von Repression, Prävention als auch Gewinnabschöpfung gleichsam bündelt.[1102]

Ausgangspunkt dafür ist § 81 GWB,[1103] der materielle Verstöße gegen das Kartellrecht (§ 81 Abs. 1, Abs. 2 Nr. 1 und Abs. 3), Verstöße gegen behördliche Verfügungen (§ 81 Abs. 2 Nr. 2 lit. a), lit. b) und Nr. 5) sowie Verstöße gegen Auskunfts- und Meldepflichten (§ 81 Abs. 2 Nr. 3, 4 und 6) mit einem Bußgeld sanktioniert.[1104] Nach § 81 Abs. 4 S. 1 GWB können natürliche Personen für einen Kartellverstoß von bis zu einer Million Euro bebußt werden. In § 81 Abs. 4 S. 2 GWB wird bestimmt, dass ein solches Bußgeld (auch) gegen juristische Personen und Personenvereinigungen im Sinne von § 30 OWiG verhängt werden und bis zu zehn Prozent des der Entscheidung vorausgegangenen Geschäftsjahrs erzielten Umsatzes ausmachen kann. Die Umsatzberechnung erfolgt wie auch bei § 38 Abs. 1 GWB und § 277 HGB, sodass der weltweite Umsatz des Unternehmens maßgeblich ist.[1105] Es handelt sich insofern um einen Sonderbußgeldrahmen für

---

1100 MünchKommGWB/*Vollmer*, § 81 Rn. 37; *Lampert/Matthey*, in: Hauschka, Corporate Compliance, § 26 Rn. 36; *Dannecker/Biermann*, in: Immenga/Mestmäcker, § 81 Rn. 20; *Raum*, in: Langen/Bunte, Kartellrecht Band 1, § 81 Rn. 15, 149 wenn die handelnde Person selbst – als Einzelkaufmann – ein Unternehmen betreibt, liegen die Fälle gleich.

1101 KarlsruherKommentar-*Rogall*, § 17 Rn. 4; *Többens*, NStZ 1999, 1, 5.

1102 KarlsruherKommentar-*Rogall*, § 17 Rn. 4

1103 Zum 7.7.2005 wurde mit der 7. GWB Novelle der § 81 Abs. 4 geändert und weitestgehend mit den Vorschriften des europäischen Kartellrechts harmonisiert, *Bechtold*, NJW 2007, 3761 f.

1104 *Dannecker/Biermann*, in: Immenga/Mestmäcker, § 81 Rn. 6. Wie im Folgenden unterscheidet auch MünchKommGWB/*Vollmer*, § 81 Rn. 5, 75 zwischen „leichten und schweren" Kartellordnungswidrigkeiten. Der § 81 GWB reiht sich in die Wirtschaftsordnugswidrigkeiten wie § 60 WpÜG, § 39 WpHG und § 95 EnWG ein, *Achenbach*, Symposium für Haffke (2009), S. 101 f.

1105 *Dannecker/Biermann*, in: Immenga/Mestmäcker, § 81 Rn. 341 a.E., 403; MünchKommGWB/*Vollmer*, § 81 Rn. 105.

Unternehmen.[1106] Gemeint ist damit der Umsatz aller natürlichen und juristischen Personen, die weltweit im Sinne einer wirtschaftlichen Einheit operieren.[1107] Drei wesentliche Voraussetzungen für diese Einheit sind eine kapitalmäßige Verflechtung zwischen Mutter- und Tochtergesellschaft, eine tatsächliche Ausübung der Leitung seitens der Mutter und die Einordnung der Zuwiderhandlung in den Einflussbereich der einheitlichen Leitung.[1108]

§ 81 Abs. 1 und Abs. 2 GWB verlangen eine vorsätzliche oder fahrlässige Begehung und orientieren sich dabei an den Kriterien des Strafrechts, sodass für die vorsätzliche Tat mindestens dolus eventualis hinsichtlich aller (deskriptiven und normativen) Tatbestandsmerkmalen vorliegen muss.[1109] Fahrlässigkeit ist dann gegeben, wenn der Täter die objektive Tatbestandserfüllung nicht erkannt, aber bei zumutbarer Sorgfalt hätte erkennen können.[1110]

Das deutsche Sanktionierungssystem ist geprägt von wechselseitigen Zurechnung und Zuschreibung:[1111] So ermöglicht § 9 OWiG die Erweiterung

---

1106 *Kusmann*, in: Wiedemann, § 57 Rn. 75; *Raum*, in: Langen/Bunte, Kartellrecht Band 1, § 81 Rn. 154; *Dannecker/Biermann*, in: Immenga/Mestmäcker, § 81 Rn. 292; *dies.*, in: Immenga/Mestmäcker, § 81 Rn. 339 bis zur Modifizierung des § 81 Abs. S. 2 2. Hs. GWB im Jahre 2007 (Preismissbrauchsnovelle) war es umstritten, ob auf das Geschäftsjahr vor Erlass des Bußgeldbescheides oder vor der Beendigung der Zuwiderhandlungen, so früher *Bechtold*, § 81 Rn. 28^4, abzustellen ist. Wenn im europäischen Kartellrecht regelmäßig auf das letzte Geschäftsjahr vor Erlass des Bescheids abgestellt wird, würde eine solche Praxis gegen das Gesetzlichkeitsprinzip, denn danach muss die Höhe der Sanktion zum Zeitpunkt der Handlung feststehen.

1107 MünchKommGWB/*Vollmer*, § 81 Rn. 105 ff; *Bechtold*, § 81 Rn. 30; *Raum*, in: Langen/Bunte, Kartellrecht Band 1, § 81 Rn. 153 mit Verweis auf den Willen des Gesetzgebers in BT-Drs. 16/7156, S. 11.

1108 *Raum*, in: Langen/Bunte, Kartellrecht Band 1, § 81 Rn. 153; MünchKommGWB/*Vollmer*, § 81 Rn. 110.

1109 Insgesamt orientiert sich die Bestimmung von Vorsatz und Fahrlässigkeit an den allgemeinen für das Strafrecht entwickelten Kategorien, *Dannecker/Biermann*, in: Immenga/Mestmäcker, Vor § 81 Rn. 80, 83; *Bechtold*, § 81 Rn. 20; *Raum*, in: Langen/Bunte, Kartellrecht Band 1, § 81 Rn. 44.

1110 *Dannecker/Biermann*, in: Immenga/Mestmäcker, § 81 Rn. 27; *Bechtold*, § 81 Rn. 22.

1111 Klarstellend KarlsruherKommentar-*Rogall*, § 9 Rn. 21 es handelt sich dem Kern nach nicht um eine Zurechnungsfrage, sondern um die personelle Reichweite bestimmter Bußgeldvorschriften. Zur Bedeutung des § 9 OWiG im Zusammenspiel mit §§ 30, 130 OWiG vgl. KarlsruherKommentar-*Rogall*, § 9 Rn. 91; Karlsruher-Kommentar-*Rogall*, § 30 Rn. 20; MünchKommGWB/*Vollmer*, § 81 Rn. 37; *Adam*, wistra 2003, 285; *Többens*, NStZ 1999, 1 ff. spricht bei dem Zusammenspeil von §§ 9, 30, 130 OWiG von „Troika".

der bußgeldrechtlichen Verantwortung für Aufsichtspflichtverletzungen des Unternehmens als Adressat von § 130 OWiG auf die natürliche Person, die für das Unternehmen gehandelt hat. Im Gegenzug schafft § 30 OWiG i.V.m. § 9 OWiG eine Zurechnung der von einer natürlichen Person begangenen Zuwiderhandlung zulasten des und an das Unternehmen, für das sie gehandelt hat.[1112] Im deutschen Recht herrscht also ein konsistentes ordnungswidrigkeitsrechtliches System vor, bestehend aus der Haftung des unmittelbar Handelnden (§ 130 OWiG), der Haftung des Inhabers (§ 130 OWiG) und der vertretungsberechtigten Person für eigene Aufsichtspflichtverletzung (§ 130 i.V.m. § 9 OWiG) sowie des durch den Kartellverstoß bereicherten Unternehmens (§ 30 OWiG).

Im Folgenden werden die Grundzüge und Besonderheiten des deutschen Kartellbußgeldrechts und seine Abweichungen zum europäischen Kartellrecht vorgestellt. Sodann wird dargelegt, unter welchen Umständen und dogmatischen Anknüpfungspunkten eine Compliance Defence im nationalen Recht verortet werden kann.

a) Kartellverstoß einer natürlichen Person – Ahndung nach §§ 30, 9 OWiG

Die Regelung des § 9 OWiG hat eine hohe Bedeutung für die Bußgeldvorschriften des § 30 und § 130 OWiG.[1113] Über § 9 Abs. 1, 2 OWiG kann das Bußgeld gegen vertretungsberechtigte Organe und Organteile, Gesellschafter, gesetzliche Vertreter sowie zur Betriebsleitung und zur eigenverantwortlichen Leitung beauftrage Personen (z.B. Verkaufsleiter und Leiter der Rechtsabteilung)[1114] verhängt werden, wenn sie selbst als natürliche Person gegen das Kartellverbot verstoßen haben.[1115] Technisch schreibt § 9 Abs. 1, 2 OWiG den zuvor genannten natürlichen Personen die Unternehmenseigenschaft der juristischen Person

1112 *Raum*, in: Langen/Bunte, Kartellrecht Band 1, § 81 Rn. 36; KarlsruherKommentar-*Rogall*, § 9 Rn. 1 das ist insofern wichtig, als dass keine Sanktionslücken entstehen sollen, weil der eine deliktsunfähig ist oder nicht gehandelt (z.B. das Unternehmen), während der Handelnde (z.B. das Organ) nicht bestraft werden kann, weil er nicht vom Tatbestand und dessen Erfüllung nicht hinreichend erfasst wird.

1113 *Theile/Petermann*, JuS 2011, 496, 497.

1114 *Dannecker/Biermann*, in: Immenga/Mestmäcker, Vor § 81 Rn. 68; *Theile/Petermann*, JuS 2011, 496, 497; Göhler-*Gürtler*, § 9 Rn. 8 ff. und § 130 Rn. 7; *Adam*, wistra 2003, 285, 287.

1115 *Dannecker/Biermann*, in: Immenga/Mestmäcker, Vor § 81 Rn. 61; *Kasten*, in: Mäger, Europäisches Kartellrecht, Rn. 27; *Bosch/Colbus/Harbusch*, WuW 2009, 740, 741; *Theile/Petermann*, JuS 2011, 496, 497.

oder des Betriebes als besonderes persönliches Merkmal zu,[1116] da es sich bei der Kartellrechtsordnungswidrigkeiten des § 30 OWiG und der meisten in § 81 GWB um Sonderdelikte handelt, nach denen grundsätzlich nur juristische Personen (Unternehmen), Personenvereinigungen und Verbände Adressat der Norm sein können.[1117] Ohne diese Zuschreibung entstünde eine nicht unerhebliche Sanktionslücke, denn es könnten weder Adressat des Verbots noch unmittelbar Handelnder bebußt werden, da der Adressat nicht gehandelt hat und der Handelnde nicht Adressat der Norm ist.[1118]

Nach § 14 Abs. 1 S. 1 OWiG kann dieser Personenkreis sodann um etwaige weitere Beteiligte der Kartellabsprache, die nicht bereits von § 9 Abs. 1, 2 OWiG erfasst sind, aber gleichfalls an dem Verstoß beteiligt waren, erweitert werden.[1119] Es genügt sogar nach § 14 Abs. 1 S. 2 OWiG, wenn das besondere persönliche Merkmal der Unternehmenseigenschaft, welches über § 9 Abs. 1 OWiG vermittelt wird, bei nur einem Beteiligten vorliegt.[1120] Grundlage dieser Praxis ist der so genannte Einheitstäterbegriff, wonach es nicht auf die im Strafrecht geltende Unterscheidung zwischen Täterschaft und Teilnahme ankommt.[1121] Denn bereits die Teilnahme an der Ordnungswidrigkeit, das heißt jede physische oder

---

1116 Kritisch zur Verwendung des Begriffs KarlsruherKommentar-*Rogall*, § 9 Rn. 92; *Adam*, wistra 2003, 285, 287.

1117 OLG Düsseldorf, WuW/E DE-R 1733. MünchKommGWB/*Vollmer*, § 81 Rn. 38; *Bosch/Colbus/Harbusch*, WuW 2009, 740, 741 a.E; *Dannecker/Biermann*, in: Immenga/Mestmäcker, § 81 Rn. 26. § 9 OWiG ist insofern die Parallelnorm zu § 14 StGB *Raum*, in: Langen/Bunte, Kartellrecht Band 1, § 81 Rn. 15; *Wegner*, Die Systematik der Zumessung unternehmensbezogener Geldbußen, S. 51. Vgl. auch Karlsruher-Kommentar-*Rogall*, § 9 Rn. 10 f., 21 zur Frage, ob es sich um eine Rechtsgrund- oder Rechtsfolgenverweisung handelt.

1118 MünchKommGWB/*Vollmer*, § 81 Rn. 39 a.E.; *Többens*, NStZ 1999, 1, 2, 7 „Tatbestandsergänzungsvorschrift“.

1119 *Bohnert*, § 30 OWiG, Rn. 8; Göhler-*Gürtler*, § 14 Rn. 12a, 19; *Dreher*, ZWeR 2004, 75, 91; *Stadler*, in: Schwerpunkte des Kartellrechts 2004, FIW Schriftenreihe 206 (2006), 67, 69 nennen als Beispiel das Vorstandssekretariat, wenn das Vorstandsmitglied bußgeldpflichtig ist und es dieses im Bewusstsein der Kartellabsprache unterstützt hat.

1120 *Dreher*, ZWeR 2004, 75, 91; *Raum*, in: Langen/Bunte, Kartellrecht Band 1, § 81 Rn. 19; *Wegner*, Die Systematik der Zumessung unternehmensbezogener Geldbußen, S. 51.

1121 *Dannecker/Biermann*, in: Immenga/Mestmäcker, Vor § 81 Rn. 69; *Bechtold*, § 81 Rn. 62; *Johanns*, in: Mäger, Europäisches Kartellrecht, Rn. 184; Göhler-*Gürtler*, § 14 Rn. 11; KarlsruherKommentar-*Rengier*, § 14 Rn. 4; KarlsruherKommentar-*Mitsch*, § 17 Rn. 141; MünchKommGWB/*Vollmer*, § 81 Rn. 43.

psychische Unterstützung, kann die Täterschaft im Sinne des § 14 Abs. 1 S. 1 OWiG begründen.[1122] Hinreichend für die Beteiligung an einer Tat ist die Förderung dieser durch „mitwirkende Kausalität", also „Ermöglichung, Erleichterung, Intensivierung oder Absicherung des Verstoßes."[1123] Allerdings ist nur die vorsätzliche Mitwirkung an einer vorsätzlichen Bezugstat denkbar; der fahrlässige Tatbeitrag wird nicht von § 14 OWiG erfasst.[1124]

b) Kartellverstoß einer natürlichen Person – Ahndung nach §§ 130; 9 OWiG

Ferner kann das Bundeskartellamt ein Bußgeld gemäß § 130 OWiG gegen den Inhaber[1125] des Betriebs (bzw. Unternehmens)[1126] verhängen, wenn er die erforderlichen und zumutbaren Aufsichtsmaßnahmen unterlassen hat (und der Verstoß dadurch wesentlich erschwert oder ausgeblieben wäre).[1127] Die Sanktion einer Aufsichtspflichtverletzung liegt in der fehlenden oder unzureichenden Bemühung um die innerbetriebliche Einhaltung des (gesamten) Kartellrechts begründet, ohne dass der Täter des § 130 OWiG tatsächlich eine eigene unmittelbare

---

1122 *Raum*, in: Langen/Bunte, Kartellrecht Band 1, § 81 Rn. 19; MünchKommGWB/*Vollmer*, § 81 Rn. 43.

1123 *Dannecker/Biermann*, in: Immenga/Mestmäcker, Vor § 81 Rn. 70. Der Beitrag kann auch in einem Unterlassen liegen.

1124 MünchKommGWB/*Vollmer*, § 81 Rn. 43.

1125 *Theile/Petermann*, JuS 2011, 496, 498 Normadressaten sind solche, die ihnen obliegende Leitungspflichten als Fabrikant, Wohnungsbaugesellschafter, Arzt oder Rechtsanwalt auf Mitarbeiter übertragen haben.

1126 Nach *Bohnert*, § 130 OWiG, Rn. 4 und Göhler-*Gürtler*, § 9 Rn. 44 gebe es keinen begrifflichen Unterschied zwischen Verband, Unternehmen und Betrieb bei Anwendung des § 130 OWiG. Ebenso wenig komme es auf die Rechtsform an. Vgl. aber differenzierend *Koch*, AG 2009, 564, 566, ebenso differenzierend nach spezifischen Pflichtenkreisen KarlsruherKommentar-*Rogall*, § 130 Rn. 21.

1127 BKartA v. 17.3.2003, B9 – 9/03, S. 24; BKartA v. 25.4.2007 – B7 42/04, S. 15. OLG Düsseldorf, WuW/E DE-R 1733; *Dannecker/Biermann*, in: Immenga/Mestmäcker, Vor § 81 Rn. 125; *Wirtz*, WuW 2001, 342, 344; *Raum*, in: Langen/Bunte, Kartellrecht Band 1, § 81 Rn. 21 verlangt eine Kausalität zwischen pflichtwidrig begangener Zuwiderhandlung und unzureichender Aufsicht im Unternehmen; *Theile/Petermann*, JuS 2011, 496, 498; *Bohnert*, § 130 OWiG, Rn. 3. Bei § 130 OWiG handele es sich nach *Bohnert*, § 130 OWiG, Rn. 2 und *Adam*, wistra 2003, 285, 289 um ein echtes Unterlassungsdelikt als abstraktes Gefährdungsdelikt; nach Göhler-*Gürtler*, § 130 Rn. 9, KarlsruherKommentar-*Rogall*, § 130 Rn. 17 a.E. und MünchKommGWB/*Vollmer*, § 81 Rn. 46 sei § 130 OWiG ein konkretes Gefährdungsdelikt.

Zuwiderhandlung gegen die Kartellverbote unternommen hätte.[1128] Er habe nicht alle „sämtliche(n) durchführbaren und zumutbaren Organisationsmaßnahmen, die zur Beachtung der relevanten rechtlichen Vorschriften erforderlich und geeignet sind," realisiert.[1129] Die Norm will damit sicherstellen, dass in Unternehmen und Betrieben Maßnahmen und Vorkehrungen gegen die Zuwiderhandlung betriebsbezogener Pflichten getroffen werden.[1130] Es ist dabei nicht von Relevanz, ob die unmittelbar zuwiderhandelnde Person in den Anwendungsbereich von § 9 Abs. 1, 2 OWiG fällt, also unter Umständen nicht einmal selbst Adressat eines Bußgeldbescheides wegen ihres eigenen Verstoßes sein kann.[1131] Ebenso wenig, wie die Person identifiziert sein muss, ist auch von Belang, welches Organmitglied die Aufsichtspflichtverletzung begangen hat.[1132]

Es genügt jedenfalls, dass dem Aufsichtspflichtigen die Unternehmenseigenschaft über § 9 Abs. 1, 2 OWiG zugerechnet werden kann.[1133] Denn § 9 Abs. 1, 2 OWiG wiederum erweitert die Reichweite des persönlichen Verantwortungsbereichs des „Inhabers eines Betriebs" auch auf diejenige (natürliche) Person, die für den Inhaber des Betriebs handelt und die Aufsichtspflicht für diesen übernommen hat.[1134] Ebenso wenig ist von Relevanz ist, ob der Täter der Vortat

---

1128 BKartA v. 17.3.2003, B9 – 9/03, S. 25; *Dreher*, ZWeR 2004, 75, 92; *Dannecker/Biermann*, in: Immenga/Mestmäcker, Vor § 81 Rn. 122; *Theile/Petermann*, JuS 2011, 496, 497 „Auseinanderklaffen von Verantwortung (des Inhabers) und Verhalten (des Mitarbeiters)".

1129 BKartA v. 8.8.2001, B 9 – 52612 – P - 120/00, S. 17. Die Grenze der Zumutbarkeit erfolgt aus dem Tatbestandsmerkmal der „gehörigen Aufsicht" OLG Düsseldorf, WuW/E DE-R, 1893.

1130 KarlsruherKommentar-*Rogall*, § 130 Rn. 1.

1131 § 130 OWiG schließt somit eine etwaige Strafbarkeitslücke, die aus der Divergenz zwischen unternehmerischer Verantwortung und dem rechtswidrigen Verhalten resultieren kann, *Theile/Petermann*, JuS 2011, 496, 497; KarlsruherKommentar-*Rogall*, § 130 Rn. 4.

1132 Dennoch müssen Täter der Vortat und Täter der Aufsichtspflichtverletzung nach § 130 OWiG personenverschieden sein, *Bohnert*, § 30 OWiG, Rn. 9 und § 130 OWiG, Rn. 16; BKartA v. 8.8.2001, B 9 – 52612 – P – 120/00, S. 20; *Theile/Petermann*, JuS 2011, 496, 499; *Többens*, NStZ 1999, 1, 7.

1133 *Dreher*, ZWeR 2004, 75, 91; *Stadler*, in: Schwerpunkte des Kartellrechts 2004, FIW Schriftenreihe 206 (2006), 67, 69.

1134 *Bohnert*, § 130 OWiG, Rn. 12; *Dannecker/Biermann*, in: Immenga/Mestmäcker, Vor § 81 Rn. 123; *Raum*, in: Langen/Bunte, Kartellrecht Band 1, § 81 Rn. 22; *Kasten*, in: Mäger, Europäisches Kartellrecht, Rn. 27; *Lampert/Matthey*, in: Hauschka, Corporate Compliance, § 26 Rn. 36; *Stadler*, in: Schwerpunkte des Kartellrechts 2004, FIW Schriftenreihe 206 (2006), 67, 69.

einem Irrtum unterliegt, § 11 Abs. 2 OWiG, oder nicht verantwortlich ist, § 12 OWiG.[1135] Die ordnungswidrigkeitsrechtliche Verantwortung kann daher nicht nur den Betriebsinhaber, sondern auch gesetzliche Vertreter (Vorstand und Geschäftsführer über § 9 Abs. 1) und gewillkürte Vertreter (z.B. Betriebsleiter § 9 Abs. 2 S. Nr. 1) oder speziell aufsichtspflichtige Personen treffen.[1136] Zu letzteren zählen gemäß § 9 Abs. 2 Nr. 2 OWiG Personen der internen Finanzkontrolle, Umweltbeauftragte, aber ohne weiteres auch ein Compliance-Officer.[1137]

c) Kartellverstoß einer juristische Person – Ahndung nach § 30 (§ 130) OWiG

§ 30 OWiG ermöglicht die Festsetzung eines Bußgeldes gegen juristische Personen, nicht rechtsfähige Vereine und Personengesellschaften.[1138]

Ein Unternehmen oder eine Unternehmensvereinigung kann nach dem OWiG für einen Kartellverstoß in zweierlei Varianten bebußt werden. Entweder hat der Täter, der in den Personenkreis von § 30 Abs. 1 Nr. 1–5 OWiG fällt, selbst eine betriebsbezogene Pflicht verletzt (direkter Verstoß § 30 OWiG) oder er ist seiner Aufsichtspflicht nach § 130 OWiG gegenüber einer nicht zu diesem Personenkreis zählenden Person nicht (zu genüge) nachgekommen (indirekter Verstoß §§ 30; 130 OWiG).[1139]

aa) Direkter Verstoß gegen § 30 OWiG

Voraussetzung eines direkten oder eigenen Verstoßes nach § 30 OWiG ist, dass eine enumerativ in Abs. 1 genannte Person (Organ oder Organteil, Vorstand, vertretungsberechtigten Gesellschafter, Generalbevollmächtigten oder

---

1135 *Bohnert*, § 130 OWiG, Rn. 27.

1136 *Stadler*, in: Schwerpunkte des Kartellrechts 2004, FIW Schriftenreihe 206 (2006), 67, 69; *Bechtold*, § 81 Rn. 64; *Raum*, in: Langen/Bunte, Kartellrecht Band 1, § 81 Rn. 15; Göhler-*Gürtler*, § 9 Rn. 16.

1137 *Raum*, in: Langen/Bunte, Kartellrecht Band 1, § 81 Rn. 16; *Rönnau/Schneider*, ZIP 2010, 53, 60; Göhler-*Gürtler*, § 30 Rn. 14a; *Grützner/Leisch*, DB 2012, 787; KarlsruherKommentar-*Rogall*, § 30 Rn. 68b.

1138 *Wegner*, wistra 2000, 361; *Eidam*, wistra 2003, 447, 449; *K. Schmidt*, wistra 1990, 131, 133 ff.; *Dannecker/Biermann*, in: Immenga/Mestmäcker, Vor § 81 Rn. 106; *Raum*, in: Langen/Bunte, Kartellrecht Band 1, § 81 Rn. 37; *Wegner*, Die Systematik der Zumessung unternehmensbezogener Geldbußen, S. 57. Im Einzelnen KarlsruherKommentar-*Rogall*, § 30 Rn. 30 ff.

1139 *Dreher*, ZWeR 2004, 75, 89; *Raum*, in: Langen/Bunte, Kartellrecht Band 1, § 81 Rn. 38. Kritisch zur Betriebsbezogenheit von Korruptionsstraftaten *Groß/Reichling*, wistra 2013, 89 ff.

sonstige Person mit Leitungsbefugnisse) bei Ausübung ihrer Leitungsfunktion eine buß- oder strafrechtlich bewehrte Zuwiderhandlung begangen hat.[1140] Eine solche taugliche Vor- oder Anknüpfungstat – „Akzessorietät der Verbandsgeldbuße“[1141] – muss eine (rechtswidrige und schuldhafte) Straftat oder Ordnungswidrigkeit sein, durch die zugleich eine Pflicht der juristischen Person oder Personenvereinigung verletzt wurde (1. Alt.), die juristische Person oder die Personenvereinigung bereichert worden ist (2. Alt.) oder bereichert werden sollte (3. Alt).[1142] Diese Vortat muss wenigstens tatbestandsmäßig, rechtswidrig und schuldhaft bzw. vorwerfbar (§ 12 OWiG) begangen worden sein; gerechtfertigte oder entschuldigte Taten genügen für eine Bestrafung nach § 30 OWiG nicht.[1143] Das Vorliegen einer solchen Anknüpfungstat ist eine objektive Bedingung der Ahndung, sodass sich weder Vorsatz noch Fahrlässigkeit auf sie beziehen muss, sondern ein Kausalzusammenhang genügt.[1144]

Durch diese Tat muss wiederum eine an den Verband bzw. das Unternehmen adressierte, also betriebsbezogene Pflicht verletzt worden sein.[1145] Darunter fallen solche Handlungsanweisungen, die zumeist durch Straf- oder Ordnungswidrigkeiten bedroht sind und den Betrieb aufgrund seiner Teilnahme am Wirtschaftsverkehr treffen.[1146] Sie sind zu trennen von solchen Delikten, die von

---

1140 *Wegner*, Die Systematik der Zumessung unternehmensbezogener Geldbußen, S. 58; *ders.*, wistra 2000, 361; *Eidam*, wistra 2003, 447, 451 ff.; *Dannecker/Biermann*, in: Immenga/Mestmäcker, Vor § 81 Rn. 101; *Bohnert*, § 30 OWiG, Rn. 11 ff.; Göhler-*Gürtler*, § 30 Rn. 9 ff.

1141 *Eidam*, wistra 2003, 447, 449; *Wegner*, wistra 2000, 361, 363; MünchKommGWB/*Vollmer*, § 81 Rn. 51, 56 „strenge Akzessorietät“; *Bohnert*, § 30 OWiG, Rn. 7 „Bezugstat“. Deutlich wird dies auch im Rahmen der Verjährung, die sich nach den Regeln der Vortat richtet, *Raum*, in: Langen/Bunte, Kartellrecht Band 1, § 81 Rn. 42.

1142 *Eidam*, wistra 2003, 447, 453; *Dannecker/Biermann*, in: Immenga/Mestmäcker, Vor § 81 Rn. 110; *Wegner*, Die Systematik der Zumessung unternehmensbezogener Geldbußen, S. 59; Göhler-*Gürtler*, § 30 Rn. 15; KarlsruherKommentar-*Rogall*, § 30 Rn. 71.

1143 *Bohnert*, § 30 OWiG, Rn. 9; Göhler-*Gürtler*, § 30 Rn. 15; *Többens*, NStZ 1999, 1, 5.

1144 BKartA v. 25.4.2007 – B7 42/04, S. 17; *Raum*, in: Langen/Bunte, Kartellrecht Band 1, § 81 Rn. 35; *Bohnert*, § 130 OWiG, Rn. 24; *Theile/Petermann*, JuS 2011, 496, 499; *Grützner/Leisch*, DB 2012, 787, 788; KarlsruherKommentar-*Rogall*, § 130 Rn. 73 f.; MünchKommGWB/*Vollmer*, § 81 Rn. 47.

1145 *Wegner*, wistra 2000, 361; *Eidam*, wistra 2003, 447, 453; *Bohnert*, § 30 OWiG, Rn. 32; Göhler-*Gürtler*, § 30 Rn. 19; KarlsruherKommentar-*Rogall*, § 30 Rn. 72, 74.

1146 *Eidam*, wistra 2003, 447, 453; *Dannecker/Biermann*, in: Immenga/Mestmäcker, Vor § 81 Rn. 111.

jedermann begangen werden können.[1147] Grundsätzlich ist nach der herrschenden Auffassung aber jedes Sonder- und Allgemeindelikt taugliche Anknüpfungstat, sodass es nicht bei spezifisch verkehrssicherungspflichtigen Delikten verbleibt.[1148] Es muss aber eine Pflicht sein, die für den „Wirkungskreis" einer juristischen Person oder Personenvereinigung bestimmt ist und sich auch an das Unternehmen als Adressaten richtet.[1149] Ist dieses Produzent von Waren, Arbeitgeber, Betreiber von Anlagen und Halter von Kraftfahrzeugen, so ergeben sich aus diesen Umständen konkrete, das Unternehmen treffende betriebsbezogene Melde-, Informations-, Verkehrssicherungs- und Aufsichtspflichten.[1150] Zu letzteren zählt neben § 130 OWiG[1151] vor allem die Pflicht, Kartellverstößen nach dem deutschen und europäischen Kartellrecht zu unterlassen.[1152]

Schließlich muss die Zuwiderhandlung „als" unternehmensbezogene Zuwiderhandlung charakterisiert werden.[1153] Der Täter muss dabei für das Unternehmen oder den Verband gehandelt haben und nicht nur bei Gelegenheit.[1154] Im Vordergrund steht der Vertretungsbezug der Handlung, denn der

---

1147 Vgl. dazu auch KarlsruherKommentar-*Rogall*, § 130 Rn. 78 ff.; *Eidam*, wistra 2003, 447, 453 und *Theile/Petermann*, JuS 2011, 496, 498 nennen als Beispiel die fahrlässige Tötung, § 222 StGB, oder fahrlässige Körperverletzung, § 229 StGB. Ebenso für vereinzelte Vorschriften des StVG, *Wegner*, Die Systematik der Zumessung unternehmensbezogener Geldbußen, S. 60.

1148 *Bohnert*, § 130 OWiG, Rn. 27; Göhler-*Gürtler*, § 130 Rn. 18; *Grützner/Leisch*, DB 2012, 787, 788; MünchKommGWB/*Vollmer*, § 81 Rn. 47.

1149 *Eidam*, wistra 2003, 447, 453; *Dannecker/Biermann*, in: Immenga/Mestmäcker, Vor § 81 Rn. 111; Göhler-*Gürtler*, § 30 Rn. 19 in der Regel handele es sich um eine verwaltungsrechtliche Pflicht.

1150 Göhler-*Gürtler*, § 30 Rn. 19; *Bohnert*, § 130 OWiG, Rn. 27; *ders.*, § 30 OWiG, Rn. 34; *Eidam*, wistra 2003, 447, 453; *Adam*, wistra 2003, 285, 285; *Wegner*, Die Systematik der Zumessung unternehmensbezogener Geldbußen, S. 60 mit dem Beispiel des Gewerbe-, Sozialversicherungs-, Umwelt- und Steuerrechts.

1151 *Raum*, in: Langen/Bunte, Kartellrecht Band 1, § 81 Rn. 39.

1152 *Raum*, in: Langen/Bunte, Kartellrecht Band 1, § 81 Rn. 20; 35; *Koch*, WM 2009, 1013, 1016.

1153 *Wegner*, Die Systematik der Zumessung unternehmensbezogener Geldbußen, S. 60; *ders.*, wistra 2000, 361; *K. Schmidt*, wistra 1990, 131, 137; Göhler-*Gürtler*, § 9 Rn. 15a.; *Theile/Petermann*, JuS 2011, 496, 501. Vgl. die Parallele für gewillkürte Vertreter nach § 9 Abs. 2 „auf Grund", KarlsruherKommentar-*Rogall*, § 9 Rn. 82.

1154 *Bohnert*, § 30 OWiG, Rn. 32 mit Verweis auf § 278 BGB; *Eidam*, wistra 2003, 447, 454; *K. Schmidt*, wistra 1990, 131, 137 zieht insofern eine Parallele zu § 31 BGB; Göhler-*Gürtler*, § 9 Rn. 15a.

Vertreter handelt als Repräsentant des Verbands.[1155] Zwischen der Tat und dem Aufgabenbereich des Täters muss ein funktionaler Zusammenhang bestehen (Funktionstheorie).[1156] Der Täter muss dabei die Tat in Zusammenhang mit der Wahrnehmung von Aufgaben des Verbands unternommen und nicht lediglich als Privatperson gehandelt haben. Allerdings können auch betriebsfremde Personen, wie Leiharbeiter oder kurzfristig eingesetztes Personal, eine taugliche Vortat begehen, solange die Pflicht betriebsbezogen ist und damit in den Pflichtenkreis des Betriebsinhabers fällt.[1157] Handelt der Vortäter ausschließlich bei Gelegenheit oder im Eigeninteresse, ist § 30 OWiG nicht einschlägig.[1158]

Der Ahndung des Verstoßes durch die (natürliche) Leitungsperson nach § 30 Abs. 1 Nr. 1–5 OWiG folgt die Ahndung des Verbandes nach § 30 Abs. 4 OWiG. Das Unternehmen wird nach § 30 OWiG als so genannter Nebenbetroffener bebußt und Abs. 4 bestimmt, dass die Geldbuße gegen den Verband selbstständig festgesetzt werden kann und nicht lediglich nur eine Nebenfolge

---

1155 KarlsruherKommentar-*Rogall*, § 9 Rn. 58. An dieser Stelle sei darauf hinzuweisen, dass für sog. Exzesstaten schon nicht der Tatbestand eröffnet ist. Bei diesen handelt es sich um Handlungen von Betriebsangehörigen, die ausschließlich schädigende oder eigennützige Zwecke verfolgen und sich gegen den Vertretenen richten. Gegen diese Taten wird es regelmäßig schon keine geeigneten und zumutbaren Aufsichtsmaßnahmen geben und sie sind auch nicht von der Vertretungsmacht des § 30 OWiG gedeckt. Vgl. dazu KarlsruherKommentar-*Rogall*, § 30 Rn. 95 und § 130 Rn. 44, 50; *Adam*, wistra 2003, 285, 290. Nach *Dannecker/Biermann*, in: Immenga/Mestmäcker, § 81 Rn. 395 lässt die durch Zurechnung des Organ- und Vertreterhandelns hergestellte Unternehmenstäterschaft keinen Raum für die Zurechnung von Exzessverhaltensweisen der natürlichen Personen und von höchstpersönlichen (Charakter-)Eigenschaften derselben.

1156 *Eidam*, wistra 2003, 447, 454 f. Auch ist es unschädlich, dass der Täter dem internen Geschäftsverteilungsplan zuwider gehandelt hat. A. A. Göhler-*Gürtler*, § 9 Rn. 15a „Interessentheorie“ nach der der Täter zumindest auch im Interesse des Vertretenen tätig geworden sein muss. Vgl. zu beiden auch KarlsruherKommentar-*Rogall*, § 9 Rn. 59 ff. sowie § 30 Rn. 91 ff.; MünchKommGWB/*Vollmer*, § 81 Rn. 42.

1157 *Bohnert*, § 130 OWiG, Rn. 30.

1158 BGH, NStZ 1997, 30, 31; *Wegner*, Die Systematik der Zumessung unternehmensbezogener Geldbußen, S. 60; *Theile/Petermann*, JuS 2011, 496, 501 stiehlt der Finanzvorstand einer AG bei Vertragsunterzeichnungen mit einem Wettbewerber seinem Gegenüber den Kugelschreiber, wird § 30 OWiG nicht erfüllt sein. Anders ist der Fall gelagert, wenn er für die Unterschrift des Gegenübers eine Bestechungsgeldzahlung leistet. Ebenso Göhler-*Gürtler*, § 30 Rn. 25.

der Bebußung der natürlichen Person ist.[1159] Maßgeblich dafür ist wiederum die Art der Zuwiderhandlung, also die Vortat der natürlichen Person. Ebenso wie im europäischen Kartellrecht ist es für die Verhängung der Buße nicht notwendig, den Täter zu individualisieren. Es genügt, dass die Tat begangen wurde, denn es kommt allein auf die Organisationspflichtverletzung an, für deren Vorliegen eine Täterfeststellung nicht notwendig ist. Eine sorgfältige Organisation fällt jedenfalls in den Aufgabenbereich des Organs.[1160]

bb) Indirekter Verstoß gegen §§ 30; 130 OWiG

Voraussetzung dieser Variante ist,[1161] dass das Organ oder eine Person auf einer der nachgeordneten Ebenen eine Aufsichtspflichtverletzung nach § 130 OWiG gegenüber einer anderen Person im Unternehmen begangen hat, die wiederum einem (Kartell-)Rechtsverbot im Pflichtenkreis des Unternehmens zuwider gehandelt hat.[1162] Daraus kann dem Unternehmen der Vorwurf der Organisationspflichtverletzung gemacht werden, weil § 9 Abs. 1 Nr. 1 OWiG auch die für den Inhaber handelnden Personen in seine Verantwortlichkeit mit einbezieht und die Rolle der Betriebsinhaberschaft dem Unternehmen zurechnet.[1163] Gleiches gilt über § 9 Abs. 2 OWiG – der insgesamt weit ausgelegt werden kann –[1164] für Betriebsleiter und sonstige mit einer Aufsichtspflicht betraute Personen.[1165] Die Vorschrift des § 130 OWiG ermöglicht somit einen Durchgriff auf die Ebene des

1159 *Eidam*, wistra 2003, 447, 449; *Dannecker/Biermann*, in: Immenga/Mestmäcker, Vor § 81 Rn. 105; *Lampert/Matthey*, in: Hauschka, Corporate Compliance, § 26 Rn. 36; *Wegner*, Die Systematik der Zumessung unternehmensbezogener Geldbußen, S. 77; KarlsruherKommentar-*Rogall*, § 30 Rn. 13.

1160 *Raum*, in: Langen/Bunte, Kartellrecht Band 1, § 81 Rn. 40; *Theile/Petermann*, JuS 2011, 496, 501; *Muders*, wistra 2011, 405, 410; FK-*Achenbach*, Vor § 81 Rn. 112 „anonyme Verbandsbuße", ebenso KarlsruherKommentar-*Rogall*, § 30 Rn. 102 und MünchKommGWB/*Vollmer*, § 81 Rn. 56.

1161 Vgl. ausführlich zu den Voraussetzungen bereits zuvor 1. Teil:Abschnitt 1§ 2B) III.1.

1162 Göhler-*Gürtler*, § 30 Rn. 17; *Dannecker/Biermann*, in: Immenga/Mestmäcker, Vor § 81 Rn. 112 mit Verweis auf wettbewerbswidrig verfasste Rundschreiben des Mitarbeiters, BGH, WuW/E BGH 1489, 1491 f. KarlsruherKommentar-*Rogall*, § 30 Rn. mit § 130 OWiG handelt es sich um „die in der Praxis bedeutsamste Anknüpfungstat".

1163 *Grützner/Leisch*, DB 2012, 787, 787.

1164 *Dreher*, ZWeR 2004, 75, 90.

1165 *Dannecker/Biermann*, in: Immenga/Mestmäcker, Vor § 81 Rn. 123.

Unternehmensträgers, wenn eine in § 30 Abs. 1 Nr. 1–5 OWiG genannte Personen wenigstens ihre Aufsichtspflicht verletzt hat.[1166]

cc) Zum Verhältnis von § 30 und §§ 30; 130 OWiG

Im ersten Fall – des direkten oder eigenen Verstoßes – richtet sich die Haftung der juristischen Person nach § 30 OWiG, im zweiten Fall – der Aufsichtspflichtverletzung – nach § 130 OWiG. Insofern ist § 130 OWiG subsidiär, da die Norm nur dann anwendbar ist, wenn der Aufsichtspflichtige nicht bereits als Täter der unmittelbaren Zuwiderhandlung in Betracht kommt.[1167] Zwar wurde im Jahre 2002 der Tatbestand von § 30 OWiG um „sonstige Leitungspersonen" erweitert, doch wird in praxi selten ein Verstoß unterhalb der Organ- oder Vertreterebene begangen. Dennoch wird die Vorschrift des § 130 OWiG von Seiten der Kartellbehörden immer wieder angeführt, da es unter Umständen einfacher sein kann, eine Aufsichtspflichtverletzung nachzuweisen als eine direkte Beteiligung des Organs.[1168]

d) Die konkrete Bußgeldbemessung

Ähnlich wie für die natürliche Person § 130 Abs. 3 S. 3 OWiG bestimmt auch § 30 Abs. 2 S. 2, 3 OWiG, dass der Bußgeldrahmen von § 81 Abs. 4 GWB ausschließlich für Unternehmen, Verbände und Personenvereinigungen anzuwenden ist.[1169]

Eine Abweichung zum europäischen Kartellrecht erfolgt bei der Bemessung für fahrlässige Verstöße. Diese sind wegen § 17 Abs. 2 OWiG die zulässige

---

1166 KarlsruherKommentar-*Rogall*, § 130 Rn. 6.

1167 Göhler-*Gürtler*, § 130 Rn. 25; *Bohnert*, § 130 OWiG, Rn. 1; *Bosch/Colbus/Harbusch*, WuW 2009, 740, 742; *Pampel*, BB 2007, 1636, 1636; *Dannecker/Biermann*, in: Immenga/Mestmäcker, Vor § 81 Rn. 112; *Raum*, in: Langen/Bunte, Kartellrecht Band 1, § 81 Rn. 20; *Voet van Vormizeele*, CCZ 2009, 41, 45; *Dreher*, ZWeR 2004, 75, 90; *Theile/Petermann*, JuS 2011, 496, 497; *Stadler*, in: Schwerpunkte des Kartellrechts 2004, FIW Schriftenreihe 206 (2006), 67, 70; KarlsruherKommentar-*Rogall*, § 30 Rn. 20 und § 130 Rn. 108 f.; MünchKommGWB/*Vollmer*, § 81 Rn. 45.

1168 BKartA v. 8.8.2001, B 9 – 52612 – P - 120/00, S. 17 lässt die Feststellung über einen direkten Verstoß eines Organs nach § 30 OWiG offen, wenn eine Aufsichtspflichtverletzung nach § 130 OWiG vorliegt. Ebenso *Dannecker/Biermann*, in: Immenga/Mestmäcker, Vor § 81 Rn. 112; *Grützner/Leisch*, DB 2012, 787, 788.

1169 *Dannecker/Biermann*, in: Immenga/Mestmäcker, § 81 Rn. 324, 336. Insofern ist § 81 Abs. 4 S. 2 GWB gegenüber § 30 Abs. 2 S. 2, 3 OWiG speziell; *Bohnert*, § 30 OWiG, Rn. 40; Göhler-*Gürtler*, § 130 Rn. 28. Zuletzt *Achenbach*, wistra 2013, 369, 370 Fn. 13 m.w.N.

Höchstgrenze bei der Hälfte des Höchstmaßes, demnach fünf Prozent des relevanten Umsatzes.[1170] Ist auch die Vortat fahrlässig begangen worden, reduziert sich gemäß § 17 Abs. 2 OWiG der Rahmen um noch mals 50 Prozent.[1171]

aa) Natürliche Person

Die Bußgeldbemessung der natürlichen Person – aber auch der Unternehmen, Personenvereinigungen und Verbände – erfolgt in zwei Schritten, in denen zunächst ein Bußgeldrahmen bestimmt wird und sodann individuelle täterbezogene Merkmale berücksichtigt und bewertet werden.

Der Bußgeldrahmen für den Täter als natürliche Person ergibt sich zunächst aus § 30 Abs. 2 S. 1 Nr. 1, 2 bzw. § 130 Abs. 3 S. 1 OWiG, kann also bis zu zehn Million Euro ausmachen. Die Vorschrift § 30 Abs. 2. S. 2 bzw. § 130 Abs. 3 S. 3 OWiG bestimmen aber, dass sich der Bußgeldrahmen nach dem für die Zuwiderhandlung angedrohtem Höchstmaß richtet und je nach Schwere der Zuwiderhandlung der Vortat unterschiedlich hoch ausfällt.[1172] Für Kartellverstöße der natürlichen Person richtet sich dieser grundsätzlich nach § 30 Abs. 2 S. 2 OWiG bzw. § 130 Abs. 3 S. 3 OWiG, also nach „dem für die Ordnungswidrigkeit (bzw. „Pflichtverletzung“ nach § 130 Abs. 3 S. 2 OWiG) angedrohten Höchstmaß der Geldbuße“ der Vortat. Danach wäre bei einem Kartellverstoß nach § 81 Abs. 1, Abs. 2 Nr. 1, 2 lit. a) und Nr. 5 sowie Abs. 3 GWB der Rahmen von § 81 Abs. 4 S. 1 GWB bzw. bei einem sonstigen (leichteren) Verstoß der übrigen Absätze des § 81 GWB der Bußgeldrahmen nach § 81 Abs. 4 S. 5 GWB maßgeblich.[1173] Für einen schweren Fall ist demnach ein Bußgeld von bis zu einer Million Euro, in einem leichteren von bis zu einhunderttausend Euro vorgesehen. Dieser Rahmen ist insoweit mit dem Rahmen des § 130 Abs. 3 S. 1 OWiG von einer Million Euro

1170 *Dannecker/Biermann*, in: Immenga/Mestmäcker, § 81 Rn. 323; 334; *Bohnert*, § 130 OWiG, Rn. 35; Göhler-*Gürtler*, § 17 Rn. 12; KarlsruherKommentar-*Rengier*, § 14 Rn. 23. Vgl. dazu auch Rn. 11 der Bußgeldleitlinien.

1171 Vgl. so auch Rn. 11 der Bußgeldleitlinien; *Raum*, in: Langen/Bunte, Kartellrecht Band 1, § 81 Rn. 158. A. A. BKartA v. 17.3.2003, B9 – 9/03, S. 27, da andernfalls ein arbeitsteilig agierendes, in der Regel großes Unternehmen gegenüber einem inhabergeführten (Klein)Unternehmen entgegen dem Sinn und Zweck von § 130 OWiG bevorzugt würde. KarlsruherKommentar-*Rengier*, § 14 Rn. 23; Karlsruher-Kommentar-*Rogall*, § 130 Rn. 105.

1172 *Bohnert*, § 130 OWiG, Rn. 36; *Dannecker/Biermann*, in: Immenga/Mestmäcker, § 81 Rn. 323; KarlsruherKommentar-*Rogall*, § 30 Rn. 115.

1173 Entgegen der herrschenden Meinung im Schrifttum will MünchKommGWB/*Vollmer*, § 81 Rn. 102 den umsatzbezogenen Bußgeldrahmen von § 81 Abs. 4 S. 2 GWB auch auf natürliche Personen anwenden.

identisch, sodass diese Summe die Höchstgrenze bildet.[1174] Insofern sind OWiG und GWB nebeneinander anwendbar bzw. ergänzen sich gegenseitig.[1175]

An dieser Stelle ist im Hinblick auf § 17 Abs. 2 OWiG bereits festzustellen, ob der Verstoß vorsätzlich oder fahrlässig begangen wurde.[1176] Für letzteren Fall wäre der Bußgeldrahmen auf die Hälfte des Ausgangs begrenzt.

Im zweiten Schritt ist sodann die individuelle auf den Täter und seine Tat zugeschriebene Geldbuße zuzumessen. Die Ermittlung orientiert sich an den allgemeinen Zumessungsregeln des Ordnungswidrigkeitenrechts, also an den Vorgaben von § 17 Abs. 3 OWiG.[1177] Diese sind (a) die Bedeutung der Ordnungswidrigkeit und (b) der Vorwurf, der dem Täter zu machen ist sowie (c) die wirtschaftlichen Verhältnisse des Täters.[1178]

Die Bedeutung der Ordnungswidrigkeit ist an dem „Gewicht der Tat", das der Gesetzgeber ihr zugedacht hat, zu messen.[1179] Insofern ist der jeweilige Bußgeldrahmen in zweierlei Hinsicht – Mindest- und Höchstmaß – der rechtlich bindende Wertungsmaßstab.[1180] Um den Vorwurf der Zuwiderhandlung auszumachen, orientiert sich das Bundeskartellamt an einer Reihe von Faktoren. So sind die Natur des Verstoßes, seine Auswirkungen und Beeinträchtigung der Rechtsgüter sowie sein damit erzielter Erlös ebenso relevant, wie die Größe des betroffenen Marktes und die Art der Beteiligung.[1181] Neben diesen tatbezogenen Kriterien

---

1174 *Raum*, in: Langen/Bunte, Kartellrecht Band 1, § 81 Rn. 157.

1175 Die Kartellordnungswidrigkeiten sind keine eigenständigen Bußgeldnormen, sondern stets unter Berücksichtigung der entsprechenden materiellen Regelungen (und vollziehbaren Verfügungen der Verfolgungsbehörden) deutschen und europäischen Kartellrechts zu sehen („Akzessorietät und Blankettvorschriften"), dazu MünchKommGWB/*Vollmer*, § 81 Rn. 7; *Johanns*, in: Mäger, Europäisches Kartellrecht, Rn. 184.

1176 *Dannecker/Biermann*, in: Immenga/Mestmäcker, § 81 Rn. 318.

1177 KarlsruherKommentar-*Rogall*, § 30 Rn. 115.

1178 Darunter fallen „alle Umstände, die die Fähigkeit des Täters, eine bestimmte Geldbuße aufzubringen, beeinflussen." KarlsruherKommentar-*Mitsch*, § 17 Rn. 87. Göhler-*Gürtler*, § 17 Rn. 21 letztere kommen lediglich „in Betracht". Ebenso KarlsruherKommentar-*Mitsch*, § 17 Rn. 30, 84 ff. sie haben lediglich eine „nachrangige Bedeutung".

1179 KarlsruherKommentar-*Mitsch*, § 17 Rn. 35. Vgl. zu diesem Kriterium auch die umfangreiche Auflistung bei KarlsruherKommentar-*Mitsch*, § 17 Rn. 39 ff.

1180 KarlsruherKommentar-*Mitsch*, § 17 Rn. 35.

1181 *Bechtold*, § 81 Rn. 35; *Wegner*, Die Systematik der Zumessung unternehmensbezogener Geldbußen, S. 76; *Bohnert*, § 17 OWiG, Rn. 9; Göhler-*Gürtler*, § 17 Rn. 16 m.w.N. Vgl. auch den Überblick der Einzelkriterien bei KarlsruherKommentar-*Mitsch*, § 17 Rn. 54 ff.

werden auch täterbezogene Kriterien positiv wie negativ berücksichtigt. Zu den bußgelderhöhenden Kriterien zählen z.B. die Eigenschaft als Wiederholungstäter oder Anführer des Kartells, hingegen wirken sich eine erzwungene oder geringe Form der Beteiligung oder sein Bemühen um Aufklärung und Wiedergutmachung bußgeldmildernd aus.[1182]

Zudem kann die Kartellbehörde den durch die Zuwiderhandlung erlangten Vorteil abschöpfen, § 17 Abs. 4 OWiG („soll"), was § 81 Abs. 5 GWB in ihr Ermessen stellt („kann").[1183] Die Funktion von § 17 Abs. 4 OWiG ist ein unselbstständiger Bestandteil der Geldbuße.[1184]

bb) Juristische Person – weniger schwerwiegende Variante

Die Bemessung des Bußgeldes der juristischen Person gestaltet sich etwas schwieriger, da in § 30 OWiG (ebenso wenig in § 130 OWiG) weder abstrakte Zumessungskriterien auffindbar sind noch eine Verweisung auf die Kriterien aus § 17 Abs. 3 OWiG erfolgt. § 30 OWiG sieht insofern keine eigenen Zumessungskriterien vor und verweist in Abs. 3 lediglich auf die Möglichkeit der Vorteilsabschöpfung nach § 17 Abs. 4 OWiG.

Deshalb werden mangels entsprechender spezieller Zumessungskriterien für unternehmensbezogene Bußgelder die Grundsätze für die Bemessung der Buße gegen eine natürliche Person entsprechend herangezogen, soweit sie auf den Personenverband passen.[1185] Der Fokus liegt dabei auf der Bewertung der Anknüpfungstat des Organs oder Vertreters des Unternehmens, die im Falle der

---

1182 *Bechtold*, § 81 Rn. 35, *Wegner*, Die Systematik der Zumessung unternehmensbezogener Geldbußen, S. 76; *Bohnert*, § 130 OWiG, Rn. 11; KarlsruherKommentar-*Mitsch*, § 17 Rn. 141.

1183 KarlsruherKommentar-*Mitsch*, § 17 Rn. 134; *Bechtold*, § 81 Rn. 40; *Raum*, in: Langen/Bunte, Kartellrecht Band 1, § 81 Rn. 35 und 170. Damit geht zugleich das Ermessen einher, in welchem Umfang die Geldbuße ahnenden (sanktionierenden) oder den wirtschaftlichen Vorteil abschöpfenden Charakter hat. *Bechtold*, § 81 Rn. 40; 45 spricht von einem „Wahlrecht" der Behörde und der Gerichte. Dennoch hätten sie ihr Urteil für bzw. gegen die eine oder andere Variante hinreichend zu begründen.

1184 *Dannecker/Biermann*, in: Immenga/Mestmäcker, § 81 Rn. 319.

1185 BGH, WuW/E BGH 2718, 2720; BKartA, WuW/E BKartA 2871, 2873 f.; *Raum*, in: Langen/Bunte, Kartellrecht Band 1, § 81 Rn. 167; KarlsruherKommentar-*Mitsch*, § 17 Rn. 163; KarlsruherKommentar-*Rogall*, § 30 Rn. 115; *Dannecker/Biermann*, in: Immenga/Mestmäcker, § 81 Rn. 392; *Wegner*, Die Systematik der Zumessung unternehmensbezogener Geldbußen, S. 61, 77 ff.; *Bohnert*, § 30 OWiG, Rn. 41; *Bach*, FS Bechtold (2006), S. 1, 3.

Aufsichtspflichtverletzung des § 130 OWiG wiederum von dem Unrechtsgehalt der Vortat geprägt ist.[1186] Daneben finden unternehmensspezifische Wertungen wie die wirtschaftlichen Verhältnisse, also Ertragslage und Mehrerlös Berücksichtigung. Ferner sind Unternehmensgröße, Umfang der Absprachen, Beteiligungsform und Wiederholungsfälle relevant.[1187]

Die Bußgeldbemessung bestimmt sich daher in drei Schritten: Auffinden des abstrakten Bußgeldrahmens (1.), konkrete Bußgeldbemessung anhand § 17 Abs. 2, 3 OWiG, insbesondere unter Berücksichtigung des wirtschaftlichen Vorteils des Täters, § 17 Abs. 4 OWiG (2.) und schließlich ist von Seiten der Verfolgungsbehörden zu überlegen, in welchem Verfahren, also einem selbstständigen nach § 30 Abs. 4 OWiG oder nicht, das Bußgeld festzusetzen ist (3.).[1188]

Der Regelbußgeldrahmen des § 17 Abs. 1, 2 i.V.m. § 30 Abs. 2; § 130 Abs. 3 OWiG kann durch Gesetz („wenn das Gesetz nicht etwas anderes bestimmt") erhöht werden.[1189] Eine solche Erhöhung des Bußgeldrahmens sieht § 81 GWB vor. § 81 Abs. 4 S. 2 GWB nimmt ausdrücklich auf S. 1 Bezug, mit der Folge, dass der hohe umsatzbezogene Bußgeldrahmen nur bei den schwerwiegenden Kartellverstößen nach § 81 Abs. 1, Abs. 2 Nr. 1, 2 lit. a), Nr. 5 und Abs. 3 GWB zur Anwendung kommen, wenn sie Anknüpfungstat nach § 30 oder § 130 OWiG sind.[1190]

cc) Juristische Person – schwerwiegende Variante

Die konkrete Bemessung des Bußgeldes gegen eine juristische Person oder einen Verband wegen schwerwiegender Zuwiderhandlungen gegen das Kartellrecht (nach § 81 Abs. 1, 2 Nr. 1, 2 lit. a), Nr. 5, Abs. 3 GWB) wie in § 81 Abs. 4 S. 2 bzw. S. 1 GWB genannt, erfolgt anhand zweier in § 81 Abs. 4 S. 6 GWB genannter

---

1186 *Dannecker/Biermann*, in: Immenga/Mestmäcker, § 81 Rn. 392; *Raum*, in: Langen/Bunte, Kartellrecht Band 1, § 81 Rn. 167; Göhler-*Gürtler*, § 30 Rn. 36a; Karlsruher-Kommentar-*Mitsch*, § 17 Rn. 163.

1187 BGH, WuW/E BGH 2295, 2296; KG, WuW/E OLG 2698, 2700; KG, WuW/E OLG 5053, 5063; *Raum*, in: Langen/Bunte, Kartellrecht Band 1, § 81 Rn. 167; *Klusmann*, in: Wiedemann § 57 Rn. 90. *Dannecker/Biermann*, in: Immenga/Mestmäcker, § 81 Rn. 392; *Bechtold*, § 81 Rn. 37; Göhler-*Gürtler*, § 30 Rn. 36a.

1188 Göhler-*Gürtler*, § 30 Rn. 39; *Bohnert*, § 30 OWiG, Rn. 53; *Wegner*, Die Systematik der Zumessung unternehmensbezogener Geldbußen, S. 61. Der Regelfall wird jedoch das verbundene Verfahren nach §§ 30 Abs. 1, 88 Abs. 1 OWiG, 444 StPO sein, wonach sowohl ein Bußgeld gegen den Täter als auch den Verband festgesetzt wird.

1189 *Wegner*, Die Systematik der Zumessung unternehmensbezogener Geldbußen, S. 62 m.w.N.; Göhler-*Gürtler*, § 30 Rn. 36.

1190 Entgegen aller MünchKommGWB/*Vollmer*, § 81 Rn. 103.

Kriterien – der Schwere und Dauer des Verstoßes. Diese beiden Kriterien entsprechen im Wesentlichen dem Tatbestandsmerkmal „Bedeutung der Ordnungswidrigkeit“ aus § 17 Abs. 3 OWiG, der neben § 81 Abs. 4. S 6 GWB anwendbar bleibt.[1191]

dd) Die (neuen) Bußgeldleitlinien des Bundeskartellamtes 2013

Unter anderem diese beiden Kriterien hat das Bundeskartellamt gemäß § 81 Abs. 7 GWB in seinen Bußgeldleitlinien von 2013 konkretisiert.[1192] Die 2013er Leitlinien lösen die Leitlinien aus dem Jahre 2006 ab. Hintergrund dafür war die Rechtsprechung des BGH in Sachen *Grauzement*, wonach es sich bei der 10 %-Grenze von § 81 Abs. 4 S. 2 GWB nicht um eine Kappungsgrenze, sondern eine absolute Bußgeldobergrenze für den denkbar schwersten Fall handele.[1193] Da die 2006er Leitlinien auf der Annahme, die Vorschrift sei eine Kappungsgrenze beruhten, war aus diesem Grunde eine neue Konzeption der Bußgeldleitlinien erforderlich.[1194]

Die Bußgeldleitlinien finden auf die Bemessung der umsatzbezogenen Geldbußen nach § 81 Abs. 4 S. 2 GWB und damit auf die schweren Zuwiderhandlungen Anwendung, wenn auch nur auf den Sanktions- und ausdrücklich nicht auf den Abschöpfungsteil.[1195] Bei den Leitlinien handelt es sich um „allgemeine Verwaltungsgrundsätze“, die unter Anwendung von Art. 3 GG und des Vertrauensgrundsatzes zu einer Selbstbindung der Verwaltung führen.[1196]

Wenngleich das Bundeskartellamt im Wege der Selbstbindung an diese Regelungen gebunden ist,[1197] sind es die Gerichte nicht und wenden bei ihrer

1191 MünchKommGWB/*Vollmer*, § 81 Rn. 78 a.E., 84.

1192 BKartA v. 25.6.2013, Leitlinien für die Bußgeldzumessung in Kartellordnungswidrigkeitenverfahren.

1193 BGH v. 26.02.2013 – KRB 20/12 = WuW/E DE-R 3861, Rz. 55. *Barth/Budde*, NZ-Kart 2013, 311, 312 bedauern, dass der BGH eine Vorlage an das BVerfG oder den EuGH versäumt habe.

1194 *Ost*, NZKart 2013, 173, 174. Kritisch zu den 2013er Leitlinien *Barth/Budde*, NZKart 2013, 311, 316 ff.

1195 Vgl. Rn. 1 a. F.; *Raum*, in: Langen/Bunte, Kartellrecht Band 1, § 81 Rn. 183; MünchKommGWB/*Vollmer*, § 81 Rn. 126.

1196 Die Leitlinien der BKartA sind sehr eng an die der Kommission angelehnt und unterscheiden sich nur in sehr wenigen Punkten voneinander (z.B. „Entry Fee“), MünchKommGWB/*Vollmer*, § 81 Rn. 128; *C. Müller*, Kartellrechtscompliance, S. 176. Vgl. grds. zur Rechtsnatur der Verwaltungsvorschrift BVerwGE 52, 193; BVerwG, DVBl 1982, 195.

1197 BT-Drs. 15/3640; *Bechtold*, § 81 Rn. 36; 48; *Raum*, in: Langen/Bunte, Kartellrecht Band 1, § 81 Rn. 181.

Bemessung (allein) § 81 Abs. 4 S. 6 GWB und § 17 Abs. 3 OWiG an.[1198] § 17 Abs. 3 OWiG wird insofern von § 81 Abs. 4 S. 6 GWB flankiert, wonach zugleich die Bemessung anhand Dauer und Schwere der Zuwiderhandlung vorzunehmen ist (besondere Zumessungsregel des GWB).[1199] Das OWiG bleibt neben § 81 GWB mit seinen Tatbeständen und Rechtsfolgen grundsätzlich anwendbar.[1200]

ee) Die Bemessung in zwei Schritten

Die Bemessung nach den Bußgeldleitlinien erfolgt im Wesentlichen in zwei Schritten: Zunächst wir ein Grundbetrag festgesetzt, der anhand diverser erschwerender und/oder mildernder Umstände modifiziert werden kann.

Im Rahmen des Grundbetrages wird eine gesetzliche Bußgeldobergrenze gebildet, die sich an der vorsätzlichen (10 %) oder fahrlässigen (5 %) Begehungsweise orientiert (1.). Danach wird eine individuelle Bußgeldobergrenze ermittelt (2.), die sich aus der Multiplikation zweier Faktoren ergibt:[1201] das Gewinn- und Schadenspotentials in Höhe von 10 % des Inlandumsatzes bezogen auf die kartellrechtlichen relevanten Produkte im Tatzeitraum (a. sog. tatbezogener Umsatz) wird mit einem (b.) einem (degressiv) ansteigenden Faktor, der sich an dem jeweiligen Konzernumsatz ausrichtet, multipliziert. Letzterer Faktor liegt zwischen einem Wert von 2 (weniger als 100 Mio. €) bis 6 (mehr als 100 Mrd. €), wie sich aus der Tabelle in Rn. 13 entnehmen lässt.[1202] Die individuelle Bußgeldobergrenze kann so die gesetzliche einschränken (Rn. 7).

Das Zusammenspiel von tatbezogenem Umsatz und Konzernumsatz verdeutlichen Rn. 5 und 9 f.: Der tatbezogene Umsatz soll ein guter Indikator dafür sein, das Gewinn- und Schadenspotential der Zuwiderhandlung abzubilden, der Gesamtumsatz zeichnet hingegen die Ahndungsempfindlichkeit nach.

Im zweiten Schritt erfolgt eine Anpassung anhand verschiedener mildernder und/oder erschwerender Umstände, die tat- und täterbezogen sind. An dieser Stelle wird eine gewisse Parallele zu dem Merkmal „Tätervorwurf" aus § 17 Abs. 3

1198 *Dannecker/Biermann*, in: Immenga/Mestmäcker, § 81 Rn. 399; 471; *Bechtold*, § 81 Rn. 36; 48; *Raum*, in: Langen/Bunte, Kartellrecht Band 1, § 81 Rn. 181.

1199 *Dannecker/Biermann*, in: Immenga/Mestmäcker, § 81 Rn. 319 und 360 zu dem Verhältnis der beiden Normen zueinander; *Bechtold*, § 81 Rn. 34. Vgl. überblicksartig zur Schwere des Verstoßes MünchKommGWB/*Vollmer*, § 81 Rn. 89. S. ausdrücklich Rn. 2 der Leitlinien v. 25.6.2013; *Raum*, in: Langen/Bunte, Kartellrecht Band 1, § 81 Rn. 160; MünchKommGWB/*Vollmer*, § 81 Rn. 84.

1200 *Bechtold*, § 81 Rn. 61; *Johanns*, in: Mäger, Europäisches Kartellrecht, Rn. 184.

1201 *Barth/Budde*, NZKart 2013, 311, 316 „Rahmen im Rahmen".

1202 Maßgeblich ist das Geschäftsjahr vor der Behördenentscheidung (Rn. 3).

OWiG gezogen.[1203] Erschwerend berücksichtigt das Bundeskartellamt gemäß Rn. 16 seiner Leitlinien eine schwere bzw. gesteigerte Form des Vorsatzes bzw. Grades der Fahrlässigkeit, eine aktive oder sonstige herausragende Rolle an dem Kartell (z.B. als Anführer) sowie einen hohen Organisationsgrad. Mildernd berücksichtigt werden ein einsichtiges und kooperatives Nachtatverhalten in Form des Bonusantrages oder Settlements. Mit Blick auf eine fehlerfreie Ermessensausübung können die aufgelisteten Merkmale aber nicht abschließend sein. In den Leitlinien von 2006 war dies noch ausdrücklich formuliert („insbesondere").[1204]

Schließlich bestimmt Rn. 17 der Bußgeldleitlinien mit Blick auf § 17 Abs. 4 OWiG, dass der wirtschaftliche Vorteil abgeschöpft werden kann.

e) Vom weiten Ermessen

Neben dem repressiven Zweck der Vorteilsabschöpfung[1205] bezwecken die Bußgeldvorschriften, die gesetzlichen Vertreter anzuhalten, dass (künftige) Rechtsverstöße unterbleiben und verfolgen damit zugleich präventive Zwecke.[1206]

Die Anwendung der Bußgeldvorschriften und verbunden damit die Einleitung eines Verfahrens, die Verfolgung und Ahndung eines Kartellverstoßes stehen im pflichtgemäßen und weiten Ermessen der Verfolgungsbehörde, dem Bundeskartellamt.[1207] Im Rahmen des Bußgeldverfahrens gilt ebenso wie im europäischen Kartellrecht das Opportunitätsprinzip nach § 47 OWiG.[1208] Maßstab dafür sind

---

1203 *Dannecker/Biermann*, in: Immenga/Mestmäcker, § 81 Rn. 409.

1204 Ebenso *Barth/Budde*, NZKart 2013, 311, 317; FK-*Seeliger/Mross*, Kartellrechts-Compliance, Rn. 106 ff.

1205 Wenn es um die Bereicherungstatbestandsalternativen geht, *Eidam*, wistra 2003, 447, 454.

1206 *Eidam*, wistra 2003, 447, 448; *Dannecker/Biermann*, in: Immenga/Mestmäcker, § 81 Rn. 362; *Wegner*, Die Systematik der Zumessung unternehmensbezogener Geldbußen, S. 83 f.; MünchKommGWB/*Vollmer*, § 81 Rn. 114.

1207 OLG Düsseldorf, WuW/E DE-R 1733; *Eidam*, wistra 2003, 447, 448; *Bechtold*, Vor § 81 Rn. 3; *Raum*, in: Langen/Bunte, Kartellrecht Band 1, § 81 Rn. 63; *Dannecker/Biermann*, in: Immenga/Mestmäcker, Vor § 81 Rn. 195; *Wegner*, Die Systematik der Zumessung unternehmensbezogener Geldbußen, S. 75; Göhler-*Gürtler*, § 30 Rn. 35.

1208 *Dannecker/Biermann*, in: Immenga/Mestmäcker, Vor § 81 Rn. 195; *Bechtold*, Vor § 81 Rn. 3; *Raum*, in: Langen/Bunte, Kartellrecht Band 1, § 81 Rn. 63; *Johanns*, in: Mäger, Europäisches Kartellrecht, Rn. 183; *Wegner*, Die Systematik der Zumessung unternehmensbezogener Geldbußen, S. 75; *Herrlinger*, ZWeR 2012, 137, 145 ff.; Göhler-*Gürtler*, § 30 Rn. 5a im Rahmen des Opportunitätsprinzips kann auch die Erwägung angestellt werden, ob ein Bußgeld gegen die Gesellschaft und/oder Gesellschafter verhängt wird.

Zweckmäßigkeit und eine gleichmäßige Verwaltungspraxis.[1209] Das heißt, dass die Behörde ihr Ermessen differenziert ausüben kann und nicht daran gebunden ist, ähnliche oder vergleichbare Fälle stets oder gar nicht zu verfolgen und die Verfolgung auf bestimmte Betroffene, z.B. die Markt- oder Anführer des Kartells, beschränken kann.[1210] Sie kann auch selbst darüber entscheiden, in welchem Umfang sie ermitteln oder davon absehen will und emanzipiert sich dadurch in gewisser Weise von den Vorgaben des materiellen Kartellrechts. Sie ist daher nicht verpflichtet, alle ihr bekannt gewordenen Kartellverstöße zu verfolgen und zu ahnden.[1211]

Das Bundeskartellamt hat im Rahmen dieses pflichtgemäßen Ermessens zwar

> „alle Umstände des Falles zu würdigen, insbesondere das Gewicht und die Auswirkungen der Zuwiderhandlung, die Schwere des Verschuldens, die Einstellung des Betroffenen zur Tat, sein Verhalten nach der Tat und die Gefahr der Wiederholung."[1212]

Doch die Grenze der Ausübung des pflichtgemäßen Ermessens ist überschritten, wenn die Behörde

> „willkürlich entschieden oder sachwidrige Erwägungen herangezogen werden, um von der Ahndung der Ordnungswidrigkeit abzusehen."[1213]

Seine Grenzen findet das Ermessen im Gleichheitsgrundsatz, wenngleich dieser Grundsatz nicht strengstens beachtet wird, da es nach Auffassung der Kartellbehörden eine „Gleichheit im Unrecht" nicht gebe.[1214] Zwar ist die Ermessensentscheidung über die Einleitung eines Verfahrens nicht gerichtlich überprüfbar,[1215] dennoch geht mit Erhebung des Einspruchs gegen den Bußgeldbescheid die Zuständigkeit der Entscheidung auf das Gericht über. Das bedeutet insbesondere, dass die von der Kartellbehörde getroffene Festsetzung des Bußgeldes für das Gericht nicht verbindlich ist.[1216]

1209 *Dannecker/Biermann*, in: Immenga/Mestmäcker, Vor § 81 Rn. 195; *Raum*, in: Langen/Bunte, Kartellrecht Band 1, § 81 Rn. 64. Das OLG Düsseldorf, WuW/E DE-R 1733 hat für die Bonusregelung entschieden, dass sie sich diese in den Grenzen des weiten Ermessen des Bundeskartellamts hält.

1210 *Raum*, in: Langen/Bunte, Kartellrecht Band 1, § 81 Rn. 65.

1211 *Bechtold*, Vor § 81 Rn. 3.

1212 OLG Düsseldorf, WuW/E DE-R 1733.

1213 OLG Düsseldorf, WuW/E DE-R 1733.

1214 *Dannecker/Biermann*, in: Immenga/Mestmäcker, Vor § 81 Rn. 197 m.w.N. und den Hinweis, dass bisher niemand mit den Einwand, in einem vergleichbaren Fall wäre die Behörde nicht eingeschritten, gehört wurde.

1215 *Bechtold*, Vor § 81 Rn. 3.

1216 *Bechtold*, Vor § 81 Rn. 6; *ders.*, § 81 Rn. 38.

f) Exkurs: Bebußung der Konzernmutter für den Kartellverstoß der Tochter nach §§ 130, 30 OWiG?

Die Ebenen der Aufsichtsverantwortung nehmen mit der Größe eines Unternehmens zu. So trifft die Unternehmenszentrale freilich die Aufsichtspflicht über unselbstständige Unternehmensteile z.B. im Filial- und Niederlassungsnetz.[1217] Diesen wiederum obliegt die Aufsicht über etwaige nachgeordnete Betriebsstätten.[1218] Eine Delegation der Aufsicht ist entsprechend § 130 Abs. 1 S. 2 OWiG zulässig, wenn dabei sichergestellt wird, dass eine gewisse Oberaufsicht installiert bleibt.[1219]

Allerdings ist fraglich und zudem umstritten,[1220] ob die Konzernobergesellschaft ebenfalls eine originäre Aufsichtspflicht nach §§ 130; 30 OWiG trifft, ihre rechtlich selbstständigen Tochtergesellschaften dahingehend zu überwachen, dass diese keinen Kartellverstoß begehen.[1221] Denn die in der Praxis der Kommission und Rechtsprechung des EuGH entwickelte Figur der „wirtschaftlichen Einheit" und der Verantwortlichkeit der Konzernobergesellschaft für Verstöße ihrer Konzerngesellschaften lässt sich gerade nicht (ohne weiteres) auf die Regelung des § 130 OWiG übertragen.[1222] Vielmehr hat der BGH in der Entscheidung

---

1217 *Raum*, in: Langen/Bunte, Kartellrecht Band 1, § 81 Rn. 25; *Kling*, WRP 2010, 506, 507.

1218 *Raum*, in: Langen/Bunte, Kartellrecht Band 1, § 81 Rn. 25.

1219 Göhler-*Gürtler*, § 130 Rn. 15; *Adam*, wistra 2003, 285, 286.

1220 Im Folgenden wird von einem min. 99 %igen Anteilsbesitz ausgegangen. Zur Frage der Haftung der Mutter für Kartellverstöße von Gemeinschaftsunternehmen vgl. *Kling*, WRP 2010, 506, 513 f. Vgl. *Kokott/Dittert*, WuW 2012, 670, 680 f. zur Bußgeldverhängung bei gemeinsamer Kontrolle im europäischen Kartellrecht. Zuletzt Haus, NZKart 2013, 183, 186 ff. Vgl. auch die Gegenauffassung *Ost*, NZKart 2013, 25, 27.

1221 Zum Streitstand *Dannecker/Biermann*, in: Immenga/Mestmäcker, Vor § 81 Rn. 124; KarlsruherKommentar-*Rogall*, § 130 Rn. 25; *Raum*, in: Langen/Bunte, Kartellrecht Band 1, § 81 Rn. 25; Göhler-*Gürtler*, § 130 Rn. 5a; *Bechtold*, § 81 Rn. 29; 65; *Koch*, ZHR 171 (2007), 554, 568; differenzierend je nach Reichweite der Rechtsmacht *Dreher*, ZWeR 2004, 75, 101 f.; FK-*Achenbach*, Vor § 81 Rn. 69; *Tiedemann*, NJW 1979, 1849, 1852. Es gilt allerdings an dieser Stelle eine Besonderheit zu beachten: Wenn im europäischen Kartellrecht Mutter- und Tochtergesellschaft gesamtschuldnerisch für die Buße haften, so ist im deutschen Recht keine gesamtschuldnerische Haftung der Mutter, sondern eine Haftung für eigenes Leitungspersonal vorgesehen, MünchKommGWB/*Vollmer*, § 81 Rn. 111.

1222 *Dannecker/Biermann*, in: Immenga/Mestmäcker, Vor § 81 Rn. 124; *dies.*, in: Immenga/Mestmäcker, § 81 Rn. 26; 342, 397 sowie für Art. 82 EG (Art. 102 AEUV) Rn. 32; FK-*Achenbach*, § 81 Rn. 26; *Bechtold*, § 81 Rn. 28; *Koch*, AG 2009, 564.

Transportbeton angedeutet, die eigene Rechtspersönlichkeit der Untergesellschaft stünde so einer weit reichenden Inhabereigenschaft der Obergesellschaft entgegen.[1223]

§ 30 OWiG sieht eine Zurechnung an eine andere juristische Person oder Personenvereinigung nicht vor, wenn ein Mitarbeiter der anderen juristischen Person, z.B. der Muttergesellschaft, nicht selbst eine kartellrechtswidrige Zuwiderhandlung begangen hat, wenngleich nach dem Einheitstäterbegriff des § 14 OWiG jede Form der vorsätzlichen Beteiligung genügen würde.[1224] Denkbar wäre allenfalls, dass die in § 9 OWiG aufgeführten Personen unter dem Aspekt der Beteiligung an dem Verstoß der Tochtergesellschaft verantwortlich sind, wenn sie bei Kenntnis eigene gebotene Handlungen unterlassen haben oder durch positives Tun auf den Verstoß hingewirkt haben.[1225] Auch mit § 81 Abs. 4 OWiG wurde keine neue Zurechnungsnorm geschaffen, sondern die Bußgeldbemessung geändert.[1226] Schließlich lässt sich die Haftung der Konzernmutter für Kartellverstöße der Tochtergesellschaften auch nicht aus der fusionskontrollrechtlichen Regelung des § 36 Abs. 2 GWB und seiner so genannten Verbundklausel herleiten.[1227] Damit finden sich im deutschen Ordnungswidrigkeiten- und Kartellrecht keine Vorschriften, die eine Verantwortlichkeit der Konzernobergesellschaft für ihre rechtlich selbstständigen Einheiten vorsehen würde.

Die herrschende Meinung in der Literatur will eine bußgeldbewehrte Aufsichtspflicht zwischen rechtlich selbstständigen Konzerngesellschaften, auch nicht zwischen dem herrschenden und abhängigen Unternehmen, anerkennen. Denn im Kern kommt dies der Annahme einer Konzernleitungspflicht gleich,

---

1223 BGH, WuW/E 1871, 1876. In seiner Stellungnahme zu dem RegE zur 8. GWB Novelle hatte der Bundesrat noch eine Klarstellung erwünscht, dass § 130 OWiG die Obergesellschaft zur Aufsicht über die Untergesellschaften verpflichte (BT-Drs. 17/9852, S. 40). Diesen Wunsch wies der Wirtschaftsausschuss des Bundestages mit Verweis darauf zurück, dass die vorhandene Regelung bereits ausreiche, eine Aufsichtspflichtvereletzung im Konzern zu verfolgen und zu ahnden (BT-Drs. 17/9852, S. 49); vgl. dazu *Achenbach*, wistra 2013, 369, 373.

1224 *Bohnert*, § 30 OWiG, Rn. 8; *Bürger*, WuW 2011, 130, 133. Allerdings solle nur nach eine Mindermeinung ein fahrlässig geleisteter Tatbeitrag genügen, vgl. Karlsruher-Kommentar-*Rengier*, § 14 Rn. 6 m.w.N.

1225 Im Einzelnen dazu KarlsruherKommentar-*Rengier*, § 14 Rn. 67 f. Dafür muss aber mindestens ein bewusstes Unterlassen eines Garanten (z.B. Vorstandsmitglieds) an dem Kartellverstoß vorgelegen haben. Vgl. auch § 38 Abs. 1 GWB, auf den die Leitlinien v. 25.6.2013 in Anm. 4 ausdrücklich Bezug nehmen.

1226 *Bürger*, WuW 2011, 130, 134.

1227 *Kling*, WRP 2010, 506, 512 f. Differenzierender *Dück/Schultes*, WM 2013, 9, 12.

deren Bestehen im Gesellschaftsrecht anerkanntermaßen verworfen wird.[1228] Dieses Einvernehmen soll aber nicht mittelbar über das allgemeinere und sachfernere Ordnungswidrigkeitenrecht nun doch aufgelöst werden.[1229] Denn die Konzernobergesellschaft müsste andernfalls Aufsichtsmaßnahmen für sämtliche straf- und ordnungswidrigkeitsrechtlichen Fallgestaltungen aller Tochtergesellschaften einführen. Eine allgemeine, im Außenverhältnis bestehende bußgeldbewehrte Rechtspflicht aus § 130 OWiG, eine konzernweite Aufsicht (z.B. durch ein Compliance-Programm) einzuführen, besteht gerade nicht. Diese Pflicht kann sich unter Umständen – wie gesehen – aus dem Pflichtenkatalog des Leitungsorgans, aber auch dann nur im Innenverhältnis zur Gesellschaft, ergeben.[1230] Selbst dann ist die Verletzung dieser Pflicht nicht bußgeldbewehrt, sondern es droht dem Organ ein zivilrechtlicher Regressprozess. Dafür streitet insofern auch die Zivilrechtsakzessorietät von § 130 OWiG – wenn im zivilen Gesellschaftsrecht eine solche Pflicht abgelehnt wird, kann sie nicht durch das OWiG begründet werden.[1231] Will man § 130 OWiG dennoch auch in Konzernverbund anwenden, bleibt zudem offen, ob sich die Eigenschaft des Betriebsinhabers vervielfältigt – neben der Tochtergesellschaft ist nun auch die Konzernobergesellschaft Betriebsinhaber – oder diese auf die Konzerngesellschaft übergehe.[1232]

Wenngleich diese Auffassung die herrschende ist, sehen vereinzelte Autoren diesen Grundsatz etwas differenzierter.[1233] Zwar vertreten auch sie die

---

1228 *Kling*, WRP 2010, 506, 513 Fn. 113 m.w.N.; *Petermann,* Die Bedeutung von Compliance-Maßnahmen, S. 113, 194.

1229 *Koch*, AG 2009, 564.

1230 *Koch*, AG 2009, 564, 565, 569 lehnt dies ebenfalls aus deliktischen Verkehrssicherungspflichten ab; *ders*., WM 2009, 1013 ff.; *Kling*, WRP 2010, 506, 513. Nach *Grützner/Leisch*, DB 2012, 787, 790 würde diese Ansicht sogar zu widersinnigen Ergebnissen führen, wenn das Pflichtenprogramm aus dem Innen- auf das Außenverhältnis übertragen würde. Verstößt das Organ der AG gegen die Pflicht aus § 93 AktG – einer Schutzvorschrift des Unternehmens – so führt dieser zugleich zu einer bußgeldrechtlichen Haftung gerade dieses Unternehmens, das nicht nur durch § 93 AktG Schutz erfahren soll, sondern durch die Verletzung dieser Norm bereits geschädigt ist. Eine Verknüpfung zwischen OWiG und AktG erfolgt vielmehr nur in umgekehrter Richtung: Verletzt das Organ § 130 OWiG, verstößt es regelmäßig auch gegen die Sorgfaltspflicht von § 93 AktG.

1231 Kritisch *Koch*, AG 2009, 564, 568 der keine zwangsläufige Koppelung erkennt.

1232 Bei jedem Versuch der Erklärung ist stets der strenge Wortlaut unter Rechtsstaatsgesichtspunkten zu berücksichtigen, *Koch*, AG 2009, 564, 571.

1233 Ein guter Überblick – unter besonderer Berücksichtigung der §§ 15 ff. AktG – findet sich bei *Koch*, AG 2009, 564, 566 f.

Auffassung, dass die rechtliche Selbstständigkeit der Tochtergesellschaft der Anwendbarkeit von § 130 OWiG im Konzernverhältnis grundsätzlich entgegensteht. Doch soll davon eine Ausnahme zulässig sein, wenn entweder die Tochtergesellschaft eine 100 %ige ist[1234] oder tatsächlich eine konzerndimensionale Aufsicht von der Konzernobergesellschaft eingeführt worden ist.[1235]

Die Rechtsprechung hat die Frage bisher noch unbeantwortet gelassen,[1236] wenngleich sie tendenziell einer weiten Haftung skeptisch gegenüber stand, da die Gesellschaften rechtlich selbstständig agierten.[1237]

Das Bundeskartellamt scheint jedoch von einer Verantwortlichkeit auszugehen und hat dies im Tondachziegel-Fall auch so entschieden. In dieser Entscheidung vom 15. Dezember 2008 bzw. 9. Februar 2009 hatte das Bundeskartellamt in einem Fall der horizontalen verdeckten Preisabsprache über die Erhebung eines „Energiekostenzuschlags" in der Tonziegelbranche gegen neun Unternehmen und zwölf natürliche Personen Bußgelder von insgesamt 188 Mio. EUR verhängt.[1238] Adressat eines gesonderten Bußgeldbescheides (vom 9. Februar 2009) wegen Verletzung der Aufsichtspflicht nach § 130 OWiG gegenüber ihren Tochtergesellschaften, der Creaton AG und Pfleiderer Dachziegel GmbH, war die Etex Holding GmbH des belgischen Etex Konzerns.[1239] Nach den Ermittlungen des Bundeskartellamtes habe sich herausgestellt, dass ein für das Europageschäft der Gesellschaft verantwortlich leitender Beschäftigter „konkrete Anhaltspunkte" von der Kartellabsprache gehabt habe, jedoch keine Maßnahmen angestrengt, die Umsetzung der Absprache zu verhindern.[1240] Die

1234 *Tiedemann*, NJW 1979, 1849, 1852.

1235 *Bohnert*, § 130 OWiG, Rn. 7; *Klusmann*, in: Wiedemann, § 55 Rn. 41. So auch *Karst*, WuW 2012, 150, 152. *Koch*, AG 2009, 564, 566 spricht bei beiden Auffassungen von „Extrempositionen".

1236 BGH, WuW/E BGH 1871, 1876: „Unter den Umständen bedarf es keiner Entscheidung, ob die Betroffene zu 1 (eine Aktiengesellschaft) und ihre vertretungsberechtigten Organe im vorliegenden Falle überhaupt Täter nach § 130 OWiG sein können. Dem könnte entgegenstehen, dass die Betroffene zu 2 als GmbH mit eigener Rechtspersönlichkeit ausgestattet und als solche auch Inhaberin des Gesellschaftsunternehmens ist."

1237 *Koch*, AG 2009, 564, 565; *Karst*, WuW 2012, 150, 151; *Kling*, WRP 2010, 506, 513.

1238 B1-200/06. Vgl. auch BKartA, Kartellbußgeldverfahren zwischen deutschem Systemdenken und europäischer Konvergenz (2012), S. 15.

1239 Es bestand weder eine konzerndimensionale Aufsicht noch waren beide Töchter, zumindest die Creaton AG nicht, 100 %ige Tochtergesellschaften.

1240 Das Bußgeldverfahren wurde nach Einlegung eines Einspruchs durch Geschäftsführer und Etex Holding GmbH im April 2012 aus Opportunitätsgesichtspunkten

sich daraus ergebenden Aufsichtspflichten seien nicht von dem Geschäftsführer der Holding wahrgenommen worden, sodass dessen Aufsichtspflichtverletzung nach §§ 9; 30 OWiG der Holding zugerechnet werden könne.[1241] Der Konzern sei faktisch nicht anders organisiert als ein Unternehmen,[1242] sodass die Konzernobergesellschaft dieselben Pflichten träfen, wie den Betriebsinhaber, gleich ob die Tochtergesellschaften rechtlich selbstständig seien. Hinzukomme, dass die Holding steuernd in die Geschäftsabläufe der Tochtergesellschaften eingegriffen habe. So habe der Geschäftsführer der Holding Einblick in die Finanzen der Gesellschaften gehabt und zugleich in deren internen E-mail-Verkehr über die operativen Entwicklungen einbezogen gewesen. Seine Position begründet das Bundeskartellamt rechtlich weitestgehend damit, dass die Konzernobergesellschaft eine Reihe sanktionsbewehrter Pflichten treffe, die sie regelmäßig per Delegation auf die Tochtergesellschaften verlagere. Kommt es in diesen nunmehr zu kartellrechtswidrigen Zuwiderhandlungen, müsse die Konzerngesellschaft dafür verantwortlich gemacht werden; andernfalls entstünden nicht hinzunehmende Sanktionslücken.[1243]

Diese vom Bundeskartellamt vertretene Auffassung[1244] könnte ungemeine Auswirkungen auf das Haftungsregime anderer Rechtsgebiete, haben, da sie ihre Grundlage in einem allgemeinen ordnungswidrigkeitsrechtlichen Tatbestand findet, der gleichermaßen im Antikorruptions-, Daten-, Arbeits- und

---

eingestellt. Der Geschäftsführer war zum Zeitpunkt der Tat im Sommer 2006 zwar noch im Handelsregister eingetragen, aber hatte das Unternehmen bereits verlassen, sodass der Bußgeldbescheid rechtswidrig erging. Dass es sich dabei um einen atypischen Grund handelt und keinesfalls der Einspruch zur Änderung der Rechtsauffassung des Bundeskartellamts führte, macht die Pressemitteilung zur Einstellung deutlich. Darin bekundet das Bundeskartellamt, dass es weitere Ermittlungen, u.a. auch gegen den belgischen Mutterkonzern, in Erwägungen gezogen habe.

1241 Gegen den Geschäftsführer ist gleichermaßen ein Bußgeld erlassen worden.

1242 Ebenso KarlsruherKommentar-*Rogall*, § 130 Rn. 25 und MünchKommGWB/*Vollmer*, § 81 Rn. 45. Kritisch dazu *Koch*, AG 2009, 564, 571 „was ähnlich ist, ist aber gerade nicht identisch". Eine solche Ähnlichkeitsfeststellung sei täterbelastende Analogie, denn der Unternehmensbegriff des AEUV gelte gerade nicht im OWiG. So auch FK-*Seeliger/Mross*, Kartellrechts-Compliance, Rn. 36.

1243 *Koch*, AG 2009, 564, 570. Dagegen KarlsruherKommentar-*Rogall*, § 30 Rn. 75 und § 130 Rn. 69.

1244 Später wird es mit dem Grundsatz der effektiven und wirksamen Sanktionierung von Kartellverstößen (effet utile) argumentieren, BKartA, Kartellbußgeldverfahren zwischen deutschem Systemdenken und europäischer Konvergenz (2012), S. 15. S. auch *Ost*, NZKart 2013, 25, 27.

Umweltschutzrecht anwendbar ist. Es drängt sich der starke Verdacht auf, dass sich das Bundeskartellamt bei der Entscheidung von den Wertungen des europäischen Kartellrechts und dessen weiten Unternehmensbegriffs hat leiten lassen. Gleichwohl kann es für die Kartellbehörde im Sinne einer effektiven und abschreckenden Bußgeldverhängung durchaus reizvoll sein, einen Verstoß der Konzernobergesellschaft herzuleiten.[1245]

Allerdings könnte selbst bei positivem Befund, also bei Annahme einer solchen Aufsichtspflicht und deren Verletzung im Konzernverbund, unter folgender Überlegung dem Problem keine allzu große Bedeutung in Bußgeldfragen beigemessen werden.[1246] Ist die Anknüpfungstat der Bebußung der Konzerngesellschaft aus § 30 OWiG eine Aufsichtspflichtverletzung von § 130 OWiG und bezieht sich diese Aufsichtspflichtverletzung ebenfalls auf einen schweren Kartellverstoß als Vortat, wie er in § 81 Abs. 4 S. 1 GWB genannt ist, so könnte der erhöhte Bußgeldrahmen von § 81 Abs. 4 S. 2 GWB gerade nicht herangezogen werden.[1247] Denn § 130 OWiG stellt einen eigenen ordnungswidrigkeitsrechtlichen Tatbestand dar, der in der Aufzählung von § 81 Abs. 4 S. 1 GWB gerade nicht ausdrücklich genannt ist.[1248] Daher kann nicht auf den Konzernumsatz im Rahmen der umsatzbezogenen Geldbuße des § 81 Abs. 4 S. 2 GWB zurückgegriffen werden. Das hat wiederum zur Folge, dass lediglich der Regelbußgeldrahmen des § 81 Abs. 4 S. 1 GWB von maximal einer Million Euro zur Anwendung kommt, wie §§ 130 Abs. 3 S. 3; 30 Abs. 2 S. 2 OWiG bestimmen.[1249] Dies kann zwar vom Gesetzgeber so nicht gewollt gewesen sein, doch scheitert eine Anwendung des umsatzbezogenen Bußgeldrahmens von § 81 Abs. 4 S. 2 GWB auf eine Anknüpfungstat aus § 130 OWiG an der im Ordnungswidrigkeitenrecht geltenden strengen Wortlautgrenze.[1250] Diese Lücke scheint auch das Bundeskartellamt erkannt zu haben, wenn es in Rn. 1 a. F.

1245 *Koch*, AG 2009, 564; *Kokott/Dittert*, WuW 2012, 670, 671.

1246 Hinzukommt, dass der weite Unternehmensbegriff des europäischen Kartellrechts ohnehin die Konzernobergesellschaften zur Aufsicht über ihre Tochtergesellschaften zwingt.

1247 *Dannecker/Biermann*, in: Immenga/Mestmäcker, § 81 Rn. 337; 342 und 323. A. A. *Ost*, NZKart 2013, 25, 27.

1248 *Dannecker/Biermann*, in: Immenga/Mestmäcker, § 81 Rn. 337; 342 und 323.

1249 *Dannecker/Biermann*, in: Immenga/Mestmäcker, § 81 Rn. 342. A. A. MünchKommGWB/*Vollmer*, § 81 Rn. 103.

1250 *Dannecker/Biermann*, in: Immenga/Mestmäcker, § 81 Rn. 337; FK-*Achenbach*, § 81 Rn. 244; a.A. *Raum*, in: Langen/Bunte, Kartellrecht Band 1, § 81 Rn. 149; MünchKommGWB/*Vollmer*, § 81 Rn. 103.

seiner Bußgeldleitlinien 2006 formuliert, dass sie nur wegen Verletzung von GWB und EG-Vertrag bußgeldbewehrten Vorschriften gelten und damit das OWiG aussparen.[1251]

2. *Dogmatische Anknüpfungspunkte der Compliance Defence*

Im Folgenden sollen die Möglichkeiten, die Compliance Defence im deutschen Kartellrecht sinnvoll dogmatisch zu verorten, aufgezeigt werden.

a) **Anknüpfungspunkte auf der Tatbestandsebene**

aa) Berücksichtigung bei der Bußgeldverhängung gegenüber der natürlichen Person

Bei einem Verstoß durch eine der in § 30 Abs. 1 Nr. 1–5 OWiG – ebenso wie bei § 130 OWiG – genannten natürlichen Personen wird man aber eine Bußgeldminderung oder gar -enthaftung aus dem Compliance-Programm des Unternehmens nicht herleiten können. Der Unternehmensrepräsentant hat gerade den Vorgaben des Unternehmens zuwider handelt.[1252] Wenn die Verhängung des Bußgeldes an das Verschulden des Einzelnen bei Begehung des Verstoßes anknüpft, so kann bei fahrlässiger oder vorsätzlicher Zuwiderhandlung (des Einzelnen) eine Maßnahme des Unternehmens nicht berücksichtigt werden.[1253] Hinzu kommt, dass die Compliance-Maßnahmen von dem Unternehmen eingeführt wurden, die Sanktionen richten sich aber an natürliche Personen, die gerade nicht Initiatoren der Compliance-Maßnahmen sind.[1254] Compliance-Programme in den Unternehmen haben auch nicht den Zweck, die Mitarbeiter, sondern das Unternehmen zu schützen.[1255] Zumal der Unternehmensvertreter gerade entgegen der vermittelten Verhaltensvorgabe des Unternehmens handelt.

Ebenfalls ist ein vermeidbarer Verbotsirrtum nach § 11 Abs. 2 OWiG abzulehnen, da der Zuwiderhandelnde entweder durch die Inhalte des Compliance-Programms und aufgrund seiner Organstellung ausreichend geschult war oder sein Verhalten vorher mit der Compliance-Stelle in Abstimmung

1251 *Dannecker/Biermann*, in: Immenga/Mestmäcker, § 81 Rn. 337 Fn. 760.

1252 *Bosch/Colbus/Harbusch*, WuW 2009, 740, 747; *Stadler*, in: Schwerpunkte des Kartellrechts 2004, FIW Schriftenreihe 206 (2006), 67, 70; *C. Müller*, Kartellrechtscompliance, S. 181; *Klaiber*, Die Berücksichtigung von Compliance-Programmen, S. 70.

1253 *Dreher*, ZWeR 2004, 75, 85.

1254 *Dreher*, ZWeR 2004, 75, 92.

1255 *Bosch/Colbus/Harbusch*, WuW 2009, 740, 747.

hätte bringen können. Deshalb kann sogar durchaus ein negativer Effekt von einem Compliance-Programm für den Einzelnen ausgehen.[1256].

bb) Berücksichtigung bei der Bußgeldverhängung gegenüber juristischen Personen, Personenvereinigungen und Verbänden

(1) Im Rahmen von § 130 OWiG

Nach § 130 OWiG handelt der Inhaber des Betriebes bekanntlich nur dann ordnungswidrig, wenn er die erforderlichen Aufsichtsmaßnahmen zur Vermeidung von Gesetzesverstößen unterlässt. Kann er nun aber überzeugend darlegen, dass er diese durch Errichtung eines effektiven Compliance-Programms wirksam erfüllt hat, so würde mangels Aufsichtspflichtverletzung seine Haftung nach § 130 OWiG ausbleiben, wenn eine andere zu beaufsichtigende Person dennoch einen Verstoß beginge.[1257] Voraussetzung dafür ist zum einen, dass das Compliance-Programm in seiner Ausgestaltung insbesondere die Vorgaben der Rechtsprechung zu § 130 OWiG erfüllt und zum anderen der Verstoß (die Anknüpfungstat) nicht von einer Person aus dem Adressatenkreis des § 30 Abs. 1 Nr. 1–5 OWiG begangen wird, sie also unterhalb der Leitungsebene anzuordnen ist. Trotz der bestehenden Pflicht des Betriebsinhabers zur Oberaufsicht und Überwachung würde eine vollständige bußgeldrechtliche Enthaftung eintreten.[1258] Bildet die Verletzung der Aufsichtspflicht nach § 130 OWiG die Anknüpfungstat für eine Bebußung aus § 30 OWiG, liegt jene aber gerade wegen eines effektiven Compliance-Programms nicht vor, kommt es zwangsläufig zur

---

1256 *Bosch/Colbus/Harbusch*, WuW 2009, 740, 747; *Stadler*, in: Schwerpunkte des Kartellrechts 2004, FIW Schriftenreihe 206 (2006), 67, 70. Konsequenterweise ist eine Berücksichtigung von Compliance-Maßnahmen daher auch bei der Anwendung des § 46 Abs. 2 S. 1 StGB ausgeschlossen. Ebenso *Klaiber*, Die Berücksichtigung von Compliance-Programmen, S. 71.

1257 *Bechtold*, § 81 Rn. 67 „kein Zweifel" dürfe darüber bestehen; *Stadler*, in: Schwerpunkte des Kartellrechts 2004, FIW Schriftenreihe 206 (2006), 67, 70; *Bosch/Colbus/Harbusch*, WuW 2009, 740, 742; *Voet van Vormizeele*, CCZ 2009, 41, 45; *Pampel*, BB 2007, 1636, 1638; *C. Müller*, Kartellrechtscompliance, S. 177 f.; *Karbaum*, Kartellrechtliche Compliance, S. 366 mit Skepsis gegenüber dem BKartA in Fn. 1516; *Withus*, CCZ 2011, 63, 64 spricht von „Compliance-Tatbestand" im Rahmen von § 130 OWiG; KarlsruherKommentar-*Rogall*, § 130 Rn. 69; *Petermann*, Die Bedeutung von Compliance-Maßnahmen, S. 214.

1258 *Dannecker/Biermann*, in: Immenga/Mestmäcker, Vor § 81 Rn. 113; *Dannecker*, in: Alwart, S. 28; *Voet van Vormizeele*, CCZ 2009, 41, 45; *Pampel*, BB 2007, 1636, 1636; *Wirtz*, WuW 2001, 342, 344; zuletzt FK-*Seeliger/Mross*, Kartellrechts-Compliance, Rn. 86.

Enthaftung des Unternehmens. Ein effektives Compliance-Programm wäre sodann auch von den Kartellbehörden zwingend zu berücksichtigen.[1259]

Existiert ein solches Compliance-Programm zwar, bleibt aber hinter den Anforderungen zurück, kann daraus keine Enthaftung hergeleitet werden. Selbst, wenn das Compliance-Programm nicht vollständig nach den Maßgaben der Effektivität (Best Practice) aufgelegt wurde, verbliebe aber immer noch ein Spielraum für eine Bußgeldminderung im Rahmen der Bußgeldbemessung.[1260] Dies würde für Verstöße gegen das deutsche und europäische Kartellrecht gleichermaßen gelten.[1261]

(2) Im Rahmen von § 30 OWiG

Zwar finden sich weder in § 30 OWiG noch seinen hilfsweise herangezogenen Zumessungsregeln aus § 17 Abs. 3 OWiG Ausführungen zum Umgang mit Compliance-Programmen im Bußgeldverfahren, doch sind diese nicht abschließend formuliert.[1262] Allerdings wurde in der Praxis bisher weder ein vor oder nach dem Verstoß eingeführtes Compliance-Programm im Rahmen von § 30 OWiG bußgeldmindernd gewürdigt.[1263]

Bei der Möglichkeit, die Compliance Defence im Rahmen von § 30 OWiG dogmatisch zu berücksichtigen, herrscht weniger Einigkeit in der Literatur als bei § 130 OWiG. Im Wesentlichen stehen sich die Theorie der Zurechnung bzw. des Organisationsverschuldens, die § 30 OWiG als Zurechnungsnorm verstehen,[1264] und jene Auffassung, nach der § 30 OWiG eine eigene

---

1259 *Gehring/Kasten/Mäger*, CCZ 2013, 1, 10; *Bosch/Colbus/Harbusch*, WuW 2009, 740, 748; *Dreher*, ZWeR 2004, 75, 93 sieht den Zwang in dem Schutzzweck von § 130 OWiG; *Stadler*, in: Schwerpunkte des Kartellrechts 2004, FIW Schriftenreihe 206 (2006), 67, 70 Häufig werden die Kartellbehörde in dem Umstand, dass ein solches effektives Compliance-Programm bestand ein Hindernis sehen und erst gar nicht weiter untersuchen. So auch *Klaiber*, Die Berücksichtigung von Compliance-Programmen, S. 80.

1260 *Bosch/Colbus/Harbusch*, WuW 2009, 740, 748.

1261 *Kasten*, in: Mäger, Europäisches Kartellrecht, Rn. 138.

1262 MünchKommGWB/*Vollmer*, § 81 Rn. 129.

1263 *Kasten*, in: Mäger, Europäisches Kartellrecht, Rn. 147.

1264 Auch das Bundeskartellamt scheint von einer Zurechnungsnorm auszugehen, BKartA v. 21.12.2007 – B3-6/05, Rn. 43 „Die Handlungen von Herrn […] waren dem [NB] gemäß § 30 Abs. 1 Nr. 5 OWiG zuzurechnen." BKartA v. 25.9.2009 – B3-123/08 „Die vorgeworfenen Verhaltensweisen sind dem Geschäftsführer der Nebenbetroffenen nach § 130 Abs. 1 S. 1 OWiG, der Nebenbetroffenen nach § 30 Abs. 1 Nr. 1 OWiG zuzurechnen." *Dreher*, ZWeR 2004, 75, 92; wohl auch *Bohnert*, § 30

organschaftliche Verbandstäterschaft begründe,[1265] gegenüber. Es geht also um die Frage, ob der Verband für eine eigene oder fremde Zuwiderhandlung verantwortlich gemacht wird.[1266]

Geht man von einer eigenen organschaftlichen Verbandstäterschaft aus, so bliebe kein Spielraum für eine Berücksichtigung der Compliance Defence auf Tatbestandsebene. Der Verband handelt durch seine Organe selbst und ist eigens Adressat von Rechten und Pflichten, wenngleich diese von seinen Organen wahrgenommen werden (müssen). Die Begründung der Sanktion folge daraus, dass der Verband selbst die Zuwiderhandlung begangen hat. Deshalb könne auch schon kein honorierungswürdiger Spielraum für eigene präventive Maßnahmen bestehen, da es sich bei § 30 OWiG – entgegen § 130 OWiG, dem Aufsichtsverschulden für einen fremden Verstoß – um das eigene Verschulden des Unternehmens handele.[1267] Diese Auffassung werde gerade durch den dem Ordnungswidrigkeitenrecht grundsätzlich fremdartigen Normencharakter von § 30 OWiG als originäre Verbandsgeldbuße und eigenständige Sanktionsnorm verbunden mit der Möglichkeit, diese Sanktion nach § 30 Abs. 4 OWiG zugleich in einem selbstständigen Verfahren geltend zu machen, untermauert. Ferner stützt sich diese Meinung auf die gesellschaftsrechtliche Organtheorie und besagt, dass die Zuwiderhandlung einer in § 30 OWiG genannten Person zu einem eigenen und originären rechtswidrigen und schuldhaften Verhalten des Verbandes führe, da die Rechte und Pflichten sich primär an den Verband selbst richten und seine Organe diese nur wahrnehmen.[1268] Nur diese Auffassung könne der gesetzlichen Wertung, ein eigenes prozessuales verselbstständigtes Verfahren gemäß § 30 Abs. 4 S. 1 OWiG; § 82 GWB einzuführen, gerecht werden.[1269] Andernfalls komme § 30 OWiG als „Gefährdungshaftung“ gleich, einem Modell das bereits konzeptionell – insbesondere wegen Verstoßes gegen den Schuldgrundsatz – dem Sanktionsrecht fremd sei.[1270]

OWiG, Rn. 1, 2, 18. Kritisch zu dem Begriff der „Zurechnungsnorm“ grundsätzlich und in diesem Zusammenhang KarlsruherKommentar-*Rogall*, § 30 Rn. 2 f.

1265 Dafür wohl auch *Stadler*, in: Schwerpunkte des Kartellrechts 2004, FIW Schriftenreihe 206 (2006), 67, 70; so auch schon *K. Schmidt*, wistra 1990, 131, 132 m.w.N.

1266 KarlsruherKommentar-*Rogall*, § 30 Rn. 3.

1267 *Pampel*, BB 2007, 1636, 1639.

1268 So die Ausführungen bei *Voet van Vormizeele*, CCZ 2009, 41, 46; vgl. auch KarlsruherKommentar-*Rogall*, § 30 Rn. 8 m.w.N. auch zu den Ursprüngen der Theorie.

1269 *Pampel*, BB 2007, 1636, 1639; KarlsruherKommentar-*Rogall*, § 30 Rn. 14 unter Verweis auf § 33 Abs. 1 S. 2 OWiG.

1270 KarlsruherKommentar-*Rogall*, § 30 Rn. 4 f. m.w.N.

Nach der Gegenauffassung sei die Grundlage der Bestrafung aus § 30 OWiG das Organisationsverschulden des Verbandes.[1271] Daraus ergebe sich, dass der Verband den ordnungsgemäßen und vor allem rechtsmäßigen Betrieb sicherzustellen habe, sodass, wenn ein verantwortlich Handelnder im Sinne der Vorschrift (Nr. 1–5) dennoch einen Kartellverstoß beginge, der Grund der Bestrafung in dem „organisatorischen Vorverschulden"[1272] des Verbandes begründet liege. Das Unternehmen habe also diejenigen Maßnahmen zu treffen, die für einen funktionierenden und reibungslosen Geschäftsablauf notwendig seien.[1273] Die Haftung des Unternehmens aus § 30 OWiG folge daraus, dass die Tat des Mitarbeiters belege, dass von Seiten des Unternehmens die notwendigen Maßnahmen versäumt wurden, damit der Verstoß unterbliebe.[1274] So sei die Vortat des Organs oder (gesetzlichen oder gewillkürten) Vertreters mit Leitungsfunktion Ausdruck einer mangelhaften Organisation.[1275]

Innerhalb dieses Lagers sind die Meinungen hinsichtlich der Berücksichtigung von Präventionsmaßnahmen im Rahmen des Bußgeldverfahrens geteilt. Der Vorwurf des § 30 OWiG könne aber nicht durch den Nachweis und die Darlegung des Umfangs der organisatorischen Maßnahmen zur Verhinderung des Verstoßes erschüttert werden, wenngleich dies für die Exzesstat einer natürlichen Person grundsätzlich möglich erscheine.[1276] Der Gedanke der Sanktionierung des § 30 OWiG beruhe auf der Organisationslast, sodass auch eine ordnungsgemäße Organisation nicht zur Enthaftung führen könne.[1277] Die Gegenauffassung innerhalb dieses Lagers ist der Ansicht, der Verband könne sich mit dem Nachweis einer hinreichenden Organisation enthaften, denn dem Haftungsprinzip des § 30 OWiG liege gleichsam die Regelung des § 31 BGB zugrunde. Daher könne auch der Verstoß des Organs zu einer Enthaftung des Unternehmens führen.[1278]

1271 *Tiedemann*, NJW 1988, 1169, 1173; *Bohnert*, § 30 OWiG, Rn. 1; Göhler-*Gürtler*, Vor § 29a Rn. 11a; *Theile/Petermann*, JuS 2011, 496, 500; wohl auch *Johanns*, in: Mäger, Europäisches Kartellrecht, Rn. 184; *Wegner*, Die Systematik der Zumessung unternehmensbezogener Geldbußen, S. 88.

1272 *C. Müller*, Kartellrechtscompliance, S. 179.

1273 *Wegner*, Die Systematik der Zumessung unternehmensbezogener Geldbußen, S. 88 f.

1274 *Tiedemann*, NJW 1988, 1169, 1173.

1275 *Dannecker/Biermann*, in: Immenga/Mestmäcker, Vor § 81 Rn. 101.

1276 *Dannecker/Biermann*, in: Immenga/Mestmäcker, Vor § 81 Rn. 101 Fn. 287 m. w. N.; *Petermann*, Die Bedeutung von Compliance-Maßnahmen, S. 216; Karlsruher-Kommentar-*Rogall*, § 9 Rn. 17 will dann schon keine Zurechnung über § 9 OWiG annehmen; KarlsruherKommentar-*Rogall*, § 30 Rn. 11.

1277 *Tiedemann*, NJW 1988, 1169, 1173.

1278 *C. Müller*, Kartellrechtscompliance, S. 179.

Gegen die Theorie der originären Verbandstäterschaft ist anzuführen, dass Gesellschafts- und Ordnungswidrigkeitenrecht unterschiedliche Regelungszwecke haben.[1279] Zudem ist eine Bestrafung des Verbandes ohne eine Handlung des verantwortlich Handelnden aus Nr. 1–5, wie es der Wortlaut betont, nicht denkbar. Irgendein „Transformationsakt" des Handelns des Einzelnen auf die Gesellschaft wird jedenfalls auch von Vertretern der Theorie der originären Verbandstäterschaft angenommen.[1280] Die Konstruktion der Verbandsschuld bleibt letztlich auch eine Fiktion, denn die Fehlorganisation geht nicht von dem Verband selbst, sondern von seinen Mitgliedern, also seinen natürlicher Personen, aus.[1281] Es wäre demnach möglich, die Compliance Defence (auch) auf Tatbestandsebene zu verorten.

Ferner soll es nicht von der dogmatischen Begründung der Unternehmensverantwortlichkeit abhängen, ob eine Compliance Defence im Rahmen § 30 OWiG verankert werden kann.[1282] Zur Begründung muss gerade auch auf den Sinn und Zweck der Vorschrift abgestellt werden, denn jedenfalls hat § 30 OWiG eine „verhaltenssteuernde Wirkung".[1283] Neben einer Vorteilsabschöpfung der erlangten Beträge bezweckt dieser, die Unternehmensleitung zu bewegen, das Unternehmen ordentlich und sorgsam zu führen, es zu einem „Good Corporate Citizen"[1284] anzuleiten.[1285] Über die repressive Funktion der Bestrafung und Reaktion auf einen Normverstoß bezweckt § 30 OWiG, Unternehmen auf ihrem Weg zur Rechtstreue zu unterstützen.[1286] Die präventive Funktion der Norm liegt darin begründet, den Verband zur Errichtung und ständigen Verbesserung seiner eigenen unternehmensweiten Kontrollen zu veranlassen.[1287] Diesem Zweck und seiner verhaltenssteuernden Funktion würde aber dann zuwidergehandelt werden,

---

1279 *C. Müller*, Kartellrechtscompliance, S. 180.

1280 KarlsruherKommentar-*Rogall*, § 30 Rn. 118; Göhler-*Gürtler*, § 30 Rn. 36a; *Bosch/Colbus/Harbusch*, WuW 2009, 740, 748; KarlsruherKommentar-*Rogall*, § 9 Rn. 27; KarlsruherKommentar-*Rogall*, § 30 Rn. 3.

1281 *Wegner*, Die Systematik der Zumessung unternehmensbezogener Geldbußen, S. 90 f.

1282 So auch *Bachmann*, in: Gesellschaftsrecht in der Diskussion, S. 65, 86.

1283 *Voet van Vormizeele*, CCZ 2009, 41, 46; *Dreher*, ZWeR 2004, 75, 93.

1284 *Dannecker*, in: Alwart, S. 6.

1285 *Wegner*, wistra 2000, 361, 363; *Voet van Vormizeele*, CCZ 2009, 41, 46.

1286 KarlsruherKommentar-*Rogall*, § 30 Rn. 16. Die Gegenmeinung behauptet, die Verhaltenssteuerung liege bereits in der Ausgestaltung der Handlung als bußgeldbewerte Verbotsnorm. Es sei weder ersichtlich, warum eine Verhaltssteuerung darüber hinaus erkennbar oder vom Gesetzgeber gewollt sei noch, wie sich diese Auffassung dogmatisch begründen lasse, *Pampel*, BB 2007, 1636, 1639.

1287 *Dannecker/Biermann*, in: Immenga/Mestmäcker, Vor § 81 Rn. 216 mit Verweis auf *Biermann*, ZWeR 2007, 1, 35 f.

wenn Compliance-Maßnahmen in Gänze unbeachtet blieben. Je nach Grad und Umfang der Maßnahmen müsse daher eine Berücksichtigung erfolgen.[1288]

Hinzukommt schließlich, dass sich beide Theorien mit der Frage der Verhängung (dem Ob) und nicht mit der Frage der Bemessung (dem Wie) beschäftigen. Nach beiden verbleibt also jedenfalls im Rahmen der Bußgeldbemessung Raum, unternehmensspezifische Umstände zu berücksichtigen.

b) Anknüpfungspunkte auf der Rechtsfolgenebene

An dieser Stelle sollen die möglichen dogmatischen Anknüpfungspunkte der Compliane Defence im deutschen Kartellrecht aufgezeigt werden. Insofern kann auf viele zuvor gefundene Ergebnisse des europäischen Kartellrechts verwiesen werden; sie sind weitestgehend gleichläufig, sodass im Folgenden nur einige Ergänzungen und Besonderheiten des deutschen Kartellrechts dargestellt werden.

So lässt sich gleichfalls die Compliance Defence in den Leitlinien als „mildernder Umstand" verorten und die Gedanken zur „antizipierten Selbstbindung" gelten gleichermaßen, da ebenfalls im deutschen Kartellrecht Bonus- und Settlement-Verfahren praktiziert werden.

(1) Besonderheit der Leitlinien des Bundeskartellamtes 2006: Das Nachtatverhalten

In Randzeichen 17 der 2006er Bußgeldleitlinien des Bundeskartellamts findet sich ausdrücklich der Milderungsgrund des Nachtatverhaltens. Deshalb wollen einige in der nachtatlichen Einführung eines Compliance-Programms seitens des bebußten Unternehmens ein solches honorierungswürdiges Nachtatverhalten zu erkennen und das Bußgeld zu reduzieren.[1289] Auch das Kammergericht hatte bereits in einem Fall, in dem das Unternehmen nach dem Verstoß organisatorische Maßnahmen ergriffen hatte, dass ein künftiger Verstoß verhindert würde, eine Bußgeldminderung zugesprochen.[1290]

Der Anknüpfungspunkt ist jedoch weniger gut geeignet, denn er blendet gänzlich aus, dass bereits vor dem Verstoß bisweilen regelmäßig eine Pflicht bestand, ein Compliance-Programm einzuführen.[1291] Zudem handelt es sich,

---

1288 *Dreher*, ZWeR 2004, 75, 93; a. A. *Pampel*, BB 2007, 1636, 1639 nach dem die Verhaltenssteuerung bereits in der Ausgestaltung als bußgeldbewehrte Verbotsnorm liege.

1289 *Voet van Vormizeele*, CCZ 2009, 41, 45; *Gehring/Kasten/Mäger*, CCZ 2013, 1, 10; *Petermann*, Die Bedeutung von Compliance-Maßnahmen, S. 226.

1290 KG, WuW/E OLG 4572, 4574.

1291 *Kasten*, in: Mäger, Europäisches Kartellrecht, Rn. 147. Vgl. dazu auch Kommission v. 21.12.2005 – 38.443 *Kautschukchemikalien*, C(2005) 5592 final, Rn. 306: „Auch

wie bereits oben festgestellt, bei der Entscheidung des Kammergerichts um einen Einzelfall und sie stammt aus einer Zeit, die dem heutigen Verständnis von Compliance nicht allzu nahe kommt.[1292]

Kritiker wenden dagegen jedoch ein, dass ebenso ein Milderungsgrund nach Rz. 17 im Wege des Nachtatverhaltens „finanzielle Einbußen Dritter" auszugleichen sei, letztlich ein finanzieller Ausgleich des angerichteten Schadens zu leisten sei. Dahinter verberge sich aber auch nichts anderes, als die Erfüllung des gesetzlichen Schadensersatzanspruches aus § 33 GWB.[1293] Das wesentliche Kriterium im Rahmen des Nachtatverhaltens sei aber die Freiwilligkeit der Maßnahmen und Einsicht des Unternehmens über die Unrechtsmäßigkeit seiner Handlung.[1294] Dieses Verhalten legt das Unternehmen unabhängig von der Frage der Rechtspflicht an den Tag.[1295] Ein solches Verhalten wäre also in der Errichtung eines Compliance-Programms zur Vermeidung zukünftiger Zuwiderhandlungen zu sehen.[1296]

Für den Fall, dass vor dem Verstoß keine Pflicht zur Einführung eines Compliance-Programms bestand, wie es etwa bei kleineren und mittelständischen Unternehmen der Fall sein wird, könnte ein effektives Compliance-Programm einen Milderungsgrund darstellen.

Schadensersatzzahlungen in zivilrechtlichen Verfahren, durch die ein Ausgleich fuer die Schäden geleistet werden sollen, die Kartelle einzelnen Unternehmen oder Verbrauchern zugefuegt haben, sind nicht mit öffentlich-rechtlich begruendeten Sanktionen fuer rechtswidriges Verhalten vergleichbar. Schadensersatzforderungen von geschädigten Kunden sind entsprechend eine uebliche Folge rechtswidrigen Verhaltens, und die Kommission kann die Schadensersatzzahlungen, die Crompton als Ausgleich fuer die auf diesen Märkten entgangene Gewinne an Kunden in den Vereinigten Staaten und in Kanada geleistet hat, nicht zugunsten von Crompton beruecksichtigen."

1292 Ähnlich *Klaiber*, Die Berücksichtigung von Compliance-Programmen, S. 54, 89.

1293 *Voet van Vormizeele*, CCZ 2009, 41, 46. Kritisch dazu auch OFT, Guidance as to the appropriate amount of a penalty, October 2011, OFT423con, 5.48 m.w.N., da unter Umständen die Verfolgungsbehörde mit der konkreten und angemessenen Schadensausgleichsberechnung beschäftigt wäre und es sicherlich zu pauschal wäre, eine Reduzierung nach dem Prinzip „Euro je (gezahltem) Euro" zu gewähren.

1294 *Voet van Vormizeele*, CCZ 2009, 41, 46 mit Verweis auf *Schäfer/Sander/v. Gemmeren*, Praxis der Strafzumessung, Rn. 375.

1295 *Voet van Vormizeele*, CCZ 2009, 41, 46; *Heinemann*, FS v. Büren (2009), S. 597, 621.

1296 Anders als beim Täter-Opfer-Ausgleich wird kein Zusammenhang zu der geahndeten Zuwiderhandlung hergestellt, sondern das Compliance-Programm orientiert sich in die Zukunft. Der Zweck des zivilrechtlichen Ausgleichs liegt in erster Linie in der präventiven Drohung und der damit verbundenen abschreckenden Wirkung, *Haucap/Stühmeier*, WuW 2008, 413, 414.

(2) Gedanken zur „Einheit der Verwaltungsverfahren"

In anderen Verwaltungsverfahren, wie dem Steuer- oder dem Zollrecht, werden die Compliance-Maßnahmen der Unternehmen mit einem konkreten Bonus als Anreiz honoriert.[1297] Eine Schonung der behördlichen Ressourcen und kooperative Zusammenarbeit hat z.B. eine zeitnahe Betriebsprüfung oder eine verbindliche Auskunft seitens der Steuerbehörden zur Folge. Im Steuerrecht geht es vor allem darum, einen hohen Grad an Tax-Compliance, also ein geringes steuerliches Risiko, zu etablieren.

Im Zollrecht besteht die Figur des „Zugelassenen Wirtschaftsbeteiligten".[1298] Art. 1 Nr. 12 Zollkodex-Durchführungsverordnung (ZK-DVO) versteht unter dem Begriff des Wirtschaftsbeteiligten „eine Person, die im Rahmen ihrer Geschäftstätigkeit mit unter das Zollrecht fallenden Tätigkeiten befasst ist."[1299]

Ein Unternehmen, das nach Art. 5a Abs. 1 des Zollkodex (ZK) einen solchen Status erhält, kann im gesamten Unionsgebiet in einem vereinfachten Verfahren ohne neuerliche sicherheitsrelevante Zollkontrollen eine Bewilligung im Zollverfahren erlangen.[1300] Der Status des Zugelassenen Wirtschaftsbeteiligten ist für den Inhaber in vielerlei Hinsicht vorteilhaft, da es für ihn zu Zollvereinfachungen und Sicherheitserleichterungen kommt.[1301] Beantragt der Inhaber eines AEO-Zertifikats (AEO C oder AEO F) eine zollrechtliche Vereinfachung nach Art. 14b Abs. 1 ZK-DVO, so gelten die bereits bei Erteilung des Zertifikates geprüften Voraussetzungen weiterhin als erfüllt. Zudem brauchen Inhaber von AEO S und AEO F Zertifikaten im Rahmen der elektronischen Vorausanmeldung nicht mehr einen vollständigen, sondern lediglich einen reduzierten nach Maßgabe des Anhangs 30A Abschnitt 2.5 der ZK-DVO Datensatz zu übermitteln. Ferner

---

1297 Nach *Natzel*, Der zugelassene Wirtschaftsbeteiligte, S. 1 stellt die Compliance-Thematik um den zugelassenen Wirtschaftsbeteiligten zurzeit die bedeutendste Thematik dar.

1298 *Merz*, in: Hauschka, § 33 Rn. 79, diese Figur wurde mit Zollkodex-Reform durch die VO (EG) Nr. 648/2005 eingeführt. Dazu grundsätzlich *Natzel*, Der zugelassene Wirtschaftsbeteiligte (2007).

1299 *Merz*, in: Hauschka, § 33 Rn. 82, diese Person kann grundsätzlich natürlich oder juristisch sein und übt zollrelevante Tätigkeiten aus.

1300 Kilian/Heussen-*Landry/Harrings*, CHB Teil 8, Rn. 23. Nach Art. 14a Abs. 1 ZK-DVO werden grds. drei unterschiedliche Zertifikate für den Zugelassenen Wirtschaftsbeteiligten ausgestellt: AEO-Zertifikat (Authorised Economic Operator) „Zollrechtliche Vereinfachungen" (AEO C), AEO-Zertifikat „Sicherheit" (AEO S), AEO-Zertifikat „Zollrechtliche Vereinfachungen/Sicherheit" (AEO F).

1301 Eingehend zu den rechtlichen und wirtschaftlichen Vorteilen *Natzel*, Der zugelassene Wirtschaftsbeteiligte, S. 275 ff.

sollen Inhaber der Zertifikate nicht so häufig zollrechtlich geprüft werden, wie Beteiligte ohne ein Zertifikat. Schließlich kann der Inhaber der Zertifikate AEO S oder AEO F vor einer Warenkontrolle nach Art. 14b Abs. 2 ZK-DVO von der anstehenden Prüfung unterrichtet werden.

Der Erteilung dieses Status, für den das örtliche Hauptzollamt zuständig ist, geht allerdings eine umfangreiche Prüfung mit zahlreichen Voraussetzungen voraus. Grundsätzlich muss das Unternehmen im Zeitpunkt der Antragsstellung seine Zuverlässigkeit bei der Einhaltung der Zollvorschriften nachweisen und für den Zeitpunkt ab Erteilung des Status ein Monitoringsystem zur Einhaltung des Zollrechts nachweisen.[1302] Die Voraussetzungen sind in Art. 5a Abs. 2 ZK i.V.m. §§ 14 ff. ZK-DVO niedergelegt.[1303] Im Einzelnen muss das Unternehmen

die angemessene Einhaltung der Zollvorschriften in der Vergangenheit nachweisen, Art. 14h ZK-DVO,

eine zufriedenstellende Buchführung hinsichtlich der Geschäfts- und Beförderungsunterlagen, welche eine geeignete Kontrolle ermöglicht, vorhalten, Art. 14i ZK-DVO,

den Nachweis der Zahlungsfähigkeit erbringen, Art. 14j ZK-DVO,

und schließlich die Einhaltung geeigneter Sicherheitsstandards gewährleisten, Art. 14k ZK-DVO.

Im Kartellrecht besteht ebenso wie im Außenwirtschafts- und Steuerrecht eine Diskrepanz zwischen Regelungs- und Sanktionsmechanismen. Die Kartellbehörden können mangels geeigneter personeller und finanzieller Ausstattung nicht jeden Kartellverstoß ermitteln und verfolgen. Sie sind nicht selten auf die „Unterstützung“ der Unternehmen bei der Aufdeckung und Aufarbeitung eines Kartellverstoßes angewiesen und belohnen die kooperative Zusammenarbeit. Es könnte daher der Zweck, der im Außenwirtschafts- und Steuerrecht praktizierten Belohnung für Compliance-Maßnahmen bestehende Gedanke abstrahiert und auf das Kartellrecht übertragen werden („Einheit der Verwaltungsverfahren“).

Allerdings würden dabei zweierlei Dinge unzulässigerweise miteinander vermengt. Die soeben vorgestellten Regelungen des Außenwirtschafts- und

---

1302 *Merz*, in: Hauschka, § 33 Rn. 81 „Monitoring von außenhaldensrelevanten Compliance-Elementen“.

1303 Verordnung (EG) Nr. 1875/2006 der Kommission v. 18.12.2006 zur Änderung der Verordnung (EWG) Nr. 2454/93 mit Durchführungsvorschriften zu der Verordnung (EWG) Nr. 2913/92 des Rates zur Festlegung des Zollkodex der Gemeinschaften, ABl. EU L 360 , S. 64. Die Bewilligungsvoraussetzungen sind in den Leitlinien „Zugelassene Wirtschaftsbeteiligte“ (Dokument TAXUD/2006/1450 vom 29. Juni 2007) näher erläutert. *Natzel*, Der zugelassene Wirtschaftsbeteiligte, S. 169 ff.

Steuerrechts sind reine Verfahrenszusagen seitens einer Verwaltungsbehörde. Gerade im Steuerrecht liegt der Bonus in einer weniger umfangreichen und schnelleren Prüfung, das heißt, die Finanzbehörde verzichtet auf eine vollumfängliche Kontrolle des Steuerschuldners. Ein Bonus in Form einer geringeren Steuerschuld ist gerade nicht vorgesehen.

Mit der Compliance Defence im kartellrechrechtlichen Bußgeldverfahren wird allerdings keine irgendwie bevorzugte verfahrensrechtliche Belohnung verfolgt, sondern ein konkreter Abschlag auf ein nach materiell-rechtlichen Regeln verhängtes Bußgeld begehrt. Ein derart weites Ermessen, wie es den Verfolgungsbehörden im Kartellrecht eingeräumt wird, ist den Verfolgungsbehörden im Außenwirtschafts- und Steuerrecht aber geradezu fremd. Denn sie verfügen richtigerweise über keinerlei Ermessen von den materiell-rechtlichen Vorgaben abzuweichen; ihre Anwendung steht ihnen nicht zur Disposition. Zwar lässt sich dem Ausflug in andere Rechtsgebiete mit einer ebenfalls starken verfahrensrechtlichen Stellung der Verfolgungsbehörden entnehmen, dass Compliance-Maßnahmen grundsätzlich belohnt werden und daher eine gewisse Tendenz entnehmen. Doch ist das Ergebnis wegen der Verschiedenartigkeit der materiell-rechtlichen Befugnisse der jeweiligen Verfolgungsbehörden nicht geeignet, Rückschlüsse für eine dogmatische Verortung der Compliance Defence im kartellrechtlichen Bußgeldverfahren zuzulassen.

An dieser Stelle könnte sodann eingewandt werden, dass zumindest im deutschen Kartellrecht wegen seines ordnungswidrigkeitsrechtlichen Sanktionssystems eine Nähe eher zu anderen Rechtsgebieten, etwa dem Antikorruptions- und Umweltrecht, mit ebensolchen Sanktionssystemen sehr viel näher liege.[1304] In diesen beiden Rechtsgebieten sei die vollständige oder teilweise bußgeldmindernde Berücksichtigung von Compliance-Maßnahmen überhaupt nicht Gegenstand der aktuellen Diskussion.[1305] Es gebe gerade keinen erkennbaren Grund, warum im Kartellrecht anders zu verfahren sei, als im allgemeinen Ordnungswidrigkeitenrecht, also z.B. im Korruptions- und Umweltrecht,[1306] – zumal im englischen Recht eine Compliance Defence (adequate procedure defence) im UK Bribery Act und den dazu ergangenen Leitlinien bereits anerkannt ist.[1307]

1304 In die Richtung auch *Gehring/Kasten/Mäger*, CCZ 2013, 1, 8.

1305 Vgl. aber *Stetter*, CCZ 2009, 227 ff. Zuletzt *Rübenstahl/Skoupil*, wistra 2013, 209, 215.

1306 Nach *Bosch/Colbus/Harbusch*, WuW 2009, 740, 748.

1307 So auch *Gehring/Kasten/Mäger*, CCZ 2013, 1, 8. Vgl. dazu *Deister/Geier*, CCZ 2011, 12 ff.; *Modlinger/Richter*, ZRFC 2011, 16 ff. Vgl. zu US-amerikanischen FCPA *Petermann,* Die Bedeutung von Compliance-Maßnahmen, S. 100 f; *Rübenstahl/Skoupil*,

In der Tat ist eine Diskussion über die Reichweite der Compliance Defence im Bußgeldverfahren in den beiden Rechtsgebieten bisher nur in Ansätzen vorhanden. Dieser Befund ist allerdings nicht auf fehlende dogmatische Möglichkeit, sondern vielmehr auf einen geringen Forschungsstand als er im Kartellrecht besteht, zurückzuführen.[1308] Deshalb hat diese Feststellung keinerlei Auswirkungen auf die Berücksichtigung im kartellrechtlichen Bußgeldverfahren. Im Gegenteil, die Debatte um Compliance Defence im Kartellrecht müsste gleichermaßen auf die anderen ordnungswidrigkeitsrechtlichen Sanktionssysteme übertragen werden.

3. *Zusammenfassung und Stellungnahme*

Es sind also an verschiedenen Stellen in Tatbestand und Rechtsfolge sowie durch den intradisziplinären Vergleich Möglichkeiten aufgezeigt worden, die Compliance Defence im geltenden Recht zu verorten. Sinnvollerweise sollte sie als mildernder Umstand im Rahmen der Bußgeldleitlinien von Kommission und Bundeskartellamt verankert werden. So verbliebe die Beweislast über die „Effektivität" der Compliance-Maßnahmen weiterhin bei den Unternehmen und die Kartellbehörden würden nicht verpflichtet, gerade über diesen Umstand den Nachweis zu erbringen. Als konkreter Abschlag auf das Bußgeld sollte eine Summe von maximal fünf bis zehn Prozent gewährt werden.[1309] Zu einer 100 %igen Enthaftung – auch im Rahmen von § 130 OWiG – sollte die Compliance Defence aber aus folgender Überlegung nicht führen.[1310]

---

wistra 2013, 209, 210 ff.; *Geradin*, Journal of Antitrust Enforcement, Vol. 1, No. 2, S. 325, 329.

1308 In die Richtung auch *Moosmayer*, CCZ 2013, 218 f. was eine allgemeine Kronzeugenregelung für Unternehmen angeht.

1309 FK-*Seeliger/Mross*, Kartellrechts-Compliance, Rn. 116 sprechen sich gegen eine starre Festlegung auf bestimmte prozentuale Größen aus und halten einen Abschlag von 10 % für sehr restriktiv. Ebenso kritisch und differenzierend *Geradin*, Journal of Antitrust Enforcement, Vol. 1, No. 2, S. 325, 344. Für einen Abschlag von 10 % *Klaiber*, Die Berücksichtigung von Compliance-Programmen, S. 145 oben. Zugleich differenziert *Klaiber* aber danach, ob der Verstoß vor oder nach Einführung des Compliance-Programms begangen wurde.

1310 Gegen eine vollständige Enthaftung auch *Wils*, Journal of Antitrust Enforcement, Vol. 1, No. 1, S. 52, 68 f. und (trotz kritischer Antwort auf *Wils*) auch *Geradin*, Journal of Antitrust Enforcement, Vol. 1, No. 2, S. 325, 327; *Klaiber*, Die Berücksichtigung von Compliance-Programmen, S. 142; ebenso *Heinemann*, FS v. Büren (2009), S. 597, 620. Denn der Anreiz, einen einzelnen Mitarbeiter aus Unternehmensinteressen zu „opfern", wäre zu groß. Wiederum gegen eine Festlegung auf absolute Beträge *Baron/Seeliger*, Compliance-Berater 2013, 345, 349 a. E.

Im deutschen und europäischen Kartellrecht haben sich mittlerweile zwei wichtige Kooperationssysteme bewährt – die Settlement- und Leniency-Regelung. Diese sehen für Kooperationen seitens der Unternehmen mit den Verfolgungsbehörden konkrete Abschläge zwischen zehn und 100 Prozent vor. Als präventive Maßnahme sollte sich die Compliance Defence genau in dieses bestehende Gefüge einreihen. Wenn bereits für ein vollständiges Eingeständnis in den von der Kartellbehörde ermittelten Sachverhalt zehn Prozent bzw. die Aufdeckung und Anzeige der Teilnahme an einem bestehenden (unbekannten) Kartell bis zu 100 Prozent Bußgelderlass gewährt werden können, erscheint eine „Einbindung" der Compliance Defence in das vorhandene Erlassregime von nicht mehr als zehn Prozent sinnvoll.[1311] Compliance-Maßnahmen unterhalb des „Effektiven", also des Best Practice-Maßstabs für das jeweilige Unternehmen bzw. seine Branche, sollten nicht honoriert werden. Das echte Interesse an und die Überzeugung von der Rechtskonformität seitens des Unternehmens kann nur ein effektives Complaince-Programm signalisieren.

Ferner ist auch zu berücksichtigen, dass nach die Verbandsgeldbuße im deutschen Kartellrecht neben der Ahndungs- auch eine Abschöpfungsfunktion innehat. Die Abschöpfung ist vielmehr zwigend vorzunehmen, sodass trotz Bestehen eines Compliance-Programms regelmäßig eine hohe Geldstrafe in Höhe des erlangten Vorteils verhängt wird.[1312]

Schließlich würde bei einer vollständigen Enthaftung nicht der materielle Verstoß im Vordegrund stehen und geprüft werden, sondern (einzig) die Frage im Raume stehen, ob das CP tauglich genug war, den Verstoß zu verhindern. Das Augenmerk der Prüfung verschiebt sich zu sehr von der Frage des materiellen Verstoßes hin zur Prüfung der Compliance.[1313]

Folge einer Regelung zur Compliance Defence muss sein, dass Compliance lohnenswert ist. Eine vertrauensvolle und pro-aktive Kooperation mit den Aufsichtsbehörden trägt dazu bei, regulatorische Probleme rechtzeitig zu erkennen und zu lösen.[1314] Die Kartellbehörden haben die einmalige Chance, durch das

1311 So auch *Voet van Vormizeele*, CCZ 2009, 41, 46. In die Richtung auch *Stadler*, in: Schwerpunkte des Kartellrechts 2004, FIW Schriftenreihe 206 (2006), 67, 70, der keine vollständige Enthaftung, aber eine Bußgeldreduzierung in der Compliance Defence erkennen will.

1312 *Petermann*, Die Bedeutung von Compliance-Maßnahmen, S. 222 f.; *Rübenstahl/ Skoupil*, wistra 2013, 209, 215.

1313 Ähnlich *Klaiber*, Die Berücksichtigung von Compliance-Programmen, S. 143.

1314 *Lösler*, NZG 2005, 104, 105; *Schwarze/Bechtold/Bosch*, Rechtstaatliche Defizite im Kartellrecht der Europäischen Gemeinschaft, S. 63.

aktive Einfordern effektiver Compliance-Programme einen eigenen Beitrag für die Setzung von Standards zu setzen. Insofern ist der Ansatz der Kommission und Bundeskartellamtes antiquiert.[1315] In den USA wurde erkannt, dass zur umfassenden Bekämpfung von Wirtschaftskriminalität die Verpflichtung zur Einführung präventiver Maßnahmen auch die Initiative zur Risikobegrenzung neben strafrechtlichen Sanktionen honoriert werden muss.[1316] Es sollten Anreize für präventive Eigenaktivität der Unternehmen gesetzt werden, um so langfristig Kartellbildungen zu unterbinden.

Werden Compliance-Maßnahmen nicht berücksichtigt, so wird zwar nicht jeder Anreiz, die Kosten und Mühen aufzubringen, genommen, doch würde ein wesentlicher Faktor unberücksichtigt bleiben.[1317]

1315 *Voet van Vormizeele*, CCZ 2009, 41, 47.

1316 Es herrscht eine „Synthese“ von Prävention und Repression, *Bussmann/Matschke*, wistra 2008, 88, 95.

1317 Nach *Dreher*, ZWeR 2004, 75, 88 entfiele jedoch jeder Anreiz. In die Richtung *Gehring/Kasten/Mäger*, CCZ 2013, 1, 8.

§ 4 Verfassungsrechtlicher Teil: Verfassungsrechtlicher Rahmen der Compliance Defence

Die derzeitige Diskussion im deutschen und europäischen Kartellrecht über die Verfassungsgemäßheit der Bußgeldvorschriften und deren Anwendung durch die Verfolgungsbehörden stellt zugleich eine Chance dar, die Compliance Defence dogmatisch sinnvoll und verfassungsrechtlich unbedenklich zu verorten. Jede juristische Überarbeitung und Novellierung der Gesetzeswerke bietet dafür eine Gelegenheit, wenngleich diese im deutschen Kartellrecht zunächst im Rahmen der 8. GWB Novelle versäumt worden ist.

Reformbedürfnis im Kartellsanktionsrecht wird immer wieder verlautbart. Ausgangspunkt der Debatte ist das Ziel, größtmögliche Abschreckung mit einem Bußgeldregime zu gewährleisten. Die Änderungen reichen von kleineren Anpassungen in den Leitlinien hin zu einer „umfassenden Reform des Kartellsanktionsrechts" auf europäischer und deutscher Ebene.[1318] Ferner ist die Rede von einer zivilrechtlichen Haftung für Kartellabsprachen in einer EU-Verordnung in mindestens der Höhe der bestehenden Bußgeldobergrenze, von der Verlagerung der Sanktionierungskompetenz von der Kommission hin zu einem unabhängigen EU-Gericht[1319] sowie der Einführung der Discovery-Regelung oder privater „relators" zur Entgegennahme von Leniency-Anträgen.[1320] Diese größtmögliche Abschreckung wird womöglich nur durch die Formulierung von Straftatbeständen mit Freiheitsstrafen – sei es lediglich für Kernverstöße[1321] – er-

1318 *Voet van Vormizeele*, CCZ 2009, 41, 48. So auch *Dannecker/Biermann*, in: Immenga/Mestmäcker, § 81 Rn. 415 und der Forderung ein spezielles deutsches Wettbewerbssanktionsrecht zu erlassen.

1319 Kritisch dazu auch *Soltész/Steinle/Bielesz*, EuZW 2003, 202, 209.

1320 *Riley*, World Comp 2005, 377, 396 ff., zitiert nach *Bueren*, ZWeR 2012, 310, 342. Ähnliche Ideen auch bei *Bechtold*, in: Schwarze, Rechtsschutz und Wettbewerb (2010), S. 97, 104; *Bueren*, EWS 2012, 363, 365.

1321 *Heinemann*, FS v. Büren (2009), S. 597, 606, 614 entweder man schafft eigene Verbotstatbestände oder knüpft an bestehenden an. Unter Umständen müsste ein gesondertes Unternehmensstrafrecht geschaffen werden, da das OWiG vor allem auf Bagatellstrafen ausgerichtet sei, BKartA, Kartellbußgeldverfahren zwischen deutschem Systemdenken und europäischer Konvergenz (2012), S. 26 f.

zielt werden, da sie nicht das Unternehmen, sondern (zugleich) die handelnden Personen treffen.[1322]

Von Seiten der Literatur wird die bestehende Bußgeldregelung und ihre Praxis aus verschiedenen Gründen zum Teil scharf kritisiert.[1323] Bei den verfassungsrechtlichen Bedenken handelt es sich um weniger gravierende bis hin zu sehr ernstzunehmenden Vorwürfen.[1324] Im Folgenden soll (nur) kursorisch auf die wesentlichen Kritikpunkte der bestehenden Praxis eingegangen und zugleich ein Überblick über den Stand der Diskussion gegeben werden. Dabei äußert sich die Kritik an den Regelungen im deutschen und europäischen Kartellrecht in den meisten Punkten gleichläufig, da die Vorschriften in vielerlei Punkte harmonisiert sind, weshalb im Folgenden vereinzelt eine gemeinsame Darstellung erfolgen kann.

A) Verstoß gegen den Verhältnismäßigkeitsgrundsatz

Beachtlich ist der Vorwurf des Verstoßes gegen den Grundsatz der Verhältnismäßigkeit. Dieser Grundsatz lässt sich im deutschen Recht zunächst aus Art. 20 Abs. 3 GG i.V.m. dem Rechtsstaatsprinzip ableiten.[1325] Das daraus erwachsende

---

1322 Für Individualstrafen (Geld- oder Freiheitsstrafe sowie Disqualification) *Geradin*, The EU Competition Law Fining System, S. 21 ff.; *Heinemann*, FS v. Büren (2009), S. 597, 606 ff. m.w.N. zu pro und contra einer strafrechtlichen Regelung; *Hüschelrath*, Comp Law 2010, 481, 483 a.E. Ähnlich auch BKartA, Kartellbußgeldverfahren zwischen deutschem Systemdenken und europäischer Konvergenz (2012), S. 26. Vgl. aber zum kompetenziellen Problem für strafrechtliche Sanktionen auf Unionsebene *Schwarze/Bechtold/Bosch*, Rechtstaatliche Defizite im Kartellrecht der Europäischen Gemeinschaft, S. 66, 81 („Sanktionen unterhalb des Strafrechts"). Von auch diesem Befund, dass die Bebußung der natürlichen Person die Effektivität der Kartellverfolgung steigern würde, geht auch die OECD in ihrer Studie aus dem Jahre 2005 aus, dazu *Schwarze/Bechtold/Bosch*, Rechtstaatliche Defizite im Kartellrecht der Europäischen Gemeinschaft, S. 68; *Heinemann*, FS v. Büren (2009), S. 597, 611, 613, 622 f. Rechtsvergleichend zum Kartellstrafrecht *Wagner-von Papp*, WuW 2009, 1236 ff.

1323 Vgl. zu den Anfängen und ersten Kritikern der 1960er Jahre *Soltész/Steinle/Bielesz*, EuZW 2003, 202, 203 Fn. 9 m.w.N.

1324 So ist beispielsweise der Vorwurf der Rückwirkung der 7. GWB Novelle weniger gravierend. Das Siebte Gesetze zur Änderung des Gesetzes gegen Wettbewerbsbeschränkungen vom 7. Juli 2005 wurde am 12. Juli im Bundesgesetzblatt verkündet, doch besagt sein Art. 4, dass der Tag des Inkrafttretens der 1. Juli 2005 war.

1325 *Wegner*, Die Systematik der Zumessung unternehmensbezogener Geldbußen, S. 75, 193. Nach MünchKommGWB/*Vollmer*, § 81 Rn. 97 seien die Bußgeldvorschriften hinreichend bestimmt und genügten den Anforderungen von Art. 103 Abs. 2 GG.

Prinzip einer verhältnismäßigen und schuldangemessenen Strafe gilt nicht nur im Kriminalstrafrecht, sondern im Ordnungswidrigkeitenrecht sowie für natürliche Personen, überpersonale Einheiten als auch die Strafbegründung und Strafbemessung gleichermaßen.[1326] Dem wohnt im Wesentlichen inne, dass Tatbestand und Rechtsfolge sachgerecht aufeinander abgestimmt sein müssen, die angedrohte Sanktion demnach in einem abgewogenen Verhältnis zu Schwere und Vorwerfbarkeit der Tat und des Täters zu stehen habe.[1327] Der Richter muss stets die Möglichkeit einer schuldangemessenen Reaktion bei Begründung und Bemessung der Strafe haben.[1328] Dabei ist die Festlegung eines angemessenen Bußgeldrahmens im deutschen Recht zuvorderst die Aufgabe des (demokratisch legitimierten) Gesetzgebers.[1329]

Auch im europäischen Kartellrecht hat der Grundsatz der Verhältnismäßigkeit einen hohen Stellenwert; er ist als ungeschriebener allgemeiner Rechtssatz – unter anderem als Ausprägung des Rechtsstaatsprinzips – seit langem anerkannt.[1330]

Literatur und Praxis kritisieren, dass der sprunghafte Anstieg des Bußgeldniveaus von mehreren hundert Millionen Euro im deutschen und europäischen Kartellrecht mit diesem Grundsatz nicht mehr vereinbar sei und sich außerhalb eines angemessen Rahmens bewege.[1331] Es gelte, Verfolgungsansprüche der Wettbewerbsbehörden und Rechtsschutzansprüche der betroffenen Unternehmen wieder in einen angemessenen Ausgleich zu bringen.[1332] Der Verstoß gegen den Verhältnismäßigkeitsgrundsatz sei umso einleuchtender, als ohne legislative Veränderung in der Sache – die Bußgeldvorschriften der Art. 23 Abs. 2 VO 1/2003 und Art. 15 Abs. 2 VO 17/62 seien insofern identisch – ein ganz anderes Bußgeldniveau erreicht werden konnte.[1333] Die seit etwa fünfzig Jahren bestehenden und im Kern unverändert gebliebenen Regelungen und Ermessensvorschriften verkennen die deutlich angestiegenen Unternehmensumsätze in demselben

1326 *Wegner*, Die Systematik der Zumessung unternehmensbezogener Geldbußen, S. 186, 196 m.w.N.

1327 *Wegner*, Die Systematik der Zumessung unternehmensbezogener Geldbußen, S. 187.

1328 *Hassemer/Dallmeyer*, S. 20.

1329 *Dannecker/Biermann*, in: Immenga/Mestmäcker, § 81 Rn. 366.

1330 Dazu *Schwarze*, Europäisches Verwaltungsrecht, S. 661 ff., zur konkreten Herleitung S. 690 ff.

1331 *Soltész/Steinle/Bielesz*, EuZW 2003, 202, 203.

1332 *Schwarze*, EuR 2009, 171, 187.

1333 *Soltész/Steinle/Bielesz*, EuZW 2003, 202; *Bechtold*, in: Schwarze, Rechtsschutz und Wettbewerb (2010), S. 97, 98.

Zeitraum.[1334] Angenommen die aktuelle Bußgeldpraxis sei noch von der Ermächtigungsnorm gedeckt, so könne (wenigstens) eine Vorschrift, die einen so weit reichenden Ermessensspielraum einräume, nicht rechtmäßig sein.[1335]

B) Verstoß gegen den Bestimmtheitsgrundsatz

Vielfach wird kritisiert, dass die Bußgeldregelungen und ihre Anwendung in der Praxis mit dem Bestimmtheitsgrundsatz unvereinbar seien.[1336] Danach müssen die Folgen eines Gesetzesverstoßes vor der Zuwiderhandlung vorhersehbar sein.

I. Europäisches Kartellrecht

Im europäischen Kartellrecht müssen sich die Bußgeldvorschriften und ihre Anwendungspraxis an den Normen des Primärrechts, den allgemeinen Verfassungsgrundsätzen der Mitgliedstaaten, der EMRK sowie der Grundrechte-Charta messen lassen.[1337]

Zunächst müssen die in der Kartellverfahrensverordnung 1/2003 niedergelegten Regelungen als Sekundärrecht mit dem höherrangigen Recht vereinbar sein.[1338] Sodann betont der Unionsgesetzgeber in Art. 6 Abs. 1 EU die Bedeutung der Verfassungsgrundsätze der Mitgliedstaaten und damit den Bestimmtheits- und Verhältnismäßigkeitsgrundsatz. Ferner ist die Rechtsstaatlichkeit als Anknüpfungspunkt der Bestimmtheit eigens in Art. 2 EU mit dem Vertrag von Lissabon verankert worden. Einen weiteren Maßstab stellen die Grundrechte der EMRK dar, deren Einhaltung die Europäische Union gemäß Art. 6 Abs. 2 EU überwacht und deren Regelungen sie ausdrücklich beigetreten ist.[1339] Schließlich

---

1334 *Soltész/Steinle/Bielesz*, EuZW 2003, 202, 204.

1335 *Soltész/Steinle/Bielesz*, EuZW 2003, 202, 202.

1336 *Dannecker/Biermann*, in: Immenga/Mestmäcker, § 81 Rn. 351.

1337 BKartA, Kartellbußgeldverfahren zwischen deutschem Systemdenken und europäischer Konvergenz (2012), S. 10; *Schwarze/Bechtold/Bosch*, S. 13 f.; *Schwarze*, EuR 2009, 171, 172, weist auf BE 37 der VO 1/2003 („[...]. Demzufolge ist diese Verordnung in Übereinstimmung mit diesen Rechten und Prinzipien auszulegen und anzuwenden.“) hin und die Symbiose zwischen den beiden Regelungsebenen. Zur Bindung an die EMRK *Bueren*, EWS 2012, 363, 363 f. Fn. 7 m.w.N.

1338 *Schwarze/Bechtold/Bosch*, Rechtstaatliche Defizite im Kartellrecht der Europäischen Gemeinschaft, S. 13.

1339 *Schwarze/Bechtold/Bosch*, Rechtstaatliche Defizite im Kartellrecht der Europäischen Gemeinschaft, S. 14; *Schwarze*, EuR 2009, 171, 172; *Soltész/Steinle/Bielesz*, EuZW 2003, 202, 204. Die Bedeutung der EMRK betont auch *Heinemann*, FS v. Büren (2009), S. 597, 599.

finden die Vorschriften der Grundrechte-Charta und damit Art. 47 ff. auf das Bußgeldregime Anwendung.[1340]

Im europäischen Kartellrecht gilt – bestätigt durch die Rechtsprechung des EuGH – ein hohes Maß an gesetzlicher Bestimmtheit als Ausprägung des Grundsatzes der Rechtsstaatlichkeit auf Primärrechtsebene.[1341] Der EuGH verlangt, dass

> „eine Sanktion, selbst wenn sie keinen strafrechtlichen Charakter besitzt, nur dann verhängt werden darf, wenn sie auf einer klaren und unzweideutigen Rechtsgrundlage beruht."[1342]

Damit sei nach Auffassung von Literatur und Praxis zugleich die Frage nach der Rechtsnatur der Kartellbußen und deren Einordnung als Strafrechtssanktion entgegen des Wortlauts von Art. 23 Abs. 5 VO 1/2003 nachrangig bzw. wiege der Vorwurf der Europarechtswidrigkeit umso schwerer, wenn die Bußgelder tatsächlichen einen strafrechtlichen Charakter haben.[1343] Unbestritten jedenfalls

---

1340 *Schwarze/Bechtold/Bosch*, Rechtstaatliche Defizite im Kartellrecht der Europäischen Gemeinschaft, S. 14; *Schwarze*, EuR 2009, 171, 173; *Soltész/Steinle/Bielesz*, EuZW 2003, 202, 204; *Gehring/Kasten/Mäger*, CCZ 2013, 1, 4.

1341 Vgl. auch EuGH v. 29.5.1997 – Rs. C-386/95 *Eker ./. Land Baden-Württemberg*, Slg. 1997, I-2697; *Soltész/Steinle/Bielesz*, EuZW 2003, 202, 204.

1342 EuGH v. 25.9.1984 – Rs. 117/83 *Könnecke ./. Balm*, Slg. 1984, 3291, Rn. 11; EuGH v. 13.3.1990 – Rs. C-30/89 *Kommission ./. Frankreich*, Slg. 1990, I-709, Rn. 23 jeweils zitiert nach *Schwarze/Bechtold/Bosch*, Rechtstaatliche Defizite im Kartellrecht der Europäischen Gemeinschaft, S. 15 und *Schwarze*, EuR 2009, 171, 174. Vgl. zum deutschen Recht *Herrlinger*, ZWeR 2012, 137, 138, der § 81 Abs. 4 GWB als Strafnorm im Sinne von Art. 6 Abs. 1 EMRK einordnet.

1343 EuGH v. 6.10.1982 – Rs. 307/81 *Alusuisse ./. Rat und Kommission*, Slg. 1982, 3463, Rn. 7: „(…) die Wahl der Form (kann) die Rechtsnatur einer Maßnahme nicht ändern." So auch *Schwarze/Bechtold/Bosch*, Rechtstaatliche Defizite im Kartellrecht der Europäischen Gemeinschaft, S. 22; *Schwarze*, EuR 2009, 171, 180 a.E. Die Maßnahme sei objektiv zu beurteilen, denn der Verordnungsgeber habe kein „Recht zur Selbstqualifikation seiner Hoheitsakte". Vgl. auch insofern Erwägungsgrund vier der Bußgeldleitlinien der Kommission, in dem ausdrücklich spezial- und generalpräventive Zwecke erwähnt werden. Ebenso *Dannecker/Biermann*, in: Immenga/Mestmäcker, Vor Art. 23 Rn. 199; *v. Alemann*, EuZW 2006, 487, 487; *Soltész/Steinle/Bielesz*, EuZW 2003, 202, 205 und *Heinemann*, FS v. Büren (2009), S. 597, 599. Schon die Höhe der Bußgelder indiziere deren Strafcharakter, *Soltész/Steinle/Bielesz*, EuZW 2003, 202, 206. Einen solchen – im Sinne von Art. 6 Abs. 1 EMRK – nimmt ebenfalls das Bundeskartellamt an, vgl. BKartA, Kartellbußgeldverfahren zwischen deutschem Systemdenken und europäischer Konvergenz (2012), S. 22.

gelten nach den Ausführungen das Bestimmtheitsgebot, der Richtervorbehalt, die Unschuldsvermutung und die Verteidigungsmöglichkeit auch im europäischen Kartellrecht.[1344]

Von Seiten der Literatur wird der geringe Normengehalt der Vorschrift Art. 23 VO 1/2003 – sie verlange lediglich Dauer und Schwere und nenne eine Obergrenze von zehn Prozent des Umsatzes des Verstoßes –[1345] als zu unbestimmt kritisiert, da ihre Kriterien keine ermessensbeschränkende Funktionen beinhalten.[1346] Das führe ferner dazu, dass der Kommission bei Verhängung und Bemessung des Bußgeldes ein nahezu unbegrenzter Ermessensspielraum zukomme, wie die europäischen Gerichte bestätigt und zugleich gebilligt haben.[1347] Im Rahmen dieses Ermessens sei es der Kommission bereits gestattet gewesen, innerhalb eines laufenden Verfahrens ihre Bußgeldpraxis zu ändern und selbst dabei haben die europäischen Gerichte keinen Verstoß, z. B. gegen eine unzulässige Rückwirkung festgestellt.[1348] Rechtfertigung dieses weiten Ermessens und dieser Bußgeldpraxis sei allein die Abschreckung vor der Begehung von Wettbewerbsverstößen. Rückblickend auf die Bußgelder der letzten Jahre sei aber erwiesen, dass der Anstieg des Bußgeldniveaus der jüngeren Vergangenheit tatsächlich die bezweckte abschreckende Wirkung nicht erzeugt habe.[1349] Wenn sowohl das Absehen von einer Buße, als auch deren Reduzierung, Erhöhung sowie deren Niveau insgesamt allein von einer behördlichen Ermessenentscheidung abhingen, können die rechtsstaatlichen Garantien nicht

---

1344 *Guski*, ZWeR 2012, 243, 255.

1345 Zur Einordnung als Kappungsgrenze s. EuGH v. 29.6.2006 – Rs. C-308/04 P *SGL Carbon ./. Kommission*, Slg. 2006, I-54977, Rn. 82 ff.

1346 *Schwarze/Bechtold/Bosch*, Rechtstaatliche Defizite im Kartellrecht der Europäischen Gemeinschaft, S. 16; *Schwarze*, EuR 2009, 171, 174; *Soltész/Steinle/Bielesz*, EuZW 2003, 202, 207; 208.

1347 EuGH v. 7.6.1983 – verb. Rs. 100–103/80 *Musique Diffusion Francaise ./. Kommission*, Slg. 1983, 1825, Rn. 108 f.; EuG v. 5.4.2006 – Rs. T-279/02 *Degussa ./. Kommission*, Slg. 2006, II-897, Rn. 66 bestätigt durch EuGH v. 22.5.2008 – Rs. C-266/06 P *Evonik Degussa ./. Kommission*, Slg. 2008, I-81, Rn. 36 ff.; *Schwarze/Bechtold/Bosch*, S. 16, 41; *Schwarze*, EuR 2009, 171, 174.

1348 *Schwarze/Bechtold/Bosch*, Rechtstaatliche Defizite im Kartellrecht der Europäischen Gemeinschaft, S. 17, 29; *Schwarze*, EuR 2009, 171, 175 f., 189; *Hellmann*, WuW 2002, 944, 951 m.w.N.

1349 *Schwarze/Bechtold/Bosch*, Rechtstaatliche Defizite im Kartellrecht der Europäischen Gemeinschaft, S. 43 mit Verweis auf ein Zeitungsinterview des ehemaligen EuG Präsidenten Versterdorf, der sich in diese Richtung äußert.

(mehr) gewährleistet seien.[1350] Insofern finde eine Kompetenzverschiebung des Rates, die Sanktionierung von Wettbewerbsverstößen nach Art. 103 AEUV per Verordnung vorzunehmen, hin zur Kommission statt.[1351]

Ferner verstoßen diese Regelungen gegen Art. 6 und Art. 7 der EMRK, wonach ein faires Verfahren zu gewähren sowie der Grundsatz „keine Strafe ohne Gesetz" gleichermaßen für Bußgelder gegen juristische Personen gelte.[1352] Schließlich kritisiert die Literatur die fehlende Gewaltentrennung zwischen Verhängungs- und Verfolgungsbehörde.[1353]

Abgeholfen werden könne den europarechtswidrigen Regelungen und ihrer Bußgeldpraxis nur, indem man sie den strafverfahrensrechtlichen Garantien unterstelle und materiell als Strafrecht einstufe.[1354]

II. Deutsches Kartellrecht

Die Bestimmtheit der Normen des deutschen Kartellordnungswidrigkeitenrecht muss sich an Art. 103 Abs. 2 GG messen lassen.[1355] Der Norm ist dann genügt, wenn Tatbestand und Rechtsfolge der strafbewehrten Handlung für den Rechtsanwender erkennbar sind, sodass er Art und Umfang der drohenden Sanktion für sein rechtswidriges Handeln absehen kann. Diese Funktion soll gewährleisten, dass nicht eine Behörde oder der Richter, sondern der demokratisch legitimierte Gesetzgeber über Voraussetzung von Bußgeldverhängung

---

1350 *Schwarze*, EuR 2009, 171, 184 a.E. als auch *Soltész/Steinle/Bielesz*, EuZW 2003, 202, 208 mit dem Beispiel von ExxonMobil, dessen Umsatz im Jahr 2003 220 Mrd. EUR ausmachte, sodass der Kartellverfolgungsbehörde eine Ermessenspielraum von 1.000 bis 22 Mrd. EUR zustünde. Danach ließe sich nicht mehr sagen, das Gesetz bestimme den Bußgeldrahmen, sondern ausschließlich die Behörde.

1351 *Soltész/Steinle/Bielesz*, EuZW 2003, 202, 210.

1352 *Schwarze/Bechtold/Bosch*, Rechtstaatliche Defizite im Kartellrecht der Europäischen Gemeinschaft, S. 24 f.; *Schwarze*, EuR 2009, 171, 183; *Heinemann*, FS v. Büren (2009), S. 597, 598 f. Vgl. zuletzt auch EGMR im Fall Menarini, dazu *Bueren*, EWS 2012, 363 ff., *Herrlinger*, ZWeR 2012, 137, 138 f. m.w.N. sowie *Guski*, ZWeR 2012, 243, 256 f. A. A. *Ost*, in: Schwarze, Rechtsschutz und Wettbewerb (2010), S. 33, 39. Kritisch hinsichtlich Art. 19 Abs. 3 GG BKartA, Kartellbußgeldverfahren zwischen deutschem Systemdenken und europäischer Konvergenz (2012), S. 11.

1353 *Soltész/Steinle/Bielesz*, EuZW 2003, 202, 209.

1354 *Schwarze*, EuR 2009, 171, 182.

1355 *Dannecker/Biermann*, in: Immenga/Mestmäcker, § 81 Rn. 346; *Bach*, FS Bechtold (2006), S. 1, 4.

und -bemessung entscheidet.[1356] Das Gesetz muss dafür die strafbewehrte Handlung konkret beschreiben und definieren.

In diesem Zusammenhang kritisiert die Literatur einen Verstoß gegen die Informationsfunktion des Gesetzes. Diese habe im Wesentlichen zum Ziel, Vertrauen des Rechtsanwenders in die Rechtsordnung zu schaffen.[1357] Die Orientierung an Gesetzen sei eine der Grundfunktionen des modernen Rechtsstaats. Werde diese Maxime verletzt und könne der Rechtsanwender vor seiner Handlung nicht sicher absehen, welche rechtlichen Konsequenzen seine Handlung habe, so könne er nicht rational und eigenverantwortlich handeln. Die Rechtsordnung bliebe ihm letztlich versperrt.[1358] Wenn die Kartellbehörde nun mit einem weiten Ermessen ausgestattet wird, könne sie jederzeit ihre Praxis aufgeben oder ändern, sodass ist der Vertrauensschutz nicht allzu – bisweilen gar nicht – ausgeprägt sei.[1359] Damit einher geht die Kritik, die Regelungen und deren Praxis verstoßen gegen den Vertrauensgrundsatz nach Art. 103 Abs. 2 GG. Dabei ginge es um eine spezielle rechtsstaatliche Garantie des Vertrauens in die Rechtsordnung, die eine klare Orientierung zu geben habe, welches Handeln strafbewehrt und welches straflos ist.[1360] Wem das Gesetz diese Orientierung nehme, der könne seine Handlungsfreiheit nicht mehr in der Weise eines selbstverantwortlichen Subjekts ausüben.

1. Die Rechtsprechung des Bundesverfassungsgerichts zur Vermögensstrafe

Nach der Rechtsprechung des Zweiten Senats des Bundesverfassungsgerichts zur Vermögensstrafe, dessen dictum gleichermaßen auf das Bußgeld übertragen werden kann, müssen die Vorschriften über die Bemessung der Geldbuße hinreichend bestimmt sein.[1361] Dem Urteil wohnt ein abstrahierbarer Gedanke inne, der die Bestimmtheit der Rechtsfolgenanordnung vor Rechtsanwendung statuiert.[1362] Nach dem Urteil muss der Gesetzgeber im Einzelnen hinreichende Vorgaben dazu machen,

1356 *Bach*, FS Bechtold (2006), S. 1, 4.

1357 So auch *Hassemer/Dallmeyer*, S. 13, die von „Orientierungsfunktion" sprechen im Anschluss an BVerfGE 113, 273, 308.

1358 *Hassemer/Dallmeyer*, S. 14.

1359 So zum europäischen Kartellrecht *Hellmann*, WuW 2002, 944, 948.

1360 BVerfGE 113, 273, 308.

1361 BVerfGE 105, 135 ff.; 25, 269, 285. Der Gesetzgeber muss sich „beim Wort nehmen lassen", BVerfGE 71, 108, zitiert nach *Bach*, FS Bechtold (2006), S. 1, 6.

1362 *Hassemer/Dallmeyer*, S. 16.

1. ob im Einzelfall eine Vermögensstrafe zu verhängen sei oder nicht
2. welche Ober- und Untergrenze den Richter bei der Anwendung der Norm beschränken und
3. nach welchen Maßstäben die konkrete Zumessung dann im Einzelfall zu erfolgen habe.

§ 81 GWB erfülle diese Voraussetzungen aus vielerlei Gründen nicht.[1363] Die Norm gebe weder einen Bußgeldrahmen noch eine konkrete Bemessung vor, sondern verweise lediglich auf Schwere und Dauer der Zuwiderhandlung. Vielmehr verzichte der Gesetzgeber – entgegen dem Bestimmtheitsgebot – vollständig auf eine Obergrenze bei der Unternehmensgeldbuße nach § 81 GWB.[1364]

2. *Die Kritik an § 81 GWB im Einzelnen*

Zudem verwende die Vorschrift unzulässigerweise einen unbestimmten Rechtsbegriff, den der „wirtschaftlichen Einheit" aus § 81 Abs. 4 S. 3 GWB. Eine präzise und verfassungsrechtlich unbedenkliche Einordnung dieses Tatbestandsmerkmals, die gleichsam sachnah bleibt, sei nicht ersichtlich.[1365] Hinzu komme, dass diese „wirtschaftlichen Einheit" ohne Prüfung der Verantwortlichkeit bebußt werde, was mit den strafverfahrens- und verfassungsrechtlichen Anforderungen der Rechtsstaatlichkeit nicht zulässig sei.[1366] Eine Bebußung erfolge auch, obwohl nicht erwiesen sei, welcher Mitarbeiter (oder welche Person mit Leitungsaufgaben) die Zuwiderhandlung begangen bzw. nicht verhindert habe und ob diese zugleich schuldhaft gehandelt habe.[1367]

Die Problematik werde durch die Möglichkeiten, eine Schätzung des der umsatzbezogenen Geldbuße zugrunde gelegten Umsatzes seitens des Bundeskartellamtes vorzunehmen, zunehmend verschärft.[1368] Die Schätzung bilde dabei ein nachrangiges Notinstrument, wenn die Ermittlung der Tatsachen mit den zur Verfügung stehenden Ermittlungsmethoden unerreichbar bleibt. Doch stelle

---

1363 *Bach*, FS Bechtold (2006), S. 1, 8 m.w.N. zur Unvereinbarkeit des mehrerlösabhängigen Bußgeldrahmens mit dieser Rechtsprechung.

1364 *Hassemer/Dallmeyer*, S. 39 Fn. 111 m.w.N.

1365 *Hassemer/Dallmeyer*, S. 43.

1366 *Bechtold/Bosch*, ZWeR 2011, 160, 168.

1367 Diese Praxis wäre nach deutschen Kartellsanktionsrechts sehr bedenklich, *Bürger*, WuW 2011, 130, 135.

1368 *Hassemer/Dallmeyer*, S. 55.

diese Möglichkeit einen verunsichernden Faktor dar und ihr wohne ein Potential inne, die Entscheidung rechtsfehlerhaft herbeizuführen.[1369]

Nicht nur verstoße § 81 GWB gegen den Bestimmtheitsgrundsatz, sondern auch die praktizierte Bonusregelung sei mit diesem ebenfalls unvereinbar. Sie müsse zwingend die Garantie der Selbstbelastungsfreiheit wahren.[1370] Die Freiheit gelte als ein Teil der persönlichen Handlungsfreiheit und habe sowohl im nationalen und europäischen Recht Tradition.[1371] Allerdings sei es für das Unternehmen weder vorherseh- noch beeinflussbar, ob und ggf. mit welcher Strafe es zu rechnen habe. Diese Situation sei insoweit auch unwiderruflich. Zudem erzeuge sie einen „faktischen Zwang zur Selbstbelastung und Preisgabe belastender Informationen",[1372] um in den Genuss des Vorteils und Rabatts zu gelangen.[1373] Hinzu kommen die fehlende Transparenz des Verfahrens und die Möglichkeit, sich mit eigenen Mittel, z. B, durch Zeugenbefragung, daran zu beteiligen.[1374] Dieses Mittel könne nicht mit Blick auf seinen Zweck – einer effizienten Kartellverfolgung – um jeden Preis geheiligt werden.[1375]

3. § 81 Abs. 4 S. 2 GWB – Ober- oder Kappungsgrenze?

Ebenfalls wird im Rahmen von § 81 GWB die Rechtsnatur der zehn Prozent Grenze als verfassungswidrig bemängelt. Die Regelung sei nicht als Obergrenze für Bußgeldbemessungen, sondern als Kappungsgrenze zu verstehen.[1376] Diese

---

1369 *Hassemer/Dallmeyer*, S. 27.

1370 *Hassemer/Dallmeyer*, S. 12. Zum europäischen Kartellrecht vgl. *Schwarze/Bechtold/Bosch*, Rechtstaatliche Defizite im Kartellrecht der Europäischen Gemeinschaft, S. 30, 54; *Schwarze*, EuR 2009, 171, 179 m.w.N.; *Sura*, in: Langen/Bunte, Kartellrecht Band 2, Art. 23 Rn. 55 m.w.N.; *Dannecker/Biermann*, in: Immenga/Mestmäcker, Art. 23 Rn. 228 a. E. m.w.N.

1371 Dazu BVerfGE 95, 220, 241; *Schwarze*, EuR 2009, 171, 190, 195 f. und *Guski*, ZWeR 2012, 243, 257 mit Blick auf Art. 6 Abs. 1, 2 EMRK bzw. Art. 49 der Grundrechte-Charta; *Bechtold*, in: Schwarze, Rechtsschutz und Wettbewerb (2010), S. 97, 102.

1372 *Schwarze*, EuR 2009, 171, 189; 193. So auch *Bechtold*, in: Schwarze, Rechtsschutz und Wettbewerb (2010), S. 97, 102.

1373 Gegen dieser Auffassung aus dem „Chor der Kritiker" und unter Verweis auf das Ziel der effektiven Kartellrechtsdurchsetzung, *Ost*, in: Schwarze, Rechtsschutz und Wettbewerb (2010), S. 33, 38.

1374 *Schwarze/Bechtold/Bosch*, Rechtstaatliche Defizite im Kartellrecht der Europäischen Gemeinschaft, S. 36.

1375 *Schwarze*, EuR 2009, 171, 189; 199.

1376 So auch ausweislich die Beschlussempfehlung sowie der Bericht des zuständigen Bundestagsausschusses, BT-Drs. 16/7156, S. 11; *Hassemer/Dallmeyer*, S. 37 ff. In

Sichtweise entspreche dem Bestreben des deutschen Gesetzgebers, das Kartellbußgeldrecht dem europäischen anzugleichen (effet utile).[1377]

Auch der Versuch, die Kappungsgrenze in eine Obergrenze umzudeuten – sei es auch im Wege der verfassungskonformen Auslegung – könne die Verfassungswidrigkeit nicht wettmachen. Eine solche Interpretation stünde dem Willen des Gesetzgebers entgegen.[1378] Die verfassungskonforme Auslegung könne zwar den Willen des Gesetzgebers be- oder ergänzen, aber keinesfalls verfälschen oder abändern.[1379] Ferner seien die Zwecke von Kappungs- und Obergrenze grundverschieden; die Obergrenze sei geprägt durch Vertrauen- und Orientierungsfunktion, die Kappungsgrenze diene der Vermeindung einer wirtschaftlich existentiellen Vernichtung.[1380]

4. *Edit: Die Entscheidung Grauzement des BGH*

In seiner Grauzemententscheidung aus Februar 2013 hat der BGH die Vorschrift des § 81 Abs. 4 S. 2 GWB als Bußgeldobergrenze bewertet und bestätigt damit das Urteil der Vorinstanz.[1381] Diese Bewertung erfolgt methodisch über den Weg der verfassungskonformen Auslegung der Vorschrift. Als absolute Bußgeldobergrenze verstanden, genüge die Vorschrift dem Bestimmtheitsgebot von Art. 103 Abs. 2 GG.[1382] Die Auffassung, wonach es sich bei § 81 Abs. 4 S. 2 GWB um eine Kappungsgrenze handele, genüge nicht dem Orientierungsrahmen, der für richterlicher Abwägung im Einzelfall geboten ist.[1383] Die Konsequenz daraus ist

---

einigen besonders schwerwiegenden Verstößen jenseits der 10 Prozent-Grenze sei durch diese aber bereits zugleich das konkrete Bußgeld aufgrund von Dauer und Schwere festgelegt und eine Differenzierung nach Tatbeiträgen nicht mehr möglich, *Hellmann*, WuW 2002, 944, 949; *Herrlinger*, ZWeR 2012, 137, 148; auf S. 154 spricht *Herrlinger* das Spannungsverhältnis zwischen Effizienz und materieller Wahrheit an.

1377 BT-Drs. 15/5049, S. 50.

1378 *Hassemer/Dallmeyer*, S. 40.

1379 BVerfGE 8, 28, 34; 67, 299, 329.

1380 *Hassemer/Dallmeyer*, S. 41.

1381 BGH v. 26.02.2013 – KRB 20/12 = WuW/E DE-R 3861. OLG Düsseldorf v. 26. 06. 2009, Az. VI-2 a Kart 2–6/08 OWi – *Zementkartell*, Rz. 624 ff. Vgl. *Haus*, NZKart 2013, 183, 184 Fn. 10 m.w.N. zu Rechtsprechung, die ebenfalls von einer Obergrenze ausgeht.

1382 BGH v. 26.02.2013 – KRB 20/12 = WuW/E DE-R 3861, Rn. 55 ff.

1383 BGH v. 26.02.2013 – KRB 20/12 = WuW/E DE-R 3861, Rn. 56; *Haus*, NZKArt 2013, 183, 185.

ein Verstoß gegen den Grundsatz nulla poena sine lege, da es nicht mehr der Gesetzgeber ist, der die Reichweite Sanktion festlegt.[1384]

Mit dieser Auffassung wendet sich der BGH gegen den Willen des nationalen Gesetzgebers, die Bußgeldbemessung nach deutschem Recht dem europäischen Recht anzugleichen.[1385] Verbunden damit ist zugleich auch eine Abkehr von der Anwendung und Rechtsprechung des Unionsrecht, wonach die vergleichbarer Regleung in Art. 23 Abs. 2 S. 2 VO 1/2003. Dort ist die Grenze – bestätigt durch die Rechtsprechung des EuGH – als Kappungsgrenze verstanden. Somit mag ein wesentliches Argument, das die Befüworter der Verfassungsgemäßheit der Norm ins Felde führen – das europäische kartellrecht enthalte vergleichbare Grundrechtsgewährleistungen und Art. 23 VO 1/2003 sei von den europäischen Gerichten nicht für zu unbestimmt befunden worden.[1386] Denn mit der Urteilsfindung entfernt sich der BGH vom europäischen Kartellrecht und damit von der zuletzt noch umfangreich geführten Diskussion um die Rechtmäßigkeit von Art. 23 VO 1/2003.[1387]

Das Urteil ist nicht unkritisch zu betrachten, da es sich von der Windrichtung her vom europäischen Kartellrecht – wonach die Obergrenze eine Kappungsgrenze sei – absetzt. Dabei wendet sich der BGH nicht nur von der europäischen Gesetzgebung und Rechtsprechung ab, sondern urteilt entgegen des deutschen Gesetzgebers, der anlässlich der 8. GWB-Novelle erneut klargestellt hat, dass die Obergrenze des § 81 Abs. 4 S. 2 GWB eine Kappungsgrenze darstelle.[1388] So ist seit langem anerkannt, dass der gesetzgeberische Wille die Grenze der Wortlautauslegung darstellt.[1389] Somit hat auch die Rechtsprechung in Sachen *Grauzement* nicht dazu geführt, dass alle verfassungsrechtlichen Zweifel an der Vorschrift des § 81 Abs. 4 S. 2 GWB beseitigt wären, denn es kann kein solcher

1384 BGH v. 26.02.2013 – KRB 20/12 = WuW/E DE-R 3861, Rn. 56; *Haus*, NZKart 2013, 183, 185.

1385 Vgl. BT-Drs. 15/5049, S. 50, BT-Drs- 16/7156, S. 11. Kritisch gegen die verfassungskonforme Auslegung auch *Haus*, NZKArt 2013, 183, 185 ff.

1386 So auch *Barth/Budde*, NZKart 2013, 311, 314.

1387 Vgl. *Ost*, NZKart 2013, 173, 174 unter Verweis auf die Arguemente der Schlussanträge GA Kokott v. 18.4.2013 – Rs. C-501/11 P *Schindler Holding u.a. ./. Kommission*, noch nicht in Slg.

1388 Vgl. BT-Drs. 17/9852, S. 34; dazu *Achenbach*, wistra 2013, 369, 370; *Barth/Budde*, NZKart 2013, 311, 312.

1389 Vgl. *Barth/Budde*, NZKart 2013, 311, 312 Fn. 32 m.w.N. auf Rechtsprechung des BVerfG.

Bußgelrahmen in eine Norm hineingelesen werden, die einen solchen gar nicht enthalten sollte.[1390]

5. *Übertragbarkeit auf das deutsche Ordnungswidrigkeitenrecht*

Schließlich gilt es, zwischen den Ordnungswidrigkeiten des „Alltags", bei denen man eine Verwässerung der verfahrensrechtlichen Grundsätze und mindere Verfahrensgarantien noch rechtsstaatlich hinnehmen könne,[1391] und den „großen Wirtschaftsordnugswidrigkeiten", die mittlerweile dreistellige Millionsbeträge erreichen, zu unterscheiden.[1392] Letztere Sanktionen seien von Art und Umfang in strafrechtliche Kategorien hinein erwachsen – was Ausmaß des Unrechts und Umfang der Sanktion angeht – und bedürfen einer verfassungsrechtlichen Neubewertung. Mit der praktischen Entwicklung der großen Wirtschaftsordnungswidrigkeiten habe die Straf- und Ordnungswidrigkeitenrechtsdogmatik nicht Schritt halten können.[1393]

III. Ausgleich und Korrektur der rechtsstaatlichen Bedenken?

Sodann wird erwogen, inwieweit Richterrecht eine fehlende Bestimmtheit ausgleichen könne oder gar der Rechtsprechung diese Aufgabe von Anfang an zugedacht war. Grundsätzlich bestehen keine Bedenken gegen die Verwendung unbestimmter Rechtsbegriffe, wenn zugleich ihre Konkretisierung der Rechtsprechung zugänglich ist und diese bereits eine längere Anwendungspraxis erfahren habe.[1394] Aber diese Überlegung überschreite zugleich die Grenzen des Wesentlichkeitsgrundsatzes. Die Legislative sei nach dem zuvor genannten Urteil des Bundesverfassungsgerichts zur Vermögensstrafe von Verfassungs wegen verpflichtet, die Grenzen nicht nur der Strafbarkeit, sondern auch der Strafandrohung selber zu bestimmen. Die Entscheidung darüber dürfe sie grundsätzlich keiner anderen

1390 *Haus*, NZKart 2013, 183, 190.

1391 *Hassemer/Dallmeyer*, S. 34.

1392 Die Umsatzschwelle bei Handelsunternehmen bemängelt *Herrlinger*, ZWeR 2012, 137, 147. Insofern sei auch die Einführung einer Sonderregelung, wie auch § 38 Abs. 2 GWB sie vornehme, verkannt worden.

1393 *Hassemer/Dallmeyer*, S. 5.

1394 *Schwarze/Bechtold/Bosch*, Rechtstaatliche Defizite im Kartellrecht der Europäischen Gemeinschaft, S. 17; *Schwarze*, EuR 2009, 171, 176; *Soltész/Steinle/Bielesz*, EuZW 2003, 202, 209 führen dazu beispielhaft die Spruchpraxis zu dem Begriff des Missbrauchs einer marktbeherrschenden Stellung durch Kommission und Gerichte nach Art. 102 AEUV an.

staatlichen Gewalt überlassen.[1395] Im Bereich staatlicher Grundrechtseingriffe habe allein die Legislative die Befugnis – und die Pflicht – die wesentlichen Voraussetzungen dieses Eingriffs zu normieren.[1396] Grundsätzlich gelte, dass die Anforderungen mit der Intensität des Eingriffs steigen.[1397] In dem gleichen Verhältnis wachsen die Anforderungen an den Gesetzgeber. Es verbleibe also bei strenger Anwendung des Parlamentsvorbehalts.

Unabhängig von der Frage der Vergleichbarkeit der institutionellen Systeme von Europäischer Union und Verfassungsstaat gilt im europäischen Kartellrecht der Gesetzesvorbehalt und damit der Grundsatz der Gesetzmäßigkeit der Verwaltung gleichermaßen, sodass zwingend eine primär- oder sekundärrechtliche Ermächtigungsgrundlage auf Seiten der Verwaltung vorgesehen ist.[1398] Er besagt, dass wesentliche Regelungen für den Anwender vom Unionsgesetzgeber getroffen werden müssen.[1399] Deutlich wird dies in Art. 290 Abs. 1 S. 3 AEUV, wo dieser Grundsatz Einzug ins Primärrecht gefunden hat. Danach sind

> „(d)ie wesentlichen Aspekte eines Bereichs (...) dem Gesetzgeber vorbehalten und eine Befugnisübertragung für sie ausgeschlossen.

Dieser Grundsatz findet sich zudem in Art. 52 Abs. 1 S. 1 der Grundrechte-Charta normiert:

> „Jede Einschränkung der Ausübung der in dieser Charta anerkannten Rechte und Freiheiten muss gesetzlich vorgesehen sein und den Wesensgehalt dieser Rechte und Freiheiten achten."

Der Wesentlichkeit sei nur dann genügt, wenn entsprechend Art. 290 Abs. 1 S. 2 AEUV

> „Ziele, Inhalt, Geltungsbereich und Dauer der Befugnisübertragung ausdrücklich festgelegt" worden sind.

1395 BVerfGE 105, 135, 153; *Degenhart*, in: Sachs, Art. 103 GG, Rn. 67; Göhler-*Gürtler*, § 3 Rn. 1. So auch *Barth/Budde*, NZKart 2013, 311, 313; *Haus*, NZKart 2013, 183, 190 „Weder die Verwaltung noch die Gerichte sind die Reparaturwerkstatt des Gesetzgebers", (...) sollte er seinen „eigentlichen Willen nicht ausreichend klar zum Ausdruck gebracht haben."

1396 *Hassemer/Dallmeyer*, S. 18.

1397 *Soltész/Steinle/Bielesz*, EuZW 2003, 202, 206; *Bechtold/Bosch*, ZWeR 2011, 160, 165.

1398 Dazu *Schwarze*, EuR 2009, 171, 177 Fn. 20 m.w.N.; *Hellmann*, WuW 2002, 944, 947.

1399 Grundlegend EuGH v. 21.9.1989 – verb. Rs. 46/87 und 227/88 *Farbwerke Hoechst ./. Kommission*, Slg. 1989, 2859, Rn. 19; *Schwarze/Bechtold/Bosch*, Rechtstaatliche Defizite im Kartellrecht der Europäischen Gemeinschaft, S. 18; *Schwarze*, EuR 2009, 171, 176.

Mit der Regelung der Bußgeldverhängung und Bemessung – Dauer und Schwere sowie Ober- bzw. Kappungsgrenze – habe der Gesetzgeber (bzw. Rat) aber die wesentlichen Kriterien nicht eigenhändig aufgestellt.[1400] Vielmehr müsse er über die wesentlichen Kriterien – dem „Ob" und „Wie" einer Regelung, also der Bußgeldverhängung und -Bemessung – eigene Vorgaben erlassen.[1401] Daher könne auch im europäischen Kartellrecht eine unbeschränkte richterliche Ermessensnachprüfung gemäß Art. 261 AEUV i.V.m. Art. 31 VO 1/2003 keinen Ausgleich schaffen. Denn jedes Unionsorgan sei für sich bereits verpflichtet, alle rechtsstaatlichen Vorgaben einzuhalten und an diese gebunden. Im Übrigen richte sich gerade der Bestimmtheitsgrundsatz zuvorderst an den Gesetzgeber.[1402] Hinzukomme, dass in praxi lediglich eine summarische Prüfung seitens der Gerichte erfolge und trotz der Befugnis gemäß Art. 5 der Verfahrensordnung des EuG keine eigenen Ermittlungen durchführe.[1403] Die deutschen Gerichte würde eine eigenständige Bewertung des Bußgeldes vornehmen und dieses gegebenenfalls aufs Neue festsetzen; hingegen die europäischen Gerichte lediglich prüfen, ob die Kommission ihre Ermessenspielräume eingehalten habe und somit keine eigenständige Politik der Bußgeldbemessung verfolgen.[1404] Insofern sei auch nicht zu erwarten, dass die Unionsgerichte eine von der Kommission unabhängige Bußgeldpolitik entwickeln würden.[1405]

1400 *Schwarze/Bechtold/Bosch*, Rechtstaatliche Defizite im Kartellrecht der Europäischen Gemeinschaft, S. 18. Zum deutschen Recht ebenso *Herrlinger*, ZWeR 2012, 137, 146.

1401 *Schwarze*, EuR 2009, 171, 177; *Soltész/Steinle/Bielesz*, EuZW 2003, 202, 205; 207.

1402 *Schwarze/Bechtold/Bosch*, Rechtstaatliche Defizite im Kartellrecht der Europäischen Gemeinschaft, S. 26 f.; *Schwarze*, EuR 2009, 171, 186; *Bechtold*, in: Schwarze, Rechtsschutz und Wettbewerb (2010), S. 97, 99. A. A. wohl *Soltész/Steinle/Bielesz*, EuZW 2003, 202, 209 „Denn selbst eine unbestimmte Ermächtigungsnorm ist einer einschränkenden Auslegung im Licht des Bestimmtheitsgrundsatzes durch diejenige Behörde zugänglich, die sie zu vollziehen hat."

1403 *Schwarze/Bechtold/Bosch*, Rechtstaatliche Defizite im Kartellrecht der Europäischen Gemeinschaft, S. 27, 57. Vgl. zum unterschiedlichen Nachprüfungsmaßstab im deutschen und europäischen Kartellrecht auch das Beispiel von *Bechtold*, in: Schwarze, Rechtsschutz und Wettbewerb (2010), S. 97, wonach ihm in einem Verfahren vor dem EuG ein Zeitraum von 15 Minuten für ein Plädoyer eingeräumt wurde, hingegen in einem Verfahren vor dem OLG Düsseldorf in derselben Woche der 32. Hauptverhandlungstag stattfand.

1404 *Bechtold*, in: Schwarze, Rechtsschutz und Wettbewerb (2010), S. 97; *Bueren*, EWS 2012, 363, 364.

1405 *Schwarze/Bechtold/Bosch*, Rechtstaatliche Defizite im Kartellrecht der Europäischen Gemeinschaft, S. 58.

Die fehlende Bestimmtheit könne auch nicht durch eine Konkretisierung im Wege der Bußgeldleitlinien überwunden werden. Diese als Verwaltungsvorschriften ausgestalteten Regelungen seien nicht geeignet, die verfassungsmäßigen Defizite im Rahmen der Bestimmtheit auszugleichen.[1406] Freilich enthielten sie sowohl im europäischen als auch nationalen Recht typischerweise Konkretisierungen, die der Orientierungsfunktion des Bestimmtheitsgrundsatzes genügen könnten. Allerdings erfüllten sie die Vertrauensfunktion nicht, wenngleich der Gesetzgeber die Kartellbehörde im Rahmen von § 81 Abs. 7 GWB zum Erlass dieser Leitlinien ermächtigt habe. Die VO 1/2003 sieht diese Ermächtigung nicht einmal vor.[1407]

Verfassungsdogmatisch sei dieses Ergebnis im deutschen Recht auf den Parlamentsvorbehalt zurückzuführen, auf dessen Ebene die Verwaltungsvorschriften gerade nicht anzusiedeln seien.[1408] Zwar könne die untergesetzliche Norm Details spezifizieren, doch müsse das auf die untergesetzliche Rechtsnorm verweisende „Gesetz" die wesentlichen Fragen, darunter die gesetzliche Bestimmung der Höhe der Geldbußen,[1409] selbst regeln, Art. 80 Abs. 1 S. 2 GG.[1410] Das können die Bußgeldleitlinien nicht leisten, zumal deren Adressat obendrein nicht die Gerichte sind.[1411]

C) Umsetzung der Compliance Defence im vorhandenen Normengefüge

Nach der Feststellung, dass die Compliance Defence im kartellrechtlichen Bußgeldverfahren berücksichtigt werden sollte, stellt sich indes die Frage, wie und in welchem regulatorischen Umfeld dies zu geschehen hat. Sollte ein gesetzlicher Rahmen – z. B. in der VO 1/2003 oder im GWB bzw. OWiG – dafür gewählt werden, um Rechtssicherheit zu schaffen oder kann das rechtsstaatliche Niveau mit der Verortung in den Bußgeldleitlinien der Kartellbehörden (weiterhin) niedrig

1406 *Hassemer/Dallmeyer*, S. 51. Für das europäische Kartellrecht *Schwarze/Bechtold/Bosch*, Rechtstaatliche Defizite im Kartellrecht der Europäischen Gemeinschaft, S. 41; *Bechtold*, in: Schwarze, Rechtsschutz und Wettbewerb (2010), S. 97, 100.

1407 *Schwarze*, EuR 2009, 171, 175.

1408 BVerfG, NJW 2009, 3293, 3294; NJW 2006, 2093, 2094; a. A. *Mundt*, WuW 2007, 458, 465.

1409 *Schwarze/Bechtold/Bosch*, Rechtstaatliche Defizite im Kartellrecht der Europäischen Gemeinschaft, S. 41.

1410 Für Gemeindesatzungen BVerfGE 32, 346, 363; für Rechtsverordnungen BVerfG, NJW 1998, 669, 670.

1411 *Hassemer/Dallmeyer*, S. 53.

bleiben?[1412] Letztlich wird mit der Antwort auf die Frage zugleich eine gewisse Systementscheidung einhergehen dahingehend, ob die Möglichkeit einer flexiblen und sachnahen Reaktion auf Kosten fehlender Berechenbarkeit geschaffen werden soll. Grundsätzlich sind Verortungs- und Anknüpfungspunkte im deutschen und europäischen (Kartell)Recht auf so ziemlich jeder Normhierarchiestufe denkbar.

Das Primärrecht droht keine Geldbußen oder Zwangsgelder an.[1413] Stimmen in der Literatur schlagen deshalb eine Verortung der Compliance Defence im Rahmen der VO 1/2003 bzw. innerhalb des GWB oder OWiG im nationalen Recht vor.[1414] Der Rat bzw. Gesetzgeber solle konkrete Vorgaben in die Kartellverfahrensverordnung bzw. in das Bundesgesetz aufnehmen, um so der Bestimmtheit zu genügen.[1415] Schließlich habe er die höchste Legitimation, weshalb ein ausdrücklicher Rechtsgrundsatz vorzugswürdig sei.[1416] So habe er die grundsätzlichen Wertungen selbst zu treffen und Verwaltungspraxis und Rechtsprechung entbinden ihn nicht von dieser Pflicht.[1417] Der Vorteil der gesetzlichen Verankerung auf Sekundärebene bzw. innerhalb eines Bundesgesetzes liegt darin, dass die Debatte um die Verfassungs- und Europarechtskonformität sich nicht stellen dürfte, wenn der Rat bzw. Gesetzgeber die Regelung eigenhändig aufnimmt und ausreichend bestimmt formuliert.[1418] Im Zuge des Gesetzgebungsprozesses könnten die Voraussetzungen von den Gesetzgebungsorganen umfassend beraten und abgewogen werden, wie dies in der Schweiz mit Art. 49a Bundesgesetzes über Kartelle und andere Wettbewerbsbeschränkungen geschehen sei.[1419]

1412 So *Voet van Vormizeele*, CCZ 2009, 41, 48, der sich für eine „gesetzgeberisch Initiative" einsetzt.

1413 Einzig Art. 126 Abs. 11 4. Sps. AEUV gestattet es dem Rat als ultima ratio, ein Bußgeld gegen einen Mitgliedstaat festzusetzen, wenn er den Vorschlägen des Rates zur Sanierung nicht Folge leistet und seine defizitäre Haushaltslage nicht bereinigt.

1414 *Voet van Vormizeele*, CCZ 2009, 41, 48; ebenso *Schwarze/Bechtold/Bosch*, Rechtstaatliche Defizite im Kartellrecht der Europäischen Gemeinschaft, S. 80 f. Diese regulatorische Möglichkeit de lege ferenda erkennen auch Wirtschaftsausschuss des Bundestages BT-Drs. 17/11053, S. 21 und Bundeskartellamt, vgl. Tätigkeitsbericht 2011/2012, BT-Drs. 17/13675, S. VII.

1415 *Schwarze/Bechtold/Bosch*, Rechtstaatliche Defizite im Kartellrecht der Europäischen Gemeinschaft, S. 81.

1416 *Kasten*, in: Mäger, Europäisches Kartellrecht, Rn. 157.

1417 *Bechtold/Bosch*, ZWeR 2011, 160, 165 m.w.N.

1418 *Kasten*, in: Mäger, Europäisches Kartellrecht, Rn. 154.

1419 *Eufinger/Maschemer*, EWS 2012, 509 ff.; *Borer*, Kartellrechts-Compliance, S. 117 ff. *Klaiber*, Die Berücksichtigung von Compliance-Programmen, S. 66 ff.

Gegen die Verankerung auf dieser Stufe der Normenpyramide sprechen jedoch einige Compliance-spezifische Bedenken. Bisher verlief die Compliance-Entwicklung ohne (wesentlichen) staatlichen Anschub und ihr heutiges Niveau sowie seine Ausprägungen sind weitestgehend ohne staatliche Interaktionen im Wege der Selbstregulierung gewachsen.[1420] Der Gesetzgeber sollte auch weiterhin nur einen Mindestrahmen vorgeben, in dem eine Berücksichtigung stattfinden kann. Die Compliance-Entwicklung schreitet so schnell und teils so individuell voran, sodass eine Verankerung auf Gesetzesebene unpraktikabel, ja sogar blockierend wirken könnte. Denn bei einer konkreten gesetzlichen Ausgestaltung könnten die Unternehmen ihren Gestaltungs-, Forschungs- und Implementierungsprozess verlangsamen, weil es nunmehr eine gesetzliche Regelung mit bestimmten Grenzen gäbe. Sie würden zunehmend auf den Umfang und die Anforderungen der gesetzlichen Regelung blicken und ihr Verhalten (lediglich) damit in Einklang bringen wollen. Diese Orientierung an fremdbestimmten Vorgaben reduziert die Aufwendung eigener Kreativität bei der Ausgestaltung von Compliance-Maßnahmen. Der Entwicklungsprozess würde damit von Seiten des Gesetzgebers determiniert und Eigeninitiative und Kreativität in der Ausgestaltung der Regelungen würden sich nicht mehr lohnen, denn mit Erfüllung der Vorgabe sei alles Notwendige erledigt.[1421] Die Krux besteht also darin, die Compliance-Entwicklung und ihre Forschungsdynamik nicht zu hemmen oder gar zu gefährden, aber zugleich Rechtssicherheit für Berücksichtung und Anreize zu schaffen.

Der Vorteil einer Selbstregulierung ist die Sachnähe der Regulierer, sodass auch komplexe Strukturen und Verfahren in einem Anwendungsbefehl formuliert werden können.[1422] Es geht dabei um die Bildung eigener Vorschriften anstelle staatlicher.[1423] Gerade für Unternehmen kann dahinter ein großes Potential stecken, da sie durch Prävention ihre Interessen wahren und überschießende

---

1420 Ähnlich erfolgreich ohne gesetzgerberischen Anschub sind Insiderhandel und Dopingverfolgung, *Bachmann*, in: Gesellschaftsrecht in der Diskussion, S. 65, 100; *Kort*, NZG 2008, 81, 81. Vgl. auch *Wilhelm*, ZRFC 2013, 133 Fn. 6 m.w.N.

1421 *Karbaum*, Kartellrechtliche Compliance, S. 371 Fn. 1527. Zur Gefahr der Überregulierung am Beispiel des Wertpapierrechts vgl. *Röh*, BB 2008, 398 ff.

1422 *M. Roth*, Compliance, S. 18.

1423 Zur Idee Marktverhaltensregeln als Verbandsaufgabe: Um Gerichte und Behörden zu entlasten sollten die Verbände das Marktverhalten für ihre Branchen konkretisieren und auch mit vertragsrechtlichen Sanktionen durchsetzen, vgl. *Köhler*, WuW 2009, 258, 260 a. E.

Gesetzgebungen und staatliche Eingriffe abwenden können.[1424] Insofern ergibt sich eine höhere Akzeptanz auf Seiten der Anwender. Unternehmen haben in Compliance-Fragen einen Wissens-, weil Anwendungsvorsprung, gegenüber staatlichen Stellen. Das ist schon dem Umstand geschuldet, dass in einer Unternehmensorganisation eine Vielzahl (internationaler) Vorgaben und bestehender Handlungsoptionen geprüft und umgesetzt werden.[1425] Das Unternehmen hat auch die Möglichkeit, gezielter, pointierter und sensibler auf die unternehmensinternen Steuerungsmechanismen hinzuwirken, als es eine abstrakt-generelle gesetzliche Vorgabe ausgeben könnte.[1426] Diesen Vorteilen gegenüber steht das Problem der geringen demokratischen Legitimation. Geht es allerdings um Qualitätssicherung der Rechtsanwendung, kann im Wege des Subsidiaritätsprinzips die staatliche Normensetzung zurücktreten, wenn durch die „soft-law" Normen gleich effizientes Rechts gewährleistet wird. Denn nicht allzu selten fällt es dem Gesetzgeber schwer, mit der tatsächlichen Entwicklung Schritt zu halten.[1427] Gerade in der sehr fortschrittlichen und auch sehr komplexen Compliance-Debatte spielt das „soft-law" eine wichtige Rolle, wie der Erfolg des DCGK im Zusammenspiel mit der gesetzlichen Regelung des § 161 AktG eindrucksvoll belegt.[1428]

Die konkrete Berücksichtigung der Compliance Defence sollte im Ermessensspielraum der Kartellbehörden verortet werden. Es bedarf einer flexiblen Ausgestaltung, gerade um auf veränderte Gegebenheiten des Marktes und den voranschreitenden Entwicklungsprozess von Compliance reagieren zu können sowie die Ausgestaltung von Compliance-Maßnahmen und deren Honorierung weiter voranzutreiben. Ein Ermessen der Kartellbehörden zur Compliance Defence kommt zugleich (auch) einer Überwachungsfunktion nach. Diese darf gerade nicht – wie bei einer gesetzlichen Verankerung – dann nur noch davon abhängen, ob ein Compliance-Programm vorliegt oder nicht.[1429] Das Ermessen, über die Effektivität und die konkreten Anforderungen an ein

1424 *M. Roth*, Compliance, S. 20 zugleich zum Risiko, dass der Regelungegehalt zur milde ausfällt, um Freiheit, Autonomie und eigene Interessen zu wahren.

1425 *C. Müller*, Kartellrechtscompliance, S. 198.

1426 *C. Müller*, Kartellrechtscompliance, S. 198.

1427 *M. Roth*, Compliance, S. 18.

1428 *M. Roth*, Compliance, S. 24; *Karbaum*, Kartellrechtliche Compliance, S. 370 a.E.

1429 *Dreher*, ZWeR 2004, 75, 86. Gegen eine umfassende und abschließende staatliche Regelung sind auch *C. Müller*, Kartellrechtscompliance, S. 198 und *Sieber*, FS Tiedemann (2008), S. 449, 475.

Compliance-Programm zu entscheiden, darf ihr durch eine gesetzliche Regelung nicht genommen bzw. eingeschränkt werden.

Ergänzt wird diese Argumentation um Praktikabilitätserwägungen, die für eine Verortung im Rahmen der Leitlinien sprechen. In diesen spiegelt sich das jahrzehntelange knowhow der Kommission und des Bundeskartellamtes (sowie das der diese überprüfenden Gerichte) in der Anwendung des europäischen und deutschen Kartellrechts wider. Hinzukommt, dass die Leitlinien der Kommission bei der einheitlichen Anwendung und Auslegung des Unionsrechts auch Bedeutung für die nationalen Kartellbehörden haben.[1430]

Es stellt sich sodann die Frage, welche Kriterien zu berücksichtigen sind und wie dabei zugleich dem Grundsatz der Gleichbehandlung und des Vertrauensschutzes genügt sein kann.[1431] Die Kartellbehörden sollten unter Vorsitz der Kommission „Konvergenzbemühungen" innerhalb des European Competition Networks anstreben und auf dieser Plattform die Formulierung eines Best Practice Maßstabes forcieren.[1432] Sinnvollerweise bringen die Länder – insbesondere Großbritannien – ihre Erfahrungen bei der Berücksichtigung der Compliance Defence mit ein, die sie bereits anerkennen. Es könnten sodann konkrete (Mindest-)Elemente, (Check-)Listen und Kataloge mit Vorgaben durchaus ehrgeizig aufgestellt und erlassen werden. Diese wären vorher objektiv nachvollziehbar und würden damit den rechtsstaatlichen Anforderungen entsprechen,[1433] sodass Unternehmen auf diese Kriterien hin ihre eigenen Maßnahmen beurteilen und verbessern könnten.[1434]

1430 *Thomas*, EuR 2009, 423, 437; *Bornkamp/Becker*, ZWeR 2005, 213, 230.

1431 *Weber/Rizvi*, SJZ 2010, 501, 509. Bei der konkreten Ausgestaltung der Vorgaben an ein effektives Compliance-Programm, das im Rahmen der Compliance Defence berücksichtigt wird, ist eine Zertifizierung, wie sie z. B. in Brasilien betrieben wird, abzulehnen. Dort können Unternehmen alle zwei Jahre ihr Compliance-Programm zertifizieren lassen und dieses Zertifikat bestätigt die Effektivität, die zur Bußgeldberücksichtigung berechtigt. Diese Praxis ist gerade wegen dieser starren Fristen abzulehnen. So dauern die Bußgeldverfahren von Einleitung bis Abschluss regelmäßig mehrere Jahre und diese Zeitspanne wird häufig um einen gerichtlichen Instanzenzug verlängert. Dazu *Voet van Vormizeele*, CCZ 2009, 41, 47 m.w.N.

1432 *Kasten*, in: Mäger, Europäisches Kartellrecht, Rn. 157.

1433 Freilich ist dabei noch nicht der Vorwurf der Verletzung des Wesentlichkeitsgrundsatz ausgeräumt. Jedoch ist Kern der Regelung eine begünstigende Bußgeldreduzierung und die Voraussetzungen für letztere und gerade nicht die Voraussetzungen, unter denen überhaupt eine Buße und zugleich ihr Niveau festgelegt wird.

1434 *Weber/Rizvi*, SJZ 2010, 501, 509.

Daher sollte die Compliance Defence auf Ebene der Verwaltungsvorschrift bzw. Mitteilung eingeordnet werden, da sie einerseits ein hohes Maß an Flexibilität auf der Regelungsebene haben und andererseits kompetenziell die am engsten betraute Stelle damit befasst wird. Es bedarf keines langwierigen Gesetzgebungsverfahrens zur Einführung sowie zur Fortentwicklung und Anpassung der Regelung.[1435] Diese Praktikabilitätsaspekte überwiegen den Nachteilen von Rechtsklarheit und einem – unter Umständen – aufgeweichten Gesetzlichkeitsprinzip. Auch in den Rechtsordnungen, in denen die Compliance Defence bereits anerkannt ist, erfolgte die Umsetzung in den meisten Fällen ohne dass der Gesetzgeber mit einer Regelung beauftragt wurde.[1436] In den Bußgeldleitlinien der Kartellbehörden sollte die Compliance Defence ausdrücklich als mildernder Umstand festgeschrieben werden.

1435 So auch *Karbaum*, Kartellrechtliche Compliance, S. 371 Fn. 1525.

1436 *Kasten*, in: Mäger, Europäisches Kartellrecht, Rn. 157.

§5 Schlussbemerkung und Kernthesen

Wie gesehen sprechen viele gute Gründe für, aber auch einige eben so gute dagegen, die Compliance Defence bußgeldmindernd zu berücksichtigen. Es ist aufgezeigt worden, dass eine Berücksichtigung in den Bußgeldleitlinien der nationalen und transnationalen Kartellbehörden als zusätzlicher mildernder Umstand in Höhe von fünf bis zehn Prozent ohne gesetzgeberische Initiative möglich und zu begrüßen ist.

Es verwundert in dem Zusammenhang ein wenig, dass die Kommission – allen voran Wettbewerbskommissar Joaquín Almunia – ihre ablehnende Haltung so häufig kundtut.[1437] Auffällig ist dabei, dass immer noch keine differenzierte Betrachtung erfolgt, sondern immer wieder verlautbart wird, ein Verstoß belege das Scheitern des Compliance-Programms und ein gescheitertes Compliance-Programm sei nicht honorierungswürdig. Muss für die Überzeugung der Kommission – und zugleich des Bundeskartellamtes – die Compliance Defence Debatte in beide Richtungen, also auch in die Richtung der Compliance Offence geführt werden? Eine Offence könnte z. B. dann vorliegen, wenn ein

1437 Kommission, Compliance Matters, 4.6 S. 22; *Almunia*, 15th International Conference on Competition: A Spotlight on Cartel Prosecution, SPEECH/11/268: „A successful compliance programme brings its own reward. The main reward for a successful compliance programme is not getting involved in unlawful behaviour. Instead, a company involved in a cartel should not expect a reward from us for setting up a compliance programme, because that would be a failed programme by definition." *ders.*, Compliance and Competition policy, Businesseurope & US Chamber of Commerce. Competition conference, SPEECH/10/586: „When I talk about these things, I am often asked whether companies should be rewarded for operating compliance programmes when they are found to be involved in illegal commercial practices. The answer is no. There should be no reduction of fines or other preferential treatment for these companies. As already mentioned, we reward cooperation in discovering the cartel, we reward cooperation during the proceedings before the Commission, we reward companies that have had a limited participation in the cartel, but that, I think is enough. To those who ask us to lower our fines where companies have a compliance programme, I say this: if we are discussing a fine, then you have been involved in a cartel; why should I reward a compliance programme that has failed? The benefit of a compliance programme is that your company reduces the risk that it is involved in a cartel in the first place. That is where you earn your reward."

Compliance-Programm zur Erleichterung oder Verschleierung eines Verstoßes sowie zur Täuschung der Kartellbehörde genutzt wurde.[1438]

Um den Bedenken von Kommission und Bundeskartellamt an der Berücksichtigung der Compliance Defence zu begegnen, wäre auch ein Kompromiss dergestalt denkbar, dass sie zunächst unter bestimmten Bedingungen einen Abschlag gewähren, die Entwicklung beobachten und gegebenenfalls wieder korrigieren, wenn diese Regelung sich nicht als effektiv erwiesen hat und die Kartellverstöße dadurch erkennbar und nachhaltig nicht abgenommen haben. Schließlich wäre dieses Vorgehen von ihrem weiten Ermessensspielraum gedeckt.

Dogmatisch steht der Berücksichtigung jedenfalls nichts im Wege.[1439] Auch die Aufnahme der Leniency- und Bonusregelung erfolgte ohne eine Änderung der VO 1/2003 oder des GWB, geschweige denn des OWiG.[1440]

1. Die Spruchpraxis im Unionsrecht auf den zweiten Blick: Die ablehnende Haltung hat sich weiter verstärkt (Brochure „Compliance Matters": „The answer is: No"). Allerdings gründet die Praxis auf Entscheidungen, die zum Teil von besonderen Umständen des Einzelfalls sowie einem überholten Forschungsstand zu Compliance ausgehen.
2. Der Wandel der unionsrechtlichen Entscheidungspraxis zu der Frage der Compliance Defence gleicht einem Paradoxon: Je umfangreicher die Maßnahmen der Unternehmen wurden und je weiter der Forschungsgrad von Compliance zunahm, desto geringer wurden die Chancen, dass die Compliance Defence im Bußgeldverfahren mildernd berücksichtigt wurde.
3. Mit Großbritannien und Frankreich gewähren nun zwei große Mitgliedstaaten einen Bußgelderlass von bis zu zehn Prozent. Unter dem Eindruck, dass immer mehr nationale Behörden die Compliance Defence im Bußgeldverfahren anerkennen, sollten Kommission und Bundeskartellamt ihre Praxis überdenken.
4. Eine individuelle Pflicht zur Einführung eines Compliance-Programms ergibt sich aus §§ 76 i.V.m. 93 AktG und ist dem Umfang nach an dem Best Practice-Maßstab auszurichten. Die getroffenen Maßnahmen sind im Wege

---

1438 Ähnlich auch *Krebs/Eufinger/Jung*, CCZ 2011, 213, 216 die Unternehmensleitung könne ein Compliance-Programm gerade zu dem Zweck auflegen, um im Deckmantel dessen das Kartell zu gründen und im Fall der Aufdeckung immer noch eine Minderung erhalten könne.

1439 *Bosch/Colbus/Harbusch*, WuW 2009, 740, 749.

1440 *Wegner*, wistra 2000, 361, 367.

der Business Judgement Rule justiziabel. Für Gesellschaften außerhalb des AktG ergibt sich dies in abgestuftem Umfang aus § 130 OWiG.

5. Ein vollständiger Bußgelderlass ist eher im deutschen als im europäischen Kartellrecht regulatorisch denkbar, doch muss sich die Bußgeldreduzierung der Compliance Defence systemgerecht in vorhandene Bonusmöglichkeiten einfügen. Dogmatisch sollte die Compliance Defence im deutschen und europäischen Kartellrecht als ein zusätzlicher Milderungsgrund im Sinne der Leitlinien (im Umfang zwischen fünf und zehn Prozent) und/oder als Verzicht auf einen Abschreckungsaufschlag im Sinne der Leitlinien implementiert werden.
6. In der Zuwiderhandlung trotz Bestehen eines effektiven Compliance-Programms ist kein Versagen dessen zu sehen, sodass daraus keine Erhöhung des Bußgeldes im Wege der Compliance Offence resultiert.
7. Die Verortung der Compliance Defence ist im geltenden Normengefüge im Range der Leitlinien der Wettbewerbsbehörden, z.B. als eigenes Randzeichen, vorzunehmen. Konkrete Vorgaben durch die Behörden könnten auch im Wege gesonderter Leitlinien erlassen werden.

Literaturverzeichnis

Achenbach, Hans: Die „großen" Wirtschafts-Ordnungswidrigkeiten – ein Phänomen im Dunkelfeld der kritischen Strafrechtstheorie, in: Beulke, Werner/Lüderssen, Klaus/Popp Andreas/Wittig, Petra (Hrsg.), Das Dilemma des rechtsstaatlichen Strafrecht, Symposium für Bernhard Haffke zum 65. Geburtstag 28./29. März 2009, Universität Passau, Berlin (BWV) 2009 (zit. *Achenbach*, Symposium für Haffke (2009), S. 101–110).

Achenbach, Hans: Die 8. GWB-Novelle und das Wirtschaftsstrafrecht (zit. *Achenbach*, wistra 2013, 369–374).

Ackermann, Thomas: Prävention als Paradigma: Zur Verteidigung eines effektiven kartellrechtlichen Sanktionssystems (zit. *Ackermann*, ZWeR 2010, 329–352).

Ackermann, Thomas: Europäisches Kartellrecht, in: Riesenhuber, Karl (Hrsg.), Europäische Methodenlehre, 2. Aufl. 2010 Berlin u.a. (DeGruyter) (zit. *Ackermann*, in: Riesenhuber, Europäische Methodenlehre, § 21 Rn).

Adam, Dirk H. V.: Die Begrenzung der Aufsichtspflichten in der Vorschrift des §130 OWiG (zit. *Adam*, wistra 2003, 285–292).

Arbeitskreis „Externe und Interne Überwachung der Unternehmung" der Schmalenbach-Gesellschaft für Betriebswirtschaft e.V.: Grundsätze risikoorientierter Unternehmensüberwachung (zit. *Arbeitskreis Schmalenbach Gesellschaft*, DB 1998, 1573–1576).

Arbeitskreis „Externe und Interne Überwachung der Unternehmung" der Schmalenbach- Gesellschaft für Betriebswirtschaft e.V.: Auswirkungen des Sarbanes-Oxley Act auf die Interne und Externe Unternehmensüberwachung; zit. *Arbeitskreis Schmalenbach Gesellschaft*, BB 2004, 2399–2407.

Bach, Albrecht: Verschärfung von Unternehmensbußen – ein gescheiterter Versuch Zum Verständnis von § 81 Abs. 4 GWB, in: Brinker, Ingo/Scheuing, Dieter H., Stockmann, Kurt (Hrsg.), Recht und Wettbewerb, Festschrift für Rainer Bechtold zum 65. Geburtstag, München (Beck) 2006, S. 1–8 (zit. *Bach*, FS Bechtold (2006), S. 1–8).

Bachmann, Gregor: Compliance – Rechtsgrundlagen und offene Fragen, in: Gesellschaftsrechtliche Vereinigung (Hrsg.), Gesellschaftsrecht in der Diskussion 2007, Köln (Otto Schmidt) 2008 (zit. *Bachmann*, in: Gesellschaftsrecht in der Diskussion, S. 65–101).

Bachmann, Gregor/Prüfer, Geralf: Korruptionsprävention und Corporate Governance (zit. *Bachmann/Prüfer*, ZRP 2005, 109–113).

Baumbach, Adolf/Hueck, Alfred: GmbHG Gesetz betreffend die Gesellschaften mit beschränkter Haftung 19. Aufl. 2010 München (Beck) (zit. *Bearbeiter*, in: Baumbach/Hueck, § Rn).

Baron, Michael/Seeliger, Daniela: Plädoyer für die Anerkennung der Compliance-Defence (zit. *Baron/Seeliger*, Compliance-Berater 2013, 345–349).

Bechtold, Rainer: Die Entwicklung des deutschen Kartellrechts seit der 7. GWB Novelle (Juli 2005 bis Oktober 2007) (zit. *Bechtold*, NJW 2007, 3761–3769).

Bechtold, Rainer: Kartellgesetz: Gesetz gegen die Wettbewerbsbeschränkungen, 6. Aufl. 2010 München (Beck) (zit. *Bearbeiter*, § Rn).

Bechtold, Rainer: Die rechtsstaatliche Problematik der Bußgelder bei Verstößen gegen das europäische Wettbewerbsrecht, in: Schwarze, Jürgen, Rechtsschutz und Wettbewerb in der neueren europäischen Rechtsentwicklung, Baden-Baden (Nomos) 2010, S. 97–105 (zit. *Bechtold*, in: Schwarze, Rechtsschutz und Wettbewerb (2010), S).

Bechtold, Rainer/Bosch, Wolfgang: Der Zweck heiligt nicht alle Mittel Eine Erwiderung auf *Ackermann*, ZWeR 2010, 329 (zit. *Bechtold/Bosch*, ZWeR 2011, 160–169).

Bechtold, Rainer/Bosch, Wolfgang/Brinker, Ingo/Hirsbrunner, Simon: Kommentar zum EG-Kartellrecht: Kommentar, 2. Aufl. 2009 München (Beck) (zit. *Bechtold/Bosch/Brinker/Hirsbrunner*, Art. Rn).

Benz, Jochen/Klindt, Thomas: Compliance 2020 – ein Blick in die Zukunft (zit. *Benz/Klindt*, BB 2010, 2977–22980).

Berg, Cai: Korruption in Unternehmen und Risikomanagement nach § 91 Abs. 2 AktG (zit. *Berg*, AG 2007, 271–278).

Bergmann, Helmut/Fiedler, Lilly: Anspruchsberechtigung indirekter Abnehmer und Passing-on defense: Private Kartellrechtsdurchsetzung in Deutschland (zit. *Bergmann/Fiedler*, BB 2012, 206–210).

Bergmoser, Ulrich: Integration von Compliance-Management-Systemen (zit. *Bergmoser*, BB Beilage Nr. 4 2010, 2–6).

Bergmoser, Ulrich/Theusinger, Ingo/Gushurst, Klaus-Peter: Corporate Compliance – Grundlagen und Umsetzung (zit. *Bergmoser/Theusinger/Gushurst*, BB-Special 2008, 1–11).

Besen, Marc/Gronemeyer, Achim: Kartellrechtliche Risiken bei Unternehmenskäufen – Informationsaustausch und Clean Team (zit. *Besen/Gronemeyer*, CCZ 2009, 67–70).

Biermann, Jörg: Neubestimmung des deutschen und europäischen Kartellsanktionenrechts: Reformüberlegungen, Determinanten und Perspektiven einer Kriminalisierung von Verstößen gegen das Kartellrecht (zit. *Biermann*, ZWeR 2007, 1–48).

Bohnert, Joachim: Kommentar zum Ordnungswidrigkeitengesetz, 3. Aufl. 2010 München (Beck) (zit. *Bohnert*, § OWiG, Rn).

Bongard, Christian: Mehrerlöse, Mengeneffekte und volkswirtschaftliche Kartellschäden (zit. *Bongard*, WuW 2010, 762–772).

Böni, Franz: Der Wiederholungstäter im europäischen Kartellsanktionsrecht (zit. *Böni*, WuW 2011, 360–368).

Boos, Karl-Heinz/Fischer, Reinfrid/Schulte-Mattler, Hermann: Kreditwesengesetz Kommentar zu KWG und Ausführungsvorschriften 4. Aufl. 2012 München (Beck) (zit. Boos/Fischer/Schulte-Mattler-*Bearbeiter*, § KWG Rn).

Borer, Jürg: Kartellrechts-Compliance im Unternehmen und Kartellrechtsverfahren, in: Weber, Rolf H./Heinemann, Andreas/Vogt, Hans-Ueli (Hrsg.), Methodische und konzeptionelle Grundlagen des Schweizer Kartellrechts im europäischen Kontext, Symposium zum 70. Geburtstag von Roger Zäch, Bern (Stämpfli) 2009 (zit. *Borer*, Kartellrechts-Compliance, S. 117–130).

Borges, Georg: Selbstregulierung im Gesellschaftsrecht - zur Bindung an Corporate Governance-Kodizes (zit. *Borges*, ZGR 2003, 508–540).

Bornkamm, Joachim: Cui malo? Wem schaden Kartelle? (zit. *Bornkamm*, GRUR 2010, 501–506).

Bornkamp, Joachim/Becker, Mirko: Die privatrechtliche Durchsetzung des Kartellverbots nach der Modernisierung des EG-Kartellrechts Einflussmöglichkeiten der Kommission (zit. *Bornkamp/Becker*, ZWeR 2005, 213–236).

Bosch, Wolfgang/Colbus, Birgit/Harbusch, Antonia: Berücksichtigung von Compliance-Programmen in Kartellbußgeldverfahren (zit. *Bosch/Colbus/Harbusch*, WuW 2009, 740–749).

Breßler, Steffen/Kuhnke, Michael/Schul, Stephan/Stein, Roland: Inhalte und Grenzen von Amnestien bei Internal Investigations (zit. *Breßler/Kuhnke/Schulz/Stein*, NZG 2009, 721–727).

Brown, Lowell H.: Corporate Director's Compliance Oversight Responsibility in the Post Caremark Era (zit. *Brown*, 26 (2001) Del. J. Corp. L. 1–146).

Brozat, Anne: Überlegungen zur Amtsträgereigenschaft gemäß § 11 Abs. 1 Nr. 2 c StGB in Anstalten des öffentlichen Rechts und einer Anwendung des

§ 357 StGB am Beispiel der BSR-Entscheidung des BGH (zit. *Brozat*, CCZ 2011, 227–229).

Bruns, Alexander: Können ordnungswidrige Preisabsprachen bei öffentlichen Ausschreibungen nach geltendem Recht auch als Betrug mit Kriminalstrafe geahndet werden? (zit. *Bruns*, NStZ 1983, 385–390).

Buchta, Jens: Haftung und Verantwortlichkeit des Vorstands einer Aktiengesellschaft - Eine Bestandsaufnahme (zit. *Buchta*, DB 2006, 1939–1943).

Bueren, Eckart: Einer für alle, alle für einen? - Gesamtschuldnerische Bußgeldhaftung im europäischen Kartellrecht: Grundlage, Ausgestaltung und Konsequenzen Zugleich Besprechung von EuG, Urt. v. 3.3.2011 - verb. Rs T-117/07 und T-121/07, verb. Rs T-122/07 bis T-124/07 - Gasisolierte Schaltanlagen (zit. *Bueren*, ZWeR 2011, 285–311).

Bueren, Eckart: EU-Kartellbußgeldverfahren und EMRK: Aktuelle Implikationen aus der Rechtsprechung des EGMR Zugleich Besprechung von EGMR, 27.10.2011, Menarini Diagnostics vs. Italy (zit. *Bueren*, EWS 2012, 363–372).

Bueren, Eckart: Prämien für Whistleblower im Kartellrechtsvollzug Eine rechtsökonomische und rechtsvergleichende Analyse (zit. *Bueren*, ZWeR 2012, 310–348).

Bugg, Stuart G./Simon, Heike: Langenscheidt Alpmann Fachwörterbuch Kompakt Recht Englisch, 2. Aufl. 2009 Berlin u.a. (Langenscheidt Fachverlage) (zit. *G. Bugg/Simon*, Langenscheidt Alpmann, S).

Bühler, Christoph B: Corporate Governance und ihre Regulierung in der Schweiz Empfehlungen des „Swiss Code of Best Practice for Corporate Governance“ zur Nutzung der Gestaltungsfreiheit des Aktienrechts (zit. *Bühler*, ZGR 2012, 228–245).

Bulst, Friedrich Wenzel: Das ORWI-Urteil des Bundesgerichtshofs im Lichte des Unionsrechts (zit. *Bulst*, ZWeR 2012, 70–89).

Buntig, Nikolaus: Konzernweite Compliance – Pflicht oder Kür? (zit. *Buntig*, ZIP 2012, 1542–1549).

Bürger, Christian: Die Haftung der Konzernmutter für Kartellrechtsverstöße ihrer Tochter nach deutschem Recht (zit. *Bürger*, WuW 2011, 130–140).

Burgi, Martin: Compliance im Staat – Staat und Compliance (zit. *Burgi*, CCZ 2010, 41–45).

Bürkle, Jürgen: VAG-Novelle: Organisationspflichten zwischen Anspruch und Wirklichkeit (zit. *Bürkle*, VW 2008, 212).

Bürkle, Jürgen: Corporate Compliance als Standard guter Unternehmensführung des Deutschen Corporate Governance Kodex (zit. *Bürkle*, BB 2007, 1797–1801).

Bürkle, Jürgen: Auswirkungen der Unternehmensaufsicht nach dem KWG auf organisatorische Pflichten von Versicherungsnehmen (zit. *Bürkle*, WM 2005, 1496–1505).

Bürkle. Jürgen: Corporate Compliance – Pflicht oder Kür für den Vorstand der AG? (zit. *Bürkle*, BB 2005, 565–570).

Burrichter, Jürgen: Die Verzinsungspflicht von Geldbußen gemäß § 81 Abs. 6 n. F., in: Brinker, Ingo/Scheuing, Dieter H., Stockmann, Kurt (Hrsg.), Recht und Wettbewerb, Festschrift für Rainer Bechtold zum 65. Geburtstag, München (Beck) 2006, S. 81–118 (zit. *Burrichter* FS Bechtold (2006), S).

Bussmann, Kai-D.: Sozialisation in Unternehmen durch Compliance, in: Hellmann, Uwe/Schröder, Christian, Festschrift für Hans Achenbach zum 70. Geburtstag, Heidelberg (C.F. Müller) 2011, S. 57–82 (zit. *Bussmann*, FS Achenbach (2011), S).

Bussmann, Kai-D./Matschke, Sebastian: Der Einfluss nationalen Rechts auf Kontroll- und Präventionsmaßnahmen von Unternehmen – ein Vergleich zwischen den USA und Deutschland (zit. *Bussmann/Matschke*, wistra 2008, 88–95).

Bussmann, Kai-D./Matschke, Sebastian: Die Zukunft der unternehmerischen Haftung bei Compliance-Verstößen (zit. *Bussmann/Matsche*, CCZ 2009, 132–138).

Bussmann, Kai-D./Salvenmoser, Steffen: Der Wert von Compliance und Unternehmenskultur (zit. *Bussmann/Salvenmoser*, CCZ 2008, 192–196).

Büssow, Thomas/Taetzner, Tobias: Sarbanes-Oxley Act Section 404: Internes Kontrollsystem einer effektiven Finanzberichterstattung im Steuerbereich von Unternehmen – Pflicht oder Kür? (zit. *Büssow/Taetzner*, BB 2005, 2437–2443).

Canenbley, Cornelis/Steinvorth, Till: Kartellbußgeldverfahren, Kronzeugenregelungen und Schadensersatz – Liegt die Lösung des Konflikts „de lege ferenda“ in einem einheitlichen Verfahren? in: FIW (Hrsg.), Wettbewerbspolitik und Kartellrecht in der Marktwirtschaft. Festschrift 50 Jahre FIW: 1960 bis 2010 Köln (Carl Heymanns) 2010 (zit. *Canenbley/Steinvorth*, FS 50 Jahre FIW (2010), S. 143–160).

Casper, Matthias: Der Compliancebeauftragte – unternehmensinternes Aktienamt, Unternehmensbeauftragter oder einfacher Angestellter, in: Bitter, Georg/Lutter, Marcus/Priester, Hans-Joachim/Schön, Wolfgang/Ulmer, Peter

(Hrsg.), Festschrift für Karsten Schmidt Köln (Otto Schmidt) 2009, S. 199–216 (zit. *Casper*, FS K. Schmidt (2009), S).

Creifelds, Carl (Begründer): Rechtswörterbuch herausgegeben von Klaus Weber, 20 Aufl. 2011 München (Beck) (zit. *Creifelds*, Rechtswörterbuch, S).

Crones, Christian: Selbstbindungen der Verwaltung im europäischen Gemeinschaftsrecht: eine Analyse der Rechtsprechung von EuGH und EuG zur ermessensbeschränkenden Wirkung von Gleichheitssatz und Vertrauensschutzprinzip auf Gemeinschaftsebene vor rechtsvergleichendem Hintergrund, Baden-Baden (Nomos) 1997 (zit. *Crones*, Selbstbindung, S).

Dalheimer, Dorothe/Feddersen, Christoph T./Miersch, Gerald: EU-Kartellverfahrensordnung Kommentar zur VO 1/2003, Sonderausgabe aus Grabitz/Hilf „Das Recht der Europäischen Union nach Art. 83 EGV", München (Beck) 2005 (zit. *Dalheimer/Feddersen/Miersch*, Art. Rn).

Dannecker, Gerhard: Die Sanktionierung von Verstößen gegen das gemeinschaftsrechtliche Kartellrecht nach der Verordnung (EG) Nr. 1/2003 in der Europäischen Union (zit. *Dannecker*, wistra 2004, 361–368).

Dannecker, Gerhard: Die Verhängung von Geldbußen gegen Unternehmen als Mittel zur Durchsetzung des Europäischen Wettbewerbsrechts (zit. *Dannecker*, MSchKrim 1991, 268–289).

Dannecker, Gerhard: Das Unternehmen als „Good Corporate Citizen" – ein Leitbild der europäischen Rechtsentwicklung, in: Alwart, Heiner (Hrsg.), Verantwortung und Steuerung von Unternehmen in der Marktwirtschaft München und Mering (Rainer Hampp) 1998, S. 5–35 (zit. *Dannecker*, in: Alwart, S).

de Bronett, Georg-Klaus: Kommentar zum Europäischen Kartellverfahrensrecht 2. Aufl. 2012 Köln (Heymanns) (zit. *de Bronett*, Kartellverfahrensrecht).

de Bronett, Georg-Klaus: „Unternehmen" als „wirtschaftliche Einheiten" – Das neue EU-Kartellrecht nach der Rechtsprechung des EuGH in dr Rs. C-97/08 P – „Akzo Nobel" (zit. *de Bronett*, EWS 2012, 113–124).

de Crozals, Dorothee/Jürgens, Robert Dawn Raids durch die Kartellbehörden – Ablauf, Grenzen und Handlungsoptionen (zit. *de Corzals/Jürgens*, CCZ 92–98).

Deister, Jochen/Geier, Anton: Der UK Bribery Act 2010 und seine Auswirkungen auf deutsche Unternehmen (zit. *Deister/Geier*, CCZ 2011, 12–18).

Desai, Kiran: Antitrust compliance programmes, abrufbar unter http://www.mayerbrown.com/publications (zit. *Desai*, The European Antitrust Review 2006, S).

Deutsches Institut für Interne Revision e.V.: Kodex der Berufsethik abrufbar unter http://www.diir.de/fachwissen/ (zit. *IIR*, Grundlagen. Kodex der Berufsethik).

Diekmann, Hans/Sustmann, Marco Gesetz zur Verbesserung des Anlegerschutzes (Anlegerschutzverbesserungsgesetz – AnSVG) (zit. *Diekmann/Sustmann*, NZG 2004, 929–939).

Dietl, Clara-Erika/Lorenz, Egon: Wörterbuch für Recht, Wirtschaft und Politik, Teil I Englisch-Deutsch, 6. Aufl. 2000 München (Beck) (zit. *Dietl/Lorenz*, Wörterbuch, S).

Domke, Nicole/Stehr, Melanie/Tolksdorf, Michael: Wirtschaftsethische und operative Anforderungen an kartellrechtliche Compliance in Unternehmen (zit. *Domke/Stehr/Tolksdorf*, ZRFC 2010, 110–116).

Dreher, Meinrad: Die persönliche Verantwortlichkeit von Geschäftsleitern nach außen und die innergesellschaftliche Aufgabenverteilung (zit. *Dreher*, ZGR 1992, 22–63).

Dreher, Meinrad: Kartellrechtscompliance (zit. *Dreher*, ZWeR 2004, 75–106).

Dreher, Meinrad: Die kartellrechtliche Bußgeldverantwortlichkeit von Vorstandsmitgliedern. Vorstandshandeln zwischen aktienrechtlichem Legalitätsprinzip und kartellrechtlicher Unsicherheit, in: Dauner-Lieb, Barbara/Hommelhoff, Peter/Jacobs, Matthias/Kaiser, Dagmar/Weber Christoph (Hrsg.), Festschrift für Horst Konzen zum siebzigsten Geburtstag Tübingen (Mohr) 2006, S. 85–108 (zit. *Dreher*, FS Konzen (2006), S. 84).

Dreher, Meinrad: Die persönliche Außenhaftung von Geschäftsleitern auf Schadensersatz bei Kartellverstößen (zit. *Dreher*, WuW 2009, 133–143).

Dreher, Meinrad: Kartellrechtscompliance in der Versicherungswirtschaft (zit. *Dreher*, VersR 2004, 1–8).

Dreher, Meinrad: Überformung des Aktienrechts durch die Rechtsprechung von Straf- und Verwaltungsgerichten (zit. *Dreher*, AG 2006, 213–223).

Dreher, Meinrad/Schaaf, Martin: Versicherungsunternehmensrecht und Risikomanagement (zit. *Dreher/Schaaf*, WM 2008, 1765–1774).

Dreher, Meinrad/Thomas, Stefan: Rechts- und Tatsachenirrtümer unter der neuen VO 1/2003 (zit. *Dreher/Thomas*, WuW 2004, 8–18).

Drobetz, Wolfgang/Schillhoger, Andreas/Zimmermann, Heinz: Ein Corporate Governance Rating für deutsche Publikumsgesellschaften (zit. *Drobetz/Schillhoger/Zimmermann*, ZfB 2004, 1–21).

Dück, Hermann/Schultes, Marion: Bußgeldhaftung und Rechtsnachfolge – Schlupfloch für Kartellsünder? (zit. *Dück/Schultes*, WM 2013, 9–14).

Dück, Hermann/Eufinger, Alexander: Dezentrale Antitrust-Compliance und europäische Entscheidungspraxis zur kartellrechtlichen Haftungszurechnung im Konzern (zit. *Dück/Eufinger*, CCZ 2012, 131–136).

Ebersoll, Maik: Die Messung von Compliancerisiken in Unternehmen Neue Ökonimie Band 5 Uelvesbüll (Der Andere Verlag) 2012 (zit. *Ebersoll*, Messung von Compliancerisiken, S).

Eggemann, Gerd/Konradt, Thomas: Risikomanagement nach KonTraG aus dem Blickwinkel des Wirtschaftsprüfers (zit. *Eggemann/Konradt*, BB 2000, 503–509).

Eidam, Gerd: Die Verbandsgeldbuße des § 30 Abs. 4 OWiG – eine Bestandsaufnahme (zit. *Eidam*, wistra 2003, 447–456).

Eisolt, Dirk: Prüfung von Compliance-Management-Systemen: erste Überlegungen zu IDW EPS 980 (zit. *Eisolt*, BB 2010, 1843–1848).

Ellison, Jordan: Individual Deterrence and Competition Disqualification Orders (zit. *Ellison*, Comp. Law, 2011, 65–79).

Emde, Ernst Thomas: Gesamtverantwortung und Ressortverantwortung im Vorstand der AG, in: Burgard, Ulrich/Hadding, Walther/Mülbert, Peter O./ Nietsch, Michael/Welter Reinhard (Hrsg.), Festschrift für Uwe H. Schneider zum 70. Geburtstag, Köln 2011, S. 295–321 (zit. *Emde*, FS U. H. Schneider (2011), S).

Emmerich, Volker/Habersack, Mathias: Aktien- und GmbH-Konzernrecht 6. Aufl. 2010 München (Beck) (zit. *Emmerich/Habersack*, Aktien- und GmbH-Konzernrecht, § Rn).

Engelhart, Marc: Reform der Compliance-Regelungen der United States Sentencing Guidelines (zit. *Engelhart*, NZG 2011, 126–129).

Eufinger, Alexander/Maschemer, Andreas: Die Compliance Defence im novellierten schweizerischen Kartellgesetz – Vorbild für europäisches Kartellrecht? (zit. *Eufinger/Maschemer*, EWS 2012, 509–513).

Everling, Ulrich: Elemente eines europäischen Verwaltungsrechts (zit. *Everling*, DVBl. 1983, 649–658).

Feigen, Hanns W./Livonius, Barbara: Wenn strafrechtliche Ermittlungen drohen - ein Kurzbericht aus der Praxis (zit. *Feigen/Livonius*, ZIP 2004, 889–891).

Fett, Torsten/Theusinger, Ingo: Compliance im Konzern – Rechtliche Grundlagen und praktische Umsetzung (zit. *Fett/Theusinger*, BB Beilage Nr. 4 2010, 6–14).

Fleischer, Holger: Handbuch des Vorstandsrechts 2006 München (Beck) (zit. *Bearbeiter*, in: Fleischer, Handbuch des Vorstandsrechts, § Rn).

Fleischer, Holger: Zur Leitungsaufgabe des Vorstands im Aktienrecht (zit. *Fleischer*, ZIP 2003, 1–11).

Fleischer, Holger: Konzernleitung und Leitungssorgfalt der Vorstandsmitglieder im Unternehmensverbund (zit. *Fleischer*, DB 2005, 759–766).

Fleischer, Holger: Corporate Governance in Europa als Mehrebenensystem Vielfalt und Verflechtung der Gesetzgeber, Standardsetzer und Verhaltenskodizes (zit. *Fleischer*, ZGR 2012, 160–196).

Fleischer, Holger: Aktuelle Entwicklungen der Managerhaftung (zit. *Fleischer*, NJW 2009, 2337–2343).

Fleischer, Holger: Aktienrechtliche Legalitätspflicht und „nützliche" Pflichtverletzungen von Vorstandsmitgliedern (zit. *Fleischer*, ZIP 2005, 141–152).

Fleischer, Holger: Vorstandsverantwortlichkeit und Fehlverhalten von Unternehmensangehörigen – Von der Einzelüberwachung zur Errichtung einer Compliance-Organisation (zit. *Fleischer*, AG 2003, 291–300).

Fleischer, Holger: Legal Transplant im deutschen Aktienrecht (zit. *Fleischer*, NZG 2004, 1129–1137).

Fleischer, Holger: Kartellrechtsverstöße und Vorstandsrecht (zit. *Fleischer*, BB 2008, 1070–1076).

Fleischer, Holger: Corporate Compliance im aktienrechtlichen Unternehmensverbund (zit. *Fleischer*, CCZ 2008, 1–6).

Fleischer, Holger: Zur ergänzenden Anwendung von Aktienrecht auf die GmbH (zit. *Fleischer*, GmbHR 2008, 673–682).

Fleischer, Holger: Aktienrechtliche Legalitätspflicht und „nützliche" Pflichtverletzungen von Vorstandsmitgliedern (zit. *Fleischer*, ZIP 2005, 141–152).

Forstmoser, Peter: Profit – das Mass aller Dinge? Zur Aufgabe börsennotierter Unternehmen, in: Zäch, Roger/Breining-Kaufmann, Christine/Breitschmid, Peter/Ernst, Wolfgang/Oberhammer, Paul/Portmann, Wolfgang/Thier, Andreas (Hrsg.), Individuum und Verband: Festgabe zum Schweizerischen Juristentag 2006 (Schulthess) Zürich 2006 (zit. *Forstmoser*, FG Schweizerischer Juristentag (2006), S. 55–86).

Fiorelli, Paul/Tracey, Ann Marie: Why Comply? Organizational Guidelines Offer a Safer Harbor in the Storm (zit. *Fiorelli/Tracey*, 32 J. Corp. L. 2006, 467–490).

Frenz, Walter/Lülsdorf, Tanja: Kontinuität und Zurechnung im Kartellrecht (zit. *Frenz/Lülsdorf*, EWS 2012, 504–508).

Frenz, Walter: Kartellrechtlicher Verbotsirrtum (zit. *Frenz*, EWS 2013, 209–212).

Gehring, Stefan/Kasten, Boris/Mäger, Thorsten: Unternehmensrisiko Compliance? Fehlanzeige für Kartellprävention durch EU-wettbewerbsrechtliche Haftungsprinzipien für Konzerngesellschaften (zit. *Gehring/Kasten/Mäger*, CCZ 2013, 1–11).

Geradin, Damien: The EU Competition Law Fining System: A Reassessment TILEC Discussion Paper No. 2011–052 Abrufbar unter http://ssrn.com/abstract=1937582 (zit. *Geradin*, The EU Competition Law Fining System, S).

Geradin, Damien: Antitrust compliance programmes and optimal antitrust enforcement: a reply to Wouter Wils (zit. *Geradin*, Journal of Antitrust Enforcement, Vol. 1, No. 2, S).

Gernoth, Jan P.: Die Überwachungspflichten des Aufsichtsrats im Hinblick auf das Risiko-Management und die daraus resultierenden Haftungsfolgen für den Aufsichtsrat (zit. *Gernoth*, DStR 2001, 299–309).

Ginsburg, Douglas/Wright, Joshua: Antitrust Sanctions, 6 Competition Policy International 3, 4 (2010) (zit. *Ginsburg/Wright*, Antitrust Sanctions, 6 (2010), 3).

Glaum, Martin/Thomaschewski, Dieter/Weber, Silke: Auswirkungen des Sarbanes-Oxley-Act auf deutsche Unternehmen Frankfurt am Main (Deutsches Aktieninstitut) 2006 (zit. *Glaum/Thomaschewski/Weber*, S).

Goette, Wulf: Aktuelle Entwicklungen im deutschen Kapitalgesellschaftsrecht im Lichte der höchstrichterlichen Rechtsprechung (zit. *Goette*, DStR 2009, 51–57).

Goette, Wulf/Habersack, Mathias: Münchener Kommentar zum Aktiengesetz Band 2: §§ 76–117, MitbestG, DrittelbG 3. Aufl. 2008 München (Beck/Vahlen) (zit. MünchKommAktG/*Bearbeiter*, § Rn).

Göhler, Erich/Gürtler, Franz/Seitz, Helmut: Gesetz über Ordnungswidrigkeiten, 15. Aufl. 2009 München (Beck) (zit. Göhler-*Bearbeiter*, § Rn).

Göpfert, Burkart/Merten, Frank/Siegrist, Carolin: Mitarbeiter als Wissensträger Ein Beitrag zur aktuellen Compliance-Diskussion (zit. *Göpfert/Merten/Siegrist*, NJW 2008, 1703–1709).

Görling, Helmut/Inderst, Cornelia/Bannenberg, Britta: Compliance: Aufbau – Management – Risikobereiche Heidelberg (C. F. Müller) 2010 (zit. *Bearbeiter*, in: Görling/Indest/Bannenberg, S. Rn).

Görtz, Birthe: Der neue Compliance-Prüfungsstandard (EPS 980) Inhalte und Aussagen (zit. *Görtz*, CCZ 2010, 127–133).

Götz, Heinrich: Die Überwachung der Aktiengesellschaft im Lichte jüngerer Unternehmenskrisen (zit. *Götz*, AG 1995, 337–353).

Grohnert, Stephan: Rechtliche Grundlagen einer Compliance-Organisation und ausgewählte Fragen der Umsetzung, Hamburg (Mauke) 1999 (zit. *Grohnert*, Rechtliche Grundlagen einer Compliance-Organisation und ausgewählte Fragen der Umsetzung (1999), S).

Groß, Bernd/Reichling, Tilman: Weshalb sich Korruption nicht mit den Mitteln des Ordnungswidrigkeitenrechts bekämpfen lässt (zit. *Groß/Reichling*, wistra 2013, 89–93).

Gruson, Michael/Kubicek, Matthias: Der Sarbanes-Oxley Act, Corporate Governance und das deutsche Aktienrecht (Teil II) (zit. *Gruson/Kubicek*, AG 2003, 393–406).

Grützner, Thomas/Leisch, Franz Clemens: §§ 130, 30 OWiG – Probleme für Unternehmen, Geschäftsleitung und Compliance-Organisation (zit. *Grützner/Leisch*, DB 2012, 787–794).

Gummert, Hans/Weipert, Lutz: Münchener Handbuch des Gesellschaftsrecht Band IV Aktiengesellschaft 3. Aufl. 2009 München (Beck) (zit. *Bearbeiter*, in: Münchener Handbuch Gesellschaftsrecht, Band IV, § Rn).

Guski, Roman: Regelbildung als Entdeckungsverfahren – Kontrolldichte, Rechtsstaatlichkeit und Prozeduralität im EU-Kartellrecht (zit. *Guski*, ZWeR 2012, 243–271).

Habersack, Mathias: Die Legalitätspflicht des Vorstands einer AG, in: Burgard, Ulrich/Hadding, Walther/Mülbert, Peter O./Nietsch, Michael/Welter Reinhard (Hrsg.), Festschrift für Uwe H. Schneider zum 70. Geburtstag, Köln (Otto Schmidt) 2011, S. 429–441 (zit. *Habersack*, FS U. H. Schneider (2011), S).

Hasselbach, Kai/Seidel, Markus: Die Freistellung von Vorstandsmitgliedern und leitenden Angestellten von der Haftung für Kartellrechtsverstöße (zit. *Hasselbach/Seibel*, AG 2008, 770–778).

Hassemer, Winfried/Dallmeyer, Jens: Gesetzliche Orientierung im deutschen Recht der Kartellgeldbußen und das Grundgesetz Baden-Baden (Nomos) 2010 (zit. *Hassemer/Dallmeyer*, S).

Haucap, Justus/Stühmeier, Torben: Wie hoch sind durch Kartelle verursachte Schäden: Antworten aus Sicht der Wirtschaftstheorie (zit. *Haucap/Stühmeier*, WuW 2008, 413–423).

Hauck, Ronny: Club-Bids und Kartellrecht (zit. *Hauck*, CCZ 2010, 53–61).

Haus, Florian C.: Verfassungsprinzipien im Kartellbußgeldrecht – ein Auslaufmodell? Zu den anwendbaren Maßstäben bei der Bemessung umsatzbezogener Geldbußen nach § 81 Abs. 4 GWB (zit. *Haus*, NZKat 2013, 183–190).

Hauschka, Christoph E.: Corporate Compliance – Unternehmensorganisatorische Ansätze zur Erfüllung der Pflichten von Vorständen und Geschäftsführern (zit. *Hauschka*, AG 2004, 461–475).

Hauschka, Christoph E.: Compliance am Beispiel der Korruptionsbekämpfung – eine Erwiderung aus der Praxis auf Uwe H. Schneiders Vorschläge, ZIP 2003, 645 (zit. *Hauschka*, ZIP 2004, 877–883).

Hauschka, Christoph E.: Compliance – Praktische Erfahrungen und Thesen, in: Gesellschaftsrechtliche Vereinigung (Hrsg.), Gesellschaftsecht in der Diskussion 2007, Köln 2008 (zit. *Hauschka*, in: Gesellschaftsrecht in der Diskussion, S. 51–63).

Hauschka, Christoph E.: § 1 – Einführung, in: ders. (Hrsg.), Corporate Compliance, 2. Aufl. (Beck) 2010 (zit. *Hauschka*, in: ders., Corporate Compliance, § 1 Rn).

Hauschka, Christoph E.: Die vorbeugenden Organisations- und Produktbeobachtungspflichten des Herstellers in rechtlicher und unternehmerischer Sicht (zit. *Hauschka*, AG 1988, 29–40).

Hauschka, Christoph E.: Vom juristischen Balanceakt „Zivilprozess gegen den (Ex-)Vorstand" (zit. *Hauschka*, Der Aufsichtsrat 2007, 124–125).

Hauschka, Christoph E.: Compliance als Teil einer modernen Unternehmensführung (zit. *Hauschka*, AnwBl. 2010, 629–633).

Hauschka, Christoph E./Klindt, Thomas: Eine Rechtspflicht zur Compliance im Reklamationsmanagement (zit. *Hauscka/Klindt*, NJW 2007, 2726–2729).

Hegnon, Oliver: Aufsicht als Leitungspflicht (zit. *Hegnon*, CCZ 2009, 57–62).

Heiderhoff, Bettina: Europäisches Privatrecht 3. Aufl. 2012 Heidelberg (C.F. Müller) (zit. *Heiderhoff*, Europäisches Privatrecht, S).

Heinemann, Andreas: Kriminalrechtliche Individualsanktionen im Kartellrecht?, in: Kunz, Peter V./Herren, Dorothea/Cottier, Thomas/Matteotti, René (Hrsg.), Wirtschaftsrecht in Theorie und Praxis, Festschrift für Roland von Büren, Basel (Helbing Lichtenhahn) 2009, S. 597–624 (zit. *Heinemann*, FS v. Büren (2009), S).

Hellmann, Hans-Joachim: Vereinbarkeit der Leitlinien der Kommission zur Berechnung von Bußgeldern mit höherrangigem Gemeinschaftsrecht (zit. *Hellmann*, WuW 2002, 944–953).

Herrlinger, Justus: Das Kartellordnungswidrigkeitenverfahren zwischen Strafprozessordnung und Opportunitätsprinzip (zit. *Herrlinger*, ZWeR 2012, 137–156).

Heuking, Christian/v. Coelln, Sibylle: „Public Compliance" – Maßnahmen zur Regelkonformität im öffentlichen Sektor (zit. *Heuking/v. Coelln*, DÖV 2012, 827–837).

Hirsch, Günter/Montag, Frank/Säcker, Franz Jürgen: Münchener Kommentar zum Europäischen und Deutschen Wettbewerbsrecht (Kartellrecht) Kartellrecht Missbrauchs- und Fusionskontrolle Band 1 Europäisches Wettbewerbsrecht München (Beck) 2007 (zit. MünchKommEuWettbR/*Bearbeiter*, VO 1/2003 Art. Rn).

Hirsch, Günter/Montag, Frank/Säcker, Franz Jürgen: Münchener Kommentar zum Europäischen und Deutschen Wettbewerbsrecht (Kartellrecht) Kartellrecht Missbrauchs- und Fusionskontrolle Band 2 Gesetz gegen Wettbewerbsbeschränkungen (GWB) §§ 1–96, 130, 131 München (Beck) 2008 (zit. MünchKommGWB/*Bearbeiter*, § Rn).

Hoffmann-Becking, Michael: Zehn kritische Thesen zum Deutschen Corporate Governance Kodex (zit. *Hoffmann-Becking*, ZIP 2011, 1173–1176).

Hoffmann-Becking, Michael: Deutscher Corporate Governance Kodex – Anmerkungen zu Zulässigkeit, Inhalt und Verfahren, in: Kindler, Peter/Koch, Jens/Ulmer, Peter/Winter, Martin (Hrsg.), Festschrift für Uwe Hüffer zum 70. Geburtstag, München (Beck) 2010, S. 337–354 (zit. *Hoffmann-Becking*, FS Hüffer (2010), S).

Hofstetter, Karl/Ludescher, Melanie: Der Konzern als Adressat von Bussen im EU-Kartellrecht, in: Kunz, Peter V./Herren, Dorothea/Cottier, Thomas/Matteotti, René (Hrsg.), Wirtschaftsrecht in Theorie und Praxis, Festschrift für Roland von Büren, Basel (Helbing Lichtenhahn) 2009, S. 485–509 (s. auf Englisch *dies.*, World Competition 2010, 55–76) (zit. *Hofstetter/Ludescher*, FS v. Büren (2009), S).

Hollensteiner, Katharina/Persihl, Andreas: Compliance als Business-Partner – Möglichkeiten und Chancen für Unternehmen durch die pro-aktive Einführung eines modernen Compliance-Management-Systems (zit. *Hollensteiner/Persihl*, ZRFC 2010, 124–129).

Hommelhoff, Peter: Konzernleitungspflicht: Zentrale Aspekte eines Konzernverfassungsrechts Köln (Heymanns) 1982 (zit. *Hommelhoff*, Die Konzernleitungspflicht S).

Hommelhoff, Peter/Mattheus, Daniela: Risikomanagementsystem im Entwurf des BilMoG als Funktionselement der Corporate Governance (zit. *Hommelhoff/Mattheus*, BB 2007, 2787–2791).

Hopson, Mark D./Graham Koehler, Christin: Effektive ethische Compliance-Programme im Sinne der United States Federal Sentencing Guidelines (zit. *Hopson/Graham Koehler*, CCZ 2008, 208–213).

Hopt, Klaus J.: Die Haftung von Vorstand und Aufsichtsrat – Zugleich ein Beitrag zur corporate governance-Debatte – in: Möschel, Wernhard/Reuter, Dieter/Immenga, Ulrich, (Hrsg.), Festschrift für Mestmäcker, Baden-Baden (Nomos) 1996, S. 909–931 (zit. *Hopt*, FS Mestmäcker (1996), S. 909).

Hopt/Klaus J./Wiedemann, Herbert: Aktiengesetz Großkommentar der Praxis Band 3 §§ 76–94 4. Aufl. 2009 Berlin u.a. (DeGruyter) (zit. GroßkommAktG/*Bearbeiter*, § Rn).

Hossenfelder, Silke/Pape, Fabian/Töllner, Wilko: Kartellrechtsprechung und Kartellrechtspraxis 2002/2003, Köln (RWS) 2003 (zit. *Hossenfelder/Pape/Töllner*, Kartellrechtsprechung und Kartellrechtspraxis 2002/2003, S).

Hüffer, Uwe: Aktiengesetz 10. Aufl. 2012 München (Beck) (zit. *Hüffer*, § Rn).

Hüffer, Uwe: Die leitungsbezogene Verantwortung des Aufsichtsrats (zit. *Hüffer*, NZG 2007, 47–54).

Hugger, Heiner/Pasewaldt, David: UK Bribery Act: erste Verurteilung nach neuem britischen Korruptionsstrafrecht (zit. *Hugger/Pasewaldt*, CCZ 2012, 23–24).

Hüschelrath, Kai: Competition Law Compliance Programmes: Motivation, Design and Implementation (zit. *Hüschelrath*, Comp Law 2010, 481–506).

Ihlas, Horst: Organhaftung und Haftpflichtversicherung Berlin (Duncker & Humblot) 1997 (zit. *Ihlas*, Organhaftung und Haftpflichtversicherung, S).

Immenga, Frank/Jüttner, Andreas: Geltung und Grenzen des Grundsatzes ne bis in idem im europäischen Kartellrecht: Die EuGH-Entscheidung SGL Carbon (zit. *F. Immenga/Jüttner*, ZWeR 2006, 400–411).

Immenga, Ulrich: Compliance als Rechtspflicht nach Aktienrecht und Sarbanes-Oxley-Act, in: Grundmann, Stefan/Kirchner, Christian/Raiser, Thomas/Schwintowski, Hans-Peter/Weber, Martin/Windbichler, Christine, (Hrsg.) Unternehmensrecht zu Beginn des 21. Jahrhunderst, Festschrift für Eberhard Schwark zum 70. Geburtstag, München (Beck) 2009, S. 199–207 (zit. *Immenga*, FS Schwark (2009), S).

Immenga, Ulrich/Mestmäcker, Ernst-Joachim: Wettbewerbsrecht, Band 1. EG/Teil 2 Kommentar zum Europäischen Kartellrecht, 4. Aufl. 2007 München (Beck) (zit. *Bearbeiter*, in: Immenga/Mestmäcker, Art. Rn).

Immenga, Ulrich/Mestmäcker, Ernst-Joachim: Wettbewerbsrecht, Band 2 GWB Kommentar zum Deutschen Kartellrecht, 4. Aufl. 2007 München (Beck) (zit. *Bearbeiter*, in: Immenga/Mestmäcker, § Rn).

Inácio de Souza, Luciano: Brazil: Compliance The Importance of Antitrust Compliance on Brazil (zit. *Inácio de Souza*, The Antitrust Review of the Americas 2011).

Jaeger, Wolfgang/Pohlmann, Petra/Schroeder Dirk, Kulka, Michael: Frankfurter Kommentar zum Kartellrecht Mit Kommentierung des EG-Kartellrechts, des GWB und einer Darstellung ausländischer Kartellrechtsordnungen 1982/2014 79. Lfg. Köln (Otto Schmidt) (zit. FK-*Bearbeiter*, Art./§ Rn).

Jahn, Daniel F./Rapp, Marc Steffen/Strenger, Christian/Wolff, Michael: Die Wirkungen des Deutschen Corporate Governance Kodex aus Inverstorenperspektive: Ergebnisse einer Studie (zit. *Jahn/Rapp/Strenger/Wolff*, ZCG 2011, 64–68).

Jalabert-Doury, Nathalie: Compliance Matters – What Compnanies can do Better to Respect EU Competition (zit. *Jalabert-Doury*, JECL&Pract 2012 (3), 260–261).

Johanns, Anke: 12. Kapitel: Behörden, Verfahren, Rechtsschutz, in: Mäger, Thorsten (Hrsg.), Europäisches Kartellrecht, 2. Aufl. 2011, Baden-Baden (Nomos), S. 525–597 (zit. *Johanns*, in: Mäger, Europäisches Kartellrecht, Rn).

Jüchser, Alexander: Gesamtschuldnerausgleich zwischen Mutter- und Tochtergesellschaft im Fall des Schadensersatzes nach deutschem und europäischen Kartellrecht (zit. *Jüchser*, WuW 2012, 1048–1056).

Kahlenberg, Harald/Schwinn, Hannes: Amnestieprogramme bei Compliance-Untersuchungen im Unternehmen (zit. *Kahlenberg/Schwinn*, CCZ 2012, 81–86).

Kapp, Thomas: Die Einfallstore des Kartellrechts in die Unternehmenspraxis – wie man sie erkennen und wieder schließen kann (zit. *Kapp*, CCZ 2008, 11–14).

Kapp, Thomas: Anmerkung zu EuGH, Urteil vom 10.9.2009, – C-97/08 P (Akzo Nobel NV/Kommission) (zit. *Kapp*, CCZ 2009, 236–239).

Kapp, Thomas/Dittrich, Klaus R./Macha, Roman: Kartellrecht in der Unternehmenspraxis: Was Unternehmer und Manager wissen müssen Wiesbaden (Gabler) 2005 (zit. *Kapp/Dittrich/Macha*, Kartellrecht in der Unternehmenspraxis, S).

Kapp, Thomas/Gärtner, Daniel: Die Haftung von Vorstand und Aufsichtsrat bei Verstößen gegen das Kartellrecht (zit. *Kapp/Gärtner*, CCZ 2009, 168–174).

Karbaum, Christian: Kartellrechtliche Compliance – Rechtsgrundlagen und Umsetzung – Frankfurt am Main u.a. (Peter Lang) 2010 (zit. *Karbaum*, Kartellrechtliche Compliance, S).

Karst, Alexander: Kartellrechtscompliance im Konzern (zit. *Karst*, WuW 2012, 150–156).

Kasten, Boris: 2. Kapitel: Kartellrechtscompliance, in: Mäger, Thorsten (Hrsg.), Europäisches Kartellrecht, 2. Aufl. 2011, Baden-Baden (Nomos), S. 81–142 (zit. *Kasten*, in: Mäger, Europäisches Kartellrecht, Rn).

Kersting, Christian/Dworschak, Sebastian: Zur Anspruchsberechtigung indirekter Abnehmer im Kartellrecht nach dem ORWI-Urteil des BGH Zugleich Besprechung von BGH, Urteil v. 28.6.2011 - KZR 75/10 (zit. *Kersting/Dworschak*, JZ 2012, 777–782).

Kiethe, Kurt: Vermeidung der Haftung von geschäftsführenden Organen durch Corporate Compliance (zit. *Kiethe*, GmbHR 2007, 393–400).

Kilian, Wolfgang/Heussen, Benno: Computerrechts-Handbuch, Informationstechnologie in der Rechts- und Wirtschaftspraxis, Stand September 2011 (30. Ergänzungslieferung), München (Beck) (zit. Kilian/Heussen/*Bearbeiter*, CHB Teil, Rn).

Kirchhoff, Wolfgang: Das ORWI-Urteil des Bundesgerichtshofs (zit. *Kirchhoff*, WuW 2012, 927–935).

Klaiber, Oliver: Die Berücksichtigung von Compliance-Programmen bei den Rechtsfolgen von Kartellverstößen Frankfurt a. M. (Peter Lang) (zit. *Klaiber*, Die Berücksichtigung von Compliance-Programmen, S).

Klees, Andreas: Europäisches Kartellverfahrensrecht, Mit Fusionskontrollverfahren, Köln (Heymanns) 2005 (zit. *Klees*, Kartellverfahrensrecht, § Rn).

Klindt, Thomas: Corporate Compliance (zit. *Klindt*, NJW 2007, 2460).

Klindt, Thomas: Nicht-börsliches Compliance-Management als zukünftige Aufgabe der Inhouse-Juristen (zit. *Klindt*, NJW 2006, 3399–3400).

Klindt, Thomas/Pelz, Christian/Theusinger, Ingo: Compliance im Spiegel der Rechtsprechung (zit. *Klindt/Pelz/Theusinger*, NJW 2010, -2391).

Kling, Michael: Die Haftung der Konzernmutter für Kartellverstöße ihrer Tochterunternehmen (zit. *Kling*, WRP 2010, 506–518).

Kling, Michael/Thomas, Stefan: Kartellrecht, München (Vahlen) 2007 (zit. *Kling/Thomas*, § Rn).

Koch, Jens: Compliance-Pflichten im Unternehmensverbund? (zit. *Koch*, WM 2009, 1013–1020).

Koch, Jens: Der kartellrechtliche Sanktionsdurchgriff im Unternehmensverbund (zit. *Koch* ZHR 171 (2007), 554–580).

Koch, Jens: Die Konzernobergesellschaft als Unternehmensinhaber i.S.d. § 130 OWiG? (zit. *Koch*, AG 2009, 564–574).

Koch, Stefan: Neuerungen im Insiderrecht und der Ad-hoc-Publizität (zit. *Koch*, DB 2005, 267–274).

Köhler, Helmut: Verbandstätigkeit und Kartellrecht (zit. *Köhler*, WuW 2009, 258–269).

Kokott, Juliane/Dittert, Daniel: Die Verantwortlichkeit von Muttergesellschaften für Kartellvergehen ihrer Tochtergesellschaften im Lichte der Rechtsprechung der Unionsgerichte (zit. *Kokott/Dittert*, WuW 2012, 670–683).

Körber, Torsten: Kartellrecht in der Krise (zit. *Körber*, WuW 2009, 873–885).

Kort, Michael: Verhaltensstandardisierung durch Corporate Compliance (zit. *Kort*, NZG 2008, 81–86).

Krause, Daniel M.: Was bewirkt Compliance? (zit. *Krause*, StraFo 2011, 437–446).

Krauskopf, Patrick L./Rochat, Delphine: Wirksame kartellrechtliche Compliance (zit. *Krauskopf/Rochat*, Anwaltsrevue 2009, 63–67).

Krauskopf, Patrick/Carron, Sabrina: Die Schweizer Kartellrechtsnovelle (zit. *Krauskopf/Carron*, WuW 2004, 495–507).

Krebs, Peter/Eufinger, Alexander/Jung, Stefanie: Bußgeldminderung durch Compliance-Programm im deutschen Kartellbußgeldverfahren (zit. *Krebs/Eufinger/Jung*, CCZ 2011, 213–217).

Kremer, Thomas: Kooperation des Unternehmens mit der Staatsanwaltschaft im Compliance Bereich (zit. *Kremer*, FS U. H. Schneider (2010), S. 701–715).

Kremer, Thomas: Der Deutsche Corporate Governance Kodex auf dem Prüfstand – bewährte Selbst- oder freiwillige Überregulierung? (zit. *Kremer*, ZIP 2011, 1177–1181).

Kremer, Thomas/Klahold, Christoph: Compliance-Programme in Industriekonzernen (zit. *Kremer/Klahold*, ZGR 2010, 113–143).

Krieger, Gerd/Schneider, Uwe H.: Handbuch Managerhaftung Vorstand – Geschäftsführer – Aufsichtsrat Pflichten und Haftungsfolgen Typische Risikobereiche 2. Aufl. 2010 Köln (Otto Schmidt) (zit. *Bearbeiter*, in: Handbuch der Managerhaftung, § Rn).

Lampert, Thomas: § 9 – Compliance-Organisation, in: Hauschka, Christoph E. (Hrsg.), Corporate Compliance, 2. Aufl. (Beck) 2010 (zit. *Lampert*, in: Hauschka, Corporate Compliance, § 9 Rn).

Lampert, Thomas: Gestiegenes Unternehmensrisiko Kartellrecht – Risikoreduzierung durch Competition-Compliance-Programme (zit. *Lampert*, BB 2002, 2237–2243).

Lampert, Thomas/Matthey, Philip: § 26 – Kartellrecht, in: Hauschka, Christoph E. (Hrsg.), Corporate Compliance, 2. Aufl. (Beck) 2010 (zit. *Lampert/Matthey*, in: Hauschka, Corporate Compliance, § 26 Rn).

Lampert, Thomas/Niejahr, Nina/Kübler, Johanna/Wiedenbach, Georg: EG-KartellVO Praxiskommentar zur Verordnung (EG) Nr. 1/2003 Heidelberg (Recht und Wirtschaft) 2004 (zit. *Lampert/Niejahr/Kübler/Weidenbach*, Art. Rn).

Lange, Knut Werner: Erfüllen Kartellabsprachen den Tatbestand des Betrugs? Anmerkung zu BGH, Urt. v. 11.7.2001 – 1 StR 576/00 (zit. *Lange*, ZWeR 2003, 352–368).

Langen, Eugen/Bunte, Hermann-Josef: Kommentar zum deutschen und europäischen Kartellrecht – Band 2 Europäisches Kartellrecht, 11. Aufl. 2010 Köln (Luchterhand/Wolters Kluwer) (zit. *Bearbeiter*, in: Langen/Bunte, Kartellrecht Band 2, Art. Rn).

Langen, Eugen/Bunte, Hermann-Josef: Kommentar zum deutschen und europäischen Kartellrecht – Band 1 Deutsches Kartellrecht, 11. Aufl. 2011 Köln (Luchterhand/Wolters Kluwer) (zit. *Bearbeiter*, in: Langen/Bunte, Kartellrecht Band 1, § Rn).

Liese, Jens: Much Adoe About Nothing? oder: Ist der Vorstand einer Aktiengesellschaft verpflichtet, eine Compliance-Organisation zu implementieren (zit. *Liese*, BB-Sepcial 2008, 17–22).

Liese, Jens/Schulz, Martin: Risikomanagement durch Compliance-Audits – Neue Herausforderungen für die Unternehmensorganisation (zit. *Liese/Schulz*, BB 2011, 1347–1353).

Linklater, William J./McElyea, John R.: Die Auswirkungen von „Corporate Compliance Codes“ auf die strafrechtliche Haftung eines Unternehmens unter den US-amerikanischen „Federal Sentencing Guidelines“ (zit. *Linklater/McElyea*, RIW 1994, 117–122).

Littger, Michael: Funktion und Verwendungschancen der neuen Kodizes am Beispiel von Corporate Governance (zit. *Littger*, ZG 2008, 165–173).

Loewenheim, Ulrich/Meessen, Karl M./Riesenkampff, Alexander: Kartellrecht – Kommentar, 2. Aufl. München (Beck) 2009 (zit. *Bearbeiter*, in: Loewenheim/ Meessen/Riesenkampff, Kartellrecht, S).

Lohse, Andrea: Preiskartelle als fehlerhafter Gesellschaften? Anmerkungen zu dem Kartellverwaltungsverfahren Nord-KS/Xella, in: Joost, Detlev/Oetker, Hartmut/Paschke, Marian, Festschrift für Franz Jürgen Säcker zum 70. Geburtstag, München (Beck) 2011, S. 827–843 (zit. *Lohse*, FS Säcker (2011), S).

Lohse, Andrea: Unternehmerisches Ermessen Zu den Aufgaben und Pflichten von Vorstand und Aufsichtsrat Tübingen (Mohr) 2005 (zit. *Lohse*, Unternehmerisches Ermessen, S).

Lösler, Thomas: Das moderne Verständnis von Compliance im Finanzmarktrecht (zit. *Lösler*, NZG 2005, 104–108).

Lösler, Thomas: Zu Rolle und Stellung des Compliance-Beauftragten (zit. *Lösler*, WM 2008, 1098–1104).

Lück, Wolfgang: Elemente eines Risiko-Managementsystems Die Notwendigkeit eines Risiko-Managementsystems durch den Entwurf eines Gesetzes zur Kontrolle und Transparenz im Unternehmensbereich (KonTraG) (zit. *Lück*, DB 1998, 8–14).

Lücke, Oliver/Schaub, Bernhard: Beck'sches Mandatshandbuch Vorstand der AG 2. Aufl. 2010 München (Beck) (zit. *Bearbeiter*, in: Becksches Mandatshandbuch Vorstand der AG, § Rn).

Lührig, Nicolas: Anwaltschaft positioniert sich: Compliance als neues Tätigkeitsfeld (zit. *Lührig*, AnwBl. 2010, 405–407).

Lutter, Marcus: Bankenkrise und Organhaftung (zit. *Lutter*, ZIP 2009, 197–201).

Lutter, Marcus: Die Business Judgement Rule und ihre praktische Anwendung (zit. *Lutter*, ZIP 2007, 841–848).

Lutter, Marcus/Krieger, Gerd: Rechte und Pflichten des Aufsichtsrats 5. Aufl. 2008 Köln (Otto Schmidt) (zit. *Lutter/Krieger*, Rechte und Pflichten des Aufsichtsrats, Rn).

Mäger, Thorsten/Zimmer, Daniel J./Milde, Sarah: Konflikt zwischen öffentlicher und privater Kartellrechtsdurchsetzung (zit. *Mäger/Zimmer/Milde*, WuW 2009, 885–899).

Mansdörfer, Marco/Timmerbeil, Sven: Zurechnung und Haftungsdurchgriff im Konzern – Eine rechtsvergleichende Betrachtung – (zit. *Mansdörfer/Timmerbeil*, WM 2004, 362–370).

Marsch-Barner, Reinhard/Schäfer, Frank A.: Handbuch börsennotierte AG 2. Aufl. 2009 Köln (Otto Schmidt) (zit. *Bearbeiter*, in: Handbuch börsennotierte AG, § Rn).

Martens, Klaus-Peter: Der Grundsatz gemeinsamer Vorstandsverantwortung, in: Goerdeler, Reinhard/Hommelhoff, Peter/Lutter, Marcus/Wiedemann, Herbert, Festschrift für Hans-Joachim Fleck zum 70. Geburtstag, Berlin u.a. (DeGruyter) 1988, S. 191–208 (zit. *Martens*, FS Fleck (1988), S).

Meyer, Frank: Gesprengte Ketten? Die Zukunft des Guidelines Sentencing im US-amerikanischen Strafzumessungsrecht (zit. *Meyer*, ZStW 118 (2006), 512–546).

Modlinger, Florian/Richter, Wolf-Dietrich: Der UK Bribery Act 2010 Risiken auch für deutsche Unternehmen (zit. *Modlinger/Richter*, ZRFC 2011, 16–21).

Möhlenkamp, Andreas: Verbandskartellrecht – trittfeste Pfade in unsicherem Gelände (zit. *Möhlenkamp*, WuW 2008, 428–441).

Mohr, Jochen: Privatrechtliche Nichtigkeit von Kartellen und öffentlich-rechtlicher Vertrauensschutz (zit. *Mohr*, ZWeR 2011, 383–406).

Moosmayer, Klaus: Kronzeugenregelung für Unternehmen als Compliance-Anreizsystem (zit. *Moosmayer*, CCZ 2013, 218–219).

Moosmayer, Klaus: Der EuGH und die Syndikusanwälte (zit. *Moosmayer*, NJW 2010, 3548–3551).

Moosmayer, Klaus: Die neuen Leitlinien der Europäischen Kommission zur Festsetzung von Kartellgeldbußen (zit. *Moosmayer*, wistra 2007, 91–94).

Moosmayer, Klaus: Compliance – Praxisleitfaden für Unternehmen, 2. Aufl. 2012 München (Beck) (zit. *Moosmayer*, Compliance, S).

Moosmayer, Klaus/Gropp-Stadler, Susanne: Der Diskussionsentwurf des Bundesministeriums der Justiz zur Änderung der §§ 30, 130 OWiG: Ein Zwischenruf (zit. *Moosmayer/Gropp-Stadler*, NZWiSt 2012, 241–243).

Moritz, Katja/Gesse, Marco: Die Auswirkungen des Sarbanes-Oxley Acts auf deutsche Unternehmen Halle-Wittenberg 2005 (zit. *Moritz/Gesse*, Die Auswirkungen des Sarbanes-Oxley Acts auf deutsche Unternehmen, S).

Muders, Christian: Zur Haftung juristischer Verbände für das Verhalten natürlicher Personen im europäischen Kartellrechts (zit. *Muders*, wistra 2011, 405–412).

Müller, Christian H.: Kartellrechtscompliance in Deutschland Rechtspflicht, Gründe und Auswirkungen, Frankfurt am Main u.a. (Peter Lang) 2011 (zit. *C. Müller*, Kartellrechtscompliance, S).

Mundt, Andreas: Wettbewerbsschutz durch Kartellrecht – Ordnungspolitische Entwicklungslinien von Kartellrecht und Kartellrechtsdurchsetzung, in: FIW (Hrsg.), Wettbewerbspolitik und Kartellrecht in der Marktwirtschaft. Festschrift 50 Jahre FIW: 1960 bis 2010 Köln (Heymanns) 2010 (zit. *Mundt*, FS 50 Jahre FIW (2010), S. 237–252).

Murphy, Diana E.: The Federal Sentencing Guidelines for Organizations: A Decade of Promoting Compliance and Ethics (zit. *Murphy*, 87 (2001–2002) Iowa L. Rev., 697–719).

Natzel, Julia Maren: Der zugelassene Wirtschaftsbeteiligte Entwicklung und Ergebnis des Rechtssetzungsprozesses Witten (Mendel) 2007 (zit. *Natzel*, Der zugelassene Wirtschaftsbeteiligte, S).

Obermayr, Gerhard: § 17 – Revision, in: Hauschka, Christoph E. (Hrsg.), Corporate Compliance, 2. Aufl. (Beck) 2010 (zit. *Obermayr*, in: Hauschka, Corporate Compliance, § 17 Rn.).

Ohrtmann, Nicola: Compliance. Anforderungen an rechtskonformes Verhalten öffentlicher Unternehmen Köln (Luchterhand) 2009 (zit. *Ohrtmann*, Compliance, S.).

Ost, Konrad: Kartellbußgelder, Grundrechte und europäische Konvergenz: der Nebel lichtet sich… (zit. *Ost*, NZKart 2013, 173–175).

Ost, Konrad: Aufsichtspflichten im Konzern und die 8. GWB-Novelle (zit. *Ost*, NZKart 2013, 25–27).

Ost, Konrad: Die VO 1/2003 – Grundlage des Netzwerks und grundrechtskonformes Modell eines Kartellverfahrensrechts, in: Schwarze, Jürgen, Rechtsschutz und Wettbewerb in der neueren europäischen Rechtsentwicklung, Baden-Baden (Nomos) 2010, S. 33–40 (zit. *Ost*, in: Schwarze, Rechtsschutz und Wettbewerb (2010), S.).

Otto, Sven-Joachim/Fonk, Christian F.: Haftung und Corporate Compliance in der öffentlichen Wirtschaft – Aspekte der Haftungsvermeidung aus Sicht kommunaler Unternehmen (zit. *Otto/Fonk*, CCZ 2012, 161–172).

Paefgen, Walter G.: Unternehmerische Entscheidungen und Rechtsbindung der Organe in der AG 2002 Köln (Otto Schmidt) (zit. *Paefgen*, Unternehmerische Entscheidungen, S.).

Paefgen, Walter G.: Dogmatische Grundlagen, Anwendungsbereich und Formulierung einer Business Judgement Rule im künftigen UMAG (zit. *Paefgen*, AG 2004, 245–261).

Palzer, Christoph: Stolperstein für die Kommission? Die Kronzeugenregelung auf dem Prüfstand der Transparenz-VO Zugleich Besprechung der Urteile des EuG vom 15. Dezember 2011, Rs. T-437/08 (CDC/Kommission) und vom 22. Mai 2012, Rs. T-344/08 (EnBW/Kommission) (zit. *Palzer*, EuR 2012, 583–608).

Pampel, Gunnar: Die Bedeutung von Compliance-Programmen im Kartellordnungswidrigkeitenrecht (zit. *Pampel*, BB 2007, 1636–1640).

Pampel, Gunnar: Rechtsnatur und Rechtswirkungen von Mitteilungen der Kommission im europäischen Wettbewerbsrecht (zit. *Pampel*, EuZW 2005, 11–13).

Papakiriakou, Theodoros: Das Europäische Unternehmensstrafrecht in Kartellsachen, Herbolzheim (Centaurus) 2002 (zit. *Papakiriakou*, Das Europäische Unternehmensstrafrecht in Kartellsachen, S.).

Passarge, Malte: Risiken und Chancen mangelhafter Compliance in der Unternehmensinsolvenz (zit. *Passarge*, NZI 2009, 86–91).

Passarge, Malte: Compliance für den Mittelstand – Luxus oder Notwendigkeit? (zit. *Passarge*, ZRFC 2011, 6–9).

Petermann, Stefan: Die Bedeutung von Compliance-Maßnahmen für die Sanktionsbegründung und -bemessung im Vertragskonzern Baden-Baden (Nomos) 2013 (zit. *Petermann*, Die Bedeutung von Compliance-Maßnahmen, S.).

Pietzke, Rudolf: Die Verantwortung für Risikomanagement und Compliance im mehrköpfigen Vorstand (zit. *Pietzke*, CCZ 2010, 45–53).

Polley, Romina/Heinz, Silke: Settlements bei der Europäischen Kommission und beim Bundeskartellamt – ein Praxisvergleich (zit. *Polley/Heinz*, WuW 2012, 14–27).

Pörnbacher, Karl/Mark, Jonas: Auswirkungen des UK Bribery Act 2010 auf deutsche Unternehmen (zit. *Pörnbacher/Mark*, NZG 2010, 1372–1375).

Preußner, Joachim: Risikomanagement im Schnittpunkt von Bankaufsichtsrecht und Gesellschaftsrecht Zur Schrittmacherrolle des Aufsichtsrechts am Beispiel der Organisation des Risikomanagements in Kreditinstituten (zit. *Preußner*, NZG 2004, 57–61).

Preußner, Joachim: Deutscher Corporate Governance Kodex und Risikomanagement (zit. *Preußner*, NZG 2004, 303–307).

Preußner, Joachim: Risikomanagement und Compliance in der aktienrechtlichen Verantwortung des Aufsichtsrats unter Berücksichtigung des Gesetzes zur Modernisierung des Bilanzrecht (BilMoG) (zit. *Preußner*, NZG 2008, 574–576).

Preußner, Joachim/Becker, Florian: Ausgestaltung von Risikomanagementsystemen durch die Geschäftsleitung Zur Konkretisierung einer haftungsrelevanten Organisationspflicht (zit. *Preußner/Becker*, NZG 2002, 846–851).

Preußner, Joachim/Zimmermann, Dörte: Risikomanagement als Gesamtaufgabe des Vorstandes Zugleich Besprechung des Urteils des LG Berlin vom 3-7-2002 - 2 O 358/01 (zit. *Preußner/Zimmermann*, AG 2002 657–662).

Regelin, Frank Peter/Fisher Raymond: Zum Stand der Umsetzung des Sarbanes-Oxley Act aus deutscher Sicht (zit. *Regelin/Fisher*, IStR 2003, 276–288).

Reichesldorfer, Jörg: Kartellrechtliche Compliance - Thesen aus der Praxis der mittelständischen Beratung (zit. *Reichelsdorfer*, ZRFC 2010, 118–123).

Reyhn, Nadège: Wer bist Du und wenn ja, wie viele? Der Corporate Monitor im US-Straf- und Zivilprozessrecht (zit. *Reyhn*, CCZ 2011, 48–59).

Riesenkampff, Alexander: Die Haftung im Konzern für Verstöße gegen europäisches Kartellrecht, in: Reto M. Hilty, Josef Drexl und Wilhelm Nordemann (Hrsg.), Schutz von Kreativität und Wettbewerb Festschrift für Ulrich Loewenheim zum 75. Geburtstag, München (Beck) 2009, S. 529–543 (zit. *Riesenkampff*, FS Loewenheim (2009), S.).

Riley, Alan: Beyond Leniency: Enhancing Enforcement in EC Antitrust Law (zit. *Riley*, World Comp 2005, 377–400).

Ringleb, Henrik-Michael/Kremer, Thomas/Lutter, Marcus/v. Werder, Axel: Kommentar zum Deutschen Corporate Governance Kodex, 4. Aufl. München 2010 (zit. Ringleb/Kremer/Lutter/v. Werder-*Bearbeiter*, Rz.).

Rodewald, Jörg/Tüxen, Andreas: Neuregelung des Insiderrechts nach dem Anlegerschutzverbesserungsgesetz (AnSVG) – Neue Organisationsanforderungen für Emittenten und ihre Berater (zit. *Rodewald/Tüxen*, BB 2004, 2249–2252).

Röh, Lars: Compliance nach der MiFID – zwischen höherer Effizienz und mehr Bürokratie (zit. *Röh*, BB 2008, 398–410).

Rodewald, Jörg/Unger, Ulrike: Kommunikation und Krisenmanagement im Gefüge der Corporate Compliance-Organisation (zit. *Rodewald/Unger*, BB 2007, 1629–1635).

Rönnau, Thomas/Schneider, Frederic: Der Compliance-Beauftragte als strafrechtlicher Garant Überlegungen zum BGH-Urteil v 17-7-2009 - 5 StR 394/08, ZIP 2009, 1867 (zit. *Rönnau/Schneider*, ZIP 2010, 53–54; 56–61).

Roth, Markus: Roth, Unternehmerisches Ermessen und Haftung des Vorstands München (Beck) 2001 (zit. *Roth*, Unternehmerisches Ermessen und Haftung des Vorstands, S.).

Roth, Monika: Compliance Begriff, Bedeutung, Beispiele, Basel, Genf, München (Helbing & Lichtenhahn) 2000 (zit. *M. Roth*, Compliance, S.).

Roth, Monika: Compliance – Voraussetzungen für nachhaltige Unternehmensführung Ein branchenübergreifendes und interdisziplinäres Handbuch mit Fallstudien Zürich/St. Gallen (Dike) 2010 (zit. *M. Roth*, Compliance (2010), S.).

Rotsch, Thomas: Criminal Compliance (zit. *Rotsch*, ZIS 2010, 614–617).

Rübenstahl, Markus/Skoupil, Christoph: Anforderungen der US-Behörden an Compliance-Programme nach dem FCPA und deren Auswirkungen auf die Strafverfolgung von Unternehmen – Modell für Deutschland (zit. *Rübenstahl/Skoupil*, wistra 2013, 209–217).

Sachs, Michael: Grundgesetz: Die Neuauflage zum Jubiläum des Bundesverfassungsgerichts 6. Aufl. 2011 München (Beck) (zit. *Bearbeiter*, in: Sachs, Art. GG, Rn.).

Schaefer, Hans/Baumann, Diethelm: Compliance-Organisation und Sanktion bei Verstößen (zit. *Schaefer/Baumann*, NJW 2011, 3601–3605).

Schäfer, Gerhard/Sander, Günther M./van Gemmeren, Gerhard: Praxis der Strafzumessung 5. Aufl. 2012 München (Beck) (zit. *Schäfer/Sander/v. Gemmeren*, Praxis der Strafzumessung, Rn.).

Schall, Hero: Die richterliche Zumessung der Geldbuße bei Verkehrsordnungswidrigkeiten (zit. *Schall*, NStZ 1986, 1–8).

Schall, Peter: Steuerliche Behandlung von EU-Bußgeldern wegen Kartellrechtsverstößen (zit. *Schall*, DStR, 2008, 1517–1522).

Scheidtmann, André: Schadensersatzansprüche gegen eine Muttergesellschaft wegen Verstößen einer Tochtergesellschaft gegen Europäisches Kartellrecht (zit. *Scheidtmann*, WRP 2010, 499–505).

Schimansky, Herbert/Bunte, Hermann-Josef/Lwowski, Hans-Jürgen: Bankrechts-Handbuch Band I 4. Aufl. 2011 München (Beck) (zit. Schimansky/Bunte/Lwowski-*Bearbeiter*, § Rn.).

Schmidbauer, Rainer: Risikomanagement im Kontext wertorientierter Unternehmensführung (zit. *Schmidbauer*, DB 2000, 153–164).

Schmidt, Bernd: Compliance in Kapitalgesellschaften, Baden-Baden (Nomos) 2010 (zit. *Schmidt*, Compliance in Kapitalgesellschaften, S.).

Schmidt, Johannes: The case for a European Competition Disqualification Order (zit. *J. Schmidt*, ZWeR 2010, 378–394).

Schmidt, Karsten: Zur Verantwortung von Gesellschaften und Verbänden im Kartell-Ordnungswidrigkeitenrecht (zit. *K. Schmidt*, wistra 1990, 131–138).

Schmidt, Karsten/Lutter, Marcus: Aktiengesetz Kommentar I. Band §§ 1–149 2. Aufl. 2010 Köln (Otto Schmidt) (zit. *Bearbeiter*, in: Schmidt/Lutter, § Rn.).

Schmidt-Housson, Franck G.: § 7 – Delegation von Organpflichten, in: Hauschka, Christoph E. (Hrsg.), Corporate Compliance, 2. Aufl. (Beck) 2010 (zit. *Schmidt-Housson*, in: Hauschka, Corporate Compliance, § 7 Rn.).

Schneider, Sven H.: Informationspflichten und Informationseinrichtungspflichten im Aktienkonzern: Überlegungen zu einem Unternehmensinformationsgesetzbuch Berlin (Duncker & Humblot) 2006 (zit. *S. H. Schneider*, Informationspflichten, S.).

Schneider, Uwe H.: Compliance im Konzern (zit. *U. H. Schneider*, NZG 2009, 1321–1326).

Schneider, Uwe H.: Gesellschaftsrechtliche und öffentlich-rechtliche Anforderungen an eine ordnungsgemäße Unternehmensorganisation - Zur Überlagerung des Gesellschaftsrechts durch öffentlich- rechtliche Verhaltenspflichten und öffentlich-rechtliche Strukturnormen (zit. *U. H. Schneider*, DB 1993, 1909–1915).

Schneider, Uwe H.: Die Überlagerung des Konzernrechts durch öffentlich-rechtliche Strukturnormen und Organisationspflichten – Vorüberlegungen zu Compliance im Konzern (zit. *U. H. Schneider*, ZGR 1996, 225–246).

Schneider, Uwe H.: Compliance als Aufgabe der Unternehmensleitung (zit. *U. H. Schneider*, ZIP 2003, 645–650).

Schneider, Uwe H./Schneider, Sven H.: Konzern-Compliance als Aufgabe der Konzernleitung (zit. *U. H. Schneider/S. H. Schneider*, ZIP 2007, 2061–2065).

Schneider, Uwe H./von Buttlar, Julia: Die Führung von Insider-Verzeichnissen - Neue Compliance-Pflichten für Emittenten (zit. *U. H. Schneider/v. Buttlar*, ZIP 2004, 1621–1627).

Scholz, Ulrich/Haus, Florian C.: Geldbußen im EG-Kartellrecht und Einkommensteuerrecht (zit. *Scholz/Haus*, EuZW 2002, 682–688).

Schürrle, Thomas/Fleck, Franziska: „Whistleblowing Unlimited" – Der U.S. Dodd-Frank Act und die neuen Regeln der SEC zum Whistleblowing (zit. *Schürrle/Fleck*, CCZ 2011, 218).

Schwarz, Benno: FCPA Compliance Monitorships – US Marotte oder Flavor oft he New Times? (zit. *Schwarz*, CCZ 2011, 59–63).

Schwarze, Jürgen: Rechtsstaatliche Grenzen der gesetzlichen und richterlichen Qualifikation von Verwaltungssanktionen im europäischen Gemeinschaftsrecht (zit. *Schwarze*, EuZW 2003, 261–269).

Schwarze, Jürgen: Europäische Kartellbußgelder im Lichte übergeordneter Vertrags- und Verfassungsgrundsätze (zit. *Schwarze*, EuR 2009, 171–200).

Schwarze, Jürgen: Europäisches Verwaltungsrecht Entstehung und Entwicklung im Rahmen der Europäischen Gemeinschaft Baden-Baden (Nomos), 2. Aufl. 2005 (zit. *Schwarze*, Europäisches Verwaltungsrecht, S.).

Schwarze, Jürgen/Bechtold, Rainer/Bosch, Wolfgang: Rechtstaatliche Defizite im Kartellrecht der Europäischen Gemeinschaft – Eine kritische Analyse der derzeitigen Praxis und Reformvorschläge 2008 abrufbar unter http://ec.europa.eu/competition/consultations/2008_regulation_1_2003/gleiss_lutz_de.pdf (zit. *Schwarze/Bechtold/Bosch*, Rechtstaatliche Defizite im Kartellrecht der Europäischen Gemeinschaft, S.).

Schwarze, Jürgen/Becker, Ulrich/Hatje, Armin/Schoo Johann: EU-Kommentar 3. Aufl. 2012 Baden-Baden (Nomos) (zit. *Bearbeiter*, in: Schwarze, Art. Rn.).

Schwintowski, Hans-Peter: Gesellschaftsrechtliche Anforderungen an Vorstandshaftung und Corporate Governance durch das neue System der kartellrechtlichen Legalausnahme (zit. *Schwintowski*, NZG 2005, 200–203).

Schwintowski, Hans-Peter/Klaue, Siegfried: Kartellrechtliche und gesellschaftsrechtliche Konsequenzen des Systems der Legalausnahme für die Kooperationspraxis der Unternehmen Zugleich - Anforderungen an Vorstandshaftung und Corporate Governance (zit. *Schwintowski/Klaue*, WuW 2005, 370–379).

Seeliger, Daniela: Compliance und Kartellrecht – Hinweise für die Praxis (zit. *Seeliger*, AnwBl. 2010, 643–646).

Seibert, Ulrich: Die Entstehung des § 91 Abs. 2 AktG im KonTraG „Risikomanagement“ oder „Frühwarnsystem“? in: Westermann, Harm-Peter/Mock, Klaus (Hrsg.), Festschrift für Gerold Bezzenberger zum 70. Geburtstag 2000 Berlin u.a. (De Gruyter), S. 427–438 (zit. *Seibert*, FS Bezzenberger (2000), S. 427).

Seibert, Ulrich/Schütz, Carsten: Der Referentenentwurf eines Gesetzes zur Unternehmensintegrität und Modernisierung des Anfechtungsrechts – UMAG (zit. *Seibert/Schütz*, ZIP 2004, 252).

Semler, Johannes/Peltzer, Martin: Arbeitshandbuch für Vorstandsmitglieder München (Beck) 2005 (zit. Semler/Peltzer-*Bearbeiter*, § Rn.).

Senge, Lothar (Hrsg.): Karlsruher Kommentar zum Gesetz über Ordnungswidrigkeiten, 3. Aufl. 2006 München (Beck) (zit. KarlsruherKommentar-*Bearbeiter*, § Rn.).

Sieg, Oliver/Zeidler, Simon-Alexander: § 3 – Business Judgement Rule, in: Hauschka, Christoph E. (Hrsg.), Corporate Compliance, 2. Aufl. (Beck) 2010 (zit. *Sieg/Zeidler*, in: Hauschka, Corporate Compliance, § 3 Rn.).

Sieber, Ulrich: Compliance-Programme im Unternehmensstrafrecht. Ein neues Konzept zur Kontrolle von Wirtschaftskriminalität. in: Sieber, Ulrich/Dannecker, Gerhard/Kindhäuser, Urs/Vogel, Joachim/Walter, Tonio, Strafrecht und Wirtschaftsstrafrecht. Dogmatik, Rechtsvergleich, Rechtstatsachen. Festschrift für Klaus Tiedemann zum 70. Geburtstag Köln (Heymanns) 2008, S. 449–484 (zit. *Sieber*, FS Tiedemann (2008), S. 449).

Smith, Adam: The Wealth of Nations (1776) (zit. *Smith*, The Wealth of Nations (1776), book I, chapter, part).

Soltész, Ulrich/Steinle, Christian, Bielesz, Holger: Rekordgeldbußen versus Bestimmtheitsgebot Die Kartellverordnung auf dem Prüfstein höherrangigen Gemeinschaftsrecht (zit. *Soltész/Steinle/Bielesz*, EuZW 2003, 202–).

Soyez, Volker: EU-Kommission / GD Wettbewerb veröffentlicht Broschüre „Compliance Matters“ (zit. *Soyez*, CCZ 2012, 25–28).

Soyez, Volker: Die Bußgeldleitlinien der Kommission – mehr Fragen als Antworten (zit. *Soyez*, EuZW 2007, 596–599).

Spindler, Gerald: Compliance in der multinationalen Bankengruppe (zit. *Spindler*, WM 2008, 905–918).

Spindler, Gerald/Stilz, Eberhard: Kommentar zum Aktiengesetz Band 1 2. Aufl. 2010 München (Beck) (zit. *Bearbeiter*, in: Spindler/Stilz, § Rn.).

Stadler, Christoph: Compliance-Programme – Vorbeugung gegen Kartellverstöße im Unternehmen, in: FIW (Hrsg.), Schwerpunkte des Kartellrechts 2004, Schriftenreihe 206 (2006), 67–76 (zit. *Stadler*, in: Schwerpunkte des Kartellrechts 2004, FIW Schriftenreihe 206 (2006), 67–76).

Stein, Roland M./Friton, Pascal/Huttenlauch, Anna: Kartellverstöße als Ausschlussgründe im Vergabeverfahren (zit. *Stein/Friton/Huttenlauch*, WuW 2012, 38–51).

Steinherr, Christine/Steinmann, Horst/Olbrich, Thomas: Die U.S.-Sentencing Guidelines. Eine Dokumentation, in: Alwart, Heiner (Hrsg.), Verantwortung und Steuerung von Unternehmen in der Marktwirtschaft München und Mering (Rainer Hampp) 1998, S. 155–201 (zit. *Steinherr/Steinmann/Olbrich*, in: Alwart, S.).

Stetter, Sabine: Korruption und Wirtschaftskrise: Machen sich Präventionsmaßnahmen bezahlt? (zit. *Stetter*, CCZ 2009, 227–231).

Sünner, Eckart: Das Verfahren zur Festsetzung von Geldbußen nach Art. 23 II lit. a) der Kartellverfahrensordnung (VerfVO) (zit. *Sünner*, EuZW 2007, 8–13).

Sünner, Eckart: Rechtliche Grundlagen für Aufsichtsratsprüfungsausschüsse und ihre Aufgabenwahrnehmung auf dem Gebiet der Compliance (zit. *Sünner*, CCZ 2008, 56–59).

Swenson, Winthrop M.: „Carrot and Stick" – über die Grundgedanken und die Funktionsweise der Organizational Sentencing Guidelines, in: Alwart, Heiner (Hrsg.), Verantwortung und Steuerung von Unternehmen in der Marktwirtschaft München und Mering (Rainer Hampp) 1998, S. 36–45 (zit. *Swenson*, in: Alwart, S.).

Theile, Hans/Petermann, Stefan: Die Sanktionierung von Unternehmen nach dem OWiG (zit. *Theile/Petermann*, JuS 2011, 496–501).

Thole, Christoph: Managerhaftung für Gesetzesverstöße Die Legalitätspflicht des Vorstands gegenüber seiner Aktiengesellschaft (zit.*Thole*, ZHR 173 (2009), 504–535).

Thomas, Stefan: Die Bindungswirkung von Mitteilungen, Bekanntmachungen und Leitlinien der EG-Kommission (zit. *Thomas*, EuR 2009, 423–443).

Thomas, Stefan: Unternehmensverantwortlichkeit und -umstrukturierung nach EG-Kartellrecht, München (Beck) 2005 (zit. *Thomas*, Unternehmensverantwortlichkeit, S.).

Tiedemann, Klaus: Strafbarkeit von juristischen Personen? – Eine rechtsvergleichende Bestandsaufnahme mit Ausblicken für das deutsche Recht, in: Schoch, Friedrich/Stoll, Hans/Tiedemann, Klaus (Hrsg.), Freiburger Begegnungen Heidelberg (C. F. Müller) 1996, S. 30–54 (zit. *Tiedemann*, in: Freiburger Begegnungen, S.).

Tiedemann, Klaus: Strafrechtliche Grundprobleme im Kartellrecht (zit. *Tiedemann*, NJW 1979, 1849–1855).

Tiedemann, Klaus: Die „Bebußung" nach dem 2. Gesetz zur Bekämpfung der Wirtschaftskriminalität (zit. *Tiedemann*, NJW 1988, 1169–1174).

Többens, Hans W.: Die Bekämpfung der Wirtschaftskriminalität durch die Troika der §§ 9, 130 und 30 des Gesetzes über Ordnungswidrigkeiten (zit. *Többens*, NStZ 1999, 1–8).

Toft, Torben: *Toft*, Consequences of non-compliance: The EU experience, 2nd AML Competition Week 2011 in China Competition Law and Policy & the Business Community, Monday, 28th November 2011, S. 8, 11 (zit. *Toft*, Consequences of non-compliance: The EU experience, S.).

Turiaux, Andre/Knigge, Dagmar: Vorstandshaftung ohne Grenzen? – Rechtssichere Vorstands- und Unternehmensorganisation als Instrument der Risikominimierung (zit. *Turiaux/Knigge*, DB 2004, 2199–2207).

Unger, Ulrike: Bericht über die Diskussion der Referate Hauschka und Bachmann, in: Gesellschaftsrechtliche Vereinigung (Hrsg.), Gesellschaftsecht in der Diskussion 2007, Köln 2008 (zit. *Unger*, in: Gesellschaftsrecht in der Diskussion, S. 103–107).

v. Staudinger, Julius: Kommentar zum Bürgerlichen Gesetzbuch mit Einführungsgesetz und Nebengesetzen Buch 2 Recht der Schuldverhältnisse (Unerlaubte Handlungen 3) Neubearbeitung 2012 Berlin (Sellier/DeGruyter) (zit. Staudinger-*Bearbeiter* (2012), § Rn.).

Van Bael, Ivo: The Lottery of EU Competition Law (zit. *Van Bael*, ECLR 4 (1995), S. 237–243).

Veil, Rüdiger: Compliance-Organisationen in Wertpapierdienstleistungsunternehmen im Zeitalter der MiFiD (zit. *Veil*, WM 2008, 1093–1098).

Vetter, Eberhard: Der Tiger zeigt die Zähne – Anmerkungen zum Urteil des BGH im Fall Leo Kirch/Deutsche Bank – (zit. *Vetter*, NZG 2009, 561–567).

Vetter, Eberhard: Zur Compliance-Verantwortung des Vorstands und zu den Compliance-Aufgaben des Aufsichtsrats, in: Genzow, Christian/Grunewald, Barbara/Schulte-Nölke, Hans (Hrsg.), Zwischen Vertragsfreiheit und Verbraucherschutz Festschrift für Friedrich Graf von Westphalen zum 70. Geburtstag, Köln 2010, S. 719–739 (zit. *Vetter*, FS Graf von Westphalen (2010), S.).

Vetter, Eberhard: Die Änderungen 2007 des Deutschen Corporate Governance Kodex (zit. *Vetter*, DB 2007, 1963–1968).

Voet van Vormizeele, Philipp: Kartellrechtliche Compliance – Rechtliche Anforderungen an ein effektives kartellrechtliches Compliance-Programm und dessen praktische Umsetzung (zit. *Voet van Vormizeele*, ZRFC 2010, 102–109).

Voet van Vormizeele, Philipp: Die EG-kartellrechtliche Haftungszurechnung im Konzern im Widerstreit zu den nationalen Gesellschaftsordnungen (zit. *Voet van Vormizeele*, WuW 2010, 1008–1019).

Voet van Vormizeele, Philipp: Kartellrechtliche Compliance-Programme im Rahmen der Bußgeldbemessung *de lege lata* und *de lege ferenda* (zit. *Voet van Vormizeele*, CCZ 2009, 41–49).

Vollmer, Christof: Zinsen auf Geldbußen gemäß § 81 Abs. 6 GWB – Zugleich Anmerkung zu BVerfG wistra 2013, 177 (zit. *Vollmer*, wistra 2013, 289–296).

von Alemann, Florian: Die Abänderung von Bußgeldentscheidungen der Kommission durch die Gemeinschaftsgerichte in Kartellsachen (zit. *v. Alemann*, EuZW 2006, 487–491).

von Zimmermann, Georg: Whistleblowing – Anforderungen des Sarbanes-Oxley-Acts (zit. *v. Zimmermann*, WM 2007, 1060–1065).

Wagner, Eckart/Kleine, Maxim/Liebach, Ingo: Kartellrechtliche Schadensersatzklagen - Bewertung der Vorschläge der Europäischen Kommission im Weißbuch (zit. *Wagner/Eckart/Kleine*, EWS 2008, 305–318).

Wagner, Jens: „Internal Inverstigations" und ihre Verankerung im Recht der AG (zit. *Wagner*, CCZ 2009, 8–17).

Wagner-von Papp, Florian: Kartellstrafrecht in den USA, dem Vereinigten Königreich und Deutschland (zit. *Wagner-von Papp*, WuW 2009, 1236–1249).

Waite, Maurice: Oxford Dictionary and Thesaurus, 2. Aufl. 2007, Oxford (University Press) (zit. *Waite*, Oxford Dictionary and Thesaurus, S.).

Weber, Rolf H./Rizvi, Salim: Compliance – Trojanisches Pferd vor den Toren der Wettbewerbsbehörden? Zur Berücksichtigung von Compliance-Programmen in kartellrechtlichen Sanktionsverfahren (zit. *Weber/Rizvi*, SJZ 2010, 501–509).

Weber, Stefan C./Lentfer, Thies/Köster, Max: Einfluss der Corporate Governance auf die Kapitalkosten eines Unternehmens. Ein institutionenökonomischer Erklärungsansatz, eine Bestandsaufnahme empirischer Studienergebnisse und eine Partialbetrachtung des Corporate Governance-Reporting (zit. *Weber/Lentfer/Köster*, ZCG 2007, 53–61).

Weber-Rey, Daniela/Buckel, Jochen: Best Practice Empfehlungen des Deutschen Corporate Governance Kodex und die Business Judgement Rule (zit. *Weber-Rey/Buckel*, AG 2011, 845–852).

Wecker, Gregot/van Laak, Hendrik: Compliance in der Unternehmenspraxis Grundlagen, Organisation und Umsetzung Wiesbaden (Gabler) 2008 (zit. *Bearbeiter*, in: Wecker/van Laak, S.).

Wegner, Carsten: Die Auswirkungen fehlerhafter Organisationsstrukturen auf die Zumessung der Unternehmensgeldbuße (zit. *Wegner*, wistra 2000, 361–368).

Wegner, Carsten: Die Systematik der Zumessung unternehmensbezogener Geldbußen, Frankfurt am Main u.a. (Peter Lang) 2000 (zit. *Wegner*, Die Systematik der Zumessung unternehmensbezogener Geldbußen, S.).

Weidenbach, Georg/Saller, Michael: Das Weißbuch der Kommission zu kartellrechtlichen Schadensersatzklagen (zit. *Weidenbach/Saller*, BB 2008, 1020–1026).

Weitbrecht, Andreas/Tepe, Gudrun: Erste Erfahrungen mit den neuen Bußgeldleitlinien der Europäischen Kommission (zit. *Weitbrecht/Tepe*, EWS 2001, 220–228).

Wellhöfer, Werner/Peltzer, Martin/Müller, Welf: Die Haftung von Vorstand, Aufsichtsrat, Wirtschaftsprüfer München (Beck) 2007 (zit. *Wellhöfer/Peltzer/Müller*, S.).

Wermelt, Andreas: Erhebung eines Meinungsbilds zum EPS 980 (zit. *Wermelt*, CCZ 2010, 150–151).

Wermelt, Andreas/Saitz, Bernd: Unternehmensüberwachung: Umsetzung der Anforderungen aus § 107 Abs. 3 Satz 2 AktG (zit. *Wermelt/Saitz*, ZCG 2011, 29–32).

Werner, Rüdiger: Die Enthaftung des Vorstands: Die strafrechtliche Dimension (zit. *Werner*, CCZ 2011, 201–207).

Wiedemann, Gerhard: Handbuch des Kartellrechts 2. Aufl. 2008 München (Beck) (zit. *Bearbeiter*, in: Wiedemann, § Rn.).

Wiedemann, Herbert: Verantwortung in der Gesellschaft – Gedanken zur Haftung der Geschäftsleiter und der Gesellschafter in der Kapitalgesellschaft (zit. *Wiedemann*, ZGR 2011, 183–217).

Wilhelm, Barbara: Compliance und seine Auswirkung auf § 130 OWiG Können sich Unternehmen durch die Einführung von Compliance-Verfahren in den *Safe Harbor* retten? (zit. *Wilhelm*, ZRFC 2013, 133–137).

Wils, Wouter P. J.: Antitrust compliance programmes and optimal antitrust enforcement (zit. *Wils*, Journal of Antitrust Enforcement, Vol. 1, No. 1, S. 52–81).

Winner, Martin: Der UK Corporate Governance Code Grundsätze und Funktionsweise (zit. *Winner*, ZGR 2012, 245–272).

Wirtz, Markus M.: Die Aufsichtspflichten des Vorstands nach OWiG und KonTraG (zit. *Wirtz*, WuW 2001, 342–356).

Withus, Karl-Heinz: Bedeutung der geänderten Compliance Anforderungen der US Sentencing Guidelines für deutsche Unternehmen (zit. *Withus* CCZ 2011, 63–69).

Wittig, Arne/Kümpel, Siegfried: Bank- und Kapitalmarktrecht, 4. Aufl. 2010 Köln (Otto Schmidt) (zit. *Wittig/Kümpel*, Rn.).

Wolf, Klaus: Potenziale derzeitige Risikomanagementsysteme (zit. *Wolf*, DStR 2002, 1729–1733).

Wolf, Klaus: Corporate Compliance – eine neues Schlagwort? Ansatzpunkte zur Umsetzung der Compliance in der Finanzberichterstattung (zit. *Wolf*, DStR 2006, 1995–2000).

Wrase, Silvelyn/Fabritius, Christoph: Prämien für Hinweisgeber bei Kartellverstößen (zit. *Wrase/Fabritius*, CCZ 2011, 69–73).

Zekoll, Joachin/Rahlf, Nils: US-amerikanische Antitrust-Treble-Damages-Urteile und deutscher ordre public (zit. *Zekoll/Rahlf*, JZ 1999, 384–394).

Ziemons, Hildegard: Neuerungen im Insiderrecht und bei der Ad-hoc-Publizität durch die Marktmissbrauchsrichtlinie und das Gesetz zur Verbesserung des Anlegerschutzes (zit. *Ziemons*, NZG 2004, 537, 543).

Zimmer, Daniel/Sonneborn, Andrea M.: § 91 Abs. 2 AktG - Anforderungen und gesetzgeberische Absichten, in: Lange, Knut Werner/Wall, Friederike (Hrsg.), Risikomanagement nach dem KonTraG 2001 München (Vahlen), § 1 S. 38–60 (zit. *Zimmer/Sonneborn*, in: Risikomanagement nach KonTraG, § 1 Rn.).

Zimmermann, Martin: Kartellrechtliche Bußgelder gegen Aktiengesellschaft und Vorstand: Rückgriffsmöglichkeiten, Schadensumfang und Verjährung (zit. *Zimmermann*, WM 2008, 433–442).

Zimmermann, Steffen: Die MaRisk als regulatorischer Imperativ (zit. *Zimmermann*, BKR 2005, 208–217).

Zöllner, Wolfgang: Unternehmensinnenrecht – Gibt es das? (zit. *Zöllner*, AG 2003, 2–12).

Zöllner, Wolfgang/Noack, Ulrich: Kölner Kommentar zum Aktiengesetz Band 2/13. Aufl. 2009 Köln (Heymanns) (zit. KK-AktG/*Bearbeiter*, § Rn.).

Zöttl, Johannes: Weißbuch der Europäischen Kommission zu Schadensersatz in Kartellfällen (zit. *Zöttl*, DB 2008, 1200–1202).

Intradisziplinäre Forschung zur Compliance
Studien zur Rechtsentwicklung und -praxis

Herausgegeben von Andrea Lohse und Roman Seer

Band 1 Henrik Zapfe: Compliance und Strafverfahren. Das Spannungsverhältnis zwischen Unternehmensinteressen und Beschuldigtenrechten. 2013.

Band 2 Christina Altemeier: Verantwortlichkeit des Vorstands für Kartellrechtsverstöße. Ein Beitrag zur Organhaftung und zur Organuntreue. 2013.

Band 3 Kristof Nenninger: Kartellrechtliche Kronzeugenprogramme und Datenschutzrecht. Eine Untersuchung der datenschutzrechtlichen Voraussetzungen und Grenzen der Informationsweitergabe anlässlich einer freiwilligen Kooperation mit nationalen und U.S.-Behörden. 2013.

Band 4 André Frischemeier: Die Haftung geschäftsführender Organe für Compliance-Verstöße in Tochtergesellschaften. 2014.

Band 5 Christian Schützler: Tax Compliance im Kooperationsverhältnis zwischen Unternehmen und Finanzverwaltung. 2015.

Band 6 Alexander Roos: Compliance Defence. Kartellrechtliche Umsetzung im verfassungsrechtlichen Rahmen. 2015.

www.peterlang.com